UTB

UTB **2694**

Eine Arbeitsgemeinschaft der Verlage

Beltz Verlag Weinheim · Basel
Böhlau Verlag Köln · Weimar · Wien
Wilhelm Fink Verlag München
A. Francke Verlag Tübingen und Basel
Haupt Verlag Bern · Stuttgart · Wien
Lucius & Lucius Verlagsgesellschaft Stuttgart
Mohr Siebeck Tübingen
C. F. Müller Verlag Heidelberg
Ernst Reinhardt Verlag München und Basel
Ferdinand Schöningh Verlag Paderborn · München · Wien · Zürich
Eugen Ulmer Verlag Stuttgart
UVK Verlagsgesellschaft Konstanz
Vandenhoeck & Ruprecht Göttingen
Verlag Recht und Wirtschaft Frankfurt am Main
VS Verlag für Sozialwissenschaften Wiesbaden
WUV Facultas Wien

Michael Mann

GESCHICHTE INDIENS

Vom 18. bis zum 21. Jahrhundert

FERDINAND SCHÖNINGH
Paderborn · München · Wien · Zürich

Der Autor:
Michael Mann ist Privatdozent am Fachbereich Kultur- und Sozialwissenschaften der FernUniversität in Hagen. Zahlreiche Publikationen zur Geschichte des indischen Subkontinents, insbesondere der Umweltgeschichte, der Land- und Waldwirtschaft und der kolonialen Staatsformierung sowie Beiträge zur außereuropäischen Geschichte.

Umschlagabbildung:
Das Eingangstor zur Chota Imambara, dem Basar in Lakhnau. Fotografie von Samuel Bourne, um 1860.

Bibliografische Information Der Deutschen Bibliothek

Die Deutsche Bibliothek verzeichnet diese Publikation in der Deutschen Nationalbibliografie; detaillierte bibliografische Daten sind im Internet über http://dnb.ddb.de abrufbar.

Gedruckt auf umweltfreundlichem, chlorfrei gebleichtem Papier

(Verlag Ferdinand Schöningh GmbH, Jühenplatz 1, D-33098 Paderborn)
ISBN 3-506-71387-7

Internet: www.schoeningh.de

Printed in Germany.
Herstellung: Ferdinand Schöningh, Paderborn
Einbandgestaltung: Atelier Reichert, Stuttgart

UTB-Bestellnummer: ISBN 3-8252-2694-8

Inhaltsverzeichnis

Verzeichnis der Informationskästen

Für
Xandra
Ben
Guido
und
Franz

Vorwort

Eine moderne Geschichte des südasiatischen Subkontinents zu verfassen, modern in beiderlei Sinn des Wortes, nämlich neuzeitlich und zeitgemäß, ist zurzeit keine leichte Aufgabe. Gerade in den letzten Jahren sind vor allem im anglo-amerikanischen Wissenschaftsbetrieb zahlreiche Geschichten zu Indien erschienen. Das Niveau ist freilich recht unterschiedlich, es reicht von knappen „Textbooks“ bis hin zu voluminösen und sehr anspruchsvollen Gesamtdarstellungen. Dazwischen sein eigenes Werk zu verorten und dabei innovativ sein zu wollen, ist angesichts der „Konkurrenz“ eine Herausforderung gewesen. Gerne habe ich sie angenommen, als der Schöningh-Verlag an mich herantrat um mich als Autor für eine neue Reihe bei UTB zur außereuropäischen Geschichte zu gewinnen.

Die vorliegende „Geschichte Indiens“ ist nicht nur das Ergebnis des konzentrierten Literaturstudiums der vergangenen Jahre, sondern auch meiner Forschungen und der Lehre zur indischen Geschichte seit nunmehr fast zwanzig Jahren. In dieser Zeit haben die Forschungen zu Südasien bedeutende Paradigmenwechsel erfahren, die dazu geführt haben, dass Teile der Geschichte des Subkontinents völlig neu geschrieben werden mussten. Es ist davon auszugehen, dass diese Entwicklung weiter anhält, dafür sprechen die Forschungstrends der vergangenen Jahre. Vor diesem Hintergrund will die vorliegende „Geschichte Indiens“ eine Bestandsaufnahme liefern und zugleich in Form und Inhalt eine neue Darstellung der indischen Geschichte sein.

Meinen Kollegen, Mitarbeitern und Freunden im Bereich der Südasienwissenschaften und der Außereuropäischen Geschichte sei an dieser Stelle herzlich für ihre Gespräche, Kommentare und Kritiken gedankt. Ohne ihre Unterstützung, vor allem aber ohne die einmaligen Lehrerfahrungen und die großzügigen Forschungsmöglichkeiten der FernUniversität in Hagen hätte dieses Buch nicht geschrieben werden können.

Hagen, im April 2005 *Michael Mann*

1. Indien – Südasien: Eine landeskundliche, umweltgeschichtliche und historiografische Einführung

1.1 Indien, indischer Subkontinent, Südasien

Mag der Titel ‚Geschichte Indiens' einen neuen Beitrag zur Nationalgeschichtsschreibung suggerieren, so muss das Lesepublikum gleich zu Anfang enttäuscht werden: Bei dem vorliegenden Werk handelt es sich nicht um eine Geschichte Indiens im Sinne der historischen Verortung einer Nation. Da staatliche Grenzziehungen ohnehin willkürlich und obendrein vergänglich sind, sollen stattdessen transregionale und translokale Aspekte der Geschichte hervorgehoben werden, weshalb vielfach synonym zu Indien auch vom indischen Subkontinent oder Südasien die Rede sein wird. Seit der Tsunami-Katastrophe Weihnachten 2004 dürfte sich zumindest der Name der Weltregion ‚Südasien' breiteren Bevölkerungskreisen eingeprägt haben, wenngleich es damals fast eine Woche gedauert hat, bis die Medien in der Lage waren, genau zwischen Süd- und Südostasien zu unterscheiden. Neben den etablierten Bezeichnungen Ostasien, Zentralasien, Südostasien wird Südasien, wie auch Westasien, allmählich seinen festen Platz in der internationalen Nomenklatur für die Großregionen des asiatischen Kontinents finden und damit deutlich auf Distanz zu obsoleten eurozentrischen Begriffen wie ‚Vorderindien', ‚Ferner Osten' und ‚Orient' gehen.

Politisch setzt sich Südasien aktuell aus den Staaten Indische Union, Islamische Republik Pakistan, Bangladesh, Sri Lanka, Bhutan, Nepal und den Malediven zusammen. Gelegentlich wird auch noch Afghanistan hinzugerechnet, was hier aber nicht geschieht. Geografisch bezeichnet Südasien den indischen Subkontinent, der durch den Indischen Ozean, im Westen als Arabisches Meer und im Osten als Golf von Bengalen kartografiert, um die Halbinsel begrenzt wird, obengenannte Inseln aber mit einschließt. Das Arakan-Gebirge und der Brahmaputra im Osten, der Hochgebirgszug des Himalaya im Norden, und im Westen schließlich das Industal mit seinen begrenzenden Sulaiman- und Kirthan-Gebirgen sind die naturräumlichen Barrieren auf dem Festland. Südasien bezeichnet, was kulturell im weitesten Sinn mit dem Begriff *Bharat* beschrieben werden könnte, wenn es sich hierbei nicht um das ausschließlich hinduistisch geprägte Indien handeln würde. Indien wiederum bezeichnet aus europäischer Perspektive seit der griechischen Antike das Land jenseits des Indus. Historisch umfasste Südasien das Großreich der Maurya, deren bekanntester Herrscher Ashoka (ca. 274-236 v. Chr.) bis auf die Südspitze und die Inseln den gesamten Subkontinent unter seine Kontrolle brachte,

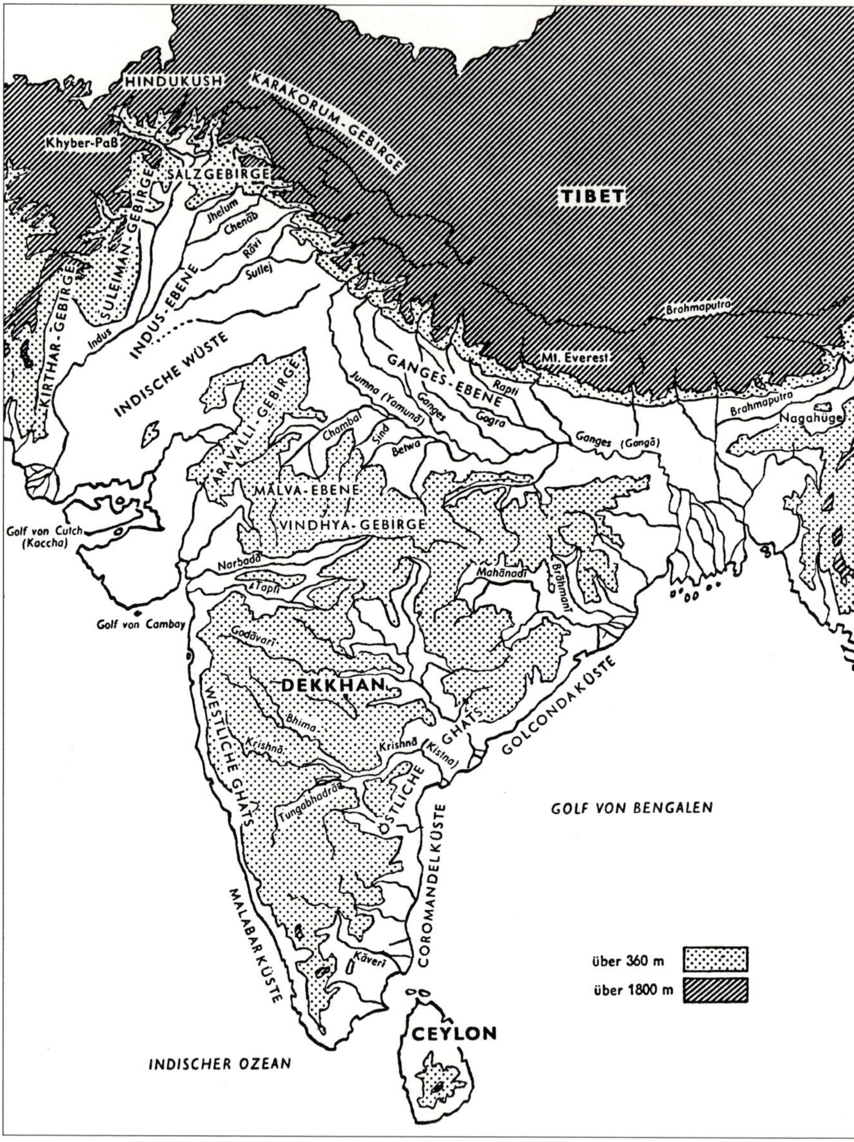

Abb. 1: Physische Karte des indischen Subkontinents.

gleiches gilt für die maximale Ausdehnung des Mogul-Reiches zu Beginn des 18. Jahrhunderts oder das Britisch-Indische Empire im 20. Jahrhundert. Aufgrund der Nationalstaatsbildung im Rahmen der Dekolonisierung wäre aber keiner der oben genannten Staaten mit einer solch historischen Definition einverstanden.

Geologisch gehört Südasien zur südlichen Hälfte des einstigen Urkontinents Pangea, die unter der Bezeichnung Gondwana aus Südamerika, Afrika, Indien und Australien bestand. Von der brach die indische Scholle vor etwa 120 Millionen Jahren ab und driftete nach Norden, wo sie schließlich auf den nördlichen Teil des Urkontinents stieß. Seitdem drückt die indische Platte auf die eurasische Platte, was zu erheblichen Verwerfungen und Auffaltungen geführt hat. Auf diese Art sind so nacheinander Hindukush, Pamir, Karakorum und zuletzt das Himalaya-Gebirge entstanden. Bis heute hält diese Heraushebung des Karakorum-Transhimalaya mit messbaren durchschnittlichen 0,5-1 cm pro Jahr an. Aufgrund ihres enormen Gewichts sank der Rand der indischen Platte bei ihrer Kollision um mehrere Kilometer ab, wodurch das Indus-Ganges Becken entstand, das sich fortan kontinuierlich mit den Sedimenten der erodierenden Berghebungen füllte. Grob lässt sich der indische Subkontinent in drei landschaftsräumliche Regionen einteilen. Erstens das Gebirgssystem des Himalaya, zweitens die nordindischen Tiefebenen von Indus, Ganga (Ganges) und Brahmaputra und drittens die eigentliche Halbinsel, die so genannte Dakhan-Scholle.[1]

Das Gebirgssystem des Himalaya wird in fünf Regionen unterschieden. Zum einen in den hochgebirgigen ‚Tibetanische Himalaya', zum zweiten den weitenteils vergletscherten Hochkamm mit seinen zehn Gipfeln, die über 8.000 Meter hoch sind, und zum dritten der Vordere Himalaya, der von Ost nach West in seiner Breite und in der Höhe der Berge zunimmt. Das Kathmandu-Tal und das Tal von Kashmir gehören zu dieser Region. Trotz der schwierigen Zugänglichkeit ist dieser schmale Gebirgsstreifen ein alter und bedeutender Siedlungsraum, der auf unterschiedlichste Weisen ackerbaulich genutzt wird. Dem vorgelagert ist die so genannte Shiwalik-Kette, ein 10 bis 80 km breiter und 1.700 km langer Streifen von Bergen mit Höhen bis zu 1.200 m. Bisweilen weiten sich die Flusstäler des Shiwalik aus und ermöglichen eine intensive Land- und Waldwirtschaft. Sie werden als Duns bezeichnet, der bekannteste unter ihnen ist wegen seiner forstwissenschaftlichen Institutionen wohl Dehra Dun. Vor den Shiwaliks liegt das feuchte Terai, eine 25 bis 50 km breite sumpfige Wald- und Savannenlandschaft, die wegen ihrer hohen Malariainfektionsraten und der kargen Böden lange unbesiedelt blieb und auch heute noch im Vergleich zur davor liegenden Gangesebene keine hohe Bevölkerungsdichte aufweist.[2]

---

1 Dirk Bronger, *Indien. Größte Demokratie der Welt zwischen Kastenwesen und Armut* (Gotha 1996), S. 52-55.

2 Hans-Georg Bohle, Ökologische Grundlagen: Naturraum und Klima, in: Dietmar Rothermund (Hg.), *Indien. Kultur, Geschichte, Politik, Wirtschaft, Umwelt. Ein Handbuch* (München 1995), S. 19-28. Auch die nachfolgenden Abschnitte beziehen sich hauptsächlich auf diese Darstellung.

Der Graben zwischen Himalaya-Gebirge und Dakhan-Scholle wird vom Ganges-Brahmaputra Tal mit seinen Sedimentschichten von bis zu 2000 Meter Dicke ausgefüllt, die von Alluvialböden bedeckt sind. Auch das Gangestal lässt sich in verschiedene Großräume unterteilen. Im westlichen Teil liegen mehrere Doabs (wörtl.: zwei Wasser, also Zweistromland), das bekannteste und längste unter ihnen das ‚Ganga-Jamuna Doab'[3], aber auch das Chambal-Jamuna Doab ist als eigene Landschaft bekannt. Gandak und Son sind weitere wasserreiche Zuflüsse der Ganga östlich von Allahabad (Zusammenfluss von Ganga und Jamuna) in der Ebene von Awadh, die in die von Bihar übergeht. Den östlichsten Teil bildet der Deltafächer von Brahmaputra und Ganga mit seinen zahllosen Nebenflüssen und der ökologisch einzigartigen Landschaft der Sunderbans mit ihren gezeitenbedingten Mangrovenwäldern. Im Westen des Gangestals, nur von der Wasserscheide des Aravalli-Kamms bei Delhi getrennt, liegt der Panjab (Fünfstromland, bestehend aus Satlej, Beas, Ravi, Chenab und Jhelum) als oberer Teil des Indussystems. Der Bogen von der Indusmündung bis in das ‚Ganga-Jamuna Doab' mit seinen fruchtbaren Schwemmlandböden war die Landschaft, in der die erste Hochkultur Südasiens, die Harappa-Zivilisation, entstand. Der Großraum Delhi zählt darüber hinaus zu den ältesten und permanent besiedelten Regionen Indiens.

Der dritte große Naturraum des Subkontinents entstand in Südindien (der so genannte Dakhan), der zum größten Teil aus der alten Gondwana-Scholle besteht. Auch der Dakhan kann in prägnante Landschaften unterschieden werden. Sehr charakteristisch ist zunächst das Plateau des Inlandes. Obgleich gerade in dessen südlichen Teil die Niederschläge reichhaltig sind, fließt das Wasser wegen der geologischen Beschaffenheit zu schnell ab, als dass es landwirtschaftlich genutzt werden könnte. Deshalb prägte sich in dieser Region langfristig eine Bewässerungskultur aus, die durch verschiedene Stauwehranlagen gekennzeichnet ist. Die nördliche Dakhan-Platte ist durch eine Reihe von Grabenbrüchen wie der der Narmada und Gebirgsmassiven wie dem Satpura-Rücken und dem Vindhya-Gebirge gekennzeichnet. Die teilweise breiten Flusstäler, deren Ströme bis auf Narmada und Tapti alle in west-östliche Richtung fließen, ermöglichen ebenfalls einen Bewässerungsfeldbau. Im Osten markiert das Bergland von Chota-Nagpur die naturräumliche Grenze zum Gangestal. Diese bergige Landschaft war lange Rückzugsgebiet der Munda-Bevölkerungsgruppen vor den aus dem Nordwesten vordringenden Invasoren, und sie ist es teilweise noch heute, nun vor der Bodenschätze suchenden Großindustrie. Die so genannten Adivasis* leben in diesem breiten, den Subkontinent von West nach Ost durchziehenden und immer noch verhältnismäßig waldreichen Gürtel, der auch als ‚Tribal Belt' bezeichnet wird.

Die Gebirgszüge der Western Ghats und der Eastern Ghats begrenzen das Plateau. Die Western Ghats erheben sich bis zu einer Höhe von 2.600 Meter und sind

---

3 Hier sei auf die verschiedenen Schreibweisen der Flussnamen (sämtlich feminin) hingewiesen. In Indien heißt der Ganges die Ganga, und die Jamna stammt von Yamuna, wird aber inzwischen auch als Jamuna gesprochen (und geschrieben).

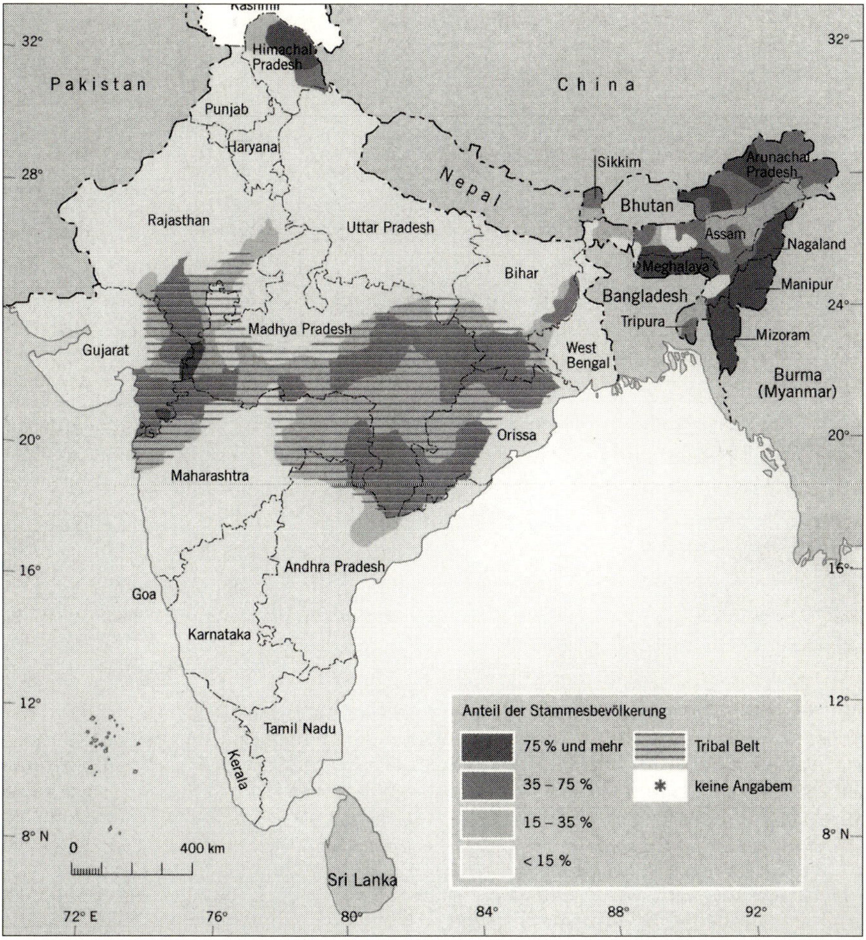

Abb. 2: Der so genannte *Tribal Belt*.

vor allem für ihren Waldreichtum bekannt, während die Eastern Ghats nur Berghöhen von 1.600 Meter erreichen. Gesäumt wird das Plateau von dem schmalen und flachen Küstenstreifen im Osten, der einen zweiten Naturraum bildet, für den die großen Deltas von Mahanadi, Godaveri, Krishna und Kaveri an der Coromandelküste charakteristisch sind. Mit ihren hydraulischen Konstruktionen und Schwemmböden sind sie nach wie vor die wichtigste Kornkammern Südindiens. An der Westseite, der Malabar- und Konkanküste, ist der Küstenstreifen lediglich 20 bis 50 km breit und zudem felsig, ermöglicht aber aufgrund der überreichen Niederschläge eine intensive Landwirtschaft. Insgesamt ist der Dakhan durch seine geomorphologische Asymmetrie charakterisiert, die einer ‚schiefen Ebene' west-östlichen Gefälles gleicht.

Nachhaltig bestimmt der Monsun (von Arabisch *mausim*: Jahreszeit) das Klima Südasiens. Da gegenwärtig etwa 70 Prozent der Landwirtschaft von den natürlichen Niederschlagsmengen abhängen, sind Zeitpunkt und Dauer der Monsunregenfälle entscheidend für die Ernteerträge. Generell wird zwischen dem Südwestmonsun von Ende Juni bis September mit anschließender Rückzugsphase von Oktober bis Dezember und dem Nordostmonsun von Dezember bis Februar mit darauf folgender Hitzeperiode im April und Mai unterschieden. Da der Monsun eine relativ flache Luftströmung ist, kann er von Saison zu Saison erheblich variieren. Windverhältnisse, Wassermengen, Windgeschwindigkeiten und Temperaturverhältnisse haben entscheidenden Einfluss auf das Einsetzen des Monsuns, sein Vordringen und seine Ergiebigkeit. Wenn die Monsunwinde die Western Ghats übersteigen, setzten plötzlich wolkenbruchartige Niederschläge ein, weshalb auch vom „burst of the monsoon" gesprochen wird. Danach dringt die Monsunfront mehr oder weniger zügig über dem Subkontinent vor, wobei die Winde über Bengalen in westliche Richtung drehen und entlang der Südflanke des Himalaya nordwestwärts drängen. Daher werden die höchsten Niederschlagsmengen mit über 2.500 mm pro Jahr in den Western Ghats und an der südlichen Himalayaabdachung im Osten Indiens gemessen. Auf der Lee-Seite der Western Ghats regnet es mit 400 bis 600 mm pro Jahr relativ wenig, während die Niederschläge im Westen des Subkontinents, in Rajastan und Pakistan, unter 400mm pro Jahr liegen, teilweise betragen sie sogar weniger als 150 mm.[4]

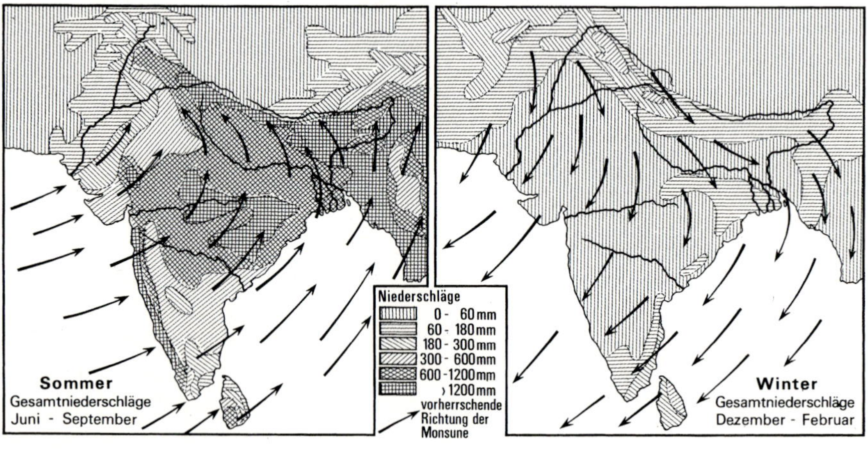

Abb. 3: Winde und Niederschläge in Südasien.

[4] H-G. Bohle, Ökologische Grundlagen, S. 31-33. Siehe auch die Klimadiagramme in D. Bronger, *Indien*, S. 60-69 sowie die ausführlichen Erläuterungen zum Monsunklima samt Niederschlagstabellen in Friedrich Stang, *Indien* (Darmstadt 2002), S. 13-26.

Die Variabilität der Niederschläge stellte und stellt für die Landwirtschaft Südasiens ein gravierendes Problem dar. Die ohnehin regenarmen Regionen des Subkontinents sind bei Niederschlagsschwankungen am stärksten betroffen, vor allem, wenn mangelnde Regenfälle die Grenze zur Dürre überschreiten und zum Ausfall der Ernte führen. Umgekehrt sind die regenreichen Regionen Indiens, und hier vor allem die submontane Himalayaregion sowie das Ganga-Brahmaputra-Delta, bei übermäßigen Niederschlägen von Fluten bedroht, die ebenfalls ganze Ernten vernichten können. Die Niederschläge des Monsuns sind derart bestimmend für die Landwirtschaft, dass die Bauern ihre Bezeichnungen für die Ernten danach ausgerichtet haben, in Indien allgemein *kharif* für die ‚Sommermonsunernte', *rabi* für die ‚Wintermonsunernte'. In Tamilnadu und dem Nordosten Sri Lankas wird die Reisernte nach der Hauptniederschlagszeit von Oktober bis Januar als *samba* respektive als *maha* bezeichnet. Von sekundärer Bedeutung sind hingegen die Temperaturverhältnisse. Die Temperaturen steigen in den heißen Monaten mit zunehmenden Breitengraden und ausgeprägterer Kontinentallage, so dass in Nordindien gelegentlich die 50 Grad Celsius Marke überschritten werden kann. Im Jahresdurchschnitt liegen die Temperaturen indes bei 27-29 Grad Celsius; an der feuchtwarmen Malabarküste sind die Temperaturschwankungen am geringsten.[5]

Auffällig am Klima des indischen Subkontinents ist der Kontrast zwischen den saisonal nass-feuchten und den ganzjährig eher trockenen Zonen, die beide die Lebensformen und das Verhalten der Bevölkerung in ihrer Umwelt beeinflusst haben. Neben unterschiedlichen Anbaumethoden und verschiedenen Grundnahrungsgetreiden wie Weizen und Reis, die in den regenreicheren Regionen angebaut werden, sind lichte Wälder das vegetative Kennzeichen eines „Ariditätskorridors", der von der Wüste Thar über den Dakhan an die Coromandelküste bis in die so genannte ‚Dry Zone' des nördlichen Sri Lanka reicht. Dieser Korridor hat auch die Wanderungsbewegungen von halbsesshaften oder nomadisierenden Bevölkerungsgruppen, aber auch die Marschrouten von Armeen, beeinflusst. Dahingegen sind die Gebiete mit hohen Niederschlägen und dichter Bewaldung wie im östlichen Teil Indiens als Teil des ‚Tribal Belt' lange Zeit von wandernden Menschen nicht durchdrungen worden. Erst die Entdeckung von Erzen im 19. Jahrhundert und die fortschreitenden Entwaldungen des 20. Jahrhunderts haben dort dauerhafte Ansiedlungen mit einer ertragreichen Landwirtschaft ermöglicht.[6]

Im Vergleich zum westlichen Europa ist der indische Subkontinent wesentlich großräumiger gegliedert. Doch haben sich auch hier aufgrund landschaftlicher, klimatischer und ökologischer Bedingungen historische Regionen ausgebildet, die wiederum prägend für das Entstehen regionaler und lokaler Kulturen waren. Eine historische Regione, die sich oft durch eine geologisch-klimatische Gemeinsamkeit auszeichnet, wird von Volksgruppen bewohnt, die sich ihrer eigenen Vergangen-

[5] H-G. Bohle, Ökologische Grundlagen, S. 33-34. B. H. Farmer, *An Introduction to South Asia* (London and New York, 2nd edn 1993), S. 7-8.

[6] B. H. Farmer, *An Introduction to South Asia*, S. 8.

heit und ihrer spezifischen Kultur durch verschiedene Formen der Traditionsbildung bewusst sind. Eine solche Region kann auch mit einer Sprachregion identisch sein, ist es aber nur selten. Vielmehr sind gemeinsame Symbole, Mythen, Geschichten, Kleidungsgewohnheiten, gemeinsamer Ritus und Feste Charakteristika einer historischen Region. Tamilnad wäre beispielsweise eine solchermaßen definierte Region, auch das ‚Ganga-Jamuna Doab' als Kernregion Hindustans sowie Bengalen. Kleinere historische Regionen sind Bundelkhand, Chattisgarh und Khandesh.[7]

Über diese konkreten historischen Regionen hinaus können auf dem indischen Subkontinent fünf Großräume unterschieden werden, in denen Staats-und Reichsbildungen in Folge zu beobachten sind, die auf den historischen Regionen beruhen. Zum einen die der nordindischen Flussebenen von Indus und Ganga, zum zweiten der große ‚Tribal Belt' mit seinen Wäldern, zum dritten das Hochland des Dakhan, das bekanntlich durch den Vegetationsgürtel von den nordindischen Flussebenen getrennt ist, zum vierten die Ostküste mit dem Schwergewicht auf der Coromandelküste und schließlich, zum fünften, die Westküste mit dem prominenten Malabarabschnitt. Ein wesentliches Moment bei der Errichtung und Stabilisierung von Herrschaft in diesen Regionen war die militärische Reichweite unter vormodernen Bedingungen, die bis zu 300 km um ein Herrschaftszentrum betragen konnte und ein Interventionspotenzial bis zu 900 km Entfernung besaß. Auch das neuzeitliche Großreich der Moguln basierte noch auf diesem Sachverhalt, indem es Provinzen mit entsprechend militärischer Operationsgröße einrichtete. Die Staatsbildungsprozesse des 18. Jahrhunderts fußten ebenfalls auf diesem Organisationsmuster.[8]

Innerhalb der Großräume sind insgesamt 19 historische Regionen auszumachen. Zwei im Bereich des Industales: Sindh und Panjab. Daran schließt sich das Gangestal mit der Region um Delhi-Agra an, gefolgt von der Region Awadh mit den Städten Allahabad, Kanpur, Lakhnau und Varanasi (Banaras) sowie abschließend die Region Bihar-Bengalen mit seinen urbanen Zentren Patna, Dhaka und Kolkata. Der ‚Tribal Belt' weist seinerseits Schwerpunkte verdichteter Siedlung und Staatenbildung auf, so im Osten in der fruchtbaren Ebene von Chattisgarh (wörtl.: 36 Burgen), im Gebiet um die zentralindische Stadt Nagpur, weiter westlich auf dem Malwa-Plateau mit den Städten Ujjain und Indore sowie im Westen Rajputana mit Udaipur und Jaipur. Keinesfalls waren diese Regionen isolierte Macht- und Kulturzentren, denn in alle Himmelsrichtungen gab es Handelsbeziehungen und Kulturkontakte. Gerade der „Ariditätskorridor" bot die Möglichkeit zu Migration und Militäraktion. Durch ihn stießen Ende des 17. Jahrhunderts die Moguln nach Süden und im 18. Jahrhundert die Marathen nach Norden vor.

Die Großregion der Coromandelküste, kann in vier historische Einheiten unterteilt werden, deren ganzjähriger Wasserreichtum der Flussdeltas nicht nur den Reisanbau begünstigte, sondern dort das Textilgewerbe mit bunten und bedruck-

---

[7] Bernard S. Cohn, Regions subjective and objective: Their relation to the study of modern Indian history and society, in: ders., *An Anthropoligist among the Historians* (Delhi etc. 1987), S. 100-135.

[8] Die folgende Darstellung orientiert sich an Herman Kulke und Dietmar Rothermund. *Geschichte Indiens. Von der Induskultur bis heute* (2. Aufl., München 1998), S. 13-15, 20.

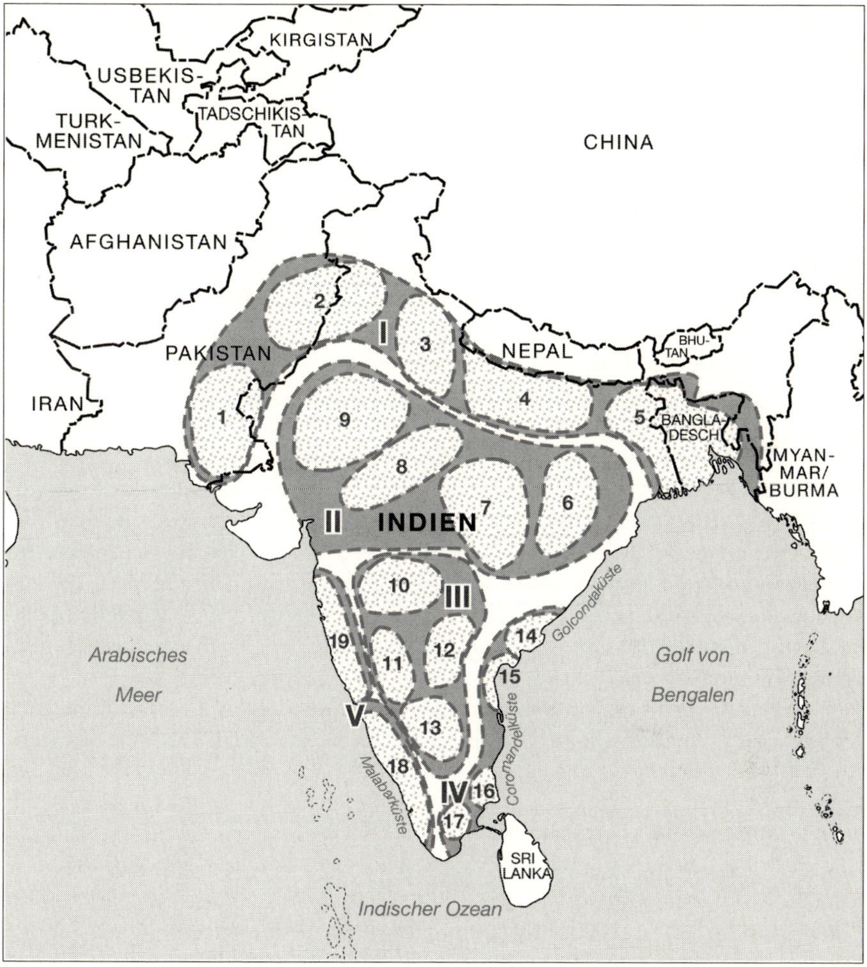

Abb. 4: Großregionen und historische Regionen auf dem indischen Subkontinent:

I Nordindische Flussebenen von Indus und Ganga.
1 Sindh
2 Panjab
3 Delhi-Agra
4 Awadh
5 Bihar-Bengalen

II Tribal Belt
6 Chattisgarh
7 Nagpur
8 Malwa-Plateau
9 Rajputana

III Dakhan
10 Aurangabad
11 Haiderabad/Golkonda
12 Bijapur/Badami/Vijayanagara
13 Maisur- Bangalore

IV Coromandelküste
14 Krishna-Godaveri-Delta
15 Kanchipuram
16 Kaveri-Delta
17 Madurai

V Westküste
18 Malabar
19 Konkan

ten Stoffen überhaupt erst möglich machte. Zum einen ist hier das Krishna-Godaveri-Delta zu nennen, zum anderen die Region um Kanchipuram, des weiteren das Kaveri-Delta und schließlich das Gebiet um Madurai. Im zentralen Hochland des Dakhan können wiederum vier historische Kerngebiete unterschieden werden. Ganz im Norden das fruchtbare Gebiet um Aurangabad, süd-östlich davon die Region um Haiderabad/Golkonda, das Gebiet zwischen Bijapur, Badami und der alten Reichshauptstadt Vijayanagara und im Süden die Region um Maisur-Bangalore. An der Westküste des Subkontinents können wiederum zwei Regionen, Konkan und die Malabar, unterschieden werden.

Bildet der ‚Tribal Belt' eine Schwellenregion zwischen dem Tiefland des Nordens und dem Bergland des Südens, so verläuft mit den Eastern Ghats von Orissa bis zum Godaveri eine zweite Schwellenregion mit kargen Böden, mäßiger Landwirtschaft und geringer Bevölkerungsdichte. Eine weitere Schwellenregion befindet sich südlich des Krishna und trägt bezeichnender Weise den Namen Rayalaseema (Reichsgrenze), denn hier endete gerade bei der Großreichsbildung auf dem indischen Subkontinent die maximale Expansion aus dem Norden. Diese naturräumliche Scheidelinie ist auf lange Sicht auch eine kulturelle geworden, da sie die Grenze zwischen dem Telugu- und Tamil-Sprachgebiet bildet und damit den indo-europäischen Sprachraum an der Südspitze des Subkontinents vom dravidischen abtrennt. Die erste Schwellenregion scheidet den Hindi-Gürtel von Marathi. Nicht auf alle Schwellen- und Grenzräume lässt sich dieses Sprach- und Kulturschema übertragen, dennoch ist in einigen Fällen die zu beobachtende Koinzidenz verblüffend. In jedem Fall aber dürfte deutlich geworden sein, dass Landschaften und Naturräume auch Kultur- und Herrschaftsräume bestimmen, wenn nicht gar schaffen.

1.2. Geschichtswissenschaften und Geschichtsschreibung

Die Historiografie zur modernen Geschichte Indiens war bis zum letzten Viertel des 20. Jahrhunderts gespalten in die meist britischen „Imperialisten", die den langfristigen Nutzen der Kolonialherrschaft hervorhoben und die in der Regel auf indischer Seite stehenden „Nationalisten". Ein Zweig der ‚nationalistischen' Historiker thematisierte die ausbeuterischen kolonialen Herrschaftsverhältnisse und ein anderer Zweig postulierte die Höherwertigkeit der indischen Zivilisation im Vergleich zu Europa. Als Wasserscheide des alten und des neuen, sprich modernen Indien betrachteten alle Historiker das britische Kolonialregime, wie es sich im British *Raj* (Reich; Indien als Kronkolonie 1858-1947) manifestierte hatte. Inzwischen sind Fragen der Kontinuitäten indischer Wirtschafts- und Sozialstrukturen wie auch der Langlebigkeit und Wandlungsfähigkeit von Institutionen über die bis dahin strikt geschiedenen Verhältnisse vor, während und nach der britischen Kolonialherrschaft Gegenstand höchst spannender Debatten geworden. Dennoch setzte mit der wachsenden Nationalisierung der indischen Politik Ende des 20. Jahrhunderts eine Renaissance der nationalistisch-indischen Geschichtsschreibung ein, die nun in einer Variante bekannter Konstrukte versucht, die vorkolonialen Zustände zu idealisieren und den Briten die Rolle eines ‚kolonial-imperialistischen Kulturzerstörers' zuzuschreiben, was in dieser Pauschalität völlig inakzeptabel ist.[9]

Seit den letzten Jahrzehnten des 20. Jahrhunderts verstehen und interpretieren indische Historiker den Indischen Ozean in Analogie zum Mittelmeer als eine Weltregion und einen Kulturraum. Seine Anrainergebiete werden als größeres Ganzes gesehen und das Meer als verbindendes statt als trennendes Element betrachtet. Eine Fülle von neueren Untersuchungen zur Handelsgeschichte, zur Migration und zum Kulturaustausch liegt inzwischen vor, in denen Translokalität und Interkontinentalität in den Vordergrund treten. Vor allem wurde das historiografische Paradigma aufgebrochen, erst mit der europäischen ‚Entdeckung' des Seewegs nach Indien 1498 habe überhaupt die wirtschaftliche Entwicklung und ein reger Handelsaustausch zwischen den Küstenregionen des Indischen Ozeans eingesetzt. Immer deutlicher wird die Erkenntnis, dass Europäer, anders als bisher angenommen, zunächst nur partizipierten und wenig initiierten, während Inder wesentlich mobiler waren, als vermutet.[10]

Seit dem hier skizzierten Paradigmenwechsel in der Geschichtsforschung zu Südasien sind auch eine Reihe namhafter Gesamtdarstellungen zur indischen Geschichte publiziert worden. Die einzige deutschsprachige ist bislang die 1982 erschienene „Geschichte Indiens" von Herman Kulke und Dietmar Rothermund, die 1998 eine Zweitauflage erfahren hat.[11] Flüssig geschrieben, ist sie vor allem eine politische Geschichte des Subkontinents, die von der Induskultur bis zum Erscheinungsjahr des Buches reicht, wobei sich nach der Unabhängigkeit Britisch-Indiens 1947 die Darstellung auf die Indischen Union beschränkt und Pakistan und Bangladesh nur in Bezug zu dieser betrachtet werden. Neben dem Verdienst, die Geschichte Indiens überhaupt einem breiteren deutschsprachigen Publikum zugänglich gemacht zu haben, ist vor allem der deutlich zu erkennende innovative Wechsel hin zu einer indischen Perspektive hervorzuheben, der sich besonders bei der Darstellung indischer Reiche und Staaten durch die Jahrtausende wie auch des indischen Freiheitskampfes zeigt.[12]

---

[9] Zwei Werke seien stellvertretend hier genannt: Sushil Chaudhuri, *From Prosperity to Decline Eighteenth century Bengal* (Delhi 1995). Prasannan Parthasarathi, *The Transition to a Colonial Economy. Weavers, merchants and kings in South India, 1720-1800* (Cambridge 2001).

[10] Kirti N. Chaudhuri., *Asia before Europe. Economy and civilisation of the Indian Ocean from the rise of Islam to 1750* (Cambridge 1990). Michael Pearson, *The Indian Ocean* (London and New York 2003).

[11] Herman Kulke und Dietmar Rothermund, *Geschichte Indiens* (Stuttgart 1982, München 1998 mit dem Untertitel „Von der Induskultur bis heute").

[12] Ganz und gar unbrauchbar ist das Werk von Oskar von Hinüber, *Indiens Weg in die Moderne. Geschichte und Kultur im 19. und 20. Jahrhundert* (Aachen 2005), das in vielen Bereichen den Ansprüchen der geschichtswissenschaftlichen Disziplin als Teil der Sozialwissenschaften nicht genügt; vgl. besonders die Kapitel „Pax Britannica", S. 49-52 und „Der Aufstand von 1957", S. 70-74, in denen Fakten, Ansichten, Anekdoten und ‚orientalistische' Stereotypen in einer freien Geschichtserzählung vermengt werden.

Der Versuch, den konventionellen Darstellungen der indischen Geschichte aus Sicht der Indischen Union bzw. aus Hindu-Perspektive eine muslimisch akzentuierte Geschichte Britisch-Indiens entgegenzustellen, war nur zum Teil erfolgreich. Das voluminöse Geschichtswerk von S. M. Burke und Salim Al-Din Quraishi scheint lediglich eine Rechtfertigungsschrift zu sein, die die Notwendigkeit der Gründung eines muslimischen Staates auf dem indischen Subkontinent aus nunmehr historischer Sicht begründet. Wollte man den bisherigen Geschichten Indiens Einseitigkeit vorhalten, weil sie dem Indian National Congress unkritisch gegenüber standen und generell Sympathie für die Sache der Hindus zeigten, während die Muslime als die Spalter einer postulierten indischen Nation angesehen wurden, so müsste Burke und Quraishi nun mit einem ähnlichen Vorbehalt gelesen werden, zu offensichtlich sind die Reverenzen an die geistigen und politischen Väter Pakistans.[13]

Dem gegenüber bietet die Edition Christophe Jaffrelots, der als Herausgeber kompetente Autoren für einzelne Aspekte der pakistanischen Geschichte hat gewinnen können, einen kritischen Einstieg in die Geschichte Pakistans, die versucht, von den bisherigen Stereotypen abzugehen und dem Land wie dem Staat eine eigene Geschichte zuzubilligen, ohne in nationalistische Fahrwasser zu geraten.[14] Als weitere Lektüre ist das Standardwerk von Ian Talbot heranzuziehen, das einen leichten Zugang zur Geschichte Pakistans bietet.[15] Eine brauchbare Gesamtdarstellung der Geschichte Bangladeshs lässt momentan auf sich warten. Immerhin erhält man über Sirajul Islams handbuchartiger Geschichte Bangladeshs einen Einstieg in die Geschichte Bengalens seit 1704, die mit der Gründung des Staates Bangladeshs ihren Abschluss findet.[16] Nach wie vor den besten Zugang zur Geschichte Sri Lankas bietet Kingsley M. DeSilva, der für die moderne Geschichte der Insel gesellschaftspolitische und wirtschaftliche Prozesse in den Mittelpunkt stellt. Allerdings ist die Darstellung zum 20. Jahrhundert stark verfassungsgeschichtlich angelegt, was dem guten und kenntnisreichen Überblick jedoch keinen Abbruch tut.[17]

Mit zu den besten Gesamtdarstellungen der neueren indischen Geschichte gehört das Werk von Sumit Sarkar, „Modern India, 1885-1947“, das seit 1983 in mehreren Auflagen erschienen ist. Zwar orientiert es sich an den herkömmlichen Themen, Schwerpunktsetzungen und Periodisierungen, liefert aber erstmals das, was als eine moderne, sprich zeitgemäße und anspruchsvolle Gesellschaftsgeschichte Indiens bezeichnet werden könnte. Bedauerlich nur, dass der Autor keinen weitgespannteren Zeitraum abgedeckt hat.[18] Judith M. Browns „Modern India“ ist in-

---

[13] S. M. Burke and Salim Al-Din Quraishi, *The British Raj in India. An historical review* (Karachi etc. 1995).

[14] Christophe Jaffrelot (Hg.), *A History of Pakistan and its Origins* (Paris 2000, London 2002/2004).

[15] Ian Talbot, *Pakistan: A modern history* (London 1998).

[16] Sirajul Islam (Hg.), *History of Bangladesh, 1704-1971* (3 vols, Dhaka 1992).

[17] Kingsley M. De Silva, *A History of Sri Lanka* (Delhi etc. 1981).

[18] Sumit Sarkar, *Modern India, 1885-1947* (Delhi 1983).

zwischen zum Standardwerk avanciert, wenngleich es als einführende Lektüre mitunter zu detailreich ist. Im Rahmen der politischen Willensbildung und Formierung des indischen Staates werden die Kontinuitäten indischer Institutionen betont. Geleitet von der Beobachtung, dass sich in der Indischen Union als mehr oder weniger dem einzigen dekolonisierten Staat Asiens ein stabiles demokratisches System hat etablieren können, liegt auf dem Demokratisierungsprozess in Britisch-Indien der Schwerpunkt der Darstellung.[19]

Der Ansatz der französischen Südasienwissenschaftler, die unter der Ägide von Claude Markovits kapitelweise eine moderne Geschichte Indiens von 1480 bis 1950 schrieben, stellt zum einen den gelungenen Versuch dar, eine so umfassende Periode arbeitstechnisch und kompetenzorientiert überhaupt zu bewältigen, so dass in der Tat viele neuere Forschungsergebnisse und Interpretationsansätze in die Darstellung eingegangen sind. Doch werden andererseits konventionelle Formen der Präsentation nicht verlassen, wie sich beispielsweise an den überholten Periodisierungsphasen zeigt. Abgesehen davon wird diesem Werk zufolge Geschichte anscheinend nur in Britisch-Indien gemacht, während dem ‚fürstlichen Indien' mit mehr als 40 Prozent der Landfläche und etwa einem Viertel der Bevölkerung gerade einmal ein Unterkapitel von 25 Seiten gewidmet ist – genau so viel, wie das Unterkapitel über die Franzosen in Indien (bei einem Gesamtumfang von fast 600 Seiten). Dass ausnahmslos alle neueren Gesamtdarstellungen zur indischen Geschichte dieses Defizit aufweisen, demonstriert, wie unreflektiert die britische Historiografietradition oft noch fortgeschrieben wird.[20]

Ähnlich verhält es sich auch mit der Geschichte Indiens von Peter Robb. Sie ist stark personengeschichtlich ausgerichtet und mit Jahreszahlen gespickt. Betonen die meisten Südasienhistoriker inzwischen die kulturelle, politische und wirtschaftliche Vielfalt des Subkontinents und vor allem seiner Geschichte, bezieht Robb die gegenteilige Position und postuliert die Einheit Indiens im Unterschied zur Uneinigkeit Europas. Daher wirken zahlreiche Unterkapitel stark generalisierend. Dies trifft besonders auf die Darstellung zur wirtschaftlichen Entwicklung zu, bei der regionale Differenzen meist eingeebnet werden. Abgesehen davon beginnt die Modernisierung Indiens, laut Robb, im Wesentlichen mit der britischen Kolonialherrschaft. Sie wird ab der zweiten Hälfte des 18. Jahrhunderts als nahezu alleiniger dynamischer Faktor dargestellt. Inder treten – wenn überhaupt – nur als Reagierende auf. Sinnfälliger Ausdruck dessen ist das beigefügte Kartenmaterial, in dem der wachsende territoriale Besitzstand der Briten schattiert dargestellt wird, während das restliche Indien blank bleibt.[21]

Deutlich hiervon unterscheidet sich die kompakte Darstellung von Barbara D. und Thomas R. Metcalf, denen es auf gut 300 Seiten gelingt, ein breites Spektrum

---

19 Judith M. Brown, *Modern India. The origins of an Asian democracy* (Delhi etc. 1985).
20 Claude Markovits (Hg.), *A History of Modern India, 1480-1950* (London 2002, urpr. Titel: Histoire de L'Inde Moderne, 1994).
21 Peter Robb, *A History of India* (Houndmills 2002).

von Themen anzureißen und angemessen zu behandeln. Sehr narrativ angelegt, fehlt es der Darstellung jedoch mitunter an analytischer Schärfe.[22] Explizit als Studienbuch konzipiert, liefern Sugata Bose und Ayesha Jayal einen bisweilen sehr kursorischen Einstieg in die Geschichte Südasiens, bei dem gelegentlich auch Debatten und Ergebnisse der Forschung vorgestellt werden. In kompakten, jeweils etwa zehn Seiten umfassenden Kapiteln werden chronologisch bis zum Ausgang des 20. Jahrhunderts diverse Stationen der südasiatischen Geschichte vorgestellt. Dem Anspruch, eine südasiatische Geschichte schreiben zu wollen, wird insofern Genüge getan, als die Geschichte der Nachfolgestaaten Britisch-Indiens gleichgewichtig behandelt und auch Sri Lanka gelegentlich erwähnt wird.[23]

Höchst innovativ ist die Gesamtdarstellung der Geschichte Indiens durch Burton Stein. Als erklärter Gegner aller teleologischer, weil fortschrittsorientierter Geschichtsschreibung, regt der Autor dazu an, sein Buch auch von der Gegenwart in die Vergangenheit hinein zu lesen, da sich die Geschichte nicht als eine Abfolge von Ereignissen in der Zeit entfaltet habe, sondern eher als eine Auflistung zu lesen ist, bei der einzelne Posten variabel seien und daher stets neu platziert werden könnten. Für diese Verfahrensweise spreche auch, dass zwar noch zahlreiche neue Erkenntnisse über die konventionelle historische Forschung gewonnen würden, jedoch nur über eine neue Methodologie, die Neubewertung vorliegender Beweise und die Berücksichtigung dessen, was bislang nicht als Beweis zugelassen worden ist, die Möglichkeit bestünde, eine genuin indische Geschichte mit einer ihr zustehenden Eigenwertigkeit zu konstruieren.[24]

1.3. Periodisierung

Wollte man die neuzeitliche und insbesondere die politische Geschichte des indischen Subkontinents ab 1700 in Perioden einteilen, so böten sich folgende Zäsuren an. Generell kann auch für Südasien ebenso wie für Europa der Beginn der Neueren Geschichte um 1500 angesetzt werden, wobei ein herausragendes Ereignis die Errichtung der Mogul-Herrschaft in Delhi nach 1526 ist. Die größte territoriale Ausdehnung erreichte das Mogulreich Ende des 17. Jahrhunderts, doch machten sich zu dieser Zeit bereits zentrifugale Kräfte bemerkbar, weil die bislang effiziente zentrale Administration die Peripherie nicht integrieren und zu Beginn des 18. Jahrhunderts auch die Kontrolle über die alten Provinzen nicht mehr aufrecht erhalten konnte. Dieser Prozess fand seinen Höhepunkt 1761 in der Schlacht bei Panipat, das nördlich von Delhi liegt, als nach 1739, 1748 und 1757 die vierte Afghaneninvasion zu einer militärischen Pattsituation mit den nach Norden ex-

22 Barbara D. Metcalf and Thomas R. Metcalf, *A Concise History of India* (Cambridge 2002).

23 Sugata Bose and Ayesha Jayal, *Modern South Asia. History, culture, political economy* (London and New York 1997, 2ed edn 2004).

24 Burton Stein, *A History of India* (Oxford, UK/Malden,USA 1998).

pandierenden Armeen der westindischen Marathenverbände führte, ein Ereignis, das weiterreichende politische Konsequenzen nach sich ziehen sollte.

Die Absetzung der Moguln durch die Briten 1858 als Folge des Großen Aufstandes im vorausgegangenen Jahr stellt die nächste große Zäsur dar, denn von nun an setzten sie aufgrund ihrer siegreichen Waffen die alleinige Souveränität in Indien durch. Die politischen Reformversprechen, die die Briten den Indern im Ersten Weltkrieg für ihren personellen und finanziellen Einsatz in Aussicht gestellt hatten, wurden aus Furcht vor demobilisierten Soldaten mit Notstandsgesetzen konterkariert und endeten schließlich 1919 im Massaker von Jallianwala Bagh, mit dem das britische Kolonialregime seine Herrschaftslegitimation als zivilisierende Nation verlor. Zweifelsohne ist die Unabhängigkeit Britisch-Indiens 1947 mehr als nur eine Zäsur in der *indischen* Geschichte, vielmehr markiert sie das Ende einer weltgeschichtlichen Epoche, indem sie den weltweiten Dekolonisationsprozess einleitete.

Diese Periodisierung der Geschichte Indiens seit dem 18. Jahrhundert ist allein an der politischen Geschichte orientiert. Wollte man die Landwirtschaft und Waldbewirtschaftung als Grundlage nehmen, so bedeutete zum einen die Forstgesetzgebung für Britisch-Indien aus dem Jahr 1878, die anschließend auch in zahlreichen indischen Staaten übernommen wurde, eine Scheidegrenze. Von nun an wurden auch indische Wälder industriellen Bedürfnissen unterworfen, auch wenn vielerorts die Folgen der Gesetzgebung erst zu Beginn des 20. Jahrhunderts spürbar und sichtbar wurden. In den von den Briten seit dem Beginn des 19. Jahrhunderts eroberten und annektierten Gebieten setzte eine Agrarrevolution ein, die nicht nur die Anbaumethoden in manch Landstrich veränderte, sondern vor allem auch die Anbauprodukte, da zunehmend Nutzfrüchte (cash crops) wie Zuckerrohr und Baumwolle den Feldbau bestimmten. Kanalbewässerung und Eisenbahntransport beschleunigten diese Entwicklung ab der Mitte des 19. Jahrhunderts. Der Transformationsprozess war Ende des 19. Jahrhunderts nahezu irreversibel. Die so genannte „Grüne Revolution“ der 1960er Jahre mit ihrer kapitalintensiven und maschinisierten Landwirtschaft bedeuten für die Indische Union wie für Pakistan eine weitere Zäsur.

Mitte des 19. Jahrhunderts setzte auch die partielle Industrialisierung Britisch-Indiens ein, die allerdingd erst mit der Unabhängigkeit einhundert Jahre später und der sofortigen staatlichen Förderung der Schwerindustrie einen neuen und dann nachhaltigen Schub erhielt. Nimmt man die Migration von Indernnen und Indern als Maßstab einer Periodisierung, böte sich die gezielte Anwerbung ab 1840 für die überseeischen wie auch die auf dem Subkontinent entstehenden Plantagenwirtschaften als Zäsur an – zumal seit der Mitte des 19. Jahrhunderts Rekrutierungen für Industriebetriebe hinzukamen. Der Anwerbungsstopp für überseeische Arbeitskräfte von 1917 stellt eine weitere Zäsur dar, wenn sie auch nicht das Ende der Arbeitsmigration bedeutete. Die Vertreibung von indischen Migranten aus Ostafrika sowie verlockende europäische wie US-amerikanische und kanadische Arbeitsmärkte lösten seit den 1970er Jahren weitere Wanderungsbewegungen aus. Seitdem wird auch von einer globalen indischen Diaspora gesprochen.

Grenzen und Möglichkeiten einer Periodisierung dürften hier deutlich geworden sein. In jedem Fall aber sind Periodisierungen sinnvoll, um sich einen chronologischen Überblick zu einem bestimmten Themenfeld zu verschaffen. Dass einzelne Daten bisweilen tatsächlich eine Zäsur bedeuten, ist ebenso unbestritten wie der Umstand, dass wir es in vielen Fällen mit Übergangsperioden und Phasen des Wandels zu tun haben, deren Anfänge und Wirksamwerdung weit auseinanderliegen können. Und so soll auch diese Periodisierung der neueren indischen Geschichte ein Beitrag dazu sein, ein komplexes Zeitfeld, auf dem lineare Entwicklungen die Ausnahme sind, einigermaßen sicher beschreiten zu können.

1.4. Zu Machart und Aufbau dieses Buches

Von den bisherigen Gesamtdarstellungen zur indischen Geschichte will sich das vorliegende Werk deutlich abheben. Die schiere Größe des indischen Subkontinents und die Vielfalt seiner Regionen, Landschaften, Bewohner und Kulturen lässt eine einheitliche chronologische Darstellung kaum mehr zu. Zu groß wäre die Gefahr, dass sie kursorisch und sprunghaft wird. Daher werden verschiedene Themenblöcke gebildet, die die Vielfalt von Geschichte demonstrieren sollen. Über diesen pluralistischen Ansatz alleine ist es möglich, die Geschichte Südasiens adäquat darzustellen. Will man den diversen gesellschaftlichen Kräften und den Auswirkungen menschlichen Handelns Rechnung tragen, ist eine exklusiv politische, wirtschaftliche oder soziale Geschichtsschreibung nicht die angemessene Form für eine Gesamtdarstellung. Aus diesem Grund versucht dieses Buch, eine Gesellschaftsgeschichte Südasiens zu entwerfen, basierend auf den Themen ‚Staatsformierungen', ‚Agrarwirtschaft', ‚Migration', ‚Urbanisierung' und ‚Wissen'. Freilich soll hier nicht das letzte Wort gesprochen als vielmehr der momentane Erkenntnisstand einer schwierigen historiografiegeschichtlichen Situation wiedergegeben werden, die von kolonialer und post-kolonialer Geschichtsschreibung in den Selbstfindungsprozessen südasiatischer Nationen geprägt ist.

Um den Zugang zu den Themenbereichen zu erleichtern, beginnen alle Kapitel mit einem allgemeinen und theoretischen Vorspann, der über den hier behandelten Zeitraum hinausgeht. Die zahlreichen Karten und Abbildungen dienen nicht der reinen Illustration, vielmehr sind sie stets als Anschauungs- und Lehrmaterial zu verstehen. In die Darstellung eingebunden sind historiografische Debatten. Ebenso werden neueste Forschungspositionen vorgestellt. Diese Einschübe zeigen an, dass Geschichte nicht etwas Festgeschriebenes ist, sondern der permanenten Diskussion und Neuinterpretation unterliegt. Die *kursiv* gesetzten Begriffe aus indischen Sprachen werden meist im Text erläutert, sind aber noch einmal in einem Glossar aufgelistet. Alle Wörter und Begriffe, die mit einem * versehen sind, werden in den grau unterlegten Kästen separat erläutert, da sie innerhalb des Fließtextes einen störenden Exkurs nötig gemacht hätten.

Die Auswahl der modulartigen Themenblöcke erfolgte nach den Kriterien, die sich seit den 1980er Jahren als neue Forschungsschwerpunkte der historischen Wissenschaften zu Südasien herauskristallisiert haben. Der Entstehung der neuzeitlichen Staaten bzw. Staats- und Reichsbildungsprozessen gilt nach wie vor großes Interesse, das unter anderem dazu beitrug, das stereotype Bild vom politisch statischen Indien zu revidieren. Die indische Landwirtschaft besaß stets die Aufmerksamkeit aller Südasienhistoriker, bildeten doch Bauer und Boden das Rückgrat der Kolonialherrschaft. Inzwischen aber hat sich das Interesse von der reinen Wirtschaftsgeschichte hin zur Sozialgeschichte verlagert. Nach Fragen der Landverteilung und der Steuerbemessung tritt nun zunehmend die soziale Mobilität der ländlichen Bevölkerung in den Vordergrund, wo und wann Schichten oder gar Klassen neuer wohlhabender Bauern entstanden und wo und wann eine Verelendung landarmer und landloser Bauern begann und ob diese Prozesse noch anhalten. In Zentrum steht stets die Frage, ob und inwiefern der britische Kolonialstaat diese Entwicklung beeinflusst hat.

Weltweit wuchs in den 1980er Jahren, nachdem die Grenzen des Wachstums sichtbar geworden waren, das Umweltbewusstsein. In der Bundesrepublik war „Waldsterben" das Schlagwort der Zeit, das auch weit über Deutschland hinaus bekannt wurde und wesentlich zu einem allgemeinen Umweltbewusstsein beitrug. In Indien gab es jedoch schon in den 1970er Jahren Vorläufer in der Waldschutzbewegung „Chipko", die sich gegen die fortgesetzte industrielle Inwertsetzung indischer Wälder massiv zur Wehr setzte. Bald begann auch eine historische Aufarbeitung des Themenfeldes, und bis heute hat das Interesse an den Wäldern Indiens und ihren historisch bedingten Nutzungsformen samt der Entrechtung und Ausgrenzung der lokalen Bevölkerung nicht nachgelassen.

Wie im Bereich der Landwirtschaft ist auch im Bereich der Industrialisierung die Frage nach der Mobilität von Arbeitskräften in das Blickfeld historischer Forschung gerückt. Noch bevor in Indien zögerlich die Industrialisierung einsetzte, fanden gezielte Anwerbungen für die überseeischen Plantagenbesitzer in den britischen Kolonien des Indischen Ozeans statt, um dort den chronischen Arbeitskräftemangel auszugleichen. Fragen der Arbeits- und Migrationsorganisation spielten für den britischen Kolonialstaat in Indien eine große Rolle, was sich ab Mitte des 19. Jahrhunderts auch für die Fabriken in den Industriezentren Bombay, Ahmadabad und Calcutta, aber auch für die Teeplantagen Assams zeigen sollte. Diese anfängliche Migration legte die Basis für das, was heutzutage als Indische Diaspora bezeichnet wird. Mag diese Charakterisierung zu Teilen auf der Instrumentalisierung indischer Auswanderer durch indische Nationalisten beruhen, muss gleichwohl zugestanden werden, dass Inder und Inderinnen in ‚Übersee' eine wachsende Rolle in den Gesellschaften einnehmen und sie sich gerade dort trotz aller Unterschiede in Südasien oft ihres indischen Ursprungs bewusst werden.

Industrialisierung und Urbanisierung sind zwei nicht voneinander zu trennende Phänomene der neueren Geschichte. Erneut taucht das Problem der Zuwanderung von Arbeitskräften und ihre Ansiedlung auf. Zum einen stellt sich damit die

Frage der Identitätsbildung wie auch der Klassenbildung von Arbeitern in ihrer neuen städtischen Umgebung, zum anderen werden Fragen der Arbeitsorganisation im Rahmen von Fabrikarbeit relevant. Machte sich der Zuzug von Arbeitssuchenden besonders in den Industriezentren in der immensen Verdichtung von Wohnraum bemerkbar, so hatten auch andere Städte Indiens ein rapides Bevölkerungswachstum zu verzeichnen und wie jene unter den Problemen von Wohnungsknappheit, mangelnder Wasserversorgung, unzureichender Abwasser- und Fäkalienbeseitigung und schlechter medizinischer Versorgung zu leiden. Während man in Europa die Folgen der Urbanisierung durch Stadtplanung zu steuern versuchte, ist die britische Kolonialmacht in Indien diese Probleme nur unzureichend angegangen.

Die Frage, ob Indien im Zuge der britischen Kolonialherrschaft modernisiert worden sei, ist nach wie vor ein umstrittenes Forschungsterrain, allzumal hier auch gerne ideologische Scharmützel ausgefochten werden. Gerade die letzten Jahrzehnte vor der Wende zum 21. Jahrhundert haben gezeigt, dass die westlich-europäischen Naturwissenschaften, besonders die Medizin, systematisch indisches Wissen und Formen der Wissenschaften zurückgedrängt haben, Wissen, das inzwischen wieder reaktiviert und allgemein angewendet wird. Dampferzeugte Energie zum Antrieb von Maschinen samt der Mobilisierung von Menschen ist nach wie vor der Gradmesser, mit dem viele Historiker den universalhistorischen Fortschritt und somit auch den Indiens während der Kolonialzeit messen. Gerne werden als Beweis für die Modernisierung oder deren Ausbleiben beeindruckende Zahlenreihen aufgeführt. Der langfristige Schaden und Nutzen von gigantischen Konstruktionsprojekten im Kanal- und Eisenbahnbau, die in den Nachfolgestaaten Britisch-Indiens, vor allem in der Indischen Union mit Elan weiter verfolgt wurden, sind erst seit den 1970er Jahren analysiert und bisherige, von positivistischem Fortschrittsglauben geprägte Resultate revidiert worden.

Bekannte Themenfelder haben durch neue Fragestellungen eine neue Relevanz erhalten und zugleich sind ganz neue Themenbereiche Gegenstand des historischen Forschungsinteresses zu Südasien geworden. Die Hauptströmungen werden in dem vorliegenden Buch vorgestellt, teilweise werden weiterführende Themenfelder angesprochen. Bei der Fülle des Stoffs versteht sich, dass nicht alle Aspekte die gleiche Aufmerksamkeit erfahren konnten. Manche Lücke musste bestehen bleiben, Vollständigkeit war aber auch nie anvisiert. Allerdings erhebt die vorliegende „Geschichte Indiens“ den Anspruch, den Zugang zu einer vermeintlich fremden Weltregion zu eröffnen, das Interesse an ihr zu wecken und zu weiterer Beschäftigung zu animieren.

Literatur

Bronger, Dirk, *Indien. Größte Demokratie der Welt zwischen Kastenwesen und Armut* (Gotha 1996).

Bohle, Hans-Georg, Ökologische Grundlagen: Naturraum und Klima, in: Dietmar Rothermund (Hg.), *Indien. Kultur, Geschichte, Politik, Wirtschaft, Umwelt. Ein Handbuch* (München 1995), S. 19-28.

Bose, Sugata and Ayesha Jayal, *Modern South Asia. History, culture, political economy* (London and New York 1997).

Brown, Judith M., *Modern India. The origins of an Asian democracy* (Delhi etc. 1985).

Burke, S. M., and Salim Al-Din Quraishi, *The British Raj in India. An historical review* (Karachi etc. 1995).

Cohn, Bernard S., Regions subjective and objective: Their relation to the study of modern Indian history and society, in: ders., *An Anthropoligist among the Historians* (Delhi etc. 1987), S. 100-135.

Chaudhuri, Kirti N., *Asia before Europe. Economy and civilisation of the Indian Ocean from the rise of Islam to 1750* (Cambridge 1990).

Chaudhuri, Sushil, *From Prosperity to Decline. Eighteenth century Bengal* (Delhi 1995).

De Silva, Kingsley M., *A History of Sri Lanka* (Delhi etc. 1981).

Farmer, B. H., *An Introduction to South Asia* (London and New York, 2nd edn 1993).

Hinüber, Oskar von, *Indiens Weg in die Moderne. Geschichte und Kultur im 19. und 20. Jahrhundert* (Aachen 2005).

Islam, Sirajul (Hg.), *History of Bangladesh, 1704-1971* (3 vols, Dhaka 1992).

Jaffrelot, Christophe (Hg.), *A History of Pakistan and its Origins* (Paris 2000, London 2002/2004).

Kulke, Hermann, und Dietmar Rothermund. *Geschichte Indiens. Von der Induskultur bis heute* (2. Aufl., München 1998).

Markovits, Claude, (Hg.), *A History of Modern India, 1480-1950* (London 2002, urpr. Titel: Histoire de L'Inde Moderne, 1994).

Metcalf, Barbara D. and Thomas R. Metcalf, *A Concise History of India* (Cambridge 2002).

Parthasarathi, Prasannan, *The Transition to a Colonial Economy. Weavers, merchants and kings in South India, 1720-1800* (Cambridge 2001).

Pearson, Michael, *The Indian Ocean* (London and New York 2003).

Robb, Peter, *A History of India* (Houndmills 2002).

Sarkar, Sumit, *Modern India, 1885-1947* (Delhi 1983).

Stang, Friedrich, *Indien. Geographie, Geschichte, Wirtschaft, Politik* (Wissenschaftliche Länderkunde, Darmstadt 2002).

Stein, Burton, *A History of India* (Oxford,GB/Malden,USA 1998).

Talbot, Ian, *Pakistan: A modern history* (London 1998).

2. Reichsbildung und Staatsformierung

2.1. Formen und Modelle

Großreiche und Einheitsstaaten sind in Indien die Ausnahme zur Regel der zahlreich entstehenden, eingegliedert werdenden oder untergehenden Reiche und Staaten. Das Maurya-Reich unter Ashoka (reg. 268–233 v. Chr.) war ein solches Großreich, das nahezu den gesamten indischen Subkontinent umfasste, auch das Reich der Guptas war ein Großreich, das sich zwischen 320 und 500 n. Chr. über ganz Nordindien erstreckte und lediglich den Dakhan südlich des Narmada-Flusses nicht integrieren konnte. Das Großreich der Moguln entstand nach 1525, als Baber (1483–1530) von Afghanistan aus Delhi eroberte und dort die Herrschaft der Timuriden errichtete. Sein Nachfahre Akbar (reg. 1556–1605) führte das Mogul-Reich zur kulturellen Blüte und Aurangzeb (reg. 1658–1707) brachte es auf seine maximale territoriale Ausdehnung. Militärisch und administrativ war es jedoch nicht mehr zentral zu verwalten, weshalb in den 1720er Jahren in einzelnen Provinzen des Reiches die Formierung neuer Staaten einsetzte, die vielfach auch mit den historischen Regionen Indiens identisch waren. Teilweise besaßen die neuzeitlichen Staaten wie Awadh oder Haiderabad die Fläche von zeitgenössischen europäischen Staaten wie Frankreich oder Spanien, bisweilen hatten sie lediglich die Größe und Bedeutung von deutschen Duodezfürstentümern, so in Rajastan oder Orissa. Im nordindischen Rohilkhand und im zentralindischen Bhopal errichteten einwandernde Afghanengeschlechter neue Dynastien. Über weite Teile Zentralindiens dehnten die Marathen aus Maharashtra ihren Herrschaftsbereich aus.[1]

Bis auf eine Ausnahme erklärte jedoch keiner der sich formierenden Staaten seine formale Unabhängigkeit vom Mogul-Reich. Hingegen wurde im Zuge der politischen Verselbstständigung einzelner Reichsteile die rituelle Macht des Mogul um so wichtiger, weil er mehr denn je als Quell und Ursprung von Ehren und Würden der legitimen Herrschaft betrachtet wurde. Im 18. Jahrhundert entstand allmählich ein Mogul-Mythos, dessen Kräfte bindender waren als die vormals militärisch-politische Dominanz. Auch die Briten reihten sich als neue Territorialherren, wenn auch stets unwillig, in das Souveränitätsgefüge der Moguln ein, deren Reich de jure 1858 mit der Niederschlagung des Großen Aufstandes gegen die expandierende britische Kolonialherrschaft zu Ende ging. Erst jetzt wurde das auf dem indischen Subkontinent zu beobachtende herrschaftliche Ordnungsprinzip

---

[1] Peter J. Marshall, Introduction, in: ders., (Hg.), *The Eighteenth Century in Indian History. Evolution or revolution?* (Delhi etc. 2003), S. 1-6. Aus Platzgründen kann auf den Staatsbildungsprozess der Ruhelas in Nordindien nicht eingegangen werden, es sei jedoch auf das Standardwerk Iqbal Husain, *The Ruhela Chieftaincies. The rise and the fall of Ruhela power in India in the eighteenth century* (Delhi etc. 1994) verwiesen.

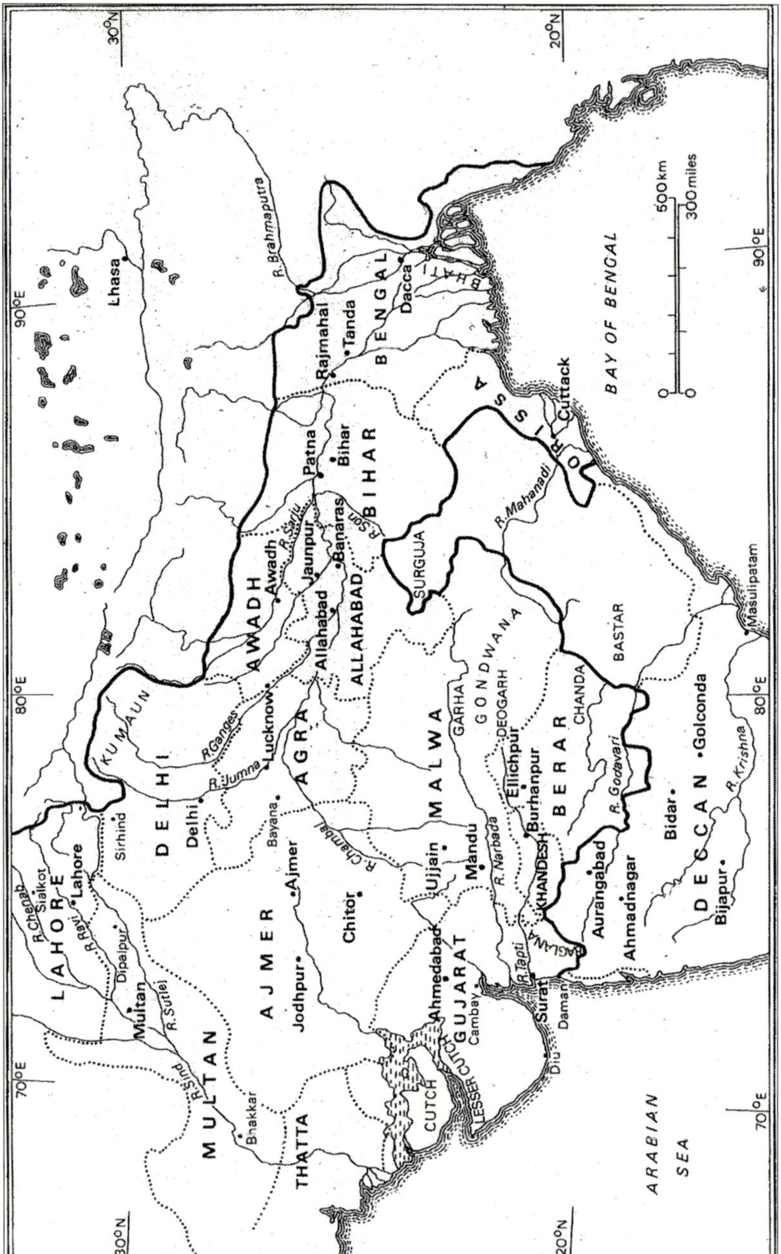

Abb. 5: Die Provinzen des Mogul-Reiches um 1700.

der geteilten Souveränität, das sich im 18. Jahrhundert erneut und verstärkt durchgesetzt hatte, durch die nach europäischer Auffassung ungeteilte Souveränität der Briten abgelöst. In ihrem Kolonialreich konservierten sie dann die bisweilen dynamischen Staatsbildungsprozesse, und erst die Unabhängigkeitsbewegung der 1920er und 30er Jahre führte in Indien zu einer neuen politischen Willensbildung.[2]

Eine historische Zäsur in der Geschichte des Mogul-Reiches bedeutete die Schlacht von Panipat im Jahr 1761, die zwischen dem afghanischen Invasionsheer unter Ahmad Shah Abdali und einem Bündnis von Marathenfürsten ausgefochten wurde, um ihren jeweiligen Einfluss in den nordindischen Panjab auszudehnen. Einerseits dokumentierte die Schlacht die militärischen Grenzen der beiden Mächte, andererseits vertrieben die Singhs von Amritsar, ein Sikh*-Fürstengeschlecht, noch im selben Jahr den *faujdar* (Militärgouverneur) Ahmad Shah Abdalis und brachten sämtliches Land zwischen Satlej und Indus unter ihre Kontrolle. Nachdem die Singhs bereits 1748 den Mogul-*faujdar* aus Amritsar vertrieben hatten, erklärten sie nun im Jahr 1765 formell ihre Unabhängigkeit vom Mogul- wie auch vom Afghanen-Reich und brachten dies zum Ausdruck, indem sie als souveräne Herrscher fortan ihre eigenen Münzen schlugen.[3] Mitnichten entstand hier ein politisch-militärisches Vakuum, wie in der Historiografie gelegentlich geschildert,[4] sondern ein neuer Staat scherte definitiv aus dem Reichsverband der Moguln aus und konnte auf dessen administrativen und militärischen Strukturen sein Staatsgebiet zunächst konsolidieren und schließlich reformieren.[5]

Im Osten des Reiches erhielt die englische East India Company (EIC)* nach der Schlacht von Baksar 1764 von Mogul Shah Alam II. (reg. 1759–1806) im darauf folgenden Jahr die *diwani* der Mogul-Provinz Bengalen, Bihar und Orissa, was den Einzug und die Weiterleitung der Steuern aus der Provinz an den Mogul sowie die damit verbundene zivile Rechtsprechung beinhaltete. Innerhalb des verfassungsrechtlichen Gefüges des Mogul-Reiches bedeutete diese Amtsvergabe jedoch keinen Bruch, schließlich ernannte Shah Alam II. unter dem Gesichtspunkt der Staatsraison einen ihm verlässlichen Partner zur Steuererhebung. Die Briten konstruierten aus diesem Ereignis bald den Beginn ihrer Kolonialherrschaft – in der Tat waren sie zum de facto Herrscher in Bengalen geworden – und gleichzeitig den Beginn einer indischen Moderne.[6]

---

[2] Dietmar Rothermund, *Die politische Willensbildung in Indien, 1900-1960* (Wiesbaden 1965).

[3] J. S. Grewal, *The Sikhs of the Punjab* (=The New Cambridge History of India II,3, Cambridge 1990), S. 88-95. Hari Ram Gupta, Declaration of Sikh sovereignty, in: J. S. Grewal and Indu Banga (Hg.), *The Khalsa over 300 Years* (New Delhi 1999), S. 64-67.

[4] Vgl. beispielsweise Dietmar Rothermund, *Geschichte Indiens. Vom Mittelalter bis zur Gegenwart* (München 2002), S. 50-51.

[5] Indu Banga, Formation of the Sikh state, 1765-1845 in: ders., *Five Panjab Centuries. Polity, economy, society and culture, c. 1500-1990* (Delhi 1997), S. 84-111.

[6] So Peter J. Marshall, *Bengal: The British bridgehead. Eastern India 1740-1828* (=The New Cambridge History of India, II,2, Cambridge 1987), S. 76-95, der in der Investitur der EIC zum *diwan* in Allahabad durch Shah Alam II. einen „formal transfer of power" (S. 89) sieht. Vgl. hingegen Michael Mann, *Bengalen im Umbruch. Die Herausbildung des britischen Kolonialstaates 1754-1793* (Stuttgart 2000), S. 57-93.

Die britische Niederlassung der East India Company in Bombay. Im Auftrag der EIC erstelltes Ölgemälde von George Lambert und Samuel Scott (1732).

Die **East India Company**, (EIC) 1600 von Londoner Fernkaufleuten gegründet und von der englischen Monarchin Elisabeth I. als Monopolgesellschaft für den Handel asiatischer Güter mit Europa privilegiert, war zunächst eine einfache Gesellschaft, die Kapital für einzelne Fahrten aufbrachte und aus dem Erlös der Warenverkäufe anteilmäßig die Gewinne verteilte. In Asien wurden die ersten Faktoreien über Privilege der örtlichen Fürsten eingerichtet. Oliver Cromwell (1599-1658) erneuerte 1657 das Privileg unter der Auflage, künftig eine „joint stock company" zu bilden. Damit war der dauerhaften Kapitalbindung der Weg geebnet und ein Aktienunternehmen moderner Art ins Leben gerufen worden. Wegen der lukrativen Handelsprofite ist das Monopol der EIC jedoch permanent unterlaufen worden, und Ende des 17. Jahrhunderts wurde sogar eine zweite Ostindiengesellschaft gegründet. Um einerseits der für die Vertragspartner in Indien verwirrenden Situation, andererseits der schädlichen heimischen Kapitalkonkurrenz zu begegnen, vereinigte das königliche Privileg von 1709 die beiden Unternehmen.
Die scharfe Konkurrenz zur 1602 gegründeten niederländischen Verenigden Oostindischen Compagnie (VOC) veranlasste den Aufsichtsrat in London, seine Geschäftsaktivitäten von den Gewürzen Südostasiens auf die bislang kaum beachteten Textilien Südasiens zu verlegen. Mit Kapital, das auf den Finanzmärkten Europas aufgebracht wurde, begann der Einstieg in einen asiatischen Warenkreislauf, der mit dem lukrativen Export von Textilien und Gewürzen nach London und dem Re-export nach Europa endete. Um den Handel zu stabilisieren, bemühte sich die EIC um dauerhafte Handelsniederlassungen, die unter eigener Kontrolle standen. In Indien konnte sie 1639 Madras und 1690 Calcutta gründen, 1668 Bombay von der englischen Krone pachten. In Anlehnung an die Verwaltungsstrukturen der VOC nannte die EIC ihre Handelssitze „Presidency". Von hier aus begann vor dem Hintergrund indischer und europäischer Erbfolgekriege um die Mitte des 18. Jahrhunderts die allmähliche territoriale Durchdringung des indischen Subkontinents, die nach einhundert Jahren abgeschlossen war.

Finanzielle Machenschaften, die 1771 fast zum Bankrott der EIC geführt hätten, veranlassten das englische Parlament, Untersuchungsausschüsse einzusetzen. Die Gesetzgebung von 1773 und von 1784 transformierte das Handelsunternehmen zur kolonialen Verwaltungsgesellschaft, die ihre territorialen Besitzungen in Indien, so der offizielle Sprachgebrauch, in das wachsende British Empire integrierte. Die Monopolcharter der EIC wurde 1813 und 1833 unter sukzessivem Abbau der Handelsprivilegien erneuert, blieb aber, trotz des merkantilistischen Anachronismus, in den Zeiten des Wirtschaftsliberalismus bestehen. Erst der Große Aufstand indischer Soldaten, Händler und Bauern der Jahre 1857-58, der nur mit Mühe niedergeschlagen werden konnte, bedeutete das Ende der EIC-Herrschaft in Indien.
(Literatur: Philip Lawson, *The East India Company. A history*. London and New York 1993; Kirti N. Chaudhunri, *The Trading World of Asia and the English East India Company, 1660-1760*. Cambridge 1978; Michael Mann, *Bengalen im Umbruch. Die Herausbildung des britischen Kolonialstaates 1754-1793*. Stuttgart 2000).

Aus Gründen der Legitimität leugneten sie freilich alle Aspekte der Kontinuität und ließen das Jahr 1765 als Zäsur und den Beginn einer neuen Ära erscheinen.[7]
Zurecht ist diese Konstruktion in den vergangenen Jahrzehnten durch eine kritische Geschichtsschreibung bezweifelt worden. Vor allem gegen das herkömmliche Bild vom ‚Verfall des Mogulreiches' (*decline of the Mughal Empire*) und der Entstehung von so genannten ‚Nachfolgestaaten' (*successor states*) ist Stellung bezogen worden. Keiner der entstehenden Staaten hat sich in der Nachfolge eines untergehenden Reiches gesehen. Um den Staatsbildungsprozessen auf dem indischen Subkontinent gerecht werden zu können, betont die neuere Forschung mittlerweile langfristige Entwicklungen. Sie sucht nicht nur Kontinuitäten zum Mogul-Reich, sondern stellt sie auch zu Vorgängerregimen wie dem Reich von Vijayanagara in Südindien her. Gleichzeitig wird davor gewarnt, bei diesen Kontinuitätskonstruktionen nicht erneut einer Historiografie zu verfallen, die auf die Unveränderlichkeit und implizite Statik der indischen Geschichte hinausläuft. Interne Unterschiede einzelner Staatsformierungsprozesse müssen ebenso beachtet werden wie externe Entwicklungen.[8]

Generell betont dieser revisionistische Ansatz die Verdichtung ökonomischer Aktivitäten auf den lokalen Ebenen, die mit einer Intensivierung der Land-Stadt Beziehungen in Form von Waren- und Menschenaustausch einherging. Diese ‚Rurbanisierung' war durch eine kommerzialisierte Landwirtschaft, wie sie auf dem südlichen Dakhan, in Bihar und Bengalen sowie in Teilen Gujarats und Maharashtras zu beobachten war, möglich geworden. Gleichzeitig setzte in den genannten Regionen eine Zentralisierung des Steuereinzugs durch administrative und

---

[7] Kritisch zu dieser Geschichtsauffassung der grundlegende Aufsatz von Frank Perlin, Proto-industrialization and pre-colonial South Asia, in: *Past and Present* 98 (1983), S. 32.

[8] Frank Perlin, State formation reconsidered, in: *Modern Asian Studies* 19,3 (1985), S. 420-425. Einen guten Überblick bietet Christopher A. Bayly, *Indian Society and the Making of the British Empire* (=New Cambridge History of India, II,1, Cambridge 1988), S. 7-44.

fiskalische Reformen ein. Vor allem neue Bemessungsgrundlagen für die Landsteuern und eine gewisse Bürokratisierung sowie die fortschreitende Monetarisierung der Wirtschaft führten zu einer intensiveren Steuererhebung, die dichter als bisher an den Produzenten von Agrargütern und Handwerkserzeugnissen lag. Mit dem Zentralisierungsprozess ging jedoch auch eine gewisse Dezentralisierung einher, wenn zur Intensivierung des Steuereinzugs Rechte an Personen vergeben wurden, die dafür Ländereien als *watan* (erblicher Landbesitz) oder als *inam* respektive *mu'afi* (steuerfreies Land) erhielten. So entstanden mitunter semi-autonome Herrschaftsbereiche, die sich allmählich der zentralen Kontrolle entzogen, ohne dass dadurch ein Ausscheren aus dem politischen System intendiert war.[9]

Südasienhistoriker haben seit den 1980er Jahren versucht, die im 18. Jahrhundert zu beobachtenden Staatsbildungsprozesse in verschiedenen Modellen darzustellen, mit deren Hilfe sie das Phänomen angemessen erklären wollen. Den Anfang machte Burton Stein mit seinem Modell des segmentären Staates *(segmentary state)*, das von den europäischen Konzepten des Einheitsstaates mit seiner Souveränität innerhalb eines klar begrenzten Territoriums ebenso abwich wie von der damit verbundenen Vorstellung einer zentralisierten Verwaltung, basierend auf einer effizient arbeitenden Bürokratie und dem Monopol der Staatsgewalt. Im Gegensatz dazu stellte Stein den segmentären Staat als Pyramide von Herrschaftsbeziehungen vor, die aus autonomen politischen Einheiten mit einer geteilten Souveränität bestanden. Gemeinsames Band war die ‚rituelle' Souveränität eines Oberherrschers über Fürsten und kleine Herrscher, der die diversen Teile des Reichsverbandes zusammenhielt.[10]

Nicholas Dirks ergänzte dieses Modell mit seinem Konzept des ‚little king'. Dirks Innovation bestand darin, die Trennung von ‚politischer' und ‚ritueller Souveränität' eines solchen Herrschers aufgehoben und so das Verhältnis von Macht und Ritual neu ausgeleuchtet zu haben. Die Macht diente demnach dem Ritual, nicht umgekehrt. Zeremonie war nicht Form, sondern Inhalt. Zentraler Bestandteil des Rituals ist das königliche Darreichen von Geschenken, sei es symbolischer Art durch Überreichung oder Anlegung von Kleidungsstücken, sei es materieller Art in Form von Landschenkungen und Steuerexemptionen als konstitutiven Elementen des Staates. Segmentäre Staaten besitzen verschiedene politische Zentren, in denen Herrschaft und Macht (*rajadharma*) durch viele ausgeübt wird. Die ‚little kings' verfügen dort über eine variierende rituelle Selbständigkeit, während die höchste Souveränität bei einem allge-

---

[9] Frank Perlin, State formation reconsidered, S. 463, 475-476 und ders, Problem of the eighteenth century, S. 54-55. Siehe auch David A. Washbrook, Progress and problems: South Asian economic and social history c. 1720-1860, in: *Modern Asian Studies* 22,1 (1988), S. 62-72.

[10] Das Modell ist ausführlich dargestellt in Burton Stein, *Vijayanagara* (=The New Cambridge History of India I,2, Cambridge 1989).

[11] Den Begriff ‚little kingdom' führte Bernard S. Cohn ein in Political systems in eighteenth-century India: The Benares region' in ders., *An Anthropologist among the Historians and other Essays* (Delhi etc., 1987), S. 483-499, bes. S. 489. Ursprünglich war der Artikel im *Journal of the American Oriental Society*, 86, 3 (1962) erschienen. Anschließend etablierte Richard G. Fox, in seinem *Kin, Clan, Raja and Rule: State-hinterland relations in pre-industrial India* (Berkeley

mein anerkannten König (*raja*, *maharaja*) liegt.[11] Dirks hat sich allerdings den Vorwurf zugezogen, mit dieser Interpretation religiöse Rituale in machiavellistischer Manier als bloße Werkzeuge des politischen Machtsystems zu sehen.[12]

Hermann Kulke hat sowohl das Modell des eher monozentrischen ‚segmentary state' als auch das des ‚little king' erweitert und eine erhebliche räumliche wie zeitliche Ausweitung vorgenommen. Darüber gelangte er zu seinem evolutionistischen Modell des *samantacakra*, der polyzentrischen Prozesse der Reichsbildung auf Mikro- und Meso-Ebenen. In idealtypischer Form entstehen solche Reiche über drei Stadien hinweg. Zuerst erfolgte die Einbindung der von Stammesbevölkerung geprägten Randzonen eines kleinen Herrschaftsbereiches unter Ausbildung herrschaftslegitimierender Rituale. Sofern die agrarwirtschaftliche Basis eine Überschussproduktion erlaubte, konnten umliegende Herrschaftsbereiche in die Einfluss-Sphäre dieses ökonomisch und politisch potenteren ‚little kingdom' gezogen werden. So entstand allmählich eine pyramidale Ordnung, aus der dann Reiche größerer Ordnungen hervorgingen.[13] Die mit dem Modell des segmentären Staates eingebundenen Rivalitäten der verschiedenen ‚little kings' versuchte André Wink mit dem Prinzip der ständig wechselnden Allianzen und Abspaltungen von Herrschaftsbereichen (*fitna*), die er anhand der Staatsformierungsprozesse im Maratha *swarajya* des 18. Jahrhunderts beobachtet hatte, zu erklären. Auch dieses Modell beruht auf der geteilten Souveränität und sich überlappender Einfluss- und Herrschaftsbereiche von über- wie untergeordneten Machtinhabern.[14]

‚Little kingdoms' sind demnach hoch dynamische, relativistische und prozessuale Herrschaftsformen, die am besten als Netzwerk von Beziehungen zwischen Königen unterschiedlicher Rangstufen beschrieben werden können. Ein ‚little king' steht in einem wechselhaften und spannungsreichen Verhältnis zu einem anderen König, der als ‚groß' angesehen ist. Dieser ist ‚groß', weil er über die politischen und rituellen Ressourcen zur Um- und Verteilung von Ländereien, Ämtern, Titeln und Ehren verfügt, die seinen übergeordneten Status königlicher Autorität symbolisieren. Mit deren Hilfe gelingt es ihm, die ‚little kings' verschiedener Ränge in seinen ‚universalistischen' Herrschaftsorbit zu ziehen, zu halten und gegebenenfalls auch wieder zu verlieren. Macht, so scheint das Modell des ‚little king' nahe zu legen, war in Indien eher verhandelbar. Das schloss freilich die Anwendung schierer

1971) den Terminus. Nicholas Dirks schließlich verhalf dem Begriff in *The Hollow Crown. Ethnohistory of an Indian kingdom* (Cambridge 1987) zum Durchbruch. Zur Bedeutung der Kleidungsschenkung siehe Stewart Gordon (Hg.), *Robes of Honour.* Khil'at *in pre-colonial and colonial India* (Delhi etc.2003).

12 Burkhard Schnepel/Georg Berkemer, History of the Model, in: Georg Berkemer and Margret Frenz (Hg.), *Sharing Sovereignty. The little kingdom in South Asia* (Berlin 2003), S. 17.

13 Hermann Kulke, *Jagannātha-Kult und Gajapati-Königtum: Ein Beitrag zur Geschichte religiöser Legitimation hinduistischer Herrscher* (Wiesbaden 1979) und ders., Introduction: The study of the state in pre-modern India, in: ders (Hg.), *The State in India, 1000-1700* (Delhi etc. 1995), S. 1-47.

14 André Wink, *Land and Sovereignty in India: Agrarian society and politics under the eighteenth-century Maratha* swarajya (Cambridge 1986).

Gewalt nicht aus, jedoch wurden Schlachten höchst selten bis zur völligen Vernichtung des Gegners ausgefochten, da zuvor meist die Allianzen brachen.[15]

Ergänzend zu den ‚little kings' als Herrschaftsträger ist von Burton Stein auf die Rolle des Militärfiskalismus (nicht nur im Europa sondern auch) im Indien des 18. Jahrhunderts verwiesen worden. Kein Regime, das auf territoriale Expansion und Herrschaftskonsolidierung setzte, kam ohne die ‚little kings' als zentrale ‚agency' für den Steuereinzug, der größtenteils noch aus variierenden Tributen bestand, und ihre Weiterleitung an die Staatskasse (*khalsa*) aus (im Unterschied zu Europa, wo sich sukzessive der fest bemessene Steuersatz (*fiscus*) durchsetzte). Erhöhte Steuereinnahmen aus der kommerzialisierten Landwirtschaft und den Gewerben konnten durch eine zentralisierte Steuerverwaltung weiter intensiviert werden. Die Einnahmen dienten dem Aufbau stehender Heere, ausgerüstet mit modernen Schusswaffen und Artillerieeinheiten unter europäischem Kommando; die Infanterie wurde oft von europäischen Drillmeistern ausgebildet. Munition und Geschütze wurden in neu eingerichteten staatlichen Gießereien hergestellt. Geradezu idealtypisch steht der Staat Maisur in den letzten beiden Jahrzehnten des 18. Jahrhunderts für den indischen Militärfiskalismus.[16]

Am Prozess der ‚Lokalisierung' von Herrschaft und dem allgemeinen wirtschaftlichen Aufschwung partizipierten auch die europäischen Handelsgesellschaften, die ab den 1720er Jahren kontinuierlich ihren Einfluss auf den Arbeitsmarkt und die Produktionsprozesse im Hinterland ihrer Faktoreien und darüber hinaus, wie auch an den indischen Fürstenhöfen ausweiteten. Die an Schärfe zunehmende Konkurrenz zwischen Franzosen und Briten in Bengalen und an der Coromandelküste beschleunigte ab den 1740er Jahren diese Entwicklung. Mit beginnender Territorialherrschaft setzten die Briten ab den 1760er Jahren die Politik ihrer Vorgängerregime besonders in Karnataka, Bengalen und Awadh fort, indem sie nicht nur das jährliche Steueraufkommen durch Anhebung der Sätze und Abschaffung von Privilegien steigerten, sondern bis zum Beginn des 19. Jahrhunderts einen wachsenden Prozentsatz der fiskalischen Einnahmen in den Militärapparat investierten.[17]

Im Unterschied zu den indischen Staaten verfügten die Briten jedoch über zusätzliche externe Finanz- und Militärressourcen, die auf den europäischen Kapital- und Soldatenmärkten beschafft und nach Indien transportiert werden konn-

---

[15] B. Schnepel/G. Berkemer, History of the Model, S. 18-19. Siehe auch den ausgezeichneten Sammelband von John F. Richards (Hg.), *Kingship and Authority in South Asia* (zuerst Madison 1981, Delhi etc. 1998).

[16] Verschiedene Aspekte der Staatsbildungsprozesse in Indien und Europa werden in Martin Doornbos and Sudipta Kaviraj (Hg.) *Dynamics of State Formation. India and Europe compared* (New Delhi/Thousand Oaks/London 1997) thematisiert. Burton Stein, State formation and economy reconsidered, part one, in: *Modern Asian Studies* 19,3 (1983), S. 389-392. Siehe auch D. A. Washbrook, Progress and problems, S. 73-74.

[17] B. Stein, State formation and economy reconsidered, S. 392-408. Zum Militärfiskalismus der Briten siehe Christpoher A. Bayly, The British military-fiscal state and indigenous resistance. India 1780-1820, in: Lawrence Stone (Hg.), *An Imperial State at War. Britain from 1689 to 1815* (London/New York 1994), S. 322-354.

ten. Als korporiertes Handelsunternehmen, das nun auch staatliche Funktionen wahrnahm, führte die EIC neue Formen der Entscheidungsfindung ein, die sich in einer zunehmend bürokratisierten Verwaltung niederschlugen. Die Extraktion und der Export von indischen Steuergeldern als Handelskapital löste zu Beginn des 19. Jahrhunderts besonders in Bengalen, aber auch in Maharashtra, eine akute Geldknappheit aus, die sich unmittelbar auf die Landwirtschaft und das Handwerk auswirkte. Als Kredite kaum noch zu erhalten waren, ist vermutlich der intermediäre soziale, kulturelle und ökonomische Grundstock ganzer Regionen verloren gegangen. In manchen Fällen bereiteten Formen der wirtschaftlichen Durchdringung eines Staates und die permanente Kriegsführung die Annexion von Teilen seines Territoriums über ‚ungleiche Verträge'[18] und ‚offene Grenzen' vor, so in Awadh und in Gujarat geschehen.[19]

Wollte man die Staatsbildungsprozesse des 18. Jahrhunderts charakterisieren, böte sich folgendes idealtypisches Modell an:[20]

1. Der Gouverneur (*subadar*) aber auch subprovinzielles Mogul-Militärpersonal (*faujdar*) erlangen die Möglichkeit, Steuereintreiber zu ernennen und einzusetzen.
2. Regelung der eigenen Nachfolge, in den 1720er und 1730er Jahren noch durch explizite Bestätigung seitens des Mogul, danach nur noch mittels förmlicher Bestätigung.
3. Die ursprünglich an den Mogul abzuführenden Steuern werden auf provinzieller und subprovinzieller Ebene einbehalten, während die wenigen verbleibenden ‚Überweisungen' einen formalen Charakter im Rahmen ritueller Ernennungen (*peshkash*) erhalten.
4. Vor allem die *subadar*s (*nawab*s) beginnen eine eigene Außenpolitik zu betreiben und selbständig Kriege zu führen, bisweilen sich auch den Mogul-Anordnungen zum Militäreinsatz ostentativ zu widersetzen.
5. Neue Dynastien gründen neue Residenzstädte und etablieren einen eigenen Herrschaftsstil samt neuen Architekturformen sowie Literatur- und Kunstbetrieb, die ihrem Staat ein spezifisch kulturelles Erscheinungsbild geben.
6. Als Zeichen der Eigenständigkeit werden die Steuerbemessungen nun im Namen des neuen Herrschers und nicht mehr im Namen des Mogul vorgenom-

---

[18] Zum Terminus ‚ungleicher Vertrag' siehe unten die Fußnote 88, S. 72.

[19] F. Perlin, State formation reconsidered, S. 477-479, ders., Protoindustrialization and pre-colonial South Asia, S. 81-84, und ders., die Bedeutung der Kriegsführung betonend, The Problem of the eighteenth century, in: Peter J. Marshall (ed), *The Eighteenth Century in Indian History. Evolution or revolution?* (Delhi etc. 2003), S. 53-61, bes. S. 55-56. Siehe auch D. A. Washbrook, Progress and problems, S. 76-95, dessen Erklärungsansätze allerdings nicht immer überzeugen.

[20] Die Systematik ist an Richard B. Barnett, *North India between Empires. Awadh, the Mughals, and the British 1720-1801* (Delhi 1987), S. 21-22 angelehnt und ergänzt durch John S. Deyell and Robert E. Frykenberg, Sovereignty and the SIKKA under the Company Raj: Minting prerogative and imperial legitimacy in India, in: *Indian Economic and Social History Review* 19 (1982), S. 1-25 sowie André Wink, *Land and Sovereignty in India. Agrarian society and politics under the eighteenth-century Maratha Svarājya* (Cambridge 1986), S. 237-238.

men, ebenso wie die Vergabe steuerfreien Landes (*inam*, *mu'afi*) oder die Exemtion von Steuern.

7. In fortgeschrittenem Stadium der Autonomie schlagen die Herrscher eigene Münzen, die zumindest die gebräuchliche ‚Einheitswährung' der Silberrupie (*sikka rupia*) ersetzen sollen. Die Einführung einer neuen Jahreszählung ist ein weiteres Zeichen demonstrativer Eigenständigkeit.
8. Der letzte Schritt formaler Unabhängigkeitsdemonstration besteht bei den muslimischen Monarchen in der Verlesung des Freitagsgebetes (*khutba*) im Namen des jeweiligen Herrschers statt im Namen des Mogul.

Um die neue Herrschaft auch zu legitimieren, bedurfte es bestimmter Voraussetzungen und Eigenschaften des Herrschers (*rajadharma*).

1. Er muss sich als Beschützer seines Volkes vor inneren Unruhen und äußerer Bedrohung erweisen.
2. Er muss ein fähiger Heerführer sein, der es zugleich verstand, höfische Etiquette zu wahren,
3. im besten Fall der Erbfolge der älteste Sohn des regierenden Herrschers sein und
4. Inhaber eines *farman* oder *sanad* eines übergeordneten Herrschers sein, der die Herrschaft legitimiert.[21]

Auch der britische Kolonialstaat operierte innerhalb dieses Modells von Herrschaft, setzte jedoch mit zunehmender territorialer Expansion und politischer Dominanz auf dem Subkontinent das Konzept der ‚Paramountcy' (Vorherrschaft) durch. Nie genau erläutert, geschweigen denn definiert, erhoben die Briten implizit jedoch den Anspruch auf Hegemonie auch über die formell unabhängigen indischen Staaten. Auf den siegreichen britischen Waffen im Aufstand von 1857-59 ruhte schließlich die Herrschaftslegitimität der Briten, die durch die Proklamation der englischen Monarchen zum ‚Emperor of India' (*kaisar-i-hind*) 1876 erhöht wurde und bis 1947 ihre Gültigkeit behielt.[22]

Nach dieser systematischen und idealtypischen Analyse sollen nun anhand einzelner Beispiele die eben vorgestellten spezifischen Aspekte der Staats- und Reichsbildungsprozesse erläutert werden. Nach wie vor fehlt es an Einzeluntersuchungen zu den verschiedenen historischen Regionen und den dort vom 17. bis ins 19. Jahrhundert entstehenden Staaten, so dass hier eine Auswahl auch nach der aktuellen und richtungweisenden Forschungslage vorgenommen wird.

---

[21] Stewart Gordon, Legitimacy and loyalty in some successor states of the eighteenth century, in: John F. Richards (Hg.), *Kingship and Authority in South Asia* (Delhi 1998), S. 341. Freilich trifft eine solche Charakterisierung nicht nur auf Südasien zu. In Europa lassen sich ähnliche wenn nicht gleiche Charakteristika der Herrschaft und ihrer Legitimation beobachten.

[22] Allgemein zum Königtum im British *Raj* siehe Pamela G. Price, *Kingship and Political Practice in Colonial India* (Cambridge 1996).

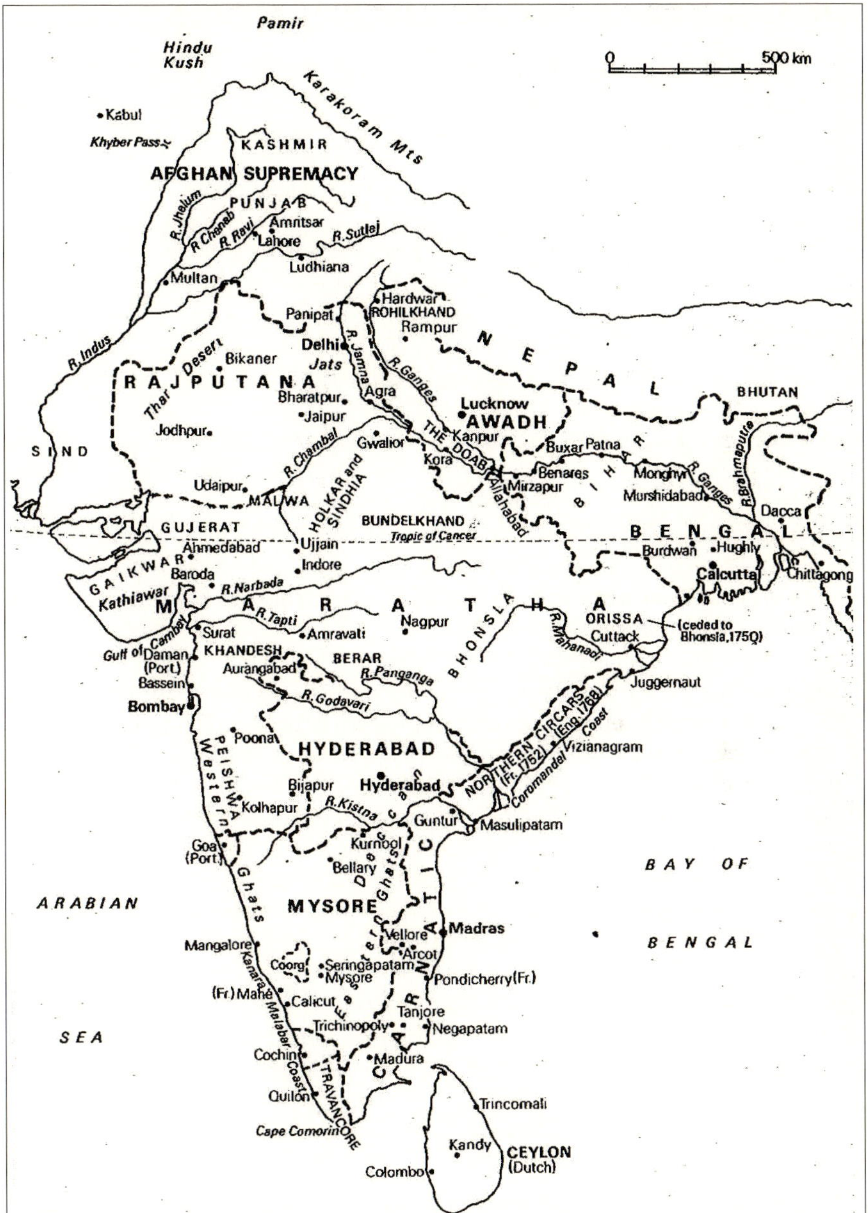

Abb. 6: Politische Ordnung Indiens um 1785.

2.2. Staatsbildungsprozesse im 18. und 19. Jahrhundert

2.2.1 Maratha swarajya (1674-1818)

Der künftige Herrscher der Marathen, *chhatrapati* Shivaji Bhonsle (1630-1680), stammte aus einer kleinen *deshmukh*-Familie in Bijapur. Als 16jähriger rekrutierte er in den waldreichen Bergen seiner Heimat eine berittene Miliz und unterwarf die benachbarten *deshmukhs*.[23] Lokale Traditionen achtend und für seine Ziele nutzend, trug auch seine Jugend zum Charisma des militärisch erfolgreichen Marathenführers bei. Zum Militärführer konnte Shivaji jedoch nur aufsteigen, weil die Sultane von Bijapur die Marathenverbände in ihre Dienste nahmen. Nach 1650 begann der nahezu ununterbrochene Aufstieg zum regionalen Fürsten, der im *desh*, der Landschaft zwischen Sartara und Pune, eine Territorialmacht begründen konnte. Shivaji gelang es Mitte der 1660er Jahre, die unter Mogul Aurangzebs General Jai Singh auf den Dakhan vorrückende Armee zu besiegen. In den Jahren 1672 und 1673 brachten die militärischen Erfolge gegenüber Bijapur Shivaji die lang ersehnte politische Eigenständigkeit, allzumal die Aufmerksamkeit Aurangzebs auf Nordindien ausgerichtet war. In dieser politisch günstigen Situation erwog Shivaji, ein eigenes Königtum zu etablieren.[24]

Dem Emporkömmling Shivaji haftete indes der Makel an, der *varna** der *shudra* (Bauern) anzugehören. Wollte er seine königliche Herrschaft legitimieren, musste er sich nach innen gegenüber den Führern anderer Hindu Marathen-Geschlechter sowie den rivalisierenden *deshmukhs* durchsetzen, nach außen aber seine Legitimität im Umfeld des Mogul-Reiches und der Sultanate von Bijapur und Ahmednagar behaupten. Im Rahmen dieser politischen Gemengelage griff er auf anerkannte Legitimitätskonzepte zurück. Der Herrscher musste zum Erben einer heroischen Tradition werden, was im hinduistischen Kontext die Einbindung in das Ideal des heldenhaften Kriegers, des *kshatriya* bedeutete. Sozialer Status und politischer Stand qualifizierten und verpflichteten ihn zur Aufrechterhaltung der weltlichen Ordnung und Normen (*dharma*).[25] Shivaji verband die heroische *Rajputen*-Tradition und die der religiösen Legitimierung miteinander, indem er in Banaras einen *brahman* auftat, der ihm nicht nur eine *kshatriya*-Vergangenheit verschaffte, sondern darüber hinaus ein Krönungsritual auf der Grundlage vedischer

---

[23] Als Beispiel für die Position und die Lebensweise von *deshmukhs* im 18. Jahrhundert siehe A. Wink, *Land and Sovereignty in India*, S. 162-183.

[24] Stewart Gordon, *The Marathas 1600-1818* (=The New Cambridge History of India II,4, Cambridge 1993), S. 41-52, 59-65, 84-86. Sumit Guha, *Environment and Ethnicity in India, 1200-1991* (Cambridge 1999), S. 85-88.

[25] Susan Bayly, *Caste, Society and Politics in India from the Eighteenth-Century to the Modern Age* (=The New Cambridge History of India IV,3, Cambridge 1999), S. 52-57 und N. Dirks, *The Hollow Crown*, S. 37-38. A. Wink, *Land and Sovereignty in India*, S. 36.

Abb. 7: Shivaji Bhonsle (1630–1680). Nach einer zeitgenössischen Miniatur.

Texte nach Rajputen-Vorbild fand (oder erfand) und entsprechend inszenierte.[26] Als Voraussetzung hatte der Heerführer Shivaji mit seinem siegreichen Feldzug gegen Bijapur sein kriegerisches Königtum legitimiert.[27]

Für die Erzeugung der Legitimität entscheidend aber war der abschließende Hoftag, *darbar*, auf dem Geschenke entgegengenommen und *dakshina*, opulente königliche Gaben in Geld und/oder Gütern, an die *brahman*s und die zum Teil neu geschaffene, vor allem aber an die alte Nobilität verteilt wurden. Als Ausdruck der neu gewonnenen Souveränität vergab Shivaji *inam-* und *watan-* oder *jagir*-Ländereien an seine verdientesten Offiziere. Diese Stiftungen und Schenkungen wirkten langfristig höchst integrativ und sind unter den nachfolgenden Herrschern bis in die 1770er Jahre dokumentiert. In diesem Sinne gelang es Shivaji, nach einem ‚gefundenen' hinduistischen Ritual 1674 inthronisiert zu werden und ein Königtum mit einer neuen Ära zu etablieren, das bis Anfang des 19. Jahrhunderts bestand.[28]

Ein innerer Zirkel von fünfzehn Familien bestimmte fortan die Politik der Marathen. Zu den wichtigsten Familien gehören die Bhonsles, Gaikwads, Holkars und Sindhia, die mit der anhaltenden territorialen Expansion im 18. Jahrhundert auch eigene Herrschaftsbereiche schufen. Zugleich nahmen *brahman*s auf die politischen Geschäfte Einfluss und besetzten bald die wichtigsten Staatsämter im ‚Rat der Acht'. Das prominenteste Amt war das des *peshwa*, des Ersten Ministers. Balaji Vishvanath bekleidete es zwischen 1713 und 1720. Während dieser Zeit konnte er in der Erbfolgekrise der Moguln des Jahres 1719 ein *farman* erwirken, das den Marathen *swarajya* zugestand und ihnen darüber hinaus das Recht verlieh, in

[26] S. Gordon, *The Marathas*, S. 87-89, und allgemein zum brahmanisch-hinduistischen Krönungsritual Jan. C. Heesterman, The conundrum of the king's authority, in: John F. Richards (Hg.), *Kingship and Authority in South Asia* (Delhi 1998), S. 13-40.

[27] Shivaji hat sich bereits vor seiner formellen Inthronisierung als *raja* bezeichnet, was zeigt, dass derjenige, der *de facto* die Macht hält, gleich welcher *varna* er angehört, den Titel *raja* führen kann, vgl. J. C. Heesterman, The conundrum of the king's authority, S. 17.

[28] A. Wink, *Land and Sovereignty in India*, S. 238-250.

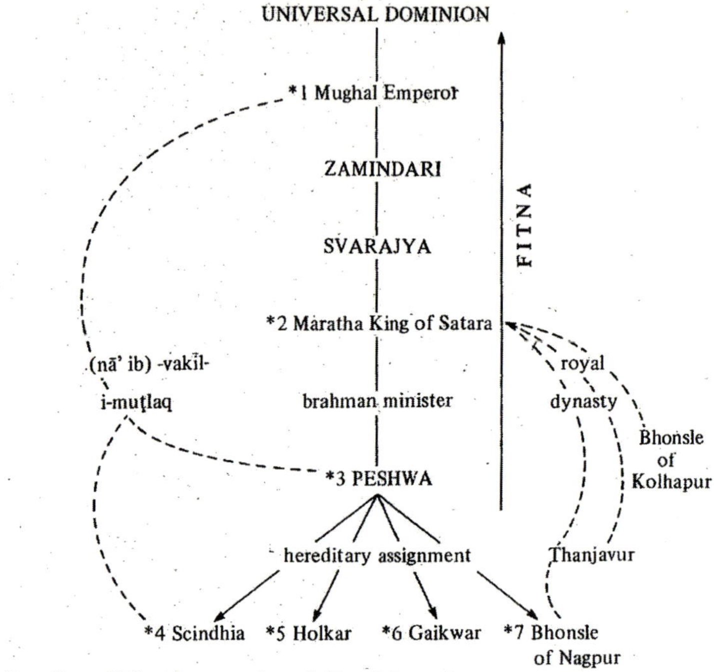

Paradigm of Maratha sovereignty in the eighteenth century

	AD
*1 *Mughal Emperors*	
Babar	1526
Humayun	1530
Akbar	1556
Jahangir	1605
Shah Jahan	1628
Aurangzeb	1658
Bahadur Shah	1707
Jahandar Shah	1712
Farrukhsiyar	1713
Rafi-ad-Darjat	1719
Rafi-ad-Daula	1719
Muhammad Shah	1720
Ahmad Shah	1748
Alamgir II	1754
Shah Jahan III	1759
Shah Alam II	1759
Akbar Shah II	1806
Bahadur Shah II	1837–58
*2 *Satara Kings*	
Shivaji	1674
Sambhaji	1680
Rajaram	1689
Tarabai	1700

	AD
Shahu	1708
Ramraja	1749
Shahu II	1777
Pratap Singh	1810
*3 *Peshwas*	
Balaji Vishvanath	1714
Baji Rao I	1720
Balaji Baji Rao	1740
Madhav Rao I	1761
Narayan Rao	1772
Raghunath Rao	1773
Madhav Rao Narayan	1774
Baji Rao II	1796–1818
*4 *Scindhias*	
Jayappa	1745
Jankoji	1755
Mahadaji	1761
Daulat Rao	1794
Jankoji Rao	1827
*5 *Holkars*	
Malhar Rao	1728

	AD
Ahalyabai	1765
Tukoji	1795
Yaswant Rao	1798
Malhar Rao II	1811
*6 *Gaikwars*	
Pilaji	1721
Damaji	1732
Govind Rao	1768
Sayaji Rao	1771
Fattesingh	1771
Manaji	1789
Govind Rao	1793
Anand Rao	1800
Sayaji Rao II	1818
*7 *Bhonsles of Nagpur*	
Kanhoji	1710
Raghuji	1727
Janoji	1755
Sabaji	1772
Mudhoji	1775
Raghuji II	1788
Appa Saheb	1816–53

Abb. 8: Modell des Marathenstaates.

ihren Territorien *chauth* (ein Viertel der Ernte) und *sardeshmukhi* (Königsanteil am Steueraufkommen) einzuziehen. Zudem unterhielt der *raja* von Satara einen *wakil* als ständigen Vertreter oder Botschafter am Mogul-Hof. Seitdem war die Stellung des *peshwa* als politischer Führer der Marathenfamilien nahezu unangefochten.[29] Von einer Konföderation, wie in der Literatur oft angezeigt, konnte beim Marathenverband freilich nicht die Rede sein, dazu war die politische Ausrichtung auf den *peshwa* zu offensichtlich. Von einem Reich, das zentralistisch verwaltet wurde, eine einheitliche Währung und eine spezifische Reichskultur samt Architektur hervorgebracht hat, kann ebenfalls nicht gesprochen werden. Der Terminus des Verbandes kommt der Charakterisierung des politischen Systems der Marathen daher wohl am nächsten.

In den darauf folgenden Jahrzehnten setzte unter der militärischen Führung der *peshwa*s die territoriale Expansion nach Malwa, Gujarat, Rajastan, Hindustan, Bengalen und Orissa und die Konsolidierung der Marathenherrschaft ein.[30] Seinen politischen Führungsanspruch konnte der *peshwa* endgültig durchsetzen, als er bei der drohenden Staatskrise nach *raja* Shahus Tod (reg. 1719-1749) die Familienoberhäupter zu einem Treffen einbestellte. *Peshwa* Balaji Baji Rao, besser bekannt unter dem charismatischen Namen Nana Saheb (amt. 1740-1761) verlangte, die gesamte Verwaltung von der Residenz in Satara nach Pune zu verlegen. Alle Regierungsgewalt sollte von nun an vom *peshwa* ausgehen, womit der *chhatrapati* nur noch nominell der Herrscher der Marathen war. Zwei kurze Rebellionen, die in den nachfolgenden Jahren rasch niedergeschlagen werden konnten, waren der einzige Widerstand gegen diesen Staatsstreich. Ungebrochen setzten seitdem die Marathen ihre Expansion fort. Lediglich die Schlacht von Panipat 1761 bedeutete eine ernsthafte Gefahr für den Marathenverband und den *peshwa*. Doch der Nachfolger Nana Sahebs, Madhav Rao (reg. 1761-1772) konnte die Lage nicht nur stabilisieren, sondern bald wieder zu einer expansiven Politik übergehen.[31]

Seit den späten 1770er Jahren ist eine allmählich einsetzende zentrifugale Bewegung innerhalb des Marathenverbandes zu beobachten, nachdem sich Sindhia und Holkar offen gegen den *peshwa* gestellt hatten und es diesem nicht mehr gelang, die Familien an sich zu binden. Mit dem Vertrag von Salbei (1782) traten erstmalig die Briten im Konflikt der Marathen mit den neuen südindischen Staaten von Haiderabad und Maisur auf, als sie sich mit dem *nizam* von Haiderabad und den Sindhia, die zur führenden Dynastie der Marathen avanciert waren, gegen Haider Ali von Maisur verbündeten. Aus den erfolgreich geführten Kriegen konnte die Allianz im anschließenden Jahrzehnt beträchtliche territoriale Gewinne ziehen.[32]

---

[29] Ebenda, S. 47-51, 71

[30] S. Gordon, *The Marathas*, S. 128-129, 139-144 und ders., *Marathas, Marauders, and State Formation in Eighteenth-Century India* (Delhi etc. 1994), Kap. 2, ‚The slow conquest: Administrative integration of Malwa into the Maratha Empire, 1720-1760', S. 23-63.

[31] A. Wink, *Land and Sovereignty in India*, S. 75-78, 85-152. S. Gordon, *The Marathas*, S. 114-123, 146-148, 156-158.

[32] Siehe dazu das Unterkapitel 2.4 Maisur.

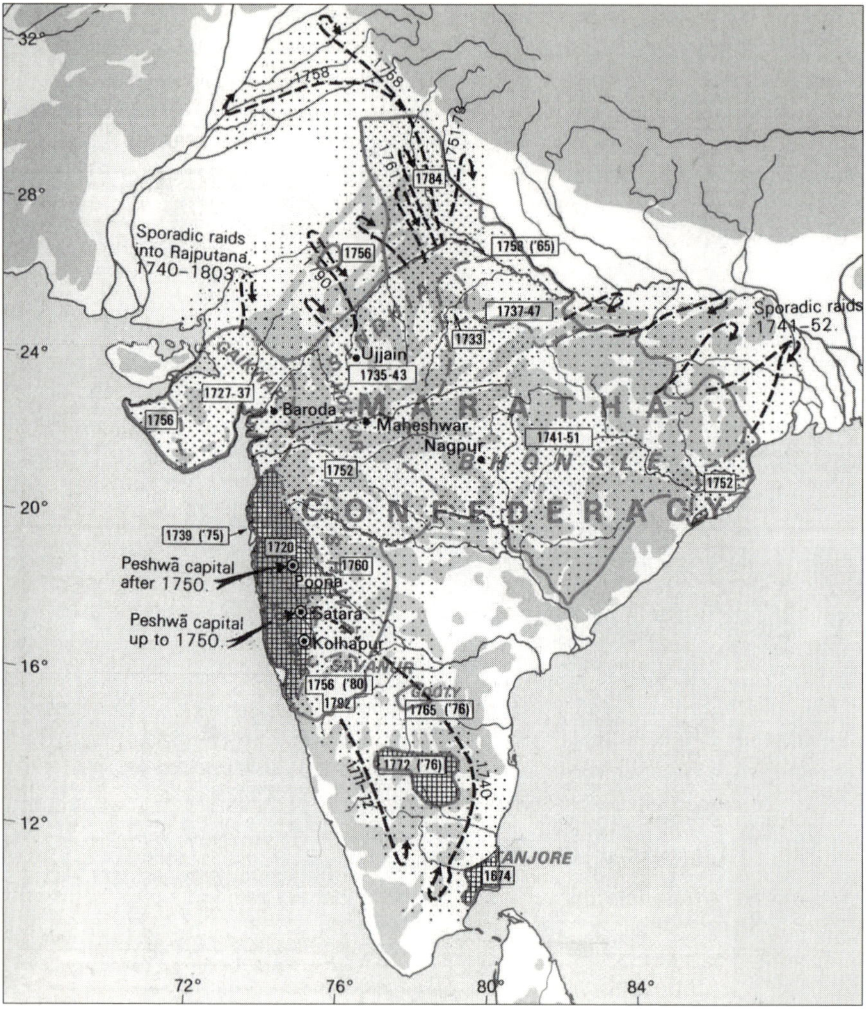

Abb. 9: Expansion der Marathen im 18. Jahrhundert.

Als 1795 *peshwa* Ragunath Rao ohne Erben starb, zeigte sich, dass die Partikularinteressen der Marathenfamilien überwogen, denn es brach ein fünfjähriger Bürgerkrieg aus, der den Marathenverband nachhaltig schwächte. Hinzu kam Ende des 18. Jahrhunderts der Tod zahlreicher Oberhäupter von prominenten Marathenfamilien. Diese labile militärische wie politische Lage der Marathen nutzte der Governor General der EIC, Richard Wellesley (1760–1842), der 1798 sein Amt angetreten hatte, aus. Er war der Auffassung, dass die Briten zur Absicherung ihrer

Position in Indien die Vorherrschaft über die indischen Staaten eine ‚Paramountcy' (Vorherrschaft) anstreben müssten. Durch gezielt ausgehandelte Einzelverträge gelang es den Briten binnen kurzem, die Marathenhäuser gegeneinander auszuspielen und teilweise zu neutralisieren.

Sobald Governor General Wellesley die notwendigen Kriegskredite in Indien aufgetrieben und Investitionskapital aus England in Höhe von 2,5 Millionen Pfund Sterling für militärische Zwecke ‚umgewidmet' hatte, ging er zu einer aggressiven Expansionspolitik über.[33] In den ersten Jahren des 19. Jahrhunderts besiegten die Briten aufgrund der besseren Finanzausstattung und der besseren Informationsbeschaffung, nicht wegen militärtechnologischer oder disziplinarischer Überlegenheit, in einer Serie von Feldzügen Sindhia und Bhonsle, und zwangen beide zu großen Gebietsabtretungen.[34] Nach einem weiteren Krieg 1817-18 setzten sie schließlich den *peshwa* ab und annektierten dessen gesamtes Territorium. Der Marathenverband existierte nicht mehr. Stattdessen waren die Briten zur dominanten Macht aufgestiegen und die kolonialpolitische Idee der ‚Paramountcy' nach 20 Jahren indische Realität geworden.[35] Doch das nach außen friedvolle Bild täuschte, denn in vielen Regionen hatten die Briten immense Schwierigkeiten, ihre Herrschaft effektiv auszuüben, so bei den Bhils in Khandesh und in Dang, Schwierigkeiten, mit denen sie während ihrer gesamten Kolonialherrschaft immer wieder konfrontiert waren.[36]

2.2.2 Bengalen (1713-1793)

Die Mogul-Provinzen Bengalen, Bihar und Orissa gehörten zu den ersten Reichsteilen, die innerhalb des Mogul-Reiches einen autonomen Status erlangten. Dieser war zunächst noch höchst labil, denn Murshid Quli Khan, der Gründer der Herrscherdynastie der *nawab*s von Bengalen, gelang es nicht, seine Sukzession dauerhaft zu legitimieren. Er war im Jahr 1716 durch den Mogul als *subadar* von Bengalen eingesetzt und mit den Ämtern des *nazim* und als *diwan* ausgestattet worden, womit er für die Verteidigung und die Kriminaljustiz sowie die Steuererhebung und die Ziviljustiz verantwortlich war. Bis zu seinem Tod 1727 hielt er beide Ämter in Personalunion. Seinem Nachfolger, Shuja Khan (reg. 1727–1739) gelang es zwar, diese Personalunion zu institutionalisieren und hierüber die Ter-

---

33 Stig Förster, *Die mächtigen Diener der East India Company. Ursachen und Hintergründe der britischen Expansionspolitik in Südasien 1793-1819* (Stuttgart 1992), I. Teil, II Kapitel, S. 119-256. Zur Ankurbelung der maroden EIC-Wirtschaft in Indien hatte der Aufsichtsrat in London auf den europäischen Kapitalmärkten besagte Kredite aufgenommen.

34 Randolf G. S. Cooper, *The Anglo-Maratha Campaigns and the Contest for India. The struggle for control of the South Asian military economy* (Cambridge 2004).

35 S. Gordon, *The Marathas*, S. 154-177.

36 S. Guha, *Environment and Ethnicity in India*, S. 108-121, 130-145. David Hardiman, Power in the forests: The Dangs 1820-1940, in: David Arnold and David Hardiman (Hg.), *Subaltern Studies VIII* (Delhi etc. 1994), S. 89-147. Ajay Skaria, *Hybrid Histories. Forests, frontiers and wilderness in western India* (Delhi etc. 1999), S. 153-297.

ritorialisierung Bengalens einzuleiten, doch die Nachfolge und damit Legitimität der Herrschaft hing weiterhin von der Bestätigung durch den Mogul in Delhi ab. Die Sukzession der *nawab*s blieb stets umkämpft, und Alivardi Khan (reg. 1740-1756) musste sich seinen Thron sogar von Bihar aus mit Hilfe einer eigens ausgehobenen Armee erobern. Nach Zahlung von üppigem *peshkash* an den Mogul ließ er sich von diesem als *nawab* bestätigen. Allerdings hinderte das den Mogul nicht daran, bei versiegenden Geldströmen auch andere Thronprätendenten, die liquider erschienen, zu unterstützen.[37]

Zunächst einmal übernahmen die *nawab*s von Bengalen die administrative Ordnung des Mogul-Reiches und ernannten ihre Stellvertreter (*naib*s) auf Distriktebene (*sarkar*). Ebenso bestellten sie die militärischen Führer (*faujdar*s), die jedoch meist durch den Mogul bestätigt wurden. Die Steuerverwaltung lag in den Händen der so genannten *mutaseddi*, die ihre Ämter teilweise erblich besaßen. Der *rai-rayan* war der Kanzler der Steuerverwaltung und überwachte die Einkünfte in die zentrale Steuerkasse (*khalsa*). Bereits um die Mitte des 18. Jahrhunderts war in Bengalen, Bihar und Orissa von den Strukturen der ehemaligen Moguladministration nur noch wenig zu erkennen. Um die neue, aus nordindischen Pathanenverbänden bestehende Armee finanzieren zu können, konfiszierten die *nawab*s die vom Mogul vergebenen *jagir*s in Bengalen und transferierten sie in die abseitigen, weniger lukrativen Provinzteile Bihar und Orissa. Damit standen die ertragreichen bengalischen *jagir*s zur Disposition des *nawab*.[38]

Über die Jahre reduzierten die *nawab*s die regulären summarischen Steuerzahlungen an den Mogul von ehedem 10 Millionen zuzeiten Murshid Quli Khans auf 4 Millionen Rupien unter Alivardi Khan. Darüber hinaus zentralisierten sie den Steuereinzug, indem sie die Abgaben der *zamindar*s (Steuerpächter und Grundbesitzer) auf der Grundlage neuer Steuerschätzungen in einzelnen Dörfern anhoben. Zu einer landesweiten Berechnung kam es nicht. Im Jahr 1722 lagen die gesamten Steuereinnahmen, bestehend aus der Landsteuer und den Akzisen respektive Sonderabgaben (*abwab*s und *sair*), noch bei 33 Millionen Rupien, 1751 waren es bereits 45 Millionen und 1763, zwei Jahre vor der Übernahme der *diwani* von Bengalen durch die EIC lagen die Steuereinkünfte bei 63 Millionen Rupien, etwa 2,7 Millionen Pfund Sterling. Diese festgelegten Steuersätze (*jama*) entsprachen jedoch nie den tatsächlich eingetriebenen Steuern (*hasil*), da aufgrund von Zahlungsunwilligkeit, Ernteausfällen, Bauernmigration, inneren Unruhen und Kriegseinwirkungen jederzeit mit Steuerausfällen zu rechnen war.[39]

Die Rechte zum Steuereinzug waren unter Murshid Quli Khan erstmals an die meistbietenden *zamindar*s versteigert worden, denen es wiederum überlassen blieb, das Steueraufkommen in ihren Bezirken zu realisieren. In extenso hat dann

[37] P. J. Marshall, *Bengal: The British bridgehead*, S. 48-49.
[38] Ebenda, S. 50-51.
[39] Michael Mann, *Bengalen im Umbruch*, S. 178.

Mir Qasim (reg. 1760–1763) die Versteigerung von Steuerpachttiteln vorangetrieben. Diese Praxis übernahmen die Briten nach 1765 und intensivierten sie mit Hilfe von *naib* Muhammad Reza Khan, dem Finanzminister der nominell noch herrschenden *nawab*s, bis zur Verabschiedung des so genannten ‚Permanent Settlement'.[40] Es beendete 1793 den 70 Jahre anhaltenden Zentralisierungsprozess. Hatten im Jahr 1728 noch sechs der großen *zamindar*s insgesamt ein Drittel des Steueraufkommens entrichtet, kamen 1793 zwölf *zamindar*s für 55 Prozent der Steuern auf, wovon wiederum vier fast 30 Prozent der Steuern beglichen. Bengalischen wie britischen Herrschern war die geringe Zahl der Steuerpartner gleichermaßen willkommen. Die *zamindar*s waren zugleich Teil der neu entstehenden, auf Bengalen ausgerichteten Führungselite, die auch Kaufleute und Händlerfamilien, darunter die weithin bekannten Seths, einschloss.[41]

Ohne eine Ausweitung des landwirtschaftlichen und gewerblichen Sektors wäre die Steigerung der Steuereinnahmen nicht zu erreichen gewesen. Sowohl Anbaufläche als auch Produktivität der Landwirtschaft konnten ausgeweitet werden, was besonders für die Landesteile im östlichen Deltabereich galt, wo die innere Kolonisation gezielt gefördert wurde.[42] Die Überschusserträge bei Reis wurden seit dem Ende des 17. Jahrhunderts in wachsendem Umfang nach Pegu, Malaka und Sri Lanka exportiert.[43] In der textilverarbeitenden Branche ist die Zahl der beschäftigten Spinner, Färber und Weber in der ersten Hälfte des 18. Jahrhunderts vermutlich von einer auf fünf Millionen angewachsen, bei einer geschätzten Gesamtbevölkerung von 20 Millionen Menschen. Die steigenden Exportzahlen der europäischen Handelsgesellschaften bestätigen den Eindruck eines ‚Wachstumstrends'.[44] Der Preisanstieg für landwirtschaftliche Produkte und eine zunehmende Arbeitsteilung lassen auf die Kommerzialisierung des Agrarsektors schließen, eine Entwicklung, die in der zweiten Hälfte des 18. Jahrhunderts zunahm. Einen Rückschlag versetzte die Dürre und anschließende Hungerkatastrophe von 1769-

[40] Nach langjährigem Experimentieren mit der Bemessung und Veranlagung der Landsteuer entschloss sich die britische Kolonialverwaltung in Bengalen 1793, die momentan festgelegten Steuersätze dauerhaft festzuschreiben. Siehe dazu auch das Kapitel zu Landwirtschaft und Waldbewirtschaftung.

[41] John R. McLane, *Land and Local Kingship in Eighteenth-Century Bengal* (Cambridge 1993), S. 37-42 und P. J. Marshall, *Bengal: the British bridgehead*, S. 55-60. Allgemein zur Überschreibung der *diwani* und den damit entstehenden Problemen M. Mann, *Bengalen im Umbruch*, S. 79-81, sowie dem ‚Permanent Settlement', S. 358-374. Philip B. Calkins, The formation of a regionally orientated ruling group in Bengal: 1700-1740, in: *Journal of Asian Studies* 29,3 (1970), S. 799-806. J. H. Little, The house of Jagatseth – I, in: *Bengal Past and Present* 20 (1920), S. 111-200 und ders. The house of Jagatseth – II, in: ebenda 22 (1921), S. 1-119.

[42] Richard M. Eaton, *The Rise of Islam and the Bengal Frontier, 1204-1760* ((Berkeley, Los Angeles, London 1993), S. 194-227.

[43] Sinappah Arasaratnam, The rice trade in eastern India, 1650-1740, in: *Modern Asian Studies* 22,3 (1988), S. 531-549.

[44] J. R. McLane, *Land and Local Kingship*, S. 29-30. Kirti N. Chaudhuri, *The Trading World of Asia and the English East India Company, 1660-1760* (Cambridge 1978) und M. Mann, Bengalen im Umbruch, S. 416.

70, als in einigen Distrikten des westlichen Bengalen bis zu einem Drittel der Bevölkerung an Auszehrung und dadurch induzierte Krankheiten starb. Die Folgen der humanitären und ökonomischen Katastrophe waren noch bis in die ersten Jahrzehnte des 19. Jahrhunderts zu verspüren.[45]

Nachdem die EIC sich 1757 in der Hoffnung auf wirtschaftliche Einflussnahme und fiskalische Einnahmequellen an einem von bengalischen Großhändlern, Bankiers und den *raja*s von Bardwan, Midnapur, Nadia und Dinajpur initiierten Staatstreich beteiligt hatte, konnte sie den meisten Nutzen aus dem Coup ziehen und sie stieg im darauf folgenden Jahrzehnt zur politisch dominierenden Macht in Bengalen auf. Ungefällige *nawab*s setzten die Briten nach Belieben ab und ließen sich bei der Inthronisation des jeweiligen Nachfolgers neben Tributzahlungen mit neuen Steuereinzugsrechten in ausgewiesenen Distrikten ausstatten. *Nawab* Mir Qasim versuchte sich dem britischen Einfluss systematisch zu entziehen, indem er sich aus den bisher an die Briten überschriebenen Steuerdistrikten Bardwan, Chittagong, Midnapur und den so genannten 24 *Parganas* im südlichen Bengalen ganz zurückzog und die Residenzstadt von Murshidabad nach Monghir ins nördliche Landesinnere verlegte.

Um finanziell unabhängig zu werden, ordnete Mir Qasim eine Überprüfung der Steueradministration in den ihm verbliebenen Landesteilen an und ließ die Bemessungsgrundlagen der Landsteuer neu berechnen. Dadurch soll es gelungen sein, die Steuerabgaben um geschätzte 3 Millionen Rupien zu steigern.[46] Zugleich leitete Mir Qasim eine umfassende Heeresreform ein und berief dazu den Armenier Gurgin Khan, der sich als begnadeter Armeeorganisator erweisen sollte. Gurgin Khan entließ fast 90.000 Soldaten und stützte die neue Armee auf die Schlagkraft der Kavallerieeinheiten, die etwa 15.000 Mann umfassten, auf die 25.000 Mann starke Infanterie und auf ein neu ausgehobenes Artillerieregiment. Diese Truppeneinheiten ließ Gurgin Khan nach neuesten europäischen Methoden ausbilden und mit Waffen und Geschützen aus bengalischer Produktion ausrüsten.[47] Die Politik zeitigte binnen weniger Monate Erfolg, denn die ‚abtrünnigen' *zamindar*s in den östlichen und nördlichen Randbereichen Bengalens konnten fast alle unterworfen werden und es bildete sich eine Gruppe von loyalen *zamindar*s und *raja*s. Monghir wurde zur Festungsstadt ausgebaut und in den Grenzregionen Truppeneinheiten stationiert.

Nach wie vor besaß Mir Qasim einen erheblichen politischen Handlungsspielraum. Dieser Zustand beunruhigte die Briten, sahen sie doch in der qualitativen

---

[45] Rajat Datta, *Society, Economy and the Market. Commercialization in rural Bengal c. 1760-1800* (Delhi 2000). Sushil Chaudhuri, *From Prosperity to Decline. Eighteenth century Bengal* (Delhi 1995) und Aditee Nag Chowdhury-Zilly, *The Vagrant Peasant. Agrarian distress and desertion in Bengal 1770 to 1830* (Wiesbaden 1982).

[46] P. J. Marshall, *Bengal: The British bridgehead*, S. 86.

[47] M. Mann, *Bengalen im Umbruch*, S. 57-65, 72-73. Zur Karriere Gurgin Khans wie auch der armenischen Diaspora in Indien siehe den guten ‚Klassiker' von Mesrob J. Seth, *Armenians in India. From the earliest time to the present day* (Calcutta 1937), S. 383-416.

Aufrüstung eine ernsthafte Bedrohung ihrer noch instabilen Position im Lande. Der latent britische Argwohn schlug schließlich in offene Aggression um, als es in Patna zu Feindseligkeiten zwischen britischen und bengalischen Soldaten kam. Bei einem Gefecht wurden die noch unerfahrenen Einheiten Mir Qasims schnell aus dem Feld geschlagen. Dieser floh ins benachbarte Awadh, wo er mit dem *nawab* und Mogul Shah Alam II. eine Allianz gegen die EIC schmiedete, die die Briten aufgrund des zerfallenden Bündnisses in der Schlacht von Baksar 1764 besiegten. Der Mogul aber handelte flexibel und bot der EIC die *diwani* von Bengalen, Bihar und Orissa an. Die Unternehmensleitungen in Calcutta und in London reagierten zunächst zögerlich, die Konsequenzen einer solchen administrativen Bürde scheuend, willigten jedoch ein Jahr später ein.[48]

2.2.3 Britisch-Indien (1757-1857)

Von Bengalen aus setzten die Briten seit 1757 zur kolonialen Durchdringung Südasiens an, als die EIC in Bengalen sukzessive Steuerdistrikte überschrieben bekam und schließlich 1765 dort mit der *diwani* ausgestattet wurde. In den folgenden Jahrzehnten veranlassten schlechte Handelsgeschäfte, Korruption und Raffgier der eigenen Angestellten sowie teuere Truppenstationierungen in Bengalen und Madras die leitenden Angestellten der EIC in Indien immer wieder zu eigenmächtigem Handeln, das auf die weitere Expansion der britischen Besitzungen zur Steigerung der Einnahmen ausgerichtet war. Bisweilen sind regelrechte Expansionsschübe zu erkennen, wenn es zu hausinternen oder persönlichen Krisen gekommen war oder ambitionierte Gouverneure ihre Macht zur politisch-militärischen Selbstinszenierung benutzten. Sicherheitspolitische Ängste (reale wie inszenierte), wie im Fall Maisurs und der Marathen, dienten der Aufrüstung und der Kriegsführung. Unter den so genannten ‚men on the spot' zeigten sich die Militärs um ihrer Karriere Willen als Kriegstreiber. Privatwirtschaftliche Interessen der EIC-Angestellten durchdrangen die den territorialen Besitzungen der Briten angrenzenden Gebiete und förderten mitunter die Annexion wirtschaftlich prosperierender Regionen. In allen Fällen sind die Feldzüge und Annexionen planvoll geschehen, wenngleich ihnen durchaus unterschiedliche Motive zugrunde liegen konnten.[49]

Nachdem finanzpolitische Machenschaften des Handelsunternehmens, die beinahe zu seiner Insolvenz geführt hätten, das englische Parlament in den 1760er Jahren veranlasst hatte, diverse Untersuchungsausschüsse einzusetzten, wurden mit der Gesetzgebung von 1773 (Regulating Act) und 1784 (India Act) schließlich die

---

[48] M. Mann, *Bengalen im Umbruch*, S. 73-74.

[49] Stig Förster, *Die mächtigen Diener der East India Company*. Zur Dynamik des Privathandels vor dem Hintergrund eines expansiven Merkantilismus siehe Ian Bruce Watson, *Foundation for Empire. English private trade in India, 1659-1760* (Delhi 1980). Allgemein zum Indien des 18. Jahrhunderts siehe die Aufsatzsammlung von Seema Alavi (Hg.), *The Eighteenth Century India. Debates in Indian history and society* (Delhi etc. 2002), die wichtige Texte zum Thema vorstellt.

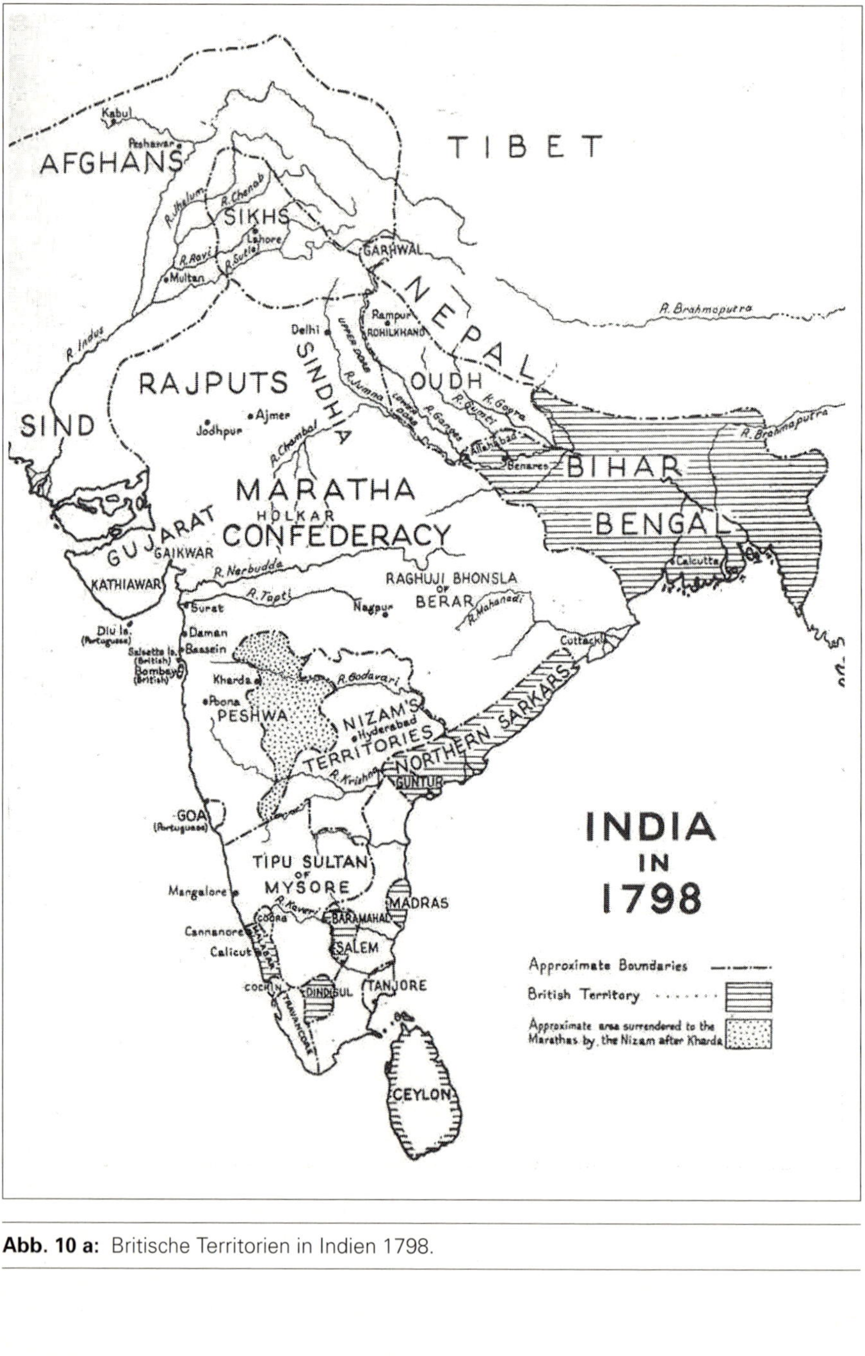

Abb. 10 a: Britische Territorien in Indien 1798.

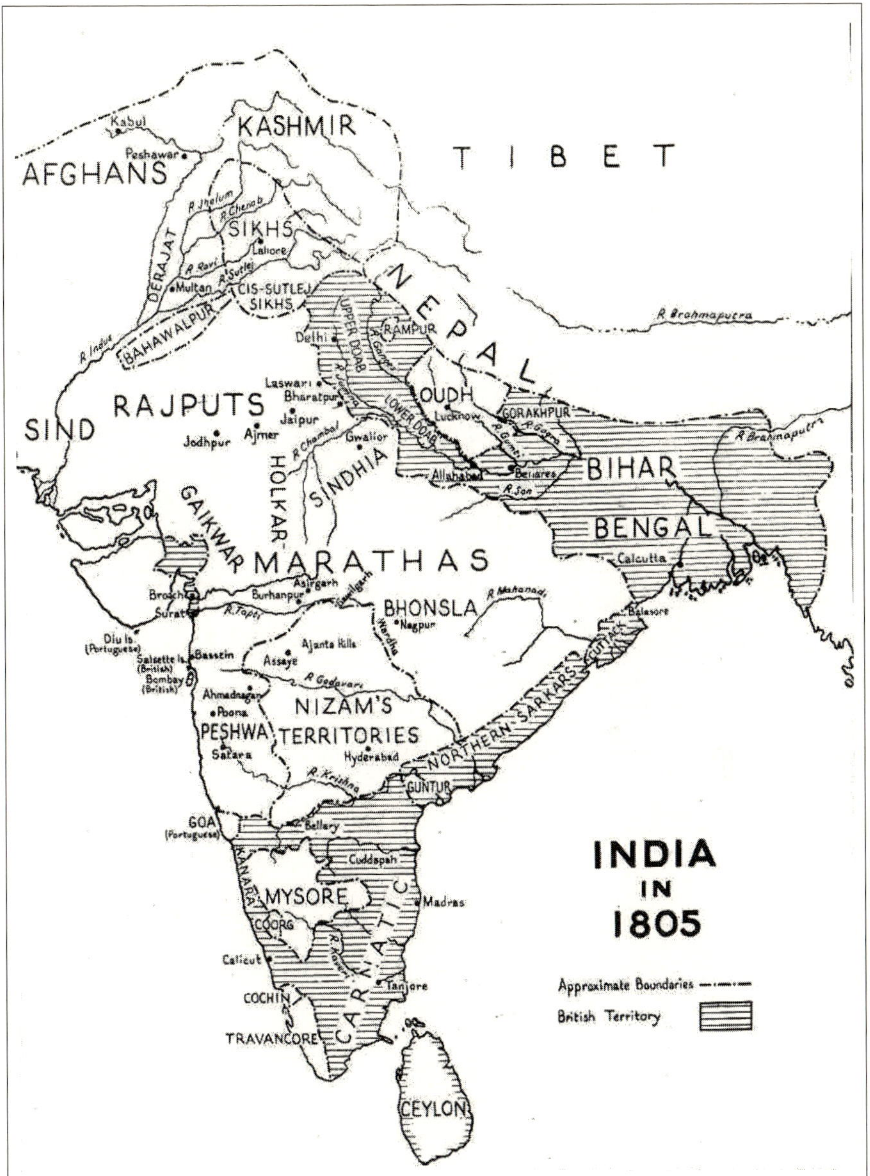

Abb. 10 b: Britische Territorien in Indien 1805.

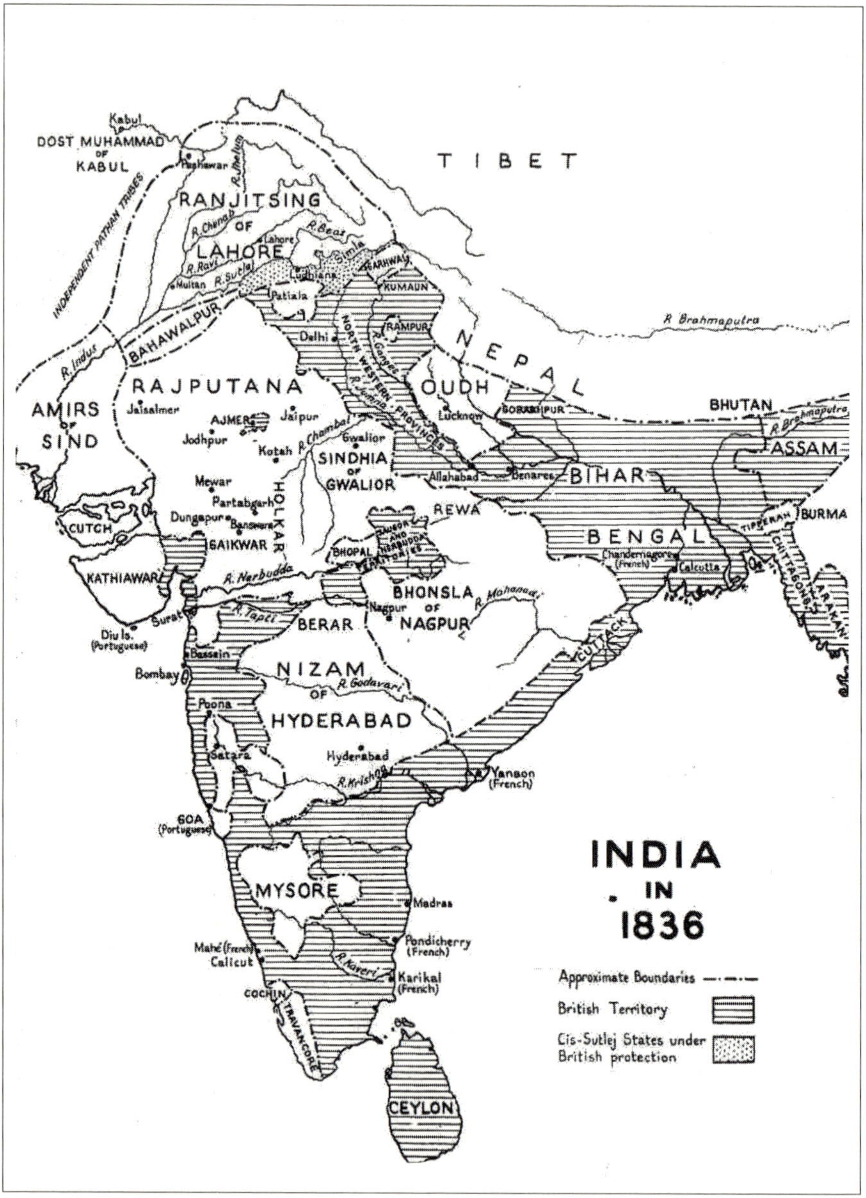

Abb. 10 c: Britische Territorien in Indien 1836.

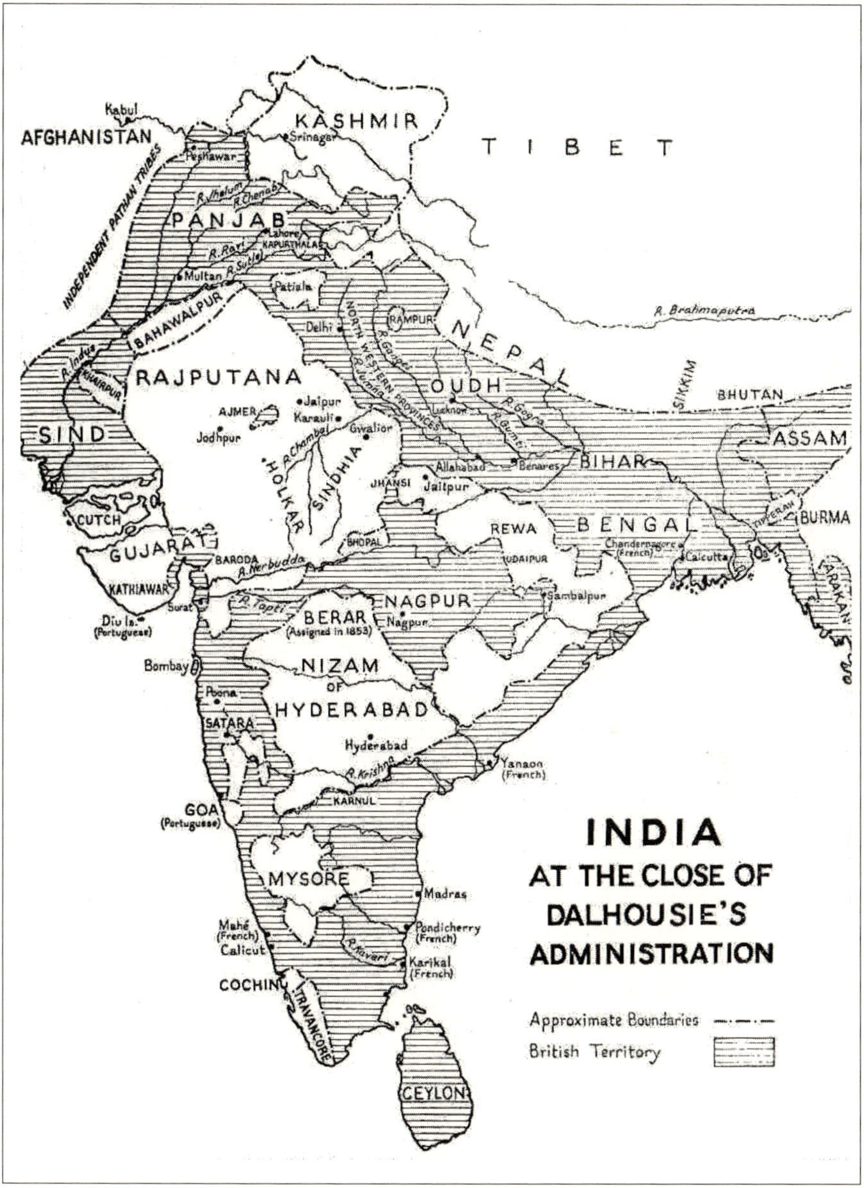

Abb. 10 d: Britische Territorien in Indien 1856.

Weichen für den Aufbau einer dualen Kolonialregierung samt Verwaltung gestellt. Dem Aufsichtsrat der EIC wurde ein parlamentarischer Kontrollrat beiseitegestellt, dessen Vorsitz Henry Dundas, Viscount Melville (1742–1811) einnahm. Fortan bestimmte er die politischen Geschicke des Unternehmens. In Britisch-Indien gewährleistete neben der Einführung des Amtes eines Governor General und seinem ‚Council' sowie eines Obersten Richters die ab 1789 als ‚India Budget' bekannte Vorstellung des Finanzhaushaltes im englischen Parlament die öffentliche Kontrolle der EIC. Letztlich bedeutete das die Integration ihres indischen Territorialbesitzes in das Britische Empire.[50]

Zur gleichen Zeit wurden auch weitreichende Verwaltungsreformen der EIC in Indien durchgeführt, die ihre Transformation vom reinen Handelsunternehmen zur kolonialen Regierung mit bürokratischem Administrationsapparat einleiteten. In Anlehnung an die niederländische Ostindiengesellschaft bezeichnete die EIC ihre Verwaltungseinheiten als ‚Presidencies' von Bombay, Madras und Calcutta, die zunächst unabhängig von einander unter der Kontrolle des Aufsichtsrats in London arbeiteten. Erst Anfang des 19. Jahrhunderts gelang die Hierarchisierung und Subordination der Presidencies von Madras und Bombay (und ihrer Governors) unter die von Bengalen. Spätere Annexionen gliederte die EIC in die Presidencies ein, schuf als weitere Ebene Provinzen mit Lieutenant-Governors an der Spitze und nahm teilweise erhebliche territoriale Korrekturen auf Distriktebene vor. Jedem Distrikt stand ein ‚Revenue Collector' vor, vielfach auch ein ‚District Magistrate'. Beide waren mächtige Verwaltungsangestellte, konnten sie doch oft nach eigenem Ermessen Entscheidungen treffen. Hierin ist auch die Grundlage für das paternalistische Kolonialregime zu sehen, das unverändert bis zum Ende der britischen Herrschaft anhielt.[51]

Übte die EIC mit der *diwani* die zivile Rechtssprechung aus, reklamierte der erste Governor General, Warren Hastings (amt. 1773-1785) auch die Kriminalrechtsprechung. Doch erst Governor General Cornwallis (amt. 1786-1793) gelang es, mit einer umfassenden Justizreform, die unmittelbar an die Vorschläge von Hastings anknüpfte, auch die Kriminalrechtsprechung und vor allem die Todesstrafe an den Obersten Gerichtshof (Supreme Court) zu ziehen. Ergänzend erließ Cornwallis Regelungen zu Schriftsätzen, Gerichtsverfahren und Veraktung der Prozesse.[52] Unter steuerpolitischen Gesichtspunkten implementierte er nach jahrelangen und langwierigen Beratungen 1793 das ‚Permanent Settlement', das die Landsteuersätze Bengalens dauerhaft festschrieb. Die umfassenden gesetzgeberischen Maßnahmen sind als ‚Cornwallis Code' bekannt geworden. Dass die Reformen nun

---

[50] M. Mann, *Bengalen im Umbruch*, S. 326-335.

[51] Zum Aufbau der verschiedenen Verwaltungseinheiten und ihrem Verwaltungspersonal siehe Ram Prakash Sikka, *The Civil Service in India. Europeanisation and Indianisation under the East India Company – (1765-1857)* (New Delhi 1984).

[52] J. Duncan M. Derrett, *Religion, Law and the State in India* (London 1968, Delhi etc. 1999), S. 225-291. Radhika Singha, *A Despotism of Law. Crime and justice in early colonial India* (Delhi etc. 1998), S. 1-35. M. Mann, *Bengalen im Umbruch*, S. 201-212.

durchgesetzt werden konnten, lag zum einen an der Entschlossenheit Cornwallis', zum anderen am parlamentarischen Rückhalt durch Henry Dundas und Premierminister William Pitt d. J.. Ausgestattet mit umfassenden Amtsvollmachten konnte Cornwallis unternehmensinterne Widerstände brechen. Mit den grundlegenden Reformen der EIC-Unternehmensstruktur war für den ‚Company state' ein Grundgesetz geschaffen worden, das bis 1858 Bestand haben sollte und in seinen wesentlichen Zügen bis 1947 existierte.[53]

Wie die *nawab*s von Bengalen waren auch die Briten bald mit der Tatsache konfrontiert, den vielfach aufflammenden Widerstand gegen die steuerlichen und rechtlichen Neuerungen niederschlagen zu müssen. Vor allem die Randzonen des britischen Herrschaftsbereiches waren wegen der zahlreichen Aufstände kaum zu kontrollieren. ‚Little kings' wie die *raja*s von Ghatsila, Bardwan und Mayurbhanj im westlichen Bengalen und ihre benachbarten *zamindar*s wehrten sich erbittert gegen die Versuche des Kolonialstaates, Grenzen zu markieren und die Landwirtschaft zu taxieren.[54] In den Jahren 1781 bis 1783 brach im Banaras *raj*, das die Briten 1775 vom benachbarten Awadh annektiert hatten, eine flächendeckende Rebellion aus, als neben dem *raja* zahlreiche ‚little kings', *zamindar*s und Bauern in Bihar und Bengalen gegen die Briten mobil machten. Nachdem die Nachrichten- und Verkehrswege der Briten zunächst zusammengebrochen waren, gelang es ihnen nur mit äußerster Mühe, den Aufruhr niederzuschlagen.[55]

Im angrenzenden Gorakhpur-Distrikt, der zu Awadh gehörte, brach zur selben Zeit ebenfalls ein Aufstand aus. Dort hatte der mit Rückendeckung Warren Hastings' vertraglich eingesetzte britische Colonel Alexander Hannay die Steuern mit einem Terrorregime eigener Soldaten eingetrieben. Innerhalb weniger Tage brachen die Nachrichtenverbindungen der Briten zusammen, so dass sie in ihrem Handlungsvermögen erheblich beeinträchtigt wurden. Im Unterschied zur Revolte in Banaras verlief die Erhebung in Gorakhpur erfolgreich, denn Hannay wurde vom Governor General persönlich abgerufen. Dies verhinderte vorübergehend die weitere informelle Expansion der Briten auf das Territorium von Awadh. Beide Rebellionen zeigen jedoch, wie gewaltgeladen die ‚offene Grenze' zwischen Awadh und Bengalen aufgrund der destabilisierenden britischen Kolonialpolitik war. Nicht selten wurde sie von den Privatinteressen der ‚men on the spot' bestimmt, ohne Rücksicht auf die politischen Interessen des britischen Kolonialre-

[53] Zu den Justizreformen siehe Jörg Fisch, *Cheap Lives and Dear Limbs. The British transformation of the Bengal criminal law 1769-1817* (Wiesbaden 1983). R. Singha, *A Despotism of* Law, S. 80-120. M. Mann, *Bengalen im Umbruch*, S. 341-350.

[54] Zur Veränderung der sozialen und wirtschaftlichen Lebensbedingungen siehe K. Sivaramakrishnan, *Modern Forests. Statemaking and environmental change in colonial eastern India* (Stanford 1999), S. 34-120.

[55] M. Mann, *Bengalen im Umbruch*, S. 226-259. G. J. Bryant, Pacification in the early British raj, 1755-85. in: *Journal of Imperial and Commonwealth History* 14 (1986), S. 3-19. Naharari Kaviraj, *A Peasant Uprising in Bengal 1783. The first formidable peasant uprising against the rule of the East India Company* (New Delhi/Ahmedabad/Bombay 1972).

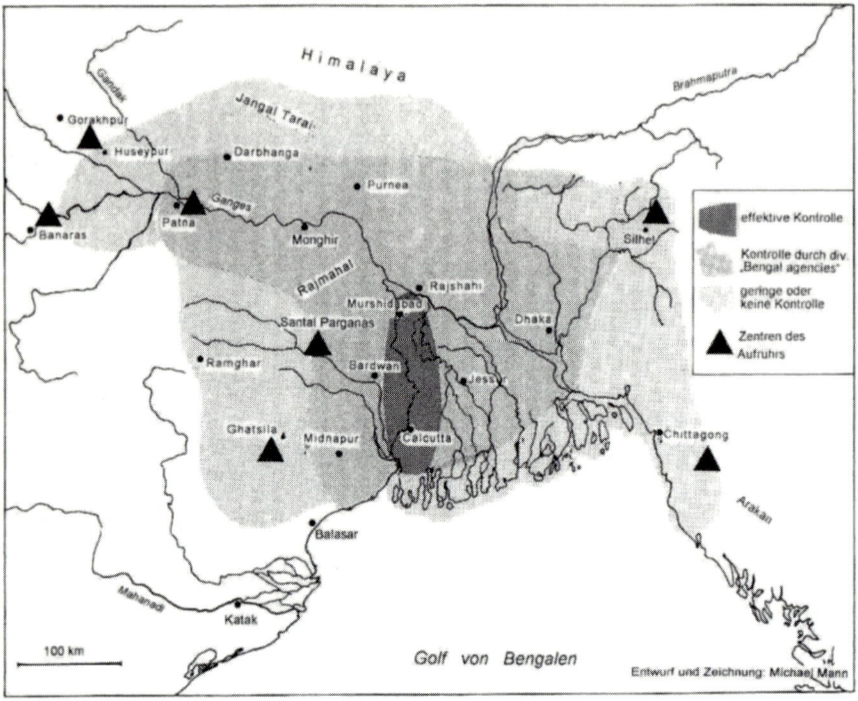

Abb. 11: ‚Innere Grenzen' Bengalens 1756–1793.

gimes oder die wirtschaftlichen der EIC zu nehmen.[56] Der latente Widerstand belegt auch, dass noch Ende des 18. Jahrhunderts die effektive Herrschaft der Briten kaum über die Region Calcutta-Murshidabad hinausreichte und in den Randzonen nur rudimentär installiert war.[57]

Von einem explizit anti-kolonialen Widerstand konnte zu diesem Zeitpunkt indes nur partiell die Rede sein, denn außer der rigiden Steuerpolitik und der damit einhergehenden Rechtsprechung und des stärker kommerzialisierten Textilgewerbes waren die Auswirkungen der spezifisch kolonialen Herrschaft noch nicht zu verspüren. Sie haben jedoch zweifelsfrei zur Verschärfung der wirtschaftlichen und sozialen Lage in der Bevölkerung beigetragen. Noch glich der Widerstand den Bauernrebellionen, geführt von lokalen *zamindar*s, wie sie unter den *subadar*s der Moguln und den *nawab*s von Bengalen im 17. und 18. Jahrhundert aufgetreten waren. Die Forderungen der Bauern und *zamindar*s bestanden überwiegend in der

56 R. B. Barnett, *North India between Empires*, S. 184-185, 200-203.

57 Anand A. Yang, *The Limited Raj. Agrarian relations in colonial India, Saran District, 1793-1920* (Delhi etc. 1989), S. 55-111.

Restaurierung von angestammten Rechten, im Nachlass von Steuern und wirtschaftlichen Hilfen. Erst ab Mitte des 19. Jahrhunderts war bei Revolten und Rebellionen eine bewusst anti-koloniale Stoßrichtung zu erkennen.[58]

Was für Bengalen und Banaras galt, traf auch für andere Regionen Indiens zu, die von den Briten zwischen 1765 und 1856 erobert und annektiert wurden. Erhebungen und offene Rebellionen begleiteten stets die britische Kolonialherrschaft. Schien die Annexion des ‚little kingdoms' von Kerala an der Malabarküste Ende des 18. Jahrhunderts zunächst friedlich zu gelingen, prallten jedoch bald die unterschiedlichen Souveränitätsvorstellungen von Indern und Briten in jahrelangen Kleinkriegen gewaltsam aufeinander. Abgesehen davon gelang den Briten die Integration der Mappillas, zum Islam konvertierte Einwohner der Malabarküste sowie die Nachfahren von Arabern, überhaupt nicht. Im gesamten 19. Jahrhundert kam es immer wieder zu sozialökonomisch motivierten Aufständen, den heftigsten konnten die Briten schließlich 1921 nur noch mit Mühe unterdrücken.[59] Stets fürchteten die Briten Rebellionen unzufriedener Bauern oder ‚wilder Bergbewohner'. Insofern konnte auch die Errichtung der ‚British Paramountcy' nach 1818 nicht darüber hinwegtäuschen, dass auf der lokalen Ebene die Herrschaft oft nicht gesichert war.

Bei aller Präsenz und Machtfülle des Kolonialregimes war nicht zu übersehen, dass neben der fortschreitenden territorialen Expansion und dem Aufbau eines zentralistischen politischen Systems die innere Befriedung und die effektive Beherrschung des Landes nur bedingt gelangen. Die Friedensordnung der ‚Pax Britannica', die nach dem Ende der Napoleonischen Kriege (1815) nicht nur für Indien sondern für das gesamte Britische Empire postuliert wurde, war eine politische Fassade, hinter der wirtschaftsliberale Interessen verfolgt werden sollten. Keinesfalls war der britische Kolonialismus nun friedvoll geworden, im Gegenteil, aggressiver denn je wurden imperialistische Ziele verfolgt, auch in Indien.[60] Hier war zu beobachten, dass aufgrund des anhaltenden inneren Widerstands gegen das Regime der Kolonialstaat nach wie vor ein schwaches Staatsgebilde war und seine Macht eher auf Bajonettspitzen als auf allgemeinem Konsens beruhte.[61]

---

[58] In der nationalistischen Geschichtsschreibung Indiens ist der anti-koloniale Widerstand zu sehr betont und damit aus dem lokalen Kontext gerissen worden, vgl. N. Kaviraj, *A Peasant Uprising in Bengal* und Binod S. Das, *Civil Rebellion in the Frontier Bengal (1760-1805)* (Calcutta 1973).

[59] Margret Frenz, *Vom Herrscher zum Untertan. Spannungsverhältnis zwischen lokaler Herrschaftsstruktur und der Kolonialverwaltung in Malabar zu Beginn der britischen Herrschaft (1790-1805)* (Stuttgart 2000); Stephen F. Dale, *The Mappilas of Malabar 1498-1922: Islamic society on the South Asian frontier* (Oxford 1980).

[60] Muriel E. Chamberlain, *‚Pax Britannica'. British foreign policy,1789-1914* (London and New York 1988). Christopher A. Bayly, *Imperial Meridian. The British Empire and the world, 1780-1830* (London and New York 1989).

[61] Ranajit Guha, *Dominance without Hegemony. History and power in colonial India* (Cambridge, Mass and London, England 1997).

2.2.4 Maisur (1758-1799)

In Südindien errichteten die Wodeyar Kartars nach 1610 eine eigene Dynastie, wobei sie die Oberherrschaft der *raja*s von Vijayanagara auch nach deren machtpolitischer Bedeutungslosigkeit noch fast 60 Jahre anerkannten. Durch gezielte Heiratspolitik mit der mächtigen Kalale-Familie, die die obersten Heerführer des Landes stellte, waren sie bald einflussreicher als die Kartars, die ab der Mitte des 18. Jahrhunderts eine reine Marionette in den Händen der Kalales geworden waren.[62] Deren Staatsstreich scheiterte 1760 an der Loyalität des weithin beachteten Heerführers Haidar Ali (ca. 1722–1782), der die Kalale-Familie verbannen ließ und nun seinerseits den Wodeyar Kartar unter Kuratel stellte. Haidar Ali hatte sich einen Namen als Armeeführer während der südindischen Erbfolgekriege in den 1740er und 1750er Jahren gemacht. Zum ersten Mal waren Soldaten der französischen und britischen Handelsgesellschaften auf Anfrage an die Herrscher von Arcot und Haiderabad respektive der Thronprätendenten vermietet worden. Beiden rivalisierenden europäischen Großmächten gelang es so, ihren politischen Einfluss in der Region auszudehnen. Nach der Schlacht von Wandiwash 1760 stellten die Franzosen indes keinen militärischen Faktor mehr in Südindien dar, was am Ende des Siebenjährigen Krieges in Europa durch den Pariser Friedensschluss von 1763 besiegelt wurde.[63]

Die Schlacht beim nordindischen Panipat (1761), die vorübergehend die militärischen Kräfte der Marathen paralysierte, verschaffte Haidar Ali die Gelegenheit, seine noch labile Herrschaft zu konsolidieren und zahlreiche *palayyakarar*s und *nayak*s (‚little kings') zu unterwerfen. Seit 1766 war der Wodeyar Kartar nur noch nominell der Herrscher Maisurs, der von Haidar Ali unter Hausarrest gestellt wurde. Im darauf folgenden Jahr konnte Haidar Ali einen entscheidenden militärischen Sieg gegen die übermächtige Allianz des *nizam* von Haiderabad, des *peshwa* von Pune und der Briten in Madras erringen und seine Friedenskonditionen diktieren. Unter Haidar Ali hatte Maisur seinen ersten Expansionskrieg geführt, denen sich weitere anschlos-

Abb. 12: Der Heerführer Haidar Ali.

[62] A. Satyanarayana, *History of the Wodeyars of Mysore (1610-1748)* (Mysore 1996).

[63] Catherine Manning, *Fortunes a Faire. The French in Asian trade, 1719-48* (Aldershot, UK and Brookfield, USA 1996), S. 195-220.

sen.[64] Mitten im zweiten der so genannten Anglo-Maisur Kriege (1780–1784) starb Haidar Ali und sein Sohn Tipu Sultan übernahm das Kommando des Heeres und 1783 auch die Herrschaft in Maisur und konnte auch den Krieg gegen die Allianz von *peshwa* und Briten erfolgreich beenden.[65]

Von seinem Vater angefangene Reformen in der Steuerverwaltung setzte Tipu Sultan konsequent fort. Neu war indes die systematische Förderung des Nutzfruchtanbaus bei Zuckerrohr und die Erhebung allgemeiner Daten zur Wirtschaft für künftige Planungen. Die wohl einschneidendsten Reformen fanden denn auch in der Wirtschafts- und Handelspolitik statt. Seit 1786 förderte Tipu Sultan gezielt den Außenhandel mit Maskat und armenischen Kaufleuten mit Hilfe günstiger Handelskonditionen wie Zollerleichterungen, dem freien Warenverkehr, der Mög-

Abb. 13: Nach der Niederlage Tipu Sultans 1792 musste er dem britischen General Charles Cornwallis seine Söhne als Geiseln übergeben, bis er alle Entschädigungszahlungen aufgebracht hatte. Britisches Historiengemälde, um 1800.

64 Generell zum Hintergrund immer noch B. Sheik Ali, *British Relation with Haidar Ali, 1760-1782* (Mysore 1963).

65 Als Biografie nach wie vor Ali, B. Sheik, *Tipu Sultan. A study in diplomacy and confrontation* (Mysore 1982), S. 41-90. Asok Sen, A pre-British economic formation in India of the late eighteenth century: Tipu Sultan's Mysore, in: Barun De (Hg.), *Perspectives in Social Sciences I. Historical dimensions* (Calcutta etc. 1977), S. 71-74.

lichkeit zur Errichtung von Handelsniederlassungen und der Kreditaufnahme im Land. Auch die Aufnahme von direkten Handelsbeziehungen mit China war anvisiert.[66] Diese Wirtschafts- und Finanzpolitik erlaubte es ihm, neben den europäischen Einheiten die modernste Armee in Indien aufzubauen, die sich durch eine strenge Hierarchisierung des Offizierskorps, eine zentrale Befehlsgewalt, Ausbildungsstruktur und moderne Bewaffnung auszeichnete.[67] Dennoch verlor Tipu Sultan 1792 den Krieg gegen eine neuerliche Allianz von *nizam*, *peshwa* und den Briten, der den Verlust fast der Hälfte des Staatsterritoriums nach sich zog.

Als Konsequenz erhöhte Tipu Sultan nicht nur die Landsteuersätze um 30 Prozent, sondern erließ 1793-94 ein Wirtschaftsprogramm, das in weiten Bereichen der Wirtschaft und des Handels ein staatliches Monopol errichtete. Staatliche Subventionen von umgerechnet fast 130.000 Pfund Sterling dienten der Förderung des Exporthandels. Dazu sollten 16 Handelskontore in Indien und einer in Maskat eingerichtet werden – ausgenommen war der Handel mit Madras (EIC), Haiderabad und Arcot. In großem Maßstab wurde der Binnenhandel reguliert. In insgesamt 30 Orten ließ Tipu Sultan Depots errichten, von wo aus *gomashtas* den Handel organisierten. An der Malabarküste galt ein generelles Monopol auf Pfeffer und Sandelholz. Staatliche Manufakturen in Seringapatam, Chitaldurg, Bangalore und Bednur, in denen europäische, chinesische und indische Fachkräfte arbeiteten, um unter anderem Scheren, Messer, Papier, Textilien, Zucker, Gewehre und Kanonen herzustellen, dienten ebenfalls der allgemeinen Wirtschaftsförderung und letztlich der Erhöhung der staatlichen Einnahmen. Zur Umsetzung der durchaus als merkantilistisch zu charakterisierenden Wirtschaftspolitik richtete Tipu Sultan einen neunköpfigen Handelsrat ein, dessen Aufgaben darin bestand, Produktion und Handel zu überwachen, darüber jährliche Berichte anzufertigen und den ausländischen Händlern die eingeräumten Rechte zu garantieren.[68]

Die militärischen Auseinandersetzungen vor allem mit dem *nizam* von Haiderabad beruhten auf der Weigerung Haidar Alis und ganz besonders Tipu Sultans, sich dessen nomineller Oberhoheit zu unterstellen, wie dies die Wodeyar Kartars getan hatten. Nachdem Tipu Sultan vergeblich versucht hatte, von Mogul Shah Alam II. in Delhi einen *farman* über seine eigenständige Herrschaft zu erlangen, schickte er 1786 an die islamischen Herrscher in Afghanistan, Iran und dem Osmanischen Reich Gesandtschaften. Vordergründig zur Aufnahme und Intensivierung der Handelsbeziehungen angelegt, hatte besonders die Mission nach Konstantinopel den Zweck, sich von Sultan Abdul Hamid I. eine separate Herrschaftslegitimität geben zu lassen. Diesem Gesuch ist der Sultan offensichtlich nachgekommen, denn seit 1787 trug Tipu Sultan den offiziellen Titel „Schat-

[66] A. Sen, A pre-British economic formation in India, S. 81-83.

[67] Stewart Gordon, Symbolic and structural constraints on the adoption of European-style military technologies in the eighteenth century, in: Richard B. Barnett (Hg.), *Rethinking Early Modern India* (Delhi 2002), S. 171-172.

[68] Ebenda, S. 83-92, 95-99.

Abb. 14: Tipu Sultan (1750 - 1799). Zeitgenössisches Porträt.

ten des höchst gnädigen Gottes, Tipu Sultan Padshah Ghazi". Zu den seit Jahren mit eigenem Stil geprägten Münzen kam nun die Verlesung des Freitagsgebetes (*khutba*) im Namen Tipu Sultans hinzu.[69]

Die explizit islamisch begründete Legitimierung seiner Herrschaft kann keinesfalls darüber hinwegtäuschen, dass Tipu Sultan mit dem Anspruch eines *padshah* alle Religionsgemeinschaften in seinem Staat zu respektieren und zu fördern hatte, allzumal in einem Land, dessen überwiegende Mehrheit der Bevölkerung hinduistischen Glaubensgemeinschaften angehörte. Bei offiziellen Feierlichkeiten und Hoftagen (*darbars*) trat Tipu Sultan als souveräner Herrscher auf, der einerseits traditionelle Rituale beibehielt, ihnen aber andererseits seinen Stempel aufdrückte, um sich mit einem neuen Herrschaftsstil vom Vorgängerregime abzuheben. Auch schuf er eine eigene Herrschaftssymbolik, die bekannte Motive wie Sonne und Tiger benutzte. Neu war hingegen der *babri*-Streifen, eine abstrahierte Flamme, die die Sonne symbolisierte und geradezu zum Signet von Tipu Sultans Ornamentik an Gebäuden und auf Textilien wurde. Abgesehen hiervon förderten regelmäßige Reisen des Herrschers durch das Land die Akzeptanz der neuen Dynastie, die von der Bevölkerung keineswegs als Usurpatorengeschlecht wahrgenommen wurde. Nirgends als bei Tipu Sultan wird deutlicher, wie sehr er eine Kulturgestalt war, die die Idee der universellen Herrschaft verkörperte und zugleich die regionalen Gepflogenheiten und Herrschaftspraxis unter seiner Monarchie zu einem neuen Herrschaftsentwurf vereinigte.[70]

Wie kein anderer zeitgenössischer indischer Herrscher hat Tipu Sultan die Gefahr erkannt, die von den Briten für Indien ausging. Unablässig versuchte er Allianzen gegen sie zu schmieden. Auch sah er, dass ohne einen freien Zugang zum

[69] Kate Brittlebank, *Tipu Sultan's Search for Legitimacy. Islam and kingship in a Hindu domain* (Delhi etc. 1997), S. 65-81. Iqbal H. Qureshi, Tipu Sultan's embassy to Constantinople, in: Irfan Habib (Hg.), *Resistance and Modernization under Haidar Ali and Tipu Sultan* (New Delhi 1999), S. 69-78.

[70] K. Brittlebank, *Tipu Sultan's Search for Legitimacy*, S. 58-61, 97-99, 131-133.

Meer der immer wichtiger werdende Außenhandel nicht aufzubauen war, weshalb er seine Expansionskriege gegen Malabar und Travancore führte. Aufrüstung und Kriegsführung schwächten nicht nur Maisur, sondern ganz Karnataka, das damals in das höher gelegene, westliche Balaghat und das im östlichen Flachland gelegene Payanghat unterschieden wurde. Auf Jahrzehnte hinaus lag die Landwirtschaft in der gesamten Region sowie die Textilproduktion in Payanghat darnieder.[71] Unter dem Vorwand des Überfalls auf das neutrale Travancore eröffnete Governor General Richard Wellesley 1798 einen Vernichtungsfeldzug gegen Maisur, in dessen Verlauf Tipu Sultan bei der Erstürmung seiner Residenzfestung Seringapatam fiel. Die Briten setzten daraufhin die alte Wodeyar-Dynastie wieder ein, die fortan eine Marionette in der britischen Machtpolitik in Indien war.

2.2.5 Kota (1707-1838)

Geradezu beispielhaft kann das ‚little kingdom' von Kota in Rajastan vom ausgehenden 17. bis zum beginnenden 19. Jahrhundert als eine Variation des oben geschilderten polyzentrischen Modells vom segmentären Staat mit seinen wechselnden Allianzen und Sezessionsbestrebungen einzelner lokaler Potentaten im ‚Mächtespiel' mit den Nachbarstaaten von Amber (Jaipur) und Rampura betrachtet werden. Zugleich führt das Modell paradigmatisch den allmählichen Übergang und die Integration eines indischen ‚little kingdoms' in das britische Kolonialreich in Indien vor. Keinesfalls handelt es sich dabei um einen linearen, geschweige denn teleologischen Prozess, der das Kolonialregime als alleinig Agierenden sieht. Bis weit ins 19. Jahrhundert behielten die Akteure in Kota das Heft des Handelns in ihren Händen und genossen selbst nach der Eingliederung des Staates in das ‚formal empire' der Briten ein erstaunliches Maß an Autonomie – vor allem der *raja*, dem sie eine bis dahin nicht gekannte Machtfülle einräumten, profitierte von der neuen Herrschaftskonstellation.[72]

Die politische Landschaft gestalteten *raja* Maharao Umed Singh (reg. 1771–1819) und besonders sein einflussreicher Erster Minister, *rajrama* Zalim Singh (1739–1824). Ähnlich wie der *peshwa* des Marathenmonarchen von Satara bestimmte auch in Kota der Erste Minister die Richtlinien der Politik in administrativen, rechtlichen und militärischen Fragen. Dementsprechend trug Zalim Singh, Sprössling eines alteingesessenen Rajputen-Geschlechts, sein Amt würdevoll zur Schau, jedoch ohne die Autoritätssymbole des *raja*s anzutasten. Allerdings ließ Zalim Singh es sich nicht nehmen, kurz nach seinem Amtsantritt 1770 innerhalb der königlichen Palastanlagen einen eigenen Wohnbereich bauen zu lassen, der nicht

[71] Ravi Ahuja, *Die Erzeugung kolonialer Staatlichkeit und das Problem der Arbeit. Eine Studie zur Sozialgeschichte der Stadt Madras und ihres Hinterlandes zwischen 1750 und 1800* (Stuttgart 1999), S. 130-145.

[72] Norbert Peabody, *Hindu Kingship and Polity in Precolonial India* (Cambridge 2003). Die nachfolgende Darstellung bezieht sich, sofern nicht anders vermerkt, auf dieses Werk, das bereits zur Standardlektüre gerechnet werden darf.

nur den Palast, sondern zugleich die Stadt dominierte. Auch übertraf Zalim Singhs Leibgarde mit 631 Soldaten die Maharao Umed Sings von 156 Mann. Ganz im herrscherlichen Stil eines ‚little king' protegierte Zalim Singh die Künste, gab Almosen an Priester und heilige Männer sowie an karitative Einrichtungen, um so seine eigene Reputation zu erhöhen.[73]

Weitreichende Landreformen, denen zahlreiche *jagir*s zum Opfer fielen, und die Zentralisierung der *khalsa* gestatteten Zalim Singh, eine stehende Armee von 16.000 Soldaten aufzubauen, während sich die Truppen der verbliebenen *jagirdar*s auf insgesamt 7.000 Mann beliefen. Auch wenn die *jagirdar*s weitestgehend die Kavallerie stellten und damit über die mobilsten militärischen Einheiten verfügten, kontrollierten die königlichen Verbände die neu aufgekommene und strategisch wichtigere Kriegstechnologie der Artillerie. Wie viele seiner zeitgenössischen Potentaten stellte Zalim Singh desertierte europäische Drillmeister an oder warb sie von europäischen Armeen bzw. anderen indischen Fürsten ab. Besonders beliebt waren europäische Artillerieoffiziere, die diese noch relativ neue Kriegstechnologie beherrschten. Doch auch Truppeneinheiten der Pathanen und Marathen fanden Verwendung in der neuen Armee. Sie gehörten zu den zahlreich umherziehenden Söldnerbrigaden, deren Kommandeure auf den Rekrutierungsmärkten Nordindiens Soldaten aushoben.[74]

Von einer „professionellen" Armee kann freilich nicht die Rede sein, denn dazu fehlte es am einheitlichen Aufbau und an einer hierarchischen Rangordnung mit entsprechender Befehlsstruktur. Auch existierte keine systematische Rekrutierung, denn die Soldaten wurden durch Truppenkommandeure angeworben, die meist unter einer Volksgruppe ihre Soldaten rekrutierten und damit eine persönliche Bindung herstellten. Die ‚Brigaden' fühlten sich ihnen und nicht dem Oberbefehlshaber verpflichtet. Allerdings bewirkte die Einstellung französischer Offiziere eine gewisse Strukturbildung, als militärische Einheiten samt Untereinheiten von annähernd gleicher Größe gebildet wurden. Die europäischen Offiziere dürften auch dafür gesorgt haben, dass Uniformen in zentralen Manufakturbetrieben hergestellt und nach Funktion unterschieden wurden. Der regelmäßig gezahlte Sold sowie eine staatliche Invalidenversorgung und ‚Lebensversicherung' machten den Militärdienst geradezu attraktiv.[75]

Mit Hilfe dieser neuen Armee führte Zalim Singh fast permanent Expansionskriege, so nach Mewar in den Jahren 1774, 1776 und 1778, fast jährlich zwischen 1782 und 1791, ebenso zwischen 1799 und 1805.[76] Freilich konnte die neue militärische Stärke und die erfolgreiche Expansion des Staatsterritoriums nicht verhindern, dass die Armee Kotas der weitaus überlegenen der Marathen 1779 unter-

[73] Ebenda, S. 112-120, 132, 141.

[74] Dazu das Standardwerk von Dirk H. A. Kolff, *Naukar, Rajput, and Sepoy: The ethnohistory of the military labour market in Hindustan, 1450-1850* (Cambridge 1990).

[75] N. Peabody, *Hindu Kingship and Polity in Precolonial India*, S. 136-139.

[76] Ebenda, S. 120-125.

lag und der seit den 1730er Jahren zu entrichtende Tribut an sie nochmals erhöht wurde. Innerhalb des Marathenverbandes genoss Kota wegen seiner wirtschaftlichen Kraft eine Sonderstellung, da ihm bei den Expansionsfeldzügen nach Nordindien an einem ungehinderten, auf Kooperation basierenden Nachschub an Lebensmitteln, vor allem Getreide, gelegen war. Das veranlasste Zalim Singh wiederum, systematisch Maut- und Steuerstellen einzurichten, womit er die Staatseinnahmen zwischen 1780 und 1804 allein über die Akzisen um das Fünffache steigerte.

Zugleich begann Zalim Singh mit der inneren Kolonisierung Kotas. Das Hauptaugenmerk lag auf der Ansiedlung von Bauern in den verlassenen Dörfern des Landes, was bei stets knapper Arbeitskraft und reichlich vorhandenem Ackerboden durch reduzierte Steuersätze und andere Sonderkonditionen erreicht wurde. Anfang des 19. Jahrhunderts stellten britische Beobachter fest, nahezu alle landwirtschaftliche Nutzfläche sei unter den Pflug genommen worden. Um die Agrarwirtschaft weiter zu fördern, initiierte Zalim Singh ein landesweites Entwicklungsprogramm. Seine Basis bildete ein kleinräumiges, auf Kanälen und Tanks basierendes Bewässerungssystem. Des weiteren wurde auch mit verschiedenem Saatgut und neu entwickelten Pflugformen erfolgreich experimentiert, innovative Pflanzmethoden und eine Ochsenzüchtung eingeführt. Landwirtschaftliche Messen sorgten schließlich für die Verbreitung der gewonnenen Erkenntnisse, was den allgemeinen Aufschwung und Erfolg der Landwirtschaft Kotas garantierte.[77]

Wie in anderen Regionen Indiens, so auch in Rajastan und hier besonders in Kota, ist die Kommerzialisierung der Wirtschaft an der wachsenden Zahl der *qasba*s abzulesen.[78] Ihre Bedeutung zeigte sich auch im verhältnismässig hohen Anteil von Stadtbewohnern, der sich laut zeitgenössischen Beobachtungen durchaus auf ein Fünftel der Gesamtbevölkerung belaufen haben kann. Städte waren Sitz von Handel und Handwerk, vor allem im Bereich der Herstellung und dem Vertrieb von Textilien. Hochwertige Baumwollerzeugnisse aus Kota waren überregional in Indien bekannt und fanden bis nach Persien Absatz. Auch der Getreidehandel Kotas gehörte zu den bedeutendsten der Region. Da, wie im benachbarten Jaipur, auch in Kota der *raja* zu den größten Landbesitzern gehörte, der seine Einkünfte bis zur Hälfte aus den Getreideüberschüssen erzielte, zählte er zu den Hauptversorgern der *qasba*s und ‚kleinstädtischen' Märkte (*ganj*s und *mandi*s) sowie der wöchentlich stattfindenden dörflichen Getreidemärkte (*hat*s).[79]

Nachdem bereits 1717 unter dem damaligen Herrscher Maharao Bhim Singh eine erste Landesvermessung stattgefunden hatte, initiierte 1792 Zalim Singh ein neuerliche, nun systematische Vermessung. Jeder Acker, jedes Dorf, alles nicht bestell-

---

[77] Ebenda, S. 131-132.

[78] Auf die besondere Rolle der *qasba*s hat bereits Christopher A. Bayly in seinem *Rulers, Townsmen and Bazaars. North Indian society in the age of British expansion, 1770-1870* (Cambridge 1983), S. 189-193, 346-368 hingewiesen.

[79] N. Peabody, *Hindu kingship and polity in Precolonial India*, S. 96-100.

te und alles nicht ackerbaulich nutzbare Land wurden registriert, die Steuersätze nach Feldfrüchten und anderen Maßgaben berechnet und, soweit möglich, in Geldbeträgen ausgewiesen. Dieser Landesvermessung folgte 1805 eine umfassende Verwaltungsreform, die den Steuereinzug weiter optimieren sollte. Zalim Singh schuf das alte, mehrschichtige und hierarchische System der Moguladministration ab und führte eine unmittelbare Steuerentrichtung ein, bei der der einzelne Dorfvorsteher (*patel*) für den Einzug und die Weiterleitung der festgelegten Steuersätze gegenüber dem Ersten Minister und einem Steuerrat von vier erfahrenen *patel*s verantwortlich zeichnete. Auf der Grundlage und mit den Ergebnissen der Vermessung von 1792 ließ Zalim Singh 1807 erneut eine Landesvermessung durchführen und dabei die Steuerberechnung weitestgehend vereinheitlichen, wodurch er die Steuereinnahmen um 12 Prozent steigerte. Abgesehen von den fiskalischen Erfolgen lösten die Reformen eine gewisse soziale Mobilität aus, denn allmählich entstand eine neue Schicht reicher Bauern und wohlhabender lokaler Geschäftsleute (*mahajans*).[80]

Die Stellung als bedeutendster Getreidemarkt Rajastans, die Kota für die Marathen hat so wichtig werden lassen, konnte Zalim Singh auch gegenüber den Bri-

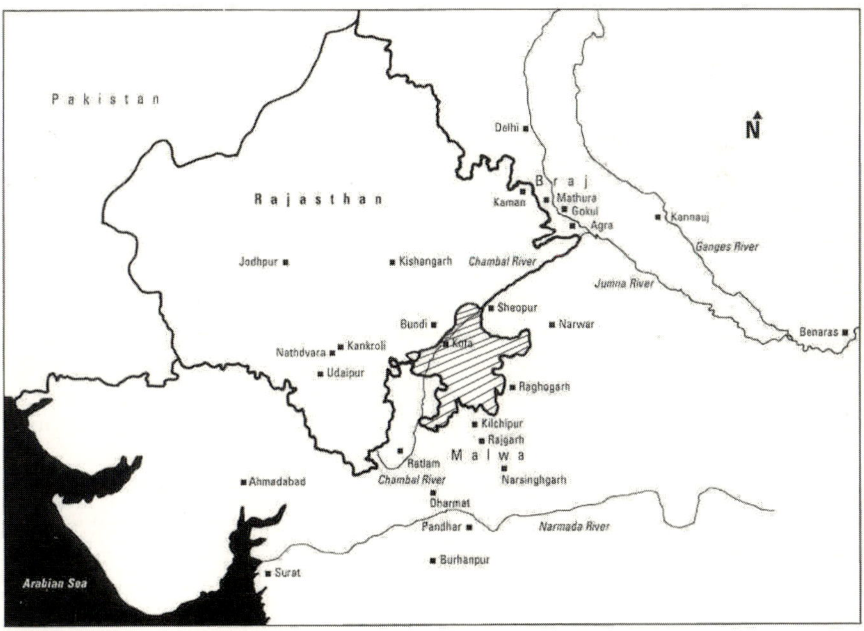

Abb. 15: Kota um 1820.

[80] Ebenda, S. 132-133

ten ausspielen, als er in deren dritten Krieg gegen die Marathen (1817-18) seine fast 22.000 Mann starken Truppen neutral hielt. Um die strategische wie logistische Bedeutung Kotas wussten die Briten zu gut und als ‚Lohn' für die erwiesenen Dienste behielt Kota nach der Niederlage der Marathen seine formale Unabhängigkeit, auch wenn es in das ‚formal empire' der Briten integriert wurde, im Wesentlichen aber nur auf seine außenpolitische Unabhängigkeit verzichten musste. Thronfolgestreitigkeiten und Dispute um die Nachfolge Zalim Singhs wie auch des Maharao boten den Briten Gelegenheit, sich schlichtend in die innenpolitischen Belange Kotas einzumischen. Schließlich wurde 1838 das Staatsgebiet von Kota zwischen dem *raja* und dem *rajrana* in zwei Herrschaftsbereiche aufgeteilt. Dank britischer Regelung übte *raja* Ram Singh (reg. 1827-1866) über seine *jagirdar*s eine Macht aus, von der seine Vorgänger im 18. Jahrhundert nur hätten träumen können. Das Kolonialregime zeigte sich durch sein Herrschaftsprinzip der ‚indirect rule' konservativer als das Regime der Marathen und Kotas.[81]

2.2.6 Awadh (1722-1856)

Das Land zwischen Jamuna, Son und Himalaya ist eine der traditionsreichsten historischen Regionen auf dem indischen Subkontinent. Awadh ist von Ayodhya, dem mystischen Geburtsort Ramas und Hauptstadt des ehemaligen Kosala-Reiches, dem Hauptschauplatz des Ramayana-Epos, abgeleitet. Für die indischen Muslime hat Ayodhya ebenfalls historisch-religiöse Bedeutung, denn hier sollen der Überlieferung nach Job und Seth beerdigt sein. Mogul Muhammad Shah (reg. 1719–1748) ernannte 1722 den ehrgeizigen Saadat Khan zum *subadar* und *nawab* der Provinz Awadh. Saadat Khan war iranischer Immigrant und hatte wie viele andere seiner Landsleute rasch Karriere in Diensten der Mogul-Administration gemacht. Ein Jahr zuvor war er zum *subadar* der Provinz Agra ernannt, dann aber nach Awadh versetzt worden.[82]

Bereits 1723 erwirkte Saadat Khan vom Mogul die Anerkennung seines Neffen Safdar Jang als künftiger *nawab-wazir* von Awadh. Die Hochzeit Safdar Jangs fand die ausdrückliche Zustimmung des Mogul, was zur weiteren Legitimation der neuen Dynastie beitrug. Abgesehen davon gelang es Saadat Khan in den nachfolgenden Jahren, durch Annexion der *sarkar*s Banaras, Jaunpur, Ghazipur und Chumagarh die Grenze Awadhs nach Osten zu verschieben. Im Jahr 1736 besetzte Saadat Khan auch die süd-westlich Awadhs gelegene *suba* Allahabad und dehnte so das Staatsterritorium weiter aus. Bündnisse mit dem *nizam* von Haiderabad und ein

---

[81] Ebenda, S. 167.

[82] Michael H. Fisher, *A Clash of Cultures. Awadh, the British, and the Mughals* (Delhi 1987), S. 26-27. Den iranischen Hintergrund beschreibt ausführlich Surendra Mohan, *Awadh under the Nawabs. Politics, culture and communal relations, 1722-1856* (Delhi 1997), S. 32-34. Zur prominenten Stellung der Iraner innerhalb der Mogul-Elite siehe Firdoz Anwar, *Nobility under the Mughals (1628-1658)* (Delhi 2001), S. 18-39. M. Athar Ali, *The Mughal Nobility under Aurangzeb* (revised edn Delhi etc. 1997), S. 14-37.

eindrucksvoller militärischer Sieg verhinderten die Invasion der nach Nordindien expandierenden Marathen. Mit ihnen schloss Saadat Khan im selben Jahr einen bilateralen Vertrag, in dem beide Länder künftig auf territoriale und finanzielle Ansprüche verzichteten, so dass künftig die südliche Flanke Awadhs nicht mehr bedroht war.[83]

Im Unterschied zu den meisten neu entstehenden Staaten des 18. Jahrhunderts behielten die *nawab*s von Awadh das Administrationssystem der Moguln nahezu unverändert bei. Auch rekrutierten sie weiterhin das Personal aus den Familien der Mogul-Elite, banden aber gleichzeitig die alteingesessenen Eliten des Landes stärker an ihre Person, indem sie sie mit zusätzlichen Rechten beim Steuereinzug ausstatteten. An Familienmitglieder vergab Saadat Khan wichtige Staatsämter und entzog sie auf diese Art und Weise dem Einfluss der Moguln. Unter den Mitgliedern der neuen Administrationselite entstand ein eigenes Selbstverständnis, das durch Loyalität gegenüber dem Herrscher gekennzeichnet war. Häufige Besuche bei den prominenten Familien des Landes, die oft in den *qasba*s residierten, intensivierten die Beziehungen zur neuen Dynastie. Wie stark die Identifikation mit ihr in der Mitte des 18. Jahrhundert fortgeschritten war, zeigt die Tendenz unter der Elite, keine Ämter außerhalb Awadhs mehr anzunehmen. Durchaus kann von einem frühen, sich an der Dynastie orientierenden Patriotismus gesprochen werden.[84]

Shuja ud Daulah (reg. 1754–1775) setzte die Expansionspolitik seiner Vorgänger fort. Während seiner Herrschaftszeit erhielt Awadh nicht nur die größte territoriale Ausdehnung, sondern besaß auch den höchsten Grad an Autonomie in Nordindien. Nach der Flucht Mir Qasims aus Bengalen hatte der *nawab* von Awadh eine eindrucksvolle Allianz von Mogul Shah Alam II., *raja* Balwant Singh von Banaras und verschiedenen *zamindar*s der nordindischen Ruhelas schließen können, die jedoch nach der Schlacht bei Baksar zerbrach. Nur knapp war der britische Sieg gewesen, denn die alliierten Streitkräfte zeigten sich unter strategischen Gesichtspunkten als ebenbürtiger Gegner; als nachteilig erwies sich lediglich ihre segmentäre Armeestruktur. Der Vertrag von Allahabad legte Shuja ud Daulah 1765 hohe Kontributionszahlungen auf, die seine steuerlichen Ressourcen derart belasteten, dass er nach neuen Einnahmequellen suchen musste. Eine solche bot sich im August 1773 an, als in Pune der *peshwa* einem Attentat zum Opfer fiel, Shuja sogleich die momentane politische Führungsschwäche der Marathen nutzte und von ihnen das gesamte mittlere Doab (Zweistromland) von Ganges und Jamuna annektierte.[85]

---

[83] Muzaffar Alam, *The Crisis of Empire in Mughal North India. Awadh and the Punjab, 1707-48* (Delhi etc. 1986), S. 255-260, 270-277. R. B. Barnett, *North India between Empires*, S. 23-36.

[84] M. Alam, *The Crisis of Empire in Mughal North India*, S. 224-236. M. H. Fisher, *Clash of Cultures*, S. 31-32, 49-59. Zum indischen Patriotismus siehe Christopher A. Bayly, *Origins of Nationality in South Asia. Patriotism and ethical government in the making of modern India* (Delhi etc. 1998), S. 1-35, bes. S. 20-26, wo exemplarisch der Patriotismus des Maratha *swarajya* analysiert wird.

[85] R. B. Barnett, *North India between Empires*, S. 42-66. I. Husain, *The Ruhela Chieftaincies*, S. 160

Abb. 16: Shuja du Daulah, Nawab von Awadh. Gemälde von Tilly Kettle, um 1772.

Obwohl Shuja seine Streitkräfte komplett reformiert hatte, erbat er militärische Hilfe von den Briten, als er sein Territorium ins nördlich gelegene Rohilkhand mit seinen lukrativen Steuerbezirken ausdehnen wollte. Governor General Warren Hastings, der zu dieser Zeit immense finanzielle Schwierigkeiten der EIC zu bewältigen hatte, kam die Anfrage gelegen. Im Vertrag von Banaras verpflichtete sich Shuja ud Daulah 1773, zur Sicherheit seines Landes eine Brigade von etwa 8.000 Mann britischen und indischen Soldaten (*sipahis*)[86] samt einem Zug Artillerie zu stationieren, deren Unterhaltskosten von monatlich 210.000 Rupien er zu tragen hatte. Für jede weitere Brigade würde die gleiche Summe entfallen. Das entlastete die EIC vom teueren Truppenunterhalt und verstärkte den militärischen Einfluss in Awadh. Shuja erhielt zusätzliche und gut ausgebildete Truppeneinheiten, mit denen er seine Expansionsziele verfolgte und im Jahr 1774 Rohilkhand besetzte. Kaum vorhersehbar waren jedoch die finanziellen Belastungen, die sich aus dem Subsidiärvertrag ergeben sollten.[87]

Der Vertrag von Allahabad legte auch den zollfreien Handel für die Kaufleute der EIC und ihren indischen Agenten (*gomashtas*) in Awadh fest, eine einseitige Bestimmung, weshalb der Vertrag, neben der fiskalisch einseitigen Belastung, als einer der ersten ‚ungleichen Verträge' gilt.[88] Innerhalb kurzer Zeit weigerten sich

---

[86] *Sipahi* – Hindustani: Soldat, engl. Korrumpierung: *sepoy*. Daher wurde der Große Aufstand in der britischen Historiografie oft als ‚Sepoy-Mutiny' bezeichnet. Zur Rekrutierung der Soldaten und dem Einsatz als Ausbilder und Siedler zur ‚inneren Kolonisation' nach ihrer Pensionierung, u. U. wegen Invalidität, siehe die Studie von Seema Alavi, *The Sepoys and the Company. Tradition and transition in northern India, 1770-1830* (Delhi etc. 1995).

[87] R. B. Barnett, *North India between Empires*, S. 90-95. Der Ruhela-Krieg und die Rolle der Briten wird ausführlich in I. Husain, *The Ruhela Chieftaincies*, Kap. 9, S. 148-167 behandelt.

[88] Der Terminus ‚ungleicher Vertrag' wurde zum ersten Mal auf die Serie von Verträgen zwischen 1842 bis 1858 angewendet, die die Westmächte mit China und Japan schlossen und sich darin diplomatische, handelspolitische und territoriale Vorrechte sicherten. Unter Androhung von Gewalt wurde nach dem Opiumkrieg (1839-42) die chinesische Qing-Dynastie durch die Briten im Vertrag von Nanking 1842 gezwungen, bestimmte Häfen für den Warenverkehr zu öff-

Abb. 17: Warren Hastings. Gemälde von Joshua Reynolds, 1768/69.

speziell die *gomashtas*, Abgaben zu entrichten und agierten, als ob sie unter einer separaten Gesetzgebung stünden. Private britische Kaufleute traten mit französischen Offizieren, die in Diensten des *nawab-wazir* standen, und mit diesem selbst in Verbindung, mit dem Ziel, einen unabhängigen Markt in Awadh zu errichten. Um weitere wirtschaftliche Deformationen zu verhindern, veranlasste der Aufsichtsrat der EIC in London 1768, die Zollfreiheit aufzuheben, um sie nur drei Jahre später wieder einzuführen, ohne dass der *nawab-wazir* davon in Kenntnis gesetzt wurde. Die unkontrollierten Handelsgeschäfte lähmten schließlich auch den Arbeitsmarkt, nachdem es aufgrund der Rekrutierung von Arbeitskräften für die expandierenden EIC-Faktoreien zu Engpässen bei den Erntearbeiten des Jahres 1773 gekommen war. Erst Warren Hastings bereitete dem unökonomischen Treiben ein Ende und hob die Privilegierung britischer Kaufleute erneut auf, denn weder der *nawab-wazir* noch die EIC hatten ein Interesse an dem zollfreien Handel, dessen gesamtwirtschaftlicher Schaden evident war.[89]

Unter dem Nachfolger auf dem *masnad* von Awadh, Asaf ud Daula (reg. 1775–1798) wurden die Regierungsgeschäfte zunächst von der Witwe Shuja ud Daulahs, Sadr un-nisa Begam, wahrgenommen. Sie verfügte über ein beträchtliches Privatvermögen von geschätzten 2 Millionen Rupien (etwa 2 Millionen Pfund Sterling), das sie aufgrund der Steuerüberschreibungen ihres Mannes innerhalb von zehn Jahren hatte anhäufen können und mit dem sie nun maßgeblich das politische Geschehen beeinflusste. Dennoch konnte sie nicht verhindern, dass Asafs neu ernannter und überaus ehrgeiziger Minister innerhalb weniger Monate nach dem

nen und ihren Staatsbürgern Extraterritorialität zu gewähren. Die spätere Einfügung der so genannten Meistbegünstigungsklausel garantierte allen künftigen Vertragspartnern die bisher vereinbarten Rechte, ohne dass dies einer gesonderten Erwähnung bedurft hätte.

89 R. B. Barnett, *North India between Empires*, S. 83-90. Siehe zur ökonomischen Penetration auch die Darstellungen von Peter J. Marshall, Economic and political expansion: The case of Oudh, in: *Modern Asian Studies* 9 (1975), S. 465-482 und als Beispiel für Gujarat Pamela Nightingale, *Trade and Empire in Western India, 1784-1806* (Cambridge 1970).

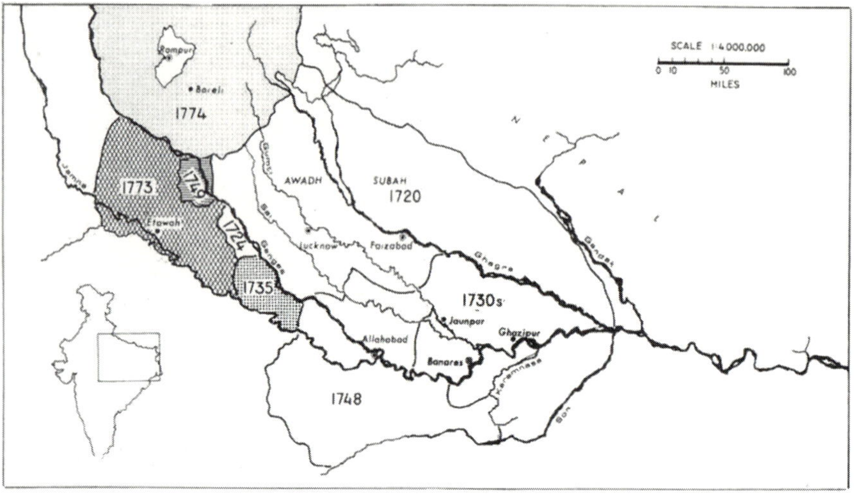

Abb. 18: Territoriale Expansion Awadhs bis 1775.

Herrschaftsantritt des *nawab-wazir* einen Großteil der Nobilität Awadhs entließ oder entfremdete und einen Exodus der militärischen und administrativen Führungskräfte des Landes auslöste. Um sich dem Einfluss seiner Familie, vor allem dem seiner Mutter zu entziehen, verlegte Asaf noch 1775 die Residenz Awadhs von Faizabad nach Lakhnau, unternahm aber auch von hier aus nichts, um die innenpolitische Lage zu stabilisieren.[90]

Diese Führungsschwäche gab den Briten die Gelegenheit, den *nawab-wazir* samt seinem Ersten Minister zur Abtretung des Banaras *raj* sowie der zusätzlichen Stationierung von britisch-indischen Truppeneinheiten zu drängen. Notgedrungen willigte man ein, musste doch Asaf nach der Emigration vieler seiner Offiziere um die Sicherheit der Nordgrenze fürchten. Zum territorialen Verlust kam der daraus resultierende Rückgang der Steuereinnahmen im reduzierten Staatsgebiet. Die Lage verschärfte sich durch die administrative Inkompetenz des neuen, unerfahrenen Personals. Mittels weiterer Subsidiärverträge wurde bis zu Beginn des 19. Jahrhunderts das fiskalische und damit letztlich das politische System Awadhs unterminiert, denn die Schuldenlast wuchs unablässig. In des 1780er Jahren erwog die EIC erstmalig die Annexion von Teilen Awadhs, um so die ausstehenden Subsidiärmittel selbst einzutreiben. Gezielt bereitete Governor General Richard Wellesley die Abtretung derjenigen Gebiete Awadhs vor, die es 1773 und 1774 selbst annektiert hatte. *Nawab-wazir* Saadat Ali Khan (reg. 1798–1814) wurde 1800 gezwungen, für den Unterhalt weiterer Truppeneinheiten aufzukommen. Wellesley

90 Ebenda, S. 98-107.

nahm die Erklärung Saadats, die Subsidiärzahlungen nicht mehr leisten zu können, zum Anlass, die Gebiete des Doab, Rohilkhands und die *sarkar*s Gorakhpur und Basti zu annektieren. Vorgeblich nach dem Steueraufkommen bemessen, waren die selektierten Gebiete jedoch von primär ökonomischem und militärisch-strategischem Nutzen.[91]

Zur politischen Destabilisierung Awadhs, wie auch anderer indischer Staaten, trug wesentlich die Institution des britischen ‚Resident' bei. Eigentlich in Anlehnung an den ständigen Vertreter (*vakil*) eines indischen Herrschers am Hof eines befreundeten Regenten eingerichtet und zum ersten Mal vom *nawab* von Bengalen 1757 zur intensiven Kontaktpflege von der EIC erbeten, entwickelten die Briten das ‚Residency System' zum perfekten Instrument der ‚indirekten Herrschaft' (‚indirect rule'). Im Vertrag von Allahabad verlangten sie explizit einen ‚Resident' und Sonderrechte. Die ‚Residents' errichteten jedoch binnen Kurzem ein paralleles Rechtssystem im Land, das bald auch die Awadhis bei Geschäften mit der EIC für sich zu nutzen verstanden. Allein die Einlagen der Awadhi-Nobilität bei der EIC betrugen 1849 mehr als 30 Millionen Rupien und die jährlichen Gehälter und Pensionen für Awadhis in Diensten der EIC beliefen sich auf 5 Millionen Rupien.[92] Nicht ohne Wirkung auf die städtische Bevölkerung blieb die pompöse Hofhaltung der ‚Residents' in Lakhnau, die bewusst als Machtdemonstration inszeniert war. Bei der Nachfolge Asaf ud Daulahs mischte sich der ‚Resident' zum ersten Mal offen ein und sorgte dafür, dass der Wunschkandidat der EIC auf den *masnad* gesetzt wurde. Schließlich ließ 1837 der ‚Resident' die Palastanlagen in Lakhnau so lange bombardieren, bis ein der EIC genehmer Erbfolger inthronisiert war.[93]

Die Briten scheiterten allerdings bei dem Versuch, den *nawab-wazir* anstelle des Mogul zum souveränen Herrscher in Indien krönen zu lassen. Kurz bevor Ghazi al Din Haidar die Herrschaft 1814 in Awadh antrat, forderten die Briten die prominentesten indischen Herrscherhäuser unverhohlen auf, sich vom Mogul loszusagen. Keiner der Angesprochenen reagierte, bis auf den *nizam* von Haiderabad, der den Vorschlag brüsk zurückwies. Drei Jahre später drängten die Briten den *na-*

---

[91] R. B. Barnett, *North India between Empires*, S. 142-163, 223-238. Die Gebiete wurden als ‚Ceded Provinces' bezeichnet und mit der Annexion des oberen Ganges-Jamuna Doab aus dem zweiten Krieg der Briten gegen die Marathen 1803 zu den ‚Ceded and Conquered Provinces' zusammengelegt. Siehe auch M. H. Fisher, *Clash of Cultures*, S. 90-99. Zur Einflussnahme auf die Landwirtschaft Awadhs nach 1801 Saiyid Z. H. Jafri, *Studies in the Anatomy of a Transition: Awadh from Mughal to colonial rule* (New Delhi 1998), S. 147-155.

[92] M. H. Fisher, *Clash of Cultures*, S. 186.

[93] Michael H. Fisher, British expansion in north India: The role of the resident in Awadh, in: *Indian Economic and Social History Review* 18,1 (1980), S 69-82 und ders., Indirect rule in the British Empire: The foundation of the residency system in India (1764-1758, in: *Modern Asian Studies* 18 (1984), S. 393-482. Rosie Llewellyn-Jones, *A Fatal Friendship: the Nawabs, the British and the City of Lucknow* (Oxford 1985), in: *The Lucknow Omnibus* (Delhi 2001), S. 88-114. Siehe auch die sehr deskriptive Darstellung von Subhas Ch. Mukhopadhyay, *British Residents at the Darbar of Bengal Nawabs at Murdhidabad (1757-1772)* (Delhi 1990).

Abb. 19: Mausoleum Safdar Jangs in Delhi (2002).

wab-wazir dazu, sich vom Mogul unabhängig zu erklären.[94] Dazu fand mit britischer Unterstützung eine höchst eklektische Inthronisation statt, bei der der *nawab-wazir* als künftiger *padshah* europäische und indische Herrschaftssymbole vermengte. Ab 1819 ließ Ghazi al Din neue Münzen schlagen, die in Ausführung und Prägestil jedoch der Mogul-Tradition verpflichtet blieben. Diese Selbstinszenierung stieß weder in noch außerhalb Awadhs auf Resonanz. Mogul Muhammad Shah war empört über diesen Akt der Insubordination. Die übrigen indischen Herrscher betrachteten Ghazi al Din weiterhin als *nawab-wazir*, womit die Intention der Briten, die Mogul-Souveränität zu destabilisieren, ins Leere gelaufen war.[95]

Offensichtlich waren dem von Governor General Richard Wellesley erstmals erhobenen Anspruch der ‚British Paramountcy' in Indien Grenzen gesetzt. Im Grunde beinhaltete sie das indirekte Herrschaftsverhältnis der Briten zu den diversen indischen Staaten, das mittels unterschiedlich gestalteter Subsidiärverträge zum Unterhalt von Truppen, der Entsendung von ‚Residents' an die Höfe der Monarchen, die Übernahme der außenpolitischen Angelegenheiten inklusive der politischen Isolierung der Herrscher und die gelegentliche Einmischung in die inneren Angelegenheiten eines Staates, sofern die imperialen Interessen der Briten betroffen waren, nebst wirtschaftlicher Begünstigungen etabliert worden war. Die-

[94] M. H. Fisher, *Clash of Cultures*, S. 117-159.

[95] Siehe die Illustrationen 6 und 6a, ebenda, S. 133-135.

Abb. 20: Das Eingangstor zur Chota Imambara in Lakhnau (Fotografie, Mitte des 19. Jhds.)

se asymmetrischen Herrschaftsbeziehungen beruhten darauf, dass die Kontrolle beiderseitig anerkannt war und nur eine Seite die Kontrolle ausüben konnte, weitere Rivalen um die Kontrolle ausgeschlossen waren und die kontrollierende Macht dem kontrollierten Staat einen gewissen Grad an innerer Autonomie und Souveränität zubilligte. Durchaus konnten auch unilaterale Verträge und schriftliche Erklärungen indirekte Herrschaftsverhältnisse begründen.[96]

Wenn auch der politische und wirtschaftliche Rahmen durch die Subsidiärverträge eng gesteckt war, so nahm jedoch Awadh mit dem ausgehenden 18. Jahrhundert auf kulturellem Gebiet eine führende Rolle auf dem indischen Subkontinent ein. Safdar Jang hatte als Herrscher in Faizabad keinerlei Gebäude errichten lassen und stattdessen seine Bautätigkeiten auf Delhi konzentriert. Sein Mausoleum dort gehört mit zu den eindrucksvollsten Beispielen später Mogul-Architektur. Im Unterschied dazu baute Asaf ud Daulah Lakhnau systematisch zur Residenzstadt und Kulturmetropole aus. In der Stadt existierten bereits eine große Palastanlage und die wissenschaftliche Institution des Farangi Mahal, an dem Religion, Jurisprudenz und vor allem Medizin (unani) gelehrt wurde. Das 1784 begonnene Bara Imambara (Großes Gelehrtengebäude) bezeugt neben den ausgedehnten Laden-

[96] Michael H. Fisher, *Indirect Rule in India. Residents and the residency system, 1764-1858* (Delhi etc. 1991), S. 6-7.

zeilen des Charbagh den Gestaltungswillen und den neuen Stil der Dynastie. Die Nachfolger Asafs setzten die umfangreichen Bautätigkeiten fort und errichteten im Laufe der nächsten 50 Jahre weitere Repräsentationsbauten in der Stadt, darunter die Jama Masjid, das Chota Imambara und Qaisarbagh.[97]

Abgesehen von den umfangreichen Baumaßnahmen förderten die *nawab-wazirs* seit Asaf planvoll den höfischen Literaturbetrieb. Besondere Aufmerksamkeit galt der Poesie. Der indo-persischen Kultur des Mogul-Hofes in Delhi zunächst verpflichtet, entwickelte sich in Lakhnau innerhalb weniger Jahrzehnte ein eigenständiger Stil, der ein persianisiertes Urdu als Literatursprache ‚hoffähig' machte. Hinzu kam im 19. Jahrhundert die Kunst des Geschichten-Erzählens, die sich bis heute als distinktes Merkmal der Urdu-Literatur gehalten hat. Um die höfische Literaturszene zu fördern, warben die *nawab-wazirs* die berühmtesten Poeten der Zeit vom Mogul-Hof ab und etablierten Lakhnau als neues Literaturzentrum. Gleiches galt auch für den Wissenschafts- und Gelehrtenbetrieb in der Stadt. Wie bei solch ehrgeizigen Kulturprojekten nicht anders zu erwarten, beanspruchten sie die Staatskasse Awadhs erheblich. Allein 1784 soll etwa ein Drittel der gesamten Steuereinnahmen des Landes für die Hofhaltung verwendet worden sein.[98]

Seit Beginn des 19. Jahrhunderts monierten die Briten immer wieder schlechte Steuer- und Justizverwaltung Awadhs. Bei der Inthronisierung Muhammad Alis 1837 (reg. -1842) wurden nicht nur die Subsidiärtruppen und ihre Besoldung erhöht, sondern auch angedroht, bei anhaltendem ‚mismanagement' die Verwaltung des Landes zu übernehmen. Als Governor General James Lord Dalhousie (1812–1860) 1848 sein Amt (bis 1856) antrat, änderte sich die bislang eher konziliante Politik. Den defizitären Haushalt der EIC in Britisch-Indien im Rücken, entschloss sich Dalhousie zu einer Vorwärtspolitik, die zur Annexion zahlreicher indischer Staaten führte, deren Steuereinnahmen zur Konsolidierung des kolonialen Staatshaushalts herangezogen wurden. ‚Mismanagement' war der eine Vorwand, mit dem die Annexion von indischen Staaten begründet wurde. Die Briten argumentierten, sie besäßen eine moralischen Pflicht, die Inder vom Übel einer schlechten Verwaltung befreien zu müssen. Der andere Vorwand war die ‚Doctrine of Lapse'. Bei ungeregelter Nachfolge oder (vorgeblich illegaler) Adoption eines Erbfolgers nahm sich die EIC das Recht heraus, das entsprechende Land zu annektieren. Wegen fehlender Erben annektierte Dalhousie 1853 Jhansi und ein Jahr darauf Nagpur, 1856 schließlich Awadh wegen schlechter Verwaltung.[99]

---

[97] R. Llewellyn-Jones, *A Fatal Friendship*, S. 167-196. S. Mohan, *Awadh under the Nawabs*, S. 75-77. Abdul Halim Sharar, *Lucknow. The last phase of an oriental culture* (Lucknow 1975), in: *The Lucknow Omnibus* (Delhi 2001), S. 79, 94-98.

[98] S. Mohan, *Awadh under the Nawabs*, S. 79-94; M. H. Fisher, *Clash of Cultures*, S. 41-43, 71-76; A. H. Sharar, *Lucknow. The last phase of an oriental culture*, S. 76-102.

[99] M. H. Fisher, *Clash of Cultures*, S. 234-238.

2.3. Der British *Raj* in Indien (1858-1947)

2.3.1 Verfassungsrechtliche Entwicklung Britisch-Indiens

Noch bevor der Große Aufstand endgültig niedergeschlagen war, entzog die britische Regierung in London 1858 der EIC die Herrschaft über Indien und erklärte Britisch-Indien zur Kronkolonie, die seitdem auch unter der Bezeichnung ‚British *Raj*' firmierte. Beendet war die duale Herrschaftsstruktur, wie sie seit dem India Act von 1784 existiert hatte. Der parlamentarische Kontrollrat der EIC wurde in ein separates Ministerium umgewandelt und der Governor General führte von nun an den inoffiziellen Titel ‚Viceroy'. Ihm war ein Rat von acht durch die Krone ernannten und sieben vom Rat selbst hinzugewählten Mitgliedern beigeordnet. Drei Jahre später, 1861, gab ein britisches Gesetz den Räten die Gesetzgebungsfunktion wieder zurück, gleichzeitig führte es das Portfolio-System ein, mit dem der Governor General den Ratsmitgliedern gesonderte Aufgaben übertragen konnte. Zusätzlich erhielt er das Recht zum Erlassen von Verordnungen mit sechsmonatiger Gültigkeit, ohne den Rat vorher konsultieren zu müssen. Insgesamt war das Gesetz reaktionär, denn es entzog dem Rat die legislative Gewalt über die Exekutive und glich damit dem autokratischen System der EIC.

Unhinterfragt und weiterhin undefiniert blieb das System der ‚British Paramountcy'. Letztlich lag in dieser absichtsvollen Unschärfe auch die Flexibilität und damit der Erfolg der britischen Herrschaft in Indien begründet. Vor diesem Hintergrund eigneten sich die Briten zwischen 1878 und 1886 die Post- und Telegrafienetzwerke fast aller indischer Staaten an, schlossen dort nahezu sämtliche Münzanstalten und setzten schließlich Ende des 19. Jahrhunderts das Salzmonopol bis auf die Produktion für den lokalen Bedarf durch. Trotz der territorialen und dynastischen Bestandsgarantie durch die Proklamation Queen Victorias aus dem Jahr 1858 behielten die Briten die 1831 übernommene Administration Maisurs (und damit ‚direkte Herrschaft') bei und übergaben sie dem *maharaja* erst wieder 1881 im Zuge der zu schaffenden ‚Feudalordnung' des British *Raj*.[100]

Um dem an Gebiet und Bedeutung gewachsenen Imperium auch in der Nomenklatur Ausdruck zu verleihen, wurde Queen Victoria 1876 zur ‚Empress of India' (*kaisar-i-hind*) ausgerufen. Eine eigens 1877 in Delhi ausgerichtete pompöse Proklamationsfeierlichkeit sollte der indischen Bevölkerung die britische Sukzession auf dem Thron der Moguln demonstrieren. Die koloniale Wiederentdeckung und Erfindung traditioneller indischer Autoritäten (Monarchen) und deren gleichzeitige Integration in ein feudal-hierarchisches Herrschaftsgefüge leitete die Konservierung der gesellschaftlichen und machtpolitischen Strukturen Indiens ein.[101]

---

100 Ian Copland, *The Princes of India in the Endgame of Empire, 1917-1947* (Cambridge 1999), S. 15-21. M. H. Fisher, *Indirect Rule in India*, S. 411-413. Die britische Rechtsauffassung betrachtete noch zu Beginn des 20. Jahrhunderts die ‚Paramountcy' als eine Mischung aus Geschichte, Theorie und aktuellen politischen Fakten.

101 Thomas R. Metcalf, *The Aftermath of Revolt. India, 1857-1870* (Princeton 1964, Delhi 1990).

Abb. 21: Die Imperial Assemblage (*darbar*) in Delhi, 1877. Zeitgenössische Darstellung.

Zeitgenössisch und historiografisch langlebig wurde so ein traditionelles, ‚wahres' Indien der ‚Fürstenstaaten' konstruiert – dem ein modernes, fortschrittliches Britisch-Indien gegenüberstand. Sinnfälligster Ausdruck des Traditionalismus waren die ‚Delhi Darbars' (Hoftage), die 1902-3 und 1911-12 zu einer grandiosen Inszenierung der Macht gerieten und die Legitimität der britischen Herrschaft erhöhen sollten. Das gelang nur bedingt, denn offen sprachen die Einwohner Delhis nicht von einem *darbar*, sondern von einer *mela* (Jahrmarkt).[102]

Die administrativen Strukturen des ‚British *Raj*' blieben im Vergleich zum ‚Company State' unverändert. Allerdings fand eine verstärkte Bürokratisierung statt, deren sichtbarster Ausdruck die Einrichtung neuer Verwaltungsabteilungen (Departments) und der Aufbau eines Administrationscorps, des ‚Indian Civil Service' (ICS), war. Dessen etwa eintausend Führungsposten waren ausschließlich Briten vorbehalten und selbst als Indern der Zugang gewährt wurde, verwehrten ihnen die auf europäischen Bildungsinhalten beruhenden Examina den Zutritt. Nach dem Ersten Weltkrieg sollte sich dies ändern, was jedoch eher der Tatsache geschuldet war, dass das Interesse der Briten am Dienst in Indien abnahm, als dass Indern

[102] Bernard S. Cohn, Representing authority in Victorian India, in: ders., *An Anthropologist among the Historians and other Essays* (Delhi etc. 1987), S. 632-682 und Michael Mann, Pomp und Circumstance in Delhi, 1877-1937 oder: Die hohle Krone des British Raj, in: Peter Brandt, Arthur Schlegelmilch und Reinhard Wendt (Hg.), *Symbolische Macht und inszenierte Staatlichkeit. ‚Verfassungskultur' als Element der Verfassungsgeschichte* (Bonn 2005) (im Druck).

Abb. 22: *Gateway of India* in Bombay, 1911 zum Besuch des britischen Königspaares im Rahmen ihrer Teilnahme am *Imperial Darbar* errichtet.

zur Karriere im ICS verholfen werden sollte.[103] Auch in der Reformpolitik im Rechts- und Bildungsbereich änderte sich nichts. In den 1860er Jahren wurden nach fast 30jährigen Beratungen der ‚Civil Procedure Code', der ‚Penal Code', ‚Contract Act' und der ‚Evidence Act' verabschiedet, die Britisch-Indien einer einheitlichen Rechtsprechung und standardisierten Rechtsverfahren unterwarfen.[104] Wie geplant, wurden auch die bildungspolitischen Reformvorhaben umgesetzt.[105]

Bis zu Beginn des 20. Jahrhunderts versuchte die britisch-indische Regierung über ihre ‚Residents' Druck zu Reformen im Administrationsbereich der indischen Staaten auszuüben. Allerdings geschah dies nicht flächendeckend, denn in Maisur wurde 1881 die Residency aufgelöst, während in Haiderabad die Einmischung intensiver wurde. Maisur galt als ‚model state', Haiderabad, wie die meisten anderen Monarchien, die keine oder nur schwache demokratische Institutio-

[103] David C. Potter, *India's Political Administrators. From ICS to IAS* (Delhi etc. 1996), S. 83-101.

[104] M. P. Jain, *Outlines of Indian Legal History* (Bombay 1966), S. 660-696.

[105] Siehe das Kapitel ‚Wissenschaften und Technik', 3. Bildung und Ausbildung.

nen und keine oder nur zögerlich die Bürokratisierung der Verwaltung eingeführt hatten, als ein rückständiger Staat. Doch abgesehen von dieser Klassifizierung hatten die indischen Monarchen ein eigenes Bewusstsein über ihre unterschiedliche Abstammung und die Wertigkeit ihrer Dynastien. So blickten die *kshatriya-Rajputen* Rajastans auf die *shudra*-Marathen der Sindhias von Gwaliar ebenso herab wie auf die Jat- und Sikh*-‚Emporkömmlinge'. Dem stand die Hierarchisierung der Briten entgegen, die den *nizam* von Haiderabad als ‚His Exalted Highness and Faithful Ally' an die erste Stelle der diplomatischen Rangordnung setzte, gefolgt von den beiden anderen Flächenstaaten Maisur und Kashmir. So viel Wert auf die hierarchischen und dekorativen Elemente gelegt wurde, so wenig war freilich an eine politische Partizipation der indischen Staaten am British *Raj* gedacht.[106]

Sikh bzw. Sikhs bezeichnet zunächst eine Religionsgemeinschaft, die von Guru Nanak (1469-1539) gegründet wurde und sich explizit von den Hindu-Religionen und dem Islam abgrenzte, indem er das Asketentum, *Varna*-System und sämtliche Ritualisierungen ablehnte und stattdessen Brüderlichkeit und Monotheismus propagierte. Guru Nanaks Anhänger nannten sich Sikhs, was von Sanskrit *shishya* = Schüler stammt. Der fünfte Guru, Arjun, kompilierte den *granth*, das heilige Buch der Sikhs, das aus Liedern und Hymnen bedeutender Hindu- und Muslim-Heiliger sowie diversen Schriften der Sikh-Gurus bestand. Unter der Führung Guru Arjuns wurde in Amritsar der erste *gurdwara* (Tempel) errichtet und zum permanenten Sitz der Gurus. Mogul Jahangir (1605–27) verfolgte die neue Religionsgemeinschaft und ihren Guru Arjun, den er 1606 zu Tode foltern ließ. Hierauf entfremdeten sich die Sikhs zusehends von den Moguln und ein Teil der Sikhs begann sich auch militärisch gegen die muslimische Herrschaft zu wehren.
Govind Singh, der zehnte und erklärte letzte Guru (1675–1708), transformierte 1699 die Sikhs in eine geschlossene Glaubensgemeinschaft, die sich *khalsa* nannte und deren Mitglieder nach einer Initialzeremonie

Sikh-Soldaten um 1850.

[106] I. Copland, *The Princes of India*, S. 9-12.

Der Sri Guru Granth Sahib, die heilige Schrift der Sikhs, wird zur Vereidigung von Rekruten herbeigetragen (1950er Jahre)

den Namen Singh (Löwe) annahmen. Dazu gehörte auch das Tragen eines Dolches, eines Kammes, eines Armreifs und von Unterwäsche. Ebenso sollten Bart- und Haupthaare nie geschnitten werden. Diese Attribute waren jedoch keine exklusive oder gar endogame Kennzeichen, denn Hindus oder Muslims konnten Söhne als Sikhs erziehen oder Sikhs Angehörige anderer Religionsgemeinschaften heiraten. Gleichwohl bildete sich im Laufe der Jahrhunderte der Panjab und die Region östlich davon bis Delhi und Agra als Siedlungsraum der Sikhs heraus. Raja Ranjit Singh von Amritsar (1710–1839) formierte schließlich einen Staat, der vom Khaiber Pass zum Satlej und von Kashmir nach Sindh reichen sollte.

Im Jahr 1849 eroberten die Briten das Sikh-Reich und annektierten es. Seine Soldaten aber integrierte die Kolonialmacht in die britisch-indische Armee und bis heute stellen sie in Pakistan wie in Indien die Führungselite der jeweiligen Streitkräfte. Bei der Unabhängigkeit wurden die Sikhs in ihrem Siedlungsraum, die britisch-indische Provinz Panjab, ein weiteres Opfer der Teilung. Diese verlief mitten durch die Provinz, weil ausschließlich nach Muslim- und Hindumehrheiten auf Distriktebene geteilt und die Sikh-Gemeinschaft wegen kaum 10 Prozent der Bevölkerung nicht berücksichtigt wurde. Bei der Neuordnung der indischen Bundesstaaten ab Mitte der 1950er Jahre beanspruchten die Sikhs einen eigenen Bundesstaat, der abweichend von der bisherigen Praxis nicht nach Sprachregion, sondern aufgrund von religiösen Kriterien eingerichtet wurde.

(Literatur: Indu Banga (Hg.), *Five Panjabi Centuries. Polity, economy, society and culture, c. 1500-1990.* Delhi 1997; J. S. Grewal and Indu Banga (Hg.), *The Khalsa over 300 Years.* Delhi 1999).

Die Verachtung für die ‚unfähigen' indischen Monarchen brachte niemand deutlicher zum Ausdruck als Viceroy Lord Curzon (amt. 1899–1905), nach den Governor Generals Richard Wellesley und Lord Dalhousie der oberste Repräsentant Britisch-Indiens mit dem wohl ausgeprägtesten imperialen Sendungsbewusstsein und einem daraus resultierenden kolonialmonarchischen Habitus. Ganz im Stil eines absoluten Herrschers inszenierte er sich selbst im Rahmen des Delhi Darbar von 1903 als ein ‚weißer' Mogul. Als ‚indischer Herrscher' konnte er seine ‚Fürsten' gegebenenfalls in die Schranken weisen. Das tat er auf kleinem Feld dadurch, dass sie sich ihre Auslandsreisen von ihm genehmigen lassen mussten. Auf großem Feld setzte er nicht weniger als 15 indische Monarchen, denen er Misswirtschaft und schlechte Verwaltung vorhielt, zeitweilig oder dauerhaft ab. Trotz der Garantien Queen Victorias war die ‚Paramountcy' auf eine bislang ungekannte und zugleich gefährliche Spitze getrieben worden, die die britische Kolonialadministration mit den Reformen von 1909 zu kappen versuchte.[107]

Abb. 23: Lord Curzon als Viceroy of India.

Ohne die ‚Paramountcy' grundsätzlich infrage zu stellen, setzte nach dem Ersten Weltkrieg ein Liberalisierungsprozess ein, der sich unter anderem in der 1921 eingerichteten ‚Chamber of Princes' niederschlug. Sie besaß jedoch nur eine beratende Funktion, denn der Governor General berief die Sitzungen ein, hatte deren Vorsitz inne und bestimmte die Tagesordnung. Den ‚Fürsten' stand lediglich ein Vorschlagsrecht zur Tagesordnung und die Möglichkeit, Sondersitzungen zu beantragen, zu. Derart schwach mit Rechten ausgestattet, sahen die Monarchen in der

[107] Nayana Goradia, *Lord Curzon. The last of the British Moghuls* (Delhi etc. 1993), S. 133-160. Zur Intervention in die inneren Angelegenheiten von ‚Fürstenstaaten', vor allem der Erbfolgeregelung, auch nach 1858 siehe Barbara N. Ramusack, *The Indian Princes and Their States* (=The New Cambridge History of India, III,6, Cambridge 2004), S. 107-111.

Institution kein Repräsentationsorgan, das ihre Interessen hätte vertreten können. Das zeigte sich in der Teilnahme an den Sitzungen, zu denen nur ein Drittel der Staaten ihre Delegierten entsandten.[108]

Letztlich überwogen die ‚fürstlichen' Partikularinteressen, die nicht unwesentlich durch die gezielte Isolationspolitik der Briten gefördert worden waren. Mehr denn je waren die Monarchen und vereinzelt auch die kleineren Fürsten jetzt darauf bedacht, ihren bisherigen Autonomiestatus, wie er mit der ‚Paramountcy' und der Proklamation Queen Victorias definiert worden war, zu wahren oder zu erweitern. Umgekehrt waren in den 1930er und 40er Jahren so viele Briten wie nie zuvor als Minister in Diensten indischer Herrscher angestellt.[109] Generell gaben

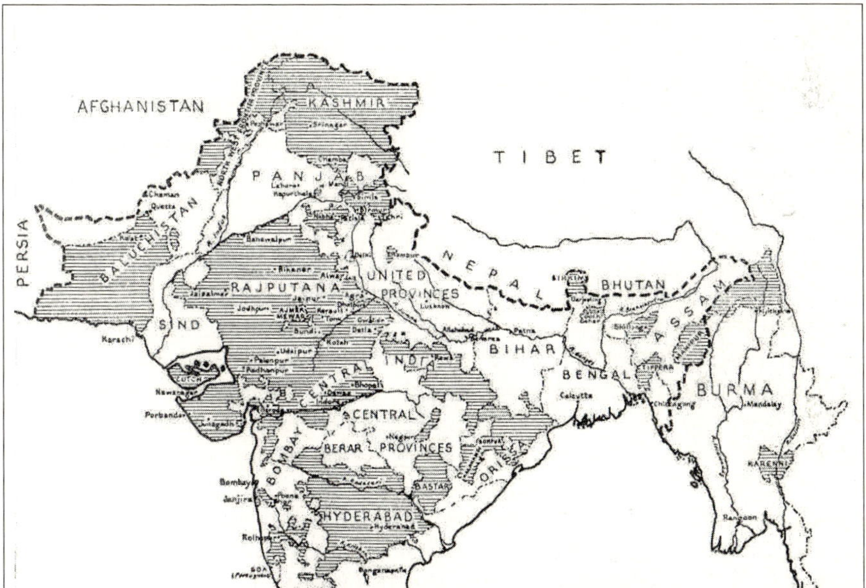

Abb. 24: Das British Raj 1939.

[108] S. R. Ashton, *British Policy towards the Indian States, 1905-1939* (London and Dublin 1982), S. 65-103.

[109] B. N. Ramusack, *The Indian Princes and Their States*, S. 118-119.

sich die Briten der Illusion hin, mittels zufriedener indischer Staaten ein Gegengewicht zu den mittlerweile von gewalttätigen ‚nationalistischen Umtrieben' geplagten Provinzen Britisch-Indiens schaffen und so den Reformprozess in den eigenen Territorien verlangsamen zu können.[110]

Unter verfassungsrechtlichen Aspekten änderte sich in den Provinzen Britisch-Indiens im 19. Jahrhundert recht wenig. Zwar richtete die Regierung 1861 Provincial Councils in Bengalen und in den Presidencies Madras und Bombay ein, doch demokratische Institutionen waren sie beileibe nicht. Die wenigen ernannten und nicht-offiziellen Inder in den Räten wurden in legislativen Angelegenheiten höchstens konsultiert, ein Mitspracherecht bestand nicht. Daran änderte auch die Liberalisierung in den 1880er Jahren nichts, als Indern in den lokalen und städtischen Gremien mehr Mitspracherechte zugestanden wurde. Allerdings geschah dies vor dem Hintergrund einer generellen Finanznot, denn die Institutionen hatten sich künftig aus lokalen Steuereinnahmen zu finanzieren, was die britisch-indische Regierung wiederum von der Last befreite, neue und eo ipso unbeliebte Steuern erheben zu müssen. Im Jahr 1892 wurde der Anteil der indischen Mitglieder in den kommunalen Gremien nochmals erhöht, wobei es freilich zu keiner Erweiterung ihrer Kompetenzen kam und der demokratische Schein in Form eines so genannten ‚representative government' erzeugt wurde.[111]

Die Morley-Minto Reformen von 1909 gaben der demokratischen Fassade des autoritär-paternalistischen Kolonialregimes lediglich einen Laissez-faire-Anstrich, obwohl entscheidende Schritte in Richtung zur Dezentralisierung der Macht und ihrer Institutionen unternommen wurden. In den verschiedenen Räten wurde die Zahl der Inder teilweise mehr als verdoppelt. Zu einem geringen Prozentsatz und nach einem ausgeklügelten System wurden sie in ihr Amt gewählt, womit der repräsentative Charakter der Reformen herausgestellt werden sollte. Auf Drängen der Muslime wurde das Prinzip der getrennten Wählerschaften eingeführt, mit unabsehbaren Folgen. Während nun in den Provinzen Britisch-Indiens zum ersten Mal die nicht-offiziellen Mitglieder die Mehrheit besaßen, übten in der Zentralregierung die Macht weiterhin exklusiv die Briten aus. An ein ‚responsible government', bei dem die Verantwortung unter anderem über die Finanzen beim Parlament liegt, war zu keinem Zeitpunkt gedacht.[112] Daran änderten auch die Montague-Chelmsford Reformen von 1919 nichts, die auf der Provinzebene die so genannte ‚Dyarchy' einführten. Künftig wurden die ‚weichen' Ressorts wie Gesundheit und Erziehung indischen Ministern überlassen, hingegen blieben die ‚harten' Ressorts wie Finanzen, Justiz und Polizei in britischen Händen. In der Legislative wurde der Anteil der gewählten Mitglieder drastisch erhöht. Frauen

[110] I. Copland, *The Princes of India*, S. 32-48

[111] Dietmar Rothermund, *Die politische Willensbildung in Indien*, S. 47-49.

[112] Zu den politischen Debatten in Großbritannien und Indien siehe Peter G. Robb, *The Evolution of British Policy towards Indian Politics, 1880-1920. Essays on colonial attitudes, imperial strategies, and Bihar* (Delhi 1992), Kap. 6, ‚The British cabinet and Indian reform, 1917-1919', S. 184-203.

erhielten zum ersten Mal das Wahlrecht, bei einer Wählerschaft, die 1926 gerade einmal 2,8 Prozent der Bevölkerung umfasste.[113]

Innerhalb der Zentralregierung fand keine Übertragung von Machtbefugnissen statt. Nach wie vor war der Governor General über den Staatssekretär für Indien dem englischen Parlament verantwortlich. In Britisch-Indien besaß er ein generelles Vetorecht, konnte Verordnungen erlassen, ohne Rücksprache halten zu müssen, und Gesetzesinitiativen blockieren. Die Legislative beruhte auf einem Zweikammersystem, bestehend aus der Legislative Assembly und dem Council of State. Wie gehabt, durften die Abgeordneten das Budget des Kolonialstaates nicht diskutieren. Generell waren Inder an der Ausarbeitung der Reformen nicht beteiligt, auch wenn gelegentlich die Meinung führender Politiker gehört wurde. Die Verfassungsdebatte eskalierte gewaltsam, nachdem die Briten im Rahmen der Demobilisierung ihrer indischen Truppen 1919 das so genannte Rowlatt-Gesetz erließen. Benannt nach dem Richter, der es ausarbeitete, stellte das Gesetz eine Art Notstandsverordnung dar, die zur Aufrechterhaltung von Ruhe und Ordnung bestimmt war und sämtliche Verfassungsreformen zur Farce werden ließ.[114]

Nachdem das Rowlatt-Gesetz im Panjab, aus dem die Mehrzahl der indischen Truppen stammte, veröffentlicht worden war, schlug die allgemeine Enttäuschung über ausbleibende politischen Reformen als ‚Belohnung' für den Kriegseinsatz zunächst in offene Demonstrationen um, die die Briten sogleich verboten. In Jallianwala Bagh, einem ummauerten Hof in Amritsar, statuierte der britische General Rex Dyer ein Exempel und ließ in die dort friedlich versammelte Menschenmenge schießen. Nach unterschiedlichen Angaben sollen bis zu 600 Männer, Frauen und Kinder getötet worden sein, Hunderte verwundet. Bei den nun aufflammenden Unruhen bombardierten die Briten Städte aus der Luft und schossen mit Maschinengewehren in Menschenansammlungen; an die 1.200 Menschen wurden getötet, mehr als 3.600 verwundet. In anschließenden Gerichtsverhandlungen wurden Demonstranten summarisch abgerurteilt und teilweise öffentlich ausgepeitscht, während die Bevölkerung anhaltenden Schikanierungen unterworfen war.[115] Nach wie vor offenbarte sich das Kolonialregime als ein schwacher Staat, den es nur mit Hilfe blanken Terrors zu schützen wusste. Im Vergleich zu den zeitgenössischen europäischen Staaten war die Gewaltbereitschaft des Kolonialstaates zur ‚Disziplinierung' der Bevölkerung weitaus höher.[116]

---

113 Anil Chandra Bhatterjee, *The Constitutional History of India*, 3 vols (New Delhi 1978), vol. III, 1919-1977, S. 1-36.

114 Zum Hintergrund siehe S. Sarkar, *Modern India*, S. 187-195.

115 Raja Ram, *The Jallianwalah Bagh Massacre* (Chandigarh 1969) Alfred Draper, *Amritsar: The Massacre that ended the Raj* (London 1981). Zu den indischen Reaktionen siehe Anima Bose, The Rowlatt Act and Gandhian satyagraha, in: Subrata Mukherjee and Sushila Ramaswamy (Hg.), *Facets of Mahatma Gandhi* (4 vols, New Delhi 1994), vol. 1, Non-violence and satyagraha, S. 152-173. Nun auch die neuesten Forschungsergebnisse im Sammelband von V. N. Datta and S. Settar (Hg.), *Jallianwala Bagh Massacre* (New Delhi 2000).

116 Michael Mann, Das Gewaltdispositiv des modernen Kolonialismus, in: Mihran Dabag, Horst Gründer und Uwe K. Ketelsen (Hg.), *Kolonialismus, Kolonialdiskurs und Genozid* (München 2004), S. 111-135.

Die Reformen von 1919 erwiesen sich als unzureichend, so dass die nächste Verfassungsreform noch in den 1920er Jahren in Angriff genommen wurde. Die innenpolitische Lage, gekennzeichnet durch eine wachsende politische Willensbildung, aber auch ernsthafte sozial-ökonomische und religiöse Spannungen, die zunehmend in Gewaltausbrüchen endeten, sowie schließlich die Folgen der Weltwirtschaftskrise und die ‚Civil Disobedience'-Aktion Mohandas Karamchand Gandhis (1869-1948) zwangen den Vizekönig und seine Regierung zu Zugeständnissen. Doch inzwischen arbeiteten die Briten an einer ‚Gesamtindischen', föderalen Lösung, die die indischen Staaten in eine künftige Verfassung integrieren sollte. Letztlich zielten die Briten darauf ab, mittels der konservativen Monarchen ihr eigenes autokratisches System langfristig zu stabilisieren.

Gandhi, Mohandas Karamchand (**Mahatma**), wurde 1869 in der kleinen Hafen- und Residenzstadt Porbandar des gleichnamigen Fürstentum auf der Halbinsel Kathiawar in Gujarat als Sohn eines Vaishya-Händler geboren. Sein Vater war zum Ersten Minister im Fürstenstaat Rajkot aufgestiegen. Das erlaubte es der Familie, Mohandas nach der Schule zum Rechtsstudium nach London zu schicken. Hier gewöhnte sich Gandhi schnell einen europäischen Lebensstil an, kleidete sich modisch und lernte Standardtänze. Gleichzeitig fing er an, mit seiner Lebensweise zu experimentieren und

Gandhi bricht 1930 im Sabarmati-Ashram zum Salzmarsch auf.

trat einer streng vegetarischen Gesellschaft bei. Auch entwickelte er ein Interesse an den Religionen der Welt.
Wieder aus London zurückgekehrt, hatte der schüchterne Anwalt einen schweren Stand in Porbandar wie auch in Bombay. Deshalb fiel es ihm 1893 nicht schwer, das Angebot eines muslimischen Unternehmens zur Vertretung eines Streitfalles im südafrikanischen Pretoria anzunehmen. Den Rechtsstreit gewann Gandhi, indem er einen Vergleich anstrengte und damit einen Schuldspruch umging. Vom beruflichen Erfolg ermutigt, blieb Gandhi bis 1915 in Südafrika. Hier änderte er sein Leben grundsätzlich. Politisch stritt er für die Rechte der indischen Minderheit, der indentured labourers (s.u.), und entwickelte erste Strategien des gewaltlosen Widerstandes. Auch gründete er Zeitschriften. Persönlich änderte er seine Lebensweise und organisierte das Leben in Form eines gemeinschaftlichen Ashrams auf der eigens gegründeten Tolstoi Farm. Hier versuchte Gandhi durch allgemeine und gleichmäßig verteilte Arbeiten die vorhandenen Kastenschranken zu überwinden. Auch gab er seinen englischen Kleidungsstil auf und 1906 legte er mit Einverständnis seiner Frau Kasturba, mit der er vier Kinder gezeugt hatte, ein Keuschheitsgelübde ab, das er bis zu seinem Lebensende nicht brechen sollte. Politik, Religion und persönlicher Lebenswandel bildeten bei Gandhi bald eine Einheit.
Nachdem Gandhi 1915 wieder in Indien war, organisierte er im Namen des Indian National Congress (INC) zwei Kampagnen gegen ungerechte Gesetze der Briten. Hier musste Gandhi neue Strategien entwickeln, denn nun waren die Inder in der Mehrheit gegenüber den Kolonialherren. Die politische Eskalation nach dem Ersten Weltkrieg mündete in die erste nationsweite Kampagne der gewaltfreien „Non-Cooperation" mit der britischen Kolonialmacht. Gandhi wurde damit unversehens zur politischen Leitfigur in Britisch-Indien und zum ideologischen Führer des INC. Dessen organisatorische Neustrukturierung und Ausweitung der Mitglieder auf die bäuerlichen Schichten, kurz: die Umwandlung von der Honoratiorenvereinigung zur Massenbewegung verschaffte dem INC zu Beginn der 1920er Jahre die politische Schlagkraft, ohne die der Freiheitskampf nicht zu führen war. Vom aktiven politischen Leben zog sich Gandhi allerdings früh zurück und widmete sich ganz seinem einfachen Landleben im Ashram.
Erst 1930 betrat er wieder die große politische Bühne, als er im Namen des INC den berühmten Salzmarsch als Kampagne des „Civil Disobedience" organisierte, um weitere politische Zugeständnisse zu erringen. Salz war lebensnotwendig, allzumal in den heißen Tropen und Subtropen. Die Briten hatten jedoch die Salzherstellung monopolisiert und erhoben Steuern. Gandhi protestierte gegen dieses ungerechte Monopol, indem er mit einer ausgewählten Mannschaft einen Demonstrationszug organisierte, der am Strand von Dandi endete, wo die inzwischen auf mehrere Tausend angewachsene Protestschar gezielt das Gesetz übertrat und Salz schöpfte. Im ganzen Land begannen Inder Salz zu sieden, und die Gefängnisse waren bald überfüllt, so dass der Justiz- und Polizeiapparat lahmgelegt zu werden drohte. Unter dem Eindruck der Massenbewegung, die schließlich durch die direkten Auswirkungen der einsetzenden Weltwirtschaftskrise weiteren Zulauf erhielt, musste die Kolonialregierung einlenken. Gandhis politischer Einfluss versagte gegenüber jedoch dem Führer der Muslime, Muhammad Ali Jinnah (s.u.) bei der zukünftigen Gestaltung des unabhängigen Indien. Die „Quit India" Resolution des INC von 1942 vereinte zwar noch einmal die politi-

schen Akteure im Kampf gegen den gemeinsamen Feind, doch den verloren sie bei den anstehenden Verhandlungen um die Unabhängigkeit Britisch-Indiens bald aus den Augen. Im Blutbad, das Unabhängigkeit und Teilung folgte, konnte Gandhi ein letztes Mal die unter religiösem Vorwand aufgebrachten Menschenmengen beeinflussen. Seinen gewaltsamen Tod, der ihn 1948 ereilte, sah er kommen, denn er war sich bewusst, dauerhaft die tiefen Spannungen nicht abbauen zu können und Opfer extremistischer Agitatoren zu werden.
(Literatur: Dietmar Rothermund, *Mahatma Gandhi. Der Revolutionär der Gewaltlosigkeit. Eine politische Biographie.* München und Zürich 1989; B. R. Nanda, *Mahatma Gandhi. A biography.* Delhi etc. 2. Aufl. 1982).

Auf der politischen Agenda der indischen Staaten hatte indes die Wiedererlangung der vollen Souveränität nunmehr oberste Priorität erhalten. Zwischen November 1930 und Dezember 1932 fanden in London zur Klärung des künftigen Status Indiens im Britischen Empire drei Round Table Conferences statt, zu der auch die indischen Staaten ihre Vertreter schickten. Zum ersten Mal rückte ein föderales Indien in die Perspektive. An einem ‚Greater India' zeigten die kleineren und mittleren Staaten allerdings kein Interesse, fürchteten sie doch nicht zu Unrecht, in einem Staatenbund oder gar Bundesstaat von den großen übergangen zu werden.[117] Konservative ‚diehards' in London und der *maharaja* von Patiala, der fast die Hälfte aller indischer Monarchen hinter sich wusste, konnten in ihrem Streben, die Föderation zu verhindern, nur aufgehalten werden, nachdem eine eigens eingerichtete Regierungskommission die wichtigsten Staaten wieder auf Linie gebracht hatte.[118]

Von nun an standen alle weiteren Reformen unter dem Zeichen einer indischen Föderation, auch wenn keiner der beteiligten Akteure, weder Briten noch Monarchen noch indische Politiker, zielstrebig an diesem Modell arbeiteten. Zudem schienen in London wie in New Delhi die Briten wiederum einer Illusion verfallen zu sein, nämlich ein zufriedenes Indien im Empire halten zu können. Doch um ein politisch zufriedenes Indien sicherzustellen, sei es in den Staaten oder den Provinzen, wären zunächst weitgehende Zugeständnisse in Richtung eines *Dominion*-Status erforderlich gewesen, was in letzter Konsequenz das Ausscheren aus dem Empire bedeutet hätte.[119] Folglich waren britische Politiker aller Parteien nicht bereit, konkrete Zusagen über den künftigen Status der indischen Kolonie abzugeben und beschränkten die Reformen auf parlamentarische Elemente, wie sie schließlich im Government of India Act des Jahres 1935 umgesetzt wurden. Tatsächlich aber war auch dieses Reformgesetz wieder nur die frisch getünchte Fassade am unverändert autoritären Kolonialregime, denn die umfassenden Rechte des Governor General (und Viceroy) in Bezug auf die Finanzen, Außenpolitik und

[117] John McLeod, *Sovereignty, Power, Control. Politics in the states of western India, 1916-1947* (Boston 1999), S. 115-165.

[118] I. Copland, *The Princes of India*, S. 91-112.

[119] Horst-Joachim Leue, *Britische Indien-Politik 1926-1932. Motive, Methoden und Mißerfolg imperialer Politik am Vorabend der Dekolonisation* (Wiesbaden 1981).

die Verteidigung sowie sein generelles Vetorecht sind erneut bestätigt oder spezifiziert worden.[120]

Auf der Zentralebene sollte ein föderales System in Form eines Zweikammerparlaments nach britischem Vorbild eingerichtet werden. Im Council of States (Oberhaus) würden 40 Prozent der Sitze den indischen Staaten vorbehalten, die restlichen entfielen auf die Provinzen Britisch-Indiens. Das House of Assembly (Unterhaus) hätte sich aus 33 Prozent Abgeordneten aus den indischen Staaten – die aber gerade einmal 25 Prozent der Bevölkerung stellten – und Britisch-Indiens zusammengesetzt. Integraler Bestandteil der zu wählenden Legislative war der Governor General, lag es doch in seinem Ermessen, wann er das House of Assembly zusammenrufen, es entlassen oder gar auflösen konnte. Auch die Debatte bestimmter Themen konnte er aussetzen oder untersagen lassen. Auffallend an dem Gesetz ist, dass das Wahlrecht, das nun immerhin von fast 14 Prozent der Bevölkerung ausgeübt wurde, nicht einmal erwähnt war. Und der indischen Föderation fehlte die rechtsverbindliche Basis, denn es blieb den erklärtermaßen desinteressierten Monarchen überlassen, den föderalen Teil des India Act zu ratifizieren, was sie nie taten.[121] Auch so gesehen entsprach das Gesetz eher den imperialen Interessen der Briten als den nationalen der Inder und trug nicht unerheblich zur vorübergehenden Konsolidierung der späten Kolonialherrschaft bei.[122]

Auf der Ebene der Provinzen (Birma schied als Provinz aus und war fortan eine separate Kolonie) wurde die ‚Dyarchy' von 1919 abgeschafft und alle Ministerien wie auch die Legislative den Indern überlassen. Lediglich die Spitze der Exekutive, den Governor jeder Provinz, ernannte der Indienminister – in der Regel aus den Reihen altgedienter Ränge des ICS. Seinen Ministerrat ernannte der Governor aufgrund der Mehrheitsverhältnisse in den Provinzparlamenten. Als Chef der Exekutive besaß der Governor noch uneingeschränkte Amtsvollmacht, was besonders bei der Aufrechterhaltung von Ruhe und Ordnung hervortrat. Wie der Governor General konnte auch der Governor die Legislative nach Belieben walten lassen, indem er ihre Versammlungen, Beratungsgegenstände und Debatten bestimmte. Sofern Gefahr bestand, dass die Regierungsgeschäfte nicht in Einklang mit dem Verfassungsgesetz standen, besaß er das Recht, per Proklamation die Regierung zu suspendieren und die Provinz autokratisch zu verwalten.[123]

2.3.2 Die indischen Staaten

Neben den großen Staaten wie Haiderabad, Maisur, Travancore oder Kashmir, den historisch bedeutsamen Fürstentümern Rajputanas oder den Marathen-Herr-

---

[120] A. Ch. Bhatterjee, *The Constitutional History of India*, vol. III, S. 126-178, bes. S. 128-136.

[121] I. Copland, *The Princes of India*, S. 138-140.

[122] Carl Bridge, *Holding India to the Empire. (The British Conservative Party and the 1935 constitution)* (London 1986).

[123] A. Ch. Bhatterjee, *The Constitutional History of India*, vol. III, S. 137-144.

schern von Baroda und von Gwaliar befanden sich allein im heutigen indischen Bundesstaat Gujarat drei Fünftel der insgesamt etwa 600 so genannten ‚princely states'.[124] Offensichtlich hat dieser Umstand die Historiografie und die Wahrnehmung indischer Fürstentümer nachhaltig bestimmt. Tatsächlich war ein Großteil dieser ‚Duodezfürstentümer' erst durch die Kolonialpolitik in der ersten Hälfte des 19. Jahrhunderts entstanden, als die Briten die Segmentierung der ursprünglich in *bhayats* zusammengeschlossenen lokalen Magnaten unter einem fürstlichen Oberherrn in unabhängige Territorialfürsten betrieben und schließlich unter der Bezeichnung ‚Western India States Agency' mit einem *Political Agent* als Pendant zum *Resident* der großen Staaten zusammenfassten.[125]

Abgesehen davon waren die indischen Herrscher mitnichten bloße Marionetten im Kolonialtheater der Briten. Vielmehr verfolgten manche von ihnen zielstrebig und teilweise mit beachtlichem Erfolg die eigenen Interessen, wozu die Monarchen und Fürsten wechselnde Koalitionen oder Allianzen mit allen politischen Kräften eingingen – britischen wie indischen. Innenpolitisch kamen sie nach wie vor ihren Pflichten als Herrscher zur Aufrechterhaltung der sozialen Ordnung nach (*rajadharma*) und betätigten sich als Förderer, Stifter und Mäzene in allen gesellschaftlichen Bereichen. Die Briten schufen nicht erst die indischen Monarchen und Fürsten, denn eine Vielzahl von ihnen gab es lange vor der Kolonialherrschaft, sondern transformierten und beschnitten im Laufe des 18. und des 19. Jahrhunderts deren Souveränität mit einer Reihe von Verträgen oder, ganz im Stil der Moguln, mit einseitig ausgestellten *sanad*s, in denen sie ihre Schutzherrschaft formulierten.[126]

Es wäre freilich ein Trugschluss, in den indischen Monarchen und Fürsten eine homogene aristokratische Klasse zu sehen, die sich einseitig an die britische Krone und Metropole band, denn es ignoriert die diversen und divergierenden Interessenlagen der indischen Herrscher wie auch die darauf ausgerichtete flexible Politik der Briten.[127] Für alle indischen Staaten bedeutete die ‚Paramountcy' zwar den Verlust der politischen Souveränität, zugleich aber gewannen sie ein erhebliches Maß an äußerer wie innerer Sicherheit, die zu gewährleisten ja Bestandteil der britischen Oberherrschaft war. Von Militärausgaben entlastet, standen bei gleichbleibenden Steuersätzen den indischen Monarchen und Fürsten erheblich mehr fi-

---

[124] Die Zahlenangaben zu den ‚Indian States' weichen teilweise erheblich voneinander ab. So sollen es beispielsweise nach den Imperial Gazetteers von 1909 insgesamt 692 Staaten, im regierungsamtlichen Bericht von 1929 ‚über 562' Staaten und zum Zeitpunkt der Unabhängigkeit 565 gewesen sein, während zur gleichen Zeit Vizekönig Lord Mountbatten ihre Zahl mit ungefähr 600 angab, siehe S. M. Burke and S. Al-Din Quraishi, *The British Raj in India*, S. 563. Ian Copland, *The British Raj and the Indian Princes: Paramountcy in western India, 1857-1930* (Bombay 1982), S. 1-2. Nach Copland befanden sich allein 361 der 620 indischen Staaten in der Bombay Presidency.

[125] J. McLeod, *Sovereignty, Power, Control*, S. 25-27.

[126] B. N. Ramusack, *The Indian Princes and Their States*, S. 51-52, 85, 137-164, 174-179.

[127] Dem Trugschluss erlag David Cannadine, *Ornamentalism: How the British saw their Empire* (New York 2001).

nanzielle Mittel zur Verfügung, was die Herrscher mitunter zu wahren Königen in ihren Ländern werden ließ.[128]

Wie am Beispiel Kotas gesehen, förderten die Briten dadurch geradezu die Entstehung autokratischer Strukturen, wie sie in Indien bislang nicht anzutreffen waren. Wenn in diesem ‚Fürstengehege' wenige Herrscher eine mitunter despotische Regentschaft entwickelten, so gab es auch einige Fürsten und Monarchen, die in ihrem Staat demokratische Institutionen samt parlamentarischer Verantwortlichkeit einführten. Vereinzelt fand auch der systematische Ausbau der Infrastruktur bis hin zur Anlage moderner Häfen statt. Abgesehen davon betrieben die Herrscher im westindischen Baroda und dem südindischen Maisur eine Bildungspolitik, die sich von der in Britisch-Indien abgrenzte, aber gleichzeitig dessen Universitätssystem wie auch Bildungsinhalte als Mittel der Reform benutzte. Zum Missfallen der Briten entstand in beiden Staaten eine Elite, die zwar nach westlichen Bildungsstandards ausgebildet, nicht aber von den kolonialen Bildungsinstitutionen examiniert und damit unkontrolliert war.[129]

Wohl am entschiedensten versuchten die Herrscher Haiderabads sich der britischen Einflussnahme zu entziehen. Durch die Abtretung der ‚Northern *Sirkars*' 1766, die Entsendung eines ‚Resident' und Stationierung von britischen Truppen 1788 sowie den Defensiv- und Subsidiärvertrag von 1798 politischen und steuerlichen Beschränkungen unterworfen, folgte aufgrund der hohen Verschuldung bei der EIC 1853 die Überschreibung der wirtschaftlich wichtigen Baumwollregion Berar. Zweifelsohne hatten die ‚ungleichen Verträge' die ökonomische Entwicklung des Landes geschwächt, zumal weitere Verträge zur Erschließung von Bodenschätzen und zum Eisenbahnbau aufgezwungen wurden.[130] Doch trotz dieser Nachteile, sowie der britischen Truppenstationierung und der größten ‚Residency' gelang es den *nizams* von Haiderabad, den Einfluss der ‚Residents' zu beschneiden. Vor allem im 20. Jahrhundert wurden sie gezielt isoliert und alle politischen und wirtschaftlichen Kontakte mit den ‚Residents' untersagt. Im Gegensatz zu den meisten anderen indischen Staaten blieb die Extraterritorialität auf das ‚Cantonment' in Sikanderabad nahe Haiderabad beschränkt. Zudem weigerten sich die *nizams*, westlich-europäische Werte in der Verwaltung ihres Staates zu übernehmen und initiierten mit der Osmania Universität und Urdu als Lehrsprache eine neuartige Bildung.[131]

---

128 In der Forschung vertritt N. Dirks, *The Hollow Crown*, die gegenteilige Meinung.

129 Manu Bhagavan, *Sovereign Spheres. Princes, education and empire in colonial India* (New Delhi 2003).

130 Gräfin Kerrin Schwerin, *Indirekte Herrschaft und Reformpolitik im indischen Fürstenstaat Hyderabad 1853 – 1911* (Wiesbaden 1980).

131 M. H. Fisher, *Indirect Rule in India*, S. 386-402. Der auf diesen Seiten auch angestellte Vergleich mit Awadh zeigt exemplarisch, wie unterschiedlich die Position des *Resident* sein konnte und wie flexible die Briten das System insgesamt handhabten, S. M. Burke and Salim Al-Din Quraishi, *The British Raj in India. An historical review* (Karachi etc. 1995). Margrit Pernau-Reifeld, *Verfassung und politische Kultur im Wandel. Der indische Fürstenstaat Hyderabad 1911-1948* (Stuttgart 1992), S. 115-125.

Gleichwohl machten Briten die Grenzen des Widerstands deutlich, als *nizam* Mir Osman Ali Khan (reg. 1911-1948) sein gesamtes britisches Verwaltungspersonal ohne Angabe von Gründen entließ. Unmissverständlich gab der Vizekönig zu verstehen, dies würde als ein Akt der Illoyalität betrachtet, was den *nizam* veranlasste, unverzüglich alle Demissionen zu widerrufen. Obgleich Mir Osman zu Beginn des Ersten Weltkrieges aus Solidarität und Loyalität einen erheblichen Geldbetrag an die britisch-indische Staatskasse überwiesen hatte, hinderte das die Briten nach dem gewonnenen Krieg nicht daran, den *nizam* auf die unerträglichen Zustände in seiner Verwaltung hinzuweisen und offen von „gross misrule" zu sprechen. Gemeint war damit die nach wie vor patrimoniale Herrschaftsform, die stark auf die persönlichen Bande zwischen dem Monarchen und seinen Ministern sowie einen Verwaltungsstab als erweiterter Haushalt statt auf ein unabhängiges und ausschließlich an das Gesetz gebundenes Regierungs- und Administrationspersonal ausgerichtet war.[132]

In Haiderabad ruhte das politische System auf einer Nobilitätsklasse, die neben dem *nizam* mit 15 Prozent über Einkünfte aus *jagirs* von insgesamt 27 Prozent der Landesfläche verfügte. Ursprünglich als militärische Finanzierungsbasis eingerichtet, zog besonders die Paigah-Familie mit abnehmenden Verteidigungsaufgaben den größten Nutzen aus dem System, da sie über die Verwendung der Steuermittel keinerlei Rechenschaft abzulegen hatte. Diese finanzpolitische Unschärfe war auch an der Staatsspitze zu beobachten, wo nur selten zwischen der Privatschatulle des Monarchen und der öffentlichen Staatskasse unterschieden wurde. Schließlich erzwangen die Briten 1926 eine Verwaltungsreform, die ihr einerseits die Besetzung der wichtigsten Ministerposten zusprach, andererseits zumindest in Grundzügen die Bürokratisierung der Verwaltung erkennen ließ. Was nach außen zunächst als eine bloße Kabinettsumbildung ohne verfassungspolitische Konsequenzen erschien, sollte langfristig die Beziehungen Mir Osmans zu den Briten, aber auch zu seinem Kabinett grundlegend ändern. Und allmählich griffen auch die administrativen Reformen in der Steuerverwaltung und Rechtssprechung.[133]

Wie in zahlreichen anderen indischen Staaten kam es in der ersten Jahrzehnten des 20. Jahrhunderts auch in Haiderabad zur Gründung politischer Organisationen, darunter des ‚Ittehad ul Muslimin' und der ‚Hyderabad Political Conference'. Beide Parteiungen gerierten sich in den darauf folgenden Jahren immer stärker als Vertreter der muslimischen respektive der hinduistischen Bevölke-

---

132 M. Pernau-Reifeld, *Verfassung und politische Kultur im Wandel*,. S. 128-140. Siehe allgemein auch die Biografie von V. K. Bawa, *The Last Nizam: The life and times of Mir Osman Ali Khan* (New Delhi 1992).

133 Zur Steuerverwaltung siehe Y. Vaikuntham, *State, Economy and Social Transformation. Hyderabad State (1724-1948)*, S. 56-67; zu den Verwaltungsreformen M. Pernau-Reifeld, *Verfassung und politische Kultur im Wandel*,. S. 156-191. Der Titel der englischen Übersetzung des Buches von M. Pernau-Reifeld, *The Passing of Patrimonialism: Politics and political culture in Hyderabad 1911-1948* (Delhi 2000), gibt passend diesen Prozess wieder. Siehe auch Shamin Aleem, *Personal Management in a Princely State* (New Delhi 1985).

Abb. 25: Landrechtstitel des *nizam* und seiner Nobilität.

rungsgruppen. Allmählich radikalisierte sich wie im restlichen Indien auch in Haiderabad die politische Szene, was in den 1930er Jahren deutlich am Wechsel von harmlosen Petitionen zu öffentlichen Demonstrationen und an der Organisierung und Mobilisierung großer Bevölkerungsteile abzulesen war. Freilich hatte sich Haiderabad bislang nicht als ‚islamischer' Staat verstanden, ebenso wenig wie ein regionaler Kulturnationalismus Grundlage für das Argument gewesen war, dass die schiere Zahl der Beherrschten die Legitimation für die Herrschaft ist, man sich daher nicht mehr als Erbe der Moguln, sondern in den Marathi sprechenden Landesteilen als Nachfolger Shivajis verstand.[134]

Über Fragen der Sprachpolitik schienen die politischen Probleme wie Presse- und Versammlungsfreiheit und der weitere Ausbau der demokratischen Institutionen in den Hintergrund getreten zu sein. Die Polarisierung entlang kultureller und religiöser Linien drohte schließlich das Land zu spalten, ein Prozess, den auch ein gesteuerter, auf eine südindische Identität abzielender ‚Dakhani-Nationalismus' nicht mehr aufzuhalten vermochte. So bewirkte die Gründung der Osmania

[134] B. N. Ramusack, *The Indian Princes and Their States*, S. 210, 221-23. Die weitaus größte Sprachgruppe war Telugu mit 46 Prozent der Einwohner von ‚Hyderabad State', gefolgt von Marathi mit 26 Prozent, Kannada mit knapp 15 und Urdu weniger als 10 Prozent. Der Anteil der Hindus an der Gesamtbevölkerung betrug fast 90 Prozent, der der Muslime etwas mehr als 10 Prozent (nach der Bevölkerungszählung von 1901).

Universität auch nicht die intendierte, Haiderabad-typische Kultursynthese, sondern löste durch die Ausbildung der vorwiegend lokalen Muslim-Elite einen Telugu-Sprachnationalismus aus, der schließlich 1956 in der Gründung des indischen Bundesstaates Andhra Pradesh münden sollte.[135]

Staatenübergreifend versuchte seit 1927 die All-India States People's Conference (AISPC) die Aktivitäten der diversen lokalen politischen Gruppierungen zu koordinieren, wobei ihr politisches Programm von Anfang an auf eine konstitutionell-monarchische Ordnung ausgerichtet war. Wegen ihres stark von Bombay geprägten Personalbestands konnte die AISPC zu keiner Zeit die allgemein anerkannte Sprecherin aller in ihr zusammengefassten politischen Gruppen werden, weshalb die Briten sich nicht veranlasst sahen, die AISPC als Repräsentantin der Bevölkerung in den indischen Staaten zu akzeptieren. Auch die überwiegende Mehrheit der indischen Herrscher lehnte die Volksrepräsentation durch eine Organisation allein aus ihrem Selbstverständnis heraus kategorisch ab. Allerdings gestattete der Herrscher von Mewar 1945 und der der Sindhia 1946 der AISPC, ihr Jahrestreffen in Udaipur bzw. in Gwaliar abzuhalten. Viele kleinere Fürsten auf der Halbinsel Kathiawar schienen sich mit der aufziehenden neuen ‚paramount power', dem Indian National Congress (INC)[136], zu arrangieren, um so ihre Existenz auch in einem föderalen Indien abzusichern. Nur die wenigsten indischen Monarchen hatten sich offen gegen die indische Unabhängigkeitsbewegung gestellt, wenngleich vereinzelt liberale Zeitungen und die Teilnahme an politischen Veranstaltungen mit nationalistischem Hintergrund verboten wurden.[137]

In einigen Staaten der ‚Western India States Agency' hatte sich die Bevölkerung bereits an Kampagnen des zivilen Ungehorsams beteiligt, obgleich sich der INC bis dahin grundsätzlich der politischen Aktivität oder gar Agitation in den indischen Staaten enthalten hatte. Das änderte sich erst nach dem India Act von 1935, als nun auch die politische Bewegung in Maisur mit ihren Forderungen nach Selbstbestimmung durch ‚responsible government' 1937 radikaler wurde und die dort ausbrechenden inneren Unruhen auf einige westindische Kleinstaaten übergriffen. Nach längeren internen Debatten gab Gandhi schließlich seine Haltung als strikter Vertreter der Nichteinmischungspolitik auf, so dass der INC 1939 beschließen konnte, künftig auf Hilferufe der Bevölkerung in den indischen Staaten zu antworten. Nun setzte auch eine enge Kooperation zwischen INC und der AISPC ein, deren deutlichster Ausdruck die Wahl Jawaharlal Nehrus (1889–1964) zu ihrem Präsidenten noch im selben Jahr war. Trotz der wachsenden politischen Willensbildung wie auch der ausgreifenden politischen Agitation blieb jedoch die Mehrheit der Bevölkerung in den indischen Staaten bis unmittelbar nach der Unabhängigkeit Indiens loyale Untertanen ihrer Herrscher.[138]

---

135 M. Pernau-Reifeld, *Verfassung und politische Kultur im Wandel*, S. 242-256, 349-368.

136 Nähere Erläuterungen zum Indian National Congress siehe unten S. 108.

137 I. Copland, *The Princes of India*, S. 29-32.

138 J. McLeod, *Sovereignty, Power, Control*, S. 47-48. I. Copland, *The Princes of India*, S. 125-127. S. R. Ashton, *British Policy towards the Indian States*, S. 175-184.

Nehru und der letzte indische Vizekönig Lord Mountbatten im Gespräch.

Nehru, Jawaharlal (1889-1964) war der Sohn einer gelehrten und wohlhabenden Brahmanen-Familie aus Kashmir. Britische Erzieher sorgten dafür, dass die Bildungsatmosphäre eher europäisch denn indisch war. Wie Mohandas K. Gandhi erfuhr auch J. Nehru eine Ausbildung zum Rechtsanwalt, allerdings im prestigeträchtigeren Cambridge. Der Beruf als Rechtsanwalt füllte Nehru indes nicht aus und so engagierte er sich bald im Indian National Congress (INC). Hier kam er früh unter den Einfluss von Gandhi, der ihn auch mit den indischen Bauern in Kontakt brachte. Doch grenzte sich Nehru durch seine weitaus radikaleren, bisweilen sozialistisch anmutenden Forderungen von Gandhi ab. Die Unterschiede wurden besonders 1928 deutlich, als sich Nehru Subhas Chandra Bose und seiner Forderung nach der Unabhängigkeit Indiens anschloss. Seit 1929 bestimmte dieses Ziel die Politik des INC.

Trotz gelegentlicher Meinungsverschiedenheiten mit Gandhi sah dieser in Nehru den politischen Führer des unabhängigen Indien. 1946 wurde Nehru denn auch Premierminister der Interimsregierung. Aus dieser Position heraus nahm er maßgeblichen Einfluss auf den letzten Vizekönig, Lord Mountbatten. Diese vertrauensvolle Stellung verschaffte Nehru unumstritten den Posten des ersten Premierministers nach der Unabhängigkeit, das Amt, das er bis zu seinem Tod 1964 innehaben sollte. Wesentliches Merkmal seiner Amtszeit war die Planwirtschaft nach sowjetischem Modell, die allerdings im Zweiten Weltkrieg von den Briten bereits eingeführt worden war. Im Rahmen dieser Wirtschaftssteuerung wurde vor allem die Schwerindustrie sowie die landwirtschaftliche Produktionssteigerung (Grüne Revolution, s.u.) gefördert. Innenpolitisch war er ein Verfechter des säkularen Staates, ein politisches Modell, das er zweifelsohne von den Briten übernommen hatte. Außenpolitisch gehörte die Indische Union zu den „Non-Alignment", den bündnisfreien Staaten.

Bei allen Verdiensten bleibt seine Zeit als Premier der Indischen Union nicht unumstritten. Trotz säkularer Politik habe er nicht die Zunahme der ‚communal riots' (s.u.) verhindern können. Auch die Planwirtschaft stieß auf wachsende Kritik, vor allem weil sie indische wie ausländische Kapitalinvestitionen behinderte. Ferner ging die Förderung der Schwerindustrie und der Landwirtschaftsindustrie zu Lasten des kleinbäuerlichen Indien. Politisches Credo Nehrus war es, ein für mittelalterlich gehaltenes Indien in die Moderne zu führen. Als Unabhängigkeitskämpfer hat er sich den Vorwurf zugezogen, wegen seiner unnachgiebigen Haltung gegenüber den Forderungen der Muslim League selbst die Einheit Indiens verhindert zu haben, allzumal er es auch

war, mit dessen ausdrücklicher Zustimmung die Teilung schließlich vollzogen werden konnte.
(Literatur: M. J. Akbar, *Nehru. The making of India.* London 1988; Tariq Ali, *Die Nehrus und die Gandhis. Eine indische Dynastie.* Frankturt am Main, Berlin, Wien 1985).

In Haiderabad holte erst der Sieg der Labour Party bei den Parlamentswahlen in Großbritannien im Juli 1945 *nizam* Mir Osman aus seiner Lethargie. Nun mussten alle politischen und wirtschaftlichen Ressourcen des Landes mobilisiert werden, um sein dynastisches Überleben nach dem Abzug der Briten zu sichern. Konkrete Pläne zu Reformen oder zur verfassungsrechtlichen Gestaltung arbeiteten weder er noch seine Minister aus, schien man doch mit der Restaurierung der Souveränität vollauf zufrieden zu sein. Wie bisher war der *nizam* an einer indischen Föderation nicht interessiert. Eher schon an einer engen Allianz mit der britischen Krone, die allein ihm im Angesicht des feindlichen demokratischen Umfeldes seine monarchischen Rechte hätte legitimieren können. Obgleich Jawaharlal Nehru hatte verlauten lassen, ein jeder Staat, der keine Delegierten zur Verfassungsgebenden Versammlung schicke, als ein feindseliger Staat betrachtet werde und die Konsequenzen zu tragen hätte, entsandte Mir Osman keine Vertreter. In seiner Haltung gestärkt wurde er durch die Aussage Mohammed Ali Jinnahs (1876–1948), dem Führer der Muslim League, alle indischen Staaten könnten, wenn sie es wünschten, unabhängig bleiben.[139]

Letzte Versuche, über eine Assoziation die Existenz Haiderabads als Staat zu ermöglichen, scheiterten an der unnachgiebigen Haltung der ‚Ittehad' und des *nizam*. Der auf Wiederherstellung seiner Souveränitätsrechte bestehende Mir Osman konnte freilich nur darauf drängen, weil sein Land die dazu wichtige wirtschaftliche Grundlage besaß. Für die überwiegende Mehrheit der indischen Staaten, allzumal denen, die in den so genannten ‚Agencies' zusammengefasst waren, blieben lediglich die beiden Optionen, sich entweder einem der beiden neuen Nachfolgestaaten Britisch-Indiens anzuschließen oder eine Union mit den wenigen unabhängigen indischen Staaten einzugehen. Allerdings gab die britische Regierung in London im Verlauf der Parlamentsdebatten zum India Independence Bill im Frühjahr 1947 zu verstehen, dass sie die Unabhängigkeit von einzelnen indischen ‚Fürstenstaaten' nicht anerkennen werde, was eine internationale diplomatische Anerkennung unwahrscheinlich werden ließ, um so mehr, als im August des Jahres die USA die gleiche Haltung einnahmen.[140]

In Haiderabad sah sich der indische Generalbevollmächtigte für die Verhandlungen über eine künftige politische Assoziation explizit in der Nachfolge der ‚Residents' und beanspruchte die ‚Paramountcy' für die Indische Union, die er gege-

139 S. M. Burke and S. Al-Din Quraishi, *The British Raj in India*, S. 568-569. Zur Muslim League siehe unten S. 119.
140 Ebenda, S. 547.

benenfalls auch mit Waffengewalt durchsetzen wollte. Nachdem es in den 1930er Jahren verschiedentlich zu gewaltsamen Ausschreitungen zwischen Hindus und Muslims gekommen war, die teilweise auf Provokationen von hindunationalistischen Organisationen aus Britisch-Indien beruhten, blieben Gewaltakte zwischen den beiden Religionsgruppen auch nach dem Staatsstreich der ‚Ittehad' 1947 in Haiderabad selten. Erst nach dem Scheitern der Beitrittsverhandlungen und dem Einmarsch der indischen Truppen 1948 kam es zu pogromartigen Gewaltaktionen, denen bis zu 20 Prozent der männlichen muslimischen Bevölkerung zum Opfer fielen.[141]

Als das Kolonialregime Indien aufgab, blieben die indischen Monarchen und Fürsten isoliert und mussten mit der neuen INC-Regierung in New Delhi ihre Angelegenheiten regeln. Das zur Integration der ‚Fürstenstaaten' noch von den Briten ausgearbeitete ‚Instrument of Accession' bot den indischen Herrschern an, sich einem der beiden Nachfolgestaaten Britisch-Indiens, der Indischen Union oder Pakistan, anzuschließen. Dem waren bis August 1947 alle Staaten gefolgt, nur Haiderabad und Kashmir blieben unentschlossen. Nachdem Haiderabad durch die Indische Union annektiert worden war, löste der Beitritt des wegen seiner Grenzen zu China, Indien, Pakistan und Afghanistan auf Unabhängigkeit setzenden Hindu-*maharaja*s von Kashmir, jedoch mit einer muslimischen Mehrheitsbevölkerung, 1948 den ersten militärischen Konflikt zwischen Indien und Pakistan aus, ein Konflikt, der bis in die Gegenwart die politische Landschaft Südasiens dominiert.[142]

Mit seinen unterschiedlich verwalteten Provinzen, seinen höchst divergierenden Steuer- und Administrationssystemen und mit der verfassungsrechtlichen Konstruktion der ‚Paramountcy' glich das British *Raj* eher einem Reichsverband mit offensichtlich doch nicht ungeteilter Souveränität als einem modernen, zentralistischen oder föderalen Staat mit einer garantierten Rechtsstaatlichkeit und einer effizient arbeitenden, bürokratisierten Verwaltung. Sicherlich war die britische Herrschaft auf der Dorfebene zu verspüren, allein schon durch die Steuererhebung, aber nur indirekt, wussten doch Mitte des 20 Jahrhunderts viele Bauern nicht, dass das Land einmal unter britischer Kolonialherrschaft gewesen war. Im Grunde hatten die Briten die Staatsformierungsprozesse, wie sie in Indien im 18. Jahrhundert

[141] Ian Copland, ‚Communalism in princely India: The case of Hyderabad, 1930-40, in: Mushirul Hasan (Hg.), *India's Partition. Process, strategy and mobilization* (New Delhi 1993), S. 361-395. M. Pernau-Reifeld, *Verfassung und politische Kultur im Wandel*, S. 326-335, 358-368

[142] Eine der wenigen Überblicksdarstellungen zur Integration der indischen Staaten im Zuge der Teilung Britisch-Indiens findet sich bei S. M. Burke and S. Al-Din Quraishi, *The British Raj in India*, S. 563-608. Die nach wie vor umfassendste Darstellung ist die des Zeitzeugen V. P. Menon, *Integration of the Indian States* (Bombay 1956). Menon war Staatssekretär des von der Interimsregierung im Juli 1947 eigens eingerichteten ‚States Department'. Zu Kashmir siehe die neueste Literatur von Mridu Rai, *Hindu Rulers and Muslim Subjects. Islam, rights, and the history of Kashmir* (Delhi 2004); Prem Shankar Jha, *Kashmir 1947. The origins of a dispute* (Delhi etc. 2003) und Dietmar Rothermund, *Krisenherd Kaschmir. Der Konflikt der Atommächte Indien und Pakistan* (München 2002).

eingesetzt hatten, aufgehoben, transformiert oder konserviert zugunsten einer unzeitgemäßen politischen Ordnung, wie sie jedoch konstitutiv für ein modernes Kolonialregime und besonders den britischen Kolonialstaat in Indien gewesen ist.

2.4. Patriotismus und Nationalismus im 19. und 20. Jahrhundert

2.4.1 Der Große Aufstand (1857-59)

Zweifelsohne stellt der Große Aufstand eine der maßgeblichsten Zäsuren in der neueren indischen Geschichte dar. Von den Briten bereits damals als ‚Mutiny', (Meuterei der *sipahi*, daher auch ‚Sepoy-Mutiny'), bezeichnet, interpretieren indische Geschichtsschreiber den Aufstand der Soldaten, Händler und Bauern gern als ersten Unabhängigkeitskrieg gegen die britische Fremdherrschaft. Bisweilen wird er auch als Ausgangspunkt für den Freiheitskampf des indischen Volkes gegen das Kolonialregime gedeutet, ohne zu bedenken, dass ein einheitliches indisches Volk und eine indische Nation zu diesem Zeitpunkt noch nicht existierten. Dennoch kann durchaus von einer regional begrenzten patriotischen Revolte gesprochen werden. Die Ursachen für den Ausbruch des Großen Aufstandes sind in einer komplexen Mischung aus schneller ökonomischer Veränderung, gleichzeitiger (relativer wie absoluter) sozialer Deprivation, rückständiger bzw. fehlender politischer Institutionen und einer religiösen Überfremdung zu sehen. Die Briten glaubten indes, ihre Herrschaft stoße in der indischen Bevölkerung auf eine breite Akzeptanz. In der Wahrnehmung des Widerstands sahen sie lediglich irrational handelnde und abergläubische Soldaten.[143]

Inder mussten hingegen das Verhalten der Briten ganz anders interpretieren. Nach der Annexion weiter Teile Nordindiens einschließlich der Besetzung Delhis in den ersten Jahren des 19. Jahrhunderts durch die Briten blieb der Herrschaftsbereich des Mogul auf die Palastfestung Lal Qila (Rotes Fort) und die Stadt beschränkt. Mit zunehmender territorialer Expansion befanden sich die Briten in der unbefriedigenden Lage, den Mogul zwar zu kontrollieren, aber keine souveräne Macht in Indien zu besitzen. Die zu erlangen, war ihr erklärtes Ziel, weshalb sie seit den 1820er Jahren versuchten, den *padshah* öffentlich zu desavouieren und schließlich den Fortbestand seiner Dynastie und damit den Bestand des Mogul-Reiches infrage zu stellen. Es schien, als ob in dieser bedrohlichen Situaton Hilfe für die Moguln von Seiten Persiens kommen würde. Nur ein kurzer Krieg zwischen Briten und Persern 1856 und die momentan pro-britische Haltung Afghanistans verhinderten einen ‚Präventivschlag' und die Befreiung Delhis durch persisch-afghanische Kräfte. Die kurz darauf erfolgte Annexion Awadhs durch britische Streit-

143 Snigdha Sen, *The Historiography of the Indian Revolt of 1857* (Calcutta 1992). Ein nützliches Nachschlagewerk ist P. J. O. Taylor, *A Companion to the ‚Indian Mutiny' of 1857* (Delhi etc. 1996).

kräfte vereinigte nun die unterschiedlichen Potenziale an Unzufriedenheit. Schließlich scharten sich die Inder 1857 um ihren legitimen Herrscher, und die *sipahi* wandten sich von den ‚rebellischen' Briten ab um die politisch-moralische Ordnung des Mogul-Reiches zu schützen. Auf alle erhobenen Ansprüche eines *padshah* verzichtend, stellte sich auch der *nawab-wazir* von Awadh loyal hinter den Mogul.[144]

In Britisch-Indien waren Unruhen und vereinzelte, lokal begrenze Rebellionen in der ersten Hälfte des 19. Jahrhunderts endemisch. Bis weit in die 1820er Jahre zog sich die Befriedung der lokalen *zamindar*s und ‚little kings' im Gangestal hin. In den Städten kam es immer wieder zu Ausschreitungen, sei es gegen die Einführung von neuen Steuern, sei es gegen die ausbleibende staatliche Preisregulierung und den erwarteten Eingriff gegen die Hortung von Getreide in Notzeiten, sei es im Rahmen von wirtschaftlichen und daraus oft resultierenden sozialen Spannungen.[145] Das wachsende Unruhepotenzial in Stadt und Land schätzten die Briten falsch ein. Selbst ernstzunehmende Warnungen wurden überhört und den Europäern seltsam anmutende ländliche Kommunikationspraktiken und Symbolsysteme als mystischer Unfug abgetan. Die Berührungspunkte der britischen Macht mit der indischen Bevölkerung bei der Verwaltung von Steuer und Justiz in den Distrikten sowie dem Militär boten überdies Reibungsflächen, an denen sich der wachsende Unmut entzünden konnte. Völlig die emotionale Lage der *sipahi*s verkennend, ignorierten die britischen Offiziere trotz ihrer bisherigen Toleranzpolitik die religiösen Gebote ihrer indischen Soldaten, als eine neue Patronensorte eingeführt werden sollte.

Diese war in einer eingefetteten Kartusche, die, bevor die Kugel in den Gewehrlauf eingeschoben wurde, durch Aufbeißen geöffnet werden musste. Hindus wie Muslims verweigerten aus religiösen Gründen die Berührung der Kartusche; die Hindus, weil sie tierisches Fett, die Muslims, weil sie Schweinefett vermuteten. Um die Unbedenklichkeit der Kartuschen unter Beweis zu stellen, wollten die Briten am 9. Mai 1857 in der Kaserne von Mirat ein Exempel statuieren. Als das dazu ausersehene Regiment den Befehl verweigerte, wurde es entwaffnet, abgeführt und abgeurteilt – eine höchst demütigende Aktion. Tags darauf brannten die Kasernen von Mirat und das ‚Cantonment' der Stadt wurde durch seine Händler und die Soldaten geplündert. Rasch griff die Revolte auf die umliegenden Dörfer aus, in denen sich die Bauern erhoben. Systematisch suchten die Aufständischen die Hauptquartiere der Distrikte auf und verbrannten dort die Steuerrollen. Binnen weniger Tage war ganz Nordindien in Aufruhr und die britische Herrschaft nicht mehr zu erkennen.[146]

---

144 Frederick W. Buckler, The political theory of the Indian Mutiny, in: Michael N. Pearson (Hg.), *Legitimacy and Symbols. The South Asian writings of F. W. Buckler* (Michigan 1985), S. 43-74.

145 Richard Heitler, The Varanasi House Tax Hartal of 1810-11, in: *Indian Economic and Social History Review* 9 (1972), S. 239-57. G. Pandey, *The Construction of Communalism in Colonial North India*, S. 23-65. Michael Mann, Turbulent Delhi: Religious strife, social tension and political conflicts, 1803-1857, in: *South Asia*, new series 28,2 (2005), S. 5-34.

146 Eric Stokes, *The Peasant Armed. The Indian Revolt of 1857* (ed. by C. A. Bayly, Oxford 1986). Talmiz Khaldun, The Great Rebellion, in: *Rebellion 1857. A symposium* (Calcutta/New Delhi 1957), S. 1-70.

Offensichtlich war der Aufstand lange vorbereitet gewesen, denn die Kooperation zwischen Bauern, Händlern und Soldaten funktionierte von Anbeginn. Wie schon bei der Erhebung von 1781-83 brach das Nachrichtenwesen der Briten vorübergehend zusammen, ganz im Gegensatz zu dem der Inder, die ihr höchst effizientes *harkara*-(Läufer-)System aktivierten und darüber lange Zeit einen Informationsvorsprung halten konnten.[147] In vielen Städten Nordindiens konstituierten sich nach dem Ausbruch des Aufstandes innerhalb weniger Tage oder Wochen Räte, bestehend aus den Gesetzesexperten der alten Verwaltungseliten und den Vorständen der *mohalla*s. Auch in Delhi wurde unter Mogul Bahadur Shah II. (reg. 1837 – 58) eine handlungsfähige Regierung gebildet. Insgesamt erfasste der Widerstand breite Bevölkerungsschichten, denn unter den Aufständischen waren auch Handwerker, Arbeitsleute und Tagelöhner zu finden. In Lakhnau unterstützten nicht nur Notabeln und Kaufleute die Erhebung, sondern ganze Stadtviertel erhoben sich. Besonders eindrucksvoll war der Widerstand der gesellschaftlich hoch geachteten Kurtisanen im Qaisarbagh von Lakhnau, die die Rebellen finanziell unterstützten.[148] Der hohe Grad an Solidarität in weiten Teilen der Bevölkerung trug durchaus Züge eines patriotischen Kampfes gegen die Fremdherrschaft.

Erst nach Monaten brachten die Briten die Lage in Nordindien wieder unter Kontrolle. Zum einen gelang es ihnen, die zerstörten Telegrafenleitungen zu reparieren, ein Kommunikationsmittel, das die Aufständischen nicht zu nutzen verstanden hatten.[149] Zum anderen war die Organisation der Aufständischen auf lange Sicht sehr heterogen, was es den Briten oft leicht machte, die „Bauernbanden" und „Soldatenhaufen" einzeln zu vernichten, vor allem, nachdem zusätzliche Truppen aus Europa eingetroffen waren. Abgesehen davon blieben die Sikhs im Hinterland Delhis loyal. Ihre Integration in die britisch-indische Armee nach der Annexion des Panjab 1848 erwies sich nun von unschätzbarem Vorteil. Hochmotiviert halfen sie bei der Erstürmung Delhis im September 1857 und leiteten damit den Wendepunkt des Großen Aufstandes ein.[150] Bei dessen Niederschlagung übten die Briten fürchterliche Rache, als sie teilweise die Männer ganzer Dörfer summarisch exekutierten, weil ihnen Unterstützung der Rebellen nachgewiesen oder unterstellt wurde. Ganze Stadtviertel in Lakhnau und Delhi wurden geschliffen, vorgeblich um Sicherheitscordons anzulegen, tatsächlich aber um die Einwohnerschaft zu de-

---

[147] Ranajit Guha, *Elementary Aspects of Peasant Insurgency in Colonial India* (Delhi etc. 1983), S. 117-119, 228-240.

[148] Veena T. Oldenburg, *The Making of Colonial Lucknow 1858-1877* (Princeton 1984), S. 151-153 und 183-191; dies., Lifestyle as resistance: The Case of the Coutesans of Lucknow, in: Douglas Haynes and Gyan Prakash (Hg.), *Contesting Power. Resistance and Everyday Social Relations in South Asia* (Delhi etc. 1991), S. 23-61, hier S. 26-27.

[149] Saroj Ghose, Commercial needs and military necessities: The telegraph in India, in: Roy MacLeod and Deepak Kumar (Hg.), *Technology and the Raj* (New Delhi 1995), S. 153-176.

[150] Dolores Domin, *India in 1857-59. A study in the role of the Sikhs in the people's uprising* (Berlin 1977). Andrew J. Major, *Return to Empire. Punjab under the Sikhs and British in the mid-nineteenth century* (New Delhi 1996).

Abb. 26: Die *Residency* in Lakhnau nach dem Entsatz der Stadt durch britische Truppen. Zeichnungen eines britischen Offiziers, die das teilweise zerstörte Gebäude zeigen. In der oberen Abbildung ist links auf dem Turm der Telegrafenmast zu erkennen, im ovalen Bild die Perspektive von der Rückseite. Unten ein Blick in den Billiardraum.

zimieren und die Stadt zu verunstalten.[151] Bahadur Shah II., dessen gefangene Söhne die Briten erschossen, wurde der Hochverratsprozess gemacht und anschließend nach Rangun in Birma, das seit 1852 britische Kolonie war, exiliert.

Zweifelsohne war der Große Aufstand eine restaurative Erhebung gegen das britische Kolonialregime. Auch wenn dem Aufstand ein revolutionärer Gedanke oder Impetus fehlte, war er sicherlich patriotisch motiviert, vereinigte er doch unterschiedliche Bevölkerungskreise und –schichten im gemeinsamen Kampf für den Fortbestand des Mogul-Reiches. Sicherlich dürfte eine der Ursachen für das Scheitern der Rebellion der Mangel an Konzeption und Vision im Hinblick auf dessen künftige politische Gestaltung gewesen sein, denn an eine einfache Wiedererrichtung des Mogul-Reiches war nicht zu denken. Bei den Briten zeitigte die ‚Mutiny' traumatische Folgen, die dazu führten, dass die britische Historiografie mit Hilfe des ‚Cawnpore Massacre', bei dem die britischen Bewohner der Stadt von den Aufständischen niedergemetzelt wurden, und der militärischen Niederschlagung der ‚Meuterei' eine Erinnerungskultur etablierte, die das britische Nationalbewusstsein maßgeblich beeinflusste.[152]

2.4.2 Die indische Nationalbewegung (1870-1947)

Nach der brutalen Unterdrückung der Rebellion schien die indische Reformbewegung, wie sie unter anderem durch Ram Mohan Roy (1772–1833) zu Beginn des 19. Jahrhunderts initiiert worden war und schließlich nach seinem Tod im 1843 gegründeten Brahmo Samaj* ihren organisatorischen Niederschlag gefunden hatte, unterbrochen. In muslimischen Gelehrtenkreisen (*ulama*) erhielten die Reformdebatten mit dem Ende des Aufstandes und der anschließenden Entfernung von Muslimen aus dem Verwaltungsdienst (und zugleich der Awadhi-Hindus aus dem Militärdienst) einen Rückschlag, wurden aber gleichwohl fortgesetzt. Die hinduistischen Reformkreise verstummten ebenfalls nie ganz, und über Filiationen und Neugründungen entstand ein ganzes Netz von Organisationen und Personen, die mit der religiösen Erneuerung auch eine gesellschaftliche Reform einleiten wollten.

Im Panjab setzte sich Swami Dayananda Saraswati (1824–1883) für die radikale Erneuerung des Hinduismus* ein, wozu er 1875 den Arya Samaj* ins Leben rief. Vielfach besannen sich die orthodoxen Reformer auf alte hinduistische Werte, die sie, da die Hindu-Religionen eben diese Orthodoxie stets verhindert haben, freilich erst erfinden und konstruieren mussten. Indes kam die Bewegung nie über das

---

151 Vgl. die beiden Karten von Lakhnau 1856 und 1858 in V. T. Oldenburg, *The Making of Colonial Lucknow*, S. 22 und 32. In Delhi ist der Abriss ganzer Quartiere bis heute unverändert im Stadtbild zu erkennen.

152 Rudrangshu Mukherjee, ‚Let Satan loose upon earth': The Kanpur massacre in India and the revolt of 1857, in: *Past and Present* 128 (1990), S. 92-116. Vera Nünning, ‚Daß jeder seine Pflicht thue'. Die Bedeutung der Indian Mutiny für das nationale britische Selbstverständnis, in: *Archiv für Kulturgeschichte* 78 (1996), S. 363-391.

Ram Mohan Roy

Brahmo Samaj: Im Jahr 1828 von dem bengalischen Reformer Ram Mohan Roy gegründet, war der Brahmo Samaj eine religiös-intellektuelle Bewegung, die die europäischen Ideen von Vernunft und Rationalität aufgriff. Die Mitglieder der Vereinigung trafen sich anfänglich jede Woche zu Lesungen von Passagen aus den Upanischaden, die dann auf Bengali erläutert wurden. Dem schlossen sich zeremonielle Handlungen und gemeinsames Singen religiöser Lieder an, die der Verehrung eines einzigen Gottes dienten. Mit dem Tod Ram Mohan Roys 1833 erloschen zunächst die Aktivitäten des Brahmo Samaj. Debendranath Tagore (1817-1905), Vater des bengalischen Schriftstellers und Literatur-Nobelpreisträgers von 1913, Rabindranath Tagore (1861-1941), erweckte 1846 den Brahmo Samaj zu neuem Leben und führte Initiationsriten und neue Gebetsformen ein. Doch erst mit Keshab Chandra Sen (1838-84) kam auch neuer Schwung in die Bewegung. Er rief 1860 das Debattierforum Sangat Sabha ins Leben, in dem religiöse und soziale Probleme erörtert wurden. Ferner widmeten sich die Mitglieder nun verstärkt karitativen und erzieherischen Aufgaben. Damit war besonders die bengalische Mittelklasse angesprochen, die der sich zur Gemeinschaft wandelnden Bewegung einen gesellschaftlichen Rückhalt gab.
Keshab Chandra sandte Prediger aus, um die Inhalte des Brahmo Samaj im Land zu verbreiten und er selbst reiste vier Jahre lang durch Indien, mit dem Ergebnis, dass in Bombay und Madras ähnliche Organisationen gegründet wurden. Die radikal-reformerischen Bestrebungen Keshab Chandras stießen bei Debendranath Tagore auf wenig Gegenliebe und so spaltete sich die Bewegung bereits 1865. Während die Konservativen bald in Vergessenheit gerieten, etablierten sich die Modernisten unter der Bezeichnung „Brahmo Samaj of India". Dieser setzte sich vehement für die Erneuerung der indischen Gesellschaften ein, bei der Frauenemanzipation ansetzend. Wochen- und Tageszeitungen wurden ins Leben gerufen, die die philanthropischen Bestrebungen in die Bevölkerung tragen sollten. Zugleich gründete der Brahmo Samaj Schulen für Waisen sowie für Taubstumme, Heime für unverheiratete Mütter und richteten in Hungerzeiten öffentliche Küchen ein. Doch Keshab Chandra Sen sah sich bald in einem göttlichen Auftrag handeln, was ihn zu einem autokratischen Führungsstil übergehen ließ. Die demokratisch orientierten Mitglieder entfremdete er zusehends und es kam erneut zur Spaltung. Zu Beginn des 20. Jahrhunderts wurden alle Sezessionsgruppen und der Brahmo Samaj selbst als sozialreformerische Gemeinschaft in der Öffentlichkeit kaum noch wahrgenommen. Dazu dürfte auch beigetragen haben, dass Organisationen wie der Arya Samaj (s.u.) attraktivere Programme anboten.
(Literatur: David Kopf, *Brahmo Samaj and the Shaping of Modern India*. Princeton 1979).

nordindische und städtische Milieu hinaus. Lediglich die von ihr initiierte Kuhschutzbewegung der 1880er und 1890er Jahre konnte eine gewisse Breitenwirksamkeit erzielen, die jedoch ausschließlich gegen die Muslims gerichtet war. Lokale Kulturreformen wie die Sprachpflege des in Banaras lebenden Hindi-Literaten Bharatendru Hariśchandra gipfelten schließlich in der Forderung nach Hindi als der Nationalsprache Indiens.[153] Abzusehen war, dass im Zuge einer solch religiös fundierten, kulturellen Erneuerungsbewegung die Muslime in einer indischen Nation langfristig marginalisiert werden würden.[154]

Arya Samaj: Wie keine zweite Reformbewegung hat der 1875 von Swami Dayanand Saraswati (1824-83) in Rajkot gegründete Arya Samaj die politische und religiöse Landschaft Nordindiens und vor allem des Panjab verändert. Anfängliches Ziel des Arya Samaj war es, den missionarischen Aktivitäten der Christen mit einem reformierten Hinduismus entgegenzutreten. Grundlage eines modernisierten Hinduismus sollten die vedischen Schriften bilden, die als göttlich, unfehlbar und ewiggültig betrachtet wurden, woraus auch ein universeller Anspruch abgeleitet wurde. Die um 1800 v. Chr. auf den indischen Subkontinent eingewanderten Aryas waren das auserwählte Volk und Indien ihre Heimat. Obgleich für alle Gesellschaftsgruppen und Religionsgemeinschaften offen, zeichnete sich bald die Beschränkung auf Hindus als Träger einer modernen Nationalkultur ab. Daher auch das Bestreben, Hindi als indische Nationalsprache durchzusetzen und Konvertiten wiederzugewinnen.

Swami Dayanand Saraswati, Gründer des Arya Samaj auf einer indischen Briefmarke.

Die Mitglieder des Arya Samaj lehnten das *varna-* respektive Kastensystem als geburtsständische Gesellschaftsordnung ab und propagierten stattdessen ein hierarchisches Gesellschaftssystem, das auf Arbeit und persönliches Verdienst ausgelegt war. Folglich lehnten sie die „Unberührbarkeit" ab, während gleichzeitig die Heiraten zwischen den Kasten und die Wiederverheiratung von Witwen propagiert wurden. Soziale Arbeit wie Hungerhilfe oder die Gründung von Waisenhäusern gehörten ebenfalls zum Reformprogramm. Zur professionellen Arbeit gehörte auch eine entsprechende Ausbildung, und zum Unterhalt des Arya Samaj hatten seine Mitglieder ein Prozent ihrer Einkommen abzuführen.

[153] Vasudha Dalmia, *The Nationalization of Hindu Traditions. Bhāratendu Hariśchandra and nineteenth-century Banaras* (Delhi etc. 1997), Kap.4, ‚Hindi as the National Language of the Hindus', S. 146-221.

[154] Kenneth W. Jones, *Socio-religious Reform Movements in British India* (=The New Cambridge History of India III,1, Cambridge 1989), S. 15-34, 48-72. Peter Hardy, *The Muslims of British India* (Cambridge 1972), S. 61-146. Harald Fischer-Tiné, „Kindly Elders of a Hindu Biradri": The Arya Samaj's struggle for influence and its effect on Hindu-Muslim relations, 1885-1925, in: Antony Copley, *Gurus and Their Followers. New religious reform movements in colonial India* (Oxford etc. 2000), S. 107-127.

Neben den karitativen Aktivitäten bildete das Erziehungsprogramm das Kernstück der reformerischen Ambitionen, die auf die Bildung einer nationalen Elite abzielten. Das 1886 in Lahore gegründete Dayanand Anglo-Vedic College war das erste von zahlreichen Colleges, die in nordindischen Städten, schwerpunktmäßig im Panjab, eingerichtet wurden. Der Lehrplan sah eine Synthese englischer und indischer Bildungsinhalte und Methoden vor. Eine zweite Bildungseinrichtung war der Gurukul, der als rivalisierende Schule 1902 nach einer mehrjährigen Kampagne aufgebaut wurde, nachdem es 1892 zur Spaltung des Arya Samaj über Grundsatzfragen wie Heiratsbräuche, Speisevorschriften und Kastenfragen gekommen war. Während die Anglo-Vedic Colleges sich einerseits einer Hindu-Orthodoxie verschrieben und andererseits stärker auf englische Bildungscurricula setzten, wollten die Förderer des Gurukul die ursprünglichen reformerischen Ideen Dayanand Saraswatis bewahren. Den Anglo-Vedic Colleges war indes dauerhafter Erfolg beschieden, was sich auch an den zahlreichen Schulgründungen in der indischen Diaspora erkennen lässt.
(Literatur: Kenneth Jones, *Arya Dharm: Hindu consciousness in nineteenth-century Punjab.* New Delhi 1976. Harald Fischer-Tiné, *Der Gurukul Kangri oder die Erziehung des Arya-Nation. Kolonialismus, Hindureform und ‚nationale Bildung' in Britisch-Indien (1897-1922).* Würzburg 2003)

Aus der indischen Nationalbewegung, wie sie dann in den 1870er Jahren aufkam, sind diese religiösen Reformströmungen nicht wegzudenken. Durchaus kann von einer institutionellen wie personellen Kontinuität gesellschaftspolitischer Reformansätze auch über die Zäsur von 1858 hinweg gesprochen werden. Dennoch ist erst ab den 1870er Jahren von einer an politischer Willenskraft gewinnenden indischen Nationalbewegung zu sprechen, die in vier Phasen eingeteilt werden kann: Erstens von 1870 bis 1919, zweitens von 1920 bis 1928, drittens von 1929 bis 1942 und viertens von 1942 bis 1947.

Wesentliches Charakteristikum der sich in den 1870er Jahren formierenden Nationalbewegung ist ihre teilweise neue personelle Trägerschaft, die den Marsch durch die britischen Bildungsinstitutionen angetreten hatte und nun, mit westlich liberal-nationalem Gedankengut gespeist, an der politischen Willensbildung in Britisch-Indien beteiligt sein wollte. In Pune gründete der indische Richter in britischen Diensten, Mahadev Govind Ranade (1842–1901), 1870 die Poona Sarvajanik Sabha, und 1876 folgte durch Surendranath Banerji (1848–1925) die Gründung der Calcutta Indian Association. Auffällig war die regional begrenzte Agitation dieser politischen Organisationen.[155]

Mit der Amtszeit Governor General Lord Lyttons (1876–80) änderte sich das politische Klima. Lytton zog mit dem von ihm geführten Krieg gegen Afghanistan (1878–80) und dem hohen Blutzoll unter den indischen Soldaten die Unzufriedenheit vieler Inder auf sich. Ihren Zorn erntete er mit dem Vernacular Press Act von 1878, der die indische Presse einer Zensur unterwarf, während die britische

[155] Jim Masselos, *Indian Nationalism. An history* (London 1986), S. 55-77.

davon ausgenommen blieb. Die erfolgreiche Agitation empörter Briten gegen die so genannte Ilbert Bill, die sie dem Urteil indischer Richter unterworfen hätte, gab schließlich der politischen Willensbildung den entscheidenden Schub. In Bombay wurde 1885 der Indian National Congress gegründet. Obwohl die Indian Association im selben Jahr in Calcutta ihre zweite ‚National Conference' abhielt, lief ihr der INC binnen Kurzem den Rang an Popularität ab. Ursache für diese schnelle und breite Akzeptanz war der Bildungshintergrund der Gründungsmitglieder, die nahezu ausschließlich der westlich geprägten indischen Intelligenzija angehörten. Von nun an traf sich der INC jährlich in einer anderen Stadt. Als liberal-burgeoise Honoratiorenversammlung war er jedoch an verantwortlicher Mitwirkung und nicht an revolutionärer Veränderung interessiert, was anhand der Resolutionen zu Administrations-, Bildungs- und Wirtschaftsfragen bis nach dem Ersten Weltkrieg ablesbar ist. Sicherlich ist in dieser Phase dem INC eine regimestabilisierende Funktion zuzuschreiben.[156]

Wenngleich der indische Nationalismus durch europäische Ideologien geprägt war, adaptierten oder imitierten indische Politiker nicht unreflektiert das Nationalismusverständnis, wie es sich im Laufe des 19. Jahrhunderts in den Staaten Europas herausgebildet hatte. Vielmehr bauten sie zu einem wesentlichen Teil auf Vorläufern auf, die als indischer ‚Proto-Nationalismus' bezeichnet werden können. Zu wenig ist bislang auf diese lokalen und regionalen Wurzeln des indischen Nationalismus eingegangen worden. Dabei wird gerade an der Region Maharashtra deutlich, wie sehr sich ihre Leute mit dem Land identifizierten, wenn noch (oder gerade) in den 1870er Jahren M. G. Ranade in einer in Marathi gehaltenen Rede – was seitens der Briten und manch Bildungsinders als ungebührlich empfunden wurde – direkt die Gefühle der Menschen ansprach, die wegen der akuten Dürre an Hunger und Auszehrung litten. Politisch instrumentalisierte religiöse Feste erzeugten um die Jahrhundertwende in den ländlichen Regionen Maharashtras ein über die Region hinausgehendes indisches Nationalbewusstsein, als regionale Helden vermehrt zu Nationalhelden stilisiert wurden. Diese Konvergenz mit alten patriotischen Traditionen erhöhte die Akzeptanz und die Verbreitungsgeschwindigkeit nationalistischer Ideologien und macht die spezifisch indische Variante des Nationalismus aus.[157]

Bald waren im INC neben den moderaten Politikern, die auf die Kooperation mit den Briten setzten, auch radikale Vertreter anzutreffen, die auf umfassenden Veränderungen des politischen Systems bestanden und zur Verfolgung dieses Ziels auch Gewalt anwenden wollten. Auftrieb erhielt dieser Flügel mit der Teilung Bengalens 1905, die aus rein administrativen Gründen erfolgte. Bezeichnenderweise

---

156 Deep Chand Bandhu, *History of Indian National Congress (1885-2002)* (Delhi 2003), S. 19-38.

157 Richard Cashman, The political recruitment of god Ganapati, in: *Indian Economic and Social History Review* 7 (1970), S. 347-373. Anil Samarth, *Shivaji and the Indian National Movement. Saga of a living legend.* (Bombay/New Delhi 1975). Raminder Kaur, *Performative Politics and the Cultures of Hinduism. Public uses of religion in western India.* (New Delhi 2003), bes. S. 1-69.

ist sie entlang religiöser Mehrheitsdistrikte vorgenommen worden, was die bisher majorisierten Bengalis in der westlichen Provinz zur Minderheit unter den Biharis und Orias, in der Ostprovinz zur Minderheit gegenüber den Muslimen werden ließ. Demonstrationen, politische Agitation wie die *swadeshi*-Bewegung*, die zum Boykott ausländischer Textilien und verstärkter eigener Produktion aufrief, aber auch Terroranschläge waren die Folge der Teilung.[158] Über die Radikalisierung der Nationalbewegung spaltete sich schließlich der INC 1908 und drängte die Gemäßigten wie Pherozshah Mehta (1845–1915) und Gopal Krishna Gokhale (1866–1915) ins politische Abseits, während die Radikalen unter der Führung von Bal Gangadhar Tilak (1856–1920), Lala Lajpat Rai (1865–1928) aus dem Panjab und Aurobindo Ghose (1872–1930) aus Bengalen nun tonangebend wurden.[159]

Zur Schwächung der Nationalbewegung trug 1907 die Gründung der All-India Muslim League durch Aga Khan Sultan Muhammad Shah (1877–1957) bei, der einer der frühen Propagandisten einer muslimischen Nation in Indien war. Im INC hatten sich die Muslime nicht mehr ausreichend repräsentiert gefühlt. Die Zahl ihrer Delegierten zu seinen Jahrestreffen war in den vorausgegangenen Jahren stark rückläufig gewesen, was eher auf ein steigendes Desinteresse deutet. Einen ersten politischen Erfolg konnte die Muslim League 1909 mit der Einrichtung der separaten Wählerschaften verbuchen, zu dem ihr freilich die Briten verhalfen, um gezielt den INC zu schwächen, der damit nicht mehr exklusiv für das politische Indien sprechen konnte. Im Vorfeld der anstehenden Verfassungsreformen von 1919 schlossen INC und die Muslim League 1916 den Lakhnau-Pakt, um bei der anvisierten Erweiterung der Legislative Councils und der Forderung nach ‚responsible government' ihre gemeinsamen Interessen wahren zu können. Doch sollten sich hierüber in den darauf folgenden Jahren die Geister wieder scheiden.[160]

Von einem Hindu- und Muslim-Nationalismus konnte bis weit in die 1920er Jahre noch nicht die Rede sein. Mag es auch zu einer wachsenden Zahl so genannter ‚communal riots'* gekommen sein, die zwischen den beiden Religionsgemeinschaften ausgefochten wurden, so hat doch insgesamt die Thematisierung und Instrumentalisierung durch britische Kolonialpolitiker zur langfristigen Wahrnehmung eines Phänomens beigetragen, das in dieser Form den indischen Alltag, vor allem außerhalb der Städte, nicht bestimmte. Andererseits haben nationalistisch gesinnte Hindu- und Muslim-Politiker zunehmend regionale Gewaltausbrüche absichtsvoll zur Verfolgung ihrer parteipolitischen oder persönlichen Ziele eingesetzt. Und die Briten rekurrierten ihrerseits zur Herrschaftsstabilisierung auf die konservativen Ideologien der so genannten Heimatregionen, wie im Panjab und

158 Patricia A. Gossman, *Riots and Victims. Violence and the construction of communal identity among Bengali Muslims, 1905-1947* (Boulder, USA and Oxford, UK 1999), S. 34-48.

159 Sumit Sarkar, *Modern India, 1885-1947* (Houndmills and London 1983), S. 65-137.

160 S. M. Burke and Salim Al-Din Quraishi, *The British Raj in India. An historical review* (Karachi etc. 1995), S. 114, 128-135, 142-165. Bei der Jahresversammlung 1889 waren unter den 1502 Delegierten 254 Muslims, 1904 von 1010 noch 30 und 1905 von 757 Vertretern 20 Muslims. Deep Chand Bandhu, *History of Indian National Congress*, S. 57-71.

dem späteren Tamilnadu, das sich aufgrund dieser bewussten Förderung nach der Unabhängigkeit überhaupt erst als Bundesstaat konstituierte.[161]

Das Massaker von Jallianwala Bagh im Jahr 1919 und die politische Kampagne der landesweiten ‚Non-Cooperation' mit britischen Institutionen, wie sie von M. K. Gandhi erdacht und organisiert worden war, leiteten die zweite Phase der indischen Nationalbewegung ein, die nun zum Freiheitskampf wurde.[162] Gandhi war zunächst noch unter den gemäßigten INC Politikern zu finden, der an eine Zusammenarbeit mit den Briten glaubte und diesen zugleich verdeutlichen wollte, dass vor allem sie auf die Kooperation mit den Indern angewiesen sind. Die internationale politische Lage nach dem Ersten Weltkrieg und die Zukunft der islamischen Glaubensgemeinschaft unter der Führung des Sultan und Kalifen von Konstantinopel hatte mit der Khilafat-Bewegung in Indien der politischen Agitation des INC zusätzliche Dynamik verliehen.[163] Als Agitationsform griff Gandhi auf die in Südafrika, wo er zwischen 1893 und 1915 als Anwalt der indischen Minderheit gelebt und Protestaktionen gegen ungerechte Gesetzesmaßnahmen initiiert hatte, erprobte Strategie des *satyāgraha* zurück, die er nun auf die indischen Mehrheitsverhältnisse anwandte.[164]

Satyāgraha bedeutet wörtlich übersetzt die ‚Suche nach der Wahrheit'. Zentrales Mittel dieser Suche ist die Gewaltlosigkeit (*āhimsa*). An sich ist *satyāgraha* ein hybrides Normengebilde, das Elemente des Christentums, der Theosophen, des Jainismus und des Vishnaya-Hinduismus* zusammenführt. Aus diesem Grund sollte *satyāgraha* auch nicht nur die Grundlage politischer Aktionen sein sondern alle Lebensbereiche bestimmen.[165] In Indien integrierte Gandhi die *swadeshi*-Bewegung* in sein Agitationskonzept und wählte dazu das Spinnrad (*charkha*) als Symbol der selbstgesponnenen und handgewobenen Textilien (*khadi*). Den *hartal*, die Suspendierung des öffentlichen Lebens durch Schließung der Geschäfte, benutzte Gandhi, um über den Boykott britisch-indischer Bildungsinstitutionen hinaus den Druck auf das Kolonialregime zu erhöhen und es zur Einsicht zu bewegen. Die politische Forderung Gandhis, nämlich *swadeshi*, oder ‚Home Rule' in Anlehnung an das irische Vorbild, innerhalb eines Jahres realisieren zu wollen,

---

[161] C. A. Bayly, *Origins of Nationality in South Asia*, S. 98-132. Peter van der Veer, *Religious Nationalism. Hindus and Muslims in India* (University of California Press 1994, Delhi etc. 1996), S. 25-77.

[162] Regional hatte Gandhi 1917-18 bereits drei ‚Non-Cooperation' Kampagnen initiiert, die erste im Kheda Distrikt in Gujarat, die zweite in Ahmedabad und die dritte im Champaran Distrikt in Bihar, zu letzterem siehe Jaques Pouchepadass, *Champaran and Gandhi. Planters, peasants and Gandhian politics* (Delhi etc. 1999).

[163] Gail Minault, *The Khilafat Movement. Religious symbolism and political mobilization in India* (Oxford 1982, New Delhi 1999).

[164] Nach wie vor das Standardwerk: Richard A. Huttenback, *Gandhi in South Africa. British imperialism and the Indian question, 1860-1914* (Ithaca and London 1971). Zu den indischen Arbeitsmigranten siehe unten das Kapitel „Migration und Diaspora".

[165] Michael Blume, *Satyagraha. Wahrheit und Gewaltfreiheit, Yoga und Widerstand bei Gandhi* (Gladenbach 1987), S. 59-121 und Teil II, S. 173-303.

erreichte schließlich die bisher dem INC unzugänglichen Arbeiter- und Bauernbewegungen. Als es jedoch im Februar 1922 zu Gewaltausbrüchen kam, brach Gandhi die ‚Non-Cooperation' Kampagne ab, wurde aber dennoch von den Briten verhaftet und zu sechs Jahren Zuchthaus verurteilt.[166]

Die Gunst der allgemeinen Mobilisierung nutzend, bereitete Gandhi durch eine fundamentale Neustrukturierung des INC die schwerfällige Honoratiorenversammlung auf die sich abzeichnenden schärferen Auseinandersetzungen mit dem Kolonialregime vor. Dazu gruppierte er die Organisationseinheiten des INC nach Sprachregionen statt nach den Provinzen Britisch-Indiens um, richtete einen permanenten Arbeitsausschuss ein und sorgte für eine größere Repräsentanz der ländlichen Bevölkerung.[167] Hierdurch gelang es Gandhi, über religiöse, ökonomische und soziale Schranken hinweg weite Kreise der Bevölkerung anzusprechen. Mit dem Ende der ‚Non-Cooperation' Kampagne ebbte indes die politische Agitation des INC ab, und als Gandhi 1924 vorzeitig aus dem Gefängnis entlassen wurde, fand er ein politisch inaktives Indien vor. Stattdessen traten immer häufiger gewalttätige Auseinandersetzungen zwischen Hindus und Muslims auf, die die Nationalbewegung zusehends lähmten. Es waren die 1920er Jahre, in denen das Wort ‚communalism' seine pejorative Bedeutung erhielt.[168]

Communalism (communal riot) wird seit der ‚klassischen Definition von Wilfried Cantwell-Smith beschrieben als diejenige Ideologie, die die Anhänger der unterschiedlichen Religionen als soziale, politische und ökonomische Einheit betrachtet und die Unterschiede und sogar Gegensätze dieser Gruppen betont. (W. C. Cantwell-Smith, *Modern Islam in India. A social analysis*, Lahore, 2. Aufl. 1947), S. 57). Gemeint sind damit die gewaltsamen Auseinandersetzungen zwischen den beiden großen Religionsgruppen Hindus und Muslime, aber auch den Sikhs und Christen auf dem indischen Subkontinent. Seit der britischen Kolonialherrschaft werden diese Konflikte als konstituierend für das politische Leben Indiens betrachtet. Doch ist dies ein weitgehend kolonialpolitisches und damit machtpolitisches (und sicherlich ein ideologisches) Konstrukt.
Dass es seit der Einwanderung von Moslems nach Sindh im Jahr 711 und nachfolgend der Etablierung muslimischer Reiche wie dem Sultanat Delhi oder den zentralindischen Sultanaten bis hin zum Mogul-Reich nicht zu einer Verschmelzung der Religionen, sondern zu einem mal mehr, mal weniger toleranten Neben- und Miteinander kam, ist unbestritten. Allerdings sind auch regional unterschiedliche synkretistische Glaubensformen entstanden, vor allem im Bereich des Volksglaubens. Es waren (und sind) eher Gelehrte beider Religionsgruppen, die sich als Puristen betätigten und damit ihren Teil zu den Spannungsverhältnissen beigetragen haben.
Die christlichen Portugiesen und nachfolgend die Briten subsumierten wie die islamischen Herrscher alle Einwohner Indiens, die nicht Christen oder Muslims waren, un-

166 S. Sarkar, *Modern India*, S. 195-227.
167 Deep Chand Bandhu, *History of Indian National Congress*, S. 83-89.
168 P. v. d. Veer, *Religious Nationalism*, passim. G. Pandey, *The Construction of Communalism in Colonial North India* (Oxford 1990), S. 233-261.

terschiedslos unter dem Begriff „Hindu". Mit Beginn ihrer Herrschaft trennten die Briten zunehmend zwischen Hindus und Muslims und förderten separat deren Institutionen. Die Gegensätze verschärften sich nach dem Großen Aufstand 1857-59, als die Briten einen Großteil der muslimischen Verwaltungselite durch Hindus ersetzte, nachdem sie in revanchistischen Muslims die Urheber des Aufstandes ausgemacht hatten. Zugenommen hat in der zweiten Hälfte des 19. Jahrhunderts auch die öffentliche Wahrnehmung dieses Gegensatzes, der nun als Auseinandersetzung zwischen verfeindeten Religionsgruppen und kaum mehr als soziale, wirtschaftliche, ethnische oder politische Auseinandersetzung interpretiert wurde.

Völlig unbeachtet blieb, dass indische Nationalisten aller Couleur regionale religiöse Motive vor ihren politischen Karren spannten, um gezielt Gewalt gegen den vermeintlichen politischen Gegner, die jeweils andere Religionsgruppe zu schüren. Das war besonders seit den 1920er Jahren zu beobachten, nachdem den Moslems bei den verfassungspolitischen Reformen von 1909 erstmals separate Wählerschaften und damit ein distinkter Gruppenstatus seitens der Briten zugesichert worden waren. Letztere wiederum verfolgten darüber die altbekannte politische Strategie, mittels *divide et impera* den zu mächtig werdenden Indian National Congress zu schwächen, den die Agitatoren der Muslim League als hinduistische Organisation betrachteten. Zeigte der ‚Communalism' im 19. Jahrhundert zwar eine wachsende, aber noch nicht allgegenwärtige gesellschaftspolitische Wirkung, kam ihm nun vor dem Hintergrund der politischen Willensbildung und der damit einhergehenden Forderung nach politischer Repräsentanz eine strategische Bedeutung zu.

In den 1940er Jahren verschärfte sich der Konflikt, als Forderungen nach einem unabhängigen und souveränen islamischen Staat auf dem indischen Subkontinent nach dem Rückzug der Briten laut wurden. In unvorstellbarem Maße entluden sich geschürte und aufgestaute Ängste in der Bevölkerung bei der Teilung Britisch-Indiens 1947-48 im millionenfachen Exodus und über einer Million Toter. Doch auch die Indische Union, in der etwa 13 Prozent der Einwohner islamischen Glaubensrichtungen angehören, hat mit „communal riots" vor dem Hintergrund der Spannungen zwischen den Religionsgemeinschaften zu kämpfen. Gewiss werden immer noch religiöse Gefühle instrumentalisiert, um schiere Machtpolitik zu betreiben. Die gewaltsamen Unruhen um die Babri-Moschee in Ayodhya aus dem Jahr 1992 und in Gujarat 2002 haben dies erneut gezeigt. Allerdings ist auch deutlich geworden, dass solch national-hinduistischer Politik Grenzen gesetzt sind, wenn ihre Agitatoren von der eigenen politischen Führung um des inneren Friedens Willens zur Mäßigung angehalten oder politische Forderungen nicht realisiert werden.

(Literatur: Christian Weiß et al., *Religion – Macht – Gewalt. Religiöser ‚Fundamentalismus' und Hindu-Moslem-Konflikte in Südasien*, Frankfurt am Main 1996. Gyanendra Pandey, *The Construction of Communalism in Colonial North India*, Delhi etc. 1990. *Peter van der Veer, Religious Nationalism. Hindus and Muslims in India*, Delhi etc. 1994.)

Einen Sturm der Entrüstung erntete die Simon Commission, die, nur mit Briten besetzt, 1928 zur Eruierung weiterer Verfassungsreformen nach Indien ausgeschickt wurde. Daraufhin brachte Subhas Chandra Bose* (1897–1945) auf der Jahresversammlung des INC den radikalen Resolutionsantrag ein, von den Briten die sofortige Unabhängigkeit Indiens zu verlangen. Nur nach Gandhis massiver Intervention konnte die Annahme verhindert werden. Wohl unkontrollierbare „Massenaktionen“ fürchtend, hatte er den Antrag so vehement bekämpft. Im darauf folgenden Jahr akzeptierte Gandhi indes den Resolutionsentwurf Jawaharlal Nehrus mit der Forderung nach *purana swaraj*, völliger Unabhängigkeit, nachdem die Briten nicht gewillt waren, Indien in Bälde den autonomen ‚Dominion-Status‘ innerhalb des British Empires zu gewähren, wie ihn die weißen Siedlungskolonien Neu Seeland, Australien und Kanada bereits besaßen. Um den Ernst der politischen Lage zu demonstrieren, sollte Gandhi eine landesweite Kampagne organisieren, wozu er vom INC freie Hand erhielt. Wieder gelang es Gandhi, nahezu sämtliche indischen Nationalisten vor dem Hintergrund des Freiheitskampfes zu vereinen, als er zur ‚Civil Disobedience‘ aufrief. Gezielt sollte das britische Monopol auf die Salzsteuer getroffen werden, indem das Gesetz von möglichst vielen Indern gezielt übertreten werden sollte. Alle Bevölkerungsschichten waren hier gleichermaßen angesprochen, denn Salz ist gerade in heißen Klimazonen lebensnotwendig.

Eine vorab informierte internationale Presse berichtete über den ‚Salzmarsch‘, der 1930 an der Westküste Indiens entlang führte und mit dem massenhaften Einsammeln von Salz am Strand von Dandi endete. Überall in Indien wurde daraufhin eigenmächtig Salz gesiedet und die Gefängnisse des Landes füllten sich zu Tausenden mit den Gesetzesbrechern, was die Justiz lahmzulegen drohte. Das ‚Elf-Punkte-Programm‘ Gandhis komplettierte die Kampagne mit weiteren konkreten politischen Forderungen, die in ihrer Substanz *purana swaraj* bedeuteten. Auf der Salz-Kampagne beruht ganz wesentlich der Gandhi-Mythos.[169] Doch wäre sie im Sand verlaufen, hätten nicht die Auswirkungen der Weltwirtschaftskrise Indien 1931 hart getroffen. Schließlich empfing Governor General Lord Irvin (amt. 1926–31) Mahatma Gandhi, wie er jetzt auch genannt wurde, als Vertreter des INC und schloss mit ihm einen Pakt, dessen Inhalt zwar Indien kaum politische Zugeständnisse machte, dessen ideelle Bedeutung indes unermesslich war: Erstmals wurde ein Inder als gleichberechtigter Verhandlungspartner mit dem Vertreter der britischen Krone akzeptiert. Der indische Freiheitskampf sollte aber erst im Verlauf des Zweiten Weltkrieges wieder neue Kraft erhalten und gleichzeitig die Spaltung des Subkontinets nach religiösen Kriterien unausweichlich werden.[170]

Mit der Cripps Mission wurde 1942 die letzte Phase der indischen Nationalbewegung eingeleitet. Der Imperialist der letzten Stunde, Winston Churchill, der von sich sagte, er sei nicht Premierminister geworden um über die Auflösung des Britischen Empires zu präsidieren, musste 1942 nach dem Fall Singapurs an die Japa-

---

169 Thomas Weber, Historiography and the Dandi March: The other myths of Gandhi's salt march, in: Subrata Mukherjee and Sushila Ramaswamy (Hg.), *Facets of Mahatma Gandhi* (4 vols, New Delhi 1994), vol. 1, S. 192-214.

170 S. Sarkar, *Modern India*, S. 254-320.

ner auf den äußeren Druck der USA und den inneren der Labour Party reagieren, um Indien bei militärischer Bedrohung als loyalen Kriegspartner zu halten. Stafford Cripps Angebot an die indischen Politiker bestand darin, dass im Falle einer föderalen Verfassungslösung einzelne Provinzen Britisch-Indiens einer Indischen Union nicht beitreten mussten. Zunächst aber forderte Cripps den INC, der nach der autokratischen Kriegserklärung durch Governor General Linlithgow (amt. 1936-43) noch 1939 von allen Regierungsämtern zurückgetreten war, auf, in eine eigenverantwortliche nationale Regierung einzutreten. Im Gegenzug sollte der Governor General die Rolle des konstitutionellen Wächters übernehmen. Der INC wiederum forderte die sofortige Übergabe des Verteidigungsressorts, wozu Cripps nicht autorisiert war, während Linlithgow sich nicht in der Lage sah, die ihm zugedachte Position zu übernehmen. Die Cripps-Mission war gescheitert.[171]

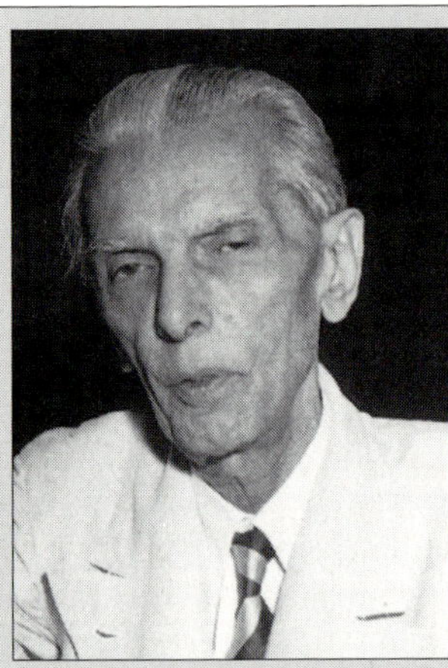

Muhammad Ali Jinnah.

Jinnah, Muhammad Ali (1875-1948), war der Sohn einer Händlerfamilie aus Karachi. Nach seiner Schulausbildung hielt er sich 1892-96 in England zum Rechtsstudium auf. Wieder in Indien, baute er in Karachi eine lukrative Anwaltskanzlei auf. Früh begann seine politische Karriere im Indian National Congress (INC). Im Jahr 1913 trat er auch der Muslim League bei, ohne dabei seine loyale Arbeit im INC aufzugeben. Es machten sich bald Spannungen zwischen Jinnah und Gandhi bemerkbar, den Jinnah beschuldigte, Urheber des wachsenden Konflikts zwischen Hindus und Muslims zu sein. Wegen seiner grundsätzlichen Gegnerschaft zu Gandhis „Non-Cooperation" Kampagne von 1920, die er als nicht verfassungskonform und als Appell an den Mob abtat, trat Jinnah schließlich aus dem INC aus. Obwohl er weiterhin nationale Ziele verfolgte, warnte er Ende der 1920er Jahre davor, dass wenn Minoritäten – er meinte speziell die Muslime in Indien – sich unsicher fühlten, das Resultat Revolution oder Bürgerkrieg sein würde.
Nun geriet Jinnah zunehmend in die politische Isolation. Muslimische Parteien und Organisationen akzeptierten seinen Anspruch nicht, alleiniger Sprecher aller Muslime in Indien sein zu wollen. Auf der Round Table Conference in London 1930 war er wenig gelitten, da seine Position aufgrund diffuser Kompromissvorschläge nicht zuordbar schien. Frustriert zog sich Jinnah noch im selben Jahr aus der Politik zunächst zurück und beschloss, in London als Anwalt zu praktizieren. Freunde überredeten Jinnah 1935, nach Indien zurückzukehren, wo er sogleich den Vorsitz der Muslim League übernahm. Die politische Willensbildung nach den allgemeinen Wahlen des Jahres 1937 verschärfte den Gegensatz zwischen dem INC und der Muslim League, denn der INC hatte beschlossen, keine Koalitionsregierungen mit ihr einzugehen. Derart

[171] R. J. Moore, *Endgames of Empire. Studies of Britain's Indian problem* (Delhi etc. 1988), S. 86-105.

ausgegrenzt, schlossen sich die Reihen der Muslime dichter in der Muslim League und hinter Jinnah, der in den folgenden Jahren nicht mehr auf Kompromisse sondern auf Konfrontation setzte.
Nachdem es 1939 endgültig zum Bruch mit dem INC gekommen war, konnte Jinnah im darauf folgenden Jahr seine berühmte „Zwei-Nationen-Theorie" formulieren und auf der Jahrestagung der Muslim League in Lahore zum ersten Mal die Forderung nach einem unabhängigen Staat Pakistan erheben. Unverhofftes Gewicht verschaffte Jinnah der Rückzug des INC aus den Provinz-Regierungen, nachdem der Vizekönig ohne Konsultation indischer Politiker den Eintritt Indiens in den Zweiten Weltkrieg erklärt hatte. Nun hofierten die Briten Jinnah als loyalen indischen Politiker, was ihn wiederum in die Lage versetzte, bei den Verhandlungen um die Machtübergabe Forderungen zu stellen. Bisweilen kann man sich des Eindrucks nicht erwehren, dass es bei den Verhandlungen in den Jahren 1945-47 immer weniger um die Sache der Muslime als um die prinzipielle Durchsetzung eines eigenen Staates ging. Mit gezielten Aktionen wie dem „Direct Action Day" vom 16. August 1946 wollte Jinnah seinen Ambitionen Nachdruck verleihen, vergiftete damit aber letztlich die politische Gesamt-

Unabhängigkeit Pakistans: Präsident Mohammed Ali Jinnah leistet am 15. August 1947 den Amtseid.

situation. Schließlich erreichte Jinnah sein Ziel eines unabhängigen muslimischen Staates in Südasien, wenngleich er selbst zu dessen Gestaltung wenig beitragen konnte, denn er starb bereits 1948. (Literatur: Saleem M. M. Qureshi, *Jinnah and the Making of Nation.* Karachi 1960; Stanley Wolpert, *Jinnah of Pakistan.* Oxford 1984).

Als Antwort auf das Debakel verabschiedete der INC am 8. August 1942 die ‚Quit India' Resolution, die die Briten zum sofortigen Verlassen des Landes aufforderte. Unter dem Slogan „Do or Die", den Gandhi ausgegeben hatte, wurden Millionen Inder und Inderinnen mobilisiert, die begeistert für die nationale Sache Protestaktionen und Demonstrationen organisierten. Von den Städten, hier angeführt von Studenten und Arbeitern, breitete sich die ‚August Revolution' innerhalb eines Monats auch auf das Land aus, wo Bauern systematisch Steuerämter, Polizeistationen, Postämter, Bahnlinien und Telegrafenleitungen attackierten und auf Regierungsgebäuden die Trikolore des INC hissten. In einigen Distrikten der United Provinces of Agra and Oudh, in der Bombay Presidency sowie in Bihar und Orissa brach die Verwaltung vollständig zusammen. Ähnlich wie beim Großen Aufstand war auch diese Rebellion schichten- und klassenübergreifend, jetzt allerdings wegen einer landesweiten, gezielt nationalen Agitation, so dass nun auch von einer nationalen Erhebung gesprochen werden kann. Nur unter massivem Einsatz des Militärs konnten die Briten die Lage wieder unter Kontrolle bringen.[172]

An den Aktionen beteiligten sich kaum Muslims, die seit der Pakistan Resolution M. A. Jinnahs auf der Jahresversammlung der Muslim League 1940 und der darin formulierten ‚Zwei-Nationen-Theorie', wonach Hindus und Muslims zwei kulturell völlig unterschiedlichen Nationen angehörten, samt der daraus resultierenden Forderung nach einem separaten Staat Pakistan, definitiv eigene Ziele verfolgten. Im Grunde stellte diese ‚Theorie' den Endpunkt einer Entwicklung dar, die die Briten nach der Niederwerfung des Großen Aufstandes eingeleitet hatten, als sie mehr denn je Indien nicht als Land vielfältiger Religionen, sondern als den Ort zweier Religionen, Völker und Nationen betrachteten.[173] Nachdem sich Jinnah Anfang der 1930er Jahre ganz aus der Politik zurückgezogen hatte, betrat er 1936 wieder die politische Bühne Indiens, die er besonders in den Kriegsjahren beherrschte, während derer er sich und die Muslim League allmählich als exklusive Interessenvertreter der indischen Moslems etablieren konnte. Den selbstbewussten Jinnah hofierten ihrerseits die Briten, die ihn als qualifizierten Verhandlungspartner gegenüber den prominenten Führern des INC aufbauten und damit konsequent ihre Politik des ‚divide et impera' fortsetzten. Schließlich musste auch Gandhi nach langen Gesprächen mit Jinnah 1944 einsehen, dass an der Forderung nach einem autonomen muslimischen Staat nicht mehr vorbeizukommen war.[174]

172 S. Sarkar, *Modern India*, S. 388-405.

173 R. J. Moore, *Endgames of Empire*, S. 105-135. P. Hardy, *The Muslims of British India*, S. 72.

174 S. M. Burke and S. Al-Din Quraishi, *The British Raj in India*, S. 403-409.

Subhas Chandra Bose.

Bose, Subhas Chandra, der den Beinamen Nataji erhielt, wurde 1897 in Katak (Cuttack) in Orissa geboren. Nach erfolgreichem Philosophiestudium ging er 1920 nach Cambridge, wo er das Examen zum Eintritt in den ‚Indian Civil Service' als Viertbester seines Jahrgangs absolvierte. Doch trat er den Dienst aus politischer Überzeugung nicht an. Als indischer Nationalist hatte er früh das Ideengut Dayanand Saraswatis und des Arya Samaj (s.d.) kennengelernt und sich für einen aktiven Kampf gegen die britische Kolonialmacht entschieden. Begeistert schloss er sich zunächst der „Non-Cooperation" Kampagne Mohandas Gandhis an und von 1921-22 gehörte er auch dem ‚National Volunteer Corps' an, war aber enttäuscht, als Gandhi die Kampagne abbrach, nachdem es zu gewaltsamen Ausschreitungen gekommen war. Ab 1924 gehörte Bose der Calcutta Municipal Corporation an, wurde aber noch im selben Jahr im Zuge einer Verhaftungswelle gegen mutmaßliche Terroristen ohne Gerichtsverfahren für drei Jahre nach Mandalay in Birma exiliert. Danach engagierte er sich bei Mahatma Gandhis „Civil-Disobedience" Kampagne, geriet dann schnell in einen unüberbrückbaren Widerspruch zu Gandhis konsequenter Gewaltlosigkeit.
Shbhas Chandra Bose führte ein bewegtes politisches Leben. 1930 wurde er zum Bürgermeister von Calcutta gewählt. Er war Mitglied des Indian National Congress (INC), Präsident des ‚Bengal Provincial Congress Committee' und Präsident des ‚All-India Trade Union Committee'. Im Jahr 1938 wurde er zum Präsidenten des INC gewählt und betrieb daraufhin eine stark anti-britische Politik, bei der er sich auch nicht scheute, Untersützung für die Sache Indiens bei den europäischen Feinden Großbritanniens, der kommunistischen Sowjetunion und des nationalsozialistischen Deutschen Reiches, zu suchen. Doch das eher konservative ‚Congress Working Committee' hielt wenig von den allzu nationalistischen innenpolitischen Plänen Boses, der sich zunehmend schwer tat, Unterstützung für seine Politik zu finden. Jawaharlal Nehru legte Bose nahe, nicht mehr für das des INC-Präsidenten zu kandidieren, was wohl Boses politischen Ehrgeiz geweckt hat. Trotz Mahatma Gandhis erbitterten Widerstands gegen Boses Kandidatur gewann dieser die Wahlen von 1939. Doch geriet Bose mit seinem ‚6-Monate Ultimatum' an die Briten im INC ins politische Abseits und sah sich bereits wenigen Monate später zum Rücktritt veranlasst.
Nachdem Bose 1940 auch aus dem Amt des Präsidenten des ‚Bengal Provincial Congress Committee' entfernt worden war, radikalisierte er sich zusehends. Im ‚Forward Bloc' scharte er junge Aktivisten um sich und forderte die sofortige Einrichtung einer provisorischen Nationalregierung. Bald darauf von den Briten unter Hausarrest gestellt, konnte er jedoch 1941 fliehen. Ende des Jahres tauchte er in Berlin auf, musste aber enttäuscht abreisen, denn bei seinem Treffen mit Hitler wurde schnell deutlich, dass dieser eher Bose als umgekehrt für seine Ziele instrumentalisieren wollte bzw. konnte. In einem U-Boot gelangte Bose nach Singapur, wo er 1943 aus indischen

Emigranten den ‚Azad Hind Fauj' (‚Indian National Army') gründete. Mit japanischer Unterstützung marschierte er über Birma nach Indien, wurde jedoch zurückgeschlagen. Danach verlieren sich die Spuren Netaji Boses, der nach japanischen Angaben 1947 bei einem Flugzeugabsturz über Taiwan ums Leben kam. Gerüchte um den wirklichen Tod existieren bis heute, wohl auch deshalb, weil man in Bose einen militärischen (kriegerischen) Nationalhelden sieht, der eben ganz anders als Mahatma Gandhi für die Freiheit Indiens gekämpft hat.
(Literatur: Patel V. Shivaraj, *Subhas Chandra Bose. His contribution to Indian nationalism*. New Delhi 1988. Om Prakash Ralhan, *Subhas Chandra Bose. His struggle for independence*. Delhi 1996. Marshall J. Getz, *Subhas Chandra Bose. A biography*. Jefferson, NC, 2002).

Der japanische Vormarsch auf Birma veranlasste Subhas Chandra Bose nach Singapur zu fliehen und dort aus den Gefangenen der britisch-indischen Armee eine indische Nationalarmee, den ‚Azad Hind Fauj', zu rekrutieren. Als nationale Befreiungsarmee von 40.000 Mann führte er sie 1943 zusammen mit den japanischen Einheiten gegen Britisch-Indien. Zu den professionellen Soldaten kamen ehemalige indische Plantagenarbeiter aus Malaya, Kleinhändler aus Birma und Kaufleute aus Thailand. So fanden sich Sikhs, Muslims und Hindus, Panjabis, Bengalis und Tamilen in einer Armee, die von den fast zwei Millionen südasiatischen Migranten in der Diaspora Südostasiens bereitwillig Unterstützung erhielten. Boses Schlachtruf „Chalo Dilli" (Auf nach Delhi!) und der Gruß „Jai Hind" taten ein Übriges, nationalen Enthusiasmus zu wecken. Zwar kam die japanisch-indische Invasion bei Imphal im östlichen Bengalen 1944 zum Erliegen, aber es war der Hochverratsprozess gegen drei Soldaten des ‚Azad Hind Fauj' im Roten Fort von Delhi zur Jahreswende 1945-46, der die nationalen Emotionen in Indien erneut aufwallen und ein letztes Mal die partikularen Interessen von INC, Muslim League und anderen politischen Gruppierungen hinter die nationalen eines gegen das Kolonialregime geeinten Indien hintan stehen ließ.[175]

Stellvertretend war je ein Hindu, Muslim und ein Sikh angeklagt, als britische Untertanen Krieg gegen den eigenen Monarchen geführt zu haben. Zur Verteidigung bot der INC hochkarätige Anwälte auf, darunter auch Jawaharlal Nehru. Nachdem die Öffentlichkeit entsprechend mobilisiert worden war, erklärte der INC die Freilassung der Angeklagten zum politischen Ziel. Dessen unbeeindruckt verurteilte das Kriegsgericht die Drei zu lebenslanger Deportation; allerdings sah sich der Commander-in-Chief zur Wahrung des öffentlichen Friedens gezwungen, die Verurteilten freizulassen. Im Verlauf des Prozesses war es nicht nur zu zahllosen Protesten gekommen, sondern, und das belegt die neue Dimension wie Qualität des nationalen Widerstands, auch innerhalb der britisch-indischen Armee-Einheiten zur Meuterei. Davon war vor allem die Indian Royal Navy in Bom-

175 Peter W. Fay, *The Forgotten Army: India's armed struggle for independence, 1942-45* (AnnArbor 1994).

bay betroffen.[176] Bei Demonstrationen waren gelegentlich die grünen Fahnen der Muslim League, die roten der Kommunisten und die Trikolore des INC zusammen zu sehen. Unverkennbar war, dass von nun an die Briten weder genügend Zwangsmittel besaßen noch über eine ausreichende Zahl an Kollaborateuren verfügten, um eine neuerliche Erhebung großen Ausmaßes unterdrücken zu können. Deshalb schickten sie noch im selben Jahr die Cabinet Mission nach Indien, die die Möglichkeiten und Modalitäten der Unabhängigkeit eruieren sollte.[177]

Unterdessen hatten die allgemeinen Wahlen von 1946 die Muslim League als neue politische Kraft in den Legislative Councils platziert und ein Zwei-Parteien-System etabliert, das in den Muslim-Mehrheitsprovinzen Panjab und Bengalen in fataler Weise die Zwei-Nationen-Theorie widerspiegelte. Im Panjab war es der Muslim League überdies gelungen, der bisher dominanten Unionist Party, Vertreterin der von den Briten gestützten konservativen Großgrundbesitzer und kolonialen Administrationselite, den Rang abzulaufen. Doch der Ruf nach einem künftigen Pakistan konnte nur von unten, aus den muslimisch-bäuerlichen Bevölkerungskreisen kommen, die die Muslim League nun gezielt umwarb. Inzwischen war die lokale Organisation der Muslim League deutlich besser als die der Unionist Party und erstmals konnte sie das Nominierungsrecht aller Abgeordnetenkandidaten an sich ziehen. Auch die *ulama* zeigte jetzt Sympathie für die Sache der Muslim League. Im Unterschied dazu erreichte das wirtschaftliche Wahlprogramm der Unionist Party nicht mehr die Wählerschaft, was die Agitatoren der Muslim League veranlasste zu behaupten, die ökonomischen Schwierigkeiten der Bauern lägen in der Unionist Party begründet und die Lösung der Probleme sei in Pakistan zu finden. Zusehends gerieten die Wahlen im Panjab zum Plebiszit für ein unabhängiges Pakistan.[178]

In Bengalen besaß die Muslim League seit 1944 eine große Popularität in den Städten. Um auch die muslimischen Bauern für sich zu gewinnen, versprach die Muslim League die kompensationslose Kassierung der *zamindari*, wie sie seit dem Zamindari Settlement von 1798 und seiner dauerhaften Festlegung im Jahr 1793 existierten. Die Bauern wären damit wieder zu Landbesitzern geworden. Im Gegensatz zum Panjab beruhte in Bengalen der Erfolg der Muslim League im Wesentlichen auf der fehlenden konkurrierenden Partei wie auch der oppositionellen Partei, denn der INC war hier schlecht organisiert. Überhaupt zeigte sich bei den Wahlen 1946, dass Stimmenmehrheiten wesentlich vom Organisationsgrad der Parteien abhingen. Im Rahmen der separaten Wählerschaften konnte die Muslim League in Britisch-Indien nun 76 Prozent aller Muslimstimmen auf sich vereinigen – bei den letzten Wahlen 1937 waren es gerade einmal 4,8 Prozent. Im Verständnis der Muslim League und nun auch einer breiten Wäh-

---

176 Percy S. Gourgey, *The Indian Naval Revolt of 1946* (Hyderabad 1996).

177 Sugata Bose and Ayesha Jalal, *Modern South Asia. History, culture, political economy* (London and New York 1998), S. 161-164.

178 Anita I. Singh, *The Origins of the Partition of India, 1936-1947* (Delhi etc. 1987), S. 125-136.

lermehrheit hatte die nationale Sache der Muslims einen entscheidenden Durchbruch erzielt. Dennoch gelang es der Muslim League im Panjab trotz stärkster Fraktion nicht, die Regierung zu bilden, denn der INC brachte eine Anti-League Koalition zustande. Dies säte Unfrieden und schürte die Bereitschaft zu gewalttätiger Agitation.[179]

Wegen zu komplizierter verfassungsrechtlicher Konstruktionen scheiterte die Cabinet-Mission. Um dennoch konstruktiv weiterzuarbeiten, berief Governor General Archibald Percival Wavell (amt. 1943–47) eine Interimsregierung. Nachdem Jinnah sich geweigert hatte, ihr anzugehören, bestand sie nur aus Mitgliedern des INC. Daraufhin rief Jinnah für den 16. August den ‚Direct Action Day' aus, in dessen Folge es in Calcutta zu einer Gewaltorgie ohnegleichen zwischen Hindus und Muslims kam. Die nationale Frage wurde immer brisanter, zumal Vermittlungsversuche der britischen Regierung scheiterten. Allerdings ließ sie es wiederholt an politischem Willen fehlen und gab keine eindeutigen Stellungnahmen zur politischen Gestaltung Indiens ab. Wavell war der Lage nicht gewachsen und wurde im Februar 1947 von Lord Louis Mountbatten als Governor General mit dem Auftrag der neuen Labour Regierung in London abgelöst, Britisch-Indien baldmöglichst in die Unabhängigkeit zu entlassen. Nachdem er sich über die politische Lage kundig gemacht hatte, verkürzte er den zunächst anvisierten Zeitpunkt der Unabhängigkeit um ein Jahr auf den 15. August 1947.[180]

Da die Teilung Britisch-Indiens unausweichlich geworden war und auch vom INC mit der Vereinbarung vom 3. Juni endgültig akzeptiert wurde, berief Mountbatten Sir Cyril Radcliff, einen britischen Verwaltungsbeamten, der Indien noch nie gesehen hatte, als Mediator, um die Modalitäten der Teilung auszuarbeiten. Nicht auf der Grundlage einer Bevölkerungsabstimmung, sondern nach rein administrativen Kriterien teilte er Bengalen und den Panjab auf der bevölkerungsstatistischen Grundlage von religiösen Mehrheiten distriktweise auf – mit höchst dramatischen Folgen für den Panjab, denn die Sikh*-Gemeinschaft blieb unberücksichtigt. Erst am Tag nach der Unabhängigkeit wurde der ‚Radcliff Award' verkündet. Ein weltweit nie dagewesener Exodus setzte ein, als Hindus und Sikhs aus der neuen Republik Pakistan nach Indien und Muslims aus der Indischen Union nach Pakistan flohen. Mehr als 10 Millionen Menschen wurden vertrieben, und bei den gewaltsamen Ausschreitungen sollen über eine Million Menschen umgekommen sein. Besonders hart traf es Delhi, das geradezu zum Spiegel der traumatischen Teilung Britisch-Indiens und damit des indischen Subkontinents geworden ist.[181] Als der um Ausgleich bemühte Gandhi 1948 die proportionale Teilung der Staatskasse zwischen den beiden Nachfolgestaaten des Britisch-Indiens verlangte, traf ihn der tödliche Hass des Hindunationalisten Nathuram Godse, der Gandhi am 30. Januar 1948 in Delhi erschoss.

---

179 A. I. Singh, *The Origins of the Partition of India*, S. 136-141.

180 Ebenda, S. 179-235.

181 Gyanendra Pandey, *Remembering Partition. Violence, nationalism and history in India* (Cambridge 2001).

Abb. 27: Unabhängigkeit Britisch-Indiens am 15. August 1947: Eine Menschenmenge umringt die Kutsche des Vizekönigs Lord Mountbatten in New Delhi.

Unterschiedlich fällt die zeitgenössische wie historiografische Beurteilung respektive Schuldzuweisung für das Desaster der Teilung aus. Wird bisweilen die Muslim League und ihre Agitation, besonders aber M. A. Jinnah als ehrgeiziger

Abb. 28: Die Teilung Indiens führte zu millionenfacher Vertreibung: Flüchtlingslager im nordindischen Kurukshetra, um 1947.

Prinzipienreiter für die Forderung nach einem souveränen Pakistan verantwortlich gemacht, wird zugleich der wachsende Hindu-Nationalismus, wie er sich in der Hindu Mahasabha und dem 1925 gegründeten Rashtriya Swayamsevak Sangh (RSS – ‚Nationaler Selbstschutzbund', dessen Mitglied auch der Mörder Gandhis war) manifestierte, als eine wesentliche Ursache für die sukzessive Ausgrenzung der Muslime aus einer indischen Nation gesehen.[182] Neuerdings wird auch die Politik des INC angeprangert, der sich nicht nur den Zielen der extremen Hindu-Nationalisten verschrieben, sondern sich zusehends auf den Kurs der britischen Regierung eingelassen und dabei die eigenen Ziele aus den Augen verloren hätte, nur um seine politische Dominanz in einem unabhängigen Indien zu sichern. Die Briten zogen sich den Vorwurf zu, angesichts der anhaltenden politischen Unruhen in den Jahren 1946-47 keinen ordentlichen ‚Transfer of Power' in die Wege geleitet und Indien überstürzt verlassen zu haben. Abgesehen davon hätte die britisch-indische Regierung nicht alle Möglichkeiten zur Erhaltung der nationalen Einheit Indiens ausgeschöpft. Die geschichtswissenschaftliche Debatte über die

182 Zum Hindu-Nationalismus seit den 1920er Jahren das Standardwerk von Christophe Jaffrelot, *The Hindu Nationalist Movement and Indian Politics, 1925 to the 1990s. Strategies of identity-building, implantation and mobilisation (with special reference to Central India)* (New Delhi 1996), hier bes. S. 11-79.

Ursachen und Hintergründe der tragischen Teilung dürfte bei dieser höchst divergierenden Interpretationslage noch lange nicht beendet sein.[183]

2.5. Indien, Pakistan, Bangladesh

Die Geschichte der zwei bzw. drei Nachfolgestaaten des British *Raj* ist paradigmatisch für die Unabhängigkeit von so genannten ‚farbigen' Kolonien in ihrem Bestreben nach demokratischer Selbstbestimmung und Einführung parlamentarischer Institutionen. Viele politische und gesellschaftliche Probleme der unabhängigen Kolonialstaaten sind jedoch durch die übernommenen autoritären Verfassungsgrundlagen strukturell angelegt worden. Verfassungsrechtlich begannen Indien und Pakistan ihre staatliche Existenz mit einem Provisorium. Es bestand in der von der 1946 eingesetzten ‚Constitutional Assembly' aktualisierten, der beiden Länder angepassten Version des Government of India Act von 1935. Neben dem jetzt gewährten ‚Dominion-Status' enthielt es die zukunftsorientierten föderalen aber eben auch die alten zentralistischen Elemente. Im gelungenen Interessenausgleich zwischen ‚Zentrum' und ‚Peripherie' sollte denn die politische Stabilität der Indischen Union und der Islamischen Republik Pakistan liegen.

2.5.1 Indische Union

Die Indische Union etablierte mit ihrer Verfassung von 1950 ein parlamentarisches System nach dem Westminster-Modell. Gleichzeitig bewahrte der indische Staat die zentralistischen Elemente des Kolonialregimes, was ihm in Verbindung mit einem säkularen Nationalismus vorerst eine gewisse Stabilität verschaffte. Diese war wiederum durch die politische Erfahrung des INC und vor allem die persönliche Integrität des ersten Premiers, Jawaharlal Nehru, garantiert. Die Zuständigkeiten der Unionsstaaten lagen in den Bereichen Agrarwirtschaft, Gesundheit, Polizei, lokale Selbstverwaltung sowie Industrie und Handel im innerstaatlichen Raum, während die wichtigeren Ressorts wie Erziehung, Geburtenkontrolle und Gerichtswesen in den Zuständigkeitsbereich der Union fielen. Sie konnte jedoch mit einer entsprechenden Gesetzgebung auch in die Bereiche der Unionsstaaten eingreifen, so bei Industrie und Handel, und innerhalb von wenigen Jahren durch Lizensierungspflicht fast 90 Prozent der gesamten industriellen Wertschöpfung staatlich kontrollieren. Ähnlich verhielt es sich beim Bergbau.

Das Amt des ehemaligen Governor wurde, nachdem es zunächst aus der Verfassung gestrichen worden war, wieder eingefügt. Vom Staatspräsidenten auf Vorschlag der Regierung ernannt, sollte er nun das konstitutionelle Oberhaupt des je-

[183] Zum Forschungsstand siehe die instruktive Einleitung von Sucheta Mahajan, *Independence and Partition. The erosion of colonial power in India* (New Delhi/Thousand Oaks/London 2000), S. 17-35 sowie S. 143-202.

weiligen Unionsstaates sein. Zugleich war er an die Zentralregierung weisungsgebunden. Statt jedoch parteipolitisch neutral ausgewählt zu werden, wurde der Governor zunehmend zum Instrument der Unionsregierung gegenüber unliebsamen, weil oppositionellen Regierungen in den Unionsstaaten. In deren demokratische Legitimation griff die so genannte ‚President's Rule' ein. Sie bezeichnet die einseitige Proklamation des Verfassungsnotstands in einem Unionsstaat, was zur sofortigen Übernahme seiner Regierung und Auflösung seines Parlaments durch die Unionsregierung führt. In der häufigen Anwendung der ‚President's Rule', wie sie vor allem ab den 1970er Jahren erfolgte, spiegelte sich der wachsende autoritäre Charakter der Unionsregierung. Was einst als Ausnahmeregelung gedacht war, verkam zu einem skrupellos gehandhabten Disziplinierungsmittel, das, statt ein Instrument der Notstandsbewältigung zu sein, nicht selten als ein notstandsverschärfendes wenn nicht gar ihn auslösendes wirkte.[184]

Die willkürlich geschaffenen britischen Kolonialgrenzen bereiteten der Föderation wachsende Probleme. In der ehemaligen Madras Presidency kam es wegen sich überschneidender sprachlicher und politischer Grenzen 1952 zu Protesten. Doch erst der sich zu Tode fastende Aktivist Potti Sriramalu löste bei Nehru Handlungsbedarf aus und innerhalb weniger Wochen wurden Andhra Pradesh und Tamil Nadu als neue Bundesstaaten aus der Taufe gehoben. Der ‚State Reorganisation Act' von 1956 schuf 14 Bundesstaaten auf der Basis der Sprachregionen, wie sie seit den Reformen Gandhis bereits für den INC galten, und 6 Union Territories, die der direkten Administration New Delhis unterstanden. Tauchten in weiten Teilen der Indischen Union kaum Probleme bei der Grenzziehung auf, stellten sie sich bald in Madhya Pradesh (1960) und im Panjab (1966) ein. Sprachlich-kulturelle Argumente mischten sich in Assam, das in den 1980er Jahren in sieben Staaten aufgeteilt wurde, mit politisch-ethnischen. Um ihre regionale Machtbasis zu erweitern, förderte auch die Koalitionsregierung unter der Führung der hindu-nationalistischen Bharatiya Janata Party (BJP) die föderale Aufteilung und schuf im Jahr 2000 mit Uttaranchal, Chattisgarh und Jharkhand drei neue Unionsstaaten, deren Zahl damit 28 beträgt.

Den Demokratisierungsprozess gestaltete ganz wesentlich der INC, der als Congress Party bis zu den Wahlen von 1967 unangefochten sämtliche Regierungen in den Unionsstaaten wie der Union selbst stellte, wo ihr Stimmenanteil stets zwischen 42 und 48 Prozent, aufgrund des Mehrheitswahlrechts der Anteil der Sitze aber bei 65 bis 75 Prozent lag. Der Congress Party gelang es, eine laizistische Verfassung durchzusetzen, über die Quotenregelungen für die so genannten Unberührbaren Millionen Menschen zu mobilisieren und die Integration der Bundesstaaten zu bewerkstelligen. Im Unterschied zum britischen Kolonialregime

184 Dieter Conrad, Indien und seine föderative Verfassung, in: Jürgen Lütt und Mahendra P. Singh (Hg.), *Zwischen den Traditionen. Probleme des Verfassungsrechts und der Rechtskultur in Indien und in Pakistan. Gesammelte Aufsätze aus den Jahren 1970-1990* (Stuttgart 1999), S. 113-131.

drang nun der moderne Staat über seine technischen, administrativen und sozialen Infrastrukturen in weite Bereiche der Gesellschaft vor. Das politische System öffnete sich, als mit den vorgezogenen Wahlen von 1971 die zentralen von den regionalen Wahlen abgekoppelt wurden. Was vor dem Hintergrund der Unabhängigkeit Ost-Pakistans, nun Bangladesh, von West-Pakistan mit Hilfe einer indischen Militärintervention Indira Gandhi (1917–84) ungemeine Popularität verschaffte und sie einen glorreichen Wahlsieg davontragen ließ, steigerte langfristig die Macht der Unionsstaaten.[185]

Zum Niedergang des ‚Congress-Systems' trug nicht zuletzt auch die Manipulation der Partei durch Indira Gandhi in ihren Zeiten als Premierministerin (1966–77, 1980–84) bei, die zum einen die Congress Party spaltete, um unbequeme Konkurrenten auszuschalten, und zum anderen auch immer mehr demokratische Meinungsbildungsprozesse zugunsten autoritärer Beschlüsse im Rahmen einer parteipolitischen Cliquenwirtschaft unterband. Als sich ab 1974 die innenpolitische Lage zusehends verschlechterte und eine hohe Inflationsrate zu Streiks führte, kam Indira Gandhi auch die erfolgreiche Zündung einer Atombombe nicht mehr zugute. Im darauf folgenden Jahr drohte ihr gar der Entzug des Abgeordnetenmandats aufgrund einer Regelwidrigkeit bei den vorausgegangenen Wahlen. Nur indem sie aus dem persönlichen Notstand einen nationalen konstruierte und die landesweite ‚Emergency Rule' proklamierte, entging sie der Absetzung als Premierministerin. Unter dem Motto des „nation building" setzte sie ein Verbot von Streiks durch, ergriff einschneidende finanzpolitische Maßnahmen und sorgte für die radikale Umsetzung des angelaufenen Sterilisationsprogramm zur Bevölkerungskontrolle, das sie ihrem Sohn Sanjay, der keinerlei politisches Mandat besaß, anvertraute.[186]

Trotz gewisser Erfolge, aber in Verkennung ihrer tatsächlichen politischen Lage, setzte Indira Gandhi 1977 allgemeine Wahlen an. Erstmals verbündeten sich indienweit die Oppositionsparteien als Janata Party. Sie war ein loses Konglomerat linker und rechter Regionalparteien, die einzig ihre Gegenerschaft zum Regime von Frau Gandhi einigte und ihr eine bittere Niederlage zufügten. Allerdings wundert es wenig, dass innerhalb weniger Jahre die Partikular- und Regionalinteressen der einzelnen Gruppierungen wieder zum Vorschein traten und seit den vorverlegten Wahlen von 1980 Indira Gandhi erneut Premierministerin war. Mit noch größerem Engagement verfolgte sie den regionalen Dissens im Rahmen des „nation building". Auf diese verschärfte zentralistische Politik der Congress-Regierung sind die gravierenden Probleme in Assam, im Panjab sowie in Kashmir zurückzuführen, wo eine religiös motivierte politische Agitation leicht zu führen war.

---

[185] Jakob Rösel/Clemens Jürgenmeyer, Entstehung und Struktur des indischen Parteiensystems seit der Unabhängigkeit, in: Werner Draguhn (Hg.), *Indien 2002. Politik, Wirtschaft, Gesellschaft* (Hamburg 2002), S. 67-96.

[186] P. N. Dhar, *Indira Gandhi, the ‚Emergency', and Indian Democracy* (Delhi etc. 2000), S. 223-268. Emma Tarlo, *Unsettling Memories. Narratives of the Emergency in Delhi* (London 2003).

Im Panjab forderten Sikh-Extremisten gar einen unabhängigen Staat Khalistan. Regionaler und staatlicher Terror gipfelten schließlich in der Erstürmung des Goldenen Tempels in Amritsar durch die indische Armee im Juni 1984, der die Ermordung Indira Gandhis durch ihre Sikh-Leibwächter im Oktober und die lancierten Anti-Sikh-Ausschreitungen vor allem in Delhi im November desselben Jahres folgten.

In den 1990er Jahren verlor der säkulare Nationalismus an Zugkraft. An seine Stelle traten nun Parteien mit religiös fundierten Programmen. Umgekehrt war damit wiederum der Weg geebnet für die überregionale Hindutva-Bewegung, bestehend aus der BJP, dem RSS und dem VHP (Vishwa Hindu Parishad – Hinduweltverband), die getreu ihrer historischen Wurzeln des ausgehenden 19. Jahrhunderts eine anti-muslimische Politik forderte.[187] Am 6. Dezember 1992 setzte sie ihr politisches Fanal mit der Zerstörung der aus dem 16. Jahrhundert stammenden Babri-Moschee in Ayodhya, die angeblich auf der Geburtsstätte des Hindu-Helden Rama aus dem Ramayana-Epos stehen soll.[188] Die allgemeine Betroffenheit über die Gewaltexzesse hat unterdessen zu einer eher konzilianten Politik geführt, die auf Deeskalation ausgerichtet ist. Nach wie vor ist die Indische Union ein Staat, der sich säkularen Prinzipien verpflichtet fühlt. Dennoch werden Ausschreitungen zwischen Religionsgruppen zur Verfolgung partei- und machtpolitischer Ziele geplant und unter Ausnutzung sozialer Spannungen durchgeführt, wie in Gujarat 2002 zu beobachten war. Das schließt tatsächliche religiöse oder ethnische Konflikte keinesfalls aus, positioniert sie nur angemessen.

2.5.2 Islamische Republik Pakistan

Im Unterschied zur Indischen Union hing dem neuen pakistanischen Staat stets der Ruch der Sezession an als der Staat, der die nationale Einheit Indiens aufgekündigt hatte. Spiegel dieser Zerrissenheit waren seine beiden Landesteile im Westen und Osten des Subkontinents, aber auch die regionalen Interessen innerhalb West-Pakistans. Zu Unrecht jedoch wird dem heutigen Pakistan unterstellt, keine historischen Wurzeln zu haben. Wie gesehen, ist gerade das Indus-Tal eine alte historische Region, unterteilt in den Sindh und den Panjab. Abgesehen davon liegt Pakistan an der historischen Schnittstelle des westlichen Südasien, des östlichen Westasien und des südlichen Zentralasien und ist kulturell von diesen Regionen beeinflusst und inzwischen auch wirtschaftlich mit ihnen eng verflochten. Nicht nur die Harappa-Zivilisation legt Zeugnis von dieser geografischen Schlüsselstellung ab, sondern auch das graeco-baktrische Reich von Gandhara zwischen dem zweiten Jahrhundert vor und dem ersten Jahrhundert n. Chr sowie die Entwick-

---

187 Beispielhaft für die BJP siehe Partha S. Ghosh, *BJP and the Evolution of Hindu Nationalism. From periphery to the centre* (Delhi 1999).

188 Dazu den Themenband des *Internationalen Asienforums* 3-4 (1994), „Der Konflikt um Ayodhya“.

lung nach dem Zerfall der Sowjetunion. A priori den pakistanischen Staat als eine artifizielle Konstruktion zu charakterisieren, wäre demnach verfehlt.[189]

Einzig wegen der Teilung Britisch-Indiens fehhlte es Pakistan zunächst neben einer wirtschaftlichen und politischen auch an einer administrativen Infrastruktur, was sich in der militärischen Auseinandersetzung um Kashmir 1947-49 erstmals zeigte. Militär und Bürokratie erhielten in der Stunde der inszenierten nationalen Bedrohung strukturbildende Stärke, als über die Finanzierung des Krieges aus den angehobenen Steuereinnahmen des Landes eine bürokratisierte Verwaltung zum Kauf von Kriegsmaterial bislang ungekannten Einfluss auf den Staatsapparat nahm. Überdies versuchten Militär und Bürokratie, den östlichen Landesteil zur Verfolgung politisch-militärischer Ziele im westlichen Landesteil zu dominieren. Nirgends deutlicher zeigte sich dies als in dem jahrelangen Streit um Bengali als gleichberechtigte Amtssprache neben Urdu. Bengali wurde von mehr als der Hälfte der Gesamtbevölkerung Pakistans, Urdu aber nur von wenigen Prozent gesprochen. Die Anerkennung der kulturellen Autonomie Ost-Pakistans in der Verfassung von 1962 wirkte aber ebenso wenig integrativ wie die anhaltenden Ressentiments der kleinen Provinzen Sindh und Baluchistan gegenüber der übermächtigen Präsenz von Panjabis in Militär und Administration.[190]

Nachdem Staatsgründer und Präsident M. A. Jinnah 1948 gestorben und Liaquat Ali Khan ihm als erster Premierminister bis zu seiner Ermordung im Jahr 1951 gefolgt war, verschoben sich die Ausarbeitung einer Verfassung und die angesetzten ersten allgemeinen Wahlen. Unterdessen gelang es der aus Britisch-Indien ‚importierten' Muslim League nicht, gegen die starken regionalen Traditionen eine einigende nationale Agenda zu setzen. Trotz der schließlich 1956 verabschiedeten Verfassung schien die Islamische Republik Pakistan mit den beiden Landesteilen und ihren zunehmenden Partikularinteressen im Provisorium zu verharren. Kompensiert wurde das wachsende politische Dilemma in der Peripherie durch ein wachsendes Maß an Zentralisierung. Unter der von 1958 bis 1971 andauernden Militärherrschaft Ayub Khans wurde 1962 die zweite Verfassung des Staates ausgearbeitet, die die Exekutive wesentlich stärkte. Das Volk für unmündig erklärend, ließ sich Ayub Khan 1965 von einer erlesenen Wählerschaft von 80.000 Stimmberechtigten zum Präsidenten wählen.[191]

Die Spannungen zwischen der Peripherie und der Zentralregierung nahmen indes weiter zu und entluden sich schließlich 1968 in der allgemeinen Volkserhebung gegen das Regime Ayub Khans, der seine Regierungsgewalt, ohne die Notstandsgesetze seiner Verfassung anzuwenden, kaum noch ausüben konnte und nahezu ohnmächtig 1969 die Macht in die Hände des Militärs legte. Die konziliante Hal-

---

189 Christophe Jaffrelot, *A History of Pakistan and its Origins* (Paris 2000, London 2002/2004), S. 2-5.

190 Ayesha Jalal, *The State of Martial Rule: The origins of Pakistan's political economy of defence* (Cambridge 1990).

191 Hamid Khan, *Constitutional and Political History of Pakistan* (Karachi etc. 2001), S. 166-194.

tung des militärischen Oberbefehlshabers, General Yahya Khan, während dieser Staatskrise machte 1970 den Weg frei für die ersten allgemeinen Parlamentswahlen. Die Wählerschaft strafte das undemokratische Verhalten des bisherigen Regimes ab, indem sie in beiden Landesteilen die regionalen Parteien wie die Pakistan People‘s Party Zulfikar Ali Bhuttos und in Ost-Pakistan die Awami League Mujibur Rahmans an die Macht brachte, trotz staatlicher Unterstützung der zentralistisch orientierten Muslim League.[192]

Doch statt die Reformen bei Militär und Bürokratie zur Stärkung der Demokratie einzusetzen, benutzte der neue ‚starke Mann‘ Zulfikar Ali Bhutto sie zum Ausbau seiner Autorität. Daran änderte selbst die 1973 verabschiedete dritte Verfassung nichts, die neben einer National Assembly auch vier proportional beschickte Provincial Assemblies einrichtete, um die regionalen Interessen zu repräsentieren, denn die pakistanischen Verfassungskommissionen schrieben die autoritären und autokratischen Strukturen des India Act von 1935 fort. Hatte sich Nehru im neuen Dominion Indien mit dem Amt des Premierministers begnügt und bis Juni 1948 Lord Mountbatten das des Generalgouverneurs übernommen, beanspruchte Jinnah dieses Amt für sich und ging als Staatsführer (Quiad-i-Azam) in die nationale Geschichtsschreibung Pakistans ein. Ganz in vizeköniglichem Stil konnte das Staatsoberhaupt jederzeit und ohne formelle Abstimmungsniederlage das Parlament auflösen oder die Regierung entlassen. Das Amt des Commander-in-Chief blieb in Kontinuität britischer Oberbefehlshaber der Streitkräfte bestehen, während in Indien das Amt des Verteidigungsministers von einem Zivilisten ausgeübt wurde. Doch so wie in Indien wurde ‚Governor‘s Rule‘ zunächst aus der Verfassung gestrichen, nur um sie bald wieder einzufügen. Offensichtlich misstraut(e) man in beiden Staaten dem Föderalismus. Langfristig betrachtet, scheint auf dem indischen Subkontinent die Macht zwischen den segmentären Teilen des Staates erneut verhandelbar zu sein.[193]

Bhutto gewann die für 1977 anberaumten allgemeinen Wahlen haushoch. Doch die abgeschlagenen Oppositionsparteien riefen zu gewaltsamen Protesten auf, die Bhutto nur unter Zuhilfenahme des Militärs unter General Zia ul Haq beenden konnte. Der putschte daraufhin und hielt sich unter Ausrufung des Kriegsrechts bis 1988 an der Macht. Kennzeichen seiner Herrschaft ist die Islamisierung der Gesellschaft. Seltsamerweise war bei Gründung der Islamischen Republik Pakistan keine Institution ins Leben gerufen worden, die sich mit den Richtlinien für die anstehende islamische Ausrichtung des Staates und seiner Gesellschaft beschäftigt hätte, ebenso wenig wie die *ulama* hinzugezogen wurde. Generell waren pa-

---

192 Dieter Conrad, Von der Teilung Indiens zur Teilung Pakistans, in: Jürgen Lütt und Mahendra P. Singh (Hg.), *Zwischen den Traditionen. Probleme des Verfassungsrechts und der Rechtskultur in Indien und in Pakistan. Gesammelte Aufsätze aus den Jahren 1970-1990* (Stuttgart 1999), S. 204-205.

193 H. Khan, *Constitutional and Political History of Pakistan*, S. 431-508. D. Conrad, Von der Teilung Indiens zur Teilung Pakistans, S. 178-193.

kistanische Präsidenten und Premierminister darauf bedacht, geistlichen Personen und Institutionen wie dem 1962 gegründeten Islamic Advisory Council, 1973 in Council of Islamic Ideology (CII) umbenannt, keine legislativen Kompetenzen zuzubilligen. Ganz offensichtlich sollte die Islamisierung nicht im Sinne einer Fundamentalisierung unter Rückbesinnung auf Koran und Sharia, sondern einer zeitgemäßen gesellschaftspolitischen Interpretation mit dem Konsens der Gläubigen sein.[194]

Die Verfassung von 1973 räumte schließlich der *ulama* mehr Mitwirkungsmöglichkeiten ein. Nun sollte innerhalb von neun Jahren Pakistan islamisiert sein. Unter Zia ul Haq wurde der CII 1977 mit mehr Geistlichen besetzt, woraufhin eine Islamisierungkampagne einsetzte, die die Einführung des Arabischen als Amtssprache und einen allgemein verpflichtenden Koranunterricht forderte. Abgesehen davon strebte sie die Integration der *madrasah* in das aus der Kolonialzeit stammende Bildungssystem an, ohne dabei zu dessen grundlegender Reform anzusetzen – Kennzeichen der pakistanischen Variante der Islamisierung. Indes wurden Vorschläge des CII von der Regierung nur teilweise umgesetzt, was heftige Kritik seitens der *ulama* auslöste, Politiker und Parlamentarier aber unbeeindruckt ließ. Zugleich wurde deutlich, dass aufgrund der vorherrschenden unterschiedlichen Rechtsauffassungen und der unterschiedlichen kulturellen Traditionen eine Islamisierung im gewünschten Maß kaum realisierbar war. Zia ul Haq nutzte jedoch die Islamisierung politisch und ließ in einem eilig ausgeschriebenen Referendum 1984 seine Politik und mit den Wahlen von 1985 sich selbst im Amt des Präsidenten für weitere 5 Jahre bestätigen. Unter nicht ganz geklärten Umständen kam er 1988 bei einem Flugzeugabsturz ums Leben.[195]

Dem pakistanischen Staat und seinen verantwortlichen Politikern wie auch den Militärs gelang es bis 1970 nicht, die kolonial-historisch bedingte Disparität zwischen dem übergewichtigen westlichen und dem benachteiligten östlichen Landesteil in den Bereichen Wirtschaft, Verwaltung, Finanzen und Militär anzugleichen, geschweige denn zu nivellieren. Bis heute sind die demokratischen Strukturen der Islamischen Republik Pakistan labil und von der Willigkeit des Militärs abhängig. Es ist in den Endzügen des Kalten Krieges von den USA massiv gestützt worden, um Stellung gegen die in Afghanistan expansive Sowjetunion zu beziehen. Die Funktion einer Operationsbasis darf Pakistan, inzwischen Nuklearmacht, auch zu Beginn des 21. Jahrhunderts im globalen Kampf der USA gegen die ‚Mächte des Bösen' einnehmen. Verfassungspolitische Entwicklungen und die Implementierung einer demokratischen Verfassung sind unter diesen Voraussetzungen nur schwer vorzustellen, auch wenn es bisher zu keiner weiteren Islamisierung in Pakistan gekommen ist und eine Fundamentalisierung ebenfalls ausblieb.[196]

---

194 S. Jamal Malik, *Islamisierung in Pakistan. Untersuchungen zur Auflösung autochthoner Strukturen* (Stuttgart 1989), S. 42-66.

195 Ebenda und H. Khan, *Constitutional and Political History of Pakistan*, S. 660-666.

196 C. Jaffrelot, *A History of Pakistan*, S. 61-94, 97-111.

2.5.3 Bangladesh

Als der Militärputsch in Pakistan vom März 1970 die Wahlergebnisse annullierte, brachen vor allem in dem nun offen nach Unabhängigkeit strebenden Ost-Pakistan Unruhen aus, die das west-pakistanische Militär gewaltsam unterdrücken wollte. Die Intervention indischer Truppen und die Ausrufung des Staates Bangladesh im darauf folgenden Jahr vollendete die Sezession. Der Krieg von 1971 löste letztlich die Spannungen, die das zentralistische Regime Islamabads seit der Staatsgründung aufgebaut hatte, in dem Versuch, der postulierten muslimischen Nation eine demokratische Basis zu geben. Deren traditional-religiöse Legitimation aber passte kaum zu den politischen und ökonomischen Emanzipationsbestrebungen. Systematisch hatten die politisch-militärischen und wirtschaftlichen Eliten die Bengalen aus Positionen in Staat und Wirtschaft ferngehalten. Der Sprachenkonflikt war nur der kulturelle Ausdruck der Ausgrenzung. Ökonomisch nutzte West-Pakistan Bengalen aus, indem die Einnahmen aus den Agrarexporten, vor allem Jute, des bengalischen Landesteils die Industrialisierung des pakistanischen finanzierten. Noch Anfang der 1960er lag das Pro-Kopf-Einkommen der Bengalen ein Viertel niedriger als das der Pakistanis. Leicht nachzuvollziehen, warum die Bengalen auf Autonomie, zumindest aber angemessene Repräsentanz drängten. Die Unterdrückung aller föderalen Ideen durch die pakistanische Regierung förderte letztlich den Separatismus und die Unabhängigkeit Bangladeshs.[197]

Nachdem Mujibur Rahman 1972 aus pakistanischer Haft entlassen worden und nach Bangladesh zurückgekehrt war, wurde er noch im selben Jahr zum Premierminister und Präsidenten gewählt. Die überwältigende Mehrheit der nationalen Awami League im Parlament mit 282 von 289 Sitzen und das Fehlen einer Opposition wurden zum ärgsten Feind des neuen Staates. Als sich die ökonomische Lage 1974 trotz einiger populistischer Landreformen dramatisch verschärfte, versuchte Mujibur Rahman die Probleme mit den autoritären Maßnahmen einer präsidialen Autokratie zu lösen, die schließlich in dem Vorschlag zur Gründung eines sozialistischen Ein-Parteien-Staates mündeten. Ein Militärputsch, dem Mujibur und seine gesamte Familie zum Opfer fielen, beendete abrupt die verhalten demokratische Ära Bangladeshs. General Ziaur Rahman (amt. 1975-81) etablierte ein schwaches parlamentarisches System. Mit Hilfe der nationalistischen Bangladesh National Party (BNP), die einen stark militärischen Hintergrund besaß, gewann er zunächst regionale Wahlen und schließlich die allgemeinen Präsidentschaftswahlen.

Nach dem Attentat auf Ziaur folgte ihm General Ershad bis 1990 im Amt des Präsidenten, der seit dem Wahlbetrug von 1986 mit einer permanenten Notstandsgesesetzgebung regierte. Das Parlament hatte damals Teilen des Kriegsrechts Gesetzeskraft verliehen, so dass das Kriegsrecht selbst aufgehoben werden konnte.

[197] Ebenda, S. 23-25, 39-60. Leo O. Rose and Richard Sisson, *War and Secession: Pakistan, India and the creation of Bangladesh* (Berkeley 1990).

Im Herbst 1990 brach schließlich der oppositionelle Sturm mit landesweiten Demonstrationen gegen das Regime Ershads los. Der Protest war weitestgehend von den Studenten der Universität Dhaka organisiert. Das militärische Vorgehen auf dem Universitätscampus führte zu einer allgemeinen Solidaritätswelle und der Koordination der Protestbewegung. In seiner Not erbat Ershad die politische Rückendeckung des Militärs, das sich ihm jedoch verweigerte und damit das Ende des Ershad-Regimes signalisierte. Seit den allgemeinen Wahlen von 1991 und 1996 scheint in Bangladesh ein stabiles demokratisches Regime Fuß gefasst zu haben, das zum einen den Glauben der Wählerschaft an unabhängige Wahlen wiederhergestellt hat und zum anderen die BNP als demokratische Volkspartei legitimierte. Zusammen mit der Awami League garantieren beide Parteien momentan ein recht stabiles politisches System.[198]

Literatur

Ahuja, Ravi, *Die Erzeugung kolonialer Staatlichkeit und das Problem der Arbeit. Eine Studie zur Sozialgeschichte der Stadt Madras und ihres Hinterlandes zwischen 1750 und 1800* (Stuttgart 1999).

Alam, Muzaffar, *The Crisis of Empire in Mughal North India. Awadh and the Punjab, 1707-48* (Delhi etc. 1986).

Alavi, Seema (Hg.), *The Eighteenth Century India. Debates in Indian history and society* (Delhi etc. 2002).

Alavi, Seema, *The Sepoys and the Company. Tradition and transition in northern India, 1770-1830* (Delhi etc. 1995).

Aleem, Shamin, *Personal Management in a Princely State* (New Delhi 1985).

Ali, B. Sheik, *Tipu Sultan. A study in diplomacy and confrontation* (Mysore 1982).

Ali, B. Sheik, *British Relations with Haidar Ali, 1760-1782* (Mysore 1963).

Ali, M. Athar, *The Mughal Nobility under Aurangzeb* ((revised edn, Delhi etc. 1997).

Anwar, Firdoz, *Nobility under the Mughals (1628-1658)* (Delhi 2001).

Arasaratnam, Sinappah, The rice trade in eastern India, 1650-1740, in: *Modern Asian Studies* 22,3 (1988), S. 531-549.

Ashton, S. R., *British Policy towards the Indian States, 1905-1939* (London and Dublin 1982).

Bandhu, Deep Chand, *History of Indian National Congress (1885-2002)* (Delhi 2003).

Banga, Indu, Formation of the Sikh state, 1765-1845 in: ders., *Five Panjab Centuries. Polity, economy, society and culture, c. 1500-1990* (Delhi 1997), S. 84-111.

Barnett, Richard B., *North India between Empires. Awadh, the Mughals, and the British 1720-1801* (Delhi 1987).

Bawa, V. K., *The Last Nizam: The life and times of Mir Osman Ali Khan* (New Delhi 1992).

Bayly, Christopher A., *Origins of Nationality in South Asia. Patriotism and ethical government in the making of modern India* (Delhi etc. 1998).

Bayly, Christopher A., The British military-fiscal state and indigenous resistance. India 1780-1820, in: Lawrence Stone (Hg.), *An Imperial State at War. Britain from 1689 to 1815* (London/New York 1994), S. 322-354.

[198] Rehman Sobhan, *Bangladesh: Problems of governance* (New Delhi 1993), S. 12-75 passim.

Bayly, Christopher A., *Imperial Meridian. The British Empire and the world, 1780-1830* (London and New York 1989).
Bayly, Christopher A., *Indian Society and the Making of the British Empire* (=The New Cambridge History of India, II,1, Cambridge 1988).
Bayly, Christopher A., *Rulers, Townsmen and Bazaars. North Indian society in the age of British expansion, 1770-1870* (Cambridge 1983).
Bayly, Susan, *Caste, Society and Politics in India from the Eighteenth-Century to the Modern Age* (=The New Cambridge History of India IV,3, Cambridge 1999).
Bhagavan, Manu, *Sovereign Spheres. Princes, education and empire in colonial India* (New Delhi 2003).
Bhatterjee, Anil Chandra, *Constitutional History of India*, 3 vols (New Delhi 1978).
Blume, Michael, *Satyagraha. Wahrheit und Gewaltfreiheit, Yoga und Widerstand bei Gandhi* (Gladenbach 1987).
Bose, Anima, The Rowlatt Act and Gandhian satyagraha, in: Subrata Mukherjee and Sushila Ramaswamy (Hg.), *Facets of Mahatma Gandhi* (4 vols, New Delhi 1994), vol. 1, Nonviolence and satyagraha, S. 152-173.
Bose, Sugata, and Ayesha Jalal, *Modern South Asia. History, culture, political economy* (London and New York 1998).
Bridge, Carl, *Holding India to the Empire. (The British Conservative Party and the 1935 constitution)* (London 1986).
Brittlebank, Kate, *Tipu Sultan's Search for Legitimacy. Islam and kingship in a Hindu domain* (Delhi etc. 1997).
Bryant, G. J., Pacification in the early British raj, 1755-85. in: *Journal of Imperial and Commonwealth History* 14 (1986), S. 3-19.
Buckler, Frederick W., The political theory of the Indian Mutiny, in: Michael N. Pearson (Hg.), *Legitimacy and Symbols. The South Asian writings of F. W. Buckler* (Michigan 1985), S. 43-74.
Burke, S. M. and Salim Al-Din Quraishi, *The British Raj in India. An historical review* (Karachi etc. 1995).
Calkins, Philip B., The formation of a regionally orientated ruling group in Bengal: 1700-1740, in: *Journal of Asian Studies* 29,3 (1970), S. 799-806.
Cannadine, David, *Ornamentalism: How the British saw their Empire* (New York 2001).
Chamberlain, Muriel E., *'Pax Britannica'. British foreign policy,1789-1914* (London and New York 1988).
Chaudhuri, Kirti N., *The Trading World of Asia and the English East India Company, 1660-1760* (Cambridge 1978).
Chaudhuri, Sushil, *From Prosperity to Decline. Eighteenth century Bengal* (Delhi 1995).
Cashman, Richard, The political recruitment of god Ganapati, in: *Indian Economic and Social History Review* 7 (1970), S. 347-373.
Cohn, Bernard S., Political systems in eighteenth-century India: The Benares region, in: ders., *An Anthropologist among the Historians and other Essays* (Delhi etc. 1987), S. 483-499.
Cohn, Bernard S., Representing authority in Victorian India, in: ders., *An Anthropologist among the Historians and other Essays* (Delhi etc. 1987), S. 632-682.
Conrad, Dieter, Indien und seine föderative Verfassung, in: Jürgen Lütt und Mahendra P. Singh (Hg.), *Zwischen den Traditionen. Probleme des Verfassungsrechts und der Rechtskultur in Indien und in Pakistan. Gesammelte Aufsätze aus den Jahren 1970-1990* (Stuttgart 1999), S. 113-131.
Conrad, Dieter, Von der Teilung Indiens zur Teilung Pakistans, in: ebenda, S. 151-207.
Cooper, Randolf G. S., *The Anglo-Maratha Campaigns and the Contest for India. The struggle for control of the South Asian military economy* (Cambridge 2004).

Copland, Ian, *The Princes of India in the Endgame of Empire, 1917-1947* (Cambridge 1999).
Copland, Ian, Communalism in princely India: The case of Hyderabad, 1930-40, in: Mushirul Hasan (Hg.), *India's Partition. Process, strategy and mobilization* (New Delhi 1993), S. 361-395.
Copland, Ian, *The British Raj and the Indian Princes: Paramountcy in western India, 1857-1930* (Bombay 1982).
Dale, Stephen F., *The Mappilas of Malabar 1498-1922: Islamic society on the South Asian frontier* (Oxford 1980).
Dalmia, Vasudha, *The Nationalization of Hindu Traditions. Bhāratendu Hariśchandra and nineteenth-century Banaras* (Delhi etc. 1997).
Das, Binod S., *Civil Rebellion in the Frontier Bengal (1760-1805)* (Calcutta 1973).
Datta, Rajat, *Society, Economy and the Market. Commercialization in rural Bengal c. 1760-1800* (Delhi 2000).
Datta, V. N., and S. Settar (Hg.), *Jallianwala Bagh Massacre* (New Delhi 2000).
Derrett, J. Duncan M., *Religion, Law and the State in India* (London 1968, Delhi etc. 1999).
Deyell, John S., and Robert E. Frykenberg, Sovereignty and the SIKKA under the Company Raj: Minting prerogative and imperial legitimacy in India, in: *Indian Economic and Social History Review* 19 (1982), S. 1-25.
Dhar, P. N., *Indira Gandhi, the ‚Emergency', and Indian Democracy* (Delhi etc. 2000).
Dirks, Nicholas, *The Hollow Crown. Ethnohistory of an Indian kingdom* (Cambridge 1987).
Domin, Dolores, *India in 1857-59. A study in the role of the Sikhs in the people's uprising* (Berlin 1977).
Doornbos, Martin and Sudipta Kaviraj (Hg.) *Dynamics of State Formation. India and Europe compared* (New Delhi/Thousand Oaks/London 1997).
Draper, Alfred, *Amritsar: The Massacre that ended the Raj* (London 1981).
Eaton, Richard M., *The Rise of Islam and the Bengal Frontier, 1204-1760* (Berkeley, Los Angeles, London 1993).
Edwardes, Michael, *Playing the Great Game: A Victorian cold war* (London 1975).
Fay, Peter W., *The Forgotten Army: India's armed struggle for independence, 1942-45* (Ann-Arbor 1994).
Fisch, Jörg, *Cheap Lives and Dear Limbs. The British transformation of the Bengal criminal law 1769-1817* (Wiesbaden 1983).
Fischer-Tiné, Harald, „Kindly Elders of a Hindu Biradri“: The Arya Samaj's struggle for influence and its effect on Hindu-Muslim relations, 1885-1925, in: Antony Copley, *Gurus and Their Followers. New religious reform movements in colonial India* (Oxford etc. 2000), S. 107-127.
Fisher, Michael H., *Indirect Rule in India. Residents and the residency system, 1764-1858* (Delhi etc. 1991).
Fisher, Michael H., *A Clash of Cultures. Awadh, the British, and the Mughals* (Delhi 1987).
Fisher, Michael H., Indirect rule in the British Empire: The foundation of the residency system in India (1764-1758), in: *Modern Asian Studies* 18 (1984), S. 393-482.
Fisher, Michael H., British expansion in north India: The role of the resident in Awadh, in: *Indian Economic and Social History Review* 18,1 (1980), S. 69-82.
Fox, Richard G., *Kin, Clan, Raja and Rule: State-hinterland relations in pre-industrial India* (Berkeley 1971).
Förster, Stig, *Die mächtigen Diener der East India Company. Ursachen und Hintergründe der britischen Expansionspolitik in Südasien 1793-1819* (Stuttgart 1992).
Frenz, Margret, *Vom Herrscher zum Untertan. Spannungsverhältnis zwischen lokaler Herr-*

schaftsstruktur und der Kolonialverwaltung in Malabar zu Beginn der britischen Herrschaft (1790-1805) (Stuttgart 2000).

Ghose, Saroj, Commercial needs and military necessities: The telegraph in India, in: Roy MacLeod and Deepak Kumar (Hg.), *Technology and the Raj* (New Delhi 1995), S. 153-176.

Ghosh, Partha S., *BJP and the Evolution of Hindu Nationalism. From periphery to the centre* (Delhi 1999).

Ghosh, S. C., *The History of Education in Modern India, 1757-1986* (New Delhi 1995).

Goradia, Nayana, *Lord Curzon. The last of the British Moghuls* (Delhi etc. 1993).

Gordon, Stewart, (Hg.), *Robes of Honour.* Khil'at *in pre-colonial and colonial India* (Delhi etc. 2003).

Gordon, Stewart, Symbolic and structural constraints on the adoption of European-style military technologies in the eighteenth century, in: Richard B. Barnett (Hg.), *Rethinking Early Modern India* (Delhi 2002), S. 155-178.

Gordon, Stewart, Legitimacy and loyalty in some successor states of the eighteenth century, in: John F. Richards (Hg.), *Kingship and Authority in South Asia* (Delhi 1998), S. 327-347.

Gordon, Stewart, *Marathas, Marauders, and State Formation in Eighteenth-Century India* (Delhi etc. 1994).

Gordon, Stewart, *The Marathas 1600-1818* (=The New Cambridge History of India II,4, Cambridge 1993).

Gossman, Patricia A., *Riots and Victims. Violence and the construction of communal identity among Bengali Muslims, 1905-1947* (Boulder, USA and Oxford, UK 1999).

Grevemeyer, Jan-Heeren, *Afghanistan. Sozialer Wandel und Staat im 20. Jahrhundert* (Berlin 1987).

Grewal, J. S., *The Sikhs of the Punjab* (=The New Cambridge History of India II,3, Cambridge 1990).

Guha, Ranajit, *Dominance without Hegemony. History and power in colonial India* (Cambridge, Mass and London, England 1997).

Guha, Ranajit, *Elementary Aspects of Peasant Insurgency in Colonial India* (Delhi etc. 1983).

Guha, Sumit, *Environment and Ethnicity in India, 1200-1991* (Cambridge 1999).

Gupta, Hari Ram, Declaration of Sikh sovereignty, in: J. S. Grewal and Indu Banga (Hg.), *The Khalsa over 300 Years* (New Delhi 1999), S. 64-67.

Gourgey, Percy S., *The Indian Naval Revolt of 1946* (Hyderabad 1996).

Hardiman, David, Power in the forests: The Dangs 1820-1940, in: Arnold, David and David Hardiman (Hg.), *Subaltern Studies VIII* (Delhi etc. 1994), S. 89-147.

Hardy, Peter, *The Muslims of British India* (Cambridge 1972).

Heitler, Richard, The Varanasi house tax hartal of 1810-11, in: *Indian Economic and Social History Review* 9 (1972), S. 239-257.

Heesterman, Jan C., The conundrum of the king's authority, in: John F. Richards (Hg.), *Kingship and Authority in South Asia* (Delhi etc. 1998), S. 13-40.

Husain, Iqbal, *The Ruhela Chieftaincies. The rise and the fall of Ruhela power in India in the eighteenth century* (Delhi etc. 1994).

Huttenback, Richard A., *Gandhi in South Africa. British imperialism and the Indian question, 1860-1914* (Ithaca and London 1971).

Ingram, Edward, *The Beginning of the Great Game in Asia* (Oxford 1979).

Jaffrelot, Christophe, *A History of Pakistan and its Origins* (Paris 2000, London 2002/2004).

Jafri, Saiyid Z. H., *Studies in the Anatomy of a Transition: Awadh from Mughal to colonial rule* (New Delhi 1998).

Jain, M. P., *Outlines of Indian Legal History* (Bombay 1966).

Jalal, Ayesha, *The State of Martial Rule: The origins of Pakistan's political economy of defence* (Cambridge 1990).

Jha, Prem Shankar, *Kashmir 1947. The origins of a dispute* (Delhi etc. 2003).

Jones, Kenneth W., *Socio-religious Reform Movements in British India* (=The New Cambridge History of India III,1, Cambridge 1989).

Kaur, Raminder, *Performative Politics and the Cultures of Hinduism. Public uses of religion in western India*. (New Delhi 2003).

Kaviraj, Naharari, *A Peasant Uprising in Bengal 1783. The first formidable peasant uprising against the rule of the East India Company* (New Delhi/Ahmedabad/Bombay 1972).

Keeton, Charles L., *King Thebaw and the Ecological Rape of Burma. The political and commercial struggle between the British India and French Indo-China in Burma, 1878-1886* (Delhi 1974).

Khan, Hamid, *Constitutional and Political History of Pakistan* (Karachi etc. 2001).

Kolff, Dirk H. A., *Naukar, Rajput, and Sepoy: The ethnohistory of the military labour market in Hindustan, 1450-1850* (Cambridge 1990).

„Der Konflikt um Ayodhya", Themenheft *Internationalen Asienforum* 3-4 (1994).

Kulke, Hermann, *Jagannātha-Kult und Gajapati-Königtum: Ein Beitrag zur Geschichte religiöser Legitimation hinduistischer Herrscher* (Wiesbaden 1979).

Kulke, Hermann, Introduction: The study of the state in pre-modern India, in: ders. (Hg.), *The State in India, 1000-1700* (Delhi etc. 1995), S. 1-47.

Leue, Horst-Joachim, *Britische Indien-Politik 1926-1932. Motive, Methoden und Mißerfolg imperialer Politik am Vorabend der Dekolonisation* (Wiesbaden 1981).

Little, J. H., The house of Jagatseth – I, in: *Bengal Past and Present* 20 (1920), S. 111-200 und The house of Jagatseth – II, in: ebenda 22 (1921), S. 1-119.

Llewellyn-Jones, Rosie, *A Fatal Friendship: The Nawabs, the British and the City of Lucknow* (Oxford 1985).

Mahajan, Sucheta, *Independence and Partition. The erosion of colonial power in India* (New Delhi/Thousand Oaks/London 2000).

McLeod, John, *Sovereignty, Power, Control. Politics in the states of western India, 1916-1947* (Boston 1999).

Major, Andrew J., *Return to Empire. Punjab under the Sikhs and British in the mid-nineteenth century* (New Delhi 1996).

Malik, S. Jamal, *Islamisierung in Pakistan. Untersuchungen zur Auflösung autochthoner Strukturen* (Stuttgart 1989).

Mann, Michael, Pomp und Circumstance in Delhi, 1877-1937 oder: Die hohle Krone des British Raj, in: Peter Brandt, Arthur Schlegelmilch und Reinhard Wendt (Hg.), *Symbolische Macht und inszenierte Staatlichkeit. ‚Verfassungskultur' als Element der Verfassungsgeschichte* (Bonn 2005) (im Druck).

Mann, Michael, Turbulent Delhi: Religious strife, social tension and political conflicts, 1803-1857, in: *South Asia*, new series 28,2 (2005), S. 5-34.

Mann, Michael, *Bengalen im Umbruch. Die Herausbildung des britischen Kolonialstaates 1754-1793* (Stuttgart 2000).

Mann, Michael, Das Gewaltdispositiv des modernen Kolonialismus, in: Dabag, Mihran, Horst Gründer und Uwe K. Ketelsen (Hg.), *Kolonialismus, Kolonialdiskurs und Genozid* (München 2004), S. 111-135.

Marshall, Peter J., Introduction, in: ders., (Hg.), *The Eighteenth Century in Indian History. Evolution or revolution?* (Delhi etc. 2003), S. 1-49.

Marshall, Peter J., *Bengal: The British bridgehead. Eastern India 1740-1828* (=The New Cambridge History of India, II,2, Cambridge 1987).

Marshall, Peter J., Economic and political expansion: The case of Oudh, in: *Modern Asian Studies* 9 (1975), S. 465-482.
Masselos, Jim, *Indian Nationalism. An history* (London 1986).
Mazumder, Rajit K., *The Indian Army and the Making of the Punjab* (Delhi 2003).
McKay, Alex, *Tibet and the British Raj. The frontier cadre 1904-1947* (Richmond 1997).
McLane, John R., *Land and Local Kingship in Eighteenth-Century Bengal* (Cambridge 1993).
Menon, V. P., *Integration of the Indian States* (Bombay 1956).
Metcalf, Thomas R., *The Aftermath of Revolt. India, 1857-1870* (Princeton 1964, Delhi 1990).
Minault, Gail, *The Khilafat Movement. Religious symbolism and political mobilization in India* (Oxford 1982, New Delhi 1999).
Mohan, Surendra, *Awadh under the Nawabs. Politics, culture and communal relations, 1722-1856* (Delhi 1997).
Moore, R. J., *Endgames of Empire. Studies of Britain's Indian problem* (Delhi etc. 1988).
Mukherjee, Rudrangshu, ‚Let Satan loose upon earth': The Kanpur massacre in India and the revolt of 1857, in: *Past and Present* 128 (1990), S. 92-116.
Mukhopadhyay, Subhas Ch., *British Residents at the Darbar of Bengal Nawabs at Murdhidabad (1757-1772)* (Delhi 1990).
Nag Chowdhury-Zilly, Aditee, *The Vagrant Peasant. Agrarian distress and desertion in Bengal 1770 to 1830* (Wiesbaden 1982).
Nightingale, Pamela, *Trade and Empire in Western India, 1784-1806* (Cambridge 1970).
Nünning, Vera, ‚Daß jeder seine Pflicht thue'. Die Bedeutung der Indian Mutiny für das nationale britische Selbstverständnis, in: *Archiv für Kulturgeschichte* 78 (1996), S. 363-391.
Oldenburg, Veena T., Lifestyle as resistance: The Case of the Coutesans of Lucknow, in: Douglas Haynes and Gyan Prakash (Hg.), *Contesting Power. Resistance and Everyday Social Relations in South Asia* (Delhi etc. 1991), S. 23-61.
Oldenburg, Veena T., *The Making of Colonial Lucknow 1858-1877* (Princeton 1984).
Omissi, David, *The Sepoy and the Raj. The Indian Army, 1860-1940* (Houndmills and London 1994).
Pandey, Gyanendra, *Remembering Partition. Violence, nationalism and history in India* (Cambridge 2001).
Pandey, Gyanendra, *The Construction of Communalism in Colonial North India* (Oxford 1990).
Peabody, Norbert, *Hindu Kingship and Polity in pre-colonial India* (Cambridge 2003).
Perlin, Frank, The Problem of the eighteenth century, in: Peter J. Marshall (Hg.), *The Eighteenth Century in Indian History. Evolution or revolution?* (Delhi etc. 2003), S. 53-61.
Perlin, Frank, State formation reconsidered, part two, in: *Modern Asian Studies* 19,3 (1985), S. 415-480.
Perlin, Frank, Proto-industrialization and pre-colonial South Asia, in: *Past and Present* 98 (1983), S. 30-95.
Pernau-Reifeld, Margrit, *Verfassung und politische Kultur im Wandel. Der indische Fürstenstaat Hyderabad 1911-1948* (Stuttgart 1992).
Potter, David C., *India's Political Administrators. From ICS to IAS* (Delhi etc. 1996).
Pouchepadass, Jaques, *Champaran and Gandhi. Planters, peasants and Gandhian politics* (Delhi etc. 1999).
Price, Pamela G., *Kingship and Political Practice in Colonial India* (Cambridge 1996).
Qureshi, Iqbal H., Tipu Sultan's embassy to Constantinople, in: Irfan Habib (Hg.), *Resistance and Modernization under Haidar Ali and Tipu Sultan* (New Delhi 1999), S. 69-78.
Rai, Mridu, *Hindu Rulers and Muslim Subjects. Islam, rights, and the history of Kashmir* (Delhi 2004).

Ram, Raja *The Jallianwalah Bagh Massacre* (Chandigarh 1969).
Ramusack, Barbara N., *The Indian Princes and Their States* (=The New Cambridge History of India, III,6, Cambridge 2004).
Richards, John F., (Hg.), *Kingship and Authority in South Asia* (zuerst Madison 1981, Delhi etc. 1998).
Robb, Peter G., *The Evolution of British Policy towards Indian Politics, 1880-1920. Essays on colonial attitudes, imperial strategies, and Bihar* (Delhi 1992).
Rose, Leo O., and Richard Sisson, *War and Secession: Pakistan, India and the creation of Bangladesh* (Berkeley 1990).
Rösel, Jakob /Clemens Hürgenmeyer, Entstehung und Struktur des indischen Parteiensystems seit der Unabhängigkeit, in: Werner Draguhn (Hg.), *Indien 2002. Politik, Wirtschaft, Gesellschaft* (Hamburg 2002), S. 67-96.
Rothermund, Dietmar, *Krisenherd Kaschmir. Der Konflikt der Atommächte Indien und Pakistan* (München 2002).
Rothermund, Dietmar, *Geschichte Indiens. Vom Mittelalter bis zur Gegenwart* (München 2002).
Rothermund, Dietmar, *Die politische Willensbildung in Indien, 1900-1960* (Wiesbaden 1965).
Samarth, Anil, *Shivaji and the Indian National Movement. Saga of a living legend.* (Bombay/New Delhi 1975).
Sarkar, Sumit, *Modern India, 1885-1947* (Houndmills and London 1983).
Satyanarayana, A., *History of the Wodeyars of Mysore (1610-1748)* (Mysore 1996).
Schnepel, Burkhard/Georg Berkemer, History of the Model, in: Georg Berkemer and Margret Frenz (Hg.), *Sharing Sovereignty. The little kingdom in South Asia* (Berlin 2003).
Schwartzberg, Joseph E., *Historical Atlas of South Asia* (Chicago 1978).
Schwerin, Gräfin Kerrin, *Indirekte Herrschaft und Reformpolitik im indischen Fürstenstaat Hyderabad 1853 – 1911* (Wiesbaden 1980).
Sen, Asok, A pre-British economic formation in India of the late eighteenth century: Tipu Sultan's Mysore, in: Barun De (Hg.), *Perspectives in Social Sciences I. Historical dimensions* (Calcutta etc. 1977), S. 46-119.
Sen, Snigdha, *The Historiography of the Indian Revolt of 1857* (Calcutta 1992).
Seth, Mesrob J., *Armenians in India. From the earliest times to the present day* (Calcutta 1937).
Sharar, Abdul Halim, *Lucknow. The last phase of an oriental culture* (Lucknow 1975).
Sharma, R. N. and K. Sharma, *History of Education in India* (New Delhi 1996).
Sikka, Ram Prakash, *The Civil Service in India. Europeanisation and Indianisation under the East India Company – (1765-1857)* (New Delhi 1984).
Singh, Anita I., *The Origins of the Partition of India, 1936-1947* (Delhi etc. 1987).
Singha, Radhika, *A Despotism of Law. Crime and justice in early colonial India* (Delhi etc. 1998).
Sivaramakrishnan, K., *Modern Forests. Statemaking and environmental change in colonial eastern India* (Stanford 1999).
Skaria, Ajay, *Hybrid Histories. Forests, frontiers and wilderness in western India* (Delhi etc. 1999).
Sobhan, Rehman, *Bangladesh: Problems of governance* (New Delhi 1993).
Spear, Percival, *Twilight of the Mughuls. Studies in late Mughuls Delhi* (Cambridge 1951).
Stein, Burton, *Vijayanagara* (=The New Cambridge History of India I,2, Cambridge 1989).
Stein, Burton, State formation and economy reconsidered, part one, in: *Modern Asian Studies* 19,3 (1983), S. 387-413.
Stokes, Eric, *The Peasant Armed. The Indian Revolt of 1857* (ed. by C. A. Bayly, Oxford 1986).

Talmiz, Khaldun, *The Great Rebellion,* in: *Rebellion 1857. A symposium* (Calcutta/New Delhi 1957).

Tarlo, Emma, *Unsettling Memories. Narratives of the emergency in Delhi* (London 2003).

Taylor, P. J. O., *A Companion to the ‚Indian Mutiny' of 1857* (Delhi etc. 1996).

van der Veer, Peter, *Religious Nationalism. Hindus and Muslims in India* (University of California Press 1994, Delhi etc. 1996).

Vaikuntham, Y, *State, Economy and Social Transformation. Hyderabad State (1724-1948)* (Delhi 2002).

Washbrook, David A., Progress and problems: South Asian economic and social history c. 1720-1860, in: *Modern Asian Studies* 22,1 (1988), S. 57-96.

Watson, Ian Bruce, *Foundation for Empire. English private trade in India, 1659-1760* (Delhi 1980).

Weber, Thomas, Historiography and the Dandi March: The other myths of Gandhi's salt march. In: Subrata Mukherjee and Sushila Ramaswamy (Hg.), *Facets of Mahatma Gandhi* (4 vols, New Delhi 1994), vol. 1, S. 192-214.

Wink, André, *Land and Sovereignty in India. Agrarian society and politics under the eighteenth-century Maratha Svarājya* (Cambridge 1986).

Yang, Anand A., *The Limited Raj. Agrarian relations in colonial India, Saran District, 1793-1920* (Delhi etc. 1989).

3. Landwirtschaft und Waldbewirtschaftung

3.1. Formen der Landnutzung

Bis ins 20. Jahrhundert hinein scheint die indische Landwirtschaftsgeschichte Südasiens von einem unablässigen Ringen zwischen Natur- und Kulturräumen, zwischen Wüsten, Wildnis und Wald einerseits und dörflichem wie städtischem Siedlungsraum andererseits bestimmt gewesen zu sein, denn seine warmen Klimazonen garantieren nicht nur reiche Ernten sondern sorgen auch für die rasche ‚Verwilderung' von landwirtschaftlich genutzten Flächen.[1] Strikte Scheidungen – weder theoretisch noch praktisch – zwischen agrarisch genutzten und ungenutzten Räumen nahmen die vormodernen Gesellschaften Südasiens nicht vor. In den Randzonen von agrarisch besiedelten Gebieten existierten ausgeprägt agro-silvane Kulturen. Ebenso gab es Bevölkerungsgruppen, die im Wald und von dessen Produkten lebten, die entweder für den Eigenverbrauch oder auch für den Verkauf auf nahegelegenen dörflichen oder städtischen Märkten bestimmt waren. Diese Übergangszonen von intensiver Agrarwirtschaft, Weide-und Buschland bis in die Randbereiche von Wäldern hinein waren stets heftig umkämpfte Areale, markierten sie doch nicht nur die Art der Nutzung durch Menschen, sondern auch die Intensität politischer Herrschaft über Menschen.[2]

Unterschieden die alteingesessenen Tamilen Südindiens ihre landschaftliche Umwelt in fünf Kategorien, nämlich Bergland/Urwald, Wald/Weidegrund, Flusslandschaft mit Bewässerungslandbau, Küstenland und das Ödland, so setzte mit der Einwanderung der Aryas ab etwa dem 18. Jahrhundert. v. Chr. und ihrer allmählichen Sesshaftwerdung ab dem 10. Jahrhundert eine gröbere Trennung ein. Dies lässt sich anhand der im Mahabharata-Epos (6. Jahrhundert v. Chr.) besungenen Brandrodungen mit Hilfe des Feuergottes Agni sowie des allmählichen Einsatzes von Eisengeräten zur Rodung von Urwald erkennen. Die ansässige Bevölkerung wurde entweder integriert oder in die verbleibenden Wälder der Berge abgedrängt, die ihr nicht nur Schutz boten sondern auch eine politisch-kulturelle Unabhängigkeit sicherten. Bei der weiteren Besiedlung und der Gewinnung von landwirtschaftlicher Nutzfläche kam den Brandrodungsfeldbau (*jhum*) betreiben-

---

1 Irfan Habib, *The Agrarian System of Mughal India, 1556-1707* (Delhi 1963, second, revised edition, Delhi 1999), S. 1-2.

2 Michael Mann, *Britische Herrschaft auf indischem Boden. Landwirtschaftliche Transformation und ökologische Destruktion* (Stuttgart 1992), S. 134-138. Mahesh Rangarajan, *Fencing the Forests. Conservation and Ecological Change in India's Central Provinces, 1860-1914* (Delhi 1996), S. 95-104. K. Sivaramakrishna, *Modern Forests. Statemaking and environmental change in colonial eastern India* (Stanford, California 1999).

den, teilweise sesshaften, teilweise nomadisierenden Bauern eine entscheidende Funktion zu, denn sie schoben die Siedlungsgrenzen allmählich die Berghänge hinauf.[3]

Grob wurde jetzt zwischen der festen Siedlung, dem geordneten Land und dem etablierten gesellschaftlichen System einerseits, und dem wilden, ungeordneten (Ur-)Wald, dem Lebensraum von Eremiten und von Gottheiten andererseits, unterschieden. Einwandernde *brahmans* brachten mit ihren Religionen die Idee einer zu ordnenden Welt in einen zivilisierten (*kshetra*-Feld) und unzivilisierten (*vana*-Wald) Bereich. Das Mahabharata macht deutlich, dass besonders den Kriegsfürsten (*kshatria*) und Herrschern (*raja*) die Pflicht (*dharma*) zukam, bei der Ordnung des irdischen Universums die Wildnis des Waldes nochmals zu scheiden in einen bewirtschafteten Bereich (*vana*), der den Übergang von der ackerbaulich genutzten Landschaft zur völligen Wildnis (*aranya*) markiert.[4] Radikaler als die arischen Einwanderer unterschieden die muslimischen Herrscher seit dem 12. Jahrhundert n. Chr. die zivilisierte Stadt vom unzivilisierten Land. Wie in anderern Weltregionen war auch in Südasien die muslimische Kultur ausgesprochen städtisch geprägt, was die hohe Anzahl und das intensive Kulturleben der Städte im Mogul-Reich des 17. Jahrhunderts belegt.[5]

Aufgrund der klimatischen, geografischen, geologischen und ökologischen Vielfalt ergibt es kaum Sinn, Südasien als einen einheitlichen landwirtschaftlichen Raum zu betrachten. Deshalb besitzen generelle Feststellungen zur Landwirtschaft in Indien nur begrenzten Aussagewert, vor allem wenn von regionalen oder lokalen Verhältnissen auf subkontinentale Dimensionen hochgerechnet wird, wie in der frühen britischen und indischen Historiografie geschehen.[6] Inzwischen haben zahlreiche Untersuchungen zu einzelnen Regionen, die deren eigenständige Entwicklung herausstreichen, den umfassenden Gesamtdarstellungen Platz gemacht und zu neuen Erkenntnissen geführt.[7] Gleichwohl gibt es südasiatische Klimacharakteristika, die als generelle Grundlagen der indischen Landwirtschaft betrachtet werden können.

---

[3] David Ludden, *An Agrarian History of South Asia* (=The New Cambridge History of India IV,4, Cambridge 1999), S. 60-63, 113-116.

[4] Günter-Dietz Sontheimer, *Pastoral Deities in Western India* (New York/Oxford 1989), S. vii-viii, 107. Edward S. Haynes, The Natural and the Raj: Customary state systems and environmental management in pre-integration Rajasthan and Gujarat, in: Richard H. Grove, Vinita Damodaran, Satpal Sangwan (Hg.) *Nature and the Orient. The Environmental History of South and Southeast Asia* (Delhi etc., 1998), S. 734-792. Jacques Pouchepadass, Colonialism and environment in India. A comparative perspective, in: Alice Thorner (Hg.), *Land, Labour and Rights. Ten Daniel Thorner memorial lectures* (London 2002), S. 122-124.

[5] Shireen Moosvi, *The Economy of the Mughal Empire, c. 1595. A Statistical Study* (Delhi 1987), S. 299-305.

[6] Ganz in dieser Tradition steht W. H. Moreland, *The Agrarian System of Moslem India. A history essay with appendices* (Cambridge 1929, reprint Delhi 1968).

[7] D. Ludden, *An Agrarian History of South Asia*, betont explizit, die regionale Vielfalt des Subkontinents gebührend berücksichtigen zu wollen, kann diesem Anspruch jedoch nicht ganz gerecht werden.

Ihr hervorstechendstes Kennzeichen ist die Abhängigkeit und Ausrichtung auf den Monsun und die daran anschließenden Ernten, *kharif* (September-Oktober) und *rabi* in der kalten Jahreszeit (Januar-Februar). Jedoch variieren die Niederschlagsmengen regional derart, dass die Formen der Landnutzung allein aufgrund der ökologischen Bedingungen höchst unterschiedlich sein müssen. So ist der Reisanbau in Südindien nur bedingt zu vergleichen mit dem Weizenanbau in Nordindien.

Grundlage für eine ertragreiche Landwirtschaft sind Bau, Ausbau und Instandhaltung von Bewässerungssystemen. Seit den Anfängen der Besiedlungsgeschichte ist ein gezielt gesteuerter Einsatz von Wasser in der Landwirtschaft zu beobachten, mit dem Ernten gesichert und Erträge erhöht werden sollen. Einfache aber höchst effiziente Wasserverteilungssysteme auf den Feldern der Überflutungsbereiche des Indus waren kennzeichnend für die Indus-Zivilisation des 3. vorchristlichen Jahrtausends.[8] Alle südasiatischen Reiche basierten auf einer „hydraulischen Landwirtschaft".[9] So auch in Sri Lanka, wo erst die von den Königen Anuradhapuras zwischen 200 und 500 n. Chr. angelegten Bewässerungssysteme in den semi-ariden Landesteilen eine ganzjährige Landwirtschaft ermöglichten.[10] Über jede Form der Bewässerung, angefangen von der einfachen Brunnen- und Tank-Bewässerung bis hin zur großflächigen Kanalbewässerung, wird die Landwirtschaft durch produktivere Nutzung des Bodens intensiviert, während sie durch die Ausdehnung der Anbauflächen extensiviert wird. Oft ist zu beobachten, dass gegenüber einer lokal kontrollierten, arbeitsintensiven aber wassersparenden Brunnenbewässerung eine zentralisierte staatliche Macht in der Lage ist, weitreichende und kostenintensive hydraulische Systeme zu initiieren und zu finanzieren, mithin große Bewässerungsprojekte immer auch ein Politikum sind.[11] Bis in die Gegenwart hinein gibt es zur hydro-agrarischen Landwirtschaft und deren graduellen Ausbau zur Nahrungssicherung der Bevölkerung keine Alternative.[12] Zu hinterfragen bleibt indes, welche Formen der Bewässerung ökonomisch sinnvoll und ökologisch angemessen sind.

---

8 Ranabir Chakravarti, The creation and expansion of settlements and management of hydraulic resources in ancient India, in: Richard H. Grove, V. Damodaran, S. Sangwan (Hg.) *Nature and the Orient. The environmental history of South and Southeast Asia* (Delhi etc. 1998), S. 87-105.

9 Nand Kishore Kumar, Hydraulic agriculture in peninsular India (c. 300 B.C to 1300 A.D.), in: *Proceedings of the Indian History Congress, 1979* (New Delhi 1980), S. 211-215.

10 K. M. de Silva., *A History of Sri Lanka* (Delhi etc.1981), S. 27-34.

11 Dies soll nicht der von Karl A. Wittfogel, *Orientalische Despotie. Eine vergleichende Untersuchung totaler Macht* (Frankfurt am Main 1977, Original: *Oriental Despotism. A comparative study of total power* 1957) vertretenen These von der orientalistischen Despotie, die aus der Wassernutzung und ihrer Kontrolle hervorgegangen ist, das Wort reden, die eine Begründung für das harsche sozialistische Regime sowjetischer Provenienz liefern sollte. Im Gegenteil, das Beispiel demonstriert, dass jegliche zentralistische Herrschaft hydraulische Großprojekte initiiert. Im Zuge des ‚Great Deal' der 1930er Jahre haben die USA die landwirtschaftliche Erschließung ihres Landes mit Kanalprojekten und Dammanlagen enormen Ausmaßes vorangetrieben, siehe Donald Worster, *Rivers of Empire: Water, aridity and the growth of the American West* (New York 1985).

12 Dirk Bronger, *Indien. Größte Demokratie der Welt zwischen Kastenwesen und Armut* (Gotha 1996), S. 359-361.

Ist der Landwirtschaftsgeschichte, vor allem dem Transformationsprozess unter dem britischen Kolonialregime, große wissenschaftliche Aufmerksamkeit zuteil geworden, hat die Bewirtschaftung des Waldes durch die Geschichtswissenschaften lange Zeit eine recht stiefmütterliche Behandlung erfahren. Erst in den letzten beiden Jahrzehnten des 20. Jahrhunderts hat sich dies grundlegend geändert. Das damals weltweit wachsende Interesse gegenüber den Veränderungen der Umwelt dürfte hierzu einen entscheidenden Impuls gegeben haben. Doch überwiegend bleibt die südasiatische Forschung auf die Forstgeschichte des Subkontinents seit der Mitte des 19. Jahrhunderts beschränkt, weil seitdem die ersten und zugleich nachhaltigsten Einschnitte in die Wälder und Veränderungen der menschlichen Umwelt erfolgt sind. Betroffen davon sind aber auch die in und vom Wald lebenden Menschen, denen durch den Kolonialstaat in einem weitaus stärkeren Umfang als bisher die Rechte am Wald genommen wurden. Hierauf hat sich die historische Forschung am meisten konzentriert. Dem Handel mit Waldprodukten wurde indes weniger Aufmerksamkeit gewidmet.[13] Beide Transformationsprozesse sind jedoch Ausdruck ein und derselben wachsenden Kommerzialisierung von agro-silvanen Rohstoffen.[14]

3.2. Die indische Landwirtschaft im 18. Jahrhundert

Eine Intensivierung der landwirtschaftlichen Produktion ist in Indien seit Beginn des 18. Jahrhunderts zu beobachten. Sie war auch Ausdruck der Staatsformierungen, die ihren wachsenden Geldbedarf über die Intensivierung und Extensivierung der Landwirtschaft voran trieben. Auch die Briten nutzten diesen Prozess und bauten auf steigenden Steuereinnahmen aus der Land- und Waldwirtschaft ihr Kolonialregime auf. Ein subkontinentales und zugleich Charakteristikum der kolonialen Agrarwirtschaft seit dem 19. Jahrhundert war schließlich der sukzessive Umbau ihrer Strukturen von einer landwirtschaftlichen Subsistenzwirtschaft zu einer kommerzialisierten Agrarökonomie. Keinesfalls ist unter Subsistenzwirtschaft eine ärmliche Landwirtschaftsform zu verstehen, die lediglich für den Eigenbedarf zur schieren Existenzsicherung und nicht für einen lokalen oder regionalen Markt

---

13 Mit der Literatur zur Forstgeschichte und der Entrechtung von lokalen Bevölkerungsgruppen ließen sich Regalbretter in Bibliotheken füllen. Stellvertretend sei hier der voluminöse Sammelband, herausgegeben von R. H. Grove, V. Damodaran und S. Sangwan (Hg.), *Nature and the Orient* und seinen zahlreichen Artikel zu diesem Thema genannt. Zum Holzhandel siehe Michael Mann, Timber trade on the Malabar Coast, 1792-1840, in: *Environment and History* 7 (2001), S. 403-425.

14 Zur Literatur der landwirtschaftlichen Entwicklung Indiens bis 1998 siehe The Agrarian History of South Asia. A bibliografic essay: http://www.sas.upenn.edu/~dludden/bibessay.htm von David Ludden.

produziert. Gerade aus der Subsistenzwirtschaft erwuchsen die agrarischen wie handwerklichen Überschüsse, die das frühe europäische Bild Indiens als einer Region üppigen Nahrungsreichtums und geschickter handwerklicher Fertigkeiten besonders in der Textilverarbeitung prägten.[15]

Grundsätzlich kann die Landwirtschaft nach vier Bestimmungsfaktoren klassifiziert werden. Erstens: die geologisch-geografische Determinante, die den Zugang der Bauern zu Land und zu Wasser und damit Ackerkrume unterschiedlicher Qualität bezeichnet. In Südasien ist weniger die Frage nach dem Besitz- und Eigentumstitel entscheidend für die landwirtschaftliche Produktion als die der Möglichkeit, überhaupt guten Boden bestellen zu können. Zweitens, die ökologische Determinante, die im Wesentlichen die Nutzung der physischen Umwelt meint, also Bodenqualitäten, Wasserverfügbarkeit, klimatische Verhältnisse. Neben dem Einsatz menschlicher und tierischer Arbeitsleistungen beeinflussen sie entscheidend die Produktivität der Landwirtschaft. Drittens, die institutionelle (soziale) Determinante. Die südasiatischen Gesellschaften sind durch die unterschiedlichen Formen der *varna/jati** Ordnungen geprägt. Für die neuzeitliche Periode kann grob von einer ländlichen Gesellschaftsstruktur ausgegangen werden, in der etwa 30 Prozent der Bevölkerung zur landbesitzenden Schicht gehörten, meist zu den *brahmin* und den *kshatria* sowie wenigen *shudra*. Ungefähr 45 Prozent umfassten Handwerker, Gewerbetreibende, Händler (*vaishya*) und Viehtreiber, während 25 Prozent zu den landlosen Arbeitskräften der *shudra* und derjenigen, die außerhalb der *varna* standen, gehörten. Das *panchayat*, der Dorfrat, der sich aus den dominanten *varna* konstituierte, regulierte die gemeinschaftlichen Angelegenheiten des Dorfes, worunter auch die Landverteilung fiel. Die kleinste Einheit bildete die Familie, und hier waren es vor allem die landbesitzenden Familien, die strukturprägend wirkten. Viertens, die ökonomische Determinante, die in Südasien seit Beginn des 18. Jahrhunderts durch den zunehmenden Anbau von Nutzfrüchten und der damit einhergehenden Monetarisierung der Landwirtschaft wie der Wirtschaft überhaupt geprägt war.[16]

Die jüngere Forschung zeigte, dass im 18. Jahrhundert in allen Regionen Indiens eine höchst angepasste und intensive Landwirtschaft betrieben wurde. Beim Reisanbau war auf eine Versorgung mit ausreichenden Wassermengen zu achten, die genügend Düngung für die Kultivierung boten. Nicht allein aus der zusätzlichen Nährstoffversorgung, sondern vor allem aus der regelmäßigen Instandhaltung der Bewässerungsanlagen und der Qualität des Wassers rührten gesteigerte Ernteerträge. Brachezeiten und Fruchtwechsel waren integrativer Bestandteil der Agrarwirtschaft. Je nach Fruchtbarkeit des Bodens konnte bei entsprechender

---

15 Peter Robb, Introduction. Land and society: The British ‚transformation' in India, in: ders. (Hg.), *Rural India. Land, power and society under British rule* (Delhi etc. 1992, first impression 1982), S. 1-23, hier S. 3.

16 Dietmar Rothermund, *Government, Landlord, and Peasant. Agrarian relations under British rule, 1865-1935* (Wiesbaden 1978), S. 1-9.

varna/ jati bezeichnen das, was allgemein unter dem indischen Kastensystem verstanden wird. Der Begriff Kaste ist ein kruder und verzerrender Terminus, der bei weitem nicht das widerspiegelt, was mit *varna* und *jati* gemeint ist. Kaste stammt ursprünglich vom lateinischen Wort *castus* = rein, keusch ab und wurde zunächst von den Portugiesen in den amerikanischen Kolonien verwendet, um das dortige Gesellschaftssystem nach Hautfarben und ‚Vermischungsgrad' unter dem Aspekt der ‚angeborenen Art' und der ‚Gattung' anzuzeigen, wonach der hellhäutige Europäer ganz oben in der Kastenordnung, der schwarze afrikanische Sklave ganz unten stand. Dieses Ordnungssystem übertrugen die Portugiesen auf die indischen ‚Verhältnisse' und das brahmanische *varna*-Modell.
Anknüpfungspunkt bildeten die Farbe (ethnologisch: der Haut; religiös: der *brahma*nischen Opferfarben), denn *varna* heißt nichts anderes als Farbe und die damit verbundene rituelle Reinheit, sowie der durch Abstammung und Beruf bestimmten Interessengemeinschaft, die im Begriff der *jati* (=Geburt) versammelt ist. Erst die Einführung der zehnjährlichen Volkszählungen (Census of India) in Britisch-Indien ab 1871, als der Begriff der Kaste dazu benutzt wurde, die hinduistische Gesellschaft zu systematisieren und zu homogenisieren, hatte für *jati* und vor allem für *varna* zur Folge, im so genannten Kastensystem zementiert zu werden. Die Briten machten die idealtypische brahmanische Gesellschaftsordnung Nordindiens zum Maßstab für ihre koloniale Gesellschaft. Ihr Wissensmonopol und Machtpotenzial ermöglichte innerhalb weniger Jahrzehnte die „Brahmanisierung" der indischen Gesellschaft, wie sie bis dahin undenkbar war. Die Auswirkungen der starren kolonialen Kategorisierung sind noch heute erkennbar.
Aber auch heute noch unterscheiden nicht alle Hindu-Gläubige nach *varna* und *jati*, sondern es gibt auch egalitäre Formen und Gemeinschaften. Diese betonen den seit dem Mittelalter weit verbreiteten Gedanken der göttlichen Gnade, die jedem Menschen erlösend zuteil werden kann, gleich welcher Abstammung und Herkunft. Je stärker jedoch das *brahman*ische Ordnungsmodell dominiert, desto schwächer ist der egalitäre Charakter der Religion. Zu unterscheiden ist zwischen zwei verschiedenen, allerdings parallel laufenden Kategorien der sozialen Differenzierung. „Die erste teilt die Gesellschaft in vier soziale Schichten oder Stände ein, die mit dem Sanskritwort *varna* bezeichnet werden und Brahmanen (*brāhmana*), Krieger (*kshatriya*), Kaufleute und selbständige Bauern (*vaishya*) sowie Handwerker und Dienstleistende (*shūdra*) unterscheiden. Als fünfte Schicht (*pāncama*) wurde die große Gruppe derer bezeichnet, die aus verschiedenen Gründen kastenlos war: die Stammesangehörigen, die Nachkommen aus nicht erlaubten Kastenmischungen und diejenigen, die aufgrund einer Schandtat aus ihrer Kaste ausgeschlossen wurden." (Heinrich von Stietencron, *Der Hinduismus*. München 2001, S. 96-97.) Noch heute gehört der Großteil der indischen Bevölkerung dieser fünften Kategorie an.
Dieses Modell der Vier- bzw. Fünfteilung der indischen Gesellschaft nach normativen idealtypischen Vorstellungen entwickelten die Brahmanen im ersten Jahrtausend vor Christus, um die damalige, von der arischen Einwanderung geprägte nordindische Gesellschaft nach Kategorien zu ordnen. Das Modell hatte anfänglich nur begrenzte Gültigkeit. So gab es in Südindien zunächst weder *brahman*s noch *kshatriya*s. Die zweite hierarchische Ordnung erfolgt über die *jati*, die etwa 3000 übergeordnete und ungefähr 25.000 untergeordnete Gruppierungen aufweisen, die auf zumeist fiktiven

Geburts- und Abstammungslinien beruhen und in der Regel berufsspezifisch ausgerichtet sind. Man könnte folglich von einem System der geburts- und berufsständischen Gesellschaftsgliederung sprechen.
Diese zweite hierarchische Ordnung ist das Ergebnis einer betont arbeitsteiligen Gesellschaft, die geprägt war von langen Perioden der Migration. Im Laufe der Zeit wurde das System durch die Entstehung von Religionen und ihre Ausdifferenzierung inklusive gegenseitiger Ab- und Ausgrenzung immer komplexer. Im Prinzip beherrscht dieses doppelte soziale Gliederungssystem auch heute noch weite Teile der indischen Gesellschaft(en), das einerseits innerhalb des *varna* recht hermetisch ist, andererseits zwischen der *jati* nach wie vor Mobilität zulässt. (nach ebenda, S. 93-101; Als weitere Lektüre sei allgemein empfohlen: Axel Michaels, *Der Hinduismus. Geschichte und Gegenwart.* München 1998. Zum Census of India und der Kategorie der Kaste siehe N. Gerald Barrier (Hg.), *The Census in British India. New perspectives*, Delhi 1981. Bernard S. Cohn, The census, social structure and objectification in South Asia, in: ders.: *An Anthropologist among the Historians and other Essays*, Delhi etc. 1987, S. 224-254).

Fruchtfolge auf eine Brache ganz verzichtet werden, eine Praxis, die in Bengalen und Bihar längst etabliert war, bevor sie in Europa allmählich aufkam. Auf minder fruchtbaren Böden halfen ‚natürliche' Düngungsmethoden wie das Unterpflügen der Stoppeln und von Mist oder die Mischung mit ‚guter Erde' die Erträge zu stabilisieren wenn nicht zu erhöhen. Kreditvergabe in Geld, meist aber in Saatgut, sorgte für eine gleichbleibend ertragreiche Landwirtschaft. Lediglich der unstete Monsun war ein unkalkulierbarer Risikofaktor, der bisweilen alle vorausschauende Planung zunichte machen konnte.[17] Es kann davon ausgegangen werden, dass im 18. Jahrhundert der Lebensstandard der ländlichen Bevölkerung höher war als noch in der Mitte des 20. Jahrhunderts.

Die Steuereinkünfte kamen fast ausschließlich aus der Landwirtschaft. Die Berechnungsgrundlage der Steuersätze basierte im 18. Jahrhundert, während der Konsolidierungsphase der indischen Staaten, zunächst noch auf dem unter Mogul Akbar (reg. 1556-1605) und seinen Administratoren festgelegten Bemessungssätzen. Gelegentlich fanden auch lokale Neuberechnungen statt, vor allem dort, wo sich die Herrschaft verdichtete. Das lässt sich im Jat *Raj* in der Agra-Delhi-Rohtak Region, in Awadh und in Maisur feststellen. Grundsätzlich wurde ein Drittel, gelegentlich auch bis zur Hälfte des Brutto-Ertrages als Steuer eingezogen, vielfach in Naturalien, aber auch in Geld. Die unmittelbarste Form der Steuerberechnung war *zabt*, wonach das Land, die Bodenfruchtbarkeit und die aktuelle Feld-

[17] Rajat Datta, Peasant production and agrarian commercialism in a rice-growing economy: some notes on a comparative perspective and the case of Bengal in the eighteenth century, in: Peter Robb (Hg.), *Meanings of Agriculture. Essays in South Asian history and economics* (Delhi etc. 1996), S. 92-131, hier S. 101-104.

frucht als jährliche Berechnungsgrundlage dienten. Im Unterschied dazu bezeichnete *nasaq* die einfache Steuerschätzung nach den örtlichen Gepflogenheiten oder überlieferten Steuersätzen ohne exakte Berechnungsgrundlage.[18]

Je nach Region wurde die Steuerschätzung entweder vor oder gleich nach der Ernte vorgenommen. Dieses *jama* (festgelegter Steuersatz) wich jedoch meist von den tatsächlich realisierten Steuereinnahmen (*hasil*) ab, was die Möglichkeit bot, auf unvorhersehbare Witterungseinflüsse flexibel reagieren zu können. In der Höhe der Differenz von Steuerbemessung und Steuereinzug zeigte sich auch die jeweilige Herrschaftsintensität. Im Kernland des Mogul-Reiches wurden die Bauern meist direkt steuerlich veranlagt. In den entfernteren Provinzen (*suba*s), in Bengalen und in Haiderabad, traten verstärkt so genannte *zamindar*s, *taluqdar*s, *chaudhuri*s, *malik*s oder *palayakkarar*s als Steuereintreiber auf. Als Vergütung (*nankar*) für ihre Tätigkeiten erhielten sie meist zehn Prozent der aktuellen Steuereinnahmen. Besonders der *zamindar* verdient Beachtung, denn vermutlich ist er neben seiner Position als Grundbesitzer ein administrativer Funktionsträger, der sein ‚Amt' bereits vor Errichtung des Mogul-Reiches innehatte und das von der zentralen Mogulverwaltung lediglich inkorporiert wurde. Daher stammt vermutlich auch das *malikana*, eine Vergütung, die den *zamindar*s zustand, wenn sie keine Steuereinzugsrechte mehr, gleichwohl aber noch Land (*sir*) besaßen.[19]

Gegenüber der ländlichen Bevölkerung hatten diese Dorfpotentaten bis hin zu regionalen ‚little kings' Schutzverpflichtung, so in Zeiten kriegerischer Auseinandersetzungen, vor allem aber bei schlechten Ernten und daraus eventuell hervorgehenden Hungersnöten. Kredite in Form von Saatgut auf die nächste Ernte, so genannte *taqavi*-Anleihen, sollten das Überleben der Bevölkerung sichern helfen. Essensausgaben dienten zur Linderung der größten Not. Abgesehen davon investierten *zamindar*s und *palayakkarar*s in die Infrastruktur des Landes wie in den Bau von Brunnen- und Bewässerungsanlagen, den Bau von Straßen und Wegen, den Bau und Unterhalt von *sarai*s (Rast- und Übernachtungsstationen an den Überlandstraßen im Abstand von Tagesmärschen) und stifteten steuerfreies Land (*mu'afi, lakhiraj, inam*) an religiöse Pilgerzentren. Muslimische Herrscher stifteten ebenso an Hindutempel oder Hinduklöster wie Hindu-Herrscher an muslimische Mönchsorden, um auf diese Art und Weise die innere Kolonisation in Form intensiver Landwirtschaft und landwirtschaftlicher Erschließung zu fördern.[20]

---

18 I. Habib, *The Agrarian System of Mughal India, 1556-1707*, S. 240-271. Norman Ahmad Siddiqi, *Land Revenue Administration under the Mughals (1700-1750)* (Delhi 1970), S. 41-59. Als Einführung in die Problematik der Landbesitzrechte und Landkontrolle seit dem 18. Jahrhundert immer noch lesenswert Robert E. Frykenberg (Hg.), *Land Tenure and Peasant in South Asia* (Delhi 1977) sowie ders. (Hg.), *Land Control and Social Structure in Indian History* (Delhi 1979).

19 N. A. Siddiqi, *Land Revenue Administration under the Mughals*, S. 21-40.

20 Zu den Aufgaben und der Position des *zamindar*s siehe S. Nurul Hasan, *Zamindars* under the Mughals, in: Muzaffar Alam and Sanjay Subrahmanyam (Hg.), *The Mughal State, 1526-1750* (Delhi etc. 1998), S. 284-298.

Keinesfalls soll hier einer ländlichen Idylle das Wort geredet werden, dazu waren die ökonomischen und sozialen Verhältnisse viel zu harsch. Wegen fehlender staatlicher Besoldung versuchten die ländlichen Führungsschichten aus den Bauern das Maximum an Abgaben herauszupressen. Doch dem waren Grenzen gesetzt. Da Land reichlich vorhanden, Arbeitskraft hingegen knapp war, verschaffte das allzu bedrängten Bauern einen gewissen Verhandlungsspielraum bei der Steuerfestlegung und beim Eintreiben der Steuern. Alltägliche Formen des Widerstands bestanden im Verstecken von Ernteerträgen oder in Falschangaben über das Erntevolumen. Im extremsten Fall wanderten die Bauern eines Dorfes geschlossen in unbesiedelte Regionen ab, wo sie Wald oder Grasland rodeten und über die Urbarmachung Besitz- und Nutzrechte am Boden erwarben. Andererseits hielten die *zamindar*s in Nordindien oftmals Steuern zurück, was sie verstärkt dem Druck der zentralistischen Mogul-Herrschaft (*sarkar*) aussetzte. Immer häufiger kam es seit dem beginnenden 18. Jahrhundert zu Rebellionen über steuerliche Ressourcen gegen die militärischen Provinzgouverneure (*subadar*), oder die zivile Verwaltungsspitze (*nawab*), aber auch der lokalen *zamindar*s gegen regionale *zamindar*s.[21]

Allgemein ist im 18. Jahrhundert in den *suba*s eine verstärkte Integration der ländlichen und der städtischen Märkte (Wochenmarkt: *hāt*, Marktfleck an Flussübergängen: *ganj*, Jahrmärkte: *mēla*) auf der Provinzebene zu beobachten, was nicht nur Ausdruck der Machtkonsolidierung seitens der nach Autonomie strebenden Provinzgouverneure war, sondern diese überhaupt erst ermöglichte. Gleichzeitig fand mit dem zunehmenden Anbau von Nutzfrüchten (‚cash crops') wie Baumwolle, Indigo und Zuckerrohr eine Kommerzialisierung der Landwirtschaft und die allmähliche Integration in die Weltmärkte statt. Dies ist besonders am gestiegenen Handelsvolumen der europäischen Ostindiengesellschaften und vor allem bei der britischen EIC ab der zweiten Hälfte des Jahrhunderts zu beobachten, als das Exportvolumen indischer Textilien und Rohmaterialien für die europäischen, amerikanischen und afrikanischen Märkte um ein Mehrfaches wuchs. Die territoriale Expansion der EIC auf dem indischen Subkontinent beschleunigte diesen Prozess, als nicht nur die lokalen und regionalen landwirtschaftlichen Produktionsgebiete und handwerklichen Produktionsstätten durchdrungen wurden, sondern durch Kreditgewährung agrarische oder handwerkliche Produkte wie Baumwolle und Baumwolltextilien eine Monetarisierung der Wirtschaft in Gang gesetzt wurde, die es der britischen Kolonialmacht ermöglichte, in den von ihr Ende des 18. Jahrhunderts beherrschten Gebieten 40 bis 45 Prozent der Grundsteuer in Geld einzutreiben.[22]

---

[21] Muzaffar Alam, Aspects of agrarian uprising in north India in the early eighteenth century, in: ebenda, S. 449-473 und R. P. Rana, Agrarian revolts in northern India during the late 17th and early 18th century, in: *Indian Economic History Review* 18 (1981), S. 287-326.

[22] Christopher A. Bayly, *Rulers, Townsmen and Bazaars. North Indian society in the age of British expansion, 1770-1870* (Cambridge 1983) und R. Datta, Peasant production and agrarian commercialism in a rice-growing economy, S. 114-115. Aditee Nag Chowdhury-Zilly, *The Vagrant Peasant. Agrarian distress and desertion in Bengal, 1770 to 1830* (Wiesbaden 1982).

Meist übernahmen die Briten die vorherrschenden Steuersysteme und modifizierten sie nach ihren Bedürfnissen. Zwei wesentliche Neuerungen fanden statt: Zum einen führten sie den Eigentumsbegriff aus der europäischen Rechtstradition ein und koppelten damit die Steuerpflicht an das Grundeigentum. Wesentlich war in diesem Zusammenhang die Durchsetzung des Vertragsrechtes, mit dessen Hilfe die Briten indische Grundeigentümer und Steuerpartner juristisch mit ihrem Grundbesitz haftbar machten. Zum anderen schufen die Briten einen künstlichen Landmarkt. Sie gingen davon aus, dass Boden eine marktfähige Sache ist, die einen entsprechenden Wert besitzt. Doch diese Idee beruhte auf der theoretischen Vorstellung und der praktischen Realität im zeitgenössischen England, dass nämlich Land knapp und Arbeitskraft reichlich vorhanden ist und sich folglich über diese beiden Determinanten der Preis des Bodens regelt. Diese Voraussetzungen aber waren, wie gesehen, in Indien nicht vorhanden. Dass Boden kein Wert im Sinn einer Ware beigemessen wurde, belegt das Verhalten der Bauern während großer Hungerepidemien, wenn zunächst das Vieh und die Gerätschaften, dann der Schmuck der Frauen und schließlich diese samt Kindern verkauft wurden. Landveräußerung ist hingegen kaum dokumentiert.[23]

Neben den grundbesitzenden Klassen und den Pächtern nahm und nimmt in der Forschung zur Landwirtschaftgeschichte Indiens die der landlosen Bauern und Landarbeiter einen breiten Raum ein. Ursprünglich vermittelte die britische Historiografie das Bild der selbstzufriedenen und selbstregulativen ‚village community', in der kein Platz für landarme und landlose Feldarbeiter war.[24] Als der Diskurs über die Arbeit und die Arbeiterschaft als Klasse im westlichen, sich industrialisierenden Europa einsetzte, fand der Landarbeiter in Britisch-Indien als Rubrik in den ‚Census of India' ebenfalls seinen Niederschlag. Mittlerweile geht es in den Geschichtswissenschaften Südasiens jedoch weniger um die Frage, ob es diese Schicht überhaupt gegeben hat, als vielmehr um ihren quantitativen Umfang und die qualitative Definition, und wie man mit Hilfe der Zeitdokumente Informationen und Kenntnisse über die landarmen und landlosen Bauern erhalten kann.

Unbestritten ist, dass es vor der territorialen Expansion der Briten Formen der Sklaverei, der abhängigen Arbeitsverhältnisse und der ländlichen Lohnarbeit in den indischen Gesellschaften gegeben hat. Landarme und landlose Bauern bestellten als Tagelöhner, Gelegenheitsarbeiter und Saisonarbeiter temporär oder saisonal fremde Äcker, wo sie fast sämtliche Pflug- und Säarbeiten verrichteten sowie als

---

[23] D. Rothermund, *Government, Landlord and Peasant*, S. 33-36. Jacques Pouchepadass, Land, power and market: the rise of land market in Gangetic India, in: P. Robb, *Rural India*, S. 78-108. P. Robb, Introduction: Land and society, in: ebenda, S. 9-18. Neil Charlesworth, The origins of fragmentation of landholdings in British India: a comparative examination, in: ebenda, S. 182-216.

[24] Die orientalistische Stereotype des zeitlosen indischen Dorfes behandelt prägnant Clive Dewey, Images of the village community: a study in Anglo-Indian ideology, in: *Modern Asian Studies* 6,3 (1972), S. 291-328 sowie Ronald Inden, *Imagining India* (Oxford/Cambridge, Mass. 1990), Kap. 4, S. 131-161.

Viehhüter angestellt waren. Dazu gehörten auch das Dungsammeln und das Düngen.[25] Inzwischen wird von einer Übernahme, Transformation und Integration dieser Arbeitsformen durch den Kolonialstaat ausgegangen, der auf diese Art und Weise nicht nur das eigene politische Regime stabilisierte, sondern auch das ökonomische und letztlich das soziale System konservierte. Deshalb sind die ländlichen Arbeiter wie überhaupt die ländlichen Arbeitsverhältnisse und die daran hängenden Sozialstrukturen begehrtes Objekt soziologisch-historischer Forschungsinteressen.[26]

3.3. Kontinuitäten, Wandel und Brüche unter der Kolonialherrschaft

Mit der Ausdehnung der britischen Kolonialherrschaft auf dem indischen Subkontinent setzte ein allmählicher wirtschaftlicher, politischer und sozialer Wandel ein, der sich in den verschiedenen Regionen Indiens unterschiedlich bemerkbar machte. Institutionell wie organisatorisch keinesfalls ein homogenes Gebilde, versuchte der entstehende Kolonialstaat Indien in ein einheitliches Korsett zu zwängen. Rhetorisch aufbereitete Berichte nach London und eine entsprechende ‚Hofhistorie' der EIC sowie schließlich die Integration der indischen in die britische Geschichte beschrieben einen neuen Einheitsstaat in der Tradition der indischen Großreiche, zuletzt des Mogul-Reiches. Doch das British *Raj* war, wie im vorausgehenden Kapitel gezeigt, alles andere als ein einheitlicher Zentralstaat, was sich nirgends deutlicher manifestierte als in der Landwirtschaft. Im Gegensatz dazu steht ihre zeitgenössische und ihre historiografische Darstellung; bis in die Gegenwart hinein erscheint trotz aller Verschiedenheit die indische Landwirtschaft stets als eine ‚nationale Wirtschaft'. Zahlenvergleiche zu Produktionsmengen, Export- und Importangaben, Steuereinnahmen und Überschüssen sowie Arbeiterzahlen suggerieren eine Einheitlichkeit, die irreführend ist. Wissenschaftlich höchst fragwürdig werden gesamtindische Agrarexporte mit europäischen Industrieimporten wie bei einer Leistungsschau miteinander verglichen.[27]

Um generell der Entwicklung der indischen Landwirtschaft, ihrer Transformationsprozesse und der sozialen Verschiebungen darstellerisch gerecht zu werden,

---

[25] Vgl. zum Beispiel Asiya Siddiqi, *Agrarian Change in a Northern Indian State. Uttar Pradesh 1819-1833* (Oxford 1973), S. 51-54.

[26] Siehe beispielsweise die ausgezeichneten Beiträge des Themenheftes von *Journal of Peasant Studies* 26,2-3 (1999). Zur Diskussion der Historiografie siehe [G. Prakash], Introduction: the history and historiography of rural labourers in colonial India, ebenda, bes. S. 12-19. Sumit Guha, Time and money: the meaning and measurement of labour in Indian agriculture, in: P. Robb, *Meanings of Agriculture. Essays in South Asian history and economics* (Delhi etc. 1996), S. 251-261.

[27] Vgl. B. R. Tomlinson, *The Economy of Modern India, 1860-1970* (=New Cambridge History of India III,3, Cambridge 1993), S. 50-55.

ist es angemessen, regional und mitunter lokal unterschiedliche Entwicklungen aufzuzeigen. Dass dies bei der Größe des Subkontinents nicht flächendeckend geschehen kann, ist leicht nachzuvollziehen. Die Ergebnisse von Mikrostudien sollen daher in einen sinnvollen Kontext von Meso- und Makrostudien gestellt werden. Lediglich bei einzelnen Aspekten, so der Weltwirtschaftskrise von 1929 bis 1939, wird auf Entwicklungen und Konsequenzen in einem gesamtindischen Zusammenhang aufmerksam gemacht. Im folgenden Abschnitt wird die Landwirtschaft einzelner historischer Regionen vorgestellt, indem zunächst auf die Praxis der Steuerveranlagung indischer Staaten, die hauptsächlich aus der Landsteuer bestand, und die ‚Reformmaßnahmen' der kolonialen Steuerverwaltung eingegangen werden. Daran schließen sich die Bodennutzung, gefolgt von Bewässerungsmöglichkeiten, den Auswirkungen der expandierenden Nutzfruchtwirtschaft und den sozialen Implikationen an. Aufgrund fehlender Detailstudien kann dies jedoch nicht für alle Regionen gleich intensiv geschehen.

3.3.1 Bengalen

Auf das Wagnis der territorialen Herrschaft ließ sich die EIC nach mehreren Anläufen schließlich ein, bedeutete sie doch die Erfüllung eines Traumes für die Handelsgesellschaft. Aus den Einnahmen der bengalischen Landsteuer sollte Handelskapital werden, wodurch das Londoner Direktorium des Unternehmens von den jährlichen Kreditaufnahmen auf den europäischen Kapitalmärkten unabhängig werden wollte. Unter militärischen Gesichtspunkten war dem Handelsunternehmen und wachsenden Kolonialmacht in Bengalen daran gelegen, geregelte und sichere jährliche Einkünfte zu haben, mit deren Hilfe sie ihre Expansionskriege und ihren Handel finanzieren konnte. In Bengalen hatten die Briten den fiskalischen Zentralisierungsprozess wohl beobachtet. Nach Annahme der *diwani* bestand ihr Hauptinteresse zunächst darin, den „real owner of the soil" ausfindig zu machen, mit dem sie dann die Steuerverträge aushandeln wollten. Tatsächlich aber kaschierten die Briten mit der Kolonialrhetorik einer vermeintlich ‚modernen' Steuerveranlagung auf der Grundlage von Privateigentum die ihnen weitenteils unverständliche Situation.[28]

Vor diesem Hintergrund entschloss sich die britisch-indische Kolonialregierung unter Governor General Charles Cornwallis 1793, die mit dem so genannten ‚Zamindari Settlement' 1789 vereinbarten Steuersätze für alle Zeiten im ‚Permanent Settlement' festzuschreiben. Mit einem Federstrich waren sämtliche Grundrechtstitel der Bauern annulliert und sie zu bloßen Pächtern gemacht worden, während die *zamindar*s als Steuerpartner und Grundbesitzer nun alleine für die Steuerentrichtung verantwortlich waren. Innerhalb weniger Jahre setzten Zwangsauktionierungen bei Steuersäumigkeit ein und es kam zu einer Umschichtung der Be-

---

[28] Ebenda, S. 95-102. Zur zeitgenössischen Diskussion siehe Ranajit Guha, *A Rule of Property for Bengal. An essay on the idea of permanent settlement* (Paris 1963, reprint New Delhi 1982).

sitzverhältnisse. Dabei war es weniger die strikte Umsetzung britischer Steuergesetzgebung als der knappe Kreditmarkt, der die *zamindar*s in die missliche Lage brachte. Es entstand ein künstlicher Landmarkt, dem nicht der Wert des Landes als vielmehr seine Steuersumme zugrunde lag. Hatte in den Jahrzehnten vor dem ‚Permanent Settlement' ungefähr die Hälfte des Landes seinen Besitzer gewechselt, waren es bis 1820 nochmals etwa 45 Prozent, womit ein Großteil der agrarischen Nutzfläche innerhalb eines guten halben Jahrhunderts den Besitzer gewechselt haben dürfte. Die Verkäufe der Steuertitel löste eine allmähliche Umstrukturierung der ländlichen Gesellschaft aus, zunächst ihrer Elite mit Grundrechtstiteln, dann auch unterhalb der Ebene der *zamindar*s. Eine Beruhigung des Landmarktes trat schließlich in der Mitte des 19. Jahrhunderts ein.[29]

Den Bauern (*raiyat*s) konnte das neue, sämtliche bestehenden Unterschiede bei Rechtstiteln ignorierende Rechtsverhältnis letztlich gleichgültig sein, denn ob sie Pacht oder Steuer zahlten, machte zunächst keinen Unterschied. Erst mit knapper werdendem Boden erwuchs aus dem Pachtverhältnis ein Problem, denn nun hoben die Grundbesitzer die Pacht an. Bewusst hatten die Briten genau diese Frage beim ‚Permanent Settlement' unberücksichtigt gelassen. Mitte des 19. Jahrhunderts waren sie gezwungen, nachzubessern. Dabei operierten die Briten auf zwei Ebenen: zum einen wollten sie die landwirtschaftliche Expansion beim Nutzfruchtanbau mittels einer Klasse rechtlich abgesicherter kleinbäuerlicher Existenzen fördern, und zum anderen die Konsumtionskraft eben dieser Bauern stärken, die zu künftigen Käufern industriell gefertigter Produkte werden sollten. Der berühmte Act X of 1859 (‚Rent Act') garantierte den *raiyat*s eine dauerhafte und festgelegte Pacht, sofern sie den selben Boden über die vorausgegangenen zwanzig Jahre ununterbrochen bestellt hatten. Gleiches galt für Pächter, die Äcker zu verschiedenen Pachtsätzen, aber ununterbrochen zwischen zwölf und zwanzig Jahren bebaut hatten. Alle anderen Pächter gingen bei dem Gesetz leer aus.[30]

Die Großgrundbesitzer Bengalens hatten sich 1851 in der ‚British Indian Association' zusammengeschlossen, während die Pächter sich erst später in der ‚Indian Association' organisierten. Diese gesamtindische Organisation repräsentierte die mittelständischen und kleinen Pächter, die Objekt britischer Gesetzgebungsaktivitäten werden sollten. Nachdem es in Großbritannien und in Britisch-Indien zu tiefsinnigen Meinungsbildungsprozessen über die künftige Rolle der Pächter gekommen war, setzte die britisch-indische Regierung zu Beginn der 1880er Jahre eine ‚Rent Law Commission' ein, die 1885 zum ‚Bengal Tenancy Act' führte. Zum ersten Mal wurde mit der Pachtzahlung ein Grundbesitztitel verbunden. Doch zu einer Regelung der Pachtsätze konnte sich der Gesetzgeber noch nicht

29 B. Chaudhury, Eastern India, in: D. Kumar (Hg.), *The Cambridge Economic History of India*, vol. 2, c. 1757-1970 (Cambridge 1982), S. 87-118. J. R. McLane, *Land and Local Kingship in Eighteenth-Century Bengal*, S. 287-305. Rajat Datta, *Society, Economy and the Market. Commercialization in rural Bengal c. 1760-1800* (Delhi 2000), S. 145-7.

30 Sugata Bose, *Peasant Labour and Colonial Capital: rural Bengal since 1770* (=New Cambridge History of India III,2, Cambridge 1993), S. 119.

entschließen, was die Pächter zuweilen der Willkür der Pachtfestlegung durch den britischen ‚Settlement Officer' aussetzte. Landarme und landlose *raiyats* blieben auch bei dieser Gesetzgebung unberücksichtigt. Die Briten verfolgten mit ihrer Politik jedoch das Ziel, durch eine rechtlich gestärkte mittelständische Grundbesitzerklasse die eigene Herrschaft zu stabilisieren.[31]

In den darauf folgenden Jahrzehnten änderte sich nichts an dieser Politik, die nachhaltig die Rechte der *zamindar*s, wie sie 1793 vergeben worden waren, aushöhlen mussten. Eine 1940 eingesetzte ‚Land Revenue Commission' empfahl schließlich die Abschaffung der bestehenden Besitztitel und die Zahlung einer Kompensation an die Geschädigten. Der Zweite Weltkrieg verzögerte die Ausarbeitung eines entsprechenden Gesetzes. Nach der Unabhängigkeit Britisch-Indiens wurden 1951 im indischen Bundesstaat Westbengalen und 1953 in Ostpakistan (Bangladesch) das ‚Permanent Settlement' und die daran hängenden Besitztitel aufgehoben. Bis zur Abschaffung trugen die Hauptlast der Reformen ausnahmslos die landarmen und landlosen Bauern, denn sie blieben bei den Pachtregulierungen meist berücksichtigt und deshalb fiel auf sie die finanzielle Bürde der Gesetzgebung.[32] Erdrückend wurde bald der Teufelskreis von Kreditaufnahme bei städtischen *baniya*s und *mahajan*s sowie den ländlichen *zamindar*s und *taluqdar*s. Aus bislang gewohnheitsrechtlichen Abhängigkeitsstrukturen entstanden rechtliche Verhältnisse, und allmählich verdrängten Kreditverträge und ein gläubigerfreundliches Recht den Status zu Gunsten des Kontrakts. Kaum hatte der Kolonialstaat den Bauern aus seinen statusbedingten Arbeitspflichten befreit, fand er sich in vertragsrechtlichen Arbeitsdiensten wieder, gesetzlich ‚geschützt' durch eben diesen Staat.[33]

Den dramatischen Wandel auf dem landwirtschaftlichen Sektor verdeutlichen Zahlen zu Pachtanstieg und Expansion der Agrarfläche im 19. Jahrhundert. Während die Pacht zwischen 1840 und 1880 um ein Mehrfaches anstieg, nahm die landwirtschaftliche Nutzfläche um gerade einmal zwanzig Prozent zu. Ebenso spiegelt die Ausweitung der Anbauflächen und deren Nutzung das generelle agrarökonomische Missverhältnis und damit auch die koloniale Deformation wieder. Gegen Ende des 18. Jahrhunderts waren noch etwa 46 Prozent der agrarischen Nutzfläche mit Reis bestellt und ungefähr 20 Prozent mit Nutzfrüchten. Das Verhältnis hatte sich 1927 umgedreht, denn nun standen auf 56 Prozent der Ackerflächen ‚cash crops' und nur auf 36 Prozent war Reis angebaut worden. Gleichzeitig war die agrarische Nutzfläche an der Gesamtfläche des Landes von etwa einem

---

31 Peter Robb, *Ancient Rights and Future Comfort. Bihar, the Bengal Tenancy Act of 1885 and British rule in India* (Richmond 1997). D. Rothermund, *Government, Landlord and Peasant*, S. 86-115.

32 S. Bose, *Peasant Labour and Colonial Capital*, S. 109-112.

33 Gyan Prakash, *Bonded Histories. Genealogies of labor servitude in colonial India* (Cambridge 1990), Kap. 3, S. 82-139 und ders., Introduction: The history and historiography of rural labourers in colonial India, in: ders. (Hg.), *The World of the Rural Labourer in Colonial India* (Delhi etc. 1982), S. 21-28.

Drittel auf fast 80 Prozent ausgeweitet worden. Obgleich auch die Ernteerträge gesteigert werden konnten, bedeutete der Bevölkerungsanstieg von elf Prozent allein zwischen 1895 und 1920 eine absolute Verschlechterung beim Nahrungsmittelangebot.[34]

Die verschobenen Anbauproportionen schlugen sich auch regional innerhalb Bengalens nieder. Seit dem Beginn des 19. Jahrhunderts verlagerte sich die ertragreiche Landwirtschaft allmählich von den westlichen in die östlichen Distrikte. Vor dem Hintergrund der wasserintensiven Nutzfruchtwirtschaft wurde die kleinräumige Tank-, Damm-, und Kanalbewässerung im Westen und Norden des Landes zu kostenintensiv, während das weiträumige Flussdelta im Osten geradezu ideale Voraussetzungen für den ‚cash crop'-Anbau bot. Langsam verfielen die alten Bewässerungsanlagen, die nur teilweise durch großräumige Kanalprojekte im Flachland des Ganges in Bihar ersetzt wurden. Die Entwaldungen zur Gewinnung von steuerfreiem Neuland und zur kommerziellen Vermarktung von bislang dörflich genutzten Wäldern taten ein Übriges, die ökologische Balance weiter aus dem Lot zu bringen. Aufgrund des fehlenden Bodenschutzes setzte eine verstärkte Oberflächenerosion ein, die zur Verschlammung und Versumpfung von Flussläufen führte und eine Bewässerung in den betroffenen Gebieten unmöglich machte. Abgesehen davon wurden seit dem ausgehenden 19. Jahrhunderts auch unregelmäßige und geringere Niederschlagsmengen verzeichnet.[35]

Nur auf Kosten der natürlichen Fruchtbarkeit des Landes konnten Kommerzialisierung und Kapitalisierung der Agrarwirtschaft vorangetrieben werden. Dabei lassen sich drei Kategorien unterscheiden: Erstens erfolgte eine Kommerzialisierung der kleinen *raiyat*-Subsistenzwirtschaften, die nun zur Überlebenssicherung gezwungen waren, zum Mischanbau von Nutz- und Nahrungsfrüchte wie Jute und Reis überzugehen. Zweitens ist eine zunehmende Abhängigkeit der ‚cash crop'-Wirtschaft von externen Kapitalgebern zu beobachten, besonders bei Indigo und Opium. Und drittens der personal- und kapitalintensive Teeanbau in Form der Plantagenwirtschaft*. Maßgebliches Instrument zur Transformation der Landwirtschaft war die Kreditvergabe, die über die in Calcutta ansässigen britischen ‚Agency Houses' und den daraus später hervorgegangenen ‚Managing Agencies', professionell organisiert wurde. Ohne Vorfinanzierung war der ‚cash crop'-Anbau undenkbar, nachdem die Preise Ende des 19. Jahrhunderts unter Druck geraten waren und der Anbau nur auf diese Art und Weise initiiert werden konnte.[36]

---

[34] Binoy B. Chaudhuri, Growth of commercial agriculture in Bengal 1795-1885, in: David Ludden (Hg.), *Agricultural Production and Indian History* (Delhi 1994), S. 145-181. R. Datta, *Society, Economy and the Market*, S. 75.

[35] Daniel Thorner (Hg.), *Ecological and Agrarian Regions of South Asia,* circa *1930* (Karachi 1996), S. 82-83. Binoy B,. Chaudhuri, Agricultural production in Bengal, 1850-1900: co-existence of decline and growth, in: *Bengal Past and Present* 88,2 (1969), S. 152-206.

[36] Binoy B. Chaudhuri, The process of commercialisation in eastern India during British rule: a reconsideration of the notions of ‚forced commercialisation' and dependent peasantry, in: P. Robb (Hg.), *Meanings of Agriculture*, S. 71-91. S. Bose, *Peasant Labour and Colonial Capital*, S. 41-63.

Plantagenwirtschaft als neuzeitliche koloniale Bewirtschaftungsform gab es bereits vor der europäischen Expansion nach Amerika und Asien auf Inseln im Mittelmeer. Sie ist dann im Laufe des 16. und 17. Jahrhunderts auf die Kanaren, Kapverden und Azoren übertragen worden und schließlich in die Karibik und nach Amerika gelangt. Im 19. Jahrhundert erfolgte mit dem Globalisierungsschub eine weitere Expansion der Plantagenwirtschaft auf den afrikanischen und asiatischen Kontinent sowie eine Intensivierung durch die Bearbeitungsformen. Folgende allgemeine Charakteristika lassen sich festhalten:
Plantagenökonomie ist eine agro-industrielle Wirtschaftsform, die sich auf den Anbau einer oder weniger natürlicher Agrarprodukte konzentriert, die nahezu ausschließlich für den Weltmarkt produziert werden. Aufgebaut und kontrolliert werden die Plantagen fast ausnahmslos mit ‚ausländischem' Kapital und von ausländischen Kapitaleignern, deren Wirtschaftsunternehmen administrativ wie legislativ von einem Kolonialstaat unterstützt werden. Plantagen werden von einer Vielzahl von Arbeitskräften bewirtschaftet, die in unterschiedlichen arbeitsrechtlichen Verhältnissen beschäftigt sind und deren Spektrum von Sklavenarbeit bis hin zu ‚freier' Lohnarbeit reichen kann. Kennzeichen der Arbeit sind ihre leichte Erlernbarkeit und ihre einfachen Prozesse, was unqualifizierte Arbeitskräfte zum idealen Arbeitsreservoir macht. Bereits vor Abschaffung der Sklavenarbeit im Britischen Empire nach 1834 wurde das wachsende Arbeitsaufkommen auf den expandierenden Plantagen durch vertraglich gebundene Arbeitskräfte aus Indien (siehe **indentured labourers**) ersetzt.
So entstand auf der einen Seite die Klasse der investierenden Plantageneigentümer und die von ihnen abhängige Schicht der indischen Arbeitsorganisatoren wie Anwerber und Aufseher, was bisweilen dazu führen konnte, dass sie Teil der kleinen indischen Elite aus Händlern, Kaufleuten, Dienstleistern und Aufsehern bzw. Vorarbeitern werden konnten. Gerade die Vorarbeiter und Aufseher nutzten ihre Stellung auf den Plantagen zuweilen massiv aus, indem sie über ihre privilegierte Position die Arbeiter (Kulis) in wirtschaftliche, soziale und strukturelle Abhängigkeit brachten.
Niedrige Löhne und eine schlechte rechtliche Situation waren Momente des ökonomischen Zwangs, der generell auf die Arbeiter ausgeübt wurde. Direkte wie indirekte außerökonomische Momente des Zwangs, die von physischer Gewalt bis hin zur akuten Lebensbedrohung durch Mangelernährung reichten, verschärften die wirtschaftliche Abhängigkeit. Darüber hinaus konnten die vertraglich gebundenen Arbeitskräfte instrumentalisiert werden, wenn entweder das Überangebot ihrer Arbeitskraft oder ihre unter Subsistenzniveau liegenden Löhne dazu genutzt wurden, die Löhne der ‚freien' Arbeiterschaft zu drücken.
(Literatur: A. K. Bagchi, *The Political Economy of Underdevelopment*. Cambridge 1982. Ranajit Das Gupta, Plantation labour in colonial India, in: *Journal of Peasant Studies* 19 (1992), S. 173-198).

Allerdings setzten sich Kleinpächter und Kleinbauern auch zur Wehr, wenn sie sich, wie in Saharanpur (Bihar) standhaft weigerten, Zuckerrohr anzubauen um so von Kreditgebern unabhängig zu bleiben. Und letztlich besaßen die landarmen und landlosen Bauern bis ins 20. Jahrhundert hinein die Möglichkeit einzeln oder kollektiv abzuwandern.[37]

Wie krisenanfällig diese Form der extern gesteuerten Landwirtschaft war, zeigen die diversen Insolvenzen auf dem Nutzfruchtmarkt. Der Zusammenbruch des Indigo-Marktes in London, wo allein zwischen 1825 und 1831 sein Preis um die Hälfte fiel, löste den Bankrott der ‚Agency Houses' in Bengalen aus. Die meist britischen Pflanzer erwirkten vom Kolonialstaat gesetzgeberische Maßnahmen, die den indischen Bauern analog zum britischen Industriearbeiter in ein Vertragsverhältnis zum Arbeitgeber setzten. Rechtlich zur Arbeitsleistung verpflichtet, konnte er bei Nicht-Erfüllung gerichtlich belangt werden. Trotz der rigiden Regulierung waren veranschlagte Liefermengen nicht zu erreichen. Als die britisch dominierte bengalische ‚Union Bank' in Konkurs ging, waren die ‚Managing Agencies' seit den späten 1840er Jahren mit den gleichen Problemen wie ihre Vorgängerorganisationen konfrontiert. Um die wirtschaftliche Lage zu stabilisieren, zwangen britische Pflanzer und bengalische Grundbesitzer ihre Bauern nun zum zusätzlichen Indigoanbau. Doch die Leidensfähigkeit der Bauern war zu Ende. In den Indigo-Distrikten Bihars weigerten sie sich während der so genannten ‚Blue Mutiny' von 1859-60, Indigo anzubauen und säten stattdessen Reis aus. Sie revoltierten aber nicht einfach gegen oppressive Grundherren, sondern ihr Widerstand nahm die Form eines organisierten Arbeiterstreiks an, den sie, sich der kolonialstaatlichen Rechtsinstitutionen bedienend, auch gerichtlich ausfochten.[38]

Wie Indigo durchdrang auch Jute weite Bereiche der auf Subsistenzbasis betriebenen Landwirtschaft. In den 1930er Jahren arbeitete fast die Hälfte der bäuerlichen Bevölkerung in den Juteanbaudistrikten im östlichen Bengalen auf Höfen mit weniger als 4.000 m^2 Ackerfläche. Im 19. Jahrhundert war es den ‚Managing Agencies' gelungen, die indisch-bengalische Konkurrenz an Marktkontrolle auszuschalten. Im Rahmen der transformierten Subsistenzwirtschaft war der Anbau von Reis und Jute untrennbar miteinander verbunden. So konnten die Bauern auf die eventuell jährlichen Nachfrageschwankungen bei Jute reagieren und stattdessen Reis anbauen. Beides waren Exportgüter, was während der Weltwirtschaftskrise 1929 bis 1939 dramatische Folgen haben sollte. Als der Preis für Reis und Jute, wie auch aller anderen agrarischen Güter Indiens, innerhalb weniger Monate um die Hälfte fiel, versuchten die bengalischen Bauern in ihrer Verzweiflung, die agrarische Nutzfläche der beiden ‚cash crops' weiter auszudehnen. Aber langfristig löste diese vermeintliche Austauschbarkeit die Verknappung von Reis aus, mit tragischen Konsequenzen während der Hungerkatastrophe 1943/44, als fast drei

[37] Eric Stokes, Northern and Central India, in: D. Kumar (Hg.), *The Cambridge Economic History of India*, vol. 2, S. 49-50 und Anand A. Yang, *The Limited Raj. Agrarian relations in colonial India, Saran District, 1793-1920* (Delhi etc. 1989).

[38] Blair B. Kling, *The Blue Mutiny: the Indigo disturbances in Bengal, 1859-1862* (Philadelphia 1966).

Millionen Menschen an den Folgen der menschengemachten Lebensmittelknappheit starben.[39]

Eine völlig neue Sparte der Landwirtschaft nahmen die Teeplantagen Darjilings und Assams ein. Die ersten Plantagen wurden mit ausschließlich europäischem Kapital betrieben, auf Land, das den britischen Eigentümern preisgünstig von der Kolonialregierung überlassen wurde. Im Laufe der zweiten Hälfte des 19. Jahrhunderts engagierten sich dann zunehmend Inder im Teeanbau, so dass 1892 Europäer 13,4 Millionen m^2 und Inder 22,4 Millionen m^2 bewirtschafteten. In den darauf folgenden Jahrzehnten verschob sich dieses Verhältnis weiter zu Gunsten der Inder.[40] Im Gegensatz zu den überseeischen Plantagen- und den heimischen Industriebetrieben überwogen auf den Teeplantagen die weiblichen Kulis. Laut ‚Census of India' arbeiteten 1921 in einem der Hauptanbaugebiete für Tee 65.938 Frauen und 56.745 Männer.[41] Trotz des stetigen Mangels an Arbeitskulis betrugen deren Löhne nur etwa die Hälfte der Einkünfte von landwirtschaftlichen Arbeitskräften in der Umgegend. Indische wie britische Plantageneigentümer und Manager zogen in der ‚India Tea Association' am selben Strang, mit dessen Hilfe sie zwischen 1920 und der Unabhängigkeit Britisch-Indiens die Löhne über reduzierte Arbeitseinheiten nahezu unverändert hielten. Das konnte nur deshalb geschehen, weil alle staatlichen Maßnahmen zur Regulierung der Arbeitsverhältnisse die Teeplantagen systematisch ausnahmen. Noch 1946 stellte eine Regierungskommission fest, sämtliche Versuche, in den 1930er Jahren faire Löhne und geregelte Arbeitsbedingungen für die Teeplantagen festschreiben zu wollen, seien gescheitert.[42]

3.3.2 Nordindien

In der Mitte des 18. Jahrhunderts hatten die *nawab-wazir*s von Awadh damit begonnen, die Steuern zentral einzuziehen, um so die Expansion des Landes zu finanzieren und die Herrschaft im Innern zu konsolidieren. Dazu wurden neue Steuerbezirke eingerichtet, *taluqa*s, alte oder neue lokale Eliten als *taluqdar*s eingesetzt und direkt an die Regierung in Lakhnau gebunden. Wie in Bengalen wurden auch in Awadh die Rechte zum Steuereinzug vermehrt versteigert (*ijara*-System). Sofern verlässliche oder kontrollierbare Vertragspartner zum Zuge kamen, konnte mit einem Minimum an Kosten ein Maximum an Steuern realisiert werden. Nach der Annexion der ‚Ceded and Conquered Provinces' durch die EIC Anfang des

39 Omkar Goswami, Agriculture in slump: the peasant economy of east and north Bengal in the 1930s, in: *Indian Economic and Social History Review* 21 (1984), S. 335-264. Paul R. Greenough, *Prosperity and Misery in Modern Bengal. The famine of 1943-1944* (New York/Oxford 1982), S. 61-84.

40 Angeli Vaid, Derek Merrill, Grant Bage (Hg.), *Victorian India. Tea garden of the world* (London 1996).

41 S. Bose, *Peasant Labour and Colonial Capital*, S. 99. Zur Anwerbung der so genannten Kulis siehe hier das Kapitel zu „Migration und Diaspora"

42 Ebenda, S. 96-97. Allgemein zu den Teeplantagen aus Sicht der Eigentümer Percival Griffith, *History of the Tea Industry of India* (London 1972).

19. Jahrhunderts wurde im Restterritorium Awadhs der Steuereinzug nochmals intensiviert, indem nun jedes Dorf separat veranlagt wurde, unter Umständen auch mit einem eingesetzten Steuereintreiber. Teilweise wurde die intermediäre Schicht der *taluqdar*s wieder entmachtet, um darüber die fiskalischen Einkommensverluste aufzufangen. Verstärkt wurde das *ijara*-System angewendet, mit Erfolg, denn die Steuerpartner sahen sich veranlasst, zur Steigerung ihrer eigenen Einkünfte in die Infrastruktur ihres Landes zu investieren. Den Zentralisierungsprozess verdeutlichen die folgenden Zahlen: Befanden sich in Awadh zur Zeit seiner kompletten Annexion 1856 etwa zwei Drittel der Steuerverträge in den Händen *taluqdar*s, waren es in den ‚Ceded and Conquered Provinces'[43] zum Zeitpunkt der Abtretung gerade einmal 20 Prozent.[44]

Das Gebiet der ‚Ceded and Conquered Provinces' gehörte zu den ältesten und den am intensivsten genutzten landwirtschaftlichen Nutzflächen Nordindiens. Fruchtbar und ertragreich, waren sie deshalb im 18. Jahrhundert von Marathen, Jats, Ruhelas, Sikhs und den Moguln gleichermaßen begehrt. Das Steuerveranlagungssystem der *nawab*s von Awadh funktionierte nur bedingt im Doab von Ganges und Jamuna. Eine Jahrhunderte alte intensive Herrschaft und eine relative Bevölkerungsdichte hatten zu komplexen Veranlagungsmodi geführt. *Zamindari*-Rechte existierten neben individuellen und dörflichen Veranlagungen mit den Bauern. In den ersten Jahrzehnten experimentierten die Briten mit den vorgefundenen Steuerpartnern, doch nur um die Steuer permanent zu erhöhen, weniger um zu einer gerechten oder systematischen Veranlagung zu gelangen, allen kolonialrhetorischen Erläuterungen zum Trotz. Im Prinzip lief ihr Verständnis der Steuerveranlagung auf eine strikte Trennung der *zamindari* und der *pattidari* Veranlagungsmodelle hinaus; letzteres bezeichnet eine gemeinschaftliche Steuerveranlagung auf dörflicher Ebene, wobei die interne Aufteilung autonom geregelt wird.[45]

Um Klarheit in die unübersichtliche Lage zu bringen, sollte schließlich die Reform von 1822 eine dörfliche (*mahal*) Veranlagung festschreiben, nach der Katasterkarten anzufertigen und darin die einzelnen Felderträge zu verzeichnen waren. In den britischen Steuerakten und in der Historiografie ist dieser Steuerveranlagungstyp als ‚Mahalwari Settlement' bekannt geworden. Doch die Reform blieb im Ansatz stecken und brach unter dem Eigengewicht der Aufgaben zusammen. Mit seinem eigenen Verständnis der zeitgenössischen Debatten zur Steuerveran-

---

43 Im Zuge von Gebietsreformen 1836 in North Western Provinces (NWP) umbenannt. Nach der Annexion Awadhs 1856 hieß die britische Verwaltungseinheit seit 1877 North Western Provinces of Agra and Oudh, die 1902 in United Provinces of Agra and Oudh (UP) umbenannt wurde. Heute bezeichnet sie den indischen Bundesstaat Uttar Pradesh (UP).

44 Thomas R. Metcalfe, *Land, Landlords and the British Raj. Northern India in the nineteenth century* (Berkeley/Los Angeles/London 1979), S. 22-31. A. Siddiqi, *Agrarian Change in a Northern Indian State*, S. 66-86.

45 A. Siddiqi, *Agrarian Change in a Northern Indian State*, S. 15-25. T. R. Metcalfe, *Land, Landlords and the British Raj*, S. 50-67.

lagungen stellte schließlich Governor General William Bentinck (amt. 1828–35) alle theoretischen Steuerdiskussionen auf den Kopf und ordnete 1833 eine Steuerveranlagung nach dem Verfahren ‚aggregate-to-detail' an, statt umgekehrt. Danach sollte ein *mahal* steuerlich abgeschätzt werden, die Zusammensetzung und Realisierung der Summe aber blieb dem Steuerkontraktor überlassen. Diese Reform ist auch als ‚Anti-Taluqdar-Settlement' bekannt geworden, wonach so viel Land wie möglich unmittelbar mit einzelnen Bauern steuerlich veranlagt werden sollte. Im Prinzip aber reproduzierten und modifizierten die Briten damit nur die bestehende Steuerveranlagungspraxis, ohne dabei eine wesentliche Vereinfachung oder größere Übersichtlichkeit herbeizuführen.[46]

Um die Steuereinnahmen weiter zu steigern, wurde bis 1840 das meiste steuerfreie *lakhiraj* oder *muāafi* Land konfisziert, das, addiert, die Ackerfläche des größten Distriktes der ‚Ceded and Conquered Provinces'/'North Western Provinces' einnahm. In den annektierten Gebieten Nordindiens schufen die Briten durch die Höhe der Steuerveranlagung, die anfänglich bis zu 90 Prozent des Netto-Ertrages betragen konnten, und durch die rigorose Eintreibung der Steuern tatsächlich einen Landmarkt. Insgesamt dürften in der ersten Veranlagungsperiode von 30 Jahren nach der Reform von 1833 schätzungsweise bis zu 40 Prozent des Landes den Besitzer gewechselt haben. Oft fanden sich auf den Auktionen jedoch keine ‚Käufer', weshalb sich die britische Kolonialadministration oft gezwungen sah, einzelne Ländereien entweder zu Schleuderpreisen oder unter Aussetzung der Schulden an die ehemaligen Besitzer auszugeben. In vielen Fällen blieb das Land in staatlichen Händen und wurde nur zur reinen Steuerverwaltung vergeben. Im Unterschied zu Bengalen löste die Steuerveranlagung in den ‚North Western Provinces' eine weitreichende soziale Umschichtung aus, der die alteingesessenen Eliten zum Opfer fielen. Gewinner waren meist die *baniya*s und *mahajan*s, die als städtische Unternehmer zunehmend Einfluss auf die landwirtschaftlichen Produktionsverhältnisse nahmen.[47]

In der ersten Jahrzehnten nach der Annexion wurden die ‚Ceded and Conquered Provinces' durch die Briten systematisch zu einer ‚cash crop' Region ausgebaut. Gezielte staatliche Kreditvergabe – *taqavi*-Anleihen für Bewässerungsanlagen gab es nur noch kombiniert mit Nutzfruchtanbau – und private Kredite – städtische *baniya*s und *mahajan*s vergaben Kredite ebenfalls nur in Einheit mit gewinnträchtigem Nutzfruchtanbau – förderten die expansive und intensive Kultivierung von Indigo, Zuckerrohr und Baumwolle. Die steigende Nachfrage auf den Weltmärkten gerade nach Indigo und Baumwolle nach dem Ende der Napoleoni-

---

46 Michael Mann, *Britische Herrschaft auf indischem Boden. Landwirtschaftliche Deformation und ökologische Destruktion im ‚Central Doab', 1801-1854* (Stuttgart 1992), S. 23-54, 113. A. Siddiqi, *Agrarian Change in a Northern Indian State*, S.114-139. Zur Funktion des *muqaddam* (Dorfvortseher) ebenda, S. 27-34.

47 T. R. Metcalfe, *Land, Landlords and the British Raj*, S. 68-71, S 125-132. Meena Bhargava, *State, Society and Ecology. Gorakhpur in transition, 1750-1830* (Delhi 1999), S. 96-191. M. Mann, *Britische Herrschaft auf indischem Boden*, S. 113-114, S. 188-198.

schen Kriege löste einen Boom und Spekulationen mit beiden Rohstoffen aus. Als Vorbote des Indigo-Markt Kollapses in Bengalen und Bihar Anfang der 1830er Jahre brach das nordindische Doab zusammen, das als ökonomische Randzone Britisch-Indiens als erstes unter dem Entzug von Krediten zu leiden hatte. Als Konsequenz aus dem Desaster konzentrierten sich die britischen Pflanzer und die indischen *baniya*s schnell auf Baumwolle und Zuckerrohr. Früh zeigte sich die hohe Flexibilität, mit der die rigorose ‚cash crop'-Wirtschaft einhergeht, wenn innerhalb weniger Jahre von einer Frucht auf eine andere umgestellt wurde.[48]

Ungleicher Zugang zu Land, die wachsende Abhängigkeit von städtischen Kreditgebern und der Ausbau der Nutzfruchtwirtschaft bei gleichzeitig abnehmenden Erträgen in der Nahrungsmittelerzeugung waren die wesentlichen Ursachen für anhaltende Unruhen in Nordindien. Diese kulminierten im Großen Aufstand des Jahres 1857, den zwar meuternde Soldaten der britisch-indischen Armee auslösten und an dem sich auch städtische Händler beteiligten, der aber vielfach von verzweifelten Bauern getragen wurde. Einheitliche Beweggründe für die Beteiligung der Bauern sind nicht auszumachen, dazu waren die lokalen landwirtschaftlichen Strukturen zu verschieden. Allein der Zugang zu Wasser und dessen Verteilung konnte entscheidend für die Beteiligung sein. Besonders die kleinräumige landwirtschaftliche Nutzfläche machte Kleinbauern wie Kleinpächter anfällig für wirtschaftliche Schwankungen, die den Steuerdruck dann umso stärker spürten. Für einzelne *zamindar*s hingegen konnte die Umstellung auf den Nutzfruchtanbau eine wirtschaftliche Besserstellung bedeuten, doch die zahlreichen Landverkäufe zum Ausgleich der Steuerschulden leiteten oftmals ihren sozialen Abstieg ein. Vor allem die 1856 novellierte Steuerveranlagung in den ‚North Western Provinces' reduzierte die Anzahl der *taluqdar*s von 23.550 auf 13.650 und schuf ein beträchtliches Potenzial an Rebellen, denen sich die Bauern oftmals anschlossen.[49] Neben den sozialen und ökonomischen Verwerfungen waren es auch die ökologischen Veränderungen, die vielerorts die Landwirtschaft eingeschränkt wenn nicht gar unmöglich hatten werden lassen.[50]

Die konservative Politik der britischen Kolonialmacht nach dem Großen Aufstand führte zu einer Doppelstruktur bei den Grundrechtstiteln. In den ‚North Western Provinces' dominierte das ‚Mahalwari Settlement', während im 1856 annektierten Awadh die ehemals dominierenden *taluqdar*-Rechte gestärkt wurden,

---

48 A. Siddiqi, *Agrarian Change in a Northern Indian State*, S. 140-153. M. Mann, *Britische Herrschaft auf indischem Boden*, S. 115-123. Markantestes Beispiel hierfür ist der komplette ‚Austausch' von Kaffee mit Tee in Ceylon in den 1880er Jahren, nachdem Schädlingsbefall die Kaffeebüsche zerstört hatte, siehe Asoka Bandarage, *Colonialism in Sri Lanka. The political economy of the Kandyan highlands, 1833-1886* (Berlin, New York, Amsterdam 1983), S. 43-86.

49 Kapil Kumar, *Peasants in Revolt. Tenants, landlords, Congress and the Raj in Oudh 1886-1922* (Delhi 1984), S. 6.

50 Eric Stokes, *The Peasant and the Raj. Studies in agrarian society and peasant rebellion in colonial India* (Cambridge 1978) und ders., *The Peasant Armed. The Indian Rebellion of 1857* (ed. by Christopher A. Bayly, Oxford 1986). Siehe auch T. R. Metcalfe, *Land, Landlords and the British Raj*, S. 143-158 und M. Mann, *Britische Herrschaft auf indischem Boden*, S. 188-202.

um so eine loyale Klasse von Landeigentümern zu stabilisieren. Allein im ehemaligen Awadh schufen die Briten nach der Konfiskation sämtlichen Landes 1858 über die Steuerveranlagung im darauf folgenden Jahr 24.000 *taluqdars* und 6.800 *zamindars*.[51] Zur Absicherung der Pächter wurde der ‚Bengal Act X' von 1859 auf die ‚North Western Provinces' ausgedehnt. Ständige Nachbesserungen in Form von Rent Acts in den Jahren 1873, 1881, 1886 und 1901 und schließlich der ‚Agra Tenancy Act' von 1926 verwandelten die von den Briten zunächst zu Pächtern reduzierten Bauern in eine Art „Unter-Eigentümer" mit staatlich gesicherten Besitzrechten. Infolgedessen wurden allein im Provinzteil Awadh zwischen 1858 und 1882 durchschnittlich 28,6 Prozent des Ackerlandes verkauft; am Ende des Zeitraums war kaum ein Pächter mehr schuldenfrei. Bis zum Beginn des 20. Jahrhunderts wurden nochmals 29 Prozent aller Pachtverträge aufgelöst. Mit der Gesetzgebung von 1926 integrierten die Briten die bislang disparaten Provinzteile, indem sie, neben der Absicherung der Pächter, den Großgrundbesitz insgesamt stärkten. Zurzeit der Unabhängigkeit entrichteten schließlich 1,3 Prozent der *zamindars* und *taluqdars* in den ‚United Provinces' 52 Prozent der Grundsteuer.[52]

Während die Pachtgesetzgebung die landbesitzenden Klassen dauerhaft stärkte, wurde die wirtschaftliche Lage der Pächter über die Jahrzehnte definitiv schlechter. Die Unsicherheiten waren für die landarmen Bauern am höchsten, die allein durch Pachterhöhungen ruiniert werden konnten, abgesehen von der Kündigung der meist einjährigen Pachtverhältnisse – ganz zu Schweigen vom Los der landlosen Bauern. Freilich erwies sich gerade der Grat zwischen landarm und landlos oft als schmal für die Kleinpächter, deren Boden vielfach nicht zur Versorgung der eigenen Familie ausreichte und temporäre Landarbeit auf Äckern der Landeigentümer (*sir*) zwingend notwendig machte. Die latente Unsicherheit löste immer wieder lokale Unruhen aus. Herausstechend sind die Unruhen der Indigo-Bauern 1886 und nach dem Ersten Weltkrieg. Aufgrund der fortschreitenden sozialen Deprivation schlossen sich die Pachtbauern Awadhs nun in der *kisan sabha* (Bauernrat) zusammen und lokale Führer wie Ram Chandra organisierten, unabhängig vom urban ausgerichteten INC und seiner ‚Non-Cooperation' Bewegung, von 1920 bis 1921 erfolgreiche Widerstandsaktionen.[53]

Die Transformation der landwirtschaftlich ertragreichen Gebiete der ‚United Provinces' zu einer Nutzfruchtregion trieben die Briten mit dem Ausbau der Infrastruktur voran. Im Vordergrund stand die Konstruktion von Kanälen zur Bewässerung, um so die unregelmäßigen Niederschläge des Monsun auszugleichen.

---

[51] Peter Reeves, *Landlords and Governments in Uttar Pradesh. A study of their relations until zamindari abolition* (Bombay etc. 1991). K. Kumar, *Peasants in Revolt*, S. 11.

[52] D. Rothermund, *Government, Landlord and Peasant in India*, S. 128-145. K. Kumar, *Peasants in Revolt*, S. 17-35.

[53] Eric Stokes, Northern and Central India, in: D. Kumar (Hg.) *The Cambridge Economic History of India*, vol. 2, S. 58-65. Thomas R. Metcalfe, *The Aftermath of Revolt. India, 1857-1870* (Princeton 1964), S. 187-197.

Auf den besseren und bewässerbaren Böden bauten die Bauern vornehmlich die finanziell ertragreichen Nutzfrüchte an, während die Grundnahrungsmittel zunehmend auf die marginalen Böden abgedrängt wurden. In den Bewässerungsgebieten nahm die Fruchtbarkeit der Bodenkrume ab, denn die fehlende Drainage löste bei überreichem Wasserzufluss die Versalzung oder Versumpfung des Bodens aus. Oft wurde die Oberfläche des trockenen Bodens mit der intensiven Bewässerung weggespült oder das stehende Wasser verhärtete die Bodenoberfläche. Die stetige Rodung von zusammenhängenden Waldgebieten zur Ausweitung dar agrarischen Nutzfläche verstärkte im Ganga-Jamuna Doab die negativen Auswirkungen auf die Landwirtschaft, wenn bislang ganzjährige Flüsse und Bäche sowie Brunnen wenige Monate nach dem Monsun versiegten, die Versalzung wegen der erhöhten Oberflächenverdunstung zunahm und gravierende Wind- und Wassererosionen die Folge waren. In Zeiten knapper oder ausbleibender Regenfälle sollte sich die Revolutionierung der Anbaumethoden nachteilig auswirken, wenn die Selbstversorgung mit Nahrungsmitteln zusammenbrach, so während der Dürren und Hungersnöte in den Jahren 1837-38, 1868-69, 1877 und 1880-81.[54]

Zwischen 1880 und 1948 expandierte die agrarische Nutzfläche in den ‚United Provinces' von 29,4 Millionen *acres* auf 36,8 Millionen *acres*. Auffällig ist die geografisch unterschiedliche Verteilung der Ernteerträge aufgrund der klimatischen und ökologischen Bedingungen. Trotz der intensiven Kanalbewässerung im westlichen Landesteil fielen die Ernten hier stets geringer aus als in den östlichen Gebieten, weil das semi-aride Klima bei künstlicher Bewässerung hohe Verdunstungsraten aufweist, im Gegensatz zu den östlichen Landesteilen, wo die Hitzeperiode kürzer, die Regenfälle reichlicher und die positiven Effekte der Bewässerung deshalb nachhaltiger sind. Außer in Zeiten von Dürren ist eine regelmäßige *rabi*-Ernte gewährleistet. Von Banares bis in die submontanen Distrikte von Gorakhpur und Basti basierte die Landwirtschaft hauptsächlich auf den natürlichen Niederschlägen und einem wassersparenden, gleichwohl intensiven Ackerbau mittels staatlich geförderter Brunnenbewässerung. Grundsätzlich ist Brunnenbewässerung teuer und (arbeits-)intensiv, sichert aber hohe Erträge, während Kanalbewässerung etwa sieben Mal preisgünstiger, aber bei geringem Arbeitseinsatz (flächen-)extensiv ist und vergleichsweise mäßige Erträge bringt. Letztlich aber ist der Kostenfaktor entscheidend, denn noch 1922 versorgte die Brunnenbewässerung nur ein Drittel der Anbauflächen mit Wasser. Die Transformation der Agrarwirtschaft war insofern erfolgreich, als 1947 fast 60 Prozent der für Zuckerrohranbau genutzten landwirtschaftlichen Fläche *ganz* Indiens in den ‚United Provinces of Agra and Oudh' lag.[55]

---

[54] M. Mann, *Britische Herrschaft auf indischem Boden*, S. 92-179. E. Whitcombe, *Agrarian Conditions in Northern India*, S. 64-83.

[55] D. Thorner (Hg.), *Ecological and Agrarian Regions of South Asia*, S. 68-77.

3.3.3 Panjab

Mehr als in den submontanen Gebieten der ‚United Provinces' hing im westlichen Panjab[56] die Leistungskraft der Landwirtschaft von der Verfügbarkeit und der effizienten Kontrolle des Wassers ab, im Gegensatz zum östlichen Panjab, dessen Landwirtschaft aufgrund der etwa ein Viertel höheren Niederschlagsmengen und des insgesamt höheren Grundwasserspiegels weitaus stärker auf Brunnenbewässerung basierte. Jedoch existierten im westlichen Panjab trotz des unter den Briten öffentlich geförderten Kanalbaus auch weiterhin die privat finanzierten künstlichen Bewässerungsanlagen. Allein die Zahl der Brunnen stieg zwischen 1849 und 1947 von 137.000 auf 347.000. Auch absolut nahm das brunnenbewässerte im Verhältnis zum kanalbewässerten Land zu. Insgesamt waren am Ende der britischen Kolonialherrschaft im westlichen Panjab etwa 70 Prozent der Agrarfläche bewässert, im östlichen Panjab waren es gerade einmal 44 Prozent.[57]

Die regelmäßigen Niederschläge und die gesicherte Bewässerung der bergigen und bergnahen Region des westlichen Panjab führten dazu, dass die Sikh-Fürstentümer dort bereits im 18. Jahrhundert verstärkt Nutzfrüchte anbauten und das Land als *zabt* veranlagten, wonach die Steuern in Geld zu entrichten waren. Die Kommerzialisierung der Agrarwirtschaft hatte folglich ohne externe europäische Initiative eingesetzt. Inwiefern die Ausweitung des weltweiten Handels mit indischen Textilien diesen Prozess beeinflusst hat, muss mangels Kenntnissen vorerst dahingestellt bleiben. Das von den Moguln übernommene Steuerveranlagungssystem wurde beibehalten und über die *muqaddam*s und *zamindar*s organisiert. Aufgrund der religiösen Vielfalt gab es im Panjab einen beträchtlichen Umfang an steuerfreiem *madad-i-ma'ash* oder *dharmath* Land, das die diversen Fürsten der Sikhs bei passender Gelegenheit bestätigten. Außerdem machten sie neue Stiftungen und Schenkungen.[58] Die soziale Zusammensetzung der Gesellschaft im Sikh *Raj* in der Mitte des 19. Jahrhunderts hat je nach Region erheblich geschwankt: die nicht Ackerbau betreibenden Landeigentümer stellten grob bis zu 40 Prozent der Bevölkerung, während Kleineigentümer zwischen 50 und 90 Prozent und Kleinpächter etwa 40 Prozent ausmachten.[59]

---

[56] Im Folgenden ist unter Panjab stets die britische Provinz gemeint. Der geografische Panjab (wörtl.: Fünfstromland – Indus, Jhelum, Chenab, Ravi und Satlej), setzt sich aus vier großen Doabs (Zweistromländern, gemeint sind die erhöht liegenden Zwischenstromplatten) zusammen, auf die bei der Kanalbewässerung gesondert eingegangen wird. Hier wird zwischen dem westlichen – geografischen, heute zu Pakistan gehörenden – und dem östlichen Panjab, heute die indischen Bundesstaaten Haryana, Himachal Pradesh und Panjab bildend, unterschieden.

[57] D. Thorner (Hg.), *Ecological and Agrarian Regions of South Asia*, S. 60-62, 66-67.

[58] Das maßgebliche Standardwerk zur Agrargeschichte des Panjab stammt von Indu Banga, *Agrarian System of the Sikhs: Late eighteenth and early nineteenth century* (Delhi 1978). Neuere Untersuchungen sind zusammengestellt in dies., *Five Punjabi Centuries. Polity, economy, society and culture, c. 1500-1990* (Delhi 1997), siehe darin bes. Veena Sachdeva, Agrarian production and distribution in the late eighteenth century, ebenda, S. 284-306.

[59] Radha Sharma, Agrarian society in transition: Mid-nineteenth century, in: Indu Banga, *Agrarian System of the Sikhs: Late eighteenth and early nineteenth century* (Delhi 1978), S. 307-317.

Abb. 29: Bewässerung mit dem „Persischen Rad" im Panjab, 1. Hälfte des 19. Jahrhunderts.

Nach der Annexion des Panjab 1849 formierten die Briten aus den Gebieten westlich der Jamuna bis hin zum Indus die Provinz Panjab, übernahmen die vorgefundenen Steuersysteme und kombinierten sie mit den Bestimmungen des ‚Mahalwari-Settlements' (oder auch ‚Village Settlement') zum summarischen Steuereinzug aus den ‚North Western Provinces'. Generell förderten die Briten die unmittelbare Veranlagung mit alteingesessenen *zamindars*, die Grundeigentums- oder Grundbesitztitel, oder mit denjenigen Pachtbauern, die eine langjährige Bearbeitung des Bodens nachweisen konnten. Um die Steuereinnahmen zu erhöhen, reklamierten die Briten innerhalb weniger Jahre sämtliche *jagirdari* und *mu'afi* Ländereien, die in manchen Fürstentümern des Panjab, so im ehemaligen Lahore *Raj*, ein Drittel des Fläche umfassen konnten. Die Verdrängung der intermediären Schicht von *zamindars* mit bloßen Steuerrechten war um 1870 fast vollständig abgeschlossen, so dass die Sozialstruktur durch weit überwiegendes Kleineigentum (56 Prozent) und extrem wenig Großgrundeigentum (3 Prozent) gekennzeichnet war – der Rest entfiel auf die Kleinpächter, die jedoch in vielen Fällen kaum von den *zamindars* zu unterscheiden waren.[60]

Problematisch erwies sich die summarische Steuerveranlagung im Panjab insofern, als zu deren Berechnung der Preisindex für Lebensmittel zugrunde gelegt und

60 Andrew J. Major, Land revenue and peasant protection in early British Punjab, in: ebenda, S. 318-332 und ders., *Return to Empire. Punjab under the Sikhs and British in the mid-nineteenth-century* (New Delhi 1996), S. 155-169.

die Steuer verstärkt in Geld eingetrieben wurde. Innerhalb weniger Jahre brach das überzogene und rigide gehandhabte Steuersystem zusammen und bereits 1852-53 mussten 13 Prozent des *jama* abgeschrieben werden. Kurz darauf fielen die Preise für landwirtschaftliche Produkte um fast die Hälfte. Der britischen Kolonialadministration im Panjab blieb nichts anderes als die grundlegende Revision der gesamten Steuerveranlagung und eine Minderung des *jama* um bis zu 30 Prozent übrig. Schließlich wurde 1860 der staatliche Brutto-Anteil von zwei Drittel auf 50 Prozent gesenkt. Dennoch blieben die Gerichte einer Flut von Rechtsfällen wegen umstrittener Besitztitel und zwangsweisen Auktionierungen ausgesetzt. Stärker als in den ‚North Western Provinces' hatte die Monetarisierung des Steuereinzugs die Bauern und die Pächter von den Kreditgebern abhängig werden lassen, die nun ihrerseits die Schulden rigoros eintreiben ließen.[61]

In den 1880er Jahren geriet der agrarisch bislang ‚unerschlossene' westliche Panjab in den Blickwinkel der Kanalplaner, nachdem die Briten seit den 1860er Jahren lediglich die vorhandenen Kanalanlagen instandgesetzt und einige wenige neue konstruiert hatten.[62] Vor allem die kargen Doabs ließen ungeweckte landwirtschaftliche Potenziale vermuten. Hintergrund für die Initiative der Ingenieure bildeten die Sorgen des Kolonialfiskus über die wachsenden ‚Home Charges', die hauptsächlich aus den Pensionen für ehemalige Briten im indischen Kolonialdienst bestanden und die Ende des 19. Jahrhunderts ein Viertel der jährlichen Steuereinnahmen Britisch-Indiens betrugen. Da zu dieser Zeit die Grundsteuer immer noch der weitaus größte Einzelposten im Budget war, lag es nahe, jedes landwirtschaftliche Potenzial zu nutzen. Nun verwandelten die Briten systematisch die Provinz Panjab in die ‚Kornkammer' Indiens. Das statistische Material belegt dies in eindrucksvoller Weise: Betrug um 1840 die landwirtschaftliche Nutzfläche des Panjab etwa 12 Millionen *acres*, waren es am Ende der Kolonialherrschaft 31,2 Millionen. Davon waren im Zeitraum 1924-5 bis 1933-4 durchschnittlich 35 Prozent des bewässerbaren Bodens mit Weizen bestellt, 15 Prozent mit Baumwolle und 2,5 Prozent mit Zuckerrohr.[63]

Mittels diverser ganzjährig wasserführender Kanäle wurden die erhöht liegenden Doabs des Panjab für die Agrarwirtschaft erschlossen. Das Land kategorisierten die Briten als Staatsland (‚Crown Waste Land') und gaben es selektiv an geeignete Kolonisten, die meist aus den dicht besiedelten Distrikten des oberen westlichen Panjab stammten. In den so genannten ‚Canal Colonies', die zwischen 1886 und 1925 aufgebaut wurden, vergab der Kolonialstaat das Land zur Pacht an ‚peasant grantees' und ‚yeoman'. Nur bereits etablierte Bauern konnten Pächter von Staatsland werden. Zunächst blieben 80 Prozent des Ackerbodens staatliches

---

61 A. J. Major, *Return to Empire*, S. 156-159 und R. Sharma, Agrarian society in transition, S. 310-316.

62 M. Mufakharul Islam, *Irrigation, Agriculture and the Raj: Punjab, 1887-1947* (Delhi 1997), S. 25-31, 37-55.

63 D. Thorner (Hg.), *Ecological and Agrarian Regions of South Asia*, S. 64 und M. M. Islam, *Irrigation, Agriculture and the Raj*, Table 3.5, S. 73.

Eigentum. Widerstand gegen das hohe Maß an staatlicher Kontrolle regte sich in den Dörfern der ,Canal Colonies' 1906, als ein Gesetz, mit dem Vorschusskonditionen einseitig durch britische Beamte festgelegt werden konnten, den staatlichen Zugriff auf die Bauern erhöhen sollte. Dagegen erhoben sich die Siedler und forderten im Gegenzug garantierte Eigentumsrechte. Nur das Veto des Vizekönigs gegen die laufende Gesetzgebung beruhigte die extrem gespannte Lage. Doch erst mit dem 1912 verabschiedeten ,Colonization of Land Act' konnten auch die kleineren und mittleren Pächter Landeigentum erwerben. Altgedientem indischen Militär- und Zivilpersonal, das überwiegend im Panjab rekrutiert wurde, sollte das Siedlungsland Basis für einen wirtschaftlichen Neubeginn sein. Gezielt wurden die Siedler als interne Kolonisten des British *Raj* eingesetzt, das seinen stärksten Rückhalt stets im Panjab behalten sollte.[64]

In den Bewässerungsgebieten des westlichen Panjab war eine allmähliche Verdrängung des Nahrungsmittelanbaus auf marginale Böden zu beobachten. Einen nachhaltigen Schub erhielt diese Entwicklung mit dem Amerikanischen Bürgerkrieg (1863–65), als die Baumwolle aus den US-amerikanischen Südstaaten für die Verarbeitung in Lancashire ausfiel und stattdessen indische Baumwolle angefordert und vorwiegend aus dem Panjab und Gujarat geliefert wurde. Zuckerrohr wurde im östlichen Panjab angebaut, wenngleich die Ertragsfähigkeit der dortigen Böden nur die Hälfte im Vergleich zu den bengalischen Anbaugebieten betrug. Die zum Teil rasche Kommerzialisierung und Kapitalisierung der Landwirtschaft durch britische Investitionen hatte die Pauperisierung weiter Teile der Bauern zur Folge. Trotz der mehrfach revidierten Steuergesetzgebung stiegen die Landverkäufe wegen Steuersäumigkeit und Schulden zwischen 1866 und 1900 um 430 Prozent. Gewinner waren, wie so häufig, *baniya*s und *khatris*.[65]

Gesetzliche Regulierungen griffen lange nicht. Der ,Panjab Tenancy Act' von 1868 bestätigte im Prinzip nur die erste Veranlagung. Auch die Revision dieses Gesetzes im Jahr 1887 brachte keine wesentlichen Verbesserungen, abgesehen von den neuen Befugnissen des britischen Steuereintreibers, Steuer- und Pachtsätze nach eigenem Ermessen festlegen zu können. Erst der ,Panjab Land Alienation Act' aus dem Jahr 1900 versuchte dem Treiben um Landverkäufe wegen Steuerschulden ein Ende zu bereiten und untersagte die Veräußerung des Ackerlandes von Bauern an nicht-Bauern. Allerdings war die bäuerliche Verschuldung damit keinesfalls aufgehalten, sondern nur verlagert worden, denn jetzt boten wohlhabende Landbesitzer verstärkt Kredite an. Noch 1929 stellte eine britische Bankenkommission im Panjab fest, Kreditvergabe sei hier das lukrativste Gewerbe. Zweifelsohne förder-

[64] Imran Ali, Canal colonization and socio-economic change, in: Indu Banga, *Agrarian System of the Sikhs: Late eighteenth and early nineteenth century* (Delhi 1978), S. 341-357. Rajit K. Mazumdar, *The Indian Army and the Making of the Punjab* (Delhi 2003), S. 93-138, 202-257. N. Gerald Barrier, The Punjab disturbances of 1907: The response of the British government in India to agrarian unrest, in: David Hardiman (Hg.), *Peasant Resistance in India, 1858-1914* (Delhi etc. 1992), S. 227-258.

[65] D. Thorner (Hg.), *Ecological and Agrarian Regions of South Asia*, S. 63, 67.

te die „innere Kolonisation" die von vornherein Bessergestellten und nachträglich Privilegierten, die am agrarwirtschaftlichen Aufschwung des Panjab partizipierten. Die unteren sozialen Schichten waren von dieser Entwicklung weitestgehend ausgeschlossen. Außerhalb der Kanalkolonien war die Diskrepanz noch offensichtlicher, wo 1931 die Grundeigentümer lediglich 5 Prozent der ländlichen Bevölkerung betrugen, die verschiedenen Pächter hingegen 80 Prozent und die landlosen Arbeiter 15 Prozent.[66]

Langfristig musste die intensive Bewässerung der ehemals trockenen und hochgelegenen Bodensenken zwischen den Flüssen zu gravierenden ökologischen und agrarökonomischen Problemen führen. Sofern nicht für eine entsprechende Drainage gesorgt war, trat im westlichen Panjab indes keine Salinisation, sondern überwiegend Wasserrückstau auf. Im Messzeitraum 1927/28 bis 1946/47 stieg die betroffene Fläche von 11.500. Hektar auf 78.700 Hektar an. Das Problem des stehenden Wassers und der drohenden Versumpfung war durch verschwenderischen Wasserverbrauch entstanden. Geringe Gebühren hatten die Überflutung der Felder geradezu begünstigt. Im westlichen Panjab litt ein Viertel der Kulturfläche unter Wasserrückstau, wovon bereits Mitte der 1890er Jahre 40 Prozent landwirtschaftlich definitiv nicht mehr genutzt werden konnten. Obwohl die Regierung dem Ackerlandverlust entgegentreten wollte und dazu nicht nur eine Untersuchungskommission zur Ermittlung von Verbesserungsmaßnahmen einsetzte, sondern auch konkrete Schritte in Form von Drainagekanälen oder Reinigungs- und Entschlammungsarbeiten in den betroffenen Kanalanlagen einleitete und die Schließung bestimmter Kanäle veranlasste, kamen die Aktionen über eine Schadensbegrenzung meist nicht hinaus. Oft war der Ackerboden unwiederbringlich verloren.[67]

3.3.4 Südindien

Südindien ist durch große geografische und klimatische Unterschiede gekennzeichnet. Im Westen liegt die tropisch feuchte und regenreiche Malabarküste mit ihrer bis über 2000 Meter ansteigenden Gebirgskette, den so genannten Western Ghats. Dahinter liegt in östlicher Richtung die Zone des trockenen Hochlands, das Malnad, das in eine flache Ebene, den Maidan, abfällt. Dem schließt sich der Balanghat an, der schließlich in das Flachland der wasserreichen Flussdeltagebiete an der südlichen Coromandelküste, dem Payanghat, abfällt. An dieser wie an der Malabarküste war die Landwirtschaft höchst ertragreich und aufgrund ergiebiger und regelmäßiger Niederschläge kaum krisenanfällig. Der Nutzfruchtanbau von Zuckerrohr entlang der Malabarküste und von Baumwolle in Maisur war auf zusätzlichen Verdienst ausgerichtet, von einer Kommerzialisierung kann nur be-

---

[66] Neeladri Bhattacharya, Lenders and debtors: Punjab countryside: 1880-1940, in: *Studies in History*, n.s. 1,2 (1985), S. 305-342. D. Rothermund, *Government, Landlord and Peasant in India*, S. 148-153.

[67] M. M. Islam, *Irrigation, Agriculture and the Raj*, S. 55-58.

dingt gesprochen werden. Bis in die zweite Hälfte des 19. Jahrhunderts ist jedoch eine stetig wachsende agrarwirtschaftliche Prosperität zu beobachten, der erst durch die katastrophalen Hungerepidemien von 1865-6 und vor allem der von 1876-8 mit 4 bis 5 Millionen Toten, was etwa 10 Prozent der Bevölkerung entsprach, ein jähes Ende bereitet wurde.[68]

Krisenanfällig war hingegen das Hochplateau des südlichen Dakhan mit seinen geringen Niederschlagsmengen. Selbst der gesicherte Zugang zu Land war keine Garantie für ein wirtschaftliches Auskommen, wenn Menschen, Kapital und Material für den Ackerbau fehlten. In Zeiten knapper Regenfälle fiel das Zugvieh als erstes dem Wassermangel zum Opfer, bevor die Bauern abwanderten. So blieben während der 1840er und 1850er Jahre und am Ende des 19. Jahrhunderts die Böden über mehrere Jahre ungedüngt und ungepflügt. Dennoch überstieg bis zum allgemeinen demografischen Umschwung ab den 1920er Jahren die landwirtschaftliche Produktion in Südindien das Bevölkerungswachstum. Aber am Ende der Kolonialherrschaft fielen die Erträge bei der Getreideernte um 30 Prozent geringer aus als im Jahr 1916. Nicht allein Faktoren wie das Bevölkerungswachstum sind für diese Entwicklung verantwortlich zu machen. Auch die kolonialen Planungen im Agrarsektor, die zum bevorzugten Anbau von Nutzfrüchten geführt hatten, trugen hierzu bei.[69]

Zu ihren ersten Rechten des Grundsteuereinzugs kam die EIC in Südindien, als ihr 1765 im Zuge der regionalen Erbfolgekriege vom *nizam* von Haiderabad als Entlohnung für die militärische Unterstützung die so genannten ‚Northern Circars' zugesprochen wurden. Daneben genoss sie seit 1750 die Steuern einnahmen im Hinterland von Madras. Aktiv schalteten sich die Angestellten der nicht in die Steuerveranlagung ein, sondern kassierten lediglich die Steuern. Wenig ist bekannt über die Prinzipien der Steuerveranlagung im südlichen Indien des 18. Jahrhunderts. Aber offensichtlich etablierten sich nach dem Untergang des Reiches von Vijayanagar die bislang in die Reichsverwaltung integrierten *naik*s und *palayakkarar*s als lokale und regionale Kleinfürsten (‚little kings'). Auf dörflicher Ebene fungierten *mirasdar*s als Steuereintreiber sowie als Arbeitsorganisatoren für öffentliche Projekte wie den Bau und den Unterhalt von Bewässerungsanlagen. Auf der anderen Seite der subkontinentalen Spitze, in Malabar, bildeten die verschiedenen kleinen Fürstentümer, das Gebiet des *zarmorin* von Khozikhode und des *raja* von Travancore im 18. Jahrhundert eine kulturell wie ökonomisch einzigartige Region, in der die Agrarstrukturen weitenteils von brahmanischem *janmi*-Grundbesitz (*janmidar*) und *kanam*-Pachtverhältnissen (*kanamdar*) bestimmt waren. Die Grundsteuer besaß aufgrund der hohen landwirtschaftlichen Erträge nachgeord-

[68] Dharma Kumar, South India (Agrarian Relations), in: dies. (Hg.), *The Cambridge Economic History of India*, vol. 2 (Cambridge 1982), S. 207-209 und dies., South India (Regional Economy), in: ebenda, S. 353-355.

[69] Neil Charlesworth, *Peasants and Imperial Rule. Agriculture and agrarian society in the Bombay Presidency, 1850-1935* (Cambridge 1985), S. 78, 212

nete Bedeutung, zumal das staatliche Monopol auf Pfeffer und andere Gewürze einen Großteil der steuerlichen Einkünfte ausmachte.[70]

Nach dem 1792 gewonnenen Krieg gegen Tipu Sultan von Maisur und den anschließenden Gebietsannexionen begannen die Briten in diesen Gebieten mit der eigenen Steuerveranlagung. Bis 1801 legten sie die Steuern mit einzelnen Bauern fest und etablierten damit das später danach benannte ‚Raiyatwari Settlement'. Daneben aber existierte in Anlehnung an Bengalen das ‚Zamindari Settlement', das die Briten mit den *naiks* und *palayakkarars* zwischen 1801 und 1807 eingingen. Insgesamt war bis 1830 etwa ein Drittel der Steuerveranlagung als ‚Zamindari Settlement' abgeschlossen. Bei beiden Steuersystemen orientierten sich die Briten an den vorhandenen Strukturen. In den nördlichen Distrikten der entstehenden Madras Presidency existierten zahlreiche intermediäre Potentaten, die analog zu Bengalen ebenfalls permanent veranlagt wurden. Manche lokalen Herrscher konnten ihre Position unter der britischen Kolonialherrschaft behaupten und erhielten für ihre Loyalität, wenn auch nur in Ausnahmefällen, bis ins 20. Jahrhundert *inam*-Land. In den Gebieten hingegen, die von Maisur annektiert wurden, hatte Tipu Sultan die Steuern zur Finanzierung des Krieges oftmals direkt von den Bauern eingezogen. Wie in Bengalen, den ‚United Provinces' und dem Panjab suggerierte die britische Steuerterminologie eine Ordnung, die aber nicht darüber hinwegtäuschen kann, das im Zweifelsfall der britische ‚Revenue Collector' die Abschätzung, Bemessung und die Veranlagung der Steuern nach seinem eigenen Ermessen vornahm, wozu er gesetzlich ermächtigt war.[71]

Die erste Hälfte des 19. Jahrhunderts war noch von steuerlichen Experimenten gekennzeichnet. Grob sortierten die Briten die *zamindars* in die Rubrik des ‚Permanent Settlement' und die *inamdars* in die des ‚Zamindari Settlement' ohne dauerhafte Steuerveranlagung. In Tamilnad und der Telugu-Region anerkannten sie die lokalen *mirasdars* mit ihrem gemeinschaftlichen Grundbesitz, und an der Malabarküste (Malabar und Kanara) die *janmdars* als Grundbesitzer im Sinne des ‚Raiyatwari Settlement' an, das sie auf dörflicher Ebene schlossen. Den Bauern blieben oft kaum mehr als 20 Prozent des Bruttoertrages ihrer Ernten, in Thanjavur waren es 25 bis 33 Prozent. Beeindruckt von den fiskalischen Resultaten beschloss der Aufsichtsrat der EIC 1822, in allen bisher nicht als ‚Zamindari Settlement' veranlagten Distrikten das ‚Raiyatwari Settlement' einzuführen, sobald die dörflichen Steuerverträge abgelaufen waren. Die vorhandenen Pachtverträge der Bauern interessierten die Briten zunächst nicht, ebenso wenig wie die Tatsache, dass der Preisverfall in der Mitte des 19. Jahrhunderts und die anhaltend hohen Abgaben die Steuerlasten zunehmend den Pachtbauern aufbürdeten.[72]

---

[70] Burton Stein, *Peasant Society in Peasant State in South India* (Delhi 1980), S. 259-264.

[71] Dharma Kumar, South India (Agrarian Relations), S. 214-221. B. Sheik Ali, Developing agriculture: Land tenure under Tipu Sultan, in: Irfan Habib (Hg.), *Confronting Colonialism. Resistance and modernization under Haidar Ali and Tipu Sultan* (New Delhi 1999), S. 161-164. Nicholas B. Dirks, *The Hollow Crown. Ethnohistory of an Indian kingdom* (Cambridge 1987).

[72] Immer noch grundlegend zur Landwirtschaft und den agrarischen Arbeitsverhältnissen Dharma Kumar, *Land and Caste in South India. Agricultural labour in the Madras Presidency du-*

In Haiderabad war über die Hälfte des Ackerbodens als *khalsa*-Land ausgewiesen, auf dem die Bauern steuerlich unmittelbar und in Geld veranlagt wurden. Der Rest fiel unter eine *raiyat* Veranlagung, die den Bauern theoretisch, je nach Bewässerungsmöglichkeit, ein Viertel bis die Hälfte des Bruttoertrages beließ. Ein Drittel des Landes war in adligem Besitz oder als *jagir* ausgegeben, und das Land zu ähnlichen Konditionen an Bauern verpachtet. In Maisur hat es einen nahezu identischen Veranlagungsmodus gegeben, mit dem Unterschied, dass auf bewässerbarem Land 50 Prozent, auf unbewässerbarem 33 Prozent des Ernteertrages steuerlich abgeschöpft wurden. Vor allem in den Kriegszeiten während der zweiten Hälfte des 18. Jahrhunderts hoben die Herrscher diese Steuersätze an. Darüber hinaus versuchte Tipu Sultan die Rechte der *palayakkarar*s zu beschneiden oder gar zu konfiszieren, um das Land direkt mit den Bauern zu fixen Geldsätzen zu veranlagen. Die Bauern schienen eine Art Erbpacht besessen zu haben, die auf das Recht zur Bodenbestellung beschränkt war. Bei Steuerschuld fiel das Pachtland an den Staat zurück.[73]

Als das Kolonialregime in Madras erkannte, dass die bisherige Verwaltung des Landes für dessen landwirtschaftliche Entwicklung nachteilig verlaufen war, setzten die britischen Administratoren ab 1855 zu Reformen an. Zunächst einmal widmeten sie sich verstärkt den *inamdar*s. Eine eigens 1858 bis 1869 eingerichtete ‚Inam Commission' und der ‚Board of Revenue' erfassten bis zum Ende des 19. Jahrhunderts fast 475.000 *inam*-Titel und nahezu zweieinhalb Millionen *inamdar*s. Diejenigen unter ihnen, die einen Besitzanspruch über die vorausgegangenen 50 Jahre nachweisen konnten, wurden in ihren Rechtstiteln bestätigt, der Rest konfisziert.[74] Gleichzeitig waren der Aufsichtsrat in London und die Exekutivorgane in Madras entschlossen, zur Steigerung der Agrarproduktion und damit langfristig auch des Steueraufkommens eine Neubemessung und einen generellen Nachlass der Steuern beim ‚Raiyatwari Settlement' vorzunehmen, nachdem die Ungerechtigkeit der Steuersätze offensichtlich geworden war. Schließlich wurde 1864 die Hälfte des landwirtschaftlichen Nettoertrages als Steuersatz für die nachfolgenden Verhandlungen zur Steuerbemessung festgelegt.[75]

Ein Landmarkt, vergleichbar dem Nordindiens oder Bengalens, entstand in Südindien nicht. Zwar setzten Landverkäufe wegen Steuerschulden nach 1822 ein, doch nahmen sie nie die Ausmaße wie in den anderen britischen Territorien an. Lediglich bei den *zamindar*s waren drastische Veränderungen zu beobachten, denn betrug ihr Anteil an der Steuerveranlagung zu Beginn des 19. Jahrhunderts noch etwa ein Drittel aller Kontraktpartner, war es am Ende des Jahrhunderts gerade noch ein Fünftel. Offenbar ist der Großgrundbesitz aufgebrochen worden,

---

ring the nineteenth century (Cambridge 1965), S. 10-33. Zur Steuerdebatte in der Madras Presidency siehe Burton Stein, *Thomas Munro. The origins of the colonial state and his visions of empire* (Delhi 1989), Kap. 2 und 3, S. 24-138 sowie S. 273-287.

73 D. Kumar, South India (Agrarian Relations), S. 224-226.

74 D. Kumar, *Land and Caste in South India*, S. 13-14.

75 Dies., South India (Agrarian Relations), S. 226-230.

der von einer wachsenden Zahl von Pachtbauern mit mittleren Hofgrößen absorbiert werden konnte. Für die ärmeren *raiyat*s erwiesen sich die Regelungen des Gesetzes von 1864, mit denen die staatlichen Zwangsmaßnahmen zum Landverkauf wegen Steueraußenständen verschärft wurden, als fatal. Bis 1880 stieg die Anzahl der Kündigung von Pachtverhältnissen um 45 Prozent. Allerdings erreichten die Zwangsauktionierungen nie den Umfang Nordindiens. Sie dokumentieren jedoch ungeschminkt, dass die Schicht der kleinen Pachtbauern erneut die Leidtragende der Gesetzgebung war.[76]

Ein Jahr nach dem Gesetz zur Steuerveranlagung ergriff das ‚Government of Madras' erneut die gesetzgeberische Initiative und schrieb mit dem ‚Rent Recovery Act' von 1865 die Praxis der jährlichen Kündigungsmöglichkeit von Pachtverhältnissen fest. Doch erst die Hungerepidemie der 1870er Jahre und die Empfehlungen der regierungsamtlichen Famine Commission lösten schließlich Handlungsbedarf aus. Ein Gesetzesentwurf lag dann 1887 vor, dem ein Jahrzehnte langer Disput zwischen dem ‚Government of Madras' und dem Government of India um Details folgte, bis endlich 1908 der ‚Madras Estate Act' erlassen wurde. Im Prinzip orientierten sich die Steuerexperten bei der Formulierung am ‚Bengal Tenancy Act', mit leichten Modifikationen über die Dauer von Pachtverträgen und das Recht zur freien Veräußerbarkeit von Landeigentum. Diverse Ergänzungsbestimmungen wie die von 1934 regelten schließlich strittige Kostenfragen bei der Instandhaltung von Bewässerungsanlagen.[77]

Völlig diffus erschienen den Briten die Besitz- und Landrechtsstrukturen sowie die Pachtverhältnisse an der Malabarküste. In Form von zahllosen Berichten versuchten sie der Lage Herr zu werden, versanken aber in einem Sumpf von unsortierbaren Informationen, weil Kriterien zu deren Ordnung fehlten. Geradezu widersprüchlich war die Konstruktion des *janmdar*s in einem *raiyatwari* Steuerverhältnis, dem bald auch hier sämtliche Pächter zum Opfer fallen sollten. Erst 1881 fertigten die Briten eine Bestandsaufnahme der vorhandenen Pachtverhältnisse an, die schließlich 1887 im ‚Act for Compensation for Improvement' mündete, der die Ausgleichszahlungen der *janmdar*s an die Bauern für geleistete infrastrukturelle Verbesserungsleistungen regelte. Die bestehenden Rechte der *janmdar*s blieben davon unberührt. Eine ergänzende Regelung aus dem Jahr 1900 verstärkte lediglich den Anspruch auf Kompensationszahlungen. Schließlich fasste der ‚Malabar Tenancy Act' 1930 alle bisherigen Diskussionen zusammen, der für die Pachtbauern wiederum wenig Verbesserungen brachte und lediglich die Beweislast bei Kündigung von Pachtverhältnissen wegen Eigenbedarfs dem Grundeigentümer auferlegte. Die verzögerte Implementierung der meisten Bestimmungen bis in die 1940er Jahre tat ein Übriges, die gesamte Gesetzgebung zur Farce werden zu lassen.[78]

---

[76] D. Kumar, *Land and Caste in South India*, S. 77-98.
[77] D. Rothermund, *Government, Landlord, and Peasant*, S. 116-125.
[78] Ebenda, S. 159-165.

Nicht in allen Landesteilen der ‚Madras Presidency' knebelte das Gläubiger-Schuldner Verhältnis gleichermaßen die Wirtschaftskraft der Pachtbauern, ebenso wenig wie es die Machtstrukturen der landwirtschaftlichen Gesellschaft dominierte. In der Telugu-sprechenden Region an der nördlichen Coromandelküste beschleunigte sich nach der Jahrhundertwende die ungleiche Verteilung von Reichtum, doch äußerte sie sich nicht in wachsendem Großgrundbesitz, sondern in kommerziellen Aktivitäten der Landeigentümer, vor allem in den Bereichen des landwirtschaftlichen Gewerbes, des Handels und des Kreditwesens. Wie im Panjab und auch in Gujarat profitierte vor allem die neue Klasse von ‚cash crop'-Bauern, aber auch die der Großgrundbesitzer, von der Kommerzialisierung der Agrarwirtschaft. Einher mit dieser Entwicklung ging die Verdrängung der alteingesessenen ländlichen Händler zugunsten der städtischen Konkurrenz.[79]

In der Trockenzone des Hochlandes stärkte die Fragmentierung von Großgrundbesitz vor allem kleinere und mittlere Bauernhöfe. Auch lag die Kreditvergabe nicht allein in den Händen der großen *zamindar*s und *janmdar*s, die etwa 4 Prozent der ländlichen Bevölkerung ausmachten, oder bei den städtischen *mahajan*s, denn Geld wurde in der zweiten Hälfte des 19. Jahrhunderts durch Kreditinstitute und niedrigere Zinsen leichter zugänglich. Die finanzielle Flexibilität erhöhte bei den Bauern die Wahl im Anbau von Feldfrüchten und beeinflusste besonders die Entscheidung gegen ‚cash crops'. Daneben übte das allgemeine Bevölkerungswachstum einen wachsenden Druck auf die verbliebenen Wald- und Ödlandflächen aus und führte zur Neulandgewinnung. Bauernfamilien konnten so eine Existenz aufbauen und vereinzelt am wirtschaftlichen Aufschwung zwischen 1890 und 1930 partizipieren. Nach den Rezessions- und Stagnationsjahren von 1930 bis 1960 setzte durch die neuen Anbaumöglichkeiten der technologischen Revolution im Agrarsektor zwischen 1960 und 1980 ein erneuter Aufschwung ein. Wie in den anderen Regionen Indiens beeinflusste auch hier nach wie vor der Zugang zu Land entscheidend die ökonomische Existenzgrundlage.[80]

Dass in Indien durchaus zeitgemäße Steuerveranlagungssysteme erarbeitet werden konnten, bewies der formell unabhängige Staat Travancore. Hier war die Hälfte des für den Reisanbau genutzten Landes sowie alles Ödland als Staatsland klassifiziert und die Steuerverwaltung veranlagte die so genannten *sirkar raiyat*s unmittelbar. Als Staatspächter besaßen sie zunächst keinerlei Eigentumsrechte, doch bereits 1829 erhielten die *kanamdar*s ihre Pachttitel rechtlich garantiert. Das Recht zur Veräußerung ihres Grundbesitzes wurde den Pachtbauern schließlich

---

[79] A. Satyanarayana, *Andhra Peasants under British Rule. Agrarian relations and the rural economy 1900-1940* (Delhi 1990).

[80] Bruce Robert, Economic change and agrarian organization in ‚dry' South India 1890-1940: A reinterpretation, in: *Modern Asian Studies* 17,1 (1983), S. 59-78 und ders., Structural change in Indian agriculture: Land and labour in Bellary District, 1890-1980, in: *Indian Economic and Social History Review* 22,3 (1985), S. 281-306. Zwischen 1875 und 1911 erhöhte sich in Südindien der Anteil des Landbesitzes durch *mahajan*s von 6 auf lediglich 10 Prozent, vgl. N. Charlesworth, *Peasant and Imperial Rule*, S. 196.

1865 gewährt. In den Jahren 1867, 1896 und 1932 stärkten weitere Gesetze die Rechte der Pächter, woraufhin allmählich ein offener Landmarkt entstand. Im Vergleich zu den anteilmäßig über 27 Prozent Pachtbauern an der gesamten Bevölkerung in der Landwirtschaft Britisch-Malabars waren die Pachtbauern Travancores nicht nur rechtlich wesentlich besser gestellt, sondern ihr proportionaler Anteil betrug hier nur 4 Prozent, was bei geschätzten 15 Prozent Landarbeitern und landlosen Bauern einen Grundbesitzstand von fast 80 Prozent anzeigt. Diese frühe Grundbesitz fördernde Politik ist sicherlich ein Grund für den relativen Wohlstand des gegenwärtigen indischen Bundesstaates Kerala.[81]

In den verschiedenen Regionen Südindiens dürfte der Prozentsatz der landarmen Bauern und landlosen landwirtschaftlichen Arbeitskräfte zu Beginn des 19. Jahrhunderts bei etwa 10 bis 15 Prozent der Bevölkerung gelegen haben. Parallel dazu existierten unterschiedliche Formen und Ausmaße abhängiger Arbeitsverhältnisse. Im südlichen Malabar befanden sich 25 Prozent der Landarbeiter entweder in dauerhaft gebundenen oder sklavenähnlichen Arbeitsverhältnissen. Im zentralen Malabar betrug deren Zahl jedoch nur 10 Prozent, im nördlichen Malabar gerade einmal 5 Prozent. Landarbeiter in derart scharf kontrollierten Arbeitsverhältnissen gehörten oft bestimmten *jati* an und besaßen je nach rechtlich-wirtschaftlichem Status separate Bezeichnungen. Solche Arbeitskräfte konnten innerhalb eines lokalen Bereichs verpachtet, vermietet oder verkauft werden. Aus der Pflicht zur Arbeit konnte auch eine Art Recht auf Arbeit abgeleitet werden, zumindest existierte ein Versorgungsanspruch in wirtschaftlichen Notzeiten, so in der Telugu-Region.[82]

Es verwischen indes die britischen Kategorien von Grundbesitzer, Pachtbauer und Landarbeiter, wenn ein Ackerland besitzender Kleinbauer zur Ernährung seiner Familie zusätzlich Land pachten musste und darüber hinaus gelegentlich auf anderen dörflichen Äckern saisonal oder tageweise arbeitete. Es muss davon ausgegangen werden, dass die Zahl der aufgrund ihres sozio-ökonomischen Status‘ gebundenen landwirtschaftlichen Arbeiter samt ihren Familien im Verlauf des 19. Jahrhunderts auf bis zu 20 Prozent angestiegen ist. Bisweilen sind die proportionalen Unterschiede am Bevölkerungsanteil eklatant, so in Tamilnad, wo die Angaben zwischen 2 und 20 Prozent schwanken, abhängend von der Nass- oder Trockenzone. Für Kanara liegen die Angaben bei durchschnittlich 13 Prozent. Allein das Bevölkerungswachstum und das höhere Reproduktionsverhalten bei den sozial schwachen und rechtlosen Bevölkerungsgruppen erklärt nicht den zu beobachtenden Zuwachs der gebundenen Arbeitsverhältnisse, was den Schluss nahe legt, dass über Verschuldung neue dauerhafte Arbeitsdienstverhältnisse entstanden sind.[83]

---

[81] D. Kumar, South India (Agrarian Relations), S. 238. D. Thorner, (Hg.), *Ecological and Agrarian Regions of South Asia*, S. 136.

[82] D. Kumar, *Land and Caste*, S. 34-48.

[83] Ebenda, S. 49-55, 168-185.

Seit dem ab 1871 alle zehn Jahre stattfindenden Census of India tauchte für die Briten das Problem der Definition von *varna** und *jati** auf, das sie auf den Begriff ‚caste', reduzierten. Oftmals hing die Kategorisierung nach Kasten vom individuellen Verständnis der Sachbearbeiter und der Datenerheber ab. So bei den *palli* und den *parayan* (daraus wurde der ‚Pariah', Synonym für den indischen Kastenlosen oder Unberührbaren), die bei den Census 1871 und 1881 summarisch aufgelistet wurden, während sie in den darauf folgenden Zählungen separaten Kategorien zugeordnet wurden. In den Census 1871 und 1901 waren die *palli*s als ‚agrarian labourers' ausgewiesen, doch der Census von 1871 hielt auch fest, dass 70 Prozent der *palli* ‚cultivators' (mit Grundbesitz/Pachtland) seien, was, nach britischem Verständnis, im Gegensatz zum ‚agrarian labourer' (ohne Grundbesitz/Pachtland) steht. Nimmt man jedoch die *palli* aus der Kategorie ‚agricultural labourers' heraus, so verringert sich ihre Zahl von 20 auf 13 Prozent. Administrativ reduzierte eine solche Kategorisierung das Problem der undurchschaubaren Pacht- und Besitzverhältnisse auf bloße landwirtschaftliche Arbeitskräfte. Deren Pflichten waren gesetzlich geregelt, weshalb die Briten kein Interesse an der Aufhebung dieser Arbeitsverhältnisse zeigten.[84]

Der wachsende Bevölkerungsdruck führte nicht nur zur intensiveren Nutzung der vorhandenen Anbauflächen und ihrer Ausweitung, sondern wirkte sich auch negativ auf den landwirtschaftlichen Arbeitsmarkt aus. Im letzten Viertel des 19. Jahrhunderts sanken die Löhne im Agrarsektor um 20, teilweise aber bis zu 50 Prozent. Zu Beginn des 20. Jahrhunderts wurden schließlich die Arbeitstage verkürzt. Auch nahm die agrarische Nutzfläche pro Person ab, was besonders die Lage der Landarbeiter verschärfte. In der temporären, saisonalen oder mehrjährigen Emigration lag oft der einzige Ausweg zur Existenzsicherung. Aufgefangen wurden viele Arbeitskräfte, vor allem von der Malabarküste und aus Tamilnad, von den ceylonesischen Kaffee-, Tee- und Kautschukplantagen. Der Dynamisierung des transregionalen Arbeitsmarktes stand die Konservierung der regionalen Arbeitsverhältnisse gegenüber. Diese Strukturen halfen in Krisenzeiten die Lasten zu verteilen und in wirtschaftlich besseren Zeiten den Nutzen bei den landbesitzenden Bauern und dem britischen Kolonialstaat zu maximieren.[85]

Die Bewässerungsanlagen im Bereich der Fluss-Deltas von Kaveri und Kolerun verfielen in der zweiten Hälfte des 18. Jahrhunderts wegen der nahezu permanenten Kriegsführung. Zudem investierte eine fliehende und abwandernde ländliche Bevölkerung nicht mehr in Brunnen-, Tank- und Kanalanlagen.[86] Erst in den 1830er Jahren begannen die Briten mit der Instandsetzung der verfallenen Kanä-

[84] Ebenda, S. 55-63.

[85] Ebenda, S. 144-169 und Christopher J. Baker, *An Indian Rural Economy, 1880-1955. The Tamilnad countryside* (Delhi 1984), S. 159-173.

[86] Zu den Schrecken der Kriege zwischen der East India Company und Tipu Sultan von Maisur siehe Ravi Ahuja, *Die Erzeugung kolonialer Staatlichkeit und das Problem der Arbeit. Eine Studie zur Sozialgeschichte der Stadt Madras und ihres Hinterlandes zwischen 1750 und 1800* (Stuttgart 1999), S. 130-145.

le. Eine systematische Planung setzte dann in den 1860er Jahren ein, die zum zentral gelenkten Aus- und Neubau von öffentlich/staatlich betriebenen Bewässerungsanlagen führte. Wegen der hohen Niederschlagsmengen an der Coromandelküste und den großen Flussläufen war eine Bewässerung über Kanäle allerdings nur bedingt profitabel, denn Brunnen- und Tankanlagen konnten relativ preisgünstig privat finanziert werden. Wie in anderen Regionen Indiens war auch hier die dezentrale, nicht-staatliche Bewässerung wesentlich ökonomischer und ökologisch sinnvoller.

Die im Vergleich zur Coromandelküste mehr als doppelt so hohen Niederschläge der Malabarküste machten eine zentrale Planung, Konstruktion und Unterhalt von staatlichen Bewässerungsanlagen ebenfalls überflüssig; Wasser war durch die vielen Flussläufe aus den Western Ghats reichlich vorhanden und ermöglichte eine höchst ertragreiche Landwirtschaft. Im östlichen Maisur, Malnad, ist 1944 lediglich die Hälfte des Ackerlandes auch bewirtschaftet worden, und davon wurden weniger als 20 Prozent bewässert, fast ausnahmslos durch Tank- und Brunnenanlagen. Die künstliche Bewässerung betrug in der britischen ‚Madras Presidency' gerade einmal 5 Prozent, die zudem auf die Flussdeltas konzentriert war, wobei die staatlichen Konstruktionen gerade einmal 10 Prozent aller Bewässerungsanlagen ausmachten. Allerdings war auch zu beobachten, dass der generelle Kapitalmangel im Agrarsektor Investitionen in dessen Infrastruktur, darunter Bewässerungsbauten, verhinderte.[87]

Der Nutzfruchtanbau spielte aufgrund der geografischen und klimatischen Voraussetzungen keine prominente Rolle. Insgesamt standen weniger als 10 Prozent der Agrarfläche unter Baumwolle. Ausgenommen in den Nilgiri Hills der Western Ghats, wo die Kaffee- und Teeplantagen 15 Prozent der Agrarfläche einnahmen. Für die flachen und sandigen Küstenstreifen ist wegen der ähnlichen klimatischen Verhältnisse der Anbau von Kokospalmen zur Speiseölgewinnung gefördert worden. Einen rasanten Sprung machte indes der Anbau von Erdnüssen in Südindien und ganz besonders im North Arcot District zwischen 1900 und 1930. Allein im Zeitraum 1924 bis 1928 wurde ihre Anbaufläche von 0,8 Millionen ha auf 1,5 Millionen ha ausgeweitet – in ganz Britisch Indien waren 1,9 Millionen ha mit Erdnüssen bestellt. Im selben Zeitraum stiegen die Erdnusserträge von 0,7 Millionen auf 1,6 Millionen t. und der Anteil der Erdnüsse am Gesamtexport der ‚Madras Presidency' betrug stattliche 22 Prozent. Sicherlich ist diese Entwicklung mit den neuen Agrarstrukturen erklärbar, aufgrund derer die Bauern nicht mehr so stark wie in den vorausgegangenen Jahrzehnten vom Preisdiktat der Händler und dem Wucher der Geldleiher abhängig waren.[88]

---

[87] D. Thorner, (Hg.), *Ecological and Agrarian Regions of South Asia*, S. 128, 135.

[88] Ebenda, S. 139 und D. Rothermund, *Indiens wirtschaftliche Entwicklung*, S. 100-101.

3.3.5 Westliches Indien

In Zentralindien und Nordindien übernahmen die Marathen vom Mogul-Reich mit den Verwaltungsstrukturen des Landes auch die Steueradministration, während im Küstenstreifen des Konkan sowie im südlichen Dakhan die Steuerveranlagung noch auf das Reich von Vijayanagara zurückging. Grundlage der Marathenherrschaft bildeten die *deshmukhs*, die alteingesessene Elite, die mit ihrer Autorität die Stütze der Steuerbemessung wurden. Noch um 1830 entstammten 90 Prozent der *deshmukhs* den alteingesessenen Marathenfamilien. Den eigentlichen Steuereinzug hingegen betrieben die staatlich besoldeten *mamlatdars*, die die Marathen aus den ihnen loyalen Familien ernannten. Die damit beabsichtigte gegenseitige Kontrolle alter und neuer Steueradministratoren funktionierte indes nur im Zentrum des Reiches, an seiner Peripherie kam es häufig zu Konflikten.[89]

In den Dörfern besorgten die Gründerfamilien die eigentliche Festlegung der Steuerbeträge und sie regelten auch deren Einzug. Aufgrund alter Rechte gehörte ihnen als *mirasdars* ein Großteil des Ackerlandes zur Erbpacht, und der prominente Status in der dörflichen Gesellschaft verschaffte ihnen die Position des *patels*, des Dorfvorstehers. Nachdem der *peshwa* von Puna seine Herrschaft Mitte des 18. Jahrhunderts gefestigt hatte, optimierte er in den darauf folgenden beiden Jahrzehnten den Steuereinzug, indem er die Aktualisierung der Steuersätze auf der Grundlage neuer Berechnungen unter Einbeziehung der Bodenqualitäten betrieb. Im Konkan, dem südlichen Dakhan und in Gujarat musste er sich jedoch weiterhin auf die lokalen Gepflogenheiten verlassen. Kaum kann von einer Uniformität des Steuereinzugs innerhalb der Marathenstaaten die Rede sein, wenn er zwischen lokalem Tribut und dörflicher Einzelbemessung variierte und ein unterschiedlich hohes Maß an Zentralität aufwies. Ein deutlich intensiverer Steuereinzug gelang auf regionaler Ebene dem Maratha Gaikwad von Baroda, indem er die *patels* zwang, bei Abschluss der Steuerveranlagung die Garantieerklärung eines Geldleihers vorzulegen.[90]

Ohne Geldleiher funktionierte auch hier die Landwirtschaft nur bedingt. Als *baniya* oder in den Dörfern des Dakhan als *vanis* bekannt, stellten sie mit ihrem Kapital und dem Kredit die pünktliche Steuerzahlung sicher. Je höher die fiskalischen Forderungen der sich formierenden Staaten waren, desto wichtiger wurde auch die Position des Geldverleihers. Auf der anderen Seite stellten die Schulden für die Bauern keinen Makel dar, so lange sie ihre Kreditwürdigkeit wahren konnten. Wegen Schulden wurde Grund und Boden nur selten konfisziert. Stundung, neue Kredite, Arbeitsleistungen oder der Einzug von Steuern bei benachbarten *mirasdars* waren Mittel, Schulden zu strecken. Schuldendienst war eine Ehrensache und wurde generationsübergreifend geleistet. Als mit dem ausgehenden 18. Jahr-

89 Ravinder Kumar, *Western India in the Nineteenth Century. A study in the social history of Maharashtra* (Canberra 1968), S. 12-21. N. Charlesworth, *Peasants and Imperial Rule*, S. 25.

90 André Wink, *Land and Sovereignty in India. Agrarian society and politics under the eighteenth-century Maratha Swārajya* (Cambridge 1986), S. 256-292. Stewart Gordon, *The Marathas, 1600-1818* (=New Cambridge History of India II,4, Cambridge 1993), S. 140-144.

hundert Steuerrechte wie in anderen indischen Staaten jährlich an den meistbietenden *mamlatdar* versteigert wurden, nahm die Verschuldung der Bauern neue Dimensionen an und führte zu Konflikten zwischen den *vanis* und den *kunbis*, der *jati* der Bauern. Mit 50 Prozent aller Bauern bildeten die *kunbis* das Rückgrat der Agrarwirtschaft, das nun wegen der hohen Steuer- und Schuldenlasten und dem Druck der unnachgiebigen ‚Revenue Collectors' sowie *vanis* jederzeit zu brechen drohte.[91]

Die steuerliche Dynamik bewirkte auch soziale Verschiebungen, wenn die neuen Steuerpächter den Status der alteingesessenen *patels* und *mirasdars* beschneiden und selbst neuen erwerben konnten. Diese neuen Strukturen initiierten Handelsleute aus Gujarat, die sich an der Konkanküste und in den Dörfern des Dakhan niederließen und dort am sozio-ökonomischen Wandel partizipierten. Eine Kommerzialisierung der Landwirtschaft wie im Panjab oder in den ‚United Provinces' ist nicht zu beobachten, wohl aber ein stärker marktorientiertes Kalkulationsverhalten bei den Bauern. Ein nicht zu unterschätzender wirtschaftlicher Faktor war der beträchtliche Umfang des *jagir*- und *inam*-Landes, der bis zu ein Drittel aller wirtschaftlich genutzten Flächen auf dem Dakhan und in Gujarat betragen konnte. Vielerorts konservierten die Briten die *inamdars*, denn ähnlich den *taluqdars* in Awadh waren sie eine wichtige Stütze der Kolonialherrschaft in der ‚Bombay Presidency'. Bei der Unabhängigkeit Britisch-Indiens betrug der Umfang des *inam*-Landes hier immer noch 12 Prozent.

Im Küstenstreifen des Konkan war aufgrund der hohen Bevölkerungsdichte und der reichlichen Niederschläge eine intensive und steuerlich verlässliche Landwirtschaft möglich. Die Überschusswirtschaft sicherte aber nicht nur ein hohes und sicheres Steueraufkommen, sondern brachte auch einen stabilen Großgrundbesitz hervor, der seit dem 18. Jahrhunderts in den Händen der Chitpavan *brahmans* lag. Sie stellten meist auch die Dorfvorsteher, die *khots*.[92]

Nach der Annexion von Teilen Gujarats und Maharashtras, die die Briten 1818 zur ‚Bombay Presidency' fügten, änderten sie weder an der Sozialstruktur noch am Steuereinzug Grundlegendes. Keiner der zeitgenössischen Veranlagungsmodi in Britisch-Indien wurde für die Bombay Presidency als passend erachtet – am ehesten sah man Bezüge zum *raiyatwari*-System der ‚Madras Presidency'. Sicherlich beeinflussten auch die neuesten theoretischen Erkenntnisse der Grundsteuerveranlagung Großbritanniens die Debatte, doch letztlich arrangierten sich die britischen Steuereintreiber mit den ortsüblichen Verhältnissen und legten einen gesunden Pragmatismus an den Tag.[93] Wichtigste Neuerung war die Umstrukturierung der Distrikte nach an-

91 H. Fukazawa, Western India, in: D. Kumar (Hg.), *The Cambridge Economic History of India*, vol. 2 (Cambridge 1982), S. 178-183. David Hardiman, *Feeding the Baniya. Peasants and usurers in western India* (Delhi etc. 1996), S. 96-117.

92 N. Charlesworth, *Peasants and Imperial Rule*, S. 28-34, 52-56.

93 Die ‚Klassiker' zu diesem Themenkomplex sind immer noch Eric Stokes, *The English Utilitarians and India* (Oxford 1959) bes, S. 81-139 und S. Ambirajan, *Classical Political Economy and British Policy in India* (Cambridge 1978), bes. Kap. 5, S. 144-181.

nähernd gleichem Steueraufkommen, wie die Briten es in ihren anderen indischen Provinzen vorgenommen hatten. Die neue Macht des ‚Revenue Collectors' tat bald das ihre, die angestammten Positionen vor allem der *deshmukh*s zu unterminieren, denn die Steuern sollten künftig exklusiv mit den *patel*s und *mirasdar*s festgelegt werden.[94] Da die Briten generell die hohen, kriegsbedingten Steuersätze des *peshwa* beließen, führte dies zu einer baldigen Verschuldung der Bauern und leitete ihre soziale Deprivation in bislang nicht gekanntem Ausmaß ein.[95] Trotz partiellem Steuernachlass und einem Wuchergesetz sowie einer langsam wachsenden Bevölkerung bestellten die Bauern ihre Felder nicht, so dass Mitte des 19. Jahrhunderts bis zu einem Drittel der landwirtschaftlichen Nutzflächen verödet war.[96]

In Gujarat annektierten die Briten 1801 genau die Region, die sie wegen der ertragreichen und lukrativen Baumwollanbaugebiete zuvor jahrzehntelang wirtschaftlich durchdrungen hatten und die sie nun der direkten Kontrolle unterwarfen, um auch an die Steuern des Landes zu gelangen.[97] Nahezu unterschiedslos transformierten die britischen ‚Revenue Collectors' *raja*s und *zamindar*s der Rajputen nach dem nordindischen Modell in *taluqdar*s, reduzierten aber, im Unterschied zu diesen, die ökonomische und soziale Basis jener auf wenige Dörfer. Weitere rechtliche und administrative Einschränkungen des Jahres 1811 lösten eine rapide Verarmung und Verschuldung der *taluqdar*s aus, was aus den ehedem machtvollen Kleinpotentaten soziale Problemfälle der britischen Landesverwaltung machte. Die gesetzlichen Regelungen zum Schutz der *taluqdar*s in der zweiten Hälfte des 19. Jahrhunderts trugen lediglich zur Stabilisierung der Lage bei, nicht aber zur strukturellen Besserung.

Im benachbarten Khandesh mussten die Briten zum Zeitpunkt der Annexion erstaunt feststellen, dass hier nur etwa 15 Prozent der agrarisch nutzbaren Fläche tatsächlich bestellt waren. Ein relativ hoher Viehbestand und eine vergleichsweise geringe Bevölkerung hatten zudem dazu geführt, dass nur die besten Böden unter den Pflug genommen worden waren. Aufgrund dieser hohen Produktivität, aber auch der sozio-kulturell höchst diversifizierten Lage wurde vorerst auf eine detaillierte und direkte Steuerveranlagung verzichtet. Auf die Landwirtschaft wirkte sich das positiv aus, denn in der zweiten Hälfte des 19. Jahrhunderts expandierte sie in Khandesh um 90 Prozent, während die Bevölkerung nur um die Hälfte

[94] Eine ausgezeichnete Einführung in das Thema ebenso wie ein Beispiel behutsamer Quelleninterpretation bei spärlicher Überlieferungslage liefert Michelle B. McAlpin, *Subject to Famine. Food crises and economic change in western India, 1860-1920* (Princeton 1983), S. 84-103.

[95] Allein in den beiden westlichen Distrikten Pune und Ahmadnagar des ‚Bombay Deccan' stieg die Zahl der Klagen vor Gericht wegen Schuldeneintreibung von 98 auf 689 respektive von 75 auf 632 in den Jahren 1851 bis 1865, siehe D. Ludden, *Agrarian History of South Asia*, S. 200.

[96] R. Kumar, *Western India in the Nineteenth Century*, S. 56-72. H. Fukazawa, Western India, S. 183-185. Zum Begriff und Verständnis von Wucher im indischen Kontext D. Hardiman, *Feeding the Baniya*, S. 11-61.

[97] Siehe dazu die einschlägige Studie von Pamela Nightingale, *Trade and Empire in Western India, 1784-1806* (Cambridge 1970).

zunahm.[98] Die stabilen Agrarverhältnisse wirkten sich insofern positiv auf die demografische Entwicklung aus, als das überreiche Nahrungsangebot kein ebenso überproportionales Reproduktionsverhalten auslöste, im Gegenteil.

Zu einer systematischen Steuerbemessung in der ‚Bombay Presidency' auf der Grundlage von Bodenfruchtbarkeit, Ertrags- und Preisentwicklung und Bewässerungsmöglichkeiten, und dem Vermerk all dessen in Katasterkarten, kam es erst mit dem ‚Bombay Survey and Settlement' System nach 1835. Schließlich 1847 implementiert, wurde es in vielen Fällen erst während der 1870er Jahre abgeschlossen, als bereits die erste der alle 30 Jahre durchzuführenden Revisionen anstand. Wie in den anderen Provinzen Britisch-Indiens kamen auch in der ‚Bombay Presidency' die unterschiedlichsten Veranlagungstypen gleichzeitig zur Anwendung. Doch wie nie zuvor erhob ein Herrscher in Indien den Anspruch, bei der Festlegung der Landsteuern so tief wie möglich auf die dörfliche Ebene vordringen zu wollen. Nun wurden die *deshmukh*s des Dakhan endgültig demontiert und die *patel*s in staatlich besoldete Angestellte mit garantierten Grundbesitztiteln umgewandelt. Der Status musste, wie so oft als Folge der Kolonialherrschaft, auch hier dem Vertrag weichen. Im Ergebnis zeigte die intensive Steuerveranlagung schließlich Zuwächse wie in keiner anderen Provinz Britisch-Indiens.[99]

In Khandesh rebellierten einzelne Dörfer gegen die detaillierte Steuerbemessung und die Abschaffung alter Privilegien, was im Aufstand von 1852 gipfelte.[100] Im Konkan verweigerten die *khot*s bis in die 1870er Jahre jegliche Kooperation mit den Briten und die Lage entspannte sich erst, als mit dem ‚Khoti Settlement Act' von 1880 das ‚Bombay Survey and Settlement' System außer Kraft gesetzt wurde.[101] Weit bedrohlicheres Ausmaß nahmen die ‚Deccan Riots' des Jahres 1875 an. Die massive Verschuldung eines Großteils der *kunbi* wird als Hauptursache für die Unruhen betrachtet. Dahinter standen allerdings Verschiebungen auf dem Kreditmarkt. Dieser war nicht mehr von den ortsansässigen Geldleihern, den *vanis*, dominiert, sondern wurde zunehmend von auswärtigen, so genannten, *sahukar*s beherrscht, die sich wegen akuter Kapitalknappheit 1875 weigerten, Kredite für die fälligen Steuern zu gewähren. *Kunbi*s, *patel*s und *deshmukh*s erhoben sich daraufhin nicht zuletzt, um Steuerrollen und Kreditbücher gezielt zu vernichten, die die justiziablen Dokumente der kolonial veränderten Situation darstellten.[102]

---

98 Maurus Staubli, *Reich und arm mit Baumwolle. Exportorientierte Landwirtschaft und soziale Stratifikation am Beispiel des Baumwollanbaus im indischen Distrikt Khandesh (Dekkan) 1850 – 1914* (Stuttgart 1994), S. 39-43. N. Charlesworth, *Peasants and Imperial Rule*, S. 73-74.

99 M. B. McAlpin, *Subject to Famine*, S. 103-113. Siehe auch N. Charlesworth, *Peasants and Imperial Rule*, S. 43-52.

100 J. F. M. Jhirad, The Khandesh Survey Riots of 1852: Government policy and rural society in western India, in: *Journal of the Royal Asiatic Society* 1968, pt. 3 and 4, S. 151-165. M. Staubli, *Reich und arm mit Baumwolle*, S. 121-127. N. Charlesworth, *Peasants and Imperial Rule*, S. 49-52.

101 N. Charlesworth, *Peasants and Imperial Rule*, S. 65-68. D. Rothermund, *Government, Landlord, and Peasant*, S. 167-168.

102 Die Forschungslage dokumentieren R. Kumar, *Western India in the Nineteenth Century*, Kap. V, S. 151-188. N. Charlesworth, *Peasants and Imperial Rule*, Kap. 4, S. 95-115. D. Hardiman,

Der zügig verabschiedete ‚Deccan Agriculturist Relief Act' von 1879, der es den Gerichten ermöglichte, Zinssätze und Tilgungsraten festzulegen, brachte nicht die gewünschten Erleichterungen. Zwar expandierte die Landwirtschaft kontinuierlich bis Ende der 1930er Jahre, als der Viehbestand, die Zahl der landwirtschaftlichen Gerätschaften und Brunnenanlagen ebenso zunahm wie die Preise für Agrarprodukte und Ackerland bis 1929 stiegen. Doch die Landverkäufe wegen Verschuldung nahmen ebenfalls zu. Weder vor noch nach den Unruhen und den gesetzgeberischen Schritten fanden in der Landwirtschaft technische Erneuerungen oder Produktivitätssteigerungen statt, abgesehen vom bewässerten Zuckerrohranbau. Waren auch die Konsequenzen der Grundsteuergesetzgebung in der Bombay Presidency bei weitem nicht so gravierend wie in anderen Provinzen Britisch-Indiens, denn bis 1947 wechselten maximal 20 Prozent des Landes den Besitzer, konnten es regional allein in den Jahren 1881 bis 1891 mehr als 10 Prozent sein. Ein weiterer Indikator für die agrarökonomischen Produktionsbedingungen (und Lebensverhältnisse der Bauern) war der mehr als zehnprozentige Anstieg bei der Hypothekenaufnahme.[103]

Die Kommerzialisierung der Landwirtschaft beschleunigte in den darauf folgenden Jahrzehnten diesen Trend. Fand bis Ende des 19. Jahrhunderts keine gravierende Veränderung im Anbaumodus von ‚food crops' zu ‚cash crops' statt, so verschob sich allein im Zeitraum von 1895-96 bis 1926-27 die Anbaufläche von einem Verhältnis 75:25 hin zu 58:42.[104] Dieser Strukturwandel von der subsistanziellen Land- zur kommerziellen Agrarwirtschaft konnte nur über eine verstärkte Kreditaufnahme erreicht werden. Eine staatliche Untersuchungskommission stellte denn auch Ende der 1920er Jahre fest, 70 Prozent aller Baumwolle anbauenden Bauern in Gujarat und in Khandesh seien verschuldet.[105] *Sarkar* und *sahukar* übten gleichermaßen Druck auf den Pachtbauern aus. Als sich der chronisch schwache Kapitalmarkt entspannt hatte, kamen auch die wohlhabenderen Bauern in die Lage, Kredite zu vergeben. Dieses zusätzliche Kreditpotenzial war Motor des agrarökonomischen Transformationsprozesses und sicherte seit dem ausgehenden 19. Jahrhundert die Expansion der kommerziellen Agrarwirtschaft.[106]

Feeding the Baniya, S. 202-219. Hier sei auf die Parallelität des Landmarktes in Bengalen verwiesen, der ebenfalls durch Kreditknappheit entstand. Ebenso waren zahlreiche Aufstände, darunter besonders die ‚Kol Insurrection' von 1830-31 in Chota Nagpur, die ‚Santal Rebellion' von 1855, aber auch die ‚Great Rebellion' von 1857-59 unter anderem Folge der neuen Steuerveranlagung und der daraus resultierenden Verschuldung. Stets waren die Steuerrollen und die Kreditbücher Gegenstand gezielter Vernichtung.

103 N. Charlesworth, *Peasants and Imperial Rule*, S. 206-215 und M. Staubli, *Reich und arm mit Baumwolle*, S. 166-168. Sumit Guha, *The Agrarian Economy of the Bombay Deccan, 1818-1941* (Delhi etc. 1985), Kap. IV und V, S. 85-160. Die ausschließlich positiven Aspekte der neuen Landwirtschaft schildert M. B. McAlpin, *Subject to Famine*, S. 113-143.

104 M. B. McAlpin, *Subject to Famine*, S. 144-158. D. Thorner (Hg.), *Ecological and Agrarian Regions of South Asia*, S. 114.

105 H. Fukazawa, Western India, S. 197.

106 S. Guha, *Agrarian Economy of the Bombay Deccan,* S. 70-78.

Stärkten die steuerpolitischen und wirtschaftlichen Veränderungen die bessergestellten Bauern auch nach den ‚Deccan Riots', verschlechterte sich die Lage der armen Bauern weiterhin. Bis 1904 mussten die Pächter der *khots* im Konkan auf garantierte Rechte warten, und der ‚Bombay Tenancy Act', der Pächter erstmals kategorisierte und auch den schwächsten unter ihnen gesetzlichen Schutz bei zehnjähriger Bodenbestellung zusicherte, wurde erst 1936 erlassen.[107] Neben diesen latenten rechtlichen Unsicherheiten verschärfte besonders die staatliche Darlehenspolitik während und nach den Hungerepidemien von 1896 und 1902 die Lage der armen Bauern, als Kredite vorzugsweise an arrivierte Bauern vergeben wurden. Deren Marktchancen waren damit ungleich größer als die der armen, was schließlich auch in der Verteilung des Bodens zum Ausdruck kommt: 1924–25 bewirtschafteten 12 Prozent der Landbesitzer 86 Prozent der Agrarfläche. Unter den Landbesitzern waren Gläubiger nur selten anzutreffen, selbst im ‚Unruhejahr' 1875 betrug ihr Anteil gerade einmal 5 Prozent. Gerne ließen sie ihre Schuldner auf dem angestammten Land sitzen und wandelten gewissermaßen die Schuldentilgung in eine erhöhte Pachtzahlung oder unvergütete Arbeitsdienste um.[108]

Unterschiedlicher Zugang zu Land und Kredit sind als wesentliche Ursachen für die wachsende Kluft zwischen den armen Schichten der bäuerlichen Bevölkerung und der kleinen ländlichen Elite seit dem ausgehenden 19. Jahrhundert zu betrachten, wenngleich es hier und da ‚Inseln' eines bescheidenen Wohlstands gegeben hat. Mit der wachsenden Integration in den Weltmarkt nahm auch die soziale Stratifikation auf dem Land zu und verstärkte einerseits die bestehenden Dynamiken der sozialen Mobilität, setzte aber andererseits auch neue Kräfte frei und ermöglichte einer neureichen Schicht von ‚cash crop'-Bauern, sich zu etablieren. Ausnahmen bildeten Gujarat, wo das kaum existenzfähige Kleinbauerntum zu Lasten der mittleren Bauern anwuchs, und der Konkan, wo eine progressive Parzellierung samt steigender Pacht zu nicht mehr existenzfähigen Bauernhöfen führte. Zu Beginn des 20. Jahrhunderts kann für das westliche Indien grob von einer dreigliedrigen agrarischen Gesellschaftsordnung ausgegangen werden. Danach machten etwa 10 Prozent die solventen Bauern aus, ungefähr 40 Prozent umfassten eine mittlere Schicht mit gesichertem Zugang zu Land, und die Hälfte aller im Agrarsektor Arbeitenden umfasste die landarmen und landlosen Bauern, deren Existenz vom täglichen Überlebenskampf geprägt war.[109]

Umstritten ist, ob in der ‚Bombay Presidency' im Verlauf der Kolonialherrschaft die Zahl der landlosen Bauern zugenommen hat. Landarbeiter hat es sicherlich schon in vorbritischer Zeit gegeben, und für die zweite Hälfte des 19. Jahrhunderts wird von 20 Prozent landwirtschaftlicher Arbeitsleute ausgegangen. In den ersten Jahrzehnten des 20. Jahrhunderts hat sich deren Umfang trotz wach-

---

107 D. Rothermund, *Government, Landlord, and Peasant*, S. 168-170 und H. Fukazawa, Western India, S. 202-204

108 H. Fukazawa, Western India, S. 193-203.

109 D. Thorner (Hg.), *Ecological and Agrarian Regions of South Asia*, S. 121. M. Staubli, *Reich und arm mit Baumwolle*, S. 156-162.

sender Kommerzialisierung nicht wesentlich vergrößert, so dass von einem kolonialwirtschaftlich induzierten landwirtschaftlichen Proletariat nicht gesprochen werden kann. Dies scheint aber nicht für alle Regionen gleichermaßen zugetroffen zu haben, denn in den exportorientierten Gebieten Khandeshs und Gujarats entstand durch die zunehmende Verschuldung eine Art Sub-Proletariat aus Erntearbeitern und Tagelöhnern. Ausdruck der verschärften landwirtschaftlichen Verhältnisse dürfte auch die anschwellende Migration nach Bombay gewesen sein, als zwischen 1911 und 1931 die im ‚Census' offiziell registrierte Zahl der landlosen Landarbeiter Gujarats von 370.000 auf 150.000 fiel, während im selben Zeitraum die der Fabrikarbeiter allein in den Baumwollbetrieben Bombays von 100.000 auf 150.000 anstieg.[110] Gerade nach 1900 hat in Bombay wie auch in anderen indischen Industriezentren die Zahl der zirkulierenden oder sich permanent niederlassenden Migranten erheblich zugenommen, ebenso das Ausmaß ihrer Proletarisierung.[111]

So unterschiedlich die geologischen und klimatischen Bedingungen im westlichen Indien sind, so verschieden war auch die Art und Weise der Bewässerung. Der regenreiche Konkan, vergleichbar mit Malabar, hatte ausreichend Niederschläge für eine ertragreiche Landwirtschaft. Wenn überhaupt, wurde mittels Brunnen- und Tankanlagen bewässert. Typisch für Gujarat waren kleine Staudammkonstruktionen. In Maharashtra stauten bis zum Beginn des 19. Jahrhunderts die Bauern die zahlreichen Flüsse mittels hunderter kleiner Dammanlagen auf und leiteten das Wasser in kleinen Kanälen auf die nahegelegenen Felder. Eine Kombination mehrere Ursachen bewirkte den Niedergang dieser kollektiven bewirtschafteten Bewässerungssysteme. Am gravierendsten erwies sich der Umstand, dass die britische Kolonialmacht nach der Annexion des Gebietes anfangs keinerlei Interesse an den als altertümlich erachteten kleinräumigen Dammsystemen zeigte, weshalb sie notwendige Kredite zur Instandsetzung der Anlagen verweigerte. Bald rückläufige Ernteerträge sowie Steuer- oder Pachtschulden trieben die Bauern in den Ruin, woraufhin viele Dörfer verlassen wurden und einst ackerbaulich intensiv genutzte Täler innerhalb weniger Jahre verwilderten. Sie boten nun eine ökologische Nische für halbsesshafte Brandrodungsfeldbauern, die freilich wenig Interesse am dauerhaften Betrieb von Damm- und Kanalsystemen zeigten.[112]

---

[110] Zahlenangabe nach H. Fukazawa, Western India, S. 204 und M. D. Morris, *The Emergence of an Industrial Labor Force. A study of the Bombay cotton mills 1854–1947* (Berkeley and Los Angeles 1965), S. 213.

[111] Zur Forschungsdebatte bzw. den unterschiedlichen Interpretationen siehe N. Charlesworth, *Peasants and Imperial Rule*, S. 174-182, 217-223 sowie M. Staubli, *Reich und arm mit Baumwolle*, S. 162-165. Morris D. Morris, *The Emergence of an Industrial Labor Force in India.* S. 217.

[112] D. Thorner (Hg.), *Ecological and Agrarian Regions of South Asia*, S. 112-113, 122-123 und David Hardiman, Small-dam systems of the Sahyadris, in: D. Arnold & R. Guha (eds.), *Nature, Culture, Imperialism. Essays on the environmental history of South Asia* (Delhi etc. 1996), S. 185-209.

3.3.6 Sri Lanka/Ceylon

Seit Jahrhunderten existierten intensive politische, wirtschaftliche und kulturelle Verbindungen Sri Lankas zum subkontinentalen Festland. Obwohl das Tiefland der Insel Ende des 18. Jahrhunderts von den Briten annektiert worden war, konnten sie das Königtum von Kandy erst nach der Großen Rebellion von 1817-18 endgültig ihrem Machtbereich einverleiben. Zunächst einmal beließen sie dort die vorgefundenen Steuersysteme, die generell die Steuern als Naturalabgabe in Höhe von 10 Prozent der Pachteinnahmen festlegten. Die Pächter, oft Grundeigentümer oder wohlhabende auswärtige Händler, wurden durch Versteigerung an den Meistbietenden ermittelt. Daneben existierte in einigen Provinzen Kandys das so genannte *aumani* System, bei dem Regierungsangestellte die Steuern direkt von den Bauern eintrieben. Um das Steuersystem zu vereinfachen, entschloss sich die britische Kolonialregierung, alle Steuern statt in Naturalien nun ausnahmslos in Geld einzutreiben. Dies sollte auf einer freiwilligen Basis mit dem ‚Commutation Settlement' geschehen. Wie nicht anders zu erwarten, zog sich die Umstellung über den Rest des Jahrhunderts. Das dürfte wohl auch ein Grund dafür gewesen sein, warum kaum ein Landmarkt entstand, denn selbst in der Dekade mit der höchsten Zwangsversteigerungsrate wurde weniger als 10 Prozent des Ackerlandes auktioniert.[113]

Die nachhaltigste Veränderung der Landwirtschaft Ceylons trat mit der Ausweitung des Kaffeeanbaus ein. Von den Holländern eingeführt und von den Lankanern in ihren Gärten kultiviert, förderten die Briten ab 1812 den Anbau von Kaffeebüschen durch erhöhte Nachfrage. Im mittleren Hochland von Kandy betrieben britische Pflanzer und ceylonesische Bauern den Anbau nun auf Plantagen, wozu erste Urwaldflächen gerodet wurden. Nachdem das Hochland über Straßen und ab 1867 mit der Eisenbahnverbindung Colombo-Kandy leichter zugänglich geworden war, setzte die systematische Erschließung des Hochlandes ein, die mit großflächigen Rodungen einherging. Nun waren auch abgelegenere und entferntere Regionen wegen der wesentlich geringeren Frachtkosten und Transportzeiten für die Anlage von Plantagen lukrativ geworden.[114] Gesetzliche Maßnahmen wie der ‚Ordinance Act' von 1840 regulierten den Verkauf von Kronland, das zu Schleuderpreisen an interessierte Investoren, fast ausschließlich britischer Herkunft, vergeben wurde. Auch Tempelland wurde in großem Umfang konfisziert; Schätzungen geben bis zu 55 Prozent solcher für illegal deklarierten Landschenkungen an. Allein zwischen 1833 und 1886 wurden auf diese Art und Weise mehr als 10 Prozent der gesamten Inselfläche veräußert.[115]

---

[113] A. Bandarage, *Colonialism in Sri Lanka*, S. 124-131, 137-150.

[114] James L. A. Webb, *Tropical Pioneers. Human agency and ecological change in the highlands of Sri Lanka, 1800-1900* (Delhi 2002), S. 70-72, 76-79, 108-110. Zum wachsenden Landhunger der Pflanzer siehe Eric Meyer, From landgrabbig to landhunger: High land appropriation in the plantation areas of Sri Lanka during the British period, in: *Modern Asian Studies* 26,2 (1992), S. 321-361. Ordinance No 1 of 1897 regelte den Zugang zu „Forest, Chena, Waste and Unoccupied Lands", siehe A. Banderage, *Colonialism in Sri Lanka*, S. 121.

[115] A. Bandarage, *Colonialism in Sri Lanka*, S. 89, 94-97, 109-114.

Bis Anfang der 1880er Jahre wurde die Anbaufläche für Kaffee von 168.000 *acres* im Jahr 1867 auf 252.431 *acres* ausgeweitet. Aber ein Pilzbefall vernichtete innerhalb weniger Jahre sämtliche Kaffeepflanzen. Im bis dahin marginal kultivierten Teebusch wurde ein adäquater Ersatz gefunden. Waren 1881 gerade einmal 13.500 *acres* mit Tee bepflanzt, standen im Jahr 1900 auf 384.000 *acres* Teebüsche. Ein neues Landreklamationsgesetz hatte den administrativen und rechtlichen Weg ins Hochland geebnet.[116] Da Tee im Unterschied zu Kaffee ganzjährig geerntet werden kann, entstand seitens der Pflanzer bald ein erhöhter Bedarf an permanenten oder zumindest über mehrere Jahre anwesenden Arbeitskräften.[117] Die soziale Zusammensetzung des Hochlandes änderte sich ab der zweiten Hälfte des 19. Jahrhunderts grundlegend, als nicht nur insgesamt eine halbe Million südindischer Teepflücker ansässig wurde, sondern die veränderte lokale Wirtschaft nachhaltige Verschiebungen in der sozialen Stratifikation bewirkte.

Die diversifizierte Dorfökonomie von Nassreis auf bewässerbaren Feldern, Getreide und robusten Nahrungsmittel mittels *chena*-Anbau (Brandrodung) und Früchte, Gemüse sowie medizinischen Pflanzen im Wald wich einer höchst kommerzialisierten und kapitalisierten Wirtschaft, die für die ökonomisch unerlässliche, weil flexible und angepasste *chena*-Bewirtschaftung keinen Platz mehr hatte und entsprechend des zeitgenössischen Umweltdiskurses verurteilt wurde. Gegen ihre systematisch betriebene Entrechtung leisteten die Bauern des Hochlandes das gesamte 19. Jahrhundert hindurch Widerstand. Auf der anderen Seite kam alteingesessenen Landeigentümern auch im kolonialen Ceylon der britische Eigentumsbegriff und der, wenn auch geringe Landmarkt zugute, denn sie konnten ihre wirtschaftliche Position und ihren sozialen Status durchaus verbessern. Der Zugang zu Land war zusehends ungleicher verteilt, eine Situation, die durch den stetigen Landhunger der britischen Pflanzer noch verschärft wurde.[118] In gewisser Weise steht die Entwicklung Sri Lankas/Ceylons paradigmatisch für die Plantagenwirtschaft* des 19. Jahrhunderts in Südasien und darüber hinaus.

3.3.7 Koloniale Agrarkrisen

Wollte man die Veränderungen in der südasiatischen Landwirtschaft ab der Mitte des 19. Jahrhunderts unter ökonomietheoretischen Gesichtspunkten knapp charakterisieren, müsste die verstärkte, international und global ausgerichtete Arbeitsteilung herausgestellt werden, in der Britisch-Indien zum Lieferant von Rohstoffen aus dem Primärsektor und Großbritannien zum Lieferant von Produkten aus dem Sekundärsektor wurde. Um 1900 war die indische Landwirtschaft in weiten

[116] J. L. A. Webb, *Tropical Pioneers*, S. 134, vgl. auch die entsprechenden Exportzahlen S. 136. Zum ökologischen Hintergrund des Pilzbefalls S. 109-116.

[117] Hierauf geht das Kapitel zu „Migration und Diaspora“ ein.

[118] Eric Meyer, Forests, chena cultivation, plantations and the colonial state in Ceylon, 1840-1940, in: Richard H. Grove, V. Damodaran, S. Sangwan (Hg.), *Nature and the Orient. The environmental history of South and Southeast Asia* (Delhi etc. 1998), S. 793-827.

Abb. 30: Teepflückerinnen bei Nuwara Eliya im Hochland von Ceylon, um 1900.

Bereichen in die Weltwirtschaft integriert und von ihr abhängig. Dies gilt insbesondere für die ‚cash crops', angefangen von Baumwolle und Jute über Zuckerrohr bis hin zu Indigo. Massenweise importierte Baumwollerzeugnisse aus englischen Industriebetrieben ließen die bengalischen Weber und Spinner in den ersten

Jahrzehnten des 19. Jahrhunderts buchstäblich verhungern – in Südindien waren die Auswirkungen der Industrieimporte bei weitem nicht so gravierend – und mit der Erfindung des künstlich herstell- und fixierbaren blauen Farbstoffs durch BASF machten die Bauern Bihars Ende des Jahrhunderts die Erfahrung, dass mit Indigo kein Geld mehr zu erwirtschaften war.

Ein weiteres Merkmal der kolonial transformierten Landwirtschaft war ihre Unterkapitalisierung, die eine Unterkonsumtion zur Folge hatte. Zwar fand vereinzelt aus eher politischen denn wirtschaftlichen Gründen eine Stärkung der kleineren und mittleren Pächter statt, auch gelang es den verbliebenen Großgrundbesitzern, Kapital zu akkumulieren, doch es wurde nicht in die Landwirtschaft reinvestiert. Meist diente es als Kredit für die verschuldeten Bauern oder als Mittel zum zusätzlichen Landerwerb. Es wurde also nicht innovativ genutzt, was der Statussicherung der Investoren zugute kam, nicht aber der Ökonomie. Dass Landkauf lukrativer war als Investitionen in den Agrarsektor zur Verbesserung der Produktivität war eine Folge der britischen Kolonialpolitik, die wenig Interesse an einer mit wirtschaftlicher Innovation verbundenen sozialen Dynamik und Mobilität zeigte. Die partielle Kommerzialisierung der Landwirtschaft in verschiedenen Regionen Indiens hat indes nicht nur zur Diversifizierung der Anbauprodukte und erhöhter Migration, sondern auch zur deutlicheren Stratifikation der Gesellschaft beigetragen, deren Spannungspotenziale das Kolonialregime während und nach der Weltwirtschaftskrise (1929–39) kaum mehr kontrollieren konnte.

Für Britisch-Indien war die Weltwirtschaftskrise das einschneidendste Ereignis des 20. Jahrhunderts, machte sich doch zum ersten Mal die Einbindung seiner Wirtschaft in den Weltmarkt über den gesamten Subkontinent bemerkbar. War bis dahin eine stetige Verarmung eines Großteils der Bauern zu beobachten, löste die Weltwirtschaftskrise die Verelendung breiter Bauernschichten aus. Externe Faktoren wie die Kreditkrise und Aktienspekulation im Agrarsektor der USA führten zum Börsenkrach von 1929. In London, nach wie vor der bedeutendste Finanzplatz Europas und des Britischen Empires, gaben die Banken nun ebenfalls keine Kredite mehr. Japan hatte in den 1920er Jahren seine Anbaufläche für Reis ausgeweitet und 1928 ein Embargo für Reisimporte aus Indien verhängt, was teilweise empfindliche Einkommenseinbußen zur Folge hatte. Als die allgemeine Kreditkrise über die Hafenstädte schließlich auch Indien erreichte, bestanden die Gläubiger panikartig auf der Rückzahlung der Kredite. Nachdem im Vergleich zu 1929 die Preise für Weizen und andere Agrarprodukte bis Mitte 1931 um die Hälfte gefallen waren, zwang das die Bauern, das gerade geerntete Getreide zu niedrigstem Preis verkaufen zu müssen, und oft noch ein Stück Land und nicht selten auch einen Teil des Goldschmucks ihrer Frauen dazu.[119]

Gleichermaßen versuchten Gläubiger, Banken und Regierung ihre Gelder einzutreiben. Vor allem der Kolonialstaat zeigte sich nahezu unnachgiebig in seinen

---

119 D. Rothermund, *Indiens wirtschaftliche Entwicklung*, S. 112-117 und ders., *India in the Great Depression, 1929-1939* (Delhi 1992), Part 2: Rural India, S. 79-134.

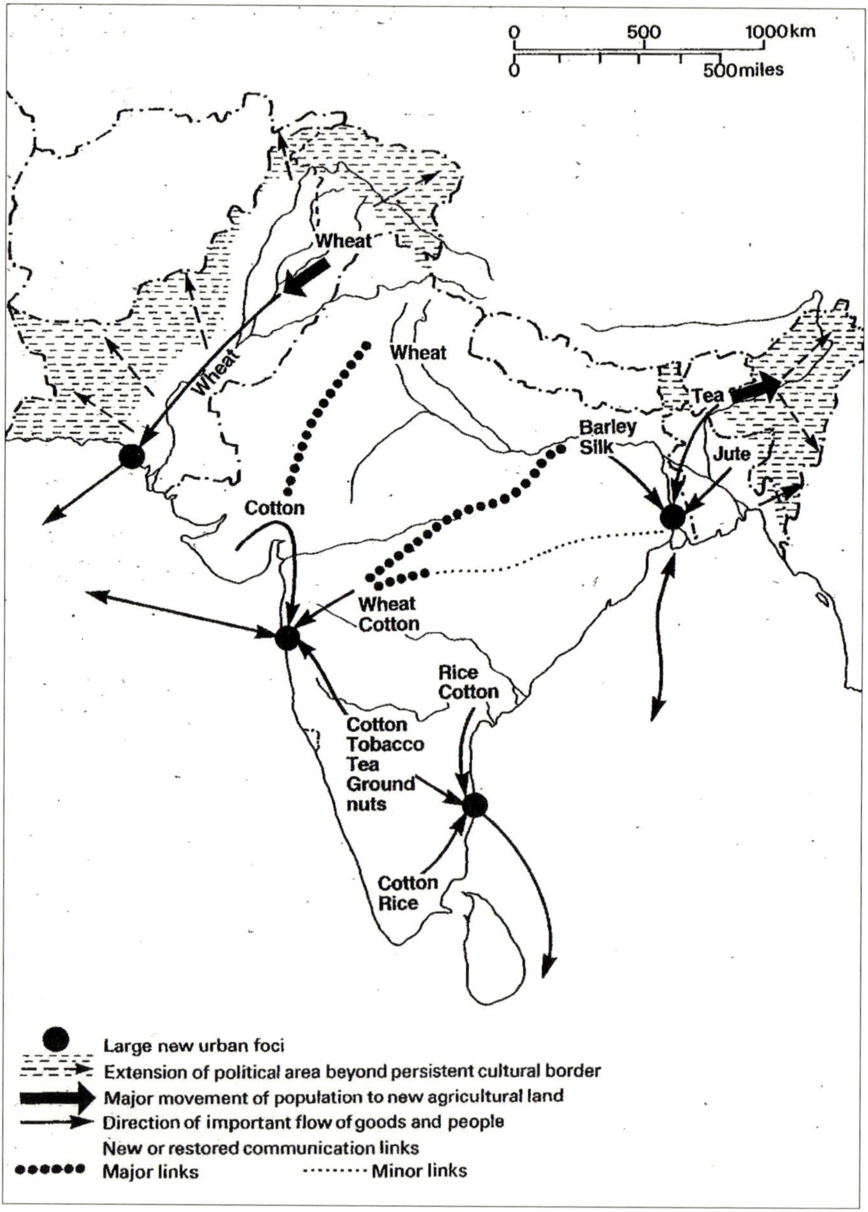

Abb. 31: Räumliche Reorganisation der Wirtschafts- und Wanderungswege unter der Kolonialherrschaft.

Steuerforderungen, was sich wiederum auf die Pacht und die Tilgung von Krediten auswirkte. Obendrein hatte die britisch-indische Regierung Schwierigkeiten in der Begleichung ihrer Zahlungsverpflichtungen an London, vor allem der ‚Home Charges', so dass ihr die Einlösung von privatem Gold gerade recht kam. In bislang ungekanntem Maß floss nun Kapital aus Indien ab. Bis 1935 betrugen die Goldexporte 30 Prozent der jährlichen Gesamtausfuhren und stellten den größten Einzelposten dar. Für den Rest des Jahrzehnts pendelte sich der Edelmetallexport zwischen 8 und 19 Prozent ein. Diese Zahlen verweisen auf das verzweifelte Bemühen, der Schuldentilgung nachkommen und damit auch die Kreditwürdigkeit wahren zu können. In vielen Fällen war das freilich vergebens. Nicht verwunderlich, dass Pächter und kleine Landbesitzer scharenweise in die Arme des Indian National Congress getrieben wurden, der mit diesem ländlichen Rückhalt seinen politischen Einfluss leicht ausbauen konnte, wie es sich in der Wahlen von 1937 denn auch zeigen sollte.[120]

Neben der Umstrukturierung der landwirtschaftlichen Produktion, ihrer nachhaltigen Transformation durch fortschreitende Kommerzialisierung und Kapitalisierung ist auch eine hiermit korrespondierende räumliche Reorganisation der Handels-, Verkehrs- und Migrationswege der landwirtschaftlichen wie industriellen Arbeiterschaft zu beobachten. Deutlichster Ausdruck dessen ist die Ausrichtung der Agrarökonomie auf den Export. Eine Hafenstadt wie Karachi am unteren Indus erhielt eine völlig neue Funktion, und die ehemaligen Brückenköpfe der EIC, Madras, Calcutta und Bombay, wurden über infrastrukturelle Maßnahmen wie den Eisenbahnbau und ihre Ausrichtung auf die wachsenden Metropolen zu den großen, ‚wasserkopfartigen' Exporthäfen des Landes, über die die Erzeugnisse der Nutzfruchtökonomie zur ‚Veredelung' nach Übersee, meist Großbritannien, abtransportiert und Fertigprodukte eingeführt wurden.

3.3.8 Post-koloniale Landwirtschaft

Zur Förderung der Landwirtschaft setzten die Politiker und Ökonomen im unabhängigen Pakistan und Indien weiterhin auf die noch unter dem britischen Kolonialregime geplanten großräumigen Kanal- und Staudammprojekte. Hintergrund für derartige Bauvorhaben war nicht nur der politische Wille regierender Parteien und Politiker, sondern auch die langfristige Sicherung der Nahrungsversorgung einer inzwischen rasant wachsenden Bevölkerung. Boden sollte durch Bewässerung fruchtbar oder ertragreicher gemacht werden. Die wirtschaftlichen Grenzen solch umfassender technologischer Innovation waren schon zu Zeiten der britischen Herrschaft ersichtlich, wie die Kanalnutzung im Panjab zeigt. Bald mussten die Briten erkennen, dass über die Wasserauslässe an den Seitenkanälen hinaus eine Kontrolle nicht mehr gegeben war. Sowohl Indien als auch Pakistan haben bis heute unter diesem kolonialen Erbe zu leiden, wenn selbst staatlich ge-

120 B. R. Tomlinson, *The Economy of Modern India*, S. 68-70.

förderte Verbesserungen zur Wasserverteilung am mangelnden Kooperationswillen lokaler Gemeinschaften scheitern, die sie sich weigern, in eine größere hydraulische Umwelt integriert zu werden.[121]

Auf dem hydro-agrarischen Fundament der britischen Großprojekte baute die Indische Union in den 1960er Jahren ihre „Grüne Revolution"* auf. Neben einer bislang ungekannten Maschinisierung der Landwirtschaft und neu gezüchteten, ertragreicheren Getreide- und Reissorten rief die viel gepriesene Agrarrevolution einen ungeheueren Wasserbedarf hervor, um einerseits das Wachstum der nun weitaus dichter stehenden Getreide- und Gemüsearten zu sichern und andererseits den enormen und notwendigen Einsatz von Düngemitteln zu ermöglichen. Im Jahr 1970 wurden in der Indischen Union insgesamt 2,2 Mio.t Kunstdünger verwendet, 1990 waren es 12,5 Mio.t. Im selben Zeitraum stieg der Anteil der Bewässerungsfläche bei Weizen von 54 auf 78 Prozent, bei Reis lauten die entsprechenden Zahlen 38 und 45 Prozent.[122]

Grüne Revolution bezeichnet die radikale Modernisierung der Agrarwirtschaft, gestützt auf die letzten Erkenntnisse der Agrarwissenschaften in Kombination mit neuesten Agrartechnologien und hohem Kapitaleinsatz. Konkret besteht diese Innovation in der Einführung von neuem, ertragreichen Saatgut, vor allem bei Weizen und Reis, dem dazu notwendigen Einsatz von Düngemitteln, Herbiziden, Pestiziden und Insektiziden und dem ebenso notwendigen Ausbau der Bewässerungsanlagen (Brunnen und Kanäle) sowie dem verstärkten Einsatz von Maschinen (Zuggerät, Pumpen, Mähdrescher etc.). Diese Intensivierung bewirkte eine sprunghafte Ertragssteigerung von Teilen der südasiatischen Agrarproduktion ab den späten 1950er Jahren. In der Indischen Union sind die Ertragsziele in den staatlichen Fünfjahresplänen formuliert worden. In Pakistan ist diese Steigerung der Agrarproduktion ebenfalls zu beobachten. Diese moderne Landwirtschaft wird bewusst abgesetzt von der so genannten traditionellen Landwirtschaft, die meist als Subsistenzwirtschaft bezeichnet wird und Rückständigkeit suggeriert, weil sie auf einem vormodernen Landsteuersystem basierte und nur begrenzt marktorientiert war.
Subsistenzwirtschaft basiert indes auf der regenerativen, das heißt nachhaltigen Bewirtschaftung der agrarischen Nutzflächen. Sie ist eingeschränkt durch die limitierte Verfügbarkeit von Wasser; weshalb dieses gezielter und oft effizienter verbraucht wird. Gleiches gilt für den umfangreicheren Einsatz von Handarbeit, die intensiver aber auch effizienter sein kann. Hinzu tritt der Gebrauch meist selbst hergestellter Gerätschaften, die von Tieren gezogen werden. Wird im Rahmen der Grünen Revolution exportorientiert für einen Weltmarkt und zu dessen Konditionen produziert, ist hingegen die Subsistenzwirtschaft auf einen lokalen und regionalen Markt ausgerichtet. Sie ist keineswegs eine ärmliche Landwirtschaftsform, zumal neben landwirtschaft-

---

[121] David Gilmartin, Models of hydraulic environment: Colonial irrigation, state power and community in the Indus Basin, in: David Arnold & Ramachandra Guha (Hg.), *Nature, Culture, Imperialism. Essays on the environmental history of South Asia* (Delhi etc. 1996), S. 210-236.

[122] Dietmar Rothermund, (Hg.), *Indien. Kultur, Geschichte, Politik, Wirtschaft, Umwelt. Ein Handbuch* (München 1995), S. 493. D. Ludden, *Agrarian History of South Asia*, S. 195.

licher Tätigkeiten der Bauern noch handwerkliche wie Textilverarbeitung, Herstellung von Gebrauchswaren etc. hinzutreten und die ländliche Bevölkerung somit über mehrere ökonomische Ressourcen verfügen kann.
In nur wenigen Regionen Südasiens hat die Grüne Revolution stattgefunden, in der Indischen Union vor allem im Panjab, in Haryana, Teilen Uttar Pradeshs und in Tamil Nadu. In Pakistan waren es Teile des Panjab und des Sindh. Nicht alle Bevölkerungsgruppen profitieren gleichermaßen durch die Innovationen. Vor allem die sozial schwachen Gruppen, die in Indien außerhalb des *varna* System stehen, sind wegen ihres mangelnden Zugangs zu Kapital, Land und Wasser von diesem Transformationsprozess ausgeschlossen worden und verarmen nun zusehends.
(Literatur: Dirk Bronger, *Indien. Größte Demokratie der Welt zwischen Kastenwesen und Armut.* Gotha 1996, S. 348-379).

Die gleiche Entwicklung ist auch in Pakistan zu verfolgen, das gerade im wasserreichen Panjab seine „Grüne Revolution“ ansetzte. Allein in den Distrikten Lyallpur, Montgomery und Multan stieg die Agrarproduktion zwischen 1959-60 und 1964-65 um 9 Prozent an, fast doppelt so viel wie die nationale Wachstumsrate. Fünfzehn Jahre später, Anfang der 1980er Jahre, kamen 80 Prozent der Traktoren und 88 Prozent der mechanischen Brunnenanlagen im Panjab zum Einsatz. Die Anbauregionen Pakistans wurden zwischen 1949-50 und 1989-90 von 11,4 auf 15,0 Millionen ha ausgedehnt, der Ernteertrag bei Weizen von 3,9 auf 14,3 Millionen Tonnen, bei Reis betragen die entsprechenden Erträge 0,8 und 3,2 Millionen t. Bei den ‚cash crops‘ ist Zuwachs noch größer, denn allein bei Zuckerrohr stieg die Produktion von 7,8 auf 35,5 Millionen Tonnen.[123]

Zwar war in beiden Staaten nun die Nahrungsmittelerzeugung gewährleistet, aber auf Kosten der Bodenbeschaffenheit. Als die von den anfänglichen Kritikern vorhergesagte Konzentration von Pestiziden in der Umwelt, die Dezimierung von zahlreicher Arten, die Zunahme der Resistenz bei Schädlingspopulationen und das damit erhöhte Risiko des Ausbruchs von Schädlingsbefall in Monokulturen auftraten, fanden sie endlich Gehör bei den verantwortlichen Stellen. Vordergründig scheinen nun genmanipulierte Getreide- und Reissorten die Lösung zu bieten. Doch sie reduzieren erneut die Vielfalt allein von mehreren hundert indischen Reisarten, die gerade wegen der Verschiedenartigkeit den Schädlingsbefall einschränken würden. Vorhersehbar sind somit die erneute und noch intensivere einseitige Beanspruchung des Bodens und seine langfristige Auslaugung. Bereits jetzt sind 40 Prozent der gesamten Landfläche einer ernsthaften Bodendegradation ausgesetzt. Alarmierend ist in der Indischen Union der absolute Rückgang der Ertragsfähigkeit von 1979 im Vergleich zu 1896.[124]

[123] Christophe Jaffrelot (Hg.), *A History of Pakistan and its Origins* (Paris 2000, London 2002/2004), S. 18-19, 168-170.

[124] M. Gadgil and R. Guha, *This Fissured Land*, S. 24-27.

Unschwer vorzustellen, dass die monokulturelle Bewirtschaftung des Panjab und Teilen der südindischen Flussdeltas die Ursache für anhaltenden sozialen Unfrieden war und ist. Agrarland, das unter Monokultur steht, verringert die Reichhaltigkeit des lokalen Angebots an Nahrungsmitteln, die ökonomisch und ökologisch unsinnig über weite Strecken angeliefert werden müssen. Definitiv das gravierendste Übel ist der nach wie vor unterschiedliche Zugang zu Land und Wasser, der über die wirtschaftliche Prosperität einzelner Bauern entscheidet. Alle wirtschaftlichen Erfolgszahlen können nicht über die wachsenden sozialen Missstände hinwegtäuschen. Durch die „Grüne Revolution" ist die regionale Disparität innerhalb beider Staaten weiter vorangetrieben worden. Daran ändert auch nicht die Tatsache, dass seit den 1960er Jahren in der Indischen Union eine substanzielle Umverteilung des ländlichen Besitzes erfolgte. Ende der 1980er Jahre war landesweit der Grundbesitz von 10 ha. mit 31 Prozent auf 17 Prozent zurückgegangen, umgekehrt der Grundbesitz von unter einem Hektar von 19 auf 32 ha angewachsen – während die der mittleren Betriebsgrößen von 2-10 ha mit 50 Prozent konstant blieb.[125]

Bereits Ende des 19. Jahrhunderts lösten die finanziellen Grenzen – weniger ein einsetzendes ökologisches Bewusstsein – ein graduelles Umdenken zur Förderung von hydraulischen Kleinanlagen aus, die über staatliche Kredite preisgünstig zu finanzieren und schnell zu realisieren waren. Neu entwickeltes Saatgut für Weizen und Zuckerrohr, das seit Beginn des 20. Jahrhunderts verwendet wurde, benötigte pro Reifungszeit bis zu fünf Bewässerungen, die nur mittels Brunnen zu gewährleisten waren. Bislang hatte die maximal zwei Mal mögliche Überflutung der Felder mit Kanalwasser genügt.[126] Ein Projekt der 1990er Jahre aus Rajastan belegt den Erfolg von lokalen und kleinräumigen Bewässerungsanlagen, die lediglich staatliche Finanzierungshilfen erhalten hatten. Als nach der Teilung Britisch-Indiens die Meons, die in der Nähe von Alwar im östlichen Rajastan siedelten, nach Pakistan auswanderte und nur wenige Familien in der Gegend verblieben, war das ca. 800 Jahre alte Wissen um die Konstruktion von Wasserrückhaltedämme bald verloren und sie verfielen. Statt die Felder zu bewässern, schoss das Wasser der Monsunniederschläge ungenutzt in die Ebenen.

In den letzten Jahren besann man sich dieser Anlagen wieder, nachdem die Entwaldungen des benachbarten Aravalli Gebirges und die fehlenden Staubecken zu einem dramatischen Absinken des Grundwasserspiegels geführt hatten. Mit Hilfe südindischer Ingenieure gelang die Errichtung von zahlreichen Rückhaltedämmen. Unterdessen ist der Grundwasserspiegel von 25m auf 18m angestiegen und in insgesamt 200 Brunnen steht wieder Wasser. Für eine geraume Zeit werden die Felder nach dem Monsun jetzt wieder überflutet und erhalten so die für die Aussaat in der kalten Jahreszeit notwendige Durchfeuchtung des Bodens. Zusätzlich lagert sich fruchtbarer Schwemmboden ab, der freilich Teil der Bodenerosion des

[125] D. Ludden, *Agrarian History of South Asia*, S. 224.
[126] E. Whitcombe, Irrigartion, S. 722-723.

Gebirges ist, nun aber agrarisch genutzt werden kann. Auf manchen Feldern hat sich der Ertrag binnen weniger Jahre verdoppelt. Abgesehen davon sind seit ein paar Jahren zwei Flüsse in der Region Alwar durch die sinnvolle Sammlung und Verwendung von Wasser wieder ganzjährig wasserführend. Die Stabilisierung der Umwelt verlangsamte auch die Abwanderung von jungen Menschen in die Städte.[127]

3.4. Waldnutzung und Forstwirtschaft[128]

3.4.1 Koloniale Waldbewirtschaftung

Die große zoologische und botanische Artenvielfalt tropischer und subtropischer Wälder bot Menschen einen einzigartigen Lebensraum. Halbsesshafte ‚societies'[129] rodeten für ihren Brandfeldbau fest markierte Areale, die für einige Jahre zur Nahrungssicherung dienten. Semi-sedente Clans und silvane Siedler sammelten bestimmte Früchte, Wurzeln, Blätter oder dünne Äste. Der ‚natürliche' Wald, im Gegensatz zum ‚artifiziellen' Forst, besaß als agro-silvaner Kulturraum besondere wirtschaftliche Bedeutung. Bauern in der Nähe von Waldgebieten nutzten diesen zum Vieheintrieb und zur Brennholzversorgung. Darüber hinaus stellen Wälder Futter- und Düngemittel sowie Bauholz bereit, aber auch Küchen- und Heilkräuter. Das Wissen um die Verwertbarkeit der Waldprodukte seitens der lokalen Bevölkerung, die im Wald oder im Grenzgebiet zwischen Wald, Weide- und Ackerland lebte, besaß hohen gesellschaftlichen Wert. Erste Formen der Waldbewirtschaftung durch staatliche Institutionen sind in Südasien im 8. Jahrhundert n. Chr. aufgetreten und dann vor allem im Mogul-Reich systematisch ausgearbeitet worden.[130]

---

127 Rakesh Agrawal, In the nick of time. The rediscovery of a traditional system of water management, in: *Down to Earth*, 15 October 1996, S. 40-41. All Rivers to Delhi, in: *Down to Earth*, 31 December 1996, S. 15.

128 Dieses Unterkapitel beruht in überarbeiteter Form zu Teilen auf meinem Beitrag, Natur und Kultur: Umweltgeschichte Südasiens, 1800-2001, in: Karin Preisendanz /Dietmar Rothermund (Hg.), *Südasien in der „Neuzeit". Geschichte und Gesellschaft, 1500-2000* (Wien 2003), S. 212-323.

129 Die Termini ‚Stamm' oder ‚Ethnie' würden in die Irre führen, da sie externe ethnografische Kategorien sind, mit deren Hilfe gesellschaftliche Gruppen aufgrund von (vermeintlichen) Endogamien konstruiert werden, nicht selten um sie zu marginalisieren oder gar zu diskriminieren. ‚Societies' sind hingegen selbstdefiniert.

130 Diprakanjam Das, *Economic History of the Deccan* (Delhi 1976), S. 105-115. Detaillierte botanische Klassifikationssysteme des 17. Jahrhunderts von der Malabarküste und den Hochwäldern des Hinterlands im Südwesten Indiens belegen Ordnungsprinzipien nach medizinischen Verwendungskategorien, die nachhaltig die entstehenden europäischen botanischen Klassifikationssysteme beeinflussten, siehe Richard H. Grove, Indigenous knowledge and the significance of south-west India for Portuguese and Dutch constructions of tropical nature, in: ders., V. Damodaran, S. Sangwan (Hg.), *Nature and the Orient. The environmental history of South and Southeast Asia* (Delhi etc. 1998), S. 187-209.

Generell regelten herrschaftliche Privilegien und gemeinschaftlicher Nutznieß den Zugang und Zugriff auf die Rohstoffe des Waldes. Nahrungsmittel, Brennholz und andere Kleinprodukte wurden in den Dörfern getauscht oder auf nahegelegenen Marktflecken verkauft. In den Hochwäldern von Malabar erhielten professionelle Holzfäller gegen Abgaben Fällrechte, während monopolistische Großhändler den Holz- und Pfefferhandel straff organisierten.[131] Die geringe Dichte der Waldbevölkerung versetzte die Waldbauern gegenüber den lokalen Herrschern und den Monopolhändlern freilich in die Lage, Fällrechte und Lieferzeiten sowie die Arbeitsleistungen nach ihren Vorstellungen zu bestimmen, da andere Arbeitsleute oft nicht greifbar waren. Das galt auch noch unter der britischen Kolonialherrschaft, wenn ein gezielter Abzug der Arbeitskräfte die wirtschaftliche Bearbeitung der Wälder kurz- oder mittelfristig verhinderte.[132]

Das Verhältnis zwischen den lokalen Herrschern oder ihren Vertretern zu den Waldbauern war ebenso konfliktreich wie das zu den bäuerlichen Untertanen. Sozialer Status, politische Stellung und wirtschaftliche Position bestimmten den Zugang zu den natürlichen Ressourcen und waren Ursache für zahlreiche gewaltsame Auseinandersetzungen. Von einer „romantisch"-egalitären montanen oder silvanen Gesellschaft kann folglich nicht ausgegangen werden.[133] Verschärfend wirkte, dass seit Mitte des 18. Jahrhunderts die Erbfolge- und Expansionskriege mit ihrem enormen Rohstoffverbrauch die Wälder in Süd- und in Nordindien extrem belasteten. Um aus den Wäldern einen maximalen steuerlichen Nutzen zu ziehen und eine optimale Verwertung der natürlichen Ressourcen zu gewährleisten, annektierten die *rajas* von Cochin das Hinterland und konfiszierten die Hochwälder der Ghats. In vielen Fällen vertrieben sie die ansässige Bevölkerung oder beraubten sie ihrer Nutzungsrechte und errichteten eine zentrale Waldadministration.[134] Weiter nördlich erließen die Marathen strenge Waldgesetze, die auch Aufforstungsmaßnahmen einschlossen, um so den eigenen Schiffbau sicherzustellen wie auch die Steuereinnahmen zu erhöhen. Ähnliche Maßnahmen hat auch der *amir* von Sind ergriffen.[135]

Nachdem die Briten Ende des 18. Jahrhunderts die Kontrolle über weite Teile Malabars und seiner Wälder erlangt hatten, initiierte die britische Admiralität in

---

[131] Margret Frenz, *Vom Herrscher zum Untertan. Spannungsverhältnis zwischen lokaler Herrschaftsstruktur und der Kolonialverwaltung in Malabar zu Beginn der britischen Herrschaft 1790-1805* (Stuttgart 2000), S. 126-128 und Michael Mann, *Flottenbau und Forstbetrieb in Indien 1794 – 1823* (Stuttgart 1996), S. 79-88.

[132] Mahesh Rangarajan, Production, desiccation and forest management in the Central Provinces 1850-1930, in: R. H. Grove et al., *Nature and the Orient*, S. 582.

[133] Ramachandra Guha, *The Unquiet Woods. Ecological change and peasant resistance in the Himalayas* (Delhi etc. 1989), S. 9-25, S. 62-69. Shubhra Guruani, Regimes of control, strategies of access: Politics of forest use in the Uttarakhand Himalaya, India, in: Arun Agrawal and K Sivaramakrishnan (Hg.), *Social Nature. Resources, representations, and rule in India*, (Delhi 2001), S. 170-190, hier S. 183.

[134] Richard H. Grove, *Green Imperialism. Colonial expansion, tropical island Edens and the origins of environmentalism, 1600-1860* (Cambridge 1995), S. 387.

[135] J. Pouchepadass, Colonialism and environment in India. A comparative perspective, S. 131.

London Anfang des 19. Jahrhunderts ein Flottenbauprogramm, wonach Kriegsschiffe aus malabarischem Teak in Bombay gebaut werden sollten. Innerhalb weniger Jahre verstärkte sich der Druck auf die Hartholzbestände der südindischen Bergregionen, was die britische Regierung in Bombay veranlasste, nun eine planvolle Waldbewirtschaftung einzuleiten, die langfristig die Bauholzversorgung der Werften Bombays sichern würde. Dabei griffen die Administratoren zunächst auf die ortsüblichen Formen der Waldpflege und Aufforstungspraxis zurück, wie sie der *raja* von Cochin in seinem Staat eingeführt hatte. Frühe Schriften zur Waldbewirtschaftung, von namhaften europäischen Botanikern verfasst, dokumentieren dieses unabhängig entstandene malabarische Wissen.[136]

In britischen Diensten stehende Deutsche, die Erfahrungen in der Waldbewirtschaftung besaßen, wurden beauftragt, ihre Kenntnisse zur Konservierung der Wälder an der Malabarküste einzubringen. Deutsche und französische Forstwissenschaften entstanden im ausgehenden 18. Jahrhundert zum einen aus einem akuten Holzmangel und gleichzeitig wachsendem Holzbedarf in Europa. Abgesehen davon versprach eine zentral geregelte Forstwirtschaft zusätzliche Steuereinnahmen, an denen der entstehende ‚moderne' Staat des 18. Jahrhunderts besonders interessiert war. Aus diesem Grund etablierten deutsche Kleinstaaten und Frankreich ein bürokratisch-wissenschaftliches Ressourcenmanagement. In Indien griffen die Briten die „kontinentale" Expertise auf und wendeten sie auf diese Art zum ersten Mal in einem außereuropäischen Gebiet an. Neben einem privatwirtschaftlich organisierten, jedoch staatlich überwachten Holzeinschlag, wurden die statistische Erfassung der Baumarten und die Demarkation in Nutzungsbereiche vorgeschlagen. Vor allem sollten die Nutzungsrechte der ortsansässigen Bevölkerung definiert und der Vieheintrieb strikt unterbunden werden. Nach wenigen Jahren war der Versuch gescheitert, unter anderem weil die divergierenden Interessen der Steuerverwaltung, der Waldkonservierung und des Flottenprogramms nicht in Einklang zu bringen waren.[137]

Im nordindischen Garhwal und Kumaon westlich des heutigen Nepal beanspruchten die Expansionskriege der Gurkhas zu Beginn des 19. Jahrhunderts die Finanzen des Landes derart, dass sie nur mittels drastischer Steuer- und Abgabenerhöhung auf silvane, agrarische und kommerzielle Waren wieder stabilisiert werden konnten. Die verstärkte Ausbeutung der natürlichen und der finanziellen Ressourcen löste eine Verschlechterung der Umweltbedingungen und der Lebensverhältnisse und schließlich die Verelendung breiter Bevölkerungsschichten aus. Nach der Annexion des Gebietes 1814 begannen die Briten auch diese Waldgebiete systematisch nach Baumaterial für ihre Schiffe zu durchforsten, zunächst mit nur mäßigem Erfolg, weil Personal und Kenntnis fehlte. Da die Steuerabgaben

---

[136] R. H. Grove, *Green Imperialism*, S. 388-390.

[137] M. Mann *Flottenbau und Forstbetrieb in Indien*, S. 28-53 und ders., German expertise in India? Early forest management on the Malabar coast, 1792-1805, in: Hermann Kulke, et al. (Hg.), *Explorations in the History of South Asia* (Delhi 2001), S. 11-28.

nicht gesenkt wurden, wanderten mehrere hunderttausend Menschen in das Gangestal ab, so dass die teilweise in Jahrhunderten aufgebaute Kulturlandschaft innerhalb weniger Jahre verödete und vom Urwald zurückerobert wurde.[138]

Nachdem die staatliche Forstpolitik zunächst aufgegeben worden war, trat mit dem einsetzenden Eisenbahnbau in Indien und dem enormen Bedarf an Schwellenholz ab der Mitte des 19. Jahrhunderts erneut die Frage einer dauerhaften Rohstoffsicherung durch staatliche Institutionen auf. Es war der künftige Leiter des Botanischen Gartens in Kew, Joseph D Hooker, der Governor General Lord Dalhousie auf der gemeinsamen Überfahrt nach Indien 1848 davon überzeugte, dass eine staatliche Waldbewirtschaftung dringend geboten sei, wolle man die Ressourcen langfristig sichern. Erste legislative Maßnahmen wurden noch unter seiner Amtszeit (1848–56) eingeleitet, nachdem mit der Annexion des Panjab, Pegus und Awadhs ausgedehnte Waldareale unter britische Verwaltung gekommen waren. Wieder griff die britische Kolonialadministration auf deutsche Forstwissenschaftler zurück.[139] Der bekannteste unter ihnen, Dietrich Brandis, plädierte ab Mitte der 1850er Jahre für eine einheitliche Forstgesetzgebung. Als ‚Inspector General of Indian Forests' (1864–81) brachte er mit Act 7 von 1865 eine erste gesamtindische Gesetzgebung auf den Weg. Zugleich richtete er das ‚Indian Forest Department' als ein eigenes Ministerium ein. Der ‚India Forest Act' von 1878 regelte einheitlich für ganz Indien die Einteilung der indischen Wälder in „reserved", „protected" und „village/communal forests", das heißt in Wälder zur ausschließlichen Nutzung durch den Staat, Wälder zur eingeschränkten Nutzung durch die lokale Bevölkerung und dörfliche Waldareale.[140]

Damit übertrug Brandis die Prinzipien der nordalpinen Forstkultur Europas, die auf eine minimale Artenvielfalt, auf hohe Wirtschaftlichkeit und gesicherte Nachhaltigkeit abzielte, auf die Wälder Südasiens. Lokales empirisch-ökologisches Wissen wurde zugunsten einer wissenschaftlichen, rationalen und zentralen Forstwissenschaft zurückgedrängt, die innerhalb weniger Jahrzehnte die Vision des ‚Normalbaumes' auch in den Wäldern des indischen Subkontinents Realität werden ließ. Europäische Wissenschaft und Methoden der Waldbewirtschaftung wurden zur Re-Organisation der südasiatischen Wälder in Hartholzforsten eingesetzt. Allerdings mussten die Nachfolger Brandis' im Amt des Inspector General (Wilhelm Schlich 1881–85 und Berthold Ribbentrop 1885–99) bald feststellen, dass in-

[138] Haripriya Rangan, State economic policies and changing regional landscapes in Uttarakhand Himalaya, 1818 – 1947, in: Arun Agrawal & K. Sivaramakrishnan (Hg.), *Social Nature. Resources, representations, and rule in India* (New Delhi 2001), S. 29-30.

[139] Einen instructiven Überblick zur Forstgeschichte Indiens bietet Gregory A. Barton, *Empire Forestry and the Origins of Environmentalism* (Cambridge 2002), S. 38-93.

[140] Ramachandra Guha, An early environmental debate: The making of the 1878 Forest Act, in: *Indian Economic and Social History Review* 27 (1990), S. 65-84. Zu Dietrich Brandis siehe die monumentalen Studie von Herbert Hesmer, *Leben und Werk von Dietrich Brandis, 1824-1907. Begründer der tropischen Forstwissenschaft, Förderer der forstlichen Entwicklung in den USA, Botaniker und Ökologe* (Bonn 1975).

dische Wälder allein wegen ihres schieren Ausmaßes, aber auch wegen der unterschiedlichen Rechtslagen nicht mit der gleichen Gründlichkeit bewirtschaftet werden konnten wie deutsche Wälder. Individuelle Anpassung an lokale Gepflogenheiten bestimmte oftmals die koloniale Forstwirtschaft, ohne dass freilich vom dreiklassigen Gesamtprinzip abgerückt wurde. Daran änderte auch die ergänzende Gesetzgebung von 1893 nichts.

In jedem Fall stand die Wirtschaftlichkeit, also die Erwirtschaftung von Profiten, von nun an im Vordergrund aller Forstpolitik. Unter Brandis' Leitung als Imperial Forest Inspector stiegen die steuerlichen Einnahmen im Zeitraum 1869-74 von 1,7 Millionien Rupien auf stattliche 21,3 Millionen im Finanzjahr 1924-25. Auch heute noch erfreut sich die Indische Union, bei kaum geänderter Gesetzgebung, steigender Einnahmen aus dem staatlichen Forstbetrieb: von annähernd 134 Millionen Rupien für den Rechnungszeitraum 1951-54 wuchsen sie auf 1,547 Milliarden Rupien 1981-82 an.[141]

Die Bevölkerung, die an oder in den Wäldern lebte, war in vielen Fällen Opfer des staatlichen Zugriffs auf ihren Lebens- und Wirtschaftsraum. Ganze Dörfer und ‚societies' wurden entrechtet, ohne dass Kompensation geleistet wurde. Die Bewohner sollten sich dauerhaft niederlassen, gewinnbringende Landwirtschaft treiben, Steuern zahlen und so zu ordentlichen Bauern werden. Nomadisierende oder halbsesshafte Lebensweisen waren für den Kolonialstaat–wie jeden Zentralstaat – nicht kontrollierbar. Nach dessen Auffassung fügten sie angeblich den Wäldern nachhaltigen Schaden zu, was besonders für die Brandrodungsfeldbauern und nicht-sesshafte Viehhirten galt.[142] Teilweise instrumentalisierte das leitende britische Personal der Forstbehörden die Stereotypen zur Landnutzung und den Umweltschäden durch Schafherden, wenn Bodenerosion, Flutkatastrophen und Verödung von Agrarland allein ihrem Verbiss zu Lasten gelegt wurde. Ohne gesicherte Daten wurden zur eige-

Abb. 32: Elefant als Arbeitstier beim Fällen von Teak-Bäumen, um 1900.

[141] M. Gadgil and R. Guha, *This Fissured Land*, S. 136, 195.

[142] Jacques Pouchepadass, British attitudes towards shifting cultivation in colonial south India: A case study of South Canara District, 1800-1920, in: David Arnold and Ramachandra Guha (Hg.), *Nature, Culture, Imperialism. Essays on the environmental history of South Asia* (Delhi etc. 1996), S. 123-151.

nen Rechtfertigung apokalyptische Szenarien einer Zivilisationsvernichtung durch Mensch und Vieh entworfen, die nur durch eine konsequente, zentral gelenkte Forstpolitik mit strengen Aufforstungsregeln aufzuhalten sei.[143]

Wie in Europa löste die Entrechtung und die damit einhergehende Kriminalisierung der bisherigen örtlichen Nutznießer auch in Indien teilweise heftigen Widerstand aus. Die intensiv erforschte Bergregion von Garhwal und Kumaon liefert ein eindrucksvolles Zeugnis für den anhaltenden Widerstand seit Beginn der britischen Kolonialherrschaft. Zerstörte soziale Bindungen lösten den Protest aus, der oft die ebenfalls nicht mehr intakten ökologischen Verhältnisse widerspiegelten.[144] In den ‚Central Provinces' leisteten die lokalen *zamindar*s noch Ende des 19. Jahrhunderts erbitterten Widerstand gegen die Konfiszierung ihres Waldbesitzes und der daran hängenden Rechte. Klar erkannten sie, dass das, was die britischen Verwaltungs- und Forstbeamten als Schutz der natürliche Ressourcen vor grober Verschwendung bezeichneten, in Wahrheit auf die staatlich Kontrolle einer höchst profitablen Einkommensquelle hinauslief. Immer wieder verschärfte die Privatisierung des Rohstoffabbaus auf Kosten bislang gemeinwirtschaftlich genutzter Ressourcen die sozialen Verhältnisse, vor allem wenn neu entstehende industrielle Eliten über die Rohstoffe verfügen wollten. Anhand der zahlreich auftretenden Rebellionen lassen sich die Dimension des ökonomischen, sozialen und ökologischen Wandlungsprozesses erahnen. Stiller ist indes die Landflucht, die zur Vernachlässigung der landwirtschaftlichen Infrastruktur und der allgemeinen Landschaftspflege führte.[145]

Die Ausbeutung der Wälder nahm während der beiden Weltkriege bislang unvorstellbare Dimensionen an. Die Briten setzten an allen Fronten nicht nur indische Truppen ein, sondern versorgten diese mit Millionen von Schwellen zum Verlegen von Bahnlinien im Hinterland, um die Versorgung und die Mobilität der Truppen zu gewährleisten. Allein in den beiden Kriegsjahren 1940-41 wurden 440.000 Schwellen exportiert, was 65 Prozent über dem Vorkriegsbedarf lag. Fällregeln wurden außer Kraft gesetzt, um britischen Kriegsinteressen nachkommen zu können. In Kumaon übertraf der Einschlag während des Zweiten Weltkrieges sechs normale Jahreserträge. Das Ende der Weltkriege und der Kolonialherrschaft bedeutete indes keine Schonzeit für die Wälder des Subkontinents. Bereits 1952 formulierte die Regierung Indiens, Dorfgemeinschaften würde es nicht gestattet, die Wälder auf Kosten nationaler Interessen zu nutzen. In Fortsetzung kolonialer Forstpolitik wurden Nutznießrechte und Gewohnheitsrechte konfisziert und, wenn überhaupt, in ‚Konzessionen' umgewandelt, darüber hinaus aber immer

[143] Vasant K. Saberwal, *Pastoral Politics. Shepherds, bureaucrats and conservation in the western Himalaya* (Delhi etc. 1999).

[144] R. Guha, *The Unquiet Woods*, S. 99-137.

[145] Ravi Rajan, Imperial environmentalism or environmental imperialism? European forestry, colonial foresters and the agendas of forest management in British India 1800 – 1900, in: R. H. Grove, V. Damodaran, S. Sangwan (Hg.), *Nature and the Orient. The environmental history of South and Southeast Asia* (Delhi etc. 1998), S. 326-327.

mehr Waldareale zu „reserved forests“ erklärt. Im Bundesstaat Bihar kam so fast sämtlicher Wald unter staatliche Kontrolle.[146]

3.4.2 Postkoloniale Forstwirtschaft

Der staatliche Schutz der Wälder bedeutete auch in der Indischen Union nichts anderes als die ausschließliche Verfügungsgewalt über seine natürlichen Ressourcen zu usurpieren. Ihre weitere Plünderung leitete die fortschreitende kommerzielle und industrielle Verwertung indischer Wälder im Zuge der nachzuholenden Industrialisierung ein. Ein Beispiel hierfür ist die Verwertung von Bambus in Papiermühlen. Im Jahr 1925 wurden etwa 5.800 Tonnen Bambus geliefert, 1939 waren es 58.000 Tonnen, und 1987 wurden über 5 Millionen Tonnen Bambus zu Papier und Pappe verarbeitet. Dies konnte in dem dramatischen Umfang nur geschehen, weil der Industrie staatlich subventionierte Rohstoffe unter Marktpreis zur Verfügung gestellt wurden. Allein zwischen 1972 und 1992 ist, zusammen mit den regulären Fällquoten, der Waldbestand in der Indischen Union von 17 Prozent der Landesfläche auf 11 Prozent zurückgegangen. Der anvisierte Idealstand von 33 Prozent rückte in weite Ferne. Gleichzeitig hat sich der Zustand der Wälder hinsichtlich der Artenvielfalt, Dichte des Baumstandes und der Regenerationsfähigkeit weiterhin verschlechtert.[147]

Lokaler und regionaler Widerstand gegen die staatlich-industrielle Forstpolitik formierte sich in vielen Gebieten Indiens.[148] In Kumaon und Garhwal entstand aus der Tradition der dortigen Widerstandsbewegungen und ihrer Neuformierung in den 1950er Jahren die Chipko-Bewegung (*chipko*: umarmen – in diesem Fall: Bäume) der 1970er Jahre. Ursache hierfür war unter anderem die staatliche Subventionspolitik für Holz zugunsten der Industrie. Konkreter Anlass war indes die Notlage nach den verheerenden Fluten von 1971, die auf die massiven Entwaldungen der letzten Jahrzehnte zurückgeführt wurden. Seit den 1830er Jahren hatten britische Botaniker und Forstwissenschaftler in Indien darauf hingewiesen, dass sich Entwaldungen in Hochgebirgen langfristig negativ auf die Niederschlagsmengen auswirken und zu Verwüstung und zunehmender Winderosion führen, gleichzeitig aber die kurzen und intensiveren Regengüsse Überschwemmungen, Verschlammungen und Wassererosionen hervorrufen würden. Gehör fanden die Experten bei der Verwaltungsspitze indes nicht. Nun schien am Himalayarand das vorher-

[146] R. Guha, *The Unquiet Woods*, S. 48. Susana B. C. Devalle, Beyond ecology? Indigenous territories and natural resources (Jharkhand, India), in: Wolfgang L. Werner (Hg.), *Aspects of Ecological Problems and Environmental Awareness in South Asia* (Delhi 1993), S. 62.

[147] M. Gadgil and R. Guha, *This Fissured Land*, S. 198. M. Mann, German expertise in India?, S. 11-12.

[148] Ramachandra Guha and Madhav Gadgil, State forestry and social conflict in British India, in: *Past and Present* 123 (1989), S. 41-77 und Richard P. Tucker, The depletion of India's forests under British imperialism: Planters, foresters, and peasants in Assam and Kerala, in: Donald Worster (Hg.), *The Ends of the Earth. Perspectives in modern environmental history* (Cambridge 1988), S. 118-140.

gesagte ökologische Szenario schreckliche Realität zu werden, als nach den sintflutartigen Niederschlägen Berghänge abrutschten und Täler verschlammten.[149]

Die Chipko-Bewegung erhielt rasch Popularität, auch weil sie von Frauen mitgetragen wurde, die für das Sammeln von Feuerholz zuständig waren und es über immer größer werdende Distanzen beischaffen mussten. Zudem wollten die Frauen nicht mehr tatenlos zusehen, wie ihre Männer für kurzfristigen Gewinn Entscheidungen über Wälder trafen, ohne die damit verbundenen langfristigen Konsequenzen zu bedenken. Die für die Regierung unerwartete Heftigkeit des Widerstandes wie auch das Ausmaß der Umweltschäden führten schließlich zu einem allmählichen Einlenken. Deutliches Indiz ist die Verringerung des Holzausstoßes, der zwischen 1971 und 1981 von 66.000 auf 40.000 Kubikmeter zurückging.[150] In Jharkhand im Bundesstaat Bihar regte sich ebenfalls massiver Widerstand gegen die industrielle Ausschlachtung von Bodenschätzen und Holzressourcen. In bis dahin ungekannter Form versuchten staatliche Institutionen teilweise gewalttätig, die silvane Kultur der ortsansässigen Bewohner zu zerstören und sie zu industriellen Billiglohnkräften zu machen.[151] Der Widerstand zeitigte insofern Erfolg, als das ehemalige Kumaon und Garhwal nun als Uttarakhand (Uttaranchal) sowie Jharkhand inzwischen eigene Bundesstaaten und damit weitestgehend der zentralen Gesetzgebungsgewalt entzogen sind.

Wenn sich die indische Regierung auch der Folgen ihrer Forstpolitik bewusst wurde, ergriff sie jedoch nicht immer geeignete Maßnahmen zur Verbesserung der agro-silvanen Situation. Im Fünf-Jahresplan von 1976-1981 wurde die ‚Social Forestry' etabliert, die mittels gemeinschaftlicher Nutzung von Wäldern und Forstfarmen den Druck auf die ‚natürlichen' Wälder nehmen sollte. Damit waren die Staatsforsten gemeint, die weiterhin der strikten Kontrolle zur Sicherung des industriellen Holzbedarfs unterworfen blieben. Die Forstfarmen passten sich schnell der kapitalistischen Umwelt an und produzierten schnellwachsende Hölzer, die am Marktbedarf und nicht an der Regeneration der Wälder orientiert waren. Nicht zu Unrecht ist diese Waldwirtschaftung als eine Form der monokulturellen Landwirtschaft bezeichnet worden, deren hauptsächliches Anbauprodukt mit hohem Profit in kurzer Zeit Eukalyptus war.[152] Erst Ende des 20. Jahrhunderts wurden neuen Formen der Wald- und Landnutzung eingeführt, als Grundlagen für eine dauerhafte und nachhaltige Bewirtschaftung der Wälder und Forsten erarbeitet

149 R. H. Grove, *Green Imperialism*, S. 425-462. A. Skaria, Timber conservancy, desiccationism and scientific forestry: the Dangs 1840s-1920s, in: Richard H. Grove, Vinita Damodaran, Satpal Sangwan (Hg.), *Nature and the Orient. The environmental history of South and Southeast Asia* (Delhi etc. 1998), S. 598-605.

150 Shubhra Guruani, Regimes of control, strategies of access: Politics of forest use in the Uttarakhand Himalaya, India, in: Arun Agrawal and K Sivaramakrishnan (Hg.), *Social Nature. Resources, representations, and rule in India*, (Delhi 2001), S. 181-182. R. Guha, *This Fissured Land*, S. 178.

151 S. B. C. Devalle, Beyond ecology? Indigenous territories and natural resources (Jharkhand, India), S. 55-58.

152 M. E. D. Poore and C. Fries, *The Ecological Effects of Eucalyptus* (Dehra Dun 1987).

und experimentell erprobt wurden. Flächendeckend kommen sie noch nicht zur Anwendung.

Literatur

Acharya, Keya, Breathless Bangalore, in: *Down to Earth* (31 Januar 2001), S. 10.

Agrawal, Rakesh, In the Nick of Time. The rediscovery of a traditional system of water management, in: *Down to Earth* (15 October 1996), S. 40-41.

Ahuja, Ravi, *Die Erzeugung kolonialer Staatlichkeit und das Problem der Arbeit. Eine Studie zur Sozialgeschichte der Stadt Madras und ihres Hinterlandes zwischen 1750 und 1800* (Stuttgart 1999).

Alam, Muzaffar, Aspects of agrarian uprising in north India in the early eighteenth century, in: Muzaffar Alam and Sanjay Subrahmanyam (Hg.), *The Mughal State, 1526-1750* (Delhi etc. 1998), S. 449-473.

Ali, Imran, Canal colonization and socio-economic change, in: Indu Banga (Hg.), *Agrarian System of the Sikhs: Late eighteenth and early nineteenth century* (Delhi 1978), S. 341-357.

Allchin, Bridget and Raymond: *The Rise of Civilization in India and Pakistan* (Cambridge 1982).

All Rivers to Delhi, in: *Down to Earth* (31 December 1996), S. 15.

Alvares, Claude und Ramesh Billorey, *Damming the Narmada: India's greatest planned environmental desaster* (Dehra Dun 1988).

Ambirajan, S., *Classical Political Economy and British Policy in India* (Cambridge 1978).

Arnold, David, The Indian Ocean as a disease zone, 1500-1950, in: *South Asia* 14/2 (1991), S. 1-22.

Arnold, David and Ramachandra Guha, Introduction: themes and issues in the environmental history of South Asia, in: David Arnold & Ramachandra Guha (Hg.), *Nature, Culture, Imperialism. Essays on the environmental history of South Asia*, (Delhi etc. 1996), S. 1-20.

Baker, Christopher J., *An Indian Rural Economy, 1880-1955. The Tamilnad countryside* (Delhi 1984).

Bandarage, Asoka, *Colonialism in Sri Lanka. The political economy of the Kandyan highlands, 1833-1886* (Berlin, New York, Amsterdam 1983).

Banga, Indu. (Hg.), *Five Punjabi Centuries. Polity, economy, society and culture, c. 1500-1990* (Delhi 1997).

Banga, Indu, *Agrarian System of the Sikhs: Late eighteenth and early nineteenth century* (Delhi 1978).

Barrier, N. Gerald, The Punjab disturbances of 1907: The response of the British government in India to agrarian unrest, in: David Hardiman (Hg.), *Peasant Resistance in India, 1858-1914* (Delhi etc. 1992), S. 227-258.

Barton, Gregory A., *Empire Forestry and the Origins of Environmentalism* (Cambridge 2002).

Bayly, Christopher A., *Empire and Information. Intelligence gathering and social communication in India, 1780 – 1870.* (Cambridge 1997).

Bayly, Christopher, *Rulers, Townsmen and Bazaars. North Indian society in the age of British expansion, 1770-1870* (Cambridge 1983).

Bellwinkel-Schempp, Maren (2003), Pigs and Power. Urban space and urban decay, in: Evelin Hust and Michael Mann (Hg.), *Urbanization and Urban Governance in India* (Delhi 2005), S. 205-230.

Bhargava, Meena, *State, Society and Ecology. Gorakhpur in transition, 1750-1830* (Delhi 1999).

Bhattacharya, Neeladri, Lenders and debtors: Punjab countryside: 1880-1940, in: *Studies in History*, n.s. 1,2 (1985), S. 305-342.

Bose, Sugata, *Peasant Labour and Colonial Capital: rural Bengal since 1770* (=New Cambridge History of India III,2, Cambridge 1993).

Bronger, Dirk, *Indien. Größte Demokratie der Welt zwischen Kastenwesen und Armut* (Gotha1996).

Chakravarti, Ranabir, The creation and expansion of settlements and management of hydraulic resources in ancient India, in: Richard H. Grove, Vinita Damodaran, Satpal Sangwan (Hg.) *Nature and the Orient. The environmental history of South and Southeast Asia* (Delhi etc. 1998), S. 87-105.

Charlesworth, Neil, *Peasants and Imperial Rule. Agriculture and agrarian society in the Bombay Presidency, 1850-1935* (Cambridge 1985).

Charlesworth, Neil, The origins of fragmentation of landholdings in British India: a comparative examination, in: Peter Robb (Hg.), *Rural India. Land, power and society under British rule* (Delhi etc. 1992, first impression 1982), S. 182-216.

Chaudhuri, Binoy B., The process of commercialisation in eastern India during British rule: a reconsideration of the notions of ‚forced commercialisation' and dependent peasantry, in: Peter Robb (Hg.), *Meanings of Agriculture. Essays in South Asian history and economics* (Delhi 1996), S. 71-91.

Chaudhuri, Binoy B., Growth of commercial agriculture in Bengal 1795-1885, in: David Ludden (Hg.), *Agricultural Production and Indian History* (Delhi 1994), S. 145-181.

Chaudhuri, B. [B.], Eastern India, in: Dharma Kumar (Hg.), *The Cambridge Economic History of India*, vol. 2, c. 1757-1970 (Cambridge 1982), S. 86-177.

Chaudhuri, Binoy B., Agricultural production in Bengal 1850-1900: co-existence of decline and growth, in: *Bengal Past and Present* 88,2 (1969), S. 152-206.

Chowdhury-Zilly, Aditee Nag, *The Vagrant Peasant. Agrarian distress and desertion in Bengal, 1770 to 1830* (Wiesbaden 1982).

Das, Diprakanjam, *Economic History of the Deccan* (Delhi 1976).

Datta, Rajat, *Society, Economy and the Market. Commercialization in rural Bengal c. 1760-1800* (Delhi 2000).

Datta, Rajat, Peasant production and agrarian commercialism in a rice-growing economy: some notes on a comparative perspective and the case of Bengal in the eighteenth century, in: Peter Robb (Hg.), *Meanings of Agriculture. Essays in South Asian history and economics* (Delhi etc. 1996), S. 92-131.

De Silva, K. M., *A History of Sri Lanka* (Delhi etc.1981).

Devalle, Susana B. C., Beyond ecology? Indigenous territories and natural resources (Jharkhand, India), in: Wolfgang L. Werner (Hg.), *Aspects of Ecological Problems and Environmental Awareness in South Asia* (Delhi 1993), S. 55-72.

Dewey, Clive, Images of the village community: a study in Anglo-Indian ideology, in: *Modern Asian Studies* 6,3 (1972), S. 291-328.

Dirks, Nicholas B., *The Hollow Crown. Ethnohistory of an Indian kingdom* (Cambridge 1987).

D'Souza, Rohan, Damming the Mahanada river: The emergence of multi-purpose river valley developments in India (1943-46), in: *Indian Economic and Social History Review* 40,1 (2003), S. 81-105.

Fischer-Tiné, Harald and Michael Mann (Hg.), *Colonialism as Civilizing Mission. Cultural ideology in British India* (London 2004).

Frenz, Margret, *Vom Herrscher zum Untertan. Spannungsverhältnis zwischen lokaler Herrschaftsstruktur und der Kolonialverwaltung in Malabar zu Beginn der britischen Herrschaft 1790-1805* (Stuttgart 2000).

Fryckenberg, Robert E. (Hg.), *Land Control and Social Structure in Indian History* (Delhi 1979).

Fryckenberg, Robert E. (Hg.), *Land Tenure and Peasant in South Asia* (Delhi 1977).

Fukazawa, H., Western India, in: Dharma Kumar (Hg.), *The Cambridge Economic History of India*, vol. 2 (Cambridge 1982), S. 177-207.

Gadgil, Madhav and Ramachandra Guha, *Ecology and Equity: the use and abuse of nature in contemporary India* (London 1995).

Gadgil, Madhav and Ramachandra Guha, *This Fissured Land. An ecological history of India* (Delhi etc. 1992).

Gilmartin, David, Models of hydraulic environment: Colonial irrigation, state power and community in the Indus Basin, in: David Arnold and Ramachandra Guha (Hg.), *Nature, Culture, Imperialism. Essays on the environmental history of South Asia* (Delhi etc. 1996), S. 210-236.

Gordon, Stewart, *The Marathas, 1600-1818* (=New Cambridge History of India II,4, Cambridge 1993).

Goswami, Omkar, Agriculture in slump: the peasant economy of east and north Bengal in the 1930s, in: *Indian Economic and Social History Review* 21 (1984), S. 335-264.

Greenough, Paul R., *Prosperity and Misery in Modern Bengal. The famine of 1943-1944* (New York/Oxford 1982).

Griffith, Percival, *History of the Tea Industry of India* (London 1972).

Grove, Richard H., Vinita Damodaran, Satpal Sangwan (Hg.) *Nature and the Orient. The environmental history of South and Southeast Asia* (Delhi etc., 1998).

Grove, Richard H., Indigenous Knowledge and the Significance of South-West India for Portuguese and Dutch Constructions of Tropical Nature, in: Richard H. Grove, Vinita Damodaran, Satpal Sangwan (Hg.), *Nature and the Orient. The environmental history of South and Southeast Asia* (Delhi etc. 1998), S. 187-209.

Grove, Richard H., *Green Imperialism. Colonial expansion, tropical island Edens and the origins of environmentalism, 1600-1860* (Cambridge 1995).

Guha, Ramachandra, *Environmentalism. A global history* (Delhi 2000).

Guha, Ramachandra, An early environmental debate: The making of the 1878 Forest Act, in: *Indian Economic and Social History Review* 27 (1990), S. 65-84.

Guha, Ramachandra, *The Unquiet Woods. Ecological change and peasant resistance in the Himalayas* (Delhi etc. 1989).

Guha, Ramachandra and Madhav Gadgil, State forestry and social conflict in British India, in: *Past and Present* 123 (1989), S. 41-77.

Guha, Ranajit, *A Rule of Property for Bengal. An essay on the idea of permanent settlement* (Paris 1963, reprint New Delhi 1982).

Guha, Sumit, Time and money: the meaning and measurement of labour in Indian agriculture, in: Peter Robb, *Meanings of Agriculture. Essays in South Asian history and economics* (Delhi etc. 1996), S. 251-261.

Guha, Sumit, *The Agrarian Economy of the Bombay Deccan, 1818-1941* (Delhi etc. 1985).

Guruani, Shubhra, Regimes of control, strategies of access: Politics of forest use in the Uttarakhand Himalaya, India, in: Arun Agrawal and K. Sivaramakrishnan (Hg.), *Social Nature. Resources, representations, and rule in India*, (Delhi 2001), S. 170-190.

Habib, Irfan, *The Agrarian System of Mughal India, 1556-1707* (Delhi 1963, second, revised edition, Delhi 1999).

Hardiman, David, The politics of water in colonial India, in: *South Asia* n.s. 25,2 (2002), S. 111-120.

Hardiman, David, *Feeding the Baniya. Peasants and usurers in western India* (Delhi etc. 1996).

Hardiman, David, Small-dam systems of the Sahyadris, in: David Arnold & Ramachandra Guha (Hg.), *Nature, Culture, Imperialism. Essays on the environmental history of South Asia* (Delhi etc. 1996), S. 185-209.

Hasan, S. Nurul, *Zamindars* under the Mughals, in: Muzaffar Alam and Sanjay Subrahmanyam (Hg.), *The Mughal State, 1526-1750* (Delhi etc. 1998), S. 284-298.

Haynes, Edward S., The natural and the Raj: Customary state systems and environmental management in pre-integration Rajasthan and Gujarat, in: Richard H. Grove, Vinita Damodaran, Satpal Sangwan (Hg.) *Nature and the Orient. The environmental history of South and Southeast Asia* (Delhi etc., 1998), S. 734-792.

Hesmer, Herbert, *Leben und Werk von Dietrich Brandis, 1824-1907. Begründer der tropischen Forstwissenschaft, Förderer der forstlichen Entwicklung in den USA, Botaniker und Ökologe* (Bonn 1975).

Inden, Ronald, *Imagining India* (Oxford/Cambridge, Mass. 1990).

Islam, M. Mufakharul, *Irrigation, Agriculture and the Raj: Punjab, 1887 – 1947* (Delhi 1997).

Jaffrelot, Christophe (Hg.), *A History of Pakistan and its Origins* (Paris 2000, London 2002/2004).

Jhirad, J. F. M., The Khandesh Survey Riots of 1852: Government policy and rural society in western India, in: *Journal of the Royal Asiatic Society* 1968, pt. 3 and 4, S. 151-165.

Klein, Ira, Development and death: Reinterpreting malaria, economics and ecology in British India, in: *Indian Economic and Social History Review* 38/2 (2001), S. 147-179.

Kling, Blair B., *The Blue Mutiny: the Indigo disturbances in Bengal, 1859-1862* (Philadelphia 1966).

Kumar, Dharma, South India (Agrarian Relations), in: Dharma Kumar.(Hg.), *The Cambridge Economic History of India*, vol. 2 (Cambridge 1982), S. 207-241.

Kumar, Dharma, South India (Regional Economy), in: Dharma Kumar, (Hg.), *The Cambridge Economic History of India*, vol. 2 (Cambridge 1982), S. 352-375.

Kumar, Dharma, *Land and Caste in South India. Agricultural labour in the Madras Presidency during the nineteenth century* (Cambridge 1965).

Kumar, Kapil, *Peasants in Revolt. Tenants, landlords, Congress and the Raj in Oudh 1886-1922* (Delhi 1984).

Kumar, Nand Kishore, Hydraulic agriculture in peninsular India (c. 300 B.C. to 1300 A.D.), in: *Proceedings of the Indian History Congress, 1979* (New Delhi 1980), S. 211-215.

Kumar, Ravinder, *Western India in the Nineteenth Century. A study in the social history of Maharashtra* (Canberra 1968).

Ludden, David, *An Agrarian History of South Asia* (=The New Cambridge History of India IV,4, Cambridge 1999).

Ludden, David, *Peasant History in South India* (Princeton 1985).

Major, Andrew J., *Return to Empire. Punjab under the Sikhs and British in the mid-nineteenth-century* (New Delhi 1996).

Major, Andrew J., Land revenue and peasant protection in early British Punjab, in: Indu Banga (Hg.), *Agrarian System of the Sikhs: Late eighteenth and early nineteenth century* (Delhi 1978), S. 318-332.

McAlpin, Michelle B., *Subject to Famine. Food crises and economic change in western India, 1860-1920* (Princeton 1983).

McLane, John R., *Land and Local Kingship in Eighteenth-Century Bengal* (Cambridge 1993).

Mann, Michael, Natur und Kultur: Umweltgeschichte Südasiens, 1800-2001, in: Karin Preisendanz/Dietmar Rothermund (Hg.), *Südasien in der „Neuzeit". Geschichte und Gesellschaft, 1500-2000* (Wien 2003), S. 212-232.

Mann, Michael, German expertise in India? Early forest management on the Malabar coast, 1792-1805, in: Hermann Kulke et al. (Hg.), *Explorations in the History of South Asia* (Delhi 2001), S. 11-28.

Mann, Michael, Timber trade on the Malabar Coast, 1792-1840, in: *Environment and History* 7 (2001), S. 403-425.

Mann, Michael, *Bengalen im Umbruch. Die Herausbildung des britischen Kolonialstaates 1754-1793* (Stuttgart 2000).

Mann, Michael, *Flottenbau und Forstbetrieb in Indien 1794 – 1823* (Stuttgart 1996).

Mann, Michael, *Britische Herrschaft auf indischem Boden. Landwirtschaftliche Transformation und ökologische Destruktion im ‚Central Doab' 1801-1854* (Stuttgart 1992).

Marshall, Peter J., *Bengal: the British bridgehead. Eastern India 1740-1828* (=New Cambridge History of India II,2, Cambridge 1987).

Mazumdar, Rajit K., *The Indian Army and the Making of the Punjab* (Delhi 2003).

Metcalfe, Thomas R., *Land, Landlords and the British Raj. Northern India in the nineteenth century* (Berkeley/Los Angeles/London 1979).

Metcalfe, Thomas R., *The Aftermath of Revolt. India, 1857-1870* (Princeton 1964, new edn Delhi 1990).

Meyer, Eric, Forests, chena cultivation, plantations and the colonial state in Ceylon, 1840-1940, in: Richard H. Grove, V. Damodaran, S. Sangwan (Hg.), *Nature and the Orient. The environmental history of South and Southeast Asia* (Delhi etc. 1998), S. 793-827.

Meyer, Eric, From landgrabbing to landhunger: High land appropriation in the plantation areas of Sri Lanka during the British period, in: *Modern Asian Studies* 26,2 (1992), S. 321-361.

Moosvi, Shireen, *The Economy of the Mughal Empire, c. 1595. A statistical study* (Delhi 1987).

Moreland, W. H., *The Agrarian System of Moslem India. A history essay with appendices* (Cambridge 1929, reprint Delhi 1968).

Morris, Morris D., *The Emergence of an Industrial Labor Force in India. A study of the Bombay cotton mills, 1854-1947* (Berkely and Los Angeles 1965).

Naqvi, K. & K. Hamida, *Urbanization and Urban Centres under the Mughals, 1556 – 1707* (Simla 1971).

Nightingale, Pamela, *Trade and Empire in Western India, 1784-1806* (Cambridge 1970).

Pouchepadass, Jacques, Colonialism and environment in India. A comparative perspective, in: Alice Thorner (Hg.), *Land, Labour & Rights. Ten Daniel Thorner memorial lectures* (London 2002), S. 116-143.

Pouchepadass, Jacques, British attitudes towards shifting cultivation in colonial south India: A case study of South Canara District, 1800-1920, in: David Arnold and Ramachandra Guha (Hg.), *Nature, Culture, Imperialism. Essays on the environmental history of South Asia* (Delhi etc. 1996), S. 123-151.

Pouchepadass, Jacques, Land, power and market: the rise of land market in Gangetic India, in: Peter Robb (Hg.), *Rural India. Land, power and society under British rule* (Delhi etc. 1992, first impression 1982), S. 78-108.

Poore, M. E. D. and C. Fries, *The Ecological Effects of Eucalyptus* (Dehra Dun 1987).

Prakash, Gyan, *Bonded Histories. Genealogies of labor servitude in colonial India* (Cambridge 1990).

[Prakash, Gyan], Introduction: The history and historiography of rural labourers in colonial India, in: Gyan Prakash, (Hg.), *The World of the Rural Labourer in Colonial India* (Delhi etc. 1982), S. 1-46.

Rajan, Ravi, Imperial environmentalism or environmental imperialism? European forestry, colonial foresters and the agendas of forest management in British India 1800 – 1900, in: Richard H. Grove, Vinita Damodaran, Satpal Sangwan (Hg.), *Nature and the Orient. The environmental history of South and Southeast Asia* (Delhi etc. 1998), S. 324-371.

Rana, R. P., Agrarian revolts in northern India during the late 17th and early 18th century, in: *Indian Economic History Review* 18 (1981), S. 287-326.

Rangan, Haripriya, State economic policies and changing regional landscapes in Uttarakhand Himalaya, 1818 – 1947, in: Arun Agrawal and K. Sivaramakrishnan (Hg.), *Social Nature. Resources, representations, and rule in India* (New Delhi 2001), S. 23-46.

Rangarajan, Mahesh, Production, desiccation and forest management in the Central Provinces, 1850-1930, in: Richard H. Grove, Vinita Damodaran, Satpal Sangwan (Hg.), *Nature and the Orient. The environmental history of South and Southeast Asia* (Delhi etc. 1998), S. 575-595.

Rangarajan, Mahesh, *Fencing the Forests. Conservation and ecological change in India's Central Provinces, 1860-1914* (Delhi 1996).

Ravindranath, N. H., Madhav Gadgil, Jeff Campbell, Ecological stabilization and community needs: managing India's forest by objective, in: Mark Poffenberger & Betsy McGean (Hg.), *Village Voices, Forest Choices. Joint forest management in India* (Delhi etc. 1996), S. 287-323.

Reeves, Peter, *Landlords and Governments in Uttar Pradesh. A study of their relations until zamindari abolition* (Bombay etc. 1991).

Robb, Peter, *Ancient Rights and Future Comfort. Bihar, the Bengal Tenancy Act of 1885 and British rule in India* (Richmond 1997).

Robb, Peter, Introduction. Land and society: The British ‚transformation' in India, in: ders. (Hg.), *Rural India. Land, power and society under British rule* (Delhi etc. 1992, first impression 1982), S. 1-23.

Robert, Bruce, Economic change and agrarian organizartion in ‚dry' South India 1890-1940: A reinterpretation, in: *Modern Asian Studies* 17,1 (1983), S. 59-78.

Robert, Bruce, Structural change in Indian agriculture: Land and labour in Bellary District. 1890-1980, in: *Indian Economic and Social History Review* 22,3 (1985), S. 281-306.

Rothermund, Dietmar (Hg.), *Indien. Kultur, Geschichte, Politik, Wirtschaft, Umwelt. Ein Handbuch* (München 1995).

Rothermund, Dietmar, *India in the Great Depression, 1929-1939* (Delhi 1992).

Rothermund, Dietmar, *Indiens wirtschaftliche Entwicklung. Von der Kolonialherrschaft bis zur Gegenwart* (Paderborn etc. 1985).

Rothermund, Dietmar, *Government, Landlord, and Peasant. Agrarian relations under British rule, 1865-1935* (Wiesbaden 1978).

Saberwal, Vasant K., *Pastoral Politics. Shepherds, bureaucrats and conservation in the western Himalaya* (Delhi etc. 1999).

Sachdeva, Veena, Agrarian production and distribution in the late eighteenth century, in: Indu Banga (Hg.), *Agrarian System of the Sikhs: Late eighteenth and early nineteenth century* (Delhi 1978), S. 284-306.

Samad, Rafi U., *Ancient Indus Civilization* (Karachi 2000).

Satyanarayana, A., *Andhra Peasants under British Rule. Agrarian relations and the rural economy 1900-1940* (Delhi 1990).

Sharma, Radha, Agrarian society in transition: Mid-nineteenth century, in: Indu Banga (Hg.), *Agrarian System of the Sikhs: Late eighteenth and early nineteenth century* (Delhi 1978), S. 307-317.

Sharma, Sanjay, *Famine, Philanthropy and the Colonial State. North India in the nineteenth century* (Delhi 2001).

Sheik Ali, B., Developing agriculture: Land tenure under Tipu Sultan, in: Irfan Habib (Hg.), *Confronting Colonialism. Resistance and modernization under Haidar Ali and Tipu Sultan* (New Delhi 1999), S. 161-164.

Siddiqi, Asiya, *Agrarian Change in a Northern Indian State. Uttar Pradesh 1819-1833* (Oxford 1973).

Siddiqi, Norman Ahmad, *Land Revenue Administration under the Mughals (1700-1750)* (New Delhi 1970).

Singh, Satyajit, *Taming the Waters. The political economy of large dams in India* (Delhi etc. 1997).

Sivaramakrishna, K., *Modern Forests. Statemaking and environmental change in colonial eastern India* (Stanford 1999).

Skaria, Ajay, Timber conservancy, desiccationism and scientific forestry: The Dangs 1840s-1920s, in: Richard H. Grove, Vinita Damodaran, Satpal Sangwan (Hg.), *Nature and the Orient. The environmental history of South and Southeast Asia* (Delhi etc. 1998), S. 596-635.

Skaria, Ajay, *Hybrid Histories. Forests, frontiers and wilderness in western India* (Delhi etc. 1999).

Sontheimer, Günter-Dietz, *Pastoral Deities in Western India.* (New York/Oxford 1989).

Staubli, Maurus, *Reich und arm mit Baumwolle. Exportorientierte Landwirtschaft und soziale Stratifikation am Beispiel des Baumwollanbaus im indischen Distrikt Khandesh (Dekkan) 1850 – 1914* (Stuttgart 1994).

Stein, Burton, *Thomas Munro. The origins of the colonial state and his visions of empire* (Delhi 1989).

Stein, Burton, *Peasant Society in Peasant State in South India* (Delhi 1980).

Stokes, Eric, *The Peasant Armed. The Indian Rebellion of 1857* (ed. by Christopher A. Bayly, Oxford 1986).

Stokes, Eric, *The Peasant and the Raj. Studies in agrarian society and peasant rebellion in colonial India* (Cambridge 1978).

Stokes, Eric, *The English Utilitarians and India* (Oxford 1959).

Stokes, Eric, Northern and Central India, in: Dharma Kumar (Hg.), *The Cambridge Economic History of India*, vol. 2 (Cambridge 1982), S. 36-86.

Thorner, Daniel (Hg.), *Ecological and Agrarian Regions of South Asia,* circa *1930* (Karachi 1996).

Tomlinson, B. R., *The Economy of Modern India, 1860-1970* (=New Cambridge History of India III,3, Cambridge 1993).

Tucker, Richard P., The depletion of India's forests under British imperialism: Planters, foresters, and peasants in Assam and Kerala, in: Donald Worster (Hg.), *The Ends of the Earth. Perspectives in modern environmental history* (Cambridge 1988), S. 118-140.

Vaid, Angeli, Derek Merrill, Grant Bage (Hg.), *Victorian India. Tea garden of the world* (London 1996).

Webb, James L. A., *Tropical Pioneers. Human agency and ecological change in the highlands of Sri Lanka, 1800-1900* (Delhi 2002).

Whitcombe, Elizabeth, The environmental costs of irrigation in British India: Waterlogging, salinity, malaria, in: David Arnold and Ramachandra Guha (Hg.) *Nature, Culture, Imperialism. Essays on the environmental history of South Asia* (Delhi etc. 1996), S. 237-259.

Whitcombe, Elizabeth, Irrigation, in: Dharma Kumar (Hg.), *The Cambridge Economic History of India,* vol. 2 (Cambridge 1982), S. 677-737.

Whitcombe, Elizabeth, *Agrarian Conditions in Northern India, vol. 1. The United Provinces under British rule, 1860-1900* (New Delhi/University of California Press 1972).

Wink, André, *Land and Sovereignty in India. Agrarian society and politics under the eighteenth-century Maratha Swārajya* (Cambridge 1986).

Wittfogel, Karl A., *Orientalische Despotie. Eine vergleichende Untersuchung totaler Macht* (Frankfurt am Main 1977, Original: *Oriental Despotism. A comparative study of total power* 1957).

Worster, Donald, *Rivers of Empire: Water, Aridity and the growth of the American West* (New York 1985).

Yang, Anand A., *The Limited Raj. Agrarian relations in colonial India, Saran District, 1793-1920* (Delhi etc. 1989).

4. Migration und Diaspora

4.1 Zum Phänomen von Migration und Diaspora

Die Suche nach besseren Lebensbedingungen und die zu ihrer Realisierung notwendige Wanderschaft von Einzelpersonen, Familien, Clans, Gruppen oder ‚societies' gehört zu den konstitutiven Verhaltensformen der menschlichen Zivilisationsgeschichte. Folglich haben wir es bei der Migration mit einem universalhistorischen Phänomen zu tun, das zu allen Zeiten und in allen Räumen aufgetreten ist. Migration ist weder eine Erscheinung des modernen Industriestaates und seines nahezu permanenten Arbeitskräftemangels, noch zeigt sie die Krise des neuzeitlichen Kapitalismus an. Die Intensität der Migration hat unbestreitbar mit der europäischen Überseeexpansion in ihren transkontinentalen Dimensionen beträchtlich zugenommen,[1] weshalb menschliche Wanderschaft in der jüngsten Forschung, zumindest für die Periode der Neuzeit, als Grundlage eines entstehenden globalen Arbeitsmarktes begriffen wird.[2] Aus diesen Gründen ist Migrationsgeschichte ein integraler Bestandteil der Sozial- und Wirtschafts-, und im weiteren Sinn der Gesellschaftsgeschichte.[3]

Die Fragen ob und inwieweit Migration und Wanderschaft freiwillig oder unter Zwang stattfand, muss je nach Kontext beantwortet werden. Im engeren Sinn ist Migration erzwungen, wenn das Leben des jeweiligen Menschen bedroht, er also Flüchtling aufgrund von Diskriminierung, politischer Verfolgung oder Kriegszustand ist. Im weitesten Sinn wäre jede Form der Migration erzwungen, denn niemand verlässt freiwillig seine familiäre und vertraute Umgebung, sofern nicht zwingende Gründe ökonomischer, sozialer, politischer und zunehmend auch ökologischer Art vorliegen.[4] Vor diesem Hintergrund kann der Nationalstaat nicht Referenzpunkt bei den Analysen zu Ursachen und Hintergründen der Migration sein, denn damit würden lediglich lineare Bewegungen zwischen Regionen und

---

[1] E. van den Boogaart and P. C. Emmer, Colonialism and migration: an overview, in: Pieter C. Emmer (Hg.), *Colonialism and Migration; indentured labour before and after slavery* (Dordrecht/Boston/Lancaster 1986), S. 3-15.

[2] Zur Periodisierung der Globalisierung vor dem Hintergrund einer quantitativ und qualitativ sich ändernden Migration siehe Michael Mann, Die Mär von der freien Lohnarbeit. Menschenhandel und erzwungene Arbeit in der Neuzeit. Ein einleitender Essay, in: ders. (Hg.), *Menschenhandel und unfreie Arbeit in der Neuzeit*, S. 1-13. (zugl. *Comparativ* 13 (2003), Heft 4).

[3] Jan Lucassen and Leo Lucassen, Migration, migration history, history: old paradigms and new perspectives, in: dies. (Hg.), *Migration, Migration History, History. Old paradigms and new perspectives* (Bern etc. 1999), S. 9-40, hier S. 9-10.

[4] Götz-Achim Riek, Migration. Eine Begriffsbestimmung, in: *Zeitschrift für Kulturaustausch* 45 (1995), Heft 1 ‚Migration und kultureller Wandel', S. 18-19.

Orten berücksichtigt werden. Künftig können nur ‚Konvergenzen' im Sinn vom Vergleich unterschiedlicher Migrantengruppen an einem Ort sowie ‚Divergenzen', beispielsweise der Vergleich von Italienern oder Indern als Migranten über die Kontinente hinweg, Gegenstand von Untersuchungen sein.[5]

Migrationsgeschichte ist mehr als nur die Geschichte menschlichen Verhaltens auf der Ebene der horizontalen Mobilität, denn sie schließt die der vertikalen Mobilität mit ein. Grundsätzlich wandern Menschen aus ihren Regionen und Orten ab, um sich langfristig ökonomisch *und* sozial besser zu stellen und nicht um die Lage der Ausgangsregion im geografischen Zielgebiet zu reproduzieren. Abgesehen davon lässt sich menschliches Wanderungsverhalten nicht allein mit simplen ‚push' und ‚pull' Faktoren oder einfachen Kosten-Nutzen Analysen deuten, die auf der neo-klassischen Kategorie des ‚Lohndifferenzials' beruhen. Ebenso wenig taugt ein daran anknüpfendes ‚rational choice model', da es kaum den mannigfaltigen Entscheidungsfindungsprozessen für oder gegen die Migration auf den Grund gehen kann.[6] Vielmehr müssen Faktoren auf der Makro-, Meso- sowie Mikroebene bei den Erklärungen für Migrationverhalten berücksichtigt werden. Dazu gehören demografische Entwicklungen, Fragen der Identitäten, der Machtkämpfe und Rückorientierungen in das Emigrationsland. Nur mittels interdisziplinärer Forschungsansätze, wie sie neuerdings fruchtbringend auf theoretischer Ebene unternommen werden, indem ein Brückenschlag zwischen den Disziplinen, die sich mit Migration beschäftigen (dazu gehören Soziologie, Politische Wissenschaften, Geschichte, Anthropologie/Ethnologie, Demografie, Wirtschaftswissenschaften und Rechtswissenschaften), angeregt wird, kann das Phänomen der Migration und Diaspora adäquat analysiert werden.[7]

Deren erste Erträge lassen sich wie folgt zusammenfassen. Erstens wirkt in der Gegenwart ein ‚dualer Arbeitsmarkt' in den Industriestaaten maßgeblich als Auslöser für Migration aus den ärmeren Ländern. Durch die maschinelle Massenproduktion ist der Arbeitsmarkt in zwei Segmente zerfallen, einen oberen, lukrativen und mit sozialem Prestige verbundenen, und einen unteren, mit niedrigen Löhnen, unsicherer Rechtslage und schlechtem sozialen Status. Hier herrscht ein permanenter Arbeitskräftemangel, der durch Immigranten gedeckt wird. Nicht der wenig bessere Lohn und das schlechte soziale Ansehen lockt Migrationswillige, sondern die sich eröffnende realistische Chance zur vertikalen Mobilität. Obendrein lässt die latent vorhandene Option zur Rückkehr diese Migranten zu kaum kontrollierbaren, gleichwohl höchst begehrten Arbeitnehmern werden.

---

[5] Nancy L. Green, The comparative model and poststructural structuralism: new perspectives from migration studies, in: J. Lucassen and L. Lucassen (Hg.), *Migration*, S. 57-72.

[6] Christof Parnreiter, Theorien und Forschungsansätze zur Migration, in: Kars Husa, Christof Parnreiter und Irene Stacher (Hg.), *Internationale Migration. Die globale Herausforderung des 21. Jahrhunderts*? (Frankfurt am Main 2000), S. 25-52, bes. S. 27-28.

[7] Caroline B. Brettell and James F. Hollifield (Hg.), *Migration Theory. Talking across disciplines* (New York and London 2000). Siehe besonders die ‚Introduction' der beiden Autoren, ebenda, S. 1-26.

Zweitens ist Migration im Wesentlichen nicht durch Individualität, sondern durch Kollektivität geprägt. Familienbande, Gruppenzugehörigkeiten, und regionale Verbindungen sind höchst relevante Entscheidungsfaktoren. Die Möglichkeiten zur Transformation ländlichen Besitzes über eine bescheidene ‚Kapitalakkumulation' und der damit mögliche soziale Aufstieg spielen bei der familiär/gemeinschaftlich getroffenen Entscheidung zur Migration eines oder mehrerer Familienmitglieder aus einem Dorf in eine Stadt im selben oder einem anderen Land eine entscheidende Rolle. Indem die Startchancen durch Familienanbindung erhöht und die finanziellen Belastungen für Migranten in der Anfangszeit reduziert werden, erfolgt zugleich die Risikominimierung in Form einer systematischen Risikostreuung.[8]

Drittens wird die seit dem 18. Jahrhundert einsetzende ‚Massenmigration' ein essenzielles Kennzeichen bei der allmählichen Herausbildung des kapitalistischen Weltwirtschaftssystems. In gewissem Maße sorgte der expansive Kapitalismus mit seiner ‚Integrationskraft' von selbst für einen ständigen Nachschub an Migranten, wenn bislang unerschlossene Wirtschaftsbereiche dem System erschlossen wurden. Zugleich begann eine Desintegration, die vor allem landwirtschaftliche und handwerkliche Kleinbetriebe in den neu eingegliederten Regionen unrentabel werden ließ und überschüssige Arbeitskräfte ‚freisetzte'. Diese bildeten das Reservoir, mit dem der untere Sektor des Arbeitsmarktes in den Industriestaaten oder auch dem heimischen Markt versorgt werden konnte und es noch immer wird. Da allein die ‚Lohndifferenz' Menschen noch nicht in Bewegung setzt, musste und muss die Wanderung von Arbeitskräften nach wie vor initiiert und organisiert werden. In jüngster Zeit hat diese Entwicklung den Globalisierungsprozess rapide beschleunigt und die Voraussetzung in den sich formierenden translokalen Räumen geschaffen. Aus potenziellen sind nun vermehrt willige Migranten geworden. Nicht nur Kapital und Güter, Informationen und Dienstleistungen zirkulieren schneller um die Erde, sondern auch Menschen.[9]

In den transterritorialen Räumen werden im Rahmen der Migration Netzwerke verschiedenster Arten geradezu zwingend notwendig.[10] Vielfältige Informationen, abnehmende Risiken, steigende Integrationschancen und die Möglichkeit zu einer Vorauswahl beim Arbeitsangebot führen zu einer höheren Bereitschaft zur internationalen Migration.[11] Migration findet auch dann statt, wenn kein Arbeitskräftemangel im entsprechenden Zielgebiet vorherrscht. Dies ist auch der Grund, warum es zur geografischen Konzentration von Migranten und zu einer

---

[8] C. Parnreiter, Theorien und Forschungsansätze, S. 28-32.

[9] Ebenda, S. 32-36.

[10] Der Terminus „Transnationalism" wurde von Nina Glick Schiller, Linda Basch, Christina Szanton Blanc, Transnationalism: A new analytical framework for understanding migration, in: dies. (Hg.), *Towards a transnational Perspective on Migration: Race, class, ethnicity, and nationalism reconsidered* (New York 1992), S. 1-24 eingeführt.

[11] Siehe hierzu besonders Caroline B. Brettell, Theorizing migration in anthropology, in: dies. and James F. Hollifield (Hg.), *Migration Theory. Talking across disciplines*, S. 97-135.

'Nischenbildung' bzw. Dominanz in beruflichen Sparten kommt. Diese translokale Bindung von Familien fördert die Gemeinschaftsbildung von Menschen einer bestimmten 'Nationalität' oder 'Religionsgemeinschaft' im Immigrationsland: Inder werden sich unter Umständen erst in der Emigration ihrer indischen Identität bewusst. Daher tragen diese 'ethnischen Enklaven', oft entstanden durch rassistische Marginalisierung im Immigrationsland, nicht selten zu einer eigenen Traditionsbildung im Sinne einer Traditionsbewahrung in einem durch indifferente 'Multikulturalität' geprägten Umfeld bei.[12] Dies muss als Indikator für die nationalstaatliche Konstruktion nicht nur von Minderheiten und deren Ausgrenzung, sondern auch für die identitätsstiftenden Konsequenzen bei den so Marginalisierten gesehen werden.

In einigen Immigrationsländern, vor allem in deren Städten, ist es zur Bildung von 'Exilgemeinden' oder, wie es neuerdings für die transnationalen indischen Emigrantengemeinschaften heißt, einer Diaspora gekommen. Als Resultat der globalen Migration ist der Terminus Diaspora seit gut einem Jahrzehnt ein Sammelbegriff für Migration, Exil, Asyl, Gastarbeiter und ethnische bzw. religiöse zerstreute Gemeinden in der Fremde geworden.[13] Welche Emigranten oder fremden Gruppen den 'Status' einer Diaspora beanspruchen können, ist Gegenstand heftiger Debatten, die nicht selten höchst emotional geführt werden. Die engste definitorische Eingrenzung, die die 'Opferrolle' betont, umfasst nur Juden, Armenier und Griechen. Die weiteste Definition, die stärker die Kategorie einer freiwilligen Gemeinschaftsbildung zur gegenseitigen Interessenwahrung herausstellt, schließt neben den Erstgenannten auch Chinesen, Inder und Afrikaner ein. Zurecht ist darauf hingewiesen worden, dass ein ethnisches Konzept als Grundlage eines Vergemeinschaftungsmodells nicht hinreicht, um die spezifische Situation der Diaspora zu erfassen.[14]

Wegen dieser substantiellen Differenzen ist der Terminus Diaspora nach wie vor schwierig zu definieren. Bezeichnen die einen Diaspora als die freiwillige und Exil als die erzwungene Zerstreuung, bleibt nahezu unbestritten, dass die jüdische Diaspora weiterhin den 'klassischen' Bezugspunkt aller Diaspora-Definitionen bildet. 'Zerstreuung' im ursprünglichen Sinn des Wortes stellt die momentan

---

12 So orientieren sich viele Immigranten in den Großstädten der USA, Großbritanniens und Kanadas nicht mehr and der Integration in die von den White-Anglo-Saxon-Puritans (WASPs) geprägten Hegemonialkultur, sondern an ihrer eigenen 'community', vgl. C. Parnreiter, Theorien und Forschungsansätze, S. 36-41. Nochmals sei darauf hingewiesen, dass diese 'communities' je nach gesellschaftlichem Kontext konstruiert sind.

13 Vgl. die seit 1991 von Khachig Tölölyan in den USA herausgegebene Zweitschrift *Diaspora*. Siehe auch Waltraud Kokot, Diaspora, Lokalität und Stadt. Zur ethnologischen Forschung in räumlich nicht begrenzten Gruppen, in: Thomas Hengartner, Waltraud Kokot und Kathrin Wildner (Hg.), *Kulturwissenschaftliche Stadtforschung* (Berlin 2000), S. 191-203.

14 Kh. Tölölyan, The nation-state and its others: in lieu of a preface, in: *Diaspora* 1 (1991), S. 3-7, hier S. 4 und Mihran Dabag und Kristin Platt (Hg.), Diaspora und das kollektive Gedächtnis. Zur Konstruktion kollektiver Identitäten in der Diaspora, in: dies., *Identität in der Fremde* (Bochum 1993), S. 130 sowie Robin Cohen *Global Diasporas. An introduction* (London 1997).

unverfänglichste, gemeinsame definitorische Grundlage dar.[15] Ihre spezifische Bedeutung erhält die Diaspora jedoch im Rahmen von transnationalen Netzwerken mit einem oft mythischen Rückbezug auf das Ursprungsland. Um diese vielfältigen Beziehungsgeflechte aufrecht erhalten zu können, bedarf es eines gemeinsamen Bewussteins, das durch die oben erwähnte oftmals rassistisch motivierte Marginalisierung und Manifestierung der Andersartigkeit leicht erzeugt werden kann. Dieses Bewusstsein wird durch einen Prozess aktiver kultureller, sozialer und pädagogischer Gestaltung generiert, permanent neu geformt und tradiert. Bezugspunkt ist einerseits der gemeinsame Ursprung samt der gemeinsamen Geschichte, andererseits die nun entstehende Tradition in der Diaspora, intensiviert durch Symbole und „Rituale des Gedenkens".[16] Den Eliten der jeweiligen Diaspora fällt die zentrale Aufgabe zu, eine kollektive kulturelle Identität zu konstruieren.[17]

Indes sind dieser Bewusstseinsformierung auch Grenzen gesetzt. Zwar betreiben religiöse Organisationen mit der hinduistischen oder muslimischen ‚Kultur' in der Diaspora gezielte Identifikationskampagnen in der indischen Diaspora, so vor allem in den USA, Kanada und Großbritannien, jedoch mit nur mäßigem Erfolg, denn Muslims aus Pakistan verbrüdern sich nicht zwangsläufig mit Muslims aus Indien, und südindische Muslims teilen zwar den Glauben, nicht aber die Gemeinschaft mit nordindischen Muslims, weshalb weder von einer homogenen südasiatischen noch generell von einer konformen Muslim-Gemeinschaft die Rede sein kann.[18] Wie andere Formen konstruierter kollektiver Identitäten sind auch die Identitäten der Diaspora eher situativ zu begreifen. Unterschiedliche regionale und soziale Identitäten in Indien sowie verschiedene Zeitpunkte der Auswanderung verweisen auf die Komplexität des Diasporabegriffs und seine begrenzte Tauglichkeit zur einheitlichen Charakterisierung indischer Gemeinschaften in den

---

[15] Die Etymologie des griechischen Wortes ‚diaspora', das nichts weiter als ‚zerstreuen' bedeutet, eröffnet vielfältige Konnotationen. In der Antike bezeichnete es sämtliche griechischen Ansiedlungen in Kleinasien, fand dann aber Anwendung auf die vertriebenen Juden im ersten babylonischen Exil (586-539 v. Chr.). Schließlich bestimmt die Vertreibung nach dem römisch-jüdischen Krieg und die gezielte Ansiedlung der Juden (70 n. Chr.) im mediterranen Raum die Semantik des Wortes. Das Element der Zerstreuung bzw. der Streuung von einem Zentrum bleibt entscheidend für die Bedeutung des Begriffs. Allgemein hierzu Robin Cohen, *Global Diasporas*.

[16] Susanne Schwalgin, Rituale des Gedenkens an den Genozid. Eine Situationsanalyse, in: Th. Hengartner, W. Kokot, K. Wildner (Hg.), *Kulturwissenschaftliche Stadtforschung*, S. 205-223. William Safran, Diasporas in modern societies, in: *Diaspora* 1 (1991), S. 83-99. Siehe allgemein M. Dabag und K. Platt, *Identität in der Fremde*.

[17] Zu dieser Elite zählen Musiker, Schriftsteller, Künstler, Intellektuelle, Kleriker, Journalisten etc., siehe Kh. Tölölyan, Rethinking Diaspora(s): Stateless power in the transnational moment, in: *Diaspora* 5 (1996), S. 3-36.

[18] Vgl. die Aufsätze von Karen Leonard, Hyderabadis in Pakistan: changing nations, in: Crispin Bates (Hg.), *Community, Empire and Migration. South Asians in Diaspora* (Basingstoke U.K/ New York 2001), S. 224-244 und Ari Nave, Nested identities: ethnicity, community and the nature of group conflict in Mauritius, in: *ebenda*, S. 87-108.

Abb. 33: Beim Diwali-Fest, das nach christlichem Kalender im Oktober/November stattfindet, werden die Häuser mit Lichtern dekoriert. Die Menschen beten um Erfolg und Glück zur Göttin Lakshmi Das Bild entstand Mitte der 1950er Jahre. Inzwischen werden auch Knallkörper und Raketen bei dem freudigen Fest entzündet.

Immigrationsländern und über diese hinaus.[19] Für Inder in der Diaspora mag das Diwali-Fest ein einigendes Band darstellen, bei regionalen Festen würde diese Gemeinsamkeit bereits wieder entfallen, und eher Sprache, lokale Tradition und momentaner Arbeitsplatz (Firma) in den Vordergrund treten.

In den vergangenen Jahren haben indische Migration und Diaspora im geografischen Südasien und im Indischen Ozean an wissenschaftlichem Interesse gewonnen, selbst wenn die Zahl der Studien bei weitem nicht an die der atlantischen Migration heranreicht.[20] Nur vereinzelt liegen historische Studien zu Ursachen, Motiven und Umfang der subkontinentalen Binnenmigration vor, weshalb sie, wie auch die damit verbundene Migration im Indischen Ozean, einer umfassenden Aufarbeitung bedarf, um die Herausbildung eines kolonial-kapitalistischen Arbeitsmarktes besser erklären zu können.[21] In gewisser Weise nimmt die momentane Forschung zur indischen Diaspora im Indischen Ozean eine fast avantgardistische Funktion ein, weil keine zweite Migrantengruppe so gut dokumentiert ist wie diese. Dies gilt speziell für die indischen Kontraktarbeiter des 19. und frühen 20. Jahrhunderts.[22] Auch kann die oben genannte Charakterisierung der Diaspora aufgrund von Gemein-

19 Peter van der Veer, Introduction: The diasporic imagination, in: Ders. (Hg.), *Nation and Migration. The politics of space in the South Asian diaspora* (Philadelphia 1995), S. 1-16. Die Forschung steht nach wie vor erst am Beginn einer umfassenden Bearbeitung der inhaltlich-semantischen Klärung des Terminus.

20 Siehe C. Bates (Hg.), *Community, Empire and Migration*. Pieter C. Emmer (Hg.), *Colonialism and Migration*.

21 Vgl. Ravi Ahuja, *Die Erzeugung kolonialer Staatlichkeit und das Problem der Arbeit. Eine Studie zur Sozialgeschichte der Stadt Madras und ihres Hinterlandes zwischen 1750 und 1800* (Stuttgart 1999), Kap. 4 ‚Arbeitsleute in Bewegung: Migration und ihre Gründe', S. 125-174. Arjan de Haan, *Unsettled Settlers: Migrant workers and industrial capitalism in Calcutta* (Rotterdam 1994) und Amita Sen, *Women and Labour in late Colonial India. The Bengal jute industry* (Cambridge 1999), Kap. ‚Migration, recruitment and labour control', S. 21-53.

22 Marina Carter, Subaltern success stories: socio-economic mobility in the Indian labour Diaspora – some Mauritius cases, in: *Internationales Asienforum* 33 (2002), S. 91-100, speziell S. 99-100.

schaftsbildungen hier gewinnbringend angewendet werden: Indische Kaufleute bilden exemplarisch eine regionale ‚Händlerdiaspora' im Indischen Ozean, besonders entlang der afrikanischen Küste, während indische Kontraktarbeiter paradigmatisch für eine globale ‚Arbeiterdiaspora' stehen.[23]

4.2. Frühe indische Migration und Diasporabildung

Die Geschichte des indischen Subkontinents ist durch immer wieder auftretende Ein- und Auswanderungen von Menschengruppen, Familien, ‚societies' und Clans sowie ganzen Völkerschaften geprägt und bezeugt die Dynamik der südasiatischen Gesellschaften. Aus ökologischen (Austrocknung von Flussläufen sowie eine allgemeine Überweidung) und ökonomischen (Zusammenbruch der Fernhandelsbeziehungen nach Mesopotamien) Gründen war die Harappa-Zivilisation niedergegangen, woraufhin die städtische aber auch die ländliche Bevölkerung ins Gangestal abwanderte. Diese Migrationen setzten um 2000 v. Chr. ein und hielten bis 1650 v. Chr. an. Seit der Harappa-Zivilisation sind auch Migrationsbewegungen und Handelsbeziehungen über Land nach Zentralasien und über Wasser entlang den Küstenregionen des Indischen Ozeans festzustellen.[24]

Wanderungsbewegungen und die Sesshaftwerdung der Bharatas, Purus und Yadus zunächst im Panjab und später im Doab von Ganges und Jamuna seit dem 14. Jahrhundert vor unserer Zeitrechnung sowie die anschließende Wanderung das Gangestal hinab haben dann im ersten Jahrtausend v. Chr. unter Zusammenschlüssen von einzelnen immigrierenden und lokalen Volksgruppen zu ersten Reichsbildungen geführt. Der Grad der Integration ortsansässiger Bevölkerungsgruppen und/oder deren Marginalisierung an die damaligen Zivilisationsgrenzen (Urwälder des Gangestals) bei gleichzeitiger Stratifikation der Gesellschaft waren bei diesem Prozess entscheidend für die Stabilisierung der neuen Herrschaft.[25] Etwa zur gleichen Zeit wanderten auch verschiedene Clans aus dem Norden des Subkontinents direkt nach Sri Lanka ein, der mächtigste unter ihnen die Sinhalas. Ähnliche Prozesse einer frühen Staatsformierung sind daraufhin auch hier zu beobachten.[26]

---

[23] Den Terminus ‚Händlerdiaspora' führte Philip D. Curtin zur Abgrenzung von anderen Diaspora ein, siehe *Cross-cultural Trade in World History* (Cambridge 1984), S. 2-3.

[24] Shereen Ratnagar, *The End of the Great Harappan Tradition* (Delhi 2002). Theorien um die Kontinuität der Harappa-Zivilisation in den nachfolgenden Staaten und Gesellschaften bzw. der des definitiven Untergangs sind gerade im gegenwärtigen Indien Gegenstand heftiger Diskussionen. Zu den überregionalen Handelsverbindungen siehe den neuesten Sammelband von Irfan Habib (Hg.), *The Growth of Civilizations in India and Iran* (New Delhi 2002).

[25] Romila Thapar, *From Lineage to State. Social formations in the mid-first millennium B.C. in the Ganga valley* (Delhi etc. 1984).

[26] Neben den Sinhalas wanderten die Clans, man spricht auch von aristokratischen Familien, der Lambakannas, der Moriyas und der Kalingas ein, ein jeder repräsentiert durch ein Tiersymbol,

Zu einer ersten überseeischen Ausbreitung der indischen Kultur kam es etwa ab dem 2. Jahrhundert nach der Zeitwende. Händler aus Südindien befuhren den östlichen Indischen Ozean und ließen sich in den Hafenstädten der indonesischen Inselwelt nieder. Durchaus lässt sich bereits jetzt von einer frühen ‚Händlerdiaspora' sprechen. Sicherlich waren diese Händler nicht die Mittler oder gar Träger der indischen Kultur, die im nachfolgenden Jahrtausend maßgeblichen Einfluss auf die Staatenbildung in Südost-Asien gehabt hat. Vielmehr war es die hier einsetzende Staatsformierung, die die indische Expertise in der Person von *brahman* und buddhistischen Mönchen im Bereich der Staatskunst, dem Gesellschaftsrecht sowie der Architektur nachfragte. Dieser Bedarf konnte aufgrund der Handels- und Kulturkontakte in Form existierender Rechtskompendien leicht befriedigt werden. Der Höhepunkt der Migration und des Kulturaustausches lag in der zweiten Hälfte des ersten nachchristlichen Jahrtausends und wurde erst durch die beginnende mongolisch-türkische Militärinvasion in Nordindien zu Beginn des 13. Jahrhunderts vorübergehend unterbrochen. Kurze Zeit darauf wurde Nordindien jedoch ‚Durchgangsland' und Station für islamische Händler, Gelehrte und Soldaten in einem transkontinentalen Raum, dem Indischen Ozean.[27]

Etwa zur gleichen Zeit wie die Aufnahme von Handelskontakten im östlichen Indischen Ozean entstanden auch die ersten Handelsbeziehungen entlang der afrikanischen Ostküste. Kontinuierlich scheinen diese Handelskontakte westindischer Kaufleute, zunächst und hauptsächlich aus Khambhat (Cambay) in Gujarat, später auch aus Khozikhode (Calicut) an der Malabarküste, expandiert zu haben. Auf der dem Roten Meer vorgelagerten Insel Socotra sowie in den großen Hafenstädten wie Mogadischu, Mombasa, Sansibar, Kilwa, Mosambik bis hinunter nach Sofala waren seit dem 12. Jahrhundert geschäftige arabische, persische und indische Händlergemeinschaften anzutreffen. Umgekehrt errichteten vermehrt persische und arabische Händler an der indischen Westküste bis hinunter nach Malabar ihre Niederlassungen, was auf eine Extensivierung wie auch eine partielle Intensivierung der Kontakte deutet.[28] Ebenso kann von der Bildung einer rudimentären indischen Händlerdiaspora in den Städten entlang der Swahili-Küste ausgegangen werden. Im 16. Jahrhundert sind deutlich die *baniya* (Händler und Finanziers) aus Diu und die so genannten *Canarin* unterscheidbar. Letztere spe-

---

die Moriyas hatten den Pfau, die Sinhalas den Löwen. Siehe K. M. De Silva, *A History of Sri Lanka* (Delhi etc.1981), S. 7-9.

[27] Hermann Kulke und Dietmar Rothermund, *Geschichte Indiens. Von der Induskultur bis heute* (Stuttgart 1983, 2. Aufl., München 1998), S. 169-180. Zu ‚Indisierung' Südost-Asiens G. Coedès, *The Indianized States of Southeast Asia* (Honolulu 1986) sowie zur eigenständigen Entwicklung der Region J. C. van Leur, *Indonesian Trade and Society* (The Hague 1955). Kenneth McPherson, *The Indian Ocean. A history of people and the sea* (Delhi etc. 1998), bes. S. 109-136. Die neueste Darstellung zum Thema Indischer Ozean stammt von Michael N. Pearson, *The Indian Ocean* (London and New York 2003).

[28] Allgemein George F. Hourani, *Arab Seafaring in the Indian Ocean in Ancient and early Medieval Times* (revised and expanded by John Carswell, Princeton 1995), S. 51-86 und Lakshmi Subramanian, *Medieval Seafarers* (New Delhi 1999).

zialisierten sich auf den Handel mit Luxusgütern wie Elfenbein und Tropenhölzern, weshalb sie sich in Siedlungen flussaufwärts am Sambesi niederließen, wo sie mit den portugiesischen und arabischen Händlern zusammen lebten. Selten umfassten diese Händlergemeinschaften mehr als ein paar Hundert Personen, und in vielen Fällen sind wegen der zahlreichen Heiraten zwischen den Gruppen nach einigen Jahrzehnten ‚ethnische' Zugehörigkeiten nicht mehr auszumachen.

Im Gegensatz dazu scheint die Gemeinschaft der *baniya* in Mosambik verstärkt zur exklusiven Gemeinschafts- und Diasporabildung geneigt zu haben, mit ausgeprägten Rückbindungen an ihre Herkunftsregion Gujarat. Dies gilt besonders für die Gemeinschaft der Jains.[29] Generell waren jedoch weniger die einzelnen Händler und ihre regionale Herkunft oder ihr religiöser Hintergrund als vielmehr die Handelsware und deren Herkunft von Bedeutung. Die Waren aus Gujarat wurden meist über persische und arabische, später dann auch über die europäischen Zwischenhändler nach Afrika verschifft.[30] Mit kaum fünf Prozent des Handelsvolumens nahm der Export von Gütern aus Gujarat nach Afrika einen marginalen Posten ein, der Handel mit Südost-Asien war dahingegen wesentlich lukrativer für die indischen Händler.[31] Auch oder gerade unter der Dominanz der europäischen Schifffahrt breiteten sie sich ab dem 16. Jahrhundert entlang der Swahiliküste aus, wo alsbald Gemeinschaften mit einem eigenständigen kulturellen Leben entstanden.[32] Es ist davon auszugehen, dass die Mehrzahl der Händler mehrere Jahre in den genannten Städten blieb, da allein aufgrund des Monsuns eine einjährige ‚Rundreise' südlich von Sansibar nicht möglich war. Neben dieser Zirkulation dürfte im Laufe der Zeit die permanente Emigration zugenommen haben, vor allem mit der Intensivierung des Handels und der Ausbildung von Netzwerken ab dem 16. Jahrhundert.[33]

In den darauf folgenden Jahrhunderten bauten die *baniya*s ihre Handelskontakte entlang der arabischen Halbinsel und der afrikanischen Ostküste zielstrebig aus. Im Golf von Aden und in den Hafenstädten des Roten Meeres sowie in Äthiopi-

---

29 Michael N. Pearson, Indians in East Africa: the early modern period, in: Rudrangshu Mukherjee and Lakhshmi Subramanian (Hg.), *Politics and Trade in the Indian Ocean World* (Delhi etc. 1998), S. 227-249.

30 Zum Handel der afrikanischen Ostküste im Indischen Ozean siehe M. D. D. Newitt, East Africa and Indian Ocean trade, in: Ashin Das Gupta and Michael N. Pearson (Hg.), *India and the Indian Ocean, 1500-1800* (Calcutta etc. 1987), S. 201-223.

31 Edward A. Alpers, Gujerat and the trade of East Africa, c. 1500-1800, in: *International Journal of African Historical Studies* 9 (1976), S. 22-44.

32 Vgl. beispielsweise Luis F. Dias Antunes, The trade activities of the *banyans* in Mozambique: Private Indian dynamics in the Portuguese state economy (1686-1777), in: K. S. Mathew (Hg.), *Mariners, Merchants and Oceans. Studies in maritime history* (Delhi 1995), S. 301-332 sowie M. N. Pearson, Indians in East Africa: the early modern period, S. 230-231.

33 Zum Begriff der Zirkulation von indischen Händlergruppen siehe Claude Markovits, Merchant circulation in South Asia (eighteenth to twentieth centuries): The rise of pan-Indian merchant networks, in: Claude Markovits, Jaques Pouchepadass, Sanjay Subrahmanyam (Hg.), *Society and Circulation. Mobile people and itinerant cultures in South Asia, 1750-1950* (Delhi 2003), S. 131-162.

en nahmen sie fast eine Monopolstellung mit ihren Importen aus Indien sowie Exporten vom Horn von Afrika ein. Bis zum Ende des 19. Jahrhunderts konnten die Inder ihre dominierende Handelsstellung gegenüber den Europäern halten und teilweise auch ausbauen, so in Addis Abeba, wo sie am Herrscherhof eine herausragende Position als Lieferanten von Luxusgütern und als geschickte Handwerker in der Stadt einnahmen. In Somalia hielten die *baniyas* ihre prominente Handelsstellung gar bis in die Mitte des 20. Jahrhunderts. Waren in den Hafenstädten am Horn von Afrika nur wenige indische Händler ansässig, lebten in den Häfen des Persischen Golfes und entlang der afrikanischen Ostküsten große indische Händlergemeinschaften. Bis zur Mitte des 19. Jahrhunderts hatten sich allein in Maskat 1.500 Inder und in Sansibar über 4.000 niedergelassen.[34]

Die Entwicklung im östlichen Indischen Ozean verlief nahezu gegenläufig. Wie im Arabischen Meer bestimmte auch im Golf von Bengalen die geografische Nähe die Richtung des Handels. So beherrschten über Jahrhunderte die Händlergemeinschaften der *Chettiyars* und der *Chulias* den südindischen Seetransport.[35] Zum schleichenden Niedergang der indischen Handelsaktivitäten führte das Auftauchen der Portugiesen und nachfolgend der niederländischen und englischen Ostindiengesellschaften mit ihrem erbitterten Kampf um Monopsone und Monopole für Gewürze und Textilien. Dies betraf vor allem Khambhat und Surat in Gujarat, Hugli in Bengalen, die Städte Masulipatnam, Cuddalore und Nagapatnam entlang der Coromandelküste, Pegu und Syriam in Birma respektive Banten, Acheh, Johore und Melaka auf den Inseln des indonesischen Archipels. Auf lange Sicht wurden die indischen Händler und Kaufleute fast völlig aus dem transkontinentalen Geschäft gedrängt, als süd- wie südostasiatische Güter überwiegend auf europäischen Schiffen transportiert wurden. Am Ende des 18. Jahrhunderts dominierte schließlich die englische East India Company die großen Handelsrouten im Indischen Ozean.[36]

Vereinzelt gibt es direkte Hinweise auf eine überseeische indische Diaspora, die über die einer reinen Händlergemeinschaft hinausging, so in Banten im 17. Jahr-

---

[34] Richard Pankhurst, Indian trade with Ethiopia, the Gulf of Aden and the Horn of Africa in the nineteenth and early twentieth centuries, in: *Cahiers d'Etudes Africaines* 14, 3 (1974), S. 453-497.

[35] Sinnappah Arasaratnam, The eastward trade in India in the eighteenth century, in: R. Mukherjee and L. Subramanian (Hg.), *Politics and Trade in the Indian Ocean World*, S. 210-226. Zu den weitreichenden organisierten Handelsbeziehungen Südindiens siehe Kanakalatha Mukund, *The Trading World of the Tamil Merchant. Evolution of merchant capitalism in the Coromandel* (Hyderabad/Chennai 1999).

[36] Als einführenden Überblick zur Handelsgeschichte Südost Asiens Arun Das Gupta, The maritime trade of Indonesia: 1500-1800, in: A. Das Gupta and M. N. Pearson, *Indian and the Indian Ocean*, S. 240-275. Zur Coromandelküste siehe Sinnappah Arasaratnam, *Merchants, Companies and Commerce on the Coromandel Coast, 1650-1740* (Delhi etc. 1986), bes. S. 95-163 sowie ders., *Maritime India in the seventeenth Century* (Delhi etc. 1994). Aspekte der Netzwerkbildung und das Entstehen von Diaspora behandeln exemplarisch einzelne Beiträge in dem ausgezeichneten Sammelband von Denys Lombard and Jean Aubin (Hg.), *Asian Merchants and Businessmen in the Indian Ocean and the China Sea* (Delhi etc. 2000).

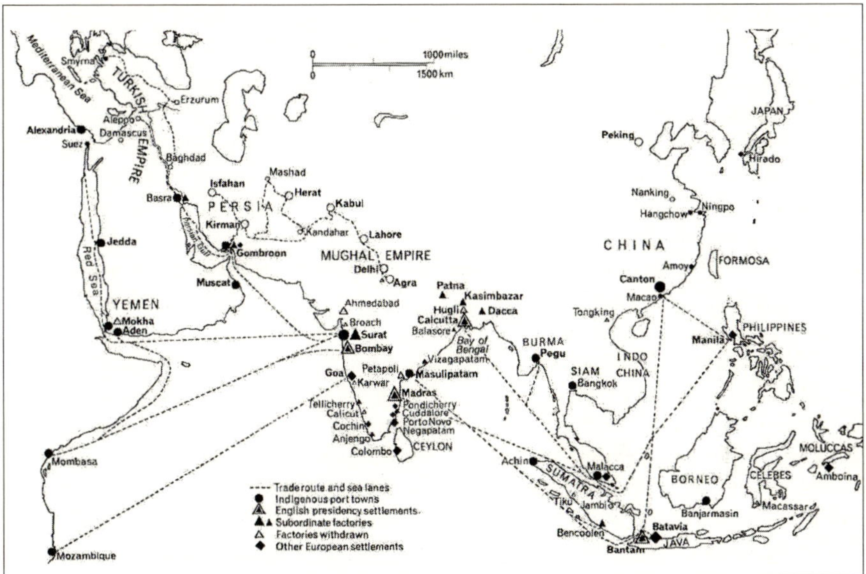

Abb. 34: Der Indische Ozean, wichtige Handelsstädte und europäische Handelsniederlassungen, speziell der East India Company, um 1750.

hundert. Tamilische und einige bengalische Händler bildeten hier nicht nur eine der größten ausländischen Gemeinschaften in einem eigenen Stadtviertel, sondern sie stellten zugleich die wichtigsten Beamten am Hof, an dem sie auch einen ständigen Vertreter platzieren konnten. Ihre Position war so stark, dass sie gegen den Willen des konservativen Sultan für einige Jahrzehnte den Freihandel in der Stadt durchsetzen konnten. Ende des 17. Jahrhunderts brachten europäische Schiffe zum Teil Hunderte tamilischer Händler nach Banten, wo diese wegen des Überangebots an Textilien bisweilen die Schließung der europäischen Kontore erreichten.[37] Es wäre freilich unangebracht, sowohl bei der indischen ‚Expansion' nach Südost-Asien als auch der ‚Expansion' nach Ost-Afrika von der Annahme des Konzepts oder der Idee eines ‚Greater India' in Analogie zum antiken ‚Groß-Griechenland' auszugehen.[38]

Die Küstenschifffahrt hielten überwiegend die lokalen, aber auch die überregional operierenden indischen Händler in ihren Händen. Die Mannschaften sämtlicher Handelsschiffe waren aus so genannten *lascar*s zusammengesetzt, die aus den

[37] Claude Guillot, Banten and the Bay of Bengal during the sixteenth and the seventeenth centuries, in: Om Prakash and Denys Lombard (Hg.), *Commerce and Culture in the Bay of Bengal, 1500-1800* (Delhi 1999), S. 163-182.

[38] Kulke/Rothermund, *Geschichte Indiens*, S. 169-170 und M. N. Pearson, Indians in East Africa: the early modern period, S. 228-230.

Hafenstädten Indiens stammten und sich in den Häfen entlang des Indischen Ozeans niedergelassen hatten um dort die nächste Heuer abzuwarten.[39] Als während der Kriege gegen das revolutionäre und napoleonische Frankreich entgegen den Bestimmungen der ‚Navigation Acts' in Indien gebaute Schiffe britische Häfen anlaufen durften, rief der temporäre Aufenthalt von *lascar*s im Londoner East End Probleme ganz eigener Art hervor, so in Fragen der Kleidung, des Essens und der Lebensgewohnheiten.[40] Auch wenn zu diesem Zeitpunkt von einer indischen Diaspora in London noch nicht die Rede sein kann, bestimmten die Seeleute doch den Ort der Niederlassung für die künftigen indischen Einwanderergenerationen, denn heute noch bildet das East End mit Brick Lane eines der großen Zentren der indischen Diaspora in Großbritannien.

Einzelne Diaspora verstanden die Strukturen des Britischen Empires für ihre Zwecke zu nutzen oder sie entzogen sich ihnen und schufen Nischen eigener Handlungspotenziale. *Baniya*s aus Shikarpur und Haiderabad, beide Städte liegen im unteren Industal (Sindh), errichteten im Verlauf des 19. und des 20. Jahrhunderts überregionale Handelsnetzwerke. Die Metapher des Netzwerks, sofern das radiale der Spinne und nicht das gleichförmige des Fischers gemeint ist, erfährt in diesem Kontext eine präzise und operationalisierbare Definition, denn es bezeichnet ein System mit einem Zentrum, in dem Kapital beschaffende kompetente Personen sitzen, und davon abgehenden, verstreuten Niederlassungen, die verbunden werden durch reisende Angestellte. Das Ganze ist gekoppelt mit einem intensiven und interaktiven Ressourcenfluss, bestehend aus Personal, Kapital, Gütern und Informationen.[41]

Ursprünglich betätigten sich die Sindhis, so werden die Kaufleute und Händler aus Shikarpur genannt, im expandierenden Opiumgeschäft im 18. Jahrhundert. Im Zuge der britischen Expansion in Nordindien bis nach Afghanistan und der russischen bis in den Karakorum und Hindukusch konnten die Sindhis ihre Aktivitäten dann ausweiten und sich vor allem im russischen Zentralasien niederlassen. Schnell waren sie dort auf dem agrarischen Sektor als Kreditgeber erfolgreich tätig. Dabei nutzten sie Jahrhunderte alte Routen und Verbindungen. Im 18. und 19. Jahrhundert erwiesen sich diese gewachsenen Strukturen als förderlich bei der Expansion der Handelsgeschäfte. Bald konnten Dependenzen in Bandar Abbas und in Maschhad im Iran, in Kandahar und Mazar-e-Sharif in Afghanistan ebenso wie

[39] Frank Broeze, The muscles of empire. Indian seamen under the Raj, 1919-1939, in: *Indian Economic and Social History Review* 18 (1981), S. 43-67. Zu den Arbeitsverhältnissen und der Klassenbildung auf den Schiffen und in den Häfen im Indischen Ozean siehe Ravi Ahuja, Die ‚Lenksamkeit' des ‚Lascar'. Regulierungsszenarien eines transterritorialen Arbeitsmarktes in der ersten Hälfte des 20. Jahrhunderts, in: *Geschichte und Gesellschaft* 2005.

[40] Conrad Dixon, Lascars: The forgotten seamen, in: R. Ommer and G. Pantma (Hg.), *Working Men who got Cold* (St. Johns 1980), S. 265-281. Anne Bulley, *The Bombay Country Ships, 1790-1833* (Richmond 2000), S. 235-236.

[41] Claude Markovits, *The Global World of Indian Merchants, 1750-1947. Traders of Sindh from Bukhara to Panama* (Cambridge 2000), S. 24-26.

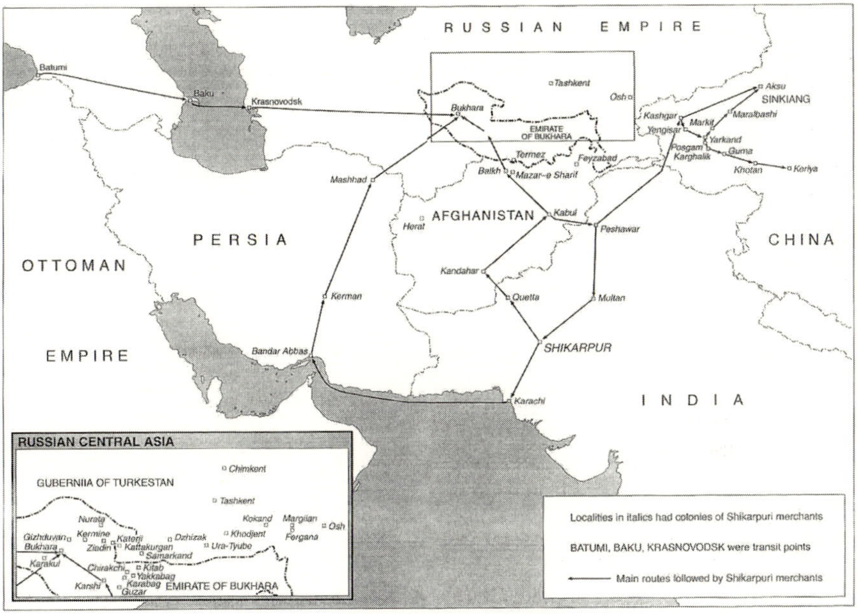

Abb. 35: Handelsorte und Handelsrouten des Shikapuri-Netzwerkes um 1900.

in Aksu in der chinesischen Provinz Sinkiang und in Baku am Kaspischen Meer errichtet und permanent unterhalten werden.[42] Auf diese Art und Weise sind die Zubringer zur ‚alten' Seidenstraße und ihr zentraler Abschnitt reaktiviert und intensiv genutzt worden.

Sindhworkies, die Händler aus Haiderabad im Sindh, begannen ihre Geschäfte als bescheidene Händler von ‚orientalischen Souvenirs', die sie entlang der Routen des aufkommenden europäisch-amerikanischen Tourismus verkauften; zunächst im Mittelmeerraum, dann in den großen Hafenstädten und Zwischenstationen für Seereisende entlang des Indischen Ozeans, unter anderem Aden, Sansibar, East London und Kapstadt, wie auch in den chinesischen Küstenmetropolen Hongkong und Shanghai und schließlich im japanischen Yokohama. Auf dem amerikanischen Kontinent befanden sich Niederlassungen in Panama, in Rio de Janeiro und in Buenos Aires, und an der gegenüber liegenden Westküste Afrikas in Freetown sowie auf Teneriffa. Wie die Sindhis entwickelten auch die Sindhworkies ihre Handelsgeschäfte zunächst entlang der strukturellen Pfade des Britischen Empires um sie letztlich zu verlassen und unabhängige Strukturen aufzubauen. Auf faszinierende Weise eigneten sich die Sindhworkies die Wege des Tourismus an und befriedigten die Be-

[42] Ebenda, S. 63-104.

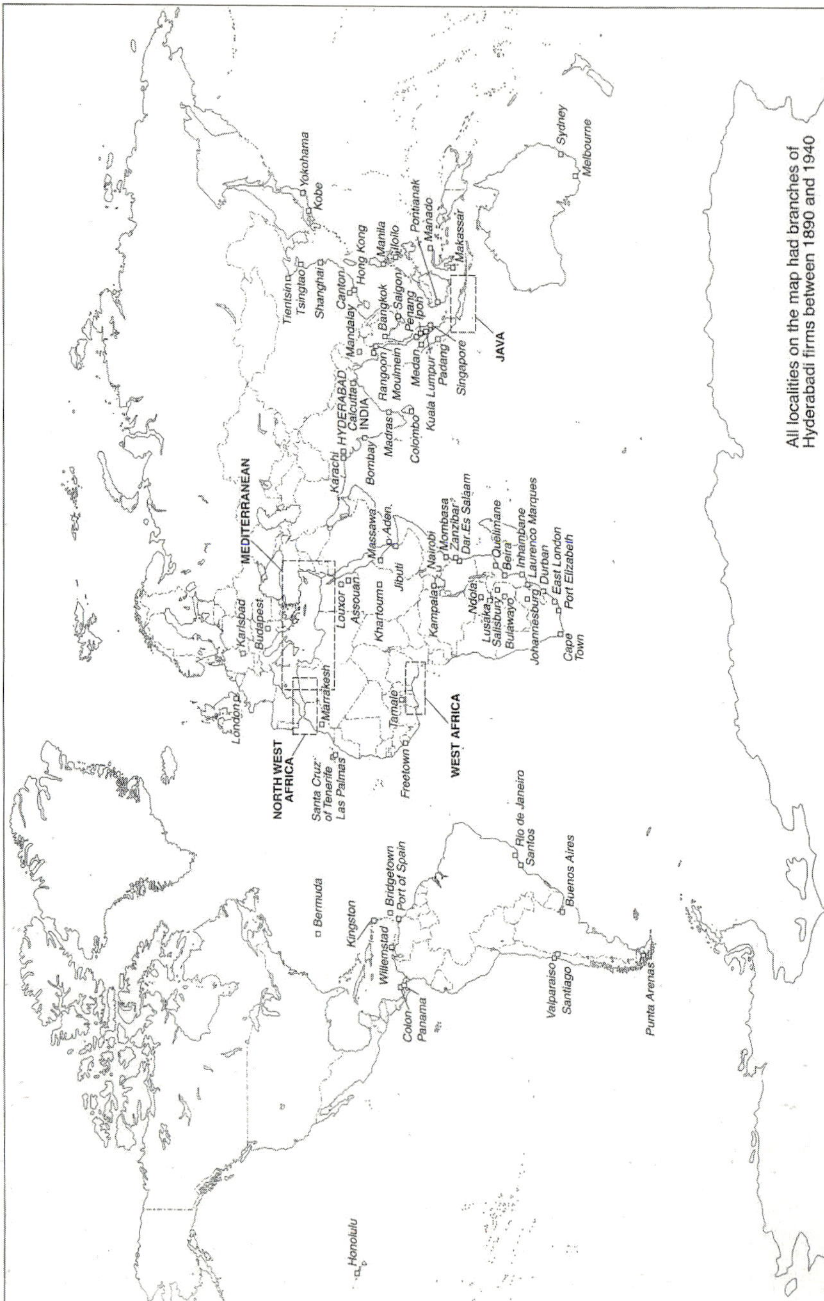

Abb. 36: Globales Handelsnetzwerk der Sindhworkies, ca. 1890–1940.

dürfnisse der wohlhabenden Reisenden nach ‚orientalischen Andenken', indem sie deren Klischees vom Orient bedienten.[43] Indes legt die Dichte der Niederlassungen in der Karibik und an der Ostküste Afrikas auch nahe, dass die wachsende Zahl der indischen Emigranten in der Diaspora ebenfalls mit Erinnerungsstücken aus der Heimat versorgt wurde.

Vergleichbar mit diesem Netzwerk ist das der südindischen Chettiyars. Seit dem Chola-Reich des 10. Jahrhunderts waren sie in Tamilnad als Händler und Bankiers aktiv, von wo sie auch Verbindungen nach Sri Lanka aufbauten. Schon vor dem ersten Anglo-Birmanischen Krieg von 1824-26 unterhielten die Chettiyars Niederlassungen im Irrawaddy-Delta, doch nach der britischen Annexion ‚Lower Burmas' 1852 fanden sie neue Betätigungsbereiche, als in der zweiten Hälfte des 19. Jahrhunderts indische Lohnarbeiter zur Ausweitung des Reisanbaus nach Birma angeworben wurden, wovon die meisten aus Südindien stammten. Systematisch erweiterten nun die Chettiyars dort ihre bereits bestehenden Handelsverbindungen. Lag der Seehandel in den Händen der Chinesen und der Landhandel in denen der Birmanen, fanden die Chettiyars bald als Kreditgeber ihre ökonomische Nische. Gegen hohe Sicherheiten boten sie günstige Kredite, was der ortsansässigen Konkurrenz schnell die Sparte des leicht zu erhaltenden, aber teueren Kredits zuwies.[44]

Gut geschult kamen die Chettiyars nach Rangun, Mulmein und Bassein. Bis zum Alter von zehn oder zwölf Jahren lernten sie in Tamilschulen Buchhaltung und Rechnungswesen. Danach arbeiteten sie als Lehrlinge bis zu neun Jahren in einem Chettiyar-Unternehmen, worin sie auch die ersten Sprossen einer Karriereleiter erklimmen konnten, bis sie im ‚Außendienst' zum Einsatz kamen und sich schließlich selbstständig machten. Über ein Netzwerk von Nachrichten waren die Chettiyars stets bestens informiert, und keine birmanische Händlergruppe oder Händlerfamilie kam an das überlegene Organisationssystem heran. In Birma residierten Ende des 19. Jahrhunderts vermutlich weit mehr als 100 Chettiyar-Firmen, deren informelle Regeln zu einer hohen Konformität in der Unternehmensführung und Kooperation unter einander beitrugen. Wohlhabende Chettiyars waren oft Teilhaber in mehreren Unternehmen, was das Geschäftsrisiko minimierte und den internen Zusammenhalt förderte. Das schlug sich auch in einer gemeinsamen Tempelstiftung in Rangun nieder, die unter dem Namen ‚Chettiyar Exchange' firmierte, weil hier regelmäßig die Finanzgeschäfte abgewickelt wurden.[45]

---

43 Ebenda, S. 111-28.

44 Einen knappen Überblick bietet Hans-Dieter Evers, Chettiar moneylenders in Southeast Asia, in: Denys Lombard and Jean Aubin (Hg.), *Asian Merchants and Businessmen in the Indian Ocean and the China Sea* (Delhi etc. 2000), S. 197-221. Unfassend David W. Rudner, *Caste and Capitalism in Colonial India: The Nattukottai Chattiyars* (Berkeley /Los Angeles/London 1994).

45 Michael Adas, *The Burma Delta. Economic development and social change on an Asian rice frontier, 1852-1941* (Madison 1974), S. 113-118 und ders., Immigrant Asians and the economic impact of European imperialism: The role of thr Indian Chettiars in British Burma, in: *Journal of Asian Studies* 33 (1974), S. 385-401.

Allein die vereinzelte und bisweilen auch isolierte Niederlassung von Händlern machte freilich noch keine Diaspora aus, doch werden auf diese Art Strukturen angelegt, die für die Bildung einer Diaspora entscheidend sein können. Auf ihre Bedürfnisse zugeschnitten, bildeten die Händlergruppen aus Shikarpur und Haiderabad sowie aus Tamilnad spezifische Migrationsstrukturen aus und legten unabhängig vom wachsenden Bedarf an billigen und leicht zu kontrollierenden Arbeitskräften ein Handels- und Informationsnetzwerk nebst Itinerar an.

4.3 Globalisierung und beschleunigte Migration

Im 19. Jahrhundert nahm der Umfang der weltweiten Plantagenwirtschaft* massiv zu. War sie bis dahin fast ausschließlich auf die Karibik und die Amerikas beschränkt, neben diversen Inseln im Indischen Ozean, erfuhr sie nun eine gewaltige Ausdehnung in Asien und in Afrika. Alte und neue Rohstoffe (Zucker, Baumwolle einerseits und Kautschuk, Tee und Palmöl neben Erzen andererseits) wurden in eine rapide expandierende Weltwirtschaft eingespeist. Grundlage für diese Entwicklung lieferte die Ideologie des Freihandels im Rahmen der neuen globalen Friedensordnung nach den Napoleonischen Kriegen, die so genannte ‚Pax Britannica'. Unter dem Deckmantel von Frieden und Freihandel expandierte jedoch der globale Handel höchst aggressiv und nicht selten führte dies zu neuen gewaltsamen Konflikten. Freihandel schloss auch die Aufhebung der Sklaverei 1834 ein, was einen ungeheueren Bedarf an Arbeitskräften auf den Plantagen des Britischen Empires auslöste. Ebenso ließ die Errichtung der ersten Teeplantagen in Britisch-Indien den Ruf ihrer Besitzer nach billigen und verlässlichen Arbeitskräften laut werden. Hinzu kam die einsetzende Industrialisierung im Bereich der Textilverarbeitung, was den Bedarf an Arbeitskräften ebenfalls drastisch ansteigen ließ. Vor dem Hintergrund eines chronischen Arbeitskräftemangels entstanden diverse Organisationsformen von Arbeit, von denen die am weitesten verbreitete die so genannte ‚indentured labour'* war, das System der Kontraktarbeit. Dieses System setzte auf dem indischen Subkontinent Millionen Menschen temporär oder permanent in Bewegung und brachte sie in neue, geografisch wie kulturell unbekannte Gebiete innerhalb und außerhalb des Subkontinents.

Indentured labour/labourer kann mit Vertragsarbeit oder Vertragsarbeiter übersetzt werden. Indentured labour ist keine Erfindung der Neuzeit oder der industriellen Arbeitswelt, sondern wurde in England bereits im 14. Jahrhundert praktiziert. Als Massenphänomen taucht es bei der Besiedlung Nordamerikas auf, wo schätzungsweise bis zu 60 Prozent der englischen Immigranten als so genannte indentured servants ins Land kamen. Sie hatten sich für eine Reihe von Jahren vertraglich an einen Arbeitgeber gebunden, der zwar die Schiffspassage beglich und sich zur festgelegten Lohn-

zahlung verpflichtete, doch konnte er seine Arbeiter und Arbeiterinnen in ihrer Mobilität sowie in anderen Rechten drastisch beschneiden, während er gleichzeitig berechtigt war, Zwangsmaßnahmen zur Vertragserfüllung zu ergreifen. Umgekehrt standen den indentured servants/labourers kaum rechtliche Mittel zur Verfügung.
Im Britischen Empire (und darüber hinaus) wurden indische Arbeitskräfte unter dem Vertragssystem ab 1834 eingesetzt, zunächst auf Mauritius, ab 1860 in Natal, Jamaika und Trinidad, auf Martinique, Guadeloupe, Reunion, und in Französisch Guayana seit 1861, auf Fidschi ab 1879. Die Verträge banden die so genannten Kulis zunächst für drei Jahre an die überseeische Arbeitsstätte bzw. den Arbeitgeber, den zu wechseln nicht möglich war. Anschlussverträge von jeweils einem Jahr konnten zwei Mal abgeschlossen werden, so dass die gewöhnliche Vertragsdauer insgesamt einen Zeitraum von fünf Jahren umfasste. Anschließend konnten die Kulis auf Kosten der Kolonialherren wieder nach Indien zurückreisen.
Die Verträge waren asymmetrisch, denn der Arbeitgeber besaß eine Reihe von Sanktionsmöglichkeiten zur Erzwingung der Einhaltung von Vertragskonditionen, während die Arbeitnehmer kaum Möglichkeiten hatten, ihre wenigen Rechte einzufordern, geschweige denn einzuklagen. Abgesehen davon wurden Vertragsbrüche des Arbeitgebers zivilrechtlich geahndet, die der Arbeitnehmer jedoch strafrechtlich. Erst nach Ablauf der Kontraktzeit galten die Gesetze der Kolonie für die Inder, wobei spezielle Gesetze zur ‚Landstreicherei' deren Mobilität von vornherein einschränkten und einen latenten Zwang zur Arbeit beinhalteten, was meist im neuerlichen Abschluss eines Vertrages als indentured labourer endete.
Diese Asymmetrie äußerte sich auch im Alltagsleben, wenn Kulis gezwungen waren, in den plantageneigenen Läden zu weitaus überhöhten Preisen einkaufen zu müssen, weil sie aufgrund der limitierten Mobilität keine nahe oder ferner gelegene, in jedem Fall aber preisgünstigere Einkaufsgelegenheiten hatten. Lohn und Lohnvorschüsse waren auf diese Art schnell aufgebraucht, und die sich abzeichnende Schuldenfalle bedeutete nicht selten den Anlass für eine weitere Kontraktperiode. Drogen- und Alkoholabhängigkeit tat ein Übriges zur Verschuldung nicht nur beim Arbeitgeber, sondern auch bei ortsansässigen indischen Geldverleihern, die zu den Profiteuren des Systems zählten. Die üblen Missstände führten schließlich 1917 zur Aufhebung der Anwerbung, nachdem es auf Fiji zu zahlreichen sexuellen Übergriffen und Vergewaltigungen seitens der Pflanzer wie auch der Aufseher gekommen war.
(Literatur: Hugh Tinker, *A New System of Slavery*, Oxford 1974; Marina Carter, *Servants, Sirdars and Settlers. Indians in Mauritius, 1834-1874*, Delhi etc. 1995).

Bei diesem Migrationsprozess stellten die Vertragsarbeiter, gemeinhin auch als ‚coolies' (Kuli) bekannt, die in der ersten Hälfte des 19. Jahrhunderts auf den Plantagen und später dann in Minen als Arbeitskräfte eingesetzt wurden, bei weitem die größte Gruppe indischer Emigranten.[46] In der zweiten Hälfte des Jahrhun-

46 Zu Etymologie, Bedeutungswandel und allgemeinem Hintergrund des Wortes und Begriffs ‚coolie' oder Kuli siehe Jan Breman and E. Valentine Daniel, Conclusion: the making of a coolie, in: *Journal of Peasant Studies* 19 (1992), S. 268-295.

derts trat die Migration von Personen aus den mittleren und gehobenen Gesellschaftsschichten hinzu, die für die Interessenwahrung und die Versorgung der Erstmigranten im Dienstleistungssektor wichtig wurden. Studenten der indischen Oberschichten bildeten ab dem Ende des Jahrhunderts eine weitere Migrantengruppe, die besonders nach dem Ersten Weltkrieg in den westlichen Industrienationen in Erscheinung trat. Nach dem Zweiten Weltkrieg wanderten in den 1950er und 1960er Jahren zahlreiche indische Handwerker aus, vornehmlich nach Großbritannien, zunehmend auch nach Australien, Kanada und in die USA. Zur so genannten Zweitmigration kam es dann in den 1970er Jahren, zunächst als Flüchtlingsbewegung aus Surinam, Guyana und Fidschi sowie Uganda und Kania, seit den 1990er Jahren setzte schließlich die Migration über mehrere Länder ein, so von Indien über England in die USA oder Kanada.[47]

Zwischen 1846 und 1932 verließen ungefähr 28 Millionen Inder und Inderinnen den Subkontinent, das ist mehr als die gleichzeitige Emigration aus Großbritannien und Italien zusammen; und momentan leben annähernd 9 Millionen Inder außerhalb des indischen Subkontinents. Anfang der 1990er Jahre waren die indischen Emigranten in den einzelnen Weltregionen wie folgt verteilt: In Europa lebten insgesamt fast 1,5 Millionen Inder, die meisten davon in Großbritannien. In Nordamerika betrug die Zahl der indischen Immigranten 730. 000 und im Pazifik etwa 950.000. Den größten Anteil hatte der asiatische Raum, in dem insgesamt 1,862 Millionen Inder lebten, davon allein in Malaysia 1,17 Millionen. Im Mittleren Osten, den so genannten Golfstaaten, lebten 1,32 Millionen Inder, fast 400.000 von ihnen der Vereinigten Arabischen Emiraten, 360.000 in Kuwait und 190.000 in Oman.

Aufgrund der regionalen Verteilung und der historischen Situation können unter sozio-politischen Aspekten drei Gruppen von wandernden Menschen unterschieden werden. Zum einen die Migranten des 19. Jahrhunderts auf die Plantagen der Kolonialmächte, wo sie mehr als 40 Prozent der Bevölkerung stellten, zweitens die Migranten nach Europa, Asien und Nordamerika ab den 1960er Jahren, wo sie zu bedeutenden Minoritäten wurden. In beiden Fällen haben wir es auch mit der Bildung von Diaspora zu tun. Drittens die Wanderung in die Golfstaaten, wo Inder wegen ihres expliziten Gastarbeiterstatus zwar keine Diaspora bilden können, sie aber mit anteilig 15 Prozent der außerhalb Indiens temporär arbeitenden und lebenden Inder eine prominente Bevölkerungsgruppe stellen.[48]

Selten werden Kriegsflüchtlinge als Migranten betrachtet, was unter demografischen wie auch sozialen und wirtschaftlichen Aspekten unangebracht ist. In Südasien löste das Ende der britischen Kolonialherrschaft bis dahin ungekannte Wan-

---

[47] Zur Typologisierung und Periodisierung siehe Steven Vertovec, *Hindu Trinidad. Religion, ethnicity and socio-economic change* (London 1992), S. 1.

[48] Ravinder K. Jain, *Indian Communities Abroad. Themes and literature* (Delhi 1993), S. 2-4. Jain hat einen eingeschränkten Migrationsbegriff, der sich zu sehr an der Gemeinschaftsbildung orientiert, weshalb er den Golfmigranten keinen ‚Gruppenstatus' zubilligt.

derungsbewegungen aus. Allein zwischen den beiden neuen Staaten Indien und Pakistan fand ein Bevölkerungsaustausch statt, in den über fünfzehn Millionen Menschen involviert waren. In Pakistan werden bis in die Gegenwart hinein die 7,5 Millionen muslimischen Flüchtlinge aus den nordindischen Städten als eigene Gruppe wahrgenommen und als *muhajirs* bezeichnet, als „Migranten". Nach 1951 emigrierten über drei Millionen Nepalesen über die offene Grenze nach Indien; heutzutage gehen Schätzungen von einer Zahl zwischen sechs und zehn Millionen Menschen aus, die in Nepal geboren wurden und nun permanent in Indien leben. Mehreren hunderttausend Menschen, darunter vielen Muslims, sind von Myanmar (Birma) hauptsächlich nach Bangladesh, aber auch nach Indien, ausgewandert.[49] Ein hoher Anteil der Emigranten Südasiens ist durch offene Gewalteinwirkung zum Verlassen der Heimat gezwungen worden und hat ganze Regionen des Subkontinents nachhaltig verändert. Die meisten Menschen sind jedoch aus wirtschaftlichen und sozialen Gründen ab- oder ausgewandert, deren Migration in wachsendem Maße professionell organisiert wurde.

4.3.1 Anwerbungsgebiete und Rekrutierungsmethoden

Innerhalb des Subkontinents wanderten Menschen in die Städte als saisonale Industriearbeiter ab. Wir haben es demnach mit einer Form der temporären Landflucht zu tun (Land-Stadt Migration – siehe dazu auch das Kapitel „Industrialisierung und Urbanisierung" S. 305). Daneben gab es auch eine bedeutende Anzahl von Migranten, die als landwirtschaftliche SaisonarbeiterInnen in besonders arbeitsintensive Regionen wanderten (Land-Land Migration). Im Unterschied zur staatlich oder privat organisierten Migration wie im Fall der gezielt vorgenommenen Anwerbungen für die Teeplantagen in Assam ist die Dokumentationslage zur regionalen Binnenwanderung generell recht dürftig, da Wanderungsbewegungen innerhalb der Distrikte von den britischen Behörden kaum registriert wurden. Doch muss davon ausgegangen werden, dass die regionale Migration weit umfangreicher war, als sie in den zeitgenossischen Überlieferungen vermerkt wurde. Aufgrund der spärlichen Überlieferungslage liegen nur wenige wissenschaftliche Untersuchungen zur Migration im landwirtschaftlichen Sektor vor. Drei Beispiele repräsentieren den momentanen Forschungsstand.

Eine Fallstudie zum Distrikt Khandesh in der ‚Bombay Presidency' zeigt, wie die zunehmende landwirtschaftliche Diversifikation in Nutzfrucht- und Nahrungsfruchtproduktion nicht nur zu einer wachsenden sozialen Stratifikation, sondern auch zu einer erhöhten Mobilität führte. Aus den östlichen Teilen des Distrikts, wo auch der Baumwollanbau am intensivsten betrieben wurde und ein allgemeiner Arbeitskräftemangel herrschte, wanderten Bauern als Saison- bzw.

49 Partha S. Ghosh, *Migrants and Refugees in South Asia. Political and security dimensions* (Shillong 2001), S. 1-27.

Abb. 37: Pundavaloo, Hindu aus Chittur, der als 10jähriger mit seiner 43 Jahre alten Mutter, zwei Brüdern und zwei Schwestern in Mauritius eintraf. Er starb dort 1892.

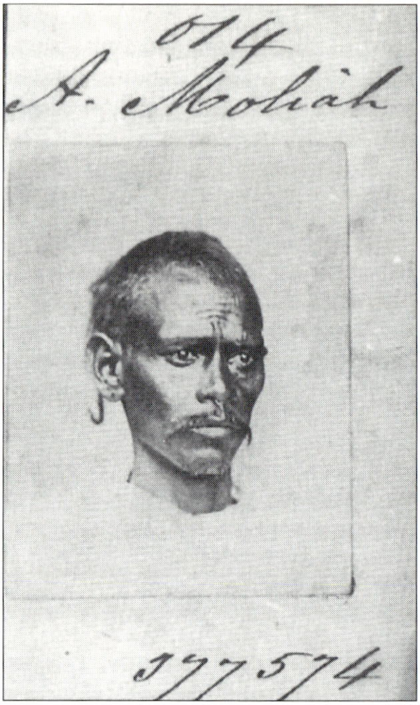

Abb. 38: Arun Moliah aus Vizagapatnam, 34 Jahre alt. Er kam 1875 nach Mauritius und kehrte 1887 nach Indien zurück.

Erntearbeiter in das benachbarte Berar und in die ‚Central Provinces', den Ende des 19. Jahrhunderts größten Baumwollanbaugebieten Indiens mit einem permanenten Arbeitskräftemangel. Viele Kleinbauern und landlose Arbeiter zwanfg die wirtschaftliche Lage zur saisonalen Arbeitssuche in den Zeiten zwischen Baumwoll- und Weizenernte. In jedem Fall übte der Agrarsektor Zentralindiens auf die Menschen eine größere Sogkraft aus als das industrielle Bombay, das seine Arbeiterschaft in der zweiten Hälfte des 19. Jahrhunderts noch zu über 50 Prozent aus den benachbarten Küstendistrikten rekrutierte.[50]

Für den Saran Distrikt in Bihar am Südrand des Himalayas konnte ebenfalls gezeigt werden, dass zwischen 1881 und 1921 eine massive Migration in die benachbarten Distrikte Bengalens und Bihars einsetzte, wo die Bauern meist als Saisonarbeiter

[50] Vgl. Maurus Staubli, *Reich und arm mit Baumwolle. Exportorientierte Landwirtschaft und soziale Stratifikation am Beispiel des Baumwollanbaus im indischen Distrikt Khandesh (Dekkan) 1850-1914* (Stuttgart 1914), S. 143-156.

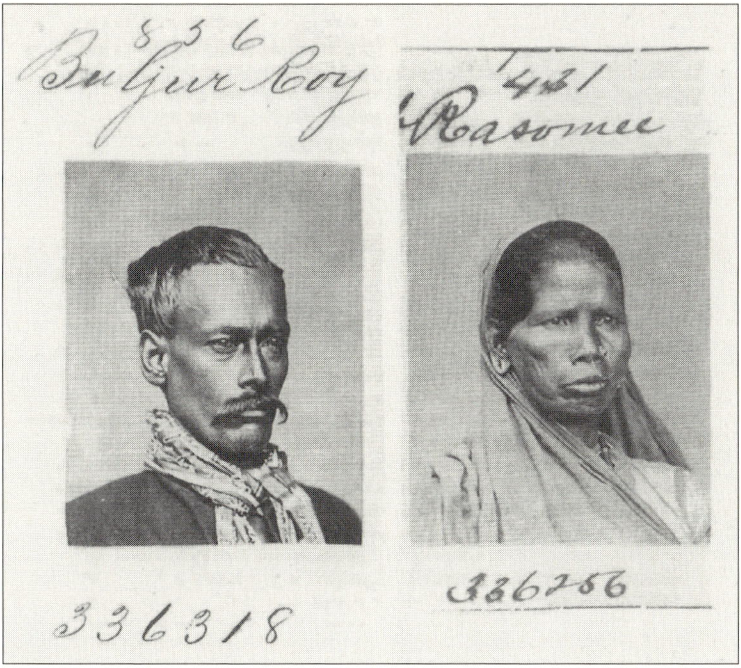

Abb. 39: Ehepaar Buljur und Reshmee Roy, beide aus dem selben Dorf im Gorakhpur Distrikt, wanderten 1868 nach Mauritius aus. Er kehrte 1889, sie ein Jahr später wieder nach Indien zurück.

im Agrarsektor, aber, sofern sie in die Industriezentren von Calcutta, Dhaka oder auch Kanpur abwanderten, im Industriesektor arbeiteten. Von diesem ausgeprägt saisonalen, vom landwirtschaftlichen Kalender bestimmten Migrationsverhalten ist auch in den anderen Distrikten Bihars auszugehen. Hinweise auf saisonale Wanderschaft und Zirkulation gibt es bereits für das 18. Jahrhundert, beide sind daher keine Folge der Kolonialherrschaft. Doch ist auch hier zu beobachten, dass die Kommerzialisierung der Landwirtschaft und besonders der Indigoanbau zusätzliche Kräfte, oder Zwänge, zur Migration freisetzten, wenn landarme und landlose Bauern zur Existenzsicherung zusätzliche Arbeit in entfernteren Regionen suchen mussten.[51]

Zwei ökonomische Nischen veranlassten die Pathanen-‚society' der Powindahs zur überregionalen, transmontanen Migration. Noch Ende des 19. Jahrhunderts überquerten jährlich zum saisonalen Handel und zur temporären Arbeitssuche bis

[51] Anand A. Yang, *The Limited Raj. Agrarian relations in colonial India, Saran District, 1793-1920* (Delhi etc. 1989), S. 190-205. Jacques Pouchepadass, The market for agricultural labour in colonial north Bihar, 1860-1920, in: Mark Holmström (Hg.), *Work for Wages in South Asia* (Delhi 1990), S. 11-27.

Abb. 40: Ramalingum wanderte von Palamcotil als 20jähriger 1852 nach Mauritius aus. Das Foto stammt aus dem Jahr 1881.

Abb. 41: Cathan aus Tanjore, emigrierte mit 25 Jahren im Juni 1854 von Madras nach Mauritius. Die Fotografie wurde 1883 aufgenommen.

zu 80.000 Powindars die Pässe des Himalaya, um von Zentralasien in die Ebenen des Panjab zu gelangen. Sie brachten diverse Handelswaren aus Buchara und Kandahar, die auf geschätzten 70.000 Kamelen gepackt waren, mit sich sowie Herden von über 100.000 Schafen nerbst anderem Vieh. Beileibe keine homogene ‚society', deren Mitglieder über wirtschaftliche, berufliche und soziale Positionen differenziert waren, schlossen sie sich zum Zweck der Migration und des Handels zusammen. In den Grasebenen beiderseits des Indus ließen die Männer ihre Familien zurück, wo diese sich um die Viehherden kümmerten, jene sich indes auf die Suche nach Arbeit in den Städten ‚Hindustans', wie Lahore, Amritsar, Delhi, Kanpur und Banaras machten, manchmal auch hinunter bis Patna. Auf dem Weg verkauften sie ihre Handelsware. Im Spätjahr kehrten sie wieder an den Indus zurück und traten die Wanderung nach Zentralasien an. Trotz kolonialstaatlicher Maßnahmen wie die Verdreifachung der Weidesteuern zwischen 1870 und 1920 konnten die Powindars von ihrer Wanderschaft nicht abgehalten werden. Nicht

Abb. 42: Dorasami kam als 18jähriger 1904 in Mauritius an.

Abb. 43: Chinapien aus Arcot wurde als 19jähriger im Juni 1874 in Madras eingeschifft. Das Foto stammt aus dem Jahr 1882.

selten wichen sie auf andere Routen aus um die Kontrollposten zu umgehen. Erst der Handelsrückgang in Zentralasien bereitete ihrer saisonalen Migration in der Mitte des 20. Jahrhunderts ein Ende.[52]

Generell gesprochen ist Binnenwanderung eine horizontale Bewegung innerhalb des Primärsektors und zwischen dem Primär- und Sekundärsektor. Im Detail werden sich jedoch immer wieder zum Teil gravierende Unterschiede zeigen, sowohl in Bezug auf die Entscheidung zur Migration als auch in Bezug auf die Richtung und den Sektor.[53] Im Unterschied hierzu lag das Schwergewicht der

[52] Neeladri Bhattacharya, Pasoralists in a colonial world, in: David Arnold and Ramachandra Guha (Hg.), *Nature, Culture, Imperialism. Essays on the environmental history of South Asia* (Delhi etc. 1996), S. 49-85, bes. S. 49-53.

[53] Auf die Bedeutung der Binnenmigration bei der ‚Modernisierung' Indiens verweist Crispin Bates, Regional dependence and rural development in Central India: The pivotal role of migrant labourers, in: *Modern Asian Studies* 19 (1985), S. 573-592. Gail Omvedt, Migration in colonial India: The articulation of feudalism and capitalism by the colonial state, in: *Journal of Peasant Studies* 7 (1980), S. 185-212.

Abb. 44: Kulup aus Arrah, 28 Jahre als, verheiratet mit einer in Indien lebenden Frau, kam 1878 in Mauritius an und starb hier 1921.

Abb. 45: Saradewo, ebenfalls aus Arrah, kam mit dem selben Kulitransport nach Mauritius.

Emigration zunächst auf dem Primärsektor. Der Anteil des Tertiärsektors wuchs indes, weil sich zunehmend Anwälte, Ärzte, Verleger, Händler und Handwerker in Übersee niederließen (Stadt-Stadt Migration).[54] Menschen aus verschiedenen Herkunftsregionen konnten sich in völlig unterschiedlichen Gebieten wiederfinden, weshalb sich das Zielgebiet also weder durch eine ethnische oder religiöse noch eine kulturelle Homogenität auszeichnete. Dies gilt freilich auch für die Binnenmigration, weshalb eine weitere Unterscheidung zwischen Binnen- und Außenmigration nur bedingt sinnvoll erscheint.[55]

[54] Dies gilt zunächst für Natal und Mauritius. In Ostafrika gab es, wie gesehen, bereits eine ausgeprägte Händlerdiaspora. Kontraktarbeiter veränderten zwar die soziale Stratifikation, doch bei weitem nicht so ungleichgewichtig wie in den anderen Pflanzerkolonien, siehe Robert Gregory, *India and East Africa, 1890-1939. A history of race relations within the British Empire* (Oxford 1971) und ders., *South Asians in East Africa. An economic and social history* (Boulder 1993).

[55] Teilweise basiert die folgende Darstellung auf meinem Beitrag „How many people were crying oceans…“. Südasiatische Migranten im Indischen Ozean, in: Dietmar Rothermund und Susan-

Abb. 46: Chottee aus Hardoi kam als 20jähriger 1904 nach Mauritius. Die Aufnahme wurde 1911 gemacht.

Abb. 47: Goordin stammte aus Gorakhpur und kam 1883 in Mauritius im Alter von 30 Jahren an. Bereits ein Jahr später war er wieder in Indien.

In Nordindien entstanden ab dem Ende des 18. Jahrhunderts ausschließlich in britischem Eigentum befindliche Indigo- und Zuckerplantagen. Im 19. Jahrhundert kamen in Assam die Teeplantagen hinzu, die teilweise auch Eigentum von Indern waren. In Südindien errichteten britische Unternehmer und in den unabhängigen Territorien wie Maisur und Coorg auch Inder Kaffee- und Kautschukplantagen. Auf den überseeischen Plantagen, die teilweise seit einem Jahrhundert existierten und nun expandierten sowie auf den zahlreichen Neuanlagen, die im Zuge des Globalisierungsschubes nach 1820 entstanden, waren Arbeitskräfte dringender denn je gefragt. Da das unmittelbare Umland der indischen Plantagen den Bedarf an Arbeitskräften nie hat decken können, benötigte die Bewirtschaftung von Anfang an mehr Arbeitskräfte, als aus dem Umland angezogen werden konnten, weshalb sie aus entfernt liegenden Regionen in Indien angeworben werden mussten. Von einer freiwilligen Migration konnte bei den hart umkämpften An-

ne Weiglin-Schwiedrzig (Hg.), *Der Indische Ozean. Das afro-asiatische Mittelmeer als Kultur- und Wirtschaftsraum* (Wien 2004), S. 123-144.

werbungsregionen beileibe nicht die Rede sein. Für das 19. Jahrhundert ist nämlich ein Bevölkerungsdruck, dem die Migration ein Ventil hätte bieten können, nicht zu beobachten. Erst die proportional knapper werdende landwirtschaftliche Nutzfläche bei gleichzeitigem Bevölkerungsanstieg nach 1920 hätte eine stärkere Emigration auslösen können, doch zu diesem Zeitpunkt wurden längst keine Kulis mehr angeworben.[56]

Zwei große Anwerbungsregionen können unterschieden werden. Zum einen die höchst produktive Reisregion im Hinterland der Coromandelküste. Hier hatte seit dem ausgehenden 18. Jahrhundert die Umstrukturierung des Bodenbesitzes durch die Kolonialmacht die rechtlichen Voraussetzungen zur Intensivierung der Landwirtschaft geschaffen, als sie die gemeinschaftlichen Landnutzungsrechte durch privatrechtliche Eigentumsverhältnisse ersetzte. Dies stärkte in erheblichem Maß Großgrundbesitzer und Großbauern. Nur sie waren in der Folgezeit in der Lage, die Umstellung auf eine bewässerungs- und damit kapitalintensive Nutzfruchtwirtschaft zu bewerkstelligen. Langfristig waren die Kleinbauern und Pächter dieser Kommerzialisierung der Landwirtschaft nicht gewachsen. Die politisch gesteuerte Umverteilung der landwirtschaftlichen Ressourcen löste erst in Zeiten knapper Ernten und Dürren einen ‚Bevölkerungsdruck' aus, den zu ventilieren dann nur die temporäre oder gar permanente Migration der Betroffenen vermochte.[57]

Adivasi: (aus dem Hindi und Sanskrit abgeleitet: *adi*=Ur/ursprünglich und *vasi*=Bewohner). Der Begriff ist die Selbstbezeichnung der Ureinwohner des indischen Subkontinents, der von den politisch aktiven und gebildeten Mitgliedern der verschiedenen „societies" seit den 1930er Jahren benutzt wurde, um die eigenen Geschichten, Kulturen und Identitäten bewusst zu machen und politisch einsetzen zu können. Inzwischen ist ein ganzes Netzwerk von Kontakten und Informationen entstanden, so dass von einer Adivasi-Bewegung gesprochen werden kann. Als Adivasi bezeichnen sich diejenigen Bewohner des indischen Subkontinents, die sich seit der Einwanderung der Aryas nach 1800 vor Chr. aus den angestammten Siedlungsgebieten in die Berge und Wälder zurückzogen. Die nachfolgenden Reichs- und Staatsbildungen drängten die Adivasis in ihre heutigen Siedlungsgebiete ab (vgl. „Tribal Belt"), wo sie immer noch einen bescheidenen Überschuss erwirtschaften konnten. Sofern sie in die Mehrheitsgesellschaft integriert wurden, fanden sich die Adivasis als „Unberührbare" und „Kastenlose" am unteren Ende der Sozialordnung wieder, oder sie wurden als „Wilde" und „Unzivilisierte" kriminalisiert und margi-

56 Allein in den ‚North Western Provinces'/‚United Provinces of Agra and Oudh' wurde die agrarische Anbaufläche zwischen 1880 und 1947 von 34 Mio *acres* auf knapp 37 Mio *acres* (+8%) ausgeweitet, während die Bevölkerung im selben Zeitraum von 45 Mio. auf 63 Mio. Anwuchs (+48%), vgl. Dharma Kumar (Hg.), *The Cambridge Economic History of India*, 2 vols. (Cambridge 1982), vol. 2, c. 1757-1970, S. 63.

57 Dharma Kumar, *Land and Caste in South India. Agricultural labour in the Madras Presidency during the nineteenth century* (Delhi 1992), S. 128-143.

nalisiert. Darin unterschieden sich die indischen Reiche und Staaten nicht vom britischen Kolonialregime.
In vielen Regionen konnten die Adivasis ihre urspünglichen Lebensweisen als Bauern bewahren oder sie passten sich den ökologischen Bedingungen ihrer Lebensräume an. Dazu gehörten eine besonders intensive religiös-spirituelle Beziehung zu Landschaft und Boden, eine hierarchische Gesellschaftsordnung und eine subsistenzorientierte Wirtschaftsweise. Adivasis sind meist Fischer, Kleinbauern, Brandrodungsbauern, Jäger und Handwerker. Aufgrund der fortschreitenden Eingrenzung ihrer Lebensbereiche, so durch die industrielle Bewirtschaftung von Wäldern, die Erschließung von Erzen und Kohle und der Bau von Stauseen, setzte eine Entwurzelung ein, die das Reservoir an Arbeitskräften für die Plantagenbetriebe in Übersee und Industrieanlagen der indischen Großstädte schuf. Mehr denn je ist der Lebensraum der Adivasis heute bedroht. Dem versucht die indische Regierung entgegenzutreten, indem spezielle Wirtschaftsprogramme für die „Scheduled Tribes", so der offizielle Sprachgebrauch, aufgestellt werden, oder Quotierungen für mehr Chancengleichheit sorgen sollen. An den substanziellen Bedürfnissen geht eine solch staatliche Initiative vorbei, denn dadurch werden innerhalb der Adivasi-Gesellschaften soziale Unterschiede aufgebaut oder vertieft.
(Literatur: Rainer Hörig, *Selbst die Götter haben sie uns geraubt. Indiens Adivasi kämpfen ums Überleben*. Göttingen 1992).

Das andere große Anwerbegebiet war die Bergregion in Chota Nagpur und Chattisgarh im südlichen Bihar mit seinen kargen Böden und weiträumigen Wäldern. Hier waren die ökonomischen Eingriffe des Kolonialstaates und ihre sozialen Konsequenzen noch deutlicher zu verspüren. Gemeinschaftlich betriebener Wanderfeldbau wie die allgemeine Nutzung von Waldprodukten stellte die wirtschaftliche Grundlage der Adivasi*-Bevölkerung dar. Vor allem die Forstgesetzgebung Britisch-Indiens löste in der zweiten Hälfte des 19. Jahrhunderts gerade in diesen waldreichen Bergregionen eine dramatische Umverteilung der Besitzverhältnisse und der agrarischen Ressourcen aus, als große Waldareale zu Staatswald deklariert wurden, gemeinschaftliche Nutzungs- und Nutznießrechte abgeschafft und damit den Adivasis die ökonomische Basis entzogen wurde. Diese rechtliche Enteignung, der die wirtschaftliche Verelendung folgte, setzte letztlich die Arbeitskräfte frei, die als Reservoir den Plantagenbesitzern in Indien und in Übersee zur Verfügung stehen sollte.[58]

Zur Kontrolle der indischen Arbeitskräfte schnürte der britische Kolonialstaat ein ganzes Paket von Gesetzgebungsmaßnahmen, deren Anfang der ‚Workmen's Breach of Contract Act' von 1859 machte. Dieses Gesetz, das ökonomische wie außerökonomische Zwänge zu Arbeitsleistungen einschloss und das in manchen

58 Prabhu P. Mohapatra, Coolies and colliers: a study of the agrarian context of labour migration from Chotanagpur, 1880-1920, in: *Studies in History*, n.s., 1,2 (1985), S. 247-303. Crispin Bates and Marina Carter, Tribal and indentured migrants in colonial India: Modes of recruitment and forms of incorporation, in: Peter Robb (Hg.), *Dalit Movemets and the Meanings of Labour in India* (Delhi etc. 1993), S. 159-185.

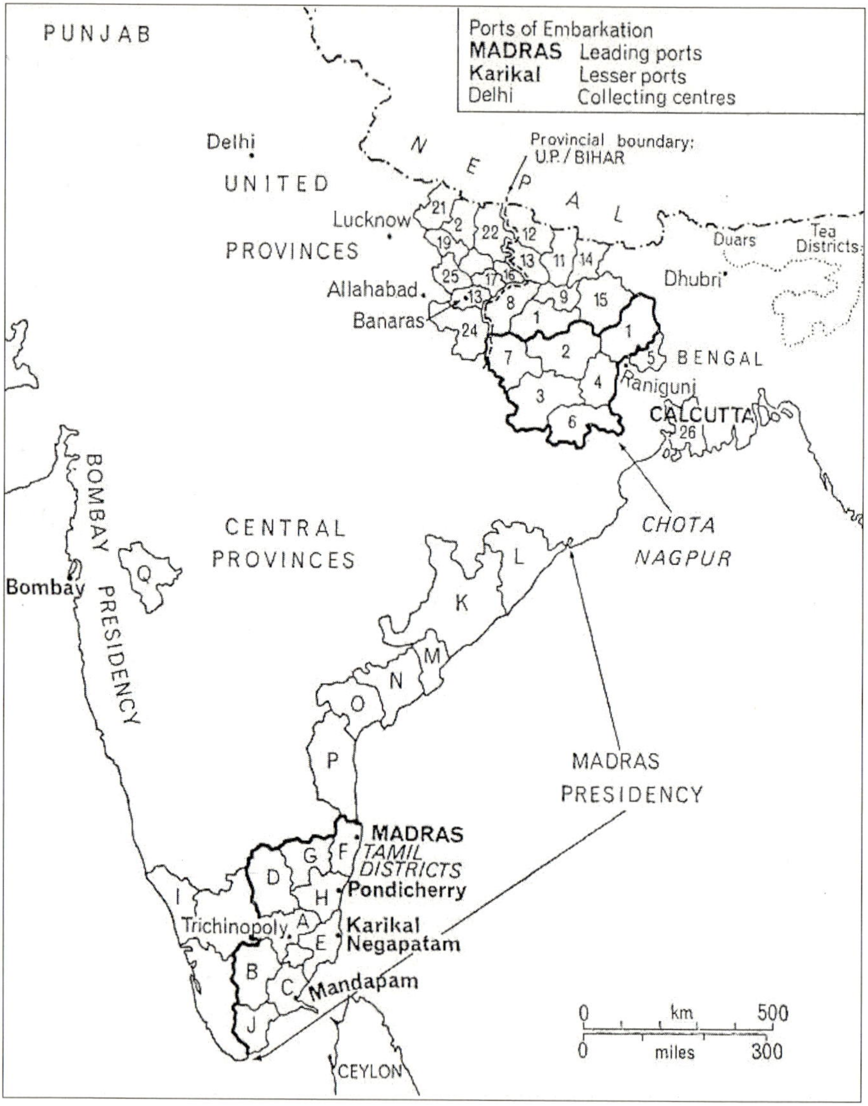

Abb. 48: Rekrutierungsgebiete für indische Arbeitskräfte im 19. Jahrhundert:
A - J: Tamilische Gebiete
K - P: Telugu-Gebiete
Q: Bombay Presidency, Distrikt Ahmadnagar
1 - 7: Chota Nagpur – Hill Coolie-Distrikte
8 - 15: Bihari-Gebiet
16 - 25: Gebiete in den United Provinces
26: Umland von Calcutta

Provinzen Britisch-Indiens erst in den 1930er Jahren abgeschafft wurden, ließ die Bewirtschaftung der Plantagen überhaupt erst zu einem profitablen Unternehmen werden. Dazu gehörte die mögliche Entlohnung unter den allgemeinen Löhnen, in extremen Fällen konnte sie auch unterhalb des Existenzminimums liegen. Sofern die Plantagenbesitzer den Plantagenarbeitern (meist Familien) Landparzellen zur Verfügung stellten, waren diese gezwungen, Grundnahrungsmittel anzubauen, die indes in vielen Fällen nicht einmal den Nahrungsmittelbedarf deckten. Mangel- und Unterernährung waren die Folge, was sich unter anderem negativ auf die Reproduktionsfähigkeit der Arbeiterinnen auswirkte.[59]

Zu diesem Maßnahmenkatalog gehörte auch die disziplinarische Strafgewalt der Plantagenbesitzer, die die Arbeitswelt der Plantage mit einem Gefangenenregime vergleichbar machte, wenn drakonische Strafen wie Auspeitschen bei Verweigerung, Fernbleiben und Flucht von der Arbeit verhängt werden konnten. Die hohen Mortalitätsraten beim Transport der Arbeitskräfte nach Assam veranlasste den Kolonialstaat 1863 die gesetzliche Initiative zur Regulierung der Transportbedingungen zu ergreifen. Auf Druck der Plantagenbesitzer wurden jedoch 1882 sämtliche Bestimmungen bezüglich des Transports und der Strafkompetenz gelockert. Das rief den Widerstand der Arbeiterschaft hervor, die zunehmend kollektiv reagierte und in Großgruppen die Plantagen verließ. Die schwieriger werdende Anwerbung bei anhaltend knapper Arbeitskraft führte zu der paradoxen Erscheinung, dass billige Arbeitskraft hohe Kosten verursachte. Letztlich leitete dieser Sachverhalt die grundlegenden Reformen des Arbeits- und Anwerbungsmarktes für die Teeplantagen ein.[60]

Die überseeische Migration setzte nach 1842 ein, als die legislativen Hürden, die vor allem den rechtlichen Status der ‚indentured labourers' betrafen, aus dem Weg geräumt waren. Abgesehen davon waren auch die Modalitäten der Anwerbung und des Transports geregelt worden, um von vornherein nicht dem Vergleich mit dem atlantischen Sklavenhandel und seiner berüchtigten ‚Middle Passage' ausgesetzt zu sein. Bereits im Jahr 1843 wanderten über 30.000 InderInnen nach Mauritius aus. In den folgenden Jahrzehnten musste der Kolonialstaat weitere Gesetzespaket schnüren, die die Kontrolle der Anwerbung, des Transports und der medizinischen Versorgung gewährleisten sollten. Mit der Gesetzgebung von 1871 wurde erstmals die Anwerbung reguliert. Künftig mussten Agenten offiziell registriert sein und das neue Amt des Schutzbeauftragten (‚Protector of Emigrants') in den drei Hafenstädten (Calcutta, Bombay und Madras) sollte dafür Sorge tragen, dass Agenten, Kulis, Depots und Schiffe regelmäßig inspiziert wurden. Auch waren von nun an die angeworbenen Kulis vor Abfahrt und bei Ankunft verschiedenen medizinischen Untersuchungen unterworfen.

---

59 Ranajit Das Gupta, Plantation labour in colonial India, in: *Journal of Peasant Studies* 19 (1992), S. 173-198.

60 Rana P. Behal and Prabhu P. Mohapatra, ‚Tea and money versus human life'. The rise and fall of the indenture system in the Assam tea plantations 1840-1909, in: *Journal of Peasant Studies* 19 (1992), S. 142-172.

Anfänglich regulierte sich der Anwerbungsmarkt mehr oder weniger von selbst. Die ‚informelle' Migration funktionierte weitgehend über gewachsene familiäre und dörfliche Informationsnetzwerke, wobei zusätzlich ehemalige Kontraktarbeiter im Auftrag ‚ihres' Pflanzers in ihren Heimatdörfern als Anwerber auftraten und sowohl Familien- und Clanangehörige als auch Bewohner der Dorfes und der umliegenden Dörfer in die Pflanzerkolonie bringen konnten. Über dieses Ansehen konnten die vorübergehend Heimkehrenden sich als Aufseher (*sirdars*) und Anwerber qualifizieren, ihren Status verbessern und sich darüber einen gewissen Handlungsspielraum verschaffen. Ehemalige Kontraktkulis nutzten ihre Chance zu einem sozialen Aufstieg als Mittler zwischen Arbeitnehmern und Arbeitgebern, während, wie auf Mauritius früh zu beobachten, sie gleichzeitig den Kern einer künftigen indischen Diaspora bildeten.[61]

Der stetig wachsende Arbeitskräftebedarf innerhalb wie außerhalb Indiens machte bald eine professionelle Rekrutierung von Arbeitern und Arbeiterinnen notwendig. Im Verlauf der zweiten Hälfte des 19. Jahrhunderts entstanden Anwerbungsstrukturen, die sich zunächst an den vorhandenen Wanderungswegen und Migrationsmustern orientierten, doch allmählich entlang der eigenen, spezifischen Bedürfnisse ausgerichtet wurden. Beruhte die Binnenmigration, abgesehen von der frühen systematischen Anwerbung von Arbeiterinnen für die Teeplantagen Assams, nach wie vor auf weitgehend informellen Strukturen, ersetzten, wenn auch keineswegs vollständig, die neuen Anwerbungsagenturen für die überseeischen Arbeitsstätten schnell die bisherigen Methoden. Ein Netz von Rekrutierungsagenturen konnte binnen kurzem die angeforderte Anzahl von Kulis nahezu vollständig bereitstellen.[62] Gleichwohl wurde immer wieder die mangelnde Effizienz des Anwerbungssystems moniert, das nämlich, so die Begründung der Briten, größtenteils von Indern beherrscht würde, woher im Prinzip das Organisationsdefizit rühre. Tatsächlich aber wollten die Briten lediglich ihre eigene Kontrolle durchsetzen.[63]

Die Agenturen waren hierarchisch strukturiert und bestanden aus den Agenten in der Zentrale und ihren Sub-Agenten in den Distrikten, gefolgt von den *daffadars*, *sirdars*, *mukaddams* und *maistries*, Bezeichnungen für die örtlichen Anwerber, je nach Region. Im Fall des *mukaddam* handelt es sich um den Dorfvorsteher und die anderen Bezeichnungen deuten auf Posten als Vormann

---

[61] Marina Carter, *Voices from Indenture. Experiences of Indian migrants in the British Empire* (London and New York 1996), S. 84-87. Dies., *Servants, Sirdars and Settlers. Indians in Mauritius, 1834-1874* (Delhi etc. 1995). Der Informationsfluss unter Familien- und Dorfmitgliedern ist von den Zeitgenossen mit dem der irischen Migranten nach Amerika verglichen worden. Dies gilt insbesondere für Mauritius, aber auch für Britisch Guyana. Siehe auch R. K. Jain, *Indian Communities Abroad*, S. 8-9, 11-12.

[62] Zu den Kulis aus Bihar nun der Sammelband von Marina Carter (Hg.), *Across the Kalapni. The Bihari presence in Mauritius* (Port Louis 2000).

[63] Pieter C. Emmer, The meek Hindu. The recruitment of Indian indentured labourers for service overseas, 1870-1916, in: ders. (Hg.), *Colonialism and Migration*, S. 187-207, hier S. 190-193.

und Aufseher auf den Plantagen hin. Eigens für die Anwerbung war hingegen der *arkati* angestellt. Die gesellschaftliche und wirtschaftliche Basis der Anwerber vor Ort war also recht heterogen; allen gemein war indes, dass sie auf Provisionsbasis arbeiteten.[64] Das gesamte Personal agierte auf drei Ebenen. Als Operationsbasis zur Rekrutierung dienten den *arkatis* die Dörfer, alle anderen konzentrierten sich mehr auf die Marktflecken und Pilgerzentren der Distrikte, auf religiöse Festlichkeiten sowie auf die Bahnhöfe. Sub-Agenten sammelten die angeworbenen Kulis in Städten mit Bahnanschluss und verfrachteten sie in die Hafenstädte Madras, Bombay und Calcutta, wo die Agenten sich um die weitere Verschiffung kümmerten. Vom Erstkontakt des Kulirekruten bis zu seiner Verschiffung war jedoch ein Schwund von fast 30 Prozent zu verzeichnen, weil entweder die Regulierungen des kolonialstaatlichen Kontrollapparates dafür sorgten, dass sie ‚ausgemustert' wurden oder sie ‚desertierten' einfach, weil der Weg vom Depot, wo sich der Kuli bei Kollegen, die den Arbeitskontrakt wiederholten, kundig machen

Abb. 49: Zwei in Hindi verfasste Briefe des Kontraktarbeiters Mansahai (gestorben nach 1947) an seine Familie in Mauritius, aufbewahrt von den heute noch dort lebenden Nachfahren. Beide Briefe wurden von Schreibern für Mansahai aufgesetzt.

[64] M. Carter, *Voices of Indenture*, S. 37 und dies., *Servants, Sirdars and Settlers. Indians in Mauritius*, S. 35-76 Zur Anwerbung von ‚indentured labourers' für die Teeplantagen in Assam siehe R. P. Behal and P. P. Mohapatra, ‚Tea and money versus human life'.

konnte über die Art der Arbeit und die Distanz zum Arbeitsort, zum Schiff schlecht überwacht war.[65]

Das hart umkämpfte Arbeitskräftereservoir trieb den Wettbewerb unter den Agenturen auf teilweise illegale Spitzen, wenn ganze Kuligruppen auf ihrem Weg zu den Häfen durch falsche Versprechungen seitens konkurrierender Agenturen in andere Verschiffungsdepots gebracht wurden, oder bei der Einschiffung sich der Bestimmungsort noch ändern konnte und Kulis, die für Mauritius bestimmt waren, sich unverhofft auf Fidschi wiederfanden. Auch hier versuchte die erwähnte Gesetzesinitiative von 1871 Abhilfe zu schaffen. Dennoch bereitete es den Verwandten von Emigranten oft immense Schwierigkeiten, über die nun geforderten Registrierungslisten die Zielorte ihrer Familienmitglieder verifizieren zu können, und Kulis mit einem zweiten Vertrag kamen oft nicht in die gewünschte Region oder auf die angegebene Plantage. Für weitere Verwirrung unter den Migranten sorgte die Konkurrenz zwischen der öffentlichen britischen Administration und den privaten britischen Agenturen. ‚District Magistrates' und ‚Revenue Collectors' behinderten nicht selten die Kulirekrutierer, denn die abwandernden Arbeitskräfte fehlten anschließend in der örtlichen Landwirtschaft. Auch die konservativen indischen Grundbesitzer hatten kein Interesse an einer Abwanderung der Bauern. An der Ertragssicherung von Nutz- und Feldfrüchten aber war den indischen Landbesitzern und den britischen Beamten gleichermaßen gelegen, bildeten Agrarprodukte doch die Basis der Steuereinnahmen Britisch-Indiens.[66]

Eine weitere Form der Arbeitskräfteanwerbung stellte die Rekrutierung mittels des so genannten *kangany*-Systems dar. Im Unterschied zum staatlich regulierten Anwerbungssystem, das zwar die Rekrutierung mehr oder weniger in privater Verantwortung ließ, die Seepassage sowie die medizinisch-hygienischen Belange jedoch der staatlichen Kontrolle unterwarf, beließ das *kangany*-System die gesamte Organisation und Durchführung der Auswanderung in den Händen von indischen Agenten. Um das Anwerbungsgewerbe legal betreiben zu dürfen, hatten sie um eine staatliche Lizensierung zu ersuchen. Der bedeutsame Unterschied zwischen ‚indentured labourer' und dem vom *kangany* angeworbenen Kuli lag in der vertraglich festgelegten Arbeitsperiode: während der ‚indentured labourer' sich auf fünf Jahre verpflichtete, besaß der *kangany*-Kuli ein Kündigungsrecht von vier Wochen. Und weit mehr als bei der Anwerbung durch ehemalige Kuliarbeiter war der Kuli des *kangany*-Systems von eben dem *kangany* abhängig.

Aufgrund seiner intermediären Stellung zwischen Plantageneigentümer und Arbeitskräften erhielt der *kangany* eine herausragende Position, die er in beiden Richtungen zu nutzen verstand. So wirtschaftete er einen Teil, bis zu einem Drittel, der ausgelegten Vorschuss- und Verpflegungsgelder in die eigenen Taschen, indem er die Essensrationen und die Vorauszahlungen an die indischen Kulis kürzte. Andererseits waren die Kulis durch die Vorschüsse und eventuell zusätzliche

---

[65] P. C. Emmer, The meek Hindu, S. 189.

[66] M. Carter, *Voices of Indenture*, S. 38-39, 45.

Kredite in der Bringschuld, was im Prinzip das Verhältnis einer Schuldknechtschaft etablierte. Oftmals aber hatten *kanganies* tamilische Arbeiter mit Vorschussgeldern aus einem indischen Knechtschaftsverhältnis ausgekauft, das nun zu geänderten Konditionen nahezu identisch reproduziert wurde. Abgesehen von der Anwerbung und der Organisation der Emigration, der Schiffspassage und der Formalitäten zur Immigration oblag dem *kangany* die gesamte Organisation der Arbeit auf den Plantagen. Dadurch erhielt er eine unverzichtbare und zugleich unkontrollierbare Stellung, denn er allein konnte als sprachlicher wie sozialer Mittler zwischen Pflanzer und Arbeiter auftreten, eine Funktion, in der er durch das Verhalten der Pflanzer, die keinen Kontakt mit der Arbeiterschaft wünschten, bestätigt wurde.[67]

Leere Versprechungen nebst diverser unredlicher Methoden seitens der Anwerber wie Vorschusszahlungen, freie Verköstigung und freizügige Arbeitsverhältnisse sollten den oft fehlenden Willen zur Migration erzeugen. Arglistige Täuschung und gezielte Desinformation über Bestimmungsort und Arbeitsverhältnisse gehörten ebenfalls zum Repertoire der Anwerber. Offener Menschenraub scheint hingegen die Ausnahme gewesen zu sein.[68] Letztlich beruhte der Entschluss zur Migration auf einem mehr oder weniger dichten Netz von Informationen und Erfahrungen, die teils über familiäre und freundschaftliche Kontakte liefen, teils von den Anwerbungsagenturen durch eigene Postverbindungen selbst initiiert wurden. Spätestens die Sammellager stellten eine Möglichkeit des intensiven Informationsaustausches von gerade angeworbenen und erneut ausfahrenden Kulis dar, was Gelegenheit zur Revision der Entscheidung und Flucht bot. Keinesfalls waren die angeworbenen Kulis stets die ahnungs- und wehrlosen Opfer einer übermächtigen Rekrutierungsmafia. Nicht nur die indische Historiografie hat zu dieser mitleiderregenden Stereotype beigesteuert, auch die Kulis selbst leisteten ihren Beitrag, wenn sie sich gelegentlich als Opfer darstellten, um so den erfahrenen Statusverlust oder das Trauma der ‚Expatriierung' zu kompensieren.[69]

Bei ehemaligen Soldaten (*sipahi*/sepoy) der britisch-indischen Armee, die nach dem Großen Aufstand wegen ihrer zweifelhaften Loyalität innerhalb weniger Jahre systematisch ausgemustert wurden, trat der Statusverlust tatsächlich ein. Die

---

67 Frank Heidemann, *Kanganies in Sri Lanka and Malaysia. Tamil recruiter-cum-foreman as a sociological category in the nineteenth and twentieth century* (München 1992).

68 Die Rekrutierungsmethoden und Erfahrungen seitens der InderInnen eindringlich in: M. Carter, *Voices from Indenture*, S. 67-83.

69 Zur Opferrolle der Kulis die Trilogie von Hugh Tinker, *A New System of Slaver.y The export of Indian labour overseas, 1830-1920* (London, New York, Bombay 1974) und *Separate and Unequal. India and the Indians in the British Commonwealth, 1920-1950* (London 1976) sowie *The Banyan Tree. Overseas emigrants from India, Pakistan, and Bangladesh* (Oxford 1977). Ein differenziertes Bild liefert P. C. Emmer, The meek Hindu, S. 189-190 und für Fidschi bes. Brij V. Lal, Fiji *Girmitiyas*: The background to banishment, in: Vijay Mishra (Hg.), *Rama's Banishment. A centenary tribute to the Fiji Indians, 1879-1979* (London 1979), S. 12-39, bes. S. 28-25. Marina Carter, Strategies of labour mobilisation in colonial India: the recruitment of indentured workers for Mauritius, in: *Journal of Peasant Studies* 19 (1992), S. 229-245.

sipahis stammten überwiegend aus den oberen *varna* der bisweilen verarmten *brahman*en und *kshatriya*s Hindustans und hatten in der Armee der Kolonialherren ein statusgerechtes Auskommen gefunden. Nach 1860 stieg die Zahl der Kulirekruten aus dieser Region, als die ehemaligen Soldaten eine neue ökonomische Nische als Vertragsarbeiter fanden, aber eben unter erheblichem Verlust an Sozialprestige.[70] Indes waren emigrierte *brahman*en in der Diaspora gelegentlich als Spezialisten in religiösen und rituellen Angelegenheiten gefragt, eine Chance, die sie sich nicht entgehen ließen, zumal gerade ihnen wegen der Schiffspassage über *kalapani** eine Rückkehr so gut wie unmöglich war, weil für viele Hindus auf den Schiffen die Reinheitsgebote nicht eingehalten werden konnten.[71] Entgegen landläufiger und lange Zeit wissenschaftlicher Meinung wird damit dokumentiert, dass eine stattliche Anzahl der Auswanderer aus den mittleren und oberen Schichten der Gesellschaft stammen konnte.

Kulis wurden auch die Zielgruppe christlicher Missionare auf den Plantagen, das gilt vor allem für die Karibik. Allein in Trinidad stieg im letzten Drittel des 19. Jahrhunderts die Zahl der so genannten ‚Rice Christians' auf 20 Prozent an, während ihre Zahl auf den anderen Inseln und dem südamerikanischen Festland zwischen ein und vier Prozent lag. Gleichzeitig ist auch eine Sanskritisierung zu beobachten, bei der die bislang außerhalb hinduistischer Rituale und Religionen lebenden ehemaligen Bergbewohner allmählich in eine synkretistische Form des Hinduismus* integriert wurden. Im weitesten Sinn gehört dazu auch der Verzicht von Ziegenopfern südindischer Hindus. Leicht erlagen manche Auswanderer den Kampagnen von Reformgruppen wie dem hinduistischen Arya Samaj* oder der muslimischen Ahmadiya Bewegung, die vor allem wegen ihrer egalitären Gesellschaftsvisionen großen Zulauf erhielten.[72]

kalapani (Hindi: Schwarzes Wasser, gemeint ist der Indische Ozean), konnte von strenggläubigen Hindus, vor allem *brahman*s und *kshatriya*s, nicht befahren werden, da der Aufenthalt auf Schiffen wegen mangelnder oder fehlender Möglichkeiten zur separaten Essenszubereitung und getrennter Wasserversorgung zur reituellen Verunreinigung geführt hätte. Tatsächlich aber wurde der Indische Ozean zu allen Zeiten von Hindus verschiedener *varna* befahren, denn durch Purifikations-Zeremonien waren die Reinheit und die Wiederaufnahme in *jati* und *varna* stets möglich. Weil die ‚Seefahrten' von Indern seit den 1830er Jahren an Umfang sprunghaft zugenommen hatte, setzte eine öffentliche Diskussion um die Zulässigkeit der Überquerung von *kalapani* schließlich gegen Ende des 19. Jahrhunderts ein.
Allerdings beschränkte sich die teilweise hitzige Debatte allein auf die Seereisen von sozial hochstehenden Personen aus den oberen *varna*-Rängen, deren augenfällige Verwestlichung vor dem Hintergrund eines sich formierenden Hindu-Nationalismus eher das Ziel der öffentlichen Kampagnen war, als die prinzipielle Verurteilung von Seerei-

---

70 M. Carter, *Voices from Indenture*, S.42-44.
71 B. V. Lal, Fiji *Girmitiyas*, S. 15-16.
72 R. K. Jain, *Indian Communities* Abroad, S. 23-27.

sen aufgrund religiöser Vorschriften. Freilich entstammte das Gros der Arbeitsmigranten den unteren *varna* oder sie waren Angehörige von ‚societies' aus den Bergen Chota Nagpurs und Südindiens, die außerhalb des *varna*-Systems standen, weshalb sie nie das Objekt Hindu-nationalistischer Agitation bildeten. Religiöse Regeln wurden folglich zur Verfolgung politischer Ziele instrumentalisiert.
Für die Angehörige des niederen *varna* scheint die Diskussion, zumindest nach bisherigem Forschungsstand, überhaupt nicht geführt worden zu sein. Der sich formierende Hindu-Nationalismus war, wie jeder Nationalismus, vor allem von den mittleren und oberen Gesellschaftsschichten getragen und funktionierte unter anderem über die gezielte Ab- und Ausgrenzung der unteren Gesellschaftsschichten, für die die Regeln der führenden Gesellschaftsschichten nicht galten oder als unerreichbar definiert wurden.
(Literatur: Susmita Arp, *Kalapani: Zum Streit über die Zulässigkeit von Seereisen im kolonialzeitlichen Indien.* Stuttgart 2000).

Opfer waren die Kulis oft schon in der zeitgenössischen indischen wie der britischen Perzeption, wenn sie, wegen ihrer oft tribalen Herkunft als unzivilisiert verschrieen, noch vor ihrer Einschiffung als Abschaum der städtischen Slums bezeichnet und aufgrund der bürgerlichen Moral- und Lebensvorstellungen seitens der Briten wie auch der Inder zum ‚Anderen' der indischen Gesellschaft stigmatisiert wurden. Diese Außenseiterrolle haftete ihnen auch noch im Zielland an, wo an Integration niemand Interesse zeigte. Die schiere Ausbeutung der Arbeitskraft und nicht Fragen der Akkulturation oder Assimilation standen auf der Vertragsagenda. Abgesehen von diesen sozialen Ausgrenzungen war das gesamte Kontraktarbeitersystem äußerst repressiv, denn meist schränkte es die Mobilität und die Rechte der Kulis erheblich ein.[73] Unverändert bestand das Kuli-System bis zum Ersten Weltkrieg fort, in dessen Verlauf die Briten wegen der massiven Agitation des INC gegen die *indentured labour* nachgaben und 1917 die Anwerbung gesetzlich unterbanden, um an der ‚Arbeiterfront' der kriegswichtigen Kolonien keine Einbrüche zu erleiden.

Das schnell etablierte Stereotyp vom hinterwäldlerischen, einfältigen und leicht verführbaren indischen Bauern und Bergbewohner verwies nicht nur auf den generell minderen Status von Kulis, sondern markierte auch die Scheidungsgrenze in der Selbstwahrnehmung der Migranten: wesentlich stärker als bei den Plantagenarbeitern in Indien wurde bei den Kulis in Übersee die eigene Würde und damit das Selbstvertrauen infrage gestellt. Das hing ohne Zweifel mit den traumatischen Erfahrungen der Seepassage und der schwindenden Aussicht auf Rückkehr zusammen, ist aber auch durch die Wahrnehmung seitens der kreolisch, mestizisch und britisch bzw. französisch und niederländisch geprägten Pflanzergesellschaft bestimmt. Bis in die Gegenwart stellt dies ein immenses Problem bei der Identitätsfindung von Indern in der Diaspora dar. Aktuell will das literarische (und politische) Konzept von *Coolitude* dazu anregen, dass die ehemaligen Kulis und die

[73] M. Carter, *Voices of Indenture*, S. 45-61, 183-227.

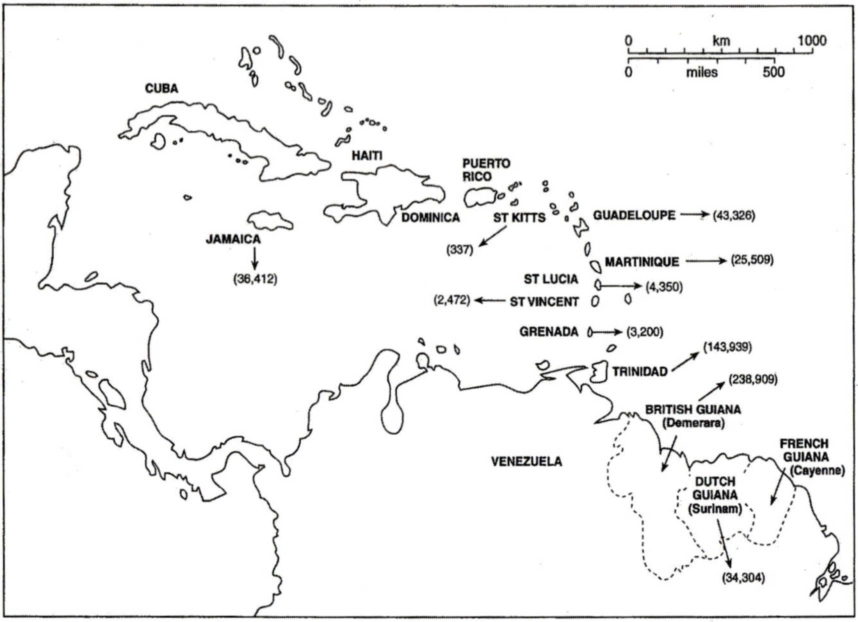

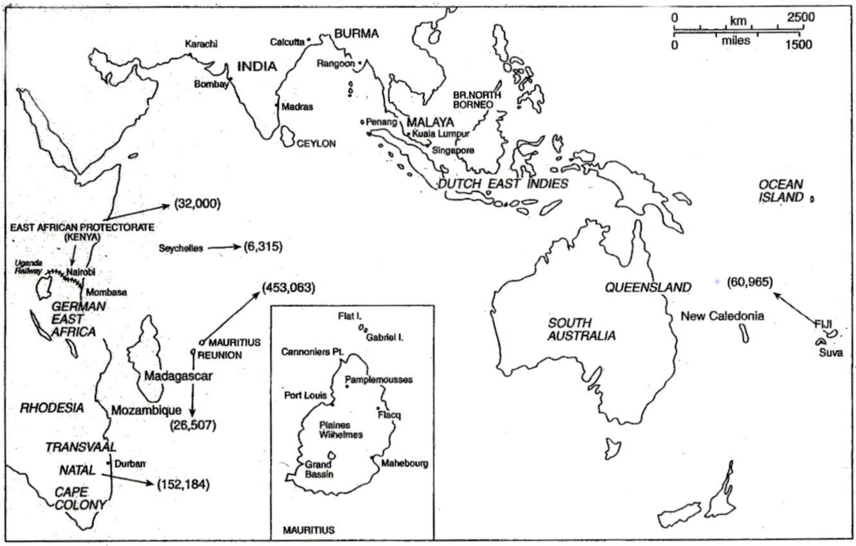

Abb. 50 und 51: Zielgebiete der indischen Emigration im 19. Jahrhundert.

Nachgeborenen sich ihrer historischen Bedingtheit bewusst werden, sie ihre eigene Geschichte wiederfinden und sie daraus Kraft zu einer Identitätsbildung schöpfen können, mit dem Ziel, die Hybridität ihrer lokalen Gesellschaft zu akzeptieren und weiter zu entwickeln.[74]

4.3.2 Wanderung und Ansiedlung

Machten die Kulis schon auf dem Transport und während des Aufenthalts in den Depots schlechte Erfahrungen, wurde dies mit der Verschiffung und der Arbeit auf den Plantagen noch gesteigert. Vom harten, gefängnisartigen Regime der Teeplantagen Assams war bereits die Rede. Der Seetransport aber beinhaltete ein Erlebnis, das für viele Kulis geradezu traumatisch wirkte. Ängste um den Verlust sämtlicher vertrauter Bindungen und eine ungewisse Zukunft in einem fremden Land bedrückten im Laufe der Seefahrt die Migranten, wurde ihnen nun vielleicht zum ersten Mal bewusst, auf welch weitem Weg sie waren. Hinzu kam für die indischen Emigranten die erstmalige Erfahrung der Meeresüberquerung; Menschen, die noch nie von einem Ozean gehört, geschweige denn ihn gesehen hatten und von dem gesagt wurde, dass sein Befahren den Ausschluss aus *jati** und *varna** nach sich zöge, lösten Verunsicherung und Verzweiflung aus.[75] Die Verpflegungssituation an Bord tat ein Übriges um die Stimmung zu drücken. Meist waren die Essensrationen knapp bemessen und bestanden aus zwei Mal Fisch und Reis am Tag, zu denen fauliges Wasser gereicht wurde. Die unzureichende Ernährung erhöhte die Gefahr von Krankheiten und die Folgen der Seekrankheit ließen manchen Kuli zusätzlich an Auszehrung leiden.[76]

Trotz der zahlreichen Vorschriften war die Hygiene auf den Schiffen oft mangelhaft. Überbelegungen bis zu 20 Prozent zum präventiven Ausgleich von Todesfällen trugen zu den schlechten hygienischen Verhältnissen bei und trieben die Sterblichkeitsrate in die Höhe. Immer wieder brachen Ruhr und Cholera aus, so dass auf manchen Transportschiffen die Mortalitätsrate auf über 4 Prozent schnellte.[77] Besonders eklatant war das Verhalten der Schiffsärzte. Wie viele der Mannschaftsgrade waren auch die Offiziere meist betrunken, beide Besatzungsgruppen in nicht wenigen Fällen inkompetent oder der Situation nicht gewachsen und legten ein hohes Maß an Brutalität gegenüber den Kulis an den Tag. Am ärgsten hatten die Frauen darunter zu leiden, wenn Ärzte ihre Vertrauensstellung zu sexuellen Übergriffen oder offener Vergewaltigung nutzten. Inderinnen waren aber auch sexuelle Opfer von Matrosen, die die separate Unterbringung der Frauen unter Deck ausnutzten. Nur in wenigen Ausnahmen hatte dieses kriminelle Verhalten

[74] Marina Carter and Khal Torabully, *Coolitude. An anthology of the Indian labour diaspora* (London 2002), S. 17-53.

[75] Susmita Arp, *Kalapani: Zum Streit über die Zulässigkeit von Seereisen im kolonialzeitlichen Indien.* (Stuttgart 2000), S. 5-85, 160-197.

[76] M. Carter and Kh. Torabully, *Coolitude*, S. 37-44.

[77] H. Tinker, *A New System of Slavery*, S. 116-119.

ernsthafte Konsequenzen für die Täter. Gerichtsunterlagen zeigen, dass gegenüber dunkelhäutigen Frauen die Stereotype von der sexuell stets willigen Asiatin dazu diente, eine Vergewaltigung nach dem damaligen bürgerlichen Rechtsverständnis auszuschließen.[78]

Nach Ankunft auf den Plantagen, wo die Kulis ihren Arbeitsvertrag aufgrund der gesetzlichen Bestimmungen von 1842 erst nach 48 Stunden Anwesenheit unterzeichnen durften, waren sie bald mit den Härten des Plantagenregimes konfrontiert. Auf Ceylon mussten die südindischen Kulis zunächst einen 220 Kilometer langen Fußmarsch auf die Plantagen ins Hochland zurücklegen, dessen Wege oft schlecht und zudem nur unzureichend mit Versorgungseinrichtungen ausgestattet waren. Auf den Maskarenen hatten die Kulis meist mit den ehemaligen Unterkünften der Sklaven Vorlieb zu nehmen. Generell ließ das Disziplinarrecht der Pflanzer Auspeitschungen zu, die auch regelmäßig stattfanden. Da es auf den Plantagen mit der medizinischen Versorgung ebenfalls nicht zum Besten bestellt war, gehörten chronische Krankheiten bald zum Alltagsbild. Auch die Lebensmittelversorgung blieb schlecht und viele Kulis litten durch die harte körperliche Arbeit bald an Auszehrung. Berüchtigt waren die Plantagen Ceylons, da die saisonal oder in Jahresabständen zirkulierenden Kulis den Rückmarsch in ihre südindischen Dörfer wegen Unterernährung und körperlicher Erschöpfung oft nicht überlebten.[79]

Zeichnete sich das System der ‚indentured labour' generell durch seine arbeitsrechtlichen und menschlichen Härten aus, waren Frauen als Kulis ungleich schlechter gestellt als ihre männlichen ‚Kollegen'. In den meisten Pflanzerkolonien waren sie zunächst ungern gesehen, weil sie als Belastung betrachtet wurden. Junge, kräftige und leistungsstarke Männer waren gefragt, deren Anteil unter den Emigraten in der Altersgruppe von 20 bis 30 bei bis zu 60 Prozent liegen konnte. Schnell zeigte sich jedoch die Möglichkeit zur Inwertsetzung von Frauenarbeit, die als integrativer Bestandteil des Plantagensystems gesehen werden muss, ohne den es nicht funktioniert hätte. Erstens wurde die schlechter bezahlte Arbeitsleistung der Frau dazu benutzt, die Löhne insgesamt niedrig zu halten. Der Lohn der Männer konnte in der zweiten Hälfte des 19. Jahrhunderts auf vielen Plantagen so um 10 Prozent gesenkt werden.

Zweitens trat eine soziale Stabilisierung durch Familienbindung und Nachkommen ein, was nicht selten zur dauerhaften Ansiedlung führte und eine partielle Kontrolle der Arbeiterschaft gewährleistete. Somit war auch die reproduktive Arbeit von Frauen Teil des Systems. Drittens verlagerte der Pflanzer einen Teil der Remunerationskosten auf die Arbeiterfamilien, die auf kleinen Parzellen zusätzliche Lebensmittel anbauen konnten (oder mussten), was wiederum zu seiner Ka-

---

[78] M. Carter, *Voices from Indenture*, S. 94-96. Verene A. Shepherd, *Maharani's Misery. Narratives of a Passage from India to the Caribbean* (Barbados, Jamaica, Trinidad and Tobago 2002).

[79] Ian H. van den Driesen, *The Long Walk. Indian plantation labour in Sri Lanka in the nineteenth century* (New Delhi 1997).

pitalakkumulation beitrug. Aus besagten Gründen waren, viertens, alleinstehende Frauen unerwünscht, auch, weil man eine moralische Destabilisierung befürchtete. Dennoch waren nur durchschnittlich 41 Prozent der emigrierenden Frauen verheiratet, was den Schluss nahe legt, dass generell auch unverheiratete Frauen als Arbeitskräfte und als Sexualpartnerinnen nicht ungern gesehen und daher von den Plantagenbesitzern geduldet waren.[80]

Abgesehen von dieser Funktionalisierung erlebten Frauen unter ökonomischen Gesichtspunkten die übliche Doppelbelastung, als Ehefrau nach getaner Feldarbeit die Haus- und Kleingartenarbeit erledigen zu müssen. Oftmals wurden Frauen von den Pflanzern und den Aufsehern nur für ‚Gelegenheitsarbeiten' oder saisonale Tätigkeiten herangezogen und ihr Lohn, der gesetzlich festgelegt bei der Hälfte des Männerlohns lag, nochmals beschnitten. Auf schwangere Frauen wurde meist keine Rücksicht genommen, ebenso wenig auf Neugeborene. Die Sterblichkeit bei unterernährten Müttern und unterversorgten Säuglingen war folglich hoch. Zusätzlich zur wirtschaftlichen Ausbeutung und der permanenten existenziellen Bedrohung waren die Frauen auch der anhaltenden sexuellen Ausbeutung seitens der Pflanzer, der Aufseher, der Ehemänner, der zeitweiligen (Schutz-)Partner und der ‚Kollegen' ausgesetzt.[81]

In der britischen Wahrnehmung nahmen indische Frauen als emigrierende Arbeiterinnen von vornherein einen niederen sozialen Status ein. Man klassifizierte sie schlicht als verhungernde Witwen, verlassene oder davongelaufene Ehefrauen und stereotypisierte sie als Prostituierte. Nur unehrenhafte Frauen würden in die Emigration gehen und wenn überhaupt, dann nur in Begleitung ihrer Ehemänner oder eines näheren Verwandten.[82] Der Ruf der Prostituierten eilte der auswandernden Frau nicht selten voraus und prägte das Bild, das von ihr in der Diaspora konstruiert wurde.[83] Diese koloniale Wahrnehmung korrespondiert mit der von den wandernden Frauen aus Dörfern in die Textil-Fabriken der indischen Großstädte Bombay und Calcutta.[84] Obgleich der Anteil alleinstehender erwerbstätiger Frauen in den Industriestädten bei weitem größer war als in den Pflanzerkolonien, gab es dennoch einen erheblichen Männerüberschuss. Um nicht Opfer von Vergewaltigungen zu werden, gingen zahlreiche Frauen auch hier zum eigenen Schutz temporäre Bindungen mit ‚Kollegen' oder Aufsehern ein. Und um ihre mageren Löhne aufzubessern, arbeiteten sie zeitweilig oder nebenher auch als Prostituierte – wobei nicht skandalös ist, dass sie der Prostitution nachgingen, sondern

---

[80] P. C. Emmer, The meek Hindu, S. 198.

[81] Jo Beall, Women under indenture in colonial Natal 1860-1911, in: Colin Clarke, Ceri Peach and Steven Vertovec, *South Asians Overseas. Migration and ethnicity* (Cambridge 1990), S. 57-74.

[82] M. Carter, *Voices of Indenture*, S. 51-52.

[83] Sunita Chatterjee, Communitarian identities and the private sphere: A gender dialogue amongst Indo-Trinidadians (1845-1917), in: C. Bates (Hg.), *Community, Empire and Migration*, S. 206-223, bes. S. 209-212, 215.

[84] Siehe zu diesem höchst spannenden Themenkomplex die ausgezeichnete Studie von Samita Sen, *Women and Labour*, Kap. 5, S. 177-212.

dass die Löhne wegen des ‚Zubrotcharakters' so gering bemessen waren, dass Frauen, um überleben zu können, neben ihrer Arbeitskraft zusätzlich noch ihren Körper feilbieten mussten.[85]

Insgesamt betrachtet hat die Migration generell und speziell die Emigration den Frauen zu wenigen oder keinerlei Freiräumen verholfen. Stattdessen sind sie neuen und verstärkten Formen von Abhängigkeiten, Ausbeutungen und Entwürdigungen seitens der Männer unterworfen worden. Wenn es Unterschiede bzw. Vorteile gab, dann höchstens zwischen der Binnen- und der Außenmigration; in den Industriestädten konnten die Frauen gegebenenfalls zwischen verschiedenen Betrieben wählen, was ihnen aufgrund der Arbeitsvertäge auf den Plantageninseln untersagt war.[86]

Trotz dieser anscheinend höchst misslichen Lage verstanden es die Kulis, sich zu wehren und vertraglich garantierte Rechte einzufordern. Schnell machten sie die Erfahrung, dass kollektive Petitionen wirksamer als individuelle Bittschriften waren. Zudem erfuhren sie die Solidarität mitgereister Kulis und ‚Kollegen', die oftmals den Kern neuer Freundschaften und den Anfang einer dauerhaften Niederlassung bildeten. Besonders das Ende der Kontraktzeit versetzte die Kulis in eine günstige Verhandlungsposition, sofern sie sich zum Bleiben entschlossen hatten. Aus ihrer Möglichkeit zur Mobilität konnten sie Kapital schlagen. Denn da den Pflanzern an einer stabilen Arbeiterschaft lag, waren sie bei den anstehenden neuen Verträgen auch zu Konzessionen bereit. Unter Umständen verbesserte sich dadurch die Lage der Kulis derart, dass sie sich nach dieser neuerlichen Vertragsperiode zur permanenten Niederlassung entschlossen, allzumal, wenn ihnen aufgrund gesetzlicher Regulierungen statt der freien Rückpassage ein Stück Land offeriert werden musste. Als Gemüsebauern, Handwerker und Kleinhändler konnten sie Kleinexistenzen gründen und den Anfang zu einer neuen Gemeinschaft in der Diaspora bilden.[87]

4.4 Die indische Diaspora

4.4.1 Niederlassung und frühe Diaspora

Der Übergang von der Bewirtschaftung von Plantagen durch Sklaven zu den Vertragsarbeitern vollzog sich nicht reibungslos, weder in der Karibik noch auf den

[85] Ähnliches ist auf den Plantagen zu beobachten, deren Eigentümer sich oftmals weigerten, den Lohn der Frauen anzuheben, mit der Begründung, sie hätten es leicht, mit Prostitution den Lohn zu verbessern. In den Fällen, in denen indische Frauen als Aufseherinnen arbeiteten, zwangen diese nicht selten ihre Arbeiterinnen, zusätzlich als Prostituierte zu arbeiten, wobei der Großteil der so erzielten Einkünfte an die Aufseherinnen ging, siehe J. Breman and E. V. Daniel, Conclusion: the making of a coolie, S. 285-286.

[86] Zur Diskussion von Frauen als Industrie- und Plantagenarbeiterinnen siehe die Studie von S. Sen, *Women and Labour*, S. 212 und J. Beall, Women under indenture in colonial Natal, S. 70-73.

[87] M. Carter and Kh. Torabully, *Coolitude*, S. 89-106.

Maskarenen, denn die freigelassenen Sklaven ließen sich als Kleinbauern im Umland nieder und suchten nicht, wie erwartet, Arbeit auf den ehemaligen Plantagen, wo sie nun als Arbeitskräfte fehlten. Um die arbeitsrechtlichen Folgen der verbotenen Sklaverei abzufedern, gestattete die britische Regierung in London den Plantageneigentümern, die ehemaligen Sklaven für vier bis sechs Jahre bei einer wöchentlichen Arbeitszeit von 45 Stunden und dem Wegfall sämtlicher sozialer und medizinischer Leistungen in einem aufgezwungenen ‚Lehrlingsverhältnis' (‚apprenticeship') zu beschäftigen, dessen Bedingungen kaum von der Sklavenarbeit zu unterscheiden waren.[88]

Auf Mauritius sorgten vorübergehend indische Sträflinge, deren Deportation Bestandteil ihres Strafmaßes war, für die Gewähr der Kultivierungsarbeit, indem sie die Infrastruktur der Insel ausbauten. Als permanente Siedler waren sie freilich nicht vorgesehen, denn nach verbüßtem Strafmaß sollten die ehemaligen Häftlinge auf Kosten der britisch-indischen Regierung wieder nach Indien verfrachtet werden.[89] Mauritius steht geradezu paradigmatisch für eine Experimentierphase der Beschaffung von Arbeitskräften, ihrer Verschiffung und ihres Einsatzes zu unterschiedlichen Konditionen in der ersten Hälfte des 19. Jahrhunderts. Noch vor der sich abzeichnenden offiziellen Aufhebung der Sklaverei 1834 laborierte die britische Kolonialregierung zusammen mit den britischen und französischen Plantagenbesitzern daran, die Zuckerproduktion auch künftig sicherzustellen, weshalb zwischen 1815 und 1835 Sklaverei, Sträflingsarbeit und Kontraktarbeit nebeneinander existierten.[90]

Der nach 1842 verstärkt einsetzende Strom indischer Arbeitsmigranten innerhalb des Subkontinents, des Indischen Ozeans und darüber hinaus stellt den Beginn der globalen indischen Diaspora dar. Zunächst auf die Pflanzerkolonien des Britischen Empires beschränkt, erhielten die europäischen Anwerbungsagenturen in Indien binnen weniger Jahre die Möglichkeit, Kulis in alle Regionen der Welt zu vermitteln. Zu den Arbeiten auf den ‚klassischen' Zuckerrohrplantagen traten bald Beschäftigungsverhältnisse beim Baumwollanbau, dem Eisenbahnbau und den Minen vor allem in den britischen Kolonien entlang der Ostküste Afrikas hinzu. Die zunehmend eingeräumten Möglichkeiten zur Niederlassung in der jeweiligen Kolonie leiteten eine Kettenmigration ein, gefolgt von eigenständigen Migranten, die den ‚Dienstleistungssektor' abdeckten. Noch im 19. Jahrhundert führte diese Entwicklung zu ersten Gemeinschaftsbildungen, allen voran auf Mauritius, der Insel mit der höchsten indischen Immigrationsrate, gefolgt von der Karibik, aber auch in Fiji, Süd- und Ostafrika. Vor dem Hintergrund der regionalen und gesellschaftlich unterschiedlichen Umstände traten für die indischen Arbeitskräf-

[88] Gad Heuman, The British West Indies, in: *The Oxford History of the British Empire*, vol. III, The nineteenth century (ed by Andrew Porter, Oxford/New York 1999), S. 475-493.

[89] Clare Anderson, *Convicts in the Indian Ocean. Transportation from South Asia to Mauritius, 1815-1853* (Basingstoke and New York 2000), S. 10, 14-24.

[90] Ebenda, S. 34-58.

te spezifische Probleme bei der Niederlassung auf, die teilweise bis heute das Geschick der indischen Diaspora in der nun unabhängigen europäischen Kolonie beeinflussen.

Im 20. Jahrhundert leitete die Zweitmigration indischer Arbeitskräfte aus den ehemaligen Kolonien eine neue Phase der Diaspora ein, als sich Inder und Inderinnen nun in den Industriestaaten niederließen und dort bald neue Gemeinschaften bildeten. Bevorzugte Einwanderungsländer waren zunächst Großbritannien, Kanada und die USA, inzwischen sind auch Länder wie Deutschland attraktiv für indische Migranten geworden. Auch diese südasiatische Wanderung ist fester Bestandteil der Geschichte der jeweiligen Länder und der Regionen des Subkontinents. Gerade die regional verschiedenen und spezifischen Probleme und die daraus resultierenden Motive zur Emigration haben in den neuen Immigrationsländern eine eigene Dynamik der Diasporabildung hervorgerufen. Um die Darstellung nicht ausufern zu lassen, beschränkt sich die folgende Analyse im Wesentlichen auf die Migration in die Anrainergebiete des Indischen Ozeans. Hier waren allein aus geografischer Nähe die Rückbindungen in die südasiatischen Heimatregionen am stärksten und hier lassen sich am eindrucksvollsten die Anfänge von Diasporabildung verfolgen.[91]

4.4.2 Mauritius

Bis zum 1917 verordneten Anwerbungsstopp in Britisch-Indien wanderten nach 1840 insgesamt mehr als 450.000 Inder nach Mauritius aus. Die Mehrheit der Auswanderer kam aus Bihar, eine Vielzahl stammte aus Bengalen und den ‚North Western Provinces'/'United Provinces', während eine kleine Minderheit den südlichen Regionen des Subkontinents kam.[92] Die regionale Herkunft und die kulturellen Unterschiede bestimmten von Anfang an das Leben der indischen Diaspora auf

---

[91] Als Lektüre zur Zweitmigration in die Industrieländer ab den 1950er Jahren seien folgende Werke empfohlen: Pnina Werbner, From commodities to gifts: Pakistani migrant workers in Manchester, in: Alisdair Rogers and Steven Vertovec (Hg.), *The Urban Context. Ethnicity, social networks and situation analysis* (Oxford and Washington D.C. 1995), S. 213-236. N. Gerald Barrier and Verne A. Dusenbery (Hg.), *The Sikh Diaspora. Migration and the experience beyond Punjab* (Delhi 1989). Parminder Bhachu, Twice and direct migrant Sikhs: Caste, class and identity in pre- and post-1984 Britain, in: Ivan Light and Parminder Bhachu (Hg.), *Immigration and Entrepreneurship. Culture, capital and ethnic networks* (New Brunswick and London 1993), S. 163-183. Parminder Bhachu, *Apni Marzi Khardi* Home and work: Sikh women in Britain, in: Sallie Westwood and Parminder Bhachu (Hg.), *Enterprising Women. Ethnicity, economy, and gender relations* (London and New York 1988), S. 76-102. Sushma J. Varma and Radhika Seshan (Hg.), *Fractured Identities. The Indian Diaspora in Canada* (Jaipur and New Delhi 2003). A. Kumar, *Bombay, London, New York*. Johanna Lessinger, *From the Ganges to the Hudson: Indian immigrants in New York City* (Boston etc. 1995). Madhulika S. Khandelwal, Indian immigrants in Queens, New York City: Patterns of spatial concentration and distribution, in: P. v. d. Veer, *Nation and Migration*, S. 178-196.

[92] M. Carter, *Voices from Indenture*, Karte S. 20 und Tabelle 1.4, S. 44. Allgemein dies., *Servants, Sirdars and Settlers*.

der Insel. Von den heute etwa 1,2 Millionen Einwohnern kommen ungefähr zwei Drittel aus Indien, knapp 30 Prozent umfassen die Kreolen, Nachfahren der ehemaligen Sklaven aus Afrika, und zwei Prozent sind ehemals chinesischer Herkunft. Die Inder werden seit 1962, sechs Jahre vor der Unabhängigkeit der Insel, offiziell in Hindus (52 Prozent der Bevölkerung) und Muslime (16 Prozent) unterschieden. Die Kreolen hängen nahezu geschlossen dem römisch-katholischen Glauben an.

Viele Hindus bekennen sich heutzutage ebenfalls zum Katholizismus. Die Bezeichnung Hindu steht für keine endogame ‚Ethnie', sondern Hindus bilden verschiedene kulturelle Gemeinschaften, eine jede mit ihrer eigenen Geschichte und Tradition. Muslims haben mit dem Islam zwar einen gemeinsamen Glauben, sind aber gewiss keine homogene Glaubensgemeinschaft. Politisch gesehen bot der gemeinsame Glaube keinen Anlass, gemeinsame Ziele anzustreben, und so verfolgten mulsimische Organisationen im Rahmen der Unabhängigkeitsbestrebungen unterschiedliche Strategien. Seit den 1970er Jahren orientieren sich die Muslims zudem weniger an den indischen und viel eher an den arabischen Moslem-Gemeinden, weshalb von einer gewissen ‚Arabisierung' der Mauritius-Muslime gesprochen werden kann.[93]

Vor allem aber zeichnet sich die indische Diaspora auf Mauritius durch die Zuordnung zu den ‚ancestral languages' wie Hindi, Tamil, Telugu, Urdu und Marathi aus. Kaum ein Nachfahre indischer Immigranten versteht heutzutage diese Sprachen; Hindi wird nach dem französisch geprägten Kreolischen meist nur als Zweitsprache verwendet, während Tamil aufgrund seiner Exklusivität im religiösen Ritus fast eine heilige Sprache geworden ist. Von staatlicher Seite wird diese Identitätsbildung entlang der ‚ancestral languages' in den Schulen aktiv gefördert. Zwar haben international operierende hinduistische Organisationen wie der radikale RSS (Rashtriya Swayamsevak Sangh) und der Vishva Hindu Parishad (Welthindurat) versucht, die Pflege von Hindi als Schutz des Hinduismus* zu propagieren, doch die versuchte Instrumentalisierung der Sprache für politisch-religiöse Zwecke blieb ohne Erfolg. Durch die gleichmäßige staatliche Förderung der ‚alten' Sprachen erfuhren nicht nur diese selbst eine offizielle Aufwertung, sondern der mauritianische Staat erhielt darüber einen wesentlichen Teil seiner Legitimität.[94]

Zur Stabilisierung der mauritianischen Gesellschaft trug auch die Durchlässigkeit der sozialen Hierarchien bei. Früh schon konnten ehemalige ‚indentured labourers' kleine Existenzen gründen, sich als Handwerker und Gewerbetreibende niederlassen, ein wenig Kapital akkumulieren, Wohlstand erwerben und der nächsten Generation Zugang zu Bildung und damit beruflichen Aufstiegschancen aus dem landwirtschaftlichen Sektor in angesehene Professionen und in die Politik ver-

93 Amenah Jahangeer-Chojoo, Islamisation process among Mauritian Muslims, in: *Internationales Asienforum* 33 (2002), S. 115-126.

94 Patrick Eisenlohr, Language and identity in an Indian Diaspora: „Multiculturalism" and ethnolinguistic communities in Mauritius, in: *Internationales Asienforum* 33 (2002), S. 101-114.

schaffen.[95] Die Liberalität des politischen Systems kam schließlich in der Wahlrechtserklärung von 1968 zum Ausdruck, die bestimmte, dass jede/r, der sich aufgrund seiner persönlichen Lebensführung nicht zu den Gemeinschaften der Hindus, Muslims und Chinesen zuordnen lassen will, unter die vierte Kategorie „General Population" subsumiert wird. Es überrascht daher wenig, dass Mauritius kaum ‚ethnische', religiöse oder ‚communal' begründete Spannungen aufweist. Insgesamt wird durch die politischen, sozialen, religiösen und linguistischen Kategorien gewährleistet, dass keine der repräsentierten Gruppen eine andere dominieren kann und so die relativ friedliche Koexistenz gesichert scheint.[96]

4.4.3 Französische Maskarenen und Antillen

Wie viele Pflanzerkolonien war auch das französische Réunion nach der offiziellen Abschaffung des Sklavenhandels von den Arbeitsimmigranten aus Indien abhängig. Im Jahr 1848 lebten lediglich 3.440 Inder auf der Insel. Im darauf folgenden Jahr erreichte die Anwerbung einen Spitzenwert von knapp über 8.000, danach gingen die indischen Immigrantenzahlen konstant zurück und betrugen in den Jahren vor 1860 noch durchschnittlich 1.700. Schließlich brachten die Verträge mit den Briten von 1860-61 die dringend benötigten Arbeitskräfte auf die Inseln. Allerdings untersagte bereits 1885 die britisch-indische Regierung die Anwerbung von Kulis für Réunion wieder, nachdem die brutalen Rekrutierungsmethoden der französischen Agenturen ruchbar geworden waren. Wesentlich häufiger als ihre britischen Kollegen scheinen die französischer Anwerber Gewalt angewendet zu haben, die bis hin zur Verschleppung von Unwilligen reichen konnte. Abgesehen davon, und dies stieß den Briten besonders übel auf, müssen die Zustände in den Sammellagern der französischen Niederlassungen in Karikal und Pondicherry besonders katastrophal gewesen sein, was der regelmäßige Ausbruch von Epidemien wie Cholera und die hohe Mortalitätsrate unter den angeworbenen Kulis belegt.[97]

Insgesamt kamen zwischen 1829 und 1924 etwa 118.000 Inder nach Réunion, Guadeloupe wies von 1854 bis 1889 insgesamt 43.326 indische Immigranten auf, nach Martinique kamen im selben Zeitraum knapp über 25.000 indische Kulis. Die Repatriierungszahlen weisen einen deutlichen Überschuss an Inder und Inderinnen auf, die demnach auf den Inseln geblieben sind.[98] Seit 1946 sind die genannten Inseln französische Departements. Die Nachfahren der Kuli-Immigranten le-

---

95 Marina Carter, Subaltern success stories: Socio-economic mobility in the Indian labour diaspora – some Mauritian case studies, in: *Internationales Asienforum* 33 (2002), S. 91-100.

96 A. Nave, Nested identities, S. 87-108.

97 Hubert Gerbeau, Engagees and coolies on Réunion Island. Slavery's masks and freedom's constraints, in: P. C. Emmer (Hg.), *Colonialism and Migration*, S. 209-236, hier S. 223-224.

98 Guadeloupe: 1861-1906: 9460, Martinique: 1858-1895: 11.077; Réunion: 1835-1930: 88.000, nach Singaravélou, Indians in the French overseas departements: Guadeloupe, Martinique, Reunion, in: C. Clarke, C. Peach and S. Vertovec (Hg.), *South Asians Overseas*, S. 76.

ben hier nach wie vor in den ländlichen Gegenden als Kleinbauern oder in der Nähe von Plantagen, aber auch von Gewerbe- und Industrieansiedlungen. Bezeichnend für die jüngste soziologische Entwicklung auf den Inseln der Französischen Antillen ist eine anhaltende ‚Kreolisierung', was vor allem durch das allmähliche Verschwinden von Tamil als dominierende Sprache und der Annahme des Französischen angezeigt wird.

Auf Réunion findet eine stärkere Hinduisierung (um nicht zu sagen Brahmanisierung) gepaart mit einem wachsenden muslimischen Bewusstsein statt. Dies liegt unter anderem an der geografischen Nähe der Insel zum indischen Subkontinent, ein Umstand, der die Aufrechterhaltung der Kommunikation beträchtlich erleichtert. Die schwer zu überbrückende Entfernung zur Karibik wiederum fördert dort eine ‚Kreolisierung'. Andererseits führte die hier in den vergangenen Jahren seitens der französischen Zentralregierung betriebene ‚Assimilation' auch zu verstärkten ‚ethnischen' Spannungen zwischen der kreolischen Mehrheit und der indischen Minderheit, da vor allem die indischen Familien sich nicht der staatlich verordneten ‚Kulturpolitik' unterwerfen wollen und dieser gegenüber ihre ‚Indianness' betonen.[99]

4.4.4 Südafrika

Eigentlich hätte Südafrika keine indischen Kulis benötigt, da genügend Arbeitskräfte unter den Zulu hätten angeworben werden können. Doch Sir Theophilus Shepstone, Secretary for Native Affairs, setzte in Natal ein System der Rassentrennung durch, das den Afrikanern ihre kulturelle, soziale und wirtschaftliche Selbständigkeit belassen sollte: Indem ihnen genügend Land zur Verfügung stand, gab es keinen Anlass, auf den Zuckerplantagen Natals nach Arbeit zu suchen. Aus diesem Grund blickten die hauptsächlich britischen Plantagenbesitzer auf das Experiment in Mauritius. Nach Vereinbarungen mit der britisch-indischen Regierung trafen dann im Jahr 1860 die ersten Kulis in Durban ein. Bis 1911 immigrierten insgesamt 152.184 Inder, woraufhin die Regierung von Natal beschloss die Anwerbungen einzustellen. In der Zwischenkriegszeit sind nahezu 38.000 ehemalige Kulis wieder repatriiert worden, doch leben heutzutage etwa eine Million Menschen indischer Herkunft in der Südafrikanischen Union.[100]

Die meisten Kulis wurden auf den Zuckerplantagen als Arbeitskräfte eingesetzt. Sie fanden allerdings auch Anstellung in Haushalten und Hotels sowie bei der ‚Natal Railway Company'. Zeitweise warben auch die Eigentümer von Kohlegruben indische Kulis an. Gerade in den beiden letztgenannten Sparten waren Fachkräfte gefragt, was den hohen Anteil ausgebildeter Kulis erklärt. Nach Ablauf ihrer Kontraktzeit konnten sie sich mitunter schnell in Südafrika als Gemüse- und Obst-

---

99 Ebenda, S. 84-87.

100 P. Brijlal, Demographic profile, in: A. J. Arkin, K. P. Magyar, G.J. Pillay (Hg.), *The Indian South Africans* (Pinetown 1989), S. 23-39, hier S. 26.

bauern in der Umgebung urbaner Zentren etablieren. Im Jahr 1893 lebten neben den 16.051 Kontraktarbeiter 24.459 ehemalige Kulis in Südafrika, die versiert ihre Marktchancen wahrnahmen.[101] Hinzu kamen die indischen Kaufleute, die als so genannte ‚passenger Indians' ins Land einwanderten. Die meisten stammten aus Gujarat, Bombay und Surat und zeigten das typische Verhalten der Kettenmigration auf der Grundlage von existierenden und expandierenden Verwandtschafts- und Bekanntschafts-Netzwerken. Bis in die Gegenwart hinein bilden diese Kaufleute und Händler das mittelständische und obere Segment der Immigrantengesellschaft.[102] Seitens der britischen Händler und Kaufleute wurde diese Konkurrenz bald als privatwirtschaftliche Bedrohung empfunden, der mit staatlich-rassistischen Maßnahmen entgegengewirkt werden sollte. Zur ökonomischen ‚Bedrohung' trat bald die demografische, als Anfang des 20. Jahrhunderts der Anteil der Weißen an der Gesamtbevölkerung Natals 8,8 Prozent betrug, während der der Inder bereits bei 9,1 Prozent lag.[103]

Als die Siedler in Natal 1893 das Recht zur Selbstverwaltung erhielten, erließen sie sukzessive Gesetze, die die Inder – neben anderen Nicht-Weißen – systematisch diskriminierten. Darunter war auch ein Gesetz, das Indern, die keinen weiteren Arbeitskontrakt unterzeichnen wollten, eine Kopfsteuer von jährlichen £3 auferlegte – eine Summe, die die meisten nicht aufbringen konnten. Ein allgemeiner Sprachtest für indische Immigranten sorgte für eine zusätzliche, kaum überwindliche Hürde. Auch war es seit 1897 den jeweiligen Stadtverwaltungen überlassen, Handelslizenzen zu erteilen, die eine offene Diskriminierung der indischen Konkurrenten zur Folge hatte.[104] In dieser politischen Konstellation trat Mohandas K. Gandhi auf die historische Bühne. Gewöhnlich wird seiner mehr als zwanzigjährigen Zeit in Südafrika kaum Aufmerksamkeit geschenkt, und die meisten Biografien handeln die Periode als eine Art ‚Latenzphase' ab, während der ‚wahre' Gandhi sich erst in Indien zeigt. Das trifft freilich nicht zu.[105]

M. K. Gandhi, der in London eine Ausbildung zu Rechtsanwalt erfahren hatte, nahm wegen seiner nur mäßigen Anwaltsgeschäfte in Rajkot und Bombay 1893

---

[101] Surendra Bhana, *Gandhi's Legacy. The Natal Indian Congress 1894-1994* (Pietermaritzburg 1990), S. 3.

[102] Vishnu Padayachee and Robert Morrell, Indian merchants and dukawallahs in the Natal economy, c. 1875-1914, in: *Journal of Southern African Studies* 17 (1991), S. 71-102. Surendra Bhana, Indian trade and traders in colonial Natal, in: Bill Guest and John M. Sellers (Hg.), *Enterprise and Exploitation in a Victorian Colony. Aspects of the economic and social history of colonial Natal* (Pietermaritzburg 1985), S. 235-263.

[103] Bill Guest, Indians in Natal and southern Africa in the 1980s, in: Judith M. Brown and Martin Prozesky (Hg.), *Gandhi and South Africa. Principles and politics* (Pietermaritzburg 1996), S. 7-20, hier S. 11.

[104] Edna Bradlow, Indentured Indians in Natal and the 3£ tax, in: *South African Historical Journal* 2 (1970), S. 38-53. Allgemein Robert A. Huttenback, *Gandhi in South Africa. British imperialism and the Indian question, 1860-1914* (Ithaka-London 1971), S. 141, 154-160.

[105] Grundlegend zum Thema immer noch die in der vorigen Fußnote angegebene Studie von R. A. Huttenback sowie der neuere Sammelband von Judith M. Brown und Martin Prozesky, *Gandhi and South Africa*.

das Mandat eines indischen Kaufmanns in Durban an, wohin er für die Zeit seiner Tätigkeit übersiedelte, dann aber für die nächsten zwei Jahrzehnte blieb und seine Familie nachkommen ließ – also das Verhaltensmuster eines ganz gewöhnlichen Migranten an den Tag legte. Im Laufe seiner südafrikanischen Karriere ist Gandhi stets seiner reichen indischen Kaufmannsklientel treu geblieben und hat erst gegen Ende seines Aufenthaltes die indischen Bergarbeiter sowie die Frauen in seine politischen Aktionen mit einbezogen.[106] Das wird besonders beim ‚Natal Indian Congress' (NIC) deutlich, der von Gandhi 1894 ins Leben gerufen wurde und dessen Gründungsmitglieder und Geldgeber fast ausschließlich aus der Kaufmannsschicht kamen.[107] Diese entzog ihm denn auch ihre Sympathie als er 20.000 indische Minenarbeiter im Kampf gegen die diskriminierende Kopfsteuer mobilisierte. Gandhi aber beobachtete zum ersten Mal die Wirkung von politisch agierenden, breiten Bevölkerungsschichten, was ihn schließlich in die Lage versetzte, die südafrikanische Regierung zu Verhandlungen zu zwingen und die Rücknahme der £3-Kopfsteuer erwirken zu können. Diese Erfahrung war für seine spätere Karriere in Indien wegweisend.

Neben der breiten Einbindung in die indischen religiösen, sozialen und moralischen Normen dürfte die gezielte Ausrichtung einer politischen Aktion und deren Erfolg mit ausschlaggebend für den großen Rückhalt bei der Bevölkerung indischer Herkunft gewesen sein, den Gandhi am Ende seiner südafrikanischen Tage erfahren hat. Er weckte in der indischen Minderheit in Natal zum ersten Mal das Bewusstsein, gemeinsame Interessen zu haben und gegen diskriminierende Gesetze Widerstand formieren zu können. Dass die Strategie von so immenser Kraft war, lag an Gandhis Vermögen, soziale, religiöse und kulturelle Barrieren zu durchbrechen und die Inder auf ein gemeinsames Ziel auszurichten. Damit schuf er eigentlich erst die Diaspora in Südafrika. Es ist diese soziale Kompetenz, die Gandhi bei den führenden Personen des ‚Indian National Congress' bekannt machte und ihn als Agitator empfahl. Auch wenn in Südafrika die Wirkung der Aktionen Gandhis von nur kurzer Dauer war, so haben ihn doch die Experimente mit seiner Lebensführung dauerhaft geprägt und den Grundstein zu aller Arbeit in Indien gelegt.[108]

---

106 Gandhi sprach ausschließlich für die indische Minderheit, nicht beispielsweise für die chinesischen Kontraktarbeiter, die ebenfalls von der diskriminierenden Gesetzgebung betroffen waren. Zum Verhältnis Gandhis zur chinesischen Minorität in Natal siehe Karen L. Harris, Gandhi, the Chinese and passive resistance, in: J. M. Brown and M. Prozesky, *Gandhi and South Africa*, S. 69-94.

107 Maureen Swan, *Gandhi. The South African Experience* (Johannesburg 1985) und S. Bhana, *Gandhi's Legacy*, S. 9-17. Die kaufmännische Elite des NIC sah Natal und Südafrika nicht als ihre Heimat an.

108 Gandhi gab bereits 1925 eine Autobiografie heraus, die den bezeichnenden Untertitel ‚*The Story of my Experiments with Truth*' trug, siehe die deutsche Übersetzung Mohandas Karamchand Gandhi, *Eine Autobiographie oder die Geschichte meiner Experimente mit der Wahrheit* (Gladenbach ⁴1984). Zur Selbstdarstellung siehe auch ‚*Satyagraha in South Africa*', *The Selected Works of Mahatma Gandhi*, vol. 3 (ed by Sheriman Narayan, Ahmedabad 1928, 1968).

Die Position der indischen Minorität in Südafrika verschlechterte sich in der Zwischenkriegszeit wieder, da die kaufmännische Elite in der einzigen indischen politischen Interessensvertretung ihre Vormachtstellung dazu benutzte, ausschließlich die eigenen Anliegen zu verfolgen. Weil sie nicht willens war, die Kontraktarbeiter zu repräsentieren, entstand bald eine neue Elite, die sich aus den in Südafrika geborenen Indern rekrutierte. Sie umfasste zunächst etwa 300 Personen, zumeist Angestellte, Freiberufler oder Lehrer. Über Organisationen wie die ‚Hindu Young Men's Association' stellte diese Gruppe einen Rückbezug zu Indien her, war aber aufgrund ihrer Ausbildung in Südafrika weniger an Repatriierung denn an der Gestaltung der aktuellen Situation interessiert. Hierüber gelang es ihr auch, die Solidarität mit den indischen Kontraktarbeitern zu bewirken. So verfügte diese neue Elite binnen kurzem über einen breiten Rückhalt in der indischen Diaspora Südafrikas, der sie in direkte Konkurrenz zum NIC brachte – eine Konstellation, die die politische Lage der Inder in Südafrika lange prägen sollte.[109]

Dass sich Kulis nach ihrer Kontraktzeit als kleine Landwirte niederließen, bedeutete für viele Inder nur eine Zwischenstation auf dem Weg in die Städte, denn die Landwirtschaft bot auf Dauer keine gesicherte Lebensgrundlage. Nicht nur Großstädte wie Johannesburg profitierten von dieser Entwicklung – allein im Großraum Durban lebten über 70 Prozent aller Inder und Inderinnen Südafrikas – sondern Inder ließen sich nahezu flächendeckend in allen Städten des Landes nieder.[110] In den 1930er und 40er Jahren nahm ihre Wanderung in die Städte weiter zu. Allein zwischen 1936 und 1946 stieg dort der Prozentsatz männlicher indischer Arbeitskräfte von 30 auf 53 Prozent. In den 1980er Jahren wiesen mit 91 Prozent Inder den höchsten Prozentsatz städtischer Niederlassung unter allen südafrikanischen Bevölkerungsgruppen auf.[111]

Der gezielten Diskriminierung der Inder als ‚indentured labourer' bis 1914 folgte eine ebenso dezidierte Diskriminierung unter der Apartheidpolitik des südafrikanischen Regimes nach 1946, als die politische Klasse des Landes glaubte, nun auf das kriegsbedingte ‚Stillhalten' verzichten zu können. So verbot der ‚Area Group Act' von 1950 allen in den Innenstädten lebenden Indern die Niederlassung und wies ihnen gesonderte Wohnbereiche an den Stadträndern zu.[112] Allein aus Durban wurden 250.000 Inder zwangsweise nach Phoenix und nochmals 300.000 nach Chatsworth umgesiedelt.[113] Für die meisten bedeutete die Vertreibung aus den städtischen Zentren das Ende ihrer geschäftlichen Tätigkeiten, was natürlich der Intention des Gesetzes entsprach. Für manch einen bot jedoch das

---

109 M. Swan, *Gandhi*, S. 10-19 und S. Bhana, *Gandhi's Legacy*, S. 22.

110 Anthony Lemon, The political position of Indians in South Africa, in: C. Clarke, C. Peach and S. Vertovec (Hg.), *South Asians Overseas*, S. 131-148, hier S. 132.

111 Bill Freund, *Insiders and Outsiders. The Indian working class of Durban, 1910-1990* (Portsmouth NH, Pietermaritzburg, London 1994), Kapitel 2, S. 11-28.

112 Uma Shashikant Mesthrie, Tikering and tampering. A decade of the Group Areas Act, in: *South African Historical Studies* 28 (1993), S. 177-202.

113 B. Freund, *Insiders and Outsiders*, Kapitel 4, S. 50-63.

Gesetz Vorteile, unter anderem Arbeitern, die bislang in notdürftigen Behausungen gelebt hatten und jetzt zum ersten Mal in ihrem Leben in einem soliden Haus wohnten. Abgesehen davon löste das Gesetz den Zwang zur wirtschaftlichen Diversifizierung aus, die letztlich die Basis für eine ökonomische und soziale Mobilität bot und einen gewissen Wohlstand schuf, an dem aber nur wenige partizipieren konnten.[114] Erst die allmähliche Aufhebung des ‚Area Group Act' bereitete die Grundlage für einen allgemeinen wirtschaftlichen Aufstieg der Inder, so dass Anfang der 1990er Jahre nur noch 10 Prozent von ihnen unter der Armutsgrenze lebten, während es Anfang der 1940er noch fast 71 Prozent waren.[115] Nach dem Ende der Apartheid fühlen sich viele Inder in Südafrika nun aufgrund ihrer relativ guten sozialen und ökonomischen Position bedroht, was Ursache für zahlreiche Emigrationen in die USA, Australien, Kanada und nach Großbritannien ist.

4.4.5 Ostafrika

Die indische Einwanderung nach Ostafrika stellt eine Sondersituation in der indischen Migrationsgeschichte dar. Gab es einerseits eine kleine Händlergemeinschaft entlang der Swahili-Küste vor der Mitte des 19. Jahrhunderts, die sich nicht nur auf den Anbau von Gewürznelken konzentrierte, sondern auch als Finanziers und Unternehmer im Sklavenhandel tätig war, so wurden, andererseits, mit dem Bau der Uganda-Bahn von Mombasa zum Viktoria-See nach 1890 mehr als 37.000 ausgebildete Inder angeworben und an diesen Landstrich Ostafrikas gebracht. Die meisten von ihnen waren Sikhs aus dem Panjab, die nach Ablauf ihrer Verträge wieder repatriiert wurden. Fast 20 Prozent oder ungefähr 7.000 aber blieben in Kenia und Uganda, wo sie sich als Handwerker und Kleinunternehmer in den Städten entlang der neuen Eisenbahnlinien niederließen. Verbindungen zu Familien und Bekannten setzten bald die ‚Kettenmigration' in Gang.

In vielen Fällen ist eine Stadt-Stadt Migration zu beobachten, wobei zahlreiche Emigranten bereits zum zweiten Mal wanderten, nachdem sie oder ihre Eltern zuvor in Südasien vom Land in die Stadt gewandert waren. Nach und nach beteiligten sich Inder als informelle Finanziers europäischer Pflanzer und Kolonialbediensteter sowie als Importeure verschiedenster Waren. Auch wanderten nun Ärzte, Rechtsanwälte, Lehrer, Buchhalter und Ingeneure nach Ostafrika ein. Bis zum Vorabend des Ersten Weltkrieges kamen etwa 20.000 weitere indische Migranten nach Kenia, so dass ihre Gesamtzahl bei 34.000 lag. Im Jahr 1921 betrug sie 54.000, und ein Jahrzehnt später nahezu 100.000. Zwischen dem Ende des Zwei-

---

114 Siehe dazu die Fallstudie zu den indischen Blumenverkäufern in Johannesburg von Ruth Tomaselli, Indian flower sellers of Johannesburg. A history of people on the street, in: Belinda Bozzoli, *Town and Countryside in the Transvaal – Capitalist penetration and popular response* (Johannesburg 1993), S. 215-239.

115 Prakash C. Jain, *Indians in South Africa. Political relation of race relations* (Delhi 1999), S. 94 und Goolam Vahed, The making of ‚Indianness': Indian politics in South Africa during the 1930s and 1940s, in: *Journal of Natal and Zulu History* 17 (1997), S. 1-36, hier S. 11-12.

ten Weltkrieges und der Unabhängigkeit Kenias 1963 wanderten nochmals 260.000 indische Auswanderer ins Land. Ihr Anteil an der Gesamtbevölkerung betrug jedoch nie mehr als zwei Prozent.[116]

Höchst heterogen war die Zusammensetzung der indischen Immigranten. Die so genannten ‚Chotara', muslimische (sunnitische) Immigranten, wanderten vor der Mitte des 19. Jahrhunderts ein und waren nach über einhundert Jahren kaum noch von der lokalen, Swahili sprechenden Bevölkerung zu unterscheiden. Muslimische Kaufleute aus Baluchistan hatten sich nahezu vollständig durch die Annahme von Kleidung, Feierlichkeiten und Sprache assimiliert. Hindu-Händlergemeinschaften operierten verstärkt von den Küstenstädten aus. Schiitische Muslime aus Nordindien, wie die Istn Astheris und die Ismailiten, die unter der Führung ihres Imam Aga Khan standen, bildeten bis zum Ersten Weltkrieg bei weitem die größte Immigrantengruppe in Ostafrika. Danach wanderten vermehrt ‚passenger migrants' ein, darunter auch zahlreiche ‚blinde Passagiere', die sich wegen der laxen Hafenkontrollen leicht Zutritt auf die Schiffe verschaffen konnten. Hindus, Jainas, Christen aus Goa, Jats, Skihs und Parsen nebst all den verschiedenen muslimischen Glaubensrichtungen bildeten eigene Gemeinschaften, die ihre partikularen Interessen verfolgten, indem sie separate Schulen, Krankenhäuser, Freizeiteinrichtungen, Tempel, Moscheen, Kirchen und Bestattungsplätze errichteten. Starke Rückbindungen an die indischen Herkunftsregionen taten ein Übriges zur kulturellen Identitätswahrung der einzelnen Gemeinschaften.[117]

Erst die erbitterten rechtlichen Auseinandersetzungen mit der britischen Kolonialmacht um einen gleichberechtigten Zugang zu Land ließen die separat agierenden indischen Gemeinschaften an einem Strang ziehen, der von der politischen Repräsentation bis hin zum Land- und Grunderwerb reichte und schließlich in der Forderung nach einem eigenen ostafrikanischen Siedlungsraum, der Britisch-Indien unterstellt sein sollte, gipfelte. Statt dessen aber leiteten die Briten mit der ‚Devonshire Declaration' von 1923 eine systematische Ausgrenzungspolitik ein, die Indern nicht nur den Landkauf untersagte sondern sie auch aus diversen ökonomischen Positionen drängte und sie zwang, sich auf bestimmte Berufssparten zu beschränken. Natürlicher Zuwachs unter den Indern und weitere Immigration aus Südasien führte bald zu dichtgedrängten Wohnverhältnissen in den Städten. Um soziale und ökonomische Spannungen zu ventilieren, wurden gegenseitige Abgrenzungsversuche unternommen, auch entlang religiöser Scheidungsgrenzen. Südasiaten wurden nun verstärkt als vermeintlich oder tatsächlich wohlhabende urbane Minorität wahrgenommen, weshalb sie eine Zielscheibe für potenzielle rassistische Übergriffe seitens einer schwarzen Majorität boten, die sozial wie öko-

[116] Robert Gregory, *South Asians in East Africa. An economic and social history, 1890-1980* (Boulder 1993), S. 10-15.

[117] Vgl. Prem Bhattia, *Indian Ordeal in Africa* (New Delhi 1973), S. 14-18, 43, 57. Michael Twaddle, East Africans through a hundred years, in: C. Clarke, C. Peach and S. Vertovec, *South Asians Overseas*, S. 152-155

nomisch weitaus stärkeren Restriktionen ausgesetzt war und die die daraus resultierenden Frustrationen und Aggressionen an den Indern ausließen.[118]

Vier Jahre nach der Unabhängigkeit erließ die kenianische Regierung 1967 im Zuge einer ‚anti-asiatischen' Gesetzgebungskampagne ein Staatsbürgerschaftsgesetz, das alle Inder und Inderinnen zwang, die Staatsbürgerschaft Kenias anzunehmen und die britische abzulegen. Wenige Jahre später, 1972, zwang im Nachbarland Uganda Diktator Idi Amin alle Südasiaten, binnen weniger Monate das Land zu verlassen. Daraufhin setzt ein Exodus von mehr als 300.000 Indern ein. Die Ursachen für diese Vertreibung sind in den Strukturbildungen der Kolonialzeit zu finden. Ähnlich wie in Kenia, wo vor der Unabhängigkeit 90 Prozent der Südasiaten in den 16 größten Städten des Landes lebten, betrug in den angrenzenden Staaten von Tanganyika und Uganda die Zahl der in den Städten lebenden Inder 60 Prozent. Verbindungen zu den ortsansässigen Bauern waren durch die gezielte britische Segregationspolitik erst gar nicht erst entstanden. Und die Konzentration auf wenige Berufssparten trug nach der Unabhängigkeit dazu bei, dass sich die wirtschaftliche Unzufriedenheit der Afrikaner an den relativ wohlhabenden Südasiaten entlud und letztlich den Vorwand für die Vertreibung lieferte.[119]

4.4.6 Singapur

Als Sir Stamford Raffles 1819 Singapur gründete, sah er die Siedlung primär als einen Ort für Inder vor, die zu ‚transportation', also Verbannung in eine Sträflingskolonie, verurteilt waren. Von 1825, als die erste Schiffsladung indischer Sträflinge in Singapur eintraf, bis zur Auflösung des Gefängnisses 1873 und der Verlegung seiner Insassen auf die Andamanen, legten indische Sträflinge nicht nur die Infrastruktur der Stadt an, sondern errichteten auch ihre repräsentativen Administrationsbauten. In den 1860er Jahren waren über 2000 Häftlinge in dem von ihnen inzwischen neu erbauten Gefängniskomplex untergebracht. Der Protest der europäischen Bevölkerung über die Zumutung, so eng mit so vielen Kriminellen zusammenleben zu müssen, veranlasste die Kolonialregierung, die Häftlinge auf die unterdessen ausgebaute Anlage auf den Andamanen zu verbringen.[120] Verschleppung und Deportation von Menschen als extreme Formen der Migration verdienen eine erhöhte Aufmerksamkeit seitens der historischen Forschung. Fallstudien zu anderen Sträflingskolonien wie Penang und Bencoolen bedürfen der

---

118 Michael Twaddle., The development of communalism among East African Asians, in: C. Bates, *Community, Empire and Migration*, S. 109-112, 118-119. ‚Communalism' entstand folglich in der spezifischen (kolonialen) Situation Ostafrikas und ist daher kein originärer Import der indischen Immigrantengruppen und ihrer Pflege lokaler, familiärer und religiöser Gebräuche und Traditionen.

119 Ebenda, S. 116-118. Hasu H. Patel, *Indians in Uganda and Rhodesia. Some comparative perspectives on a minority in Africa* (Denver 1973-74), S. 9-12.

120 Kernial S. Sandhu, Indian immigration and settlement in Singapore, in: K. S. Sandhu and A. Mani (Hg.), *Indian Communities in Southeast Asia* (Singapore 1993), S. 774-787, hier S. 774.

eingehenden Untersuchung, um weitergehende Aussagen über die europäischen Kolonialregime des 19. und 20. Jahrhunderts treffen zu können.[121]

Persönlich ordnete Sir Stamford Raffels 1819 die Ansiedlung von Chinesen, Malayen, Indern und Europäern in separaten Wohnbezirken und wenn möglich auch berufsbezogen an. Bei den Docks und den Eisenbahnanlagen wohnten die Arbeiter aus Südindien. Sindhis, Gujaratis und Panjabis waren vornehmlich im Textilhandel engagiert, und südindische Chettiars sowie tamilische Muslime betätigten sich als Kaufleute und Geldverleiher, ohne in eigenen Vierteln zu leben. Grob gesehen kamen die Arbeiter und Handwerker aus Südindien, während die Händler aus Nordindien stammten. Diese soziale und regionale Segregation hat sich teilweise bis heute gehalten. Viele der indischen Sträflinge ließen sich nach Verbüßung ihrer Haftzeit in den ‚Arbeiterwohngegenden' der Stadt nieder und aufgrund der teilweise erworbenen handwerklichen Fähigkeiten fanden sie schnell Arbeit beim ‚Public Works Department'. Unabhängig von den staatlichen Gefangenentransporten und der späteren Ansiedlung der ehemaligen Häftlinge ließen sich ab den 1830er Jahren südindische Fischer in Singapur nieder, die mit ihre Booten den Singapur River befuhren. Mitte des 19. Jahrhunderts lebten schätzungsweise 10.000 Südinder in der Stadt und betrieben florierende Geschäfte als Flusstransporteure oder arbeiteten als Schauerleute. Erst die billige chinesische Konkurrenz vertrieb sie ab den 1860er Jahren allmählich aus dieser ökonomischen Nische.[122]

Lebten im Jahr 1821 lediglich 132 Inder in Singapur – abgesehen von den 120 *sipahis* und den Mitgliedern des Trosses –, so waren es 1871 bereits 11.501 Inder und Inderinnen. Im Jahr 1931 betrug die Zahl 50.860 und 1980 wohnten 154.169 Inder in der Stadt. Inzwischen wurde die Marke von 200.000 Einwohnern überschritten, bei einer Gesamtbevölkerung von mehr als 2,5 Millionen Menschen. Allgemein lag der Anteil der indischen Bevölkerung stets zwischen sechs und acht Prozent. Seit den 1950er Jahren sorgt nun nicht mehr die Zuwanderung aus Südasien für den Bevölkerungsanstieg unter den Indern, sondern dies liegt neben der Einwanderung aus der Malaysischen Föderation vor allem an der immer noch anhaltend hohen Geburtsrate bei den Inderinnen. Mit über 80 Prozent stellen die Südinder und hier wiederum die Tamilen den höchsten Anteil an den indischen Einwohnern Singapurs; Panjabis und Malayalam sprechende Inder machen den überwiegenden Rest aus.[123] In der Mitte des 20. Jahrhunderts brachen die sozialen Strukturen allmählich auf und manchem Inder gelang der wirtschaftliche Aufstieg. Indem Inder in Singapur verstärkt in die Bildung ihrer Kinder investierten, fanden diese vermehrt Zugang zu öffentlichen Ämtern und zu Kommunikationsbereichen oder konnten sich als Kleinunternehmer niederlassen. Dies schlug sich

[121] Ian Duffield and James Bradley (Hg.), *Representing Convicts. New perspectives on convict forced labour migration* (London 1997). Siehe besonders Satadru Sen, *Disciplining Punishment. Colonialism and convict society in the Andaman Islands* (New Delhi 2000).

[122] Stephen Dobbs, *The Singapore River* (Singapore 2003).

[123] K. S. Sandhu, Indian immigration and settlement in Singapore, S.777-780.

auch in der Wohnungswahl nieder, denn nun war nicht mehr die geografisch-regionale Zuordnung, sondern die finanzielle Möglichkeit ausschlaggebend.[124]

4.4.7 Malaya

Im Vergleich zu Südafrika und Mauritius sind die Kolonialgebiete Südostasiens in der Forschung zu den indischen Kontraktarbeitern nicht so intensiv untersucht worden.[125] Ein Beispiel ist Malaya, dessen Kaffeeplantagenbesitzer zunächst kaum am Import indischer Arbeitskräfte interessiert waren. Dies änderte sich schlagartig, als Ende des 19. Jahrhunderts die Kaffeepreise einbrachen und gleichzeitig der Bedarf an Gummi zur Reifenherstellung zu Beginn des 20. Jahrhunderts eine neue ökonomische Sparte eröffnete. Nun wurden auch in Südostasien Arbeitskräfte dringend benötigt. Um 1900 waren in ganz Südostasien gerade einmal 2.000 ha für die Gewinnung von Kautschuk genutzt, jetzt wurden allein in den Jahren 1910 und 1911 259.000 ha neues Plantagenland zur Gummigewinnung angelegt. Neben Europäern beteiligten sich verstärkt Chinesen an der Gewinnung von und dem Geschäft mit Kautschuk. So stieg der Umfang der europäischen Plantagen von 68.000 ha im Jahr 1907 auf 425.000 im Jahr 1918, im selben Zeitraum der der Chinesen von 810 auf 338.000 ha. Zu dieser rasanten Expansion trug maßgeblich die staatliche Bereitstellung einer geeigneten Infrastruktur bei, ebenso wie Präferenzzölle mit den ‚Straits Settlements' und die Subventionierung der indischen Kulianwerbung.[126]

Indische Kontraktarbeiter wurden in geringem Umfang bereits seit den 1870er Jahren durch Agenturen angeworben. Mit dem ungeheueren Bedarf an Arbeitskräften koordinierten die Briten 1907 die Anwerbung zentral in einem ‚Indian Immigration Committee' und dem ‚Indian Immigration Fund' und optimierten auf diese Art das *kangany*-System. Zwischen 1870 und 1919 kamen 249.832 angeworbene indische Arbeitskräfte nach Malaya. Als die malayische Regierung die Anwerbung 1910 offiziell untersagte, fiel die Immigrationsrate von Kulis, wie nicht anders zu erwarten, von 70 Prozent aller indischen Einwanderer auf gerade einmal sechs Prozent. Hingegen stieg die Zahl der südindischen Immigranten weiterhin an. Allein zwischen 1900 und 1911 verdoppelte sich die Zahl der Inder in Malaya, im darauf folgenden Jahrzehnt fand noch einmal eine Verdoppelung statt.[127]

---

124 A. Mani, Indians in Singapore society, in: K. S. Sandhu and A. Mani, *Indian Communities in Southeast Asia*, S. 788-809, hier S. 789-793. K. S. Sandhu, Indian immigration and settlement in Singapore, ebenda , S. 774-776 und ders., Some aspects of Indian settlement in Singapore, 1819-1969, in: *Journal of Southeast Asian Studies* 10 (1969), S. 193-201.

125 K. S. Sandhu and A. Mani (Hg.), *Indian Communities in Southeast Asia* (Singapore 1993).

126 Jomo Kwame Sundaram, Plantation capital and Indian labour in Colonial Malaya, in: K. S. Sandhu and A. Mani, *Indian Communities in Southeast Asia*, S. 288-313, hier S. 288-293.

127 Sinnappah Arasaratnam, *Indians in Malaya and Singapore* (Kuala Lumpur 1970), S. 28-29. Im Jahr 1889 wanderten 8.994 InderInnen ein, 1910 waren es 55.463.

Der Niedergang der Kautschukproduktion im Verlauf der Weltwirtschaftskrise führte dazu, dass von den 1929 auf den Plantagen beschäftigten 206.000 Kulis drei Jahre später noch 104.000 übrig waren. Zu diesen mehr als 100.000 arbeitslosen Kulis kamen nochmals 190.000 arbeitslose Tamilen, die allesamt auf Staatskosten repatriiert wurden. Dies gewährleistete die Umschichtung von unliebsamen Kosten und potentiellen Unruhefaktoren, denn die Integration heimkehrender, unausgebildeter und arbeitsloser Kulis wurde der britisch-indischen Regierung aufgebürdet, während die Plantagenbesitzer wie auch der malayische Staat sich des finanziellen und sozialen Problems durch die geografische Verschiebung von Menschen entzogen. Eine geringe Anzahl überschüssiger indischer Arbeitskräfte wurde indes im Land gehalten, um, wie von den Zuckerplantagen sattsam bekannt, den Lohn der freien Lohnarbeiterschaft drücken zu können.[128]

Bis nach dem Zweiten Weltkrieg waren die meisten Inder nicht sonderlich an den politischen Geschicken Malayas und Singapurs interessiert. Unter nationalen Gesichtspunkten konnten sie bis dahin in zweierlei Hinsicht mobilisiert werden. Erstens über die Sprachpolitik und zweitens über die ‚Indian National Army' unter dem Kommando von Subhas Chandra Bose*. Zwischen 1942 und 1945 operierte dieser unter dem Schutz der Japaner von Malaya und Birma aus gegen Britisch-Indien und betrat in Assam auch tatsächlich indischen Boden. Letztlich musste der Vormarsch wegen der japanischen Rückschläge abgebrochen werden. Gerade unter den Indern Singapurs und Malayas genießt Bose eine hohe Reputation als indischer Nationalheld, weit mehr als dies in Indien der Fall ist, wo der gesamte Freiheitskampf zumindest historiografisch von Personen wie Mahatma Gandhi und Jawaharlal Nehru dominiert wird.

Die Inder Malayas und Singapurs organisierten sich 1946 im ‚Malayam Indian Congress', der zusammen mit der ‚United Malay National Organisation' und der ‚Malay Chinese Association' für die Unabhängigkeit der Federation of Malaysia kämpfte und in einer Allianz mit den genannten Parteien bis 1969 die Regierung stellte. Allerdings traten zahlreiche Inder auch nicht-nationalen Parteien wie der ‚Labour Party in Malaya' und der ‚People's Action Party' in Singapur bei.[129] Letztere engagierte sich für eine nicht ethnisierende Gesellschaft als Basis der Föderation – ein Ziel, das im Gegensatz zur Allianzregierung und den darin vertretenen Parteien stand, die auf einer Repräsentation der ‚ethnischen' Gemeinschaften beharrte. Gleichzeitig versäumte es eine der schlagkräftigsten Organisationen der Föderation, die ‚National Union of Plantation Workers', übergreifend zu agieren und damit zu einer weiteren politischen Größe im Land zu werden.[130]

---

128 J. K. Sundaram, Plantation capital and Indian labour in Colonial Malaya, S. 299-301.

129 Malaya erhielt 1957 die Unabhängigkeit und schloss sich 1963 in der Malayischen Föderation zusammen, aus der Singapur bereits 1965 wieder austrat. 1969 fanden gewalttätige Unruhen zwischen Malayen und chinesischen Malayen statt, die zum Regierungssturz führten, siehe allgemein zur historischen Entwicklung Nicholas Tarling (Hg.), *The Cambridge History of Southeast Asia*. 2 vols (Cambridge 1992), vol. 2, S. 329-282.

130 K. S. Sandhu, Indian immigration and settlement in Singapore, S. 785-787.

In den 1960er Jahren fanden die indischen Sprachbewegungen in Malaya schließlich ihren Ausdruck in zwei politischen Organisationen, denen des ‚Drawidian Progressive Movement' und des ‚Dravida Mumettra Kazhagam'. Allerdings paralysierten sich beide Gruppierungen mit ihrem Streit um identitätsstiftende Feiern. Gleichwohl gewann in den späten 1970er Jahren die tamilische Sprachbewegung erneut an Schwung, als sie das Tamilische nun nicht mehr als distinkten Kulturträger hervorhob, sondern den indischen Beitrag zur multikulturellen Gesellschaft Singapurs und Malayas betonte. Freilich erregte der Alleinvertretungsanspruch der Agitatoren für Tamil den Zorn der Panjabis und Sindhis, aber auch der südindischen Malayalamsprecher.[131] An dieser Stelle wird erneut die Heterogenität indischer Emigrantengruppen ersichtlich, die es mitunter schwer fallen lässt, von einer indischen Diaspora zu sprechen, zu groß scheinen die Differenzen, zu gering die Gemeinsamkeiten.

4.4.8 Sri Lanka

Gewöhnlich wird auf der Insel unterschieden zwischen einer frühen, zwischen dem 10. und 13. Jahrhundert erfolgten Einwanderung von südindischen Tamilen, die sich permanent im Norden und Osten Sri Lankas niederließen, und der Immigration von armen, arbeitssuchenden Tamilen, die ab den 1820er Jahren als temporäre Arbeiter auf die Kaffeeplantagen im Hochland um Kandy wanderten. Nach neueren Forschungen ist diese Differenzierung nicht länger haltbar. Vielmehr muss von einer permanenten Zirkulation von Arbeitsleuten, Kaufleuten, Händlern und Mönchen von Südindien nach Sri Lanka ausgegangen werden, die lange vor der britischen Plantagenwirtschaft des 19. Jahrhunderts über das *kangany*-System organisiert und von den südindischen Chettiyar-Händler finanziert war.[132] Die Briten griffen hier lediglich auf eine existierende Organisationsform zur Anwerbung von saisonalen Arbeitskräften zurück und schossen nun selbst die Gelder vor, die der *kangany* zur Rekrutierung der Plantagenarbeiter einsetzte.

Mit der expandierenden ‚cash crop'-Wirtschaft im Hochland Sri Lankas begann eine intensive Diskussion zwischen den Pflanzern und der Kolonialregierung um das Maß der staatlichen Organisationshilfe. Plädierten Wirtschaftsliberale eher für eine strikte Zurückhaltung und die rein private Organisierung der Immigration über die *kanganie*s, veranlasste letztlich die hohe Zahl der jährlichen Wanderarbeiter sowie die extrem hohe Mortalitätsrate unter den Migranten die britische Kolonialregierung in Ceylon, die Immigration gesetzlich zu regulieren. Hilfsmaßnahmen wie die Einrichtung von Rastplätzen, Brunnen und Hospitälern wurden in

131 A. Mani, Indians in Singapore society, S. 799-805.

132 Eric Meyer, Labour circulation between Sri Lanka and South India in historical perspective, in: Claude Markovits, Jaques Pouchepadass, Sanjay Subrahmanyam (Hg.), *Society in Circulation. Mobile people and itinerant cultures in South Asia, 1750-1950* (Delhi 2003), S. 55-88, hier S. 55-70.

Angriff genommen, um das humanitäre Desaster, wie es sich regelmäßig beim An- und Abmarsch aus den Bergen einstellte, in den Griff zu bekommen.[133]

Nach offiziellen Angaben wanderten von 1839 bis 1886 fast drei Millionen Inder und Inderinnen nach Ceylon ein, während nur 2,2 Millionen die Insel wieder verließen. Der Überschuss erklärt sich aus der Anzahl derjenigen, die mehrjährige Arbeitsverträge eingegangen waren, sich dauerhaft niedergelassen hatten, oder auf den Plantagen und der Wanderung gestorben waren.[134] Abgesehen von den Plantagenarbeitern wanderten, wie in den Jahrhunderten zuvor, auch Kaufleute, Kleinhändler und Bootsleute auf die Insel. Als nach 1922 die Immigration zwischen den Kolonialregierungen von Indien und Ceylon reguliert wurde, nahm die Zahl der Immigranten kontinuierlich ab. Mit staatlicher Unterstützung wanderten 1924 noch 154.000 Menschen nach Ceylon, 1930 waren es nur noch 91.000. Die Rückwanderung stieg hingegen von 46.000 auf 101.000 Personen stetig an. Die Zahl der nicht geförderten Immigration belief sich in den entsprechenden Jahren auf 88.000 und 133.000 Personen. Drehte sich während der Weltwirtschaftskrise das Verhältnis von offiziell Angeworbenen und sonstigen Arbeitssuchenden auch um, verließen jedoch allein im Zeitraum 1930 bis 1933 459.000 indische Immigranten die Insel.[135] Im Zuge der weltweiten Depression tauchte dann wie in Malaya die Frage der Repatriierung auf.

Erst 1938 wurde die staatlich geförderte Anwerbung eingestellt und jegliche Immigration zunächst untersagt. Kurz darauf kam es zu ersten gewalttätigen Erhebungen von tamilischen Arbeitern, geführt von den *kanganie*s. Der Zweite Weltkrieg unterbrach die spannungsgeladenen Sozialverhältnisse, die aber mit der Unabhängigkeit Sri Lankas um so vehementer wieder aufflammen sollten. Die ungeklärte nationalstaatliche Zugehörigkeit der südindischen Plantagenarbeiter führte nun auch zu bilateralen Konflikten zwischen den jetzt unabhängigen Kolonien, wobei Sri Lanka stets auf einer Repatriierung der Hochland-Tamilen bestand, die Indische Union aber nicht die finanziellen und sozialen Kosten tragen wollte. Aufgrund staatlicher Initiativen wurde 1964 vereinbart, von den staatenlosen 975.000 Tamilen indischer Herkunft 300.000 die lankanische und 525.000 die indische Staatsbürgerschaft zuzuerkennen, der verbleibende Rest sollte zu einem späteren Zeitpunkt verhandelt werden. Das geschah 1974, als die restlichen 300.000 Tamilen hälftig verteilt wurden.

Nach dem Bevölkerungszensus von 1981 lebten noch über 800.000 Tamilen indischer Herkunft in Sri Lanka, das waren 5,6 Prozent der Gesamtbevölkerung. Bis 1989 entschloss sich ein Teil der Tamilen zur freiwilligen Rückkehr.[136] Gleichzei-

---

133 Ian van den Driesen, *The Long Walk. Indian plantation labour in Sri Lanka in the nineteenth century* (Delhi 1997).

134 Ebenda, S. 22, 80, 121, 173.

135 E. Meyer, Labour circulation between Sri Lanka and South India, S. 85. Vgl. die jährlich aufgelisteten Migrationszahlen in: F. Heidemann, *Kanganies in Sri Lanka and Malaya*, S. 99-105.

136 Frank Heidemann, *Die Hochland-Tamilen in Sri Lanka und ihre Repatriierung nach Indien. Ethnologische Überlegungen zur selbstbestimmten Entwicklung von Tagelöhnern* (Göttingen 1989). Partha S. Ghosh, Migrants and Refugees in South Asia, S. 14-15.

tig kam die zwischen beiden Ländern existierende Migration zu einem Stillstand. Mit der Zwangsrepatriierung hat sich für die südindischen Teepflücker, die teilweise seit vier Generationen in Sri Lanka ansässig waren, die Frage der Identität verschärft gestellt. In ihrer bilateral zwischen der Indischen Union und Sri Lanka postulierten südindischen Herkunftsregion waren sie ebenso fremd wie in ihrer lankanischen „Enklave", die aber sicherlich ihre Heimat geworden war. Seit den 1980er Jahren ist Sri Lanka nun das Land Südasiens, das im Verhältnis zu seiner Bevölkerung die größte Zahl an temporären Emigranten, die meist zwischen den Golfstaaten und Sri Lanka zirkulieren, stellt. Mehr als 1,3 Millionen Lankaner, das sind über sieben Prozent der Bevölkerung, wandern zeitweilig oder sie sind endgültig emigriert. Neben den Golfstaaten sind die bevorzugtesten Ziele die USA, Kanada, Großbritannien und Deutschland.[137] Aufgrund weltweiter wirtschaftlicher Verschiebungen ist Sri Lanka binnen weniger Jahrzehnte vom jahrhundertealten Immigrationsland zum Emigrationsland geworden.

4.4.9 Birma

Nach der Annexion ‚Lower Burmas' im Jahr 1852 förderten die Briten systematisch den Ausbau des Irrawaddy-Deltas zu einem Reisanbaugebiet, das auf Export ausgerichtet sein sollte. Betrug 1856-57 die gesamte Anbaufläche noch 662.000 *acres*, wovon 616.000 *acres* unter Reis standen, expandierte die Reisanbaufläche bis 1935 auf über 6.000.000 *acres*, bei einer Agrarfläche von 8.702.000 *acres*. Hauptabnehmer des Reis' waren Colombo, London, Liverpool sowie Hamburg und Bremen. Die Exportmenge stieg von 162.000 t im Jahr 1855 auf über 2 Millionen t 1905-06. Diese ökonomischen Daten spiegeln die demografischen Zahlen wider. Lebte um 1850 etwa eine Million Menschen im Deltabereich, stieg allein im Zeitraum von 1881 bis 1901 die Bevölkerung ‚Lower Burmas' von 2,6 Millionen auf 4,1 Millionen. Zwei Ursachen sind auszumachen: Einerseits setzte eine verstärkte interne Migration von Birmanen aus der ‚Dry Zone' in Oberbirma in die Deltaregion ein, andererseits immigrierten im Zeitraum von 1852 bis 1937 schätzungsweise 2,6 Millionen Inder, in der großen Überzahl Männer, nach Birma. Die meist saisonal zirkulierenden Inder, die im Durchschnitt zwischen ein und vier Jahren in Birma arbeiteten, wohnten konzentriert in und um die großen birmanischen Städte Rangun, Mulmein und Bassein. Etwa ein Viertel der indischen Immigranten ließ sich dauerhaft nieder. Vor allem Rangun wurde eine indische Stadt, denn bereits 1901 waren über 50 Prozent ihrer Einwohner Inder.[138]

Die hohen Migrationszahlen verweisen auf die Attraktivität, die vom birmanischen Arbeitsmarkt ausging. Im Jahr 1872 wanderten rund 37.500 Inder nach Birma ein, 1901 waren es fast 300.000 Menschen. Im Unterschied zu den heimischen

137 E. Meyer, Labour circulation between Sri Lanka and South India, S. 87-88.

138 M. Adas, *The Burma Delta*, S. 21-54, 58, 98-101. Dieses Buch ist noch immer die einschlägige wissenschaftliche Gesamtdarstellung zur Agrar- und Migrationsgeschichte Burmas.

und überseeischen Plantagen konnten Inder hier als Lohnarbeiter Arbeiten annehmen, ohne zuvor vertragliche Bindungen eingegangen zu sein. Auch war das Beschäftigungsangebot vielfältiger, denn nicht nur als Erntearbeiter, sondern vor allem als Hafen- und Industriearbeiter fanden Inder Anstellung. Abgesehen davon waren auch die Löhne besser, sowohl im Vergleich zu den Plantagen als auch in Bezug auf den indischen Arbeitsmarkt. Die Überweisungen von Ersparnissen nach Indien lagen zwischen 40 und 80 Prozent des Lohns und betrugen allein in den 1930er Jahren etwa 30 Millionen Rupien jährlich. Meist kamen die Inder aus den bekannten Rekrutierungsgebieten Südindiens. Von hier stammten etwa 60 Prozent aller Migranten, darunter viele *pallis* und *paraiyars*. Etwa 25 Prozent kamen aus Bengalen. Wie bei der Anwerbung üblich, nahmen die *maistries* die zentrale Position ein, mit dem Unterschied, dass sie keine Kontraktarbeiter, als vielmehr ‚freie' Lohnarbeiter rekrutierten, für die nur die Anwerbung und die Schiffspassage organisiert wurde.[139]

In Birma übernahmen Chettiyar-Firmen als Agentur die weitere ‚Betreuung' der temporären Wanderarbeiter, indem sie ihnen Kredite zur Verfügung stellten oder Arbeitsplätze vermittelten. Einigen Immigranten gelang es, Grundbesitz zu erweben, der verstreut in der Deltaregion lag. Bei indischen Existenzgründungen halfen die Chettiyars durch Kreditvergabe, so dass um 1930 gerade einmal 2 Prozent der Bevölkerung ‚Lower Burmas' fast 10 Prozent der Agrarfläche besaßen. Als nach dem Ersten Weltkrieg die weitere Expansion der Agrarflächen im Irrawaddy-Delta eingestellt wurde, gingen die indischen Immigrationszahlen zunächst zurück, erreichten aber wenige Jahre später wieder ihr altes Niveau, was auf die anhaltend schlechte wirtschaftliche Lage in Britisch-Indien und den Anwerbestopp für ‚indentured labourers' zurückzuführen ist.

Dem wirtschaftlichen und sozialen Aufstieg bereitete schließlich die Weltwirtschaftskrise mit ihrem drastischen Verfall der Agrarpreise ein Ende, der zur allgemeinen Verarmung der Bauern Birmas führte. Aufkeimende soziale Spannungen zwischen Birmanen und Indern mündeten in anti-indischen Agitationen, bei denen gezielt von ‚indischer Ausbeutung' gesprochen und über das ‚Indian Immigration Problem' geschrieben wurde. Zu ersten blutigen Konflikten zwischen Birmanen und Indern war es bereits Ende der 1920er Jahre gekommen, die in den 1930er Jahren in teilweise tagelangen Straßenschlachten zwischen den beiden Bevölkerungsgruppen endeten. Die Briten bekamen die Situation nicht unter Kontrolle, doch erst mit dem japanischen Einmarsch in Birma 1942 verließen die britische Kolonialelite und 400.000 indische Immigranten fluchtartig das Land.[140]

---

139 Ebenda, S. 85-93.

140 Ebenda, S. 154-165, 185-208. Zum Konflikt der verschiedenen Immigrantengruppen siehe Michael Adas, Ethnic pluralism and conflict on the frontiers of South Asian migration in: ders., *State, Market and Peasant in South and Souteast Asia* (Aldershot 1998), No. XV.

4.4.10 Golfstaaten

Der Zirkulation von südasiatischen Arbeitskräften in die Golfstaaten ab Mitte der 1970er Jahre ist bislang keine angemessene Aufmerksamkeit geschenkt worden. Auch wenn in den Ländern um den Persischen Golf keine indische Diaspora existiert, so fordert die schiere Zahl der Arbeiter und Angestellten eine intensive Beschäftigung mit dieser Form der temporären Migration. Allein aus der Indischen Union kamen bis 1990 etwa zwei Millionen Immigranten, aus Pakistan etwa 1,5 Millionen, aus Bangladesch 200.000 und aus Sri Lanka etwa 70.000. Unverkennbar ist der starke Zustrom aus den muslimisch dominierten Regionen des indischen Subkontinents wie von der Westküste Indiens mit einem im Vergleich zum Landesdurchschnitt traditionell hohen Anteil von Muslimen an der Bevölkerung und ihren jahrhundertealten Verbindungen zum Persischen Golf und dem Hadramaut (Jemen) auf der Arabischen Halbinsel.[141]

Wegen ihrer streng reglementierten Arbeitsverträge bekamen die südasiatischen Migranten in der Forschungsliteratur lediglich den Status von ‚Gastarbeitern' zugeschrieben. Etwaige Ähnlichkeiten mit der ‚indentured labour' werden gezielt verschwiegen oder von vornherein negiert. Indes sind Parallelen zu den ehemaligen Kulis nicht zu verkennen. Gleich ihnen erhielten auch diese ‚Gastarbeiter' einen Zeitvertrag, währenddessen sie einem rigiden Arbeitsregiment mit strikten Arbeitszeiten unterworfen waren. Kontinuierlich stieg die Zahl der südasiatischen ‚Gastarbeiter' an und erreichte 1983 einen Höchststand, als aus Indien fast 221.000 Arbeitskräfte in die Golfregion kamen, aus Pakistan 128.000 und aus Bangladesch annähernd 60.000. Gleichzeitig wurden in Südostasien zeitgebundene Arbeitskräfte angeworben, doch deren Zahl nahm kaum zu.[142] Gegen die schlechten Arbeitskonditionen und die Diskriminierung gegenüber anderen Arbeitskräften vor allem im Bereich der Lohnzahlung demonstrierten bereits 1974 die südasiatischen Vertragsarbeiter in Bahrein, gefolgt von Unruhen in Saudi Arabien 1976 und schließlich, ein Jahr später, in Dubai.

Auf Seiten der Regierungen in den Golfstaaten löste dies die verstärkte Anwerbung von ostasiatischen Arbeitskräften mit einer noch harscheren Reglementierung der Arbeitsbedingungen aus. Vor allem Südkoreaner wurden zielstrebig als zeitlich gebundene Arbeitskräfte geworben, die Gegenstand kompakt geschnürter Vertragspakete zwischen den Regierungen der Golfstaaten und den koreanischen Unternehmern waren. Der ungebrochene Arbeitskräftebedarf wird folglich über neue und ‚disziplinierte' Migranten gedeckt. Mittlerweile steigt aus ähnlichen Gründen neben der koreanischen auch die Zahl der philippinischen Emigranten rapide an, während die der Südasiaten konstant rückläufig ist.[143] Allerdings

---

[141] Zur hadramischen Diaspora im Indischen Ozean siehe Ulrike Freitag, *Indian Ocean Migrants and State Formation in Hadramauth. Reforming the Homeland* (Leiden 2003).

[142] Hassan N. Gardezi, Asian workers in the Gulf states of the Middle East, in: *Journal of Contemporary Asia* 21 (1991), S. 179-194, hier S. 189-190.

[143] Ebenda.

hat seit den 1980er Jahren die Zahl der südasiatischen Zweit-Migranten innerhalb der Golfstaaten zugenommen. Beliebteste Länder sind dabei Jordanien, Oman und die Vereinigten Arabischen Emirate, wo Inder und Inderinnen als ungelernte Arbeitskräfte, aber inzwischen auch als Lehrer und als Krankenschwestern Beschäftigung finden.[144]

4.5 Globale Diaspora

Vor der systematischen Anwerbung indischer Arbeitskräfte und deren weltweiter Verschiffung auf die Plantagen- und Minenfelder der europäischen Kolonialmächte gab es diverse indische Händlergemeinschaften, die durch ihre eigenständiges Leben in Übersee und ihre Rückbindungen an die südasiatischen Herkunftsorte oder –regionen eine erste indische Diaspora bildeten. Seit der Im 19. Jahrhundert entstand auf den Pflanzerinseln des Indischen Ozeans und der Karibik und schließlich in den britischen Kolonien Ost- und Südafrikas durch die gezielt betriebene Rekrutierung von Arbeitskräften und durch Immigration von Händlern, Kaufleuten, Ärzten und Anwälten eine neue indische Diaspora. Sie ist gekennzeichnet durch ihre höchst heterogene Zusammensetzung, sei dies unter religiösen, sei es unter regionalen, sei es unter kulturellen Gesichtspunkten. In manchen Ländern ist die Diaspora ein ländliches Phänomen, meist aber haben sich die Inder in den Städten der Immigrationsländer niedergelassen. Dies gilt vor allem für die Immigranten des 20. Jahrhunderts und besonders für die Zeit nach der Auflösung des Britischen Empires.

Ein grundlegendes Dilemma kommt mit der Emigration und der Entstehung der Diaspora selbst auf: einerseits wollen die Emigranten ein dezidiertes kulturelles Eigenleben Aufrecht erhalten, wozu auch ein endogames Heiratsverhalten gehören kann, andererseits wollen sie ein loyales Verhältnis zur neuen ‚Mehrheitsgesellschaft' aufbauen und teilhaben an deren ‚Nation', sich also als gute Staatsbürger erweisen. Mehr als andere Immigrantengruppen zeigen Inder eine Selbstbezogenheit, die der Assimilation von vornherein Grenzen setzt. ‚Indianness' ist über indische Musik, indische Filme und indische Mode definiert. Aber auch hier ist jeweils die konkrete Situation in Betracht zu ziehen. Die Lage der indischen Immigranten auf Mauritius unterscheidet sich von der nach Singapur oder London. Streusiedlung, konzentrierte Ansiedlung in Dörfern, Dispersion oder Segregation in Städten beeinflussen nachhaltig das Verhalten der Immigranten und ihr Bewusstsein, einer indischen Diaspora anzugehören. Erschwerend für die Emigranten ist auch der Umstand, dass sie gerne die als kulturell progressiv geltenden Normen und Verhaltensweisen des Immigrationslandes annehmen, was sie mitunter für Verwandte und Freunde in Indien zu Fremden werden lässt.

---

144 R. K. Jain, *Indian Communities Abroad*, S. 47-51.

Das mag auch ein Grund dafür sein, dass die indische Diaspora durch eine erhöhte Mobilität gekennzeichnet ist. Moderne Transportmittel lassen Besuche zunehmend einfacher zustande kommen und die weltweit verstreuten Bekannten, Freunde und Verwandte näher bringen. Darüber hinaus entsteht über die modernen Kommunikationsmittel auch eine ‚virtuelle Diaspora', die aus E-mails, Internetkontakten sowie Fotos, Videos und Telefonaten besteht. Diese verschiedenen Ebenen der Kommunikation, die ihr Netzwerk konstituieren, halten stets die Situation der Migration und das Leben in der Diaspora bewusst. Unter Intellektuellen indischer Herkunft aber auch indischen Politikern setzte eine lebhafte Diskussion um die Existenz einer indischen Diaspora ein und hat verstärkt Überlegungen zu einer möglichen Diaspora-Identität aufkommen lassen.

Gelegentlich versuchte die nationalistische indische Regierung unter Leitung der Bharatiya Janata Party (BJP) an der Jahrtausendwende, die Emigration von Indern für sich zu vereinnahmen und im Sinne einer weltweiten indischen Präsenz politisch zu instrumentalisieren. Damit ist inzwischen die Frage verknüpft, ob der indische Staat als Fürsprecher der indischen Bevölkerung auf Fidschi oder auf Sri Lanka auftreten soll. Wichtiger scheint hingegen die Frage, wie sich die Inder und Inderinnen außerhalb Südaisens selbst wahrnehmen. Die ‚First Global Convention of People of Indian Origin', die 1989 in New York stattfand und zu der sich mehrere hundert Teilnehmer aus aller Welt einfanden, bot erstmals ein Forum für gemeinsame Kulturveranstaltungen und Diskussionen. Von der Offenheit der Veranstaltungen und der globalen Anwesenheit zeigten sich manche Besucher emotional gerührt. Veranstalter wie Teilnehmer stimmten im Großen und Ganzen in der (Selbst-)Einschätzung überein, dass es eine pan-indische Identität gibt.[145]

Tabelle: Gegenwärtige globale Verteilung von Indern und Inderinnen

Land, Region	Geschätzte Zahlen 1998–2000
Mittlerer Osten	3.800.000
USA	3.200.000
Malaysia	1.600.000
Südafrika	1.100.000
Tansania	1.000.000
Großbritannien	944.000
Birma	920.000
Mauritius	660.000
Trinidad und Tobago	520.000
Guyana	375.000
Sri Lanka	365.000
Fiji	362.000

[145] J. Lessinger, *From the Ganges to the Hudson*, S. 71-95, bes. S. 94-95.

Singapur	320.000
Kenia	254.000
Kanada	170.000
Surinam	150.000
Jamaika	87.525
Deutschland	40.000

Literatur

Adamson, Alan H., The impact of indentured immigration on the political economy of British Guiana, in: K. Saunders (Hg.), *Indentured Labour in the British Empire 1834-1920*, S. 42-56.

Adas, Michael, Ethnic pluralism and conflict on the frontiers of South Asian migration in: Michael Adas, *State, Market and Peasant in South and Souteast Asia* (Aldershot 1998), No. XV.

Adas, Michael, *The Burma Delta. Economic development and social change on an Asian rice frontier, 1852-1941* (Madison 1974).

Adas, Michael, Immigrant Asians and the economic impact of European imperialism: The role of the Indian Chettiars in British Burma, in: *Journal of Asian Studies* 33 (1974), S. 385-401.

Ahuja, Ravi, Die ‚Lenksamkeit' des ‚Lascar'. Regulierungsszenarien eines transterritorialen Arbeitsmarktes in der ersten Hälfte des 20. Jahrhunderts, in: *Geschichte und Gesellschaft* 2005 (im Druck).

Ahuja, Ravi, *Die Erzeugung kolonialer Staatlichkeit und das Problem der Arbeit. Eine Studie zur Sozialgeschichte der Stadt Madras und ihres Hinterlandes zwischen 1750 und 1800* (Stuttgart 1999).

Ali, Ahmad, Fiji. Political change, 1874-1960, in: Brij V. Lal (Hg.), *Politics in Fiji. Studies in contemporary history* (Sidney, Boston, London 1986), S. 1-27.

Alpers, Edward A., Gujerat and the trade of East Africa, c. 1500-1800, in: *International Journal of African Historical Studies* 9 (1976), S. 22-44.

Anderson, Clare, *Convicts in the Indian Ocean. Transportation from South Asia to Mauritius, 1815-1853* (Basingstoke and New York 2000).

Antunes, Luis F. Dias, The trade activities of the *banyans* in Mozambique: Private Indian dynamics in the Portuguese state economy (1686-1777), in: K. S. Mathew (Hg.), *Mariners, Merchants and Oceans. Studies in maritime history* (Delhi 1995), S. 301-332.

Arasaratnam, Sinnappah, The eastward trade in India in the eighteenth century, in: R. Mukherjee and L. Subramanian (Hg.), *Politics and Trade in the Indian Ocean World* (Delhi etc. 1998), S. 210-226.

Arasaratnam, Sinnappah, *Maritime India in the seventeenth Century* (Delhi etc. 1994).

Arasaratnam, Sinnappah, *Merchants, Companies and Commerce on the Coromandel Coast, 1650-1740* (Delhi etc. 1986).

Arasaratnam, Sinnappah, *Indians in Malaya and Singapore* (Kuala Lumpur 1970).

Arp, Susmita, *Kalapani: Zum Streit über die Zulässigkeit von Seereisen im kolonialzeitlichen Indien*. (Stuttgart 2000).

Barrier, N. Gerald and Verne A. Dusenbery (Hg.), *The Sikh Diaspora. Migration and the experience beyond Punjab* (Delhi 1989).

Bates, Crispin, Regional dependence and rural development in Central India: The pivotal role of migrant labourers, in: *Modern Asian Studies* 19 (1985), S. 573-592.
Bates, Crispin and Marina Carter, Tribal and indentured migrants in colonial India: Modes of recruitment and forms of incorporation, in: Peter Robb (Hg.), *Dalit Movemets and the Meanings of Labour in India* (Delhi etc. 1993), S. 159-185.
Beall, Jo, Women under indenture in colonial Natal 1860-1911, in: Colin Clarke, Ceri Peach and Steven Vertovec (Hg.), *South Asians Overseas. Migration and ethnicity* (Cambridge 1990), S. 57-74.
Behal, Rana P. and Prabhu P. Mohapatra, „Tea and money versus human life“: The rise and fall of the indentured system in the Assam tea plantations, 1840-1908, in: *Journal of Peasant Studies* 19 (1992), S. 142-172.
Bhachu, Parminder, Twice and direct migrant Sikhs: Caste, class and identity in pre- and post-1984 Britain, in: Ivan Light and Parminder Bhachu (Hg.), *Immigration and Entrepreneurship. Culture, capital and ethnic networks* (New Brunswick and London 1993), S. 163-183.
Bhachu, Parminder, *Apni Marzi Khardi* Home and work: Sikh women in Britain, in: Sallie Westwood and Parminder Bhachu (Hg.), *Enterprising Women. Ethnicity, economy, and gender relations* (London and New York 1988), S. 76-102.
Bhana, Surendra, Indian trade and trader in colonial Natal, in: Bill Guest and John M. Sellers (Hg.), *Enterprise and Exploitation in a Victorian Colony. Aspects of the economic and social history of colonial Natal* (Pietermaritzburg 1985), S. 235-263.
Bhana, Surendra, *Gandhi's Legacy. The Natal Indian Congress 1894-1994* (Pietermaritzburg 1990).
Bhattacharya, Neeladri, Pasoralists in a colonial world, in: David Arnold and Ramachandra Guha (Hg.), *Nature, Culture, Imperialism. Essays on the environmental history of South Asia* (Delhi etc. 1996), S. 49-85.
Bhattia, Prem, *Indian Ordeal in Africa* (New Delhi 1973).
van den Boogaart, E. and P. C. Emmer, Colonialism and migration: an overview, in: Pieter C. Emmer (Hg.), *Colonialism and Migration; indentured labour before and after slavery* (Dordrecht/Boston/Lancaster 1986), S. 3-15.
Bradlow, Edna, Indentured Indians in Natal and the 3£ tax, in: *South African Historical Journal* 2 (1970), S. 38-53.
Breman, Jan and E. Valentine Daniel, Conclusion: the making of a coolie, in: *Journal of Peasant Studies* 19 (1992), S. 268-295.
Brettell, Caroline B. and James F. Hollifield (Hg.), *Migration Theory. Talking across disciplines* (New York and London 2000).
Brijlal, P., Demographic profile, in: A. J. Arkin, K. P. Magyar, G.J. Pillay (Hg.), *The Indian South Africans* (Pinetown 1989), S. 23-39.
Broeze, Frank, The muscles of Empire. Indian seamen under the Raj, 1919-1939, in: *Indian Economic and Social History Review* 18 (1981), S. 43-67.
Buchignani, Norman and Doreen Marie Indra, Key issues in Canadian-Sikh ethnic and race relations, in: N. G. Barrier and V. A. Dusenbery (Hg.), *The Sikh Diaspora. Migration and the experience beyond Punjab* (Delhi 1989), S. 141-184.
Bulley, Anne, *The Bombay Country Ships, 1790-1833* (Richmond 2000).
Carter, Marina, Subaltern success stories: socio-economic mobility in the Indian labour Diaspora – some Mauritius cases, in: *Internationales Asienforum* 33 (2002), S. 91-100.
Carter, Marina, (Hg.), *Across the Kalapni. The Bihari presence in Mauritius* (Port Louis 2000).
Carter, Marina, *Voices from Indenture. Experiences of Indian migrants in the British Empire* (London and New York1996).

Carter, Marina, *Servants, Sirdars and Settlers. Indians in Mauritius, 1834-1874*. Delhi etc. 1995).

Carter, Marina, Strategies of labour mobilisation in colonial India: the recruitment of indentured workers for Mauritius, in: *Journal of Peasant Studies* 19 (1992), S. 229-245.

Chandavarkar, Rajnarayan, *Imperial Power and Popular Politics. Class, resistance and the state in India, c. 1850-1950* (Cambridge 1998).

Chatterjee, Sunita, Communitarian identities and the private sphere: A gender dialogue amongst Indo-Trinidadians (1845-1917), in: C. Bates (Hg.), *Community, Empire and Migration. South Asians in Diaspora* (Basingstoke UK/ New York 2001), S. 206-223.

Coedès, G., *The Indianized States of Southeast Asia* (Honolulu 1986).

Cohen, Robin, *Global Diasporas. An introduction* (London 1997).

Curtin, Philip D., *Cross-cultural Trade in World History* (Cambridge 1984).

Dabag, Mihran und Kristin Platt, Diaspora und das kollektive Gedächtnis. Zur Konstruktion kollektiver Identitäten in der Diaspora, in: Mihran Dabag und Kristin Platt (Hg.), *Identität in der Fremde*, S. 117-144.

Das Gupta, Arun, The maritime trade of Indonesia: 1500-1800, in: A. Das Gupta and Michael N. Pearson, *Indian and the Indian Ocean*, 1500–1800 (Calcutta etc. 1987), S. 240-275.

Das Gupta, Ranajit, Plantation labour in colonial India, in: *Journal of Peasant Studies* 19 (1992), S. 173-198.

De Silva, K. M., *A History of Sri Lanka* (Delhi etc. 1981, 2. Aufl. 1984).

Dixon, Conrad, Lascars: The forgotten seamen, in: R. Ommer and G. Pantma (Hg.), *Working Men who got Cold* (St. Johns 1980), S. 265-283.

Dobbs, Stephen, *The Singapore River* (Singapore 2003).

van den Driesen, Ian, *The Long Walk. Indian plantation labour in Sri Lanka in the nineteenth century* (Delhi 1997).

Dusenbery, Verne A., Introduction. A century of Sikhs beyond the Punjab, in: N. Gerald Barrier and Verne A. Dusenbery (Hg.), *The Sikh Diaspora. Migration and the experience beyond Punjab* (Delhi 1989), S. 1-28.

Dusenbery, Verne A., A Sikh diaspora? Contested identities and constructed realities, in: Peter van der Veer (Hg.), *Nation and Migration. The politics of space in the South Asian diaspora* (Philadelphia 1995), S. 17-42.

Duffield, Ian, and James Bradley (Hg.), *Representing Convicts. New perspectives on convict forced labour migration* (London 1997).

Eisenlohr, Patrick, Language and identity in an Indian Diaspora: „Multiculturalism" and ethno-linguistic communities in Mauritius, in: *Internationales Asienforum* 33 (2002), S. 101-114.

Emmer, Pieter C., The meek Hindu. The recruitment of Indian indentured labourers for service overseas, 1870-1916, in: Pieter C. Emmer (Hg.), *Colonialism and Migration; indentured labour before and after slavery* (Dordrecht/Boston/Lancaster 1986), S. 187-207.

Evers, Hans-Dieter, Chettiar moneylenders in Southeast Asia, in: Denys Lombard and Jean Aubin (Hg.), *Asian Merchants and Businessmen in the Indian Ocean and the China Sea* (Delhi etc. 2000), S. 197-221.

Frawley, David, *Gods, Sages and Kings: Vedic light on ancient civilization* (Salt Lake City and New Delhi 1994).

Freitag, Ulrike, *Indian Ocean Migrants and State Formation in Hadramauth. Reforming the homeland* (Leiden 2003).

Freund, Bill, *Insiders and Outsiders. The Indian working class of Durban, 1910-1990* (Portsmouth NH, Pietermaritzburg, London 1994).

Gandhi, Mohandas Karamchand, *Eine Autobiographie oder die Geschichte meiner Experimente mit der Wahrheit* (Gladenbach 1984).

Gandhi, Mohandas Karamchand, *Satyagraha in South Africa. The Selected Works of Mahatma Gandhi*, vol. 3 (ed by Sheriman Narayan, Ahmedabad 1928, 1968).

Gardezi, Hassan N., Asian workers in the Gulf states of the Middle East, in: *Journal of Contemporary Asia* 21 (1991), S. 179-194.

Gerbeau, Hubert, Engagees and coolies on Réunion Island. Slavery's masks and freedom's constraints, in: Pieter C. Emmer (Hg.), *Colonialism and Migration; indentured labour before and after slavery* (Dordrecht/Boston/Lancaster 1986), S. 209-236.

Ghosh, Parimal, *Colonialism, Class and a history of the Calcutta jute millhands, 1880-1930* (London/Hyderabad 2000).

Ghosh, Partha S., *Migrants and Refugees in South Asia. Political and security dimensions* (Shillong 2001).

Green, Nancy L., The comparative model and poststructural structuralism: new perspectives from migration studies, in: Jan Lucassen and Leo Lucassen (eds.), *Migration, Migration History, History. Old paradigms and new perspectives* (Bern etc. 1999), S. 57-72.

Green, William A., The West Indies and indentured labour migration – the Jamaican experience, in: Kay Saunders (Hg.), *Indentured Labour in the British Empire 1834-1920*, S. 1-41.

Gregory, Robert, *South Asians in East Africa. An economic and social history, 1890–1980* (Boulder 1993).

Gregory, Robert, *India and East Africa, 1890-1939. A history of race relations within the British Empire* (Oxford 1971).

Guest, Bill, Indians in Natal and southern Africa in the 1980s, in: Judith M. Brown and Martin Prozesky (Hg.), *Gandhi and South Africa. Principles and politics* (Pietermaritzburg 1996), S. 7-20.

Guillot, Claude, Banten and the Bay of Bengal during the sixteenth and the seventeenth centuries, in: Om Prakash and Denys Lombard (Hg.), *Commerce and Culture in the Bay of Bengal, 1500-1800* (Delhi 1999), S. 163-182.

de Haan, Arjan, *Unsettled Settlers: Migrant workers and industrial capitalism in Calcutta* (Rotterdam 1994).

Habib, Irfan (Hg.), *The Growth of Civilizations in India and Iran* (New Delhi 2002).

Harris, Karen L., Gandhi, the Chinese and passive resistance, in: J. M. Brown and M. Prozesky (Hg.), *Gandhi and South Africa. Principles and politics* (Pietermaritzburg 1996), S. 69-94.

Heidemann, Frank, *Kanganies in Sri Lanka and Malaysia. Tamil recruiter-cum-foreman as a sociological category in the nineteenth and twentieth century* (München 1992).

Heidemann, Frank, *Die Hochland-Tamilen in Sri Lanka und ihre Repatriierung nach Indien. Ethnologische Überlegungen zur selbstbestimmten Entwicklung von Tagelöhnern* (Göttingen 1989).

Hengartner, Thomas, Waltraud Kokot und Kathrin Wildner (Hg.), *Kulturwissenschaftliche Stadtforschung* (Berlin 2000).

Heuman, Gad, The British West Indies, in: *The Oxford History of the British Empire*, vol. III, The nineteenth century (ed by Andrew Porter, Oxford/New York 1999), S. 475-493.

Hourani, George F., *Arab Seafaring in the Indian Ocean in Ancient and early Medieval Times* (revised and expanded by John Carswell, Princeton 1995).

Huttenback, Robert A., *Gandhi in South Africa. British imperialism and the Indian question, 1860-1914* (Ithaka-London 1971).

Jahangeer-Chojoo, Amenah, Islamisation process among Mauritian Muslims, in: *Internationales Asienforum* 33 (2002), S. 115-126.

Jain, Ravinder K., *Indian Communities Abroad. Themes and literature* (Delhi 1993).

Jain, Prakash C., *Indians in South Africa. Political relation of race relations* (Delhi 1999).

Jayawardena, Chandra, Social contours of an Indian labour force during the indenture period, in: V. Mishra (Hg.), *Rama's Banishment*, S. 40-65.

Kale, Madhavi, Projecting identities: Empire and indentured labor migration from India to Trinidad and British Guiana, 1836-1885, in: Peter van der Veer, *Nation and Migration. The politics of space in the South Asian diaspora* (Philadelphia 1995), S. 72-92.

Khandelwal, Madhulika S., Indian immigrants in Queens, New York City: Patterns of spatial concentration and distribution, in: Peter van der Veer, *Nation and Migration. The politics of space in the South Asian diaspora* (Philadelphia 1995), S. 178-196.

Kokot, Waltraud, Diaspora, Lokalität und Stadt. Zur ethnologischen Forschung in räumlich nicht begrenzten Gruppen, in: Th. Hengartner, W. Kokot und K. Wildner (Hg.), *Kulturwissenschaftliche Stadtforschung* (Berlin 2000), S. 191-203.

Kulke, Hermann, und Dietmar Rothermund, *Geschichte Indiens. Von der Induskultur bis heute* (Stuttgart 1983, 2. Aufl. München 1998).

Kumar, A., *Bombay, London, New York* (London 2002).

Kumar, Dharma, *Land and Caste in South India. Agricultural labour in the Madras Presidency during the nineteenth century* (Delhi 1992).

Lal, Brij V., Fiji *Girmitiyas*: The background to banishment, in: Vijay Mishra (Hg.), *Rama's Banishment. A centenary tribute to the Fiji Indians, 1879-1979* (London 1979), S. 12-39.

Lemon, Anthony, The political position of Indians in South Africa, in: C. Clarke, C. Peach and S. Vertovec (Hg.), *South Asians Overseas. Migration and ethnicity* (Cambridge 1990), S. 131-148.

Leonard, Karen, Hyderabadis in Pakistan: changing nations, in: C. Bates (Hg.), *Community, Empire and Migration. South Asians in Diaspora* (Basingstoke UK/ New York 2001), S. 224-244.

Lessinger, Johanna, *From the Ganges to the Hudson: Indian immigrants in New York City* (Boston etc. 1995).

van Leur, J. C., *Indonesian Trade and Society* (The Hague 1955).

Lombard, Denis, and Jean Aubin (Hg.), *Asian Merchants and Businessmen in the Indian Ocean and the China Sea* (Delhi etc. 2000).

Lucassen, Jan and Leo Lucassen, Migration, migration history, history: old paradigms and new perspectives, in: dies. (Hg.), *Migration, Migration History, History. Old paradigms and new perspectives* (Bern etc. 1999), S. 9-40.

Mani, A., Indians in Singapore society, in: Kernial S. Sandhu and A. Mani (Hg.), *Indian Communities in Southeast Asia* (Singapore 1993), S. 788-809.

Mann, Michael, „How many people were crying oceans…". Südasiatische Migranten im Indischen Ozean, in: Dietmar Rothermund und Susanne Weiglin-Schwiedrzig (Hg.), *Der Indische Ozean. Das afro-asiatische Mittelmeer als Kultur- und Wirtschaftsraum* (Wien 2004), S. 123-144.

Mann, Michael, Die Mär von der freien Lohnarbeit. Menschenhandel und erzwungene Arbeit in der Neuzeit. Ein einleitender Essay, in: ders. (Hg.), *Menschenhandel und erzwungene Arbeit in der Neuzeit*, S. 7-22. (zugl. *Comparativ* 13 (2003), Heft 4).

Markovits, Claude, *The Global World of Indian Merchants, 1750-1947. Traders of Sindh from Bukhara to Panama* (Cambridge 2000).

Markovits, Claude, Merchant circulation in South Asia (eighteenth to twentieth centuries): The rise of pan-Indian merchant networks, in: Claude Markovits, Jaques Pouchepadass, Sanjay Subtahmanyam (Hg.), *Society and Circulation. Mobile people and itinerant cultures in South Asia, 1750-1950* (Delhi 2003), S. 131-162.

McPherson, Kenneth, *The Indian Ocean. A history of people and the sea* (Delhi etc. 1998).

Mesthrie, Uma Shashikant, Tikering and tampering. A decade of the Group Areas Act, in: *South African Historical Studies* 28 (1993), S. 177-202.

Meyer, Eric, Labour circulation between Sri Lanka and South India in historical perspective, in: Claude Markovits, Jaques Pouchepadass, Sanjay Subrahmanyam (Hg.), *Society in Circulation. Mobile people and itinerant cultures in South Asia, 1750-1950* (Delhi 2003), S. 55-88.

Mishra Vijay, (Hg.), *Rama's Banishment. A centenary tribute to the Fiji Indians, 1879-1979* (London 1979).

Mohapatra, Prabhu P., Coolies and colliers: a study of the agrarian context of labour migration from Chotanagpur, 1880-1920, in: *Studies in History*, n.s., 1,2 (1985), S. 247-303.

Mukherjee, Rudrangshu and Lakhshmi Subramanian (Hg.), *Politics and Trade in the Indian Ocean World* (Delhi etc. 1998).

Nave, Ari, Nested identities: ethnicity, community and the nature of group conflict in Mauritius, in C. Bates (Hg.), *Community, Empire and Migration. South Asians in Diaspora* (Basingstoke UK/ New York 2001), S. 87-108.

Newitt, M. D. D., East Africa and Indian Ocean trade, in: Ashin Das Gupta and Michael N. Pearson (Hg.), *India and the Indian Ocean, 1500-1800* (Calcutta 1987), S. 201-223.

Omvedt, Gail, Migration in colonial India: The articulation of feudalism and capitalism by the colonial state, in: *Journal of Peasant Studies* 7 (1980), S. 185-212.

Padayachee, Vishnu and Robert Morrell, Indian merchants and dukawallahs in the Natal economy, c. 1875-1914, in: *Journal of Southern African Studies* 17 (1991), S. 71-102.

Pankhurst, Richard, Indian trade with Ethiopia, the Gulf of Aden and the Horn of Africa in the nineteenth and early twentieth centuries, in: *Cahiers d'Etudes Africaines* 14, 3 (1974), S. 453-497.

Parnreiter, Christof, Theorien und Forschungsansätze zur Migration, in: Kars Husa, Christof Parnreiter und Irene Stacher (Hg.), *Internationale Migration. Die globale Herausforderung des 21. Jahrhunderts*? (Frankfurt am Main 2000), S. 25-52.

Patel, Hasu H., *Indians in Uganda and Rhodesia. Some comparative perspectives on a minority in Africa* (Denver 1973-74)

Pearson, Michael N., *The Indian Ocean* (London and New York 2003).

Pearson, Michael N., Indians in East Africa: the early modern period, in: R. Mukherjee and L. Subramanian (Hg.), *Politics and Trade in the Indian Ocean World* (Delhi etc. 1998), S. 227-249.

Pouchepadass, Jacques, The market for agricultural labour in colonial north Bihar, 1860-1920, in: Mark Holmström (Hg.), *Work for Wages in South Asia* (Delhi 1990), S. 11-27.

Ratnagar, Shereen, *The End of the Great Harappan Tradition* (Delhi 2002).

Riek, Götz-Achim, Migration. Eine Begriffsbestimmung, in: *Zeitschrift für Kulturaustausch* 45 (1995), Heft 1 ‚Migration und kultureller Wandel', S. 18-19.

Rudner, David W., *Caste and Capitalism in Colonial India: The Nattukottai Chattiyars* (Berkeley /Los Angeles/London 1994).

Safran, William, Diasporas in modern societies, in: *Diaspora* 1 (1991), S. 83-99.

Sakarai, Lawrence J., Indian merchants in East Africa: Part I: The triangular trade and slave economy, in: *Slavery and Abolition* 1 (1980), S. 292-338.

Sandhu, Kernial S., Indian immigration and settlement in Singapore, in: Kernial S. Sandhu and A. Mani (Hg.), *Indian Communities in Southeast Asia* (Singapore 1993), S. 774-787.

Sandhu, Kernial S., Some aspects of Indian settlement in Singapore, 1819-1969, in: *Journal of Southeast Asian Studies* 10 (1969), S. 193-201.

Shepherd, Verene A., *Maharani's Misery. Narratives of a passage from India to the Caribbean* (Barbados, Jamaica, Trinidad and Tobago 2002).

Schiller, Nina Glick, Linda Basch, Christina Szanton Blanc (Hg.), *Towards a transnational Perspective on Migration: Race, class, ethnicity, and nationalism reconsidered* (New York 1992).

Schiller, Nina Glick, Linda Basch, Christina Szanton Blanc Transnationalism: A new analytical framework for understanding migration, in: dies. (Hg.), *Towards a transnational Perspective on Migration*, S. 1-24.

Swan, Maureen, *Gandhi. The South African Experience* (Johannesburg 1985).

Schwalgin, Susanne, Rituale des Gedenkens an den Genozid. Eine Situationsanalyse, in: Th. Hengartner, W. Kokot, K. Wildner (Hg.), *Kulturwissenschaftliche Stadtforschung* (Berlin 2000), S. 205-223.

Singaravélou, Indians in the French overseas departements: Guadeloupe, Martinique, Reunion, in: C. Clarke, C. Peach and S. Vertovec (Hg.), *South Asians Overseas. Migration and ethnicity* (Cambridge 1990), S. 69-87.

Sen, Amita, *Women and Labour in late Colonial India. The Bengal jute industry* (Cambridge 1999).

Sen, Satadru, *Disciplining Punishment. Colonialism and convict society in the Andaman Islands* (New Delhi 2000)

Staubli, Maurus, *Reich und arm mit Baumwolle. Exportorientierte Landwirtschaft und soziale Stratifikation am Beispiel des Baumwollanbaus im indischen Distrikt Khandesh (Dekhan), 1850-1914* (Stuttgart 1994).

Subramanian, Lakshmi, *Medieval Seafarers* (New Delhi 1999).

Sundaram, Jomo Kwame, Plantation capital and Indian labour in Colonial Malaya, in: Kernial S. Sandhu and A. Mani (Hg.), *Indian Communities in Southeast Asia* (Singapore 1993), S. 288-313.

Tarling, Nicholas (Hg.), *The Cambridge History of Southeast Asia*. 2 vols (Cambridge 1992).

Thapar, Romila, *From Lineage to State. Social formations in the mid-first millennium B.C. in the Ganga valley* (Delhi etc. 1984).

Tinker, Hugh, *The Banyan Tree. Overseas emigrants from India, Pakistan, and Bangladesh* (Oxford 1977).

Tinker, Hugh, *Separate and Unequal. India and the Indians in the British Commonwealth, 1920-1950* (London 1976).

Tinker, Hugh, *A New System of Slavery. The export of Indian labour overseas, 1830-1920* (London, New York, Bombay 1974).

Tölölyan, Khachig, The nation-state and its others: in lieu of a preface, in: *Diaspora* 1 (1991), S. 3-7.

Tölölyan, Khachig, Rethinking Diaspora(s): Stateless power in the transnational moment, in: *Diaspora* 5 (1996), S. 3-36.

Tomaselli, Ruth, Indian flower sellers of Johannesburg. A history of people on the street, in: Belinda Bozzoli (Hg.), *Town and Countryside in the Transvaal – Capitalist penetration and popular response* (Johannesburg 1993), S. 215-239.

Twaddle, Michael, The development of communalism among East African Asians, in: C. Bates (Hg.), *Community, Empire and Migration; indentured labour before and after slavery* (Dordrecht/Boston/Lancaster 1986), S. 109-122.

Vahed, Goolam, The making of ‚Indianness': Indian politics in South Africa during the 1930s and 1940s, in: *Journal of Natal and Zulu History* 17 (1997), S. 1-36.

Varma, Sushma J., and Radhika Seshan (Hg.), *Fractured Identities. The Indian Diaspora in Canada* (Jaipur and New Delhi 2003).

Vertovec, Steven, *Hindu Trinidad. Religion, ethnicity and socio-economic change* (London 1992).

van der Veer, Peter, Introduction: The diasporic imagination, in: Peter van der Veer (Hg.), *Nation and Migration. The politics of space in the South Asian diaspora* (Philadelphia 1995), S. 1-16.

Wood, Donald, *Trinidad in Transition. The years after slavery* (Oxford 1986)

Werbner, Pnina, From commodities to gifts: Pakistani migrant workers in Manchester, in: Alisdair Rogers and Steven Vertovec (Hg.), *The Urban Context. Ethnicity, social networks and situation analysis* (Oxford and Washington D.C. 1995), S. 213-236.

Yang, Anand A., *The Limited Raj. Agrarian relations in colonial India, Saran District, 1793-1920* (Delhi etc. 1989).

5. Industrialisierung und Urbanisierung

5.1 Allgemeine Stadtentwicklung und indische Stadtgeschichte

Der indische Subkontinent kann auf eine Jahrtausende alte nahezu ununterbrochene städtische Siedlungsgeschichte zurückblicken. Parallel zu den sumerischen und akkadischen Zivilisationen in Mesopotamien (3200–2360 bzw. 2350–1800 v. Chr.) entstand im frühen dritten vorchristlichen Jahrtausend die so genannte Harappa-Zivilisation. Aufgrund der geografischen Ausdehnung wird in Anlehnung an die ägyptisch-mesopotamischen Hochkulturen auch hier von einem ‚fruchtbaren Halbmond' gesprochen. Eine hohe Dichte an Städten unterschiedlicher Größen und Funktionen bestimmte das Netzwerk dieser urbanen Zivilisation. Sie war in ein überregionales Handelssystem eingebunden, das bis nach Zentralasien und Mesopotamien reichte. Ein hohes Maß an Planung war das Charakteristikum aller Städte der Harappa-Zivilisation. Regelmäßige Straßenraster, genormte Ziegel, getrennte Ober- und Unterstadt, Kanalisationssysteme, städtische Vorratshaltung und Badeeinrichtungen auch in Privathäusern sowie eine funktionale Gliederung der Stadtbezirke in Wohn-, Handels- und Verwaltungsbereiche belegen das außerordentliche Zivilisationsniveau. Den Verfall dieser Zivilisation, der wohl um 1800 v. Chr. einsetzte, lösten vermutlich ökonomische Verschiebungen in den Fernhandelsbeziehungen wie auch regionale ökologische Veränderungen durch abnehmende Niederschlagsmengen aus.[1]

Es dauerte nahezu eintausend Jahre, bis auf dem indischen Subkontinent eine neue städtische Zivilisation entstand, deren Kerngebiet nun im Gangestal lag. Unter anderem sind in dieser Zeit Indraprashta (Delhi), Mathura, Ayodhya, Pataliputra (Patna) und Varanasi (Banares) als Zentren neu gebildeter administrativer Einheiten, so genannter *janapada*s und, nach erneuter Konzentration, der *mahajanapada*s, gegründet worden; ein zentripetaler Prozess, der schließlich in der Reichsbildung von Magadha um 300 v. Chr. mündete. Signifikante archäologische Zeugnisse wie die „bemalte graue Keramik" (‚painted grey ware') und die „nördlich schwarz polierte Keramik" (‚northern black polished ware') belegen die Ausbreitung dieser städtischen Zivilisation. Einen weiteren urbanen Schub gab es während des Maurya-Reiches und der Herrschaft Ashokas (268–233 v. Chr.), des-

[1] Shereen Ratnagar, *Understanding Harappa. Civilization in the greater Indus valley* (New Delhi 2001) und dies., *The End of the Great Harappan Tradition* (Delhi 2002). Aus archäologischer Perspektive Michael Jansen, *Die Indus-Zivilisation. Wiederentdeckung einer frühen Hochkultur* (Köln 1986), bes. S. 22-37, 45-92.

sen bis nach Südindien reichendes Großreich durch ein Netz von Provinzhauptstädten sowie einem mehrstufigen System kleinerer Handels- und Verwaltungsstädte kontrolliert wurde. Zu dieser Zeit ist Pataliputra, das heutige Patna, mit einer doppelt so großen Grundfläche wie das antike Rom zur Zeit Kaiser Aurelians (214–275 n. Chr.) die größte Stadt der damals bekannten eurasischen Welt gewesen.[2]

Das Arthashastra, das angeblich von Kautilya um 300 v. Chr. verfasste Staatslehrbuch, lieferte einen ersten normativen Text zur standardisierten Anlage von Städten, die Ausdruck und Abbild einer nach den vier *varna** segmentierten Bevölkerung waren. Auch eine idealtypische Rangordnung von Städten und ihren Funktionen ist überliefert. Soweit Grabungsergebnisse vorliegen, zeigt sich jedoch, dass, abgesehen von einer rudimentären Quartiereinteilung, kaum eine Stadt diesem Ordnungsideal entsprach. Eine Ausnahme stellte Pataliputra mit seiner regelmäßigen Grundfläche auf einem Parallelogramm dar.[3] In Sri Lanka setzte ebenfalls um die Mitte des ersten vorchristlichen Jahrtausends eine großartige Stadtentwicklung ein, die in Anuradhapura und Polonnaruwa als sakrale Königsstädte erste Höhepunkte verzeichnete, wobei Anuradhapura, sofern sich archäologische Ergebnisse bestätigen sollten, zu den ältesten Städten der südasiatischen Zivilisationsgeschichte zählen dürfte.[4]

Seit dieser zweiten Verstädterungswelle ist in Südasien eine kontinuierliche Stadtgeschichte zu verzeichnen, auch wenn ein allmählicher Niedergang der Städte stattfand. Eine neuerliche Intensivierung, die als klassische Stadtkultur Indiens in die Geschichte eingegangen ist, erfuhr die Stadtentwicklung während des Gupta-Reiches (320–500 n. Chr.). Neben den oben erwähnten großen Städten des Gangestals traten nun Ujjayini (Ujjain im heutigen Rajastan) als Handelszentrum und Bharukaccha (Bharuch in Gujarat) als bedeutende Hafenstädte in Erscheinung. Pataliputra war zu dieser Zeit bekannt als kosmopolitisches Zentrum. Oftmals einem königlichen Gouverneur und seinen Stadtverwaltern unterstehend, besaßen die Städte eine große politische wie wirtschaftliche Autonomie, die sich in kommunalen Beratungsgremien zeigte, deren Mitglieder den lokalen Gilden und Eliten angehörten. Abgesehen davon war auch eine gewisse Urbanität zu erkennen, die sich in einem ausgeprägten städtischen Kulturleben niederschlug, dessen Träger ein distinguiert städtischer Einwohnertypus, der *nāgarika*, war. Erst die Hun-

2 Dieter Schlingloff, *Die altindische Stadt. Eine vergleichende Untersuchung* (Wiesbaden 1970), zu Patna siehe insb. S. 29-41.

3 Ebenda, S. 5-9. Das Arthashastra dürfte eher eine Kompilation verschiedener Texte zur Staatslehre sein, die älteren Ursprungs sind und dann um 300 v. Chr. zusammengefasst wurden.

4 R. A. E. Coningham and F. R. Allchin, The rise of the cities in Sri Lanka, in: F. R. Allchin (Hg.), *The Archeology of Early Historic South Asia. The emergence of cities and states* (Cambridge 1995), S. 152-183. Tilman Frasch, Religious and economic development of ancient Anuradhapura, in: Manfred Domroes and Helmut Roth (Hg.), *Sri Lanka Past and Present. Archaeology, geography economics. Selected papers on German research* (Weikersheim 1998), S. 61-81.

neninvasionen zu Beginn des 6. Jahrhunderts bereiteten dieser städtischen Zivilisation ein jähes Ende.[5]

Mit der Errichtung der islamischen Dynastien auf dem indischen Subkontinent setzte ab dem 13. Jahrhundert allmählich ein ‚urbaner Aufschwung' ein, der mit den diversen Reichsbildungen auf dem Subkontinent einherging. Allmählich setzte sich, vor allem in den von der islamischen Kultur geprägten Regionen der ‚islamisch-orientalische' Stadttyp durch. Seine wesentlichen morphologischen Strukturmerkmale bestanden in der Freitagsmoschee (*jama masjid*) und den angeschlossenen Stiftungskomplexen wie der *madrassah* und der *hamam*, die den religiösen und intellektuellen Kern der Stadt bildeten. Handwerk und Gewerbe waren berufsspezifisch sortiert in den angrenzenden Basaren (*suq*) untergebracht. Die Bevölkerung lebte religiös, berufsständisch und regional differenziert in verschiedenen Wohnbezirken (*mohalla*s), die über eigene Subzentren inklusive Moscheen und Basare verfügten. Ein hierarchisches Straßensystem verband die Stadtteile. Stadtzentrum und –tore waren über Hauptstraßen miteinander verbunden. Von diesen zweigten Seiten- und Querstraßen in die einzelnen Viertel ab, wo sie sich in ein Sackgassensystem verästelten.[6]

Neben den von Dynastien islamischen Glaubens beherrschten Sultanaten von Delhi, Bijapur und Golkonda mit ihren Stadtgründungen und städtischen Überformungen sticht zweifelsohne das von einer Hindu-Dynastie beherrschte Reich von Vijayanagara hervor. Die Hauptstadt, die auf einer kosmischen Planung beruhte, war von der Mitte des 16. bis in die Mitte des 17. Jahrhunderts fast magischer Anziehungspunkt für indische wie arabische, afrikanische und europäische Kaufleute.[7] Einen definitiven Höhepunkt erlebte die Stadtentwicklung zur Zeit der Moguln im 17. Jahrhundert, als die Urbanisierungsrate bei geschätzten 15 Prozent lag.[8] Im zeitgenössischen Europa, als Vergleichsgröße, betrug sie knapp 10 Prozent. Freilich muss bei diesen Zahlen ein regional bislweilen erheblicher Unterschied in der Verstädterungsrate bedacht werden, wie es im neuzeitlichen Europa mit seinem West-Ost Gefälle zum Ausdruck kam.[9] In Indien war die Urbanisierungsrate in Bengalen und Hindustan höher als im Panjab und auf dem Dakhan.

Im 18. und frühen 19. Jahrhundert ist eine paradox erscheinende Stadtentwicklung zu beobachten. Zum einen führte die unmittelbare Einflussnahme der East

---

5 Satya Joshi, *City Life during Gupta Period* (Delhi 1997).

6 Thomas Krafft, *Von Shahjahanabad zu Old Delhi: Zur Persistenz von islamischer Strukturelemente in der nordindischen Stadt* (Sankt Augustin 1999), S. 36-40. Siehe dort auch die Diskussion zum Forschungsstand.

7 Siehe dazu die beiden instruktiven Sammelbände von Anna Libera Dallapiccola (Hg.), *Vijayanagara – City and Empire. New currents of research* (Wiesbaden 1985), vol. 1, Texts, vol. 2 Reference and Documentation.

8 Shireen Moosvi, *The Economy of the Mughal Empire, c. 1595. A statistical study* (Delhi etc. 1987), S. 303-305. Allgemein zur Stadtentwicklung unter den Moguln M. P. Singh, *Town, Market, Mint and Port in the Mughal Empire* (New Delhi 1985).

9 Jan de Vries, *European Urbanization, 1500-1800* (London 1984), S. 39.

India Company auf den prominenten Mogul-Hafen Surat bis hin zur systematischen Blockade zum Niedergang der Stadt und der Verlagerung von Handelsaktivitäten indischer Kaufleute ins ‚sichere' britische Bombay.[10] Ähnliches ist auch für andere bedeutsame Hafenstädte wie Masulipatam an der Coromandel-Küste oder Hugli und Chittagong in Bengalen und für die Ausrichtung von Handelsströmen nach Madras und Calcutta zu beobachten.[11] Zum anderen lösten die zentrifugalen Phänomene des Mogul-Reiches einen Konzentrationseffekt im urbanen Bereich aus, was an einigen nordindischen Städten wie Mirzapur, Allahabad, Agra und Varanasi auch nach – aber nicht wegen – der britischen Herrschaftsausdehnung zu beobachten ist.[12] Erst ab den 1830er Jahren setzte in vielen Regionen des indischen Subkontinents ein Niedergang der Städte ein, während die englischen Kolonialgründungen an den Küsten einen gewerblich-industriellen Aufschwung erlebten. Außer in Calcutta, Bombay und Madras lässt ein demografischer Zuwachs auch in einigen anderen Städten auf einen natürlichen Bevölkerungsanstieg und eine früh einsetzende Landflucht schließen.[13]

Grob können demnach vier Phasen der indischen Stadtgeschichte unterschieden werden: 1. die frühhistorische Phase 2350–1800 v. Chr. mit ersten voll ausgereiften urbanen Siedlungsformen, 2. eine mittlere Periode, die von etwa 600 v. Chr. bis 500 n. Chr. reichte, 3. eine Hochphase, die von 800 bis 1830 n. Chr. dauerte, 4. eine späte Phase, die zunächst durch die britische Kolonialherrschaft geprägt war und deren langfristige Auswirkungen bis in die Gegenwart zu verzeichnen sind. Indien ist also keinesfalls das „Land der Dörfer", wie Max Weber zu Beginn des 20. Jahrhunderts in gezielter Abgrenzung des Subkontinents von Europa und China behauptete.[14] Im Gegenteil, Indien ist eine Weltregion mit einer lang anhaltenden und bis ins 19. Jahrhundert beachtlichen Stadtentwicklung mit all der Komplexität, die mit dem Begriff „Stadt" verbunden ist.

Gemeinhin wird unter einer Stadt eine relativ große, dichte und dauerhafte Ansiedlung von sozial unterschiedlichen Individuen verstanden, die sich deutlich von dem sie umgebenden Land abgrenzt, sei dies durch Zollschranken oder durch ei-

---

[10] Balkrishna G. Gokhale, *Surat in the Seventeenth Century. A study in urban history of pre-modern India* (Bombay 1979). Ashin Das Gupta, *Indian Merchants and the Decline of Surat, c. 1700-1750* (Wiesbaden 1978).

[11] Ravi Ahuja, *Die Erzeugung kolonialer Staatlichkeit und das Problem der Arbeit. Eine Studie zur Sozialgeschichte der Stadt Madras und ihres Hinterlandes zwischen 1750 und 1800* (Stuttgart 1999), S. 30-41. I. P. Gupta, Masulipatam and the north Coromandel region during the eighteenth century, in: Indu Banga (Hg.) *Ports and their Hinterlands in India 1700-1950* (Delhi 1992), S. 63-76.

[12] Christopher A. Bayly, *Rulers, Townsmen and Bazaars. North Indian society in the age of British expansion, 1770-1870* (Cambridge 1983), S. 110-163.

[13] Vgl. Table 1.1 Demographic Background, India 1871-1971 in: B. R. Tomlinson, *The Economy of Modern India, 1860-1970* (Cambridge 1993, New Cambridge History of India III,3), S. 4.

[14] Zur Problematik dieser Charakterisierung siehe Michael Mann, Max Webers „Konzept" der indischen Stadt, in: Hinnerk Bruhns/Wolfgang Nippel (Hg.), *Max Weber und die Stadt im Kulturvergleich* (Göttingen 2000), S. 166-182.

ne Mauer. Bis in die Zeit der Nationalstaaten machten für Handel und Verkehr nicht Landesgrenzen sondern die Stadtmauern mit ihren Toren einen ‚Passport' notwendig. Innerhalb der Stadtgrenzen fand eine höhere Arbeitsteilung als auf dem Dorf statt, einhergehend mir starker sozialer Stratifikation, die sich in unterschiedlicher Wohnquartieren und Stadtvierteln zeigte.[15] Abgesehen davon war eine Stadt höchster Ausdruck von Macht und Kultur eines Gemeinwesens oder einer Gesellschaft, der an ihrer Silhouette, ihrer Morphologie, der Architektur der öffentlichen Gebäude und ihrer Versorgungsinstitutionen erkennbar ist.[16] Eine Stadt ist das sinnfällige Abbild eines Willens zur Komposition von städtebaulichen Elementen statt ihrer bloßen Addition. Folglich zeichnet alle urbanen Landschaften eine bewusste und absichtsvolle Raumordnung aus.[17]

Neben der ‚äußeren' architektonischen Gestaltung und der funktionalen wie sozialen Differenzierung, tritt bei allen Städten das ‚innere' Problem der Wasserver- und -entsorgung auf, dessen Lösung Gradmesser einer jeden Zivilisation ist (Die Fäkalienbeseitigung spielt eine nachgeordnete Rolle, denn erst die Erfindung des Wasserklosetts verband sie mit der Kanalisation). So wird bei der Versorgung mit Trinkwasser und bei der Entsorgung der Abwässer von Anbeginn der Stadtentwicklung zwischen vertikalen (Ziehbrunnen bzw. Sickergruben) und einer horizontalen (Wasserleitungen bzw. Kanalisation) Systemen unterschieden, wobei der Anlage von Aquädukten und Drainagesystemen ein besonders hoher Stellenwert zukommt. Je kompakter die Bebauung und je dichter die Bevölkerung in einer Stadt, desto drängender werden diese gemeinschaftlich ausgeführten und/oder öffentlich finanzierten Aufgaben, die ohne ein entsprechend geschultes Administrationspersonal und eine vorausschauende Planung inklusive technischer Kenntnisse und versierter Handwerker nicht zu bewerkstelligen sind.

Auf der Grundlage der planerischen Gestaltung können generell folgende Stadttypen unterschieden werden, die natürlich auch in Südasien anzutreffen waren:

- die heilige Stadt oder Tempelstadt, die auf einem kosmologischen Stadtmodell beruht,
- die Festungsstadt, Residenzstadt, Fürstenstadt und Hauptstadt, die auf einem herrschaftlichen Stadtmodell basiert,
- die Handelsstadt, die Hafenstadt und der Stadtstaat, die auf ein im weitesten Sinn ökonomisch-praktisches Modell zurückgehen.

Das Phänomen der Urbanisierung und die damit einhergehenden Probleme ist unmittelbar an die Industrialisierung des 19. Jahrhunderts gekoppelt. Die Ansied-

---

15 Spiro Kostof, *Die Anatomie der Stadt. Geschichte der städtischen Strukturen* (Frankfurt/New York 1992), S. 11-39, 71-121.

16 Spiro Kostof, *Das Gesicht der Stadt. Geschichte städtischer Vielfalt*, (Frankfurt/New York 1992), S. 38-41.

17 Charles Delfante, *Architekturgeschichte der Stadt. Von Babylon bis Brasilia* (Darmstadt 1999), S. 17, 23-24.

lung von Industriebetrieben an der Peripherie der Städte lockte binnen weniger Jahrzehnte Millionen von Menschen vom Land in die Städte. In England, wo die Industrialisierung schon zu Beginn des 19. Jahrhunderts spürbar war, lebten bereits Mitte des Jahrhunderts mehr als die Hälfte seiner Einwohner in Städten. Dieser Verstädterungsprozess ist zeitversetzt in den westlichen Industrienationen zu beobachten.[18] In Südasien verhinderte Großbritannien durch seine systematische Schutzzollpolitik nahezu jegliche Industrialisierung, da es die Region als Rohstofflieferant und als Absatzmarkt der eigenen Industrieprodukte betrachtete. Lediglich in Kernbereichen wie der Baumwollverarbeitung für den indischen und den überseeischen Markt sowie der Verarbeitung von Jute ließen die Briten eine regional konzentrierte Industrialisierung zu. Infolge der kolonialen Wirtschaft mit ihrer externen Kapitalausstattung konnte ein indischer Finanzmarkt nicht entstehen. Langfristig resultierte diese Entwicklung in der chronischen Unterkapitalisierung Indiens, die Investitionen in andere Industriezweige geradezu verhinderte.[19]

Diese wirtschaftliche Asymmetrie verzerrte die Stadtentwicklung, was an verschiedenen Merkmalen der indischen Kolonialstadt abzulesen ist. Ein fundamentales Charakteristikum der Kolonialstadt in Indien – wie auch in anderen Kolonialgebieten – ist ihr dualer Aufbau, der sich in der Segregation europäischer und indischer Stadtteile zeigt. Während die großen europäischen Stadtteile durchaus als Stätte eines mannigfaltigen Kulturbetriebs und als ‚Kulturraum' in Erscheinung treten konnten, spielten indische Städte und Wohnbezirke lediglich als Arbeitskräftereservoir und Versorgungsstation eine Rolle.[20] Die Anbindung an das Eisenbahnnetz deformierte zusätzlich die städtische Entwicklung, wenn Bahndämme als separierende Sicherheitsmaßnahme konstruiert wurden. Über städteplanerische Maßnahmen, die die europäischen Wohnquartiere förderten und die indischen Viertel disproportional vernachlässigten, fand eine Umverteilung der Finanzen von den unteren indischen zu den oberen britischen Gesellschaftsschichten statt.[21] Verschwenderische Landnutzung seitens der Europäer durch markante Verwaltungs- und Repräsentationsbauten sowie durch die industriellen Gebäudekomplexe der Fabrikanlagen und Stapelhäuser korrespondierte mit Verdichtung

---

[18] Jürgen Friedrichs (Hg.), *Stadtentwicklung in West- und Osteuropa* (Berlin 1985). Clemens Zimmermann, *Die Zeit der Metropolen. Urbanisierung und Großstadtentwicklung* (Frankfurt am Main 1996), insb.: Einleitung: Die Geburt der europäischen Großstadt, S. 9-38.

[19] Dietmar Rothermund, *Indiens wirtschaftliche Entwicklung. Von der Kolonialherrschaft bis zur Gegenwart* (Paderborn etc. 1985), S. 78-83.

[20] Franz-Joseph Post, Europäische Kolonialstädte in vergleichender Perspektive, in: Gründer, Horst und Peter Johanek (Hg.), *Kolonialstädte – Europäische Enklaven oder Schmelztiegel der Kulturen?* (Münster 2001), S. 1-26. Anthony D. King, Colonialism and the development of the modern Asian city: Some theoretical considerations, in: Ballhatchet, Kenneth and John Harrison (Hg.), *The City in South Asia, pre-modern and modern* (London 1980), S. 1-19.

[21] Reeta Grewal, Urban morphology under colonial rule, in: Indun Banga (Hg.), *The City in Indian History, Urban demography, society and politics* (Delhi 1994), S. 173-190. Sukanta Chaudhuri, The railway comes to Calcutta, in: Sukanta Chaudhuri (Hg.), *Calcutta, The Living City*, Volume 1: The Past (New Delhi 1990), S. 238-240.

der Wohnbereiche in den indischen Stadtteilen. Eine einerseits raumgreifende und andererseits raumteilende Architektur wurde zum Kennzeichen der morphologischen Veränderungen in der Kolonialstadt.[22]

Die kolonialen Metropolen Bombay, Madras, Calcutta, Colombo und Karachi, oft auch ‚Brückenköpfe' genannt, wiesen diese Unterschiede nicht im beschriebenen Maß auf. Doch die Ausrichtung der Wirtschaft (Export von Rohstoffen) und die Konzentration der Verwaltungs-, Handels- und Bildungseliten in den genannten Kolonialmetropolen hatte für den gesamten Subkontinent nachhaltig negative Konsequenzen.[23] Über sie fanden die ökonomischen, politischen und soziokulturellen Einflüsse der kolonisierenden Gesellschaft Eingang in die indischen Küstengesellschaften, von wo sie allmählich ins Hinterland diffundierten. Von den Kolonialmetropolen ging nur ein begrenzter urbaner und gesellschaftlicher ‚Modernisierungsschub' aus. Auch förderte das Kolonialregime kaum die Modernisierung der Städte in Südaisen, stattdessen erhielten sie eine nur unzureichende Infrastruktur und hatten bald unter Überbevölkerung und Epidemien zu leiden – bis heute Charakteristika vieler Großstädte in den so genannten ‚Entwicklungsländern'.[24]

Eine Stadtplanung existierte, wenn überhaupt, nur in Ansätzen für die kolonialen Küstenmetropolen. In den meisten Großstädten Britisch-Indiens wie den indischen Staaten existierte bis auf rudimentäre Wasserver- und Wasserentsorgungssysteme und die Organisation der Fäkalienbeseitigung keine weitergehende Planung, so dass Ende des Jahrhunderts unwürdige Lebensbedingungen das Kennzeichen vieler indischer Städte waren. Bereits 1863 hatte Florence Nightingale in einer Rede auf die katastrophalen Zustände in den britisch-indischen Me-

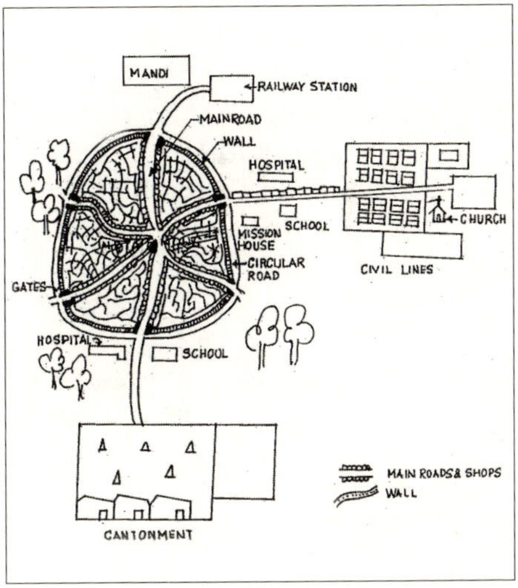

Abb. 52: Typologische Darstellung der nordindischen Stadtentwicklung unter britischer Kolonialherrschaft.

[22] Frank Broeze, The external dynamics of port city morphology: Bombay 1815-1914, in: Indu Banga, (Hg.), *Ports and their Hinterlands in India (1700-1950)* (Delhi 1992), S. 245-272.

[23] Jan Pieper, *Die anglo-indische Station oder die Kolonialisierung des Götterberges. Hindustadtkultur und Kolonialstadtwesen im 19. Jahrhundert als Konfrontation östlicher und westlicher Geisteswelten* (Bonn 1977).

[24] Frank Broeze, Introduction: Brides of the Sea, in: Frank Broeze (Hg.): *Brides of the Sea- Port cities of Asia from the 16th – 20th centuries* (Honolulu 1989), S. 1-28 und Peter Reeves, Frank Broeze amd Kenneth McPherson, Studying the Asia port city, in: ebenda, S. 29-53.

tropolen aufmerksam gemacht.[25] Nicht nur hier stieg die Bevölkerung durch natürlichen Zuwachs und durch Zuwanderung an. Auch die mittleren Städte verzeichneten mit den expandierenden Handwerks- und Gewerbebetrieben ab der Mitte des 19. Jahrhunderts einen langsamen Bevölkerungszuwachs, in denen sich bald die bekannten Probleme der Urbanisierung einstellten, ohne dass es zu vorausschauenden Planungen kam.[26]

Für ihre separaten Wohnbereiche planten die Briten indes großzügig und weitsichtig. Zwei Siedlungstypen entwickelten sie in der kolonialen Umwelt. Einmal die ‚Hill Stations', die als Refugium vor der heißen und regenreichen Jahreszeit dienten. In der Abgeschiedenheit und Kühle im Hochland der nordindischen Shiwaliks, der südindischen Nilgiris und der ceylonesischen Teeberge gelegen, waren sie kunstvolle Repliken englischer Cottage- und Manor House-Landschaften. Ein weiterer, ebenfalls rein britisch-kolonialer Siedlungstyp waren die ‚Civil Station'

Abb. 53: Kolonialer Lebensstil: Britischer Bungalow, 1888. Fotografie von Raja Lala Deen Deyal.

[25] Florence Nightingale, *How People may Live and not Die in India* (London 1863).
[26] Thirthankar Roy, *Traditional Industry in the Economy of Colonial India* (Cambridge 1999).

und das ,Cantonment'. Beide sind aus den Zeltreihen des Militärlagers hervorgegangen und waren rasterartig und funktional angelegt. In den ,Stations', in denen die Regelmäßigkeit aus ästhetischen Gründen auch durchbrochen werden konnte, wurde der Haustyp des ,Bungalows' mit seinen ausgedehnten ,Compounds' die charakteristische Bauform.[27]

Während in der sich industrialisierenden westlichen Welt versucht wurde, den Problemen der Urbanisierung früh durch gezielte Stadtplanung zu begegnen, fand die erste systematische Untersuchung zu den wachsenden Problemen indischer Großstädte erst durch den schottischen Stadtsoziologen Patrick Geddes zu Beginn des 20. Jahrhunderts statt – sie blieb allerdings ohne konkrete Resultate.[28] Dieses Defizit an professioneller Stadtplanung wirkt sich bis in die Gegenwart auf die nun rasant fortschreitende Urbanisierung indischer Städte im Zuge wachsender Industrien und Gewerbe aus. Stadtplaner und Stadtarchitekten konzentrieren sich dabei, wie ihre früheren kolonialen Kollegen, fast ausschließlich auf Städte mit über 100.000 Einwohnern. Erst seit den 1990er Jahren ist hier ein Umdenken erkennbar. Gravierender ist jedoch der Umstand, dass die Stadtplanung sich nach wie vor an westlichen Konzepten und Erfahrungen der Urbanisierung orientiert, die der südasiatischen Umwelt und den Lebensgewohnheiten der Stadtbewohner oft nicht gerecht werden.[29]

5.2 Handwerk, Gewerbe und Industrialisierung

Im 18. Jahrhundert war der indische Subkontinent mit seinen Handelszentren- und Hafenstädten begehrtes Ziel der europäischen Handelsgesellschaften, die hier preisgünstig hochqualitative Textilprodukte, aber auch einfache ,Massenware' einkauften, um sie mit hohen Profitraten auf den europäischen Märkten wieder zu verkaufen. Das Textilgewerbe Indiens war einer der ersten Wirtschaftsbereiche, in dem ein gewisser Grad an Monetarisierung festgestellt werden kann. Eine wachsende Zahl der am Produktionsprozess beteiligten Personen wie Spinner, Färber und Weber erhielten von den Kaufleuten oder deren Agenten (*gomashtas*) finanzielle und materielle Vorschüsse. Auch existierte bereits ein differenzierter Arbeitsmarkt mit Formen der Lohnarbeit. Ein solcher Arbeitsmarkt konnte nur durch ein erhebliches Maß an Mobilität unter der indischen Bevölkerung entstehen. Wenn überdies Bauern und zahlreiche *parayyar*s saisonal in verschiedenen Bereichen des Textilgewerbes arbeiteten, deutet das auf eine berufliche Flexibilität hin,

[27] J. Pieper, *Die anglo-indische Station*, S. 129-195.

[28] Helen E. Meller, Urbanization and the introduction of modern town planning ideas in India, 1900-1925, in: K. N. Chaudhuri and Clive J. Dewey, *Economy and Society, Essays in Indian Economic and Social History* (Delhi 1979), S. 330-350.

[29] R. Ramachandran, *Urbanization and Urban Systems in India* (Delhi 1989), S. 6-18.

die auch einen sozialen Aufstieg nach sich ziehen konnte. Es handelt sich hier folglich um einen frühen Prozess der ‚Vergesellschaftung', also der Intensivierung von gemeinschaftsübergreifenden Gesellschaftsbeziehungen, die ohne europäische Einflussnahme stattfand.[30]

Der Großteil der Textilien wurde nicht in der Stadt, sondern auf dem Land hergestellt, weshalb wegen der kombinierten ländlichen Siedlungs- und städtischen Produktionsform auch von ‚Rurbanität' gesprochen wird.[31] In den Dörfern wurde weit über die agrarökonomische Subsistenzwirtschaft hinausgehend für einen überregionalen und transterritorialen Markt produziert. Vor dem Hintergrund des expandierenden Textilgewerbes und dem Export von Textilien nach Südostasien und Europa kam es in Tamilnad zur Konzentration von Weberdörfern. Gleiches ist auch in der nördlich gelegenen Region um den Handelshafen Masulipatnam zu beobachten.[32] Waren Dörfer die Orte der Textilproduktion, fand in den Städten der Vertrieb der Textilien statt. Neben zahlreichen inländischen Warenumschlagplätzen wie Jallandar im Panjab und Varanasi (Banaras), Kasimbazar und Dhaka in Bengalen, sowie Burhanpur und Ahmedabad im westlichen Indien, stellten Regionen um die Hafenstädte wie Dhaka und Hugli in Bengalen, Masulipatnam und Chennai/Madras an der Coromandelküste sowie Surat am Golf von Khambhat den Export sicher. Deutlich sind in der Mitte des 18. Jahrhunderts fünf große Textilzentren auszumachen, zwei im südlichen, eins im westlichen und zwei im östlichen Indien.

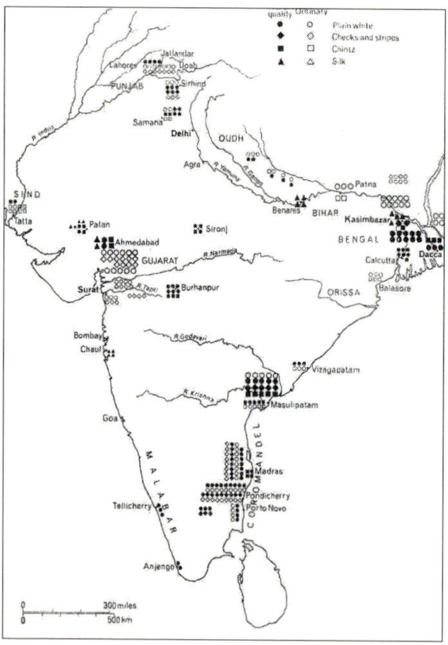

Abb. 54: Zentren der Textilverarbeitung um 1750.

[30] Alexander I. Tchitcherov, *India. Changing economic structure in the sixteenth to eighteenth centuries. Outline history of crafts and trade* (Delhi 1998), Kap. IV, Subjection of Crafts by Merchant Capital, S. 167-252, passim. In den Diamantengruben Golcondas waren im 18. Jahrhundert bis zu 40.000 Minenarbeiter auf Lohnbasis beschäftigt. Siehe auch Ravi Ahuja, Arbeit und Kolonialherrschaft in Indien, 1750-1947 (Studienbrief der FernUniversität in Hagen, 2001), Kurseinheit 1, S. 25-30.

[31] Frank Perlin, *Unbroken Landscape. Commodity, category, sign and identity. Their production as myth and knowledge from 1500* (Aldershot/Brookfield 1994), S. 72.

[32] R. Ahuja, *Die Erzeugung kolonialer Staatlichkeit und das Problem der Arbeit*, S. 26-27.

Setzte auf der einen Seite die Kommerzialisierung des Textilgewerbes ein, blieben auf der anderen Seite die Produktionsmethoden im 18. Jahrhundert nahezu unverändert. Technisch waren die indischen Webstühle von weit einfacherer Beschaffenheit als die zeitgenössischen europäischen, was sich auch in einer geringeren Produktivität niederschlug. Dennoch wurden mit diesen einfachen Gerätschaften qualitativ hochwertige Textilien hergestellt. Nur mittels protektionistischer Gesetzte vermochten sich die Textilproduzenten Englands gegen die Konkurrenz aus Indien zur Wehr setzen.[33] Anlass zu größerer Effizienz der Webstühle und damit einhergehender großer Kapitalinvestitionen war in Indien also nicht gegeben. Hingegen scheint eine Differenzierung im Produktionsbereich stattgefunden zu haben, wenn in der Textilregion Masulipatnam hochqualifizierte Weber feiner Textilien in Dörfern mit geringer sozialer Differenzierung lebten, während große Mengen Stoffe mittlerer Qualität in größeren Siedlungen produziert wurden, wo wohlhabende ‚Chef-Weber' dazu übergehen konnten, an ihren zahlreichen Webstühlen Lohnarbeiter zu beschäftigten.[34]

Der Niedergang eines Teils des Textilgewerbes im 19. Jahrhundert hat mehrerlei Ursachen. Zum einen demobilisierte die britische Kolonialmacht, die ihre Herrschaft nach dem letzten Krieg gegen den Verband der Marathen von 1818 konsolidierte, im Zuge ihrer zahlreichen Befriedungsaktionen die zahllosen Miliz- und Soldatenverbänden der lokalen ‚little kings'. Sie waren Großabnehmer verschiedenster Textilprodukte für deren Uniformen. Der Zusammenbruch des ‚Soldatenmarktes' führte zu erheblichen Absatzkrisen im Textilbereich. Gleiches war bei den feineren Textilien für die ‚little kings' zu beobachten, die aufgrund ihrer Entmachtung nicht mehr in der finanziellen Lage waren, teure Luxustextilien zu kaufen, so dass auch in diesem Segment die Produktion einbrach. Den damit einhergehenden Niedergang der kleineren und mittleren Städte als vormalige Residenzstädte, Herrschaftssitze und Handelsplätze konnte der Aufstieg der britischen Küstenmetropolen als Warenumschlagplätze und schließlich als Zentren der Textilindustrie nicht kompensieren.[35]

Während in Südindien die Weber auf den zunehmenden ökonomischen Druck der britischen Textilimporte in der ersten Hälfte des 19. Jahrhunderts relativ flexibel reagieren konnten, indem sie die Anzahl der Webstühle reduzierten und sich auf die groben Stoffarten konzentrierten, brach das Textilhandwerk in Bengalen in weiten Teilen zusammen. Im Unterschied zum südindischen Textilgewerbe waren die Weber Bengalens kaum in Zünften oder Gilden organisiert. Konnten sich die

---

[33] Sergio Aiolfi, *Calicos und gedrucktes Zeug. Die Entwicklung der englischen Textilveredelung und der Tuchhandel der East India Company 1650-1750* (Wiesbaden 1987), S. 7-105.

[34] Joseph J. Brennig, Textile producers and production in late seventeenth century Coromandel, in: Sanjay Subrahmanyam (Hg.), *Merchants, Markets and the State in Early Modern India* (Delhi 1994), S. 66-89.

[35] C. A. Bayly, *Indian Society and the Making of the British Empire* (=The New Cambridge History of India, II,1, Cambridge 1988), Kap. 4 und 5, S. 106-168 und ders., *Rulers, Townsmen and Bazaars*, S. 303-369.

Abb. 55: Haspelnde Inderin.

Weber dort deshalb zum Teil sehr erfolgreich gegen diktierte Produktionsbedingungen zur Wehr setzen, indem sie die Arbeit verweigerten oder nofalls kollektiv abwanderten, kollabierte das bengalische Textilhandwerk vor allem in den Städten Murshidabad und Dhaka, weil sie seit dem ausgehenden 18. Jahrhundert der monopolartigen Kontrolle der EIC ausgeliefert waren. In diesen Städten lagen die Zentren feinster Muslin- und Seidenproduktion, die nun ohne nordindische Abnehmer blieben.[36] In den Zentren Gujarats litt die Textilindustrie nicht so sehr unter dem Rückgang der Produktion wie die in Bengalen, da die Hersteller sich dort auf grobe Baumwollstoffe für den Binnenmarkt spezialisiert hatten.[37]

Abb. 56: Grubenwebstuhl.

[36] Hameeda Hossain, *The Company Weavers of Bengal. The East India Company and the organization of textile production in Bengal, 1750-1813* (Delhi etc. 1988). Konrad Specker, *Weber im Wettbewerb. Das Schicksal des südindischen Textilhandwerks im 19. Jahrhundert* (Wiesbaden 1984), S. 93-106, 130-170.

[37] V. D. Divekar, Regional Economy 1757-1857: Western India, in: Dharma Kumar (Hg.), *The Cambridge Economic History of India, vol 2: c. 1757-1970* (Cambridge 1982), S. 332-352, hier S. 347.

Abb. 57: Webstuhl ohne Schnellschuss.

Schließlich drängten seit den 1820er Jahren hauptsächlich industriell gesponnene Garne, aber auch gewobene Textilien aus England auf die Märkte Indiens. Beides konnte wegen der maschinellen Herstellung nicht nur billiger produziert, sondern auf Veranlassung der englischen Textilunternehmer zollfrei importiert werden. Diesem kombinierten politischen und wirtschaftlichen Zugriff der Kolonialmacht waren die indischen Produzenten schutzlos ausgeliefert. Dennoch brach das indische Textilgewerbe nie vollständig zusammen. Vor allem in den Segmenten der groben und einfachen Baumwolltuche für die ländliche Bevölkerung konnte es flexibel auf die Billigimporte reagieren und erfolgreich gegen die englische Konkurrenz bestehen, die sich auf die besseren, global absetzbaren Produkte konzentriert hatte und diese in Indien bei den vermögenderen, eher städtischen Bevölkerungsgruppen absetzte.[38]

Neben dem Textilhandwerk gab es noch weitere große Gewerbebereiche wie die Herstellung von Goldfaden für die Brokatstickerei, die Messingveredelung, die Lederverarbeitung und die Teppichknüpferei. Detaillierte Untersuchungen zum 18. und für die erste Hälfte des 19. Jahrhunderts liegen bislang kaum vor. Bisweilen wird davon ausgegangen, dass die Industrialisierung und die zunehmende Einbindung des indischen Handwerks in die globale Ökonomie nach 1869 (Eröffnung des Suezkanals) bis zum Beginn der Weltwirtschaftskrise 1929 zu keinen großen Veränderungen in Struktur, Organisation und Technologie geführt haben. Gleichwohl nahm die Arbeitsteilung zu, denn Vertrags- und Lohnarbeit durchdrangen auch diese Wirtschaftsbereiche. Insgesamt profitierten alle genannten Gewerbe von der Integration in den Weltmarkt, was sich positiv auf den Industrialisierungsprozess Indiens auswirkte. Nachteilig war lediglich der ausbleibende Strukturwandel, denn grundlegende Manko hielt bis in das post-koloniale Indien an und wirkte hier noch mit seinen arbeitskräfteintensiven Produktionsfor-

[38] K. Specker, *Weber im Wettbewerb*, S. 117-191.

men auf dem Niveau von Proto-Firmen sehr hemmend für eine zeitgemäße Industrialisierung.[39]

Allerdings belegt das Beispiel des lederverarbeitenden Gewerbes, dass es in diesem Bereich sehr wohl substanzielle Transformationsprozesse wirtschaftlicher, technologischer und sozialer Art gegeben hat. In den Dörfern im Hinterland der nordindischen Städte Kanpur und Lakhnau war das Ledergewerbe samt qualifizierten Fachleuten seit dem Beginn des 18. Jahrhunderts ansässig. Nachdem die Briten Kanpur 1778 okkupiert und dort eines der größten ‚Cantonments' in Indien angelegt hatten, wandelten sie die Stadt im Laufe von Jahrzehnten in eine Militärbasis mit angeschlossenen Sattlereien und Schustereien um. Mitte des 19. Jahrhunderts arbeiteten schätzungsweise 300 Familien im lederverarbeitenden Gewerbe, wobei die *jati** der *chamar*s, die als Abdecker und Gerber tätig waren, sich in der Gegend verstärkt niedergelassen hatten. Im Jahr 1867 beschloss die britische Militärverwaltung, in Kanpur einen der größten Militärstützpunkte und Industriestandorte Indiens zu errichten. Baumwoll- und lederverarbeitende Betriebe sollten in der Stadt angesiedelt werden. Während die Textilindustrie auf sich warten ließ, investierte die Lederindustrie mit staatlichen Anreizen in Kanpur oder trat gleich selbst als Staatsbetrieb in Erscheinung.[40]

Die ‚Government Harness and Saddlery Factory' wurde 1876 gegründet und beschäftigte bald zwischen 2.200 und 2.800 Arbeitern. Das private Unternehmen ‚Cooper, Allan & Co.', auch als ‚Hazari Bangla' bekannt, folgte 1880 und beschäftigte etwa 3.000 Arbeiter, die sich auf das Gerben und die Herstellung von Sätteln spezialisierten. Schließlich öffnete 1892 die ‚North West Tannery', nachdem zusätzliche Eisenbahnlinien neue Handelskapazitäten und Versorgungsmöglichkeiten mit Rohstoffen wie Häute und Borke zum Gerben eröffnet hatten. Innerhalb weniger Jahre wurden Sättel und Zaumzeug, Schuhe und Stiefel in alle indischen Militärbasen der Briten geliefert, Rohprodukte wie gegerbte Häute zunehmend auch exportiert, vor allem nach Südafrika und nach China. Mit wachsendem imperialem Engagement der Briten in aller Welt expandierte die Lederindustrie in Kanpur, aber auch in Lakhnau, Calcutta, Madras und Maisur, um den internen wie externen Bedarf an Lederprodukten zu decken.

Die gewerbliche Lederverarbeitung wandelte sich mit der Einführung chemischer Gerb- und Färbeprozesse um die Wende vom 19. zum 20. Jahrhundert in eine industrielle Produktion, die von den Dörfern in Städte verlagert wurden, die an das Eisenbahnnetz angebunden waren. Hier verlor der dörfliche, oft wandernde *chamar* seinen gewohnheitsrechtlichen Anspruch auf die Felle der toten Tiere zugunsten des Status eines städtischen, dauerhaft ansässigen und damit leichter zu

---

39 Tirthankar Roy, *Traditional Industry in the Economy of Colonial India* (Cambridge 1999).

40 Maren Bellwinkel-Schempp, Kanpur 1830 – 1973: Eine koloniale Industriestadt und ihre Arbeiterschaft, in: Hermann Kulke et al., *Städte in Südasien. Geschichte, Gesellschaft, Gestalt* (Stuttgart 1982), S. 133-157. Zoë Yalland, *Traders and Nabobs. The British in Cawnpore, 1765-1857* (Wilton 1987).

kontrollierenden Kontraktarbeiters. Andererseits konnten die *chamars* in den Städten vereinzelt Kapital akkumulieren, eigene Gerbereien eröffnen und in einigen Fällen die Grundlage für einen wirtschaftlichen und sozialen Aufsteig schaffen. Der *chamar* verschwand nie ganz aus den Dörfern, da hier nach wie vor seine wirtschaftliche und soziale Basis lag. Abgesehen davon waren industriell gefertigte Lederprodukte nicht für den dörflichen, sondern für den militärischen Markt bestimmt, so dass der *chamar* in gewisser Weise auch konkurrenzlos war.[41] Hier deutet sich ein Charakteristikum der Industrialisierung Indiens an: Zum einen war sie stark exportorientiert, zum anderen versorgte ein weiterhin mit herkömmlichen Methoden und Techniken arbeitendes Gewerbe den indischen Markt in Bereichen, die von europäischen Unternehmen nicht abgedeckt wurden.

Wenn von Industrialisierung Indiens die Rede ist, geht damit oft die Frage einher, warum Indien sich nicht in gleichem Maße industrialisiert habe wie Japan, das fast gleichzeitig seinen wirtschaftlichen ‚Modernisierungsprozess' begann. Da Japan nie unter kolonialer Herrschaft stand, spielten in der Südasien-Forschung lange Zeit Fragen der kolonialen Strukturbildungen, Asymmetrien und Deformationen eine zentrale Rolle. Mittlerweile scheinen Positionen wie die des ‚trägen' indischen Kapitals und der ‚mangelnden technischen Innovationsbereitschaft' der Vergangenheit anzugehören. Auch Argumente, durch die Kolonialherrschaft sei überhaupt erst eine gesamtindische ‚Modernisierung' zustande gekommen, werden in dieser Pauschalität nur noch selten ernsthaft ins Feld geführt.[42] Bis in die jüngste Vergangenheit konzentrierten sich die Themenstellungen zur indischen Wirtschaftsgeschichte auf Fragen der De-Industrialisierung, der Entwicklung zur Unterentwicklung und der Unterkapitalisierung. Als Ausgangspunkt dienten die vorkolonialen Produktionsbedingungen und Gesellschaftsverhältnisse, die bis in die gegenwärtige Historiografie hinein gelegentlich als ‚paradiesische Zustände' verklärt werden.[43] Inzwischen stehen eher Fragen nach den wirtschaftsfördernden und -hemmenden Maßnahmen des britischen Kolonialregimes im Mittelpunkt des akademischen Interesses.

Einen Scheidepunkt in der Wirtschaftsentwicklung Indiens stellt das Jahr 1923 dar. Bis dahin war Indien dem Freihandel geöffnet, was die exportorientierten Strukturen förderte und die Briten a priori in eine vorteilhafte Situation versetzte.[44] Nach 1923 förderte der Protektionismus einige wenige Großinvestoren in den Schlüsselindustrien wie Baumwolle und Stahl. Das Segment der mittleren und kleineren Investoren aber blieb wegen des fehlenden indischen Kapitalmarktes au-

---

41 Henry G. Walton, *A Monograph on Tanning and Working in Leather in the United Provinces of Agra and Oudh* (Allahabad 1903), S. 28. T. Roy, *Traditional Industry in the Economy of Colonial India*, S. 155-196.

42 Einen ausgezeichneten Überblick zum Forschungsstand Anfang der 1980er Jahre gibt Neil Charlesworth, *British Rule and the Indian Economy, 1800-1914* (Basingstoke 1982).

43 So beispielsweise Prasannan Parthasarathi, *The Transition to a Colonial Economy. Weavers, merchants and kings in South India, 1720-1800* (Cambridge 2001).

44 Amiya K. Bagchi, *Private Investment in India, 1900-1939* (Cambridge 1972), S. 3-25.

ßen vor, so dass es zu keiner Diversifizierung der Industrie und zu keiner breiten regionalen Streuung der Industriebetriebe kam. Nachhaltig beeinflusste das kolonialstaatliche Engagement die wirtschaftliche Entwicklung Indiens, als in den 1930er Jahren nicht nur die öffentlichen Investitionen, sondern die öffentlichen Ausgaben insgesamt abnahmen, woraufhin auch der private Konsum zurückging. Nun machten sich die Folgen der Weltwirtschaftskrise auf dem kolonialen Agrarsektor und das auf den Einnahmen aus der Landsteuer basierende koloniale Fiskalsystem unangenehm bemerkbar. Die Regierung konnte in dieser ökonomisch und fiskalisch angespannten Situation kein Interesse daran zeigen, Kapital aus dem Primärsektor freizusetzen, das als Investitionskapital im Industriebereich hätte verwendet werden können. Stattdessen wurde weiterhin Kapital im indischen Boden versenkt. Im Jahr 1913 lag die Gesamtverschuldung der indischen Bauern bei etwa 5 Milliarden Rupien, während der Wert des Bodens bei etwa 40 Milliarden Rupien lag. Im Unterschied dazu betrugen die Investitionen in die Industrie gerade einmal 300 Millionen Rupien.[45]

Handwerk und Gewerbe leisteten noch zu Beginn des 19. Jahrhunderts beste Qualitätsarbeit, mit regionalen Unterschieden. Dies galt sowohl für den Textilbereich wie partiell auch für die Eisen- und Stahlherstellung. Beide Wirtschaftssektoren sind im Verlauf der britischen Kolonialherrschaft in einem Jahrzehnte andauernden Prozess zu Teilen oder nahezu vollständig zerschlagen worden. Nur zögerlich initiierten die Briten die Industrialisierung Indiens. Zu bedacht waren sie auf möglicherweise unkontrollierbare Konsequenzen eines Technologietransfers und einer dadurch entstehenden, ebenfalls unkontrollierbaren Konkurrenz. So zog sich allein die Einfuhr von Dampfmaschinen über mehrere Jahrzehnte. Obwohl die ersten Anfragen aus Indien schon Ende des 18. Jahrhunderts vorlagen, wurden Dampfmaschinen nur mit erheblicher Verzögerung geliefert. Das hatte mehrerlei Gründe. Generelle Vorbehalte, die auf kultureller und klimatischer Differenz beruhten (europäische Technologie funktioniert in Indien nicht) waren gepaart mit rassistischen Vorurteilen (Inder verstehen europäische Technologie nicht), weshalb ausschließlich britische Maschinisten nach Indien geschickt wurden. Wie viele Europäer starben auch die Maschinisten binnen weniger Jahre an Krankheiten. Nicht wegen kultureller oder technischer Probleme, sondern allein wegen eines ausbleibenden Know-how-Transfers an indisches Personal konnte die neue Technik lange Jahre nicht etabliert werden.[46]

Erste Versuche von Europäern in den 1820 und 1830er Jahren, in Kooperation mit indischen Investoren eine Textilindustrie in Indien aufzubauen, scheiterten wegen Kapitalmangels, fehlender Maschinen samt Reparaturpersonals und allgemei-

---

45 D. Rothermund, *Indiens wirtschaftliche Entwicklung*, S. 78.

46 Jennifer Tann and John Aitken, The diffusion of the stationary steam engine from Britain to India, 1790-1830, in: *Indian Economic and Social History Review* 29,2 (1992), S. 199-214. Siehe auch Michael Mann, *Flottenbau und Forstbetrieb in Indien 1794-1823* (Stuttgart 1996), S. 47-48.

ner Unerfahrenheit gegenüber der übermächtigen britischen Konkurrenz. Das gleiche galt für den Versuch, ein Eisenwerk zu gründen, den die fehlende Bereitschaft der Briten zur Übernahme von Garantien auf zusätzlich benötigte Kredite zunichte machte. Auch zunächst erfolgversprechende Ansätze von Dwarkanath Tagore aus den 1830er und 1840er Jahren, in Bengalen Bank- und Industrieunternehmungen auf die Beine zu stellen, brachen mit der Finanzkrise von 1846 zusammen; die indischen Eliten überließen seitdem das Feld britischen Kapitalinvestoren. Diese bestellten es ab den 1850er Jahren, als in Bombay und Calcutta die ersten Textilfabriken gegründet wurden, an denen von Anfang an auch indische Kooperationspartner beteiligt waren.[47]

Im Jahr 1873 gab es in Calcutta vier Jutefabriken mit 1.000 Webstühlen, in den 1880er Jahren bereits 23 Jute verarbeitende Betriebe mit 6.000 Webstühlen und einer Arbeiterschaft von 48.000 Personen. In Bombay gründete ein Inder die dortige Baumwollindustrie und allein zwischen 1872 und 1878 kamen 32 neue Fabriken hinzu. Die Überlegung der Unternehmer bestand zunächst darin, die englischen Textilimporte durch Eigenproduktion zu substituieren, um dann den Markt allmählich zu beherrschen. Bei Baumwolle und Jute sollte die Strategie aufgehen, bei der industriellen Lederverarbeitung in Kanpur oder der Eisen- und Stahlindustrie bis auf die Ausnahme Jamshed Tatas nicht. Ein wesentliches Hindernis bei der Industrialisierung stellte der fehlende indische Kapitalmarkt dar. Die erwähnte Unterkapitalisierung kam auch durch die laufenden finanziellen Verpflichtungen des indischen Steuerzahlers gegenüber der britischen Kolonialmacht zustande, denn allein zwischen 1858-59 und 1897-98 wurden fast 5,5 Milliarden Rupien an Pensionsgeldern und Dividendenzahlungen, die so genannten „Home Charges", nach Großbritannien überwiesen.[48]

Zweifelsohne begann in Indien nach 1870 die Industrialisierung: Der Produktionsausstoß wuchs anteilmäßig am nationalen Einkommen, der Wertzuwachs pro Arbeiter stieg und die Produktivität im Sekundärsektor konnte im Vergleich zum Primärsektor insgesamt gesteigert werden. Gemessen an den Produktionszahlen bei Baumwolle und Jute war Indien zu Beginn des 19. Jahrhunderts ein globaler Konkurrent und bei Unabhängigkeit des Landes 1947 der zehntgrößte Hersteller von Verbrauchsgütern. Bei genauerem Hinsehen zeigt sich jedoch ein geringer Zuwachs bei den Pro-Kopf-Einkommen. Generell war eine unzureichende Maschinisierung zu verzeichnen, und im Industriesektor wurde noch vielfach Handarbeit eingesetzt. Die Industrialisierungsrate blieb in der ersten Hälfte des 20. Jahrhunderts bei bescheidenen 12 Prozent, der Anteil der Industrie am Sozialprodukt lag bei drei Prozent und der Anteil der Industriearbeiter an der gesamten Ar-

[47] Morris D. Morris, The growth of large-scale industry to 1947, in: Dharma Kumar (Hg.), *The Cambridge Economic History of India, vol 2: c. 1757-1970* (Cambridge 1982), S. 553-676, hier S. 572-83.

[48] D. Rothermund, *Indiens wirtschaftliche Entwicklung*, S. 68-70, 74-75. B. R. Tomlinson, *Economy of Modern India*, S. 98-99.

beiterschaft rangierte unter zwei Prozent. Noch 1939 war Indien trotz einer florierenden und partiell exportorientierten Baumwollindustrie ein Netto-Importeur dieser Textilien.[49]

Auch geografisch schlug sich die asymmetrische Industrialisierung nieder. Im Westen des Subkontinents entstanden um Bombay und Ahmedabad Industriezentren der Baumwollverarbeitung. Im Osten wurde in Calcutta eine Juteverarbeitung aufgebaut, nachdem in der ersten Hälfte des 19. Jahrhunderts in Dhaka und weiten Teilen Bengalens die handwerkliche Baumwoll- und Seidenproduktion wegen der maschinell hergestellten Textilien aus England völlig zusammengebrochen war. Ab dem beginnenden 20. Jahrhundert trat mit den Eisen- und Stahlwerken in Jamshedpur ein weiteres im Osten gelegenes Industriezentrum hinzu. Indes standen diese Regionen in keinerlei struktureller Verbindung zueinander, so dass synergetische Effekte ausbleiben mussten. Dennoch erwirtschafteten die beiden Industrieregionen 1947 zwei Drittel der indischen Industrieproduktion, was als weiterer Indikator für die deformative Industrialisierung Indiens gesehen werden muss.[50] Dies spiegelt auch die Anlage des Eisenbahnnetzes wider, von dessen Errichtung so gut wie kein ‚Lokomotiveffekt' in Bezug auf nachziehende Industrien ausging wie in den sich industrialisierenden Ländern Europas und den USA. Nur einige wenige Städte im Inland, vorausgesetzt sie lagen an strategisch günstigen Eisenbahnknotenpunkten, partizipierten an der ökonomischen Entwicklung. An der einseitigen Ausrichtung des Schienennetzes auf die militärischen und wirtschaftlichen Bedürfnisse der Kolonialmacht und ihrer Küstenmetropolen scheiterte letztlich jegliche ökonomische Strukturentwicklung zugunsten Indiens.[51]

Abgesehen von den geografischen Distanzen und den diversen administrativen Direktiven traten logistische Defizite im Industriesektor hinzu. Dazu zählte auf britischer Seite die mangelnde Bereitschaft, Reparaturmöglichkeiten samt Ersatzmaterialien in ausreichendem Maß bereitzustellen. Auch die fehlende städtische Energieversorgung stellte ein ständiges Problem dar, so dass Firmen gezwungen waren, ihren eigenen Strom zu produzieren. Auf indischer Seite fehlte wiederum die Bereitschaft, in die Entwicklung eigener Maschinen und in Ausbildungsplätze für qualifizierte Facharbeiter zu investieren. Erst 1888 richteten indische Unternehmer mit dem ‚Victoria Jubilee Technological Institute' in Bombay ein professionelles Ausbildungsinstitut ein. Diese Initiative war eher die Ausnahme, zumal

---

[49] B. R. Tomlinson, *Economy of Modern India*, S. 92-93. N. Charlesworth, *British Rule and Indian Economy*, S. 39.

[50] B. R. Tomlinson, *Economy of Modern India*, S. 96. Zur besonderen Rolle Ahmedabads, wo indische Bankiers, Industrielle und Handwerker in fruchtbarer Kooperation arbeiteten und so auch auf dem Marktsegment der feineren Tuche gegenüber der britischen Konkurrenz bestehen konnten, siehe Kenneth L. Gillion, *Ahmedabad. A study in urban history* (Berkeley and Los Angeles 1982), S. 46-49, 74-104.

[51] D. Thorner, *Investment in Empire*, S. 69-182. Ian J. Kerr, *Building the Railways of the Raj, 1850-1900* (Oxford 1995). Zu verschiedenen Aspekten des Eisenbahnbaus in Indien siehe die Sammlung einschlägiger Aufsätze von dems. (Hg.), *Railways in Modern India* (Delhi 2001).

sich gerade die Bombayer Betriebe früh durch eine indische Facharbeiterschaft auszeichneten – im Gegensatz zum Rest des Landes, das bis ins 20. Jahrhundert auf europäische Fachkräfte baute.[52]

Neben den erwähnten Textilzentren, die in den traditionellen Regionen des indischen Textilsektors entstanden, weil dort bereits eine qualifizierte Arbeiterschaft vermuteten, siedelten sich ab den 1860er Jahren auch in mittelgroßen Städten textilverarbeitende Industriebetriebe an, so in Surat, Kanpur, Nagpur und in Madurai. Hinzu trat eine Vielzahl kleinerer Städte, die vom allgemeinen Baumwollboom profitierten. Auf das ganze Land bezogen blieb die sporadische Verteilung von Industriestandorten ein gesamtwirtschaftlich zu vernachlässigender Faktor. Insgesamt überschritt die indische Textilindustrie im Marktsegment der groben Baumwollstoffe, die aus der grobfasrigen indischen Baumwolle hergestellt wurden, schnell die Schwelle vom importsubstituierenden zum exportorientierten Produzenten.[53] Feines Baumwollgarn und feine Baumwolltextilien kamen nach wie vor aus Großbritannien. Nur über massive Einschnitte in der Produktion vermochte das dörfliche Textilhandwerk dem wachsenden Industriedruck standzuhalten, freilich um den Preis eines kärglichen und krisengeschüttelten Lebens im Rahmen der britischen Kolonialwirtschaft.[54]

In den wenigen urbanen Zentren schritt die Industrialisierung jedoch schnell voran. Diesen Prozess verdeutlichen die nachfolgenden Tabellen:

Entwicklung der Baumwollindustrie in Indien, 1875-6 bis 1918-19[55]

Jahr	Fabriken	Spindeln	Webstühle	Arbeiter
1875-6	47	1.100	9.100	keine Angaben
1883-4	79	2.002	16.300	60.000
1893-4	142	3.650	31.100	130.000
1903-4	191	5.118	45.300	185.000
1913-14	271	6.779	104.200	260.000
1918-19	258	6.690	118.000	293.000

Für die Jutebetriebe Indiens liegen längere Zahlenreihen vor, die das nahezu ungebrochene Wachstum dieser Branche der Textilindustrie über fast ein Jahrhundert belegen. Bescheiden begann die Entwicklung, denn bis 1873 existierten nur fünf Jutefabriken in Calcutta. Erst in den 1880er Jahren setzte eine Welle von Firmengründungen ein, mit der es gelang, auch den britischen Markt zu erobern,

[52] M. D. Morris, Growth of large-scale industry, S. 556-557, 572, 583, 599-600.

[53] Zwischen 1896-7 und 1913-14 betrug der Exportanteil an der Gesamtproduktion 10 Prozent, siehe ebenda, S. 578.

[54] K. Specker, *Weber im Wettbewerb*, S. 106-112.

[55] M. D. Morris, Growth of large-scale industry, S. 567, Table 7.2 und S. 603, Table 7.7.

nachdem bis in die 1870er Jahre die indischen Juteerzeugnisse fast ausnahmslos nach Australien, Amerika und Ägypten verkauft worden waren.[56]

Entwicklung der Juteindustrie in Indien, 1854-5 bis 1938-9[57]

Jahr	Fabriken	Webstühle	Arbeiter
1854-5	1	keine Angaben	keine Angaben
1868-9	5	950	keine Angaben
1883-4	23	6.132	47.863
1893-4	28	9.580	69.179
1903-4	38	18.400	123.869
1913-14	64	30.050	216.288
1918-19	76	40.043	275.500
1923-4	89	49.088	330.408
1928-9	95	52.409	343.868
1933-4	99	59.501	257.175
1938-9	107	67.939	295.162

Die schönen Zahlenparaden können freilich nicht darüber hinwegtäuschen, dass es zu regional und lokal unterschiedlichem Wachstum kam und dass dabei Bombay und Calcutta sowie Ahmedabad Spitzenpositionen einnahmen, die die Zahlen der Tabellen maßgeblich nach oben treiben. Abgesehen davon belegt die ‚Erfolgsgeschichte' von Calcuttas Juteindustrie in paradigmatischer Weise die Formen und Folgen kolonialer Wirtschaftsbeziehungen. Fabriken, Schifffahrtsunternehmen, Reedereien und Versicherungsgesellschaften waren fast ausnahmslos in britischen Händen und kooperierten eng mit den kolonialstaatlichen Institutionen. Industrie, Kapital und Staat arbeiteten in einer (einzigartigen) kolonialspezifischen Konstellation zusammen, um den Transfer der Profite außer Landes sicherzustellen.[58]

Das System der ‚Managing Agencies' bildete in Calcutta die ökonomische und logistische Basis der kolonialwirtschaftlichen Unternehmungen. Ursprünglich war der europäische ‚Managing Agent' in den Plantagenbetrieben, Minen und Industrie-Unternehmen als Verwalter mit umfassenden Kompetenzen eingesetzt worden, um für die abwesenden Eigentümer die Geschäfte zu führen.[59] Er installierte zunächst keinen eigenen Dienstleistungsapparat, sondern verließ sich auf das

[56] D. Rothermund, *Indiens wirtschaftliche Entwicklung*, S. 74-75.

[57] M. D. Morris, Growth of large-scale industry, S. 569, Table 7.1 und S. 612, Table 7.14.

[58] Parimal Ghosh, *Colonialism, Class and a History of the Calcutta Jute Millhands, 1880-1930* (London/Hyderabad 2000), S. 10-12, 35-44.

[59] Zu den Anfängen des ‚Managing Agency' Systems siehe den grundlegenden Aufsatz von Blair B. Kling, The origin of the managing agency system in India, in: Rajat K. Ray (Hg.), *Entrepreneurship and Industry in India, 1800-1947* (Delhi etc. 1992), S. 83-98.

Abb. 58: Jutefabrik in Calcutta 1946.

örtliche Angebot an Fachkräften. Eine ‚Managing Agency' konnte durchaus für mehrere Unternehmungen ihre Dienste anbieten und so allmählich eine monopolartige Stellung als Unternehmensberater erhalten. Erfolgreiche Agenturen machten sich im Laufe der Zeit selbständig, gaben Aktien aus und traten nun als eine auf Kapitalbeschaffung, Vermittlung von Fachkenntnissen, zeitgemäße Verwaltung und Informationen spezialisierte kolonialspezifische Organisationsform auf, die der indischen Industrie ein optimales Dienstleistungspaket offerierte.

Manipulationen der Firmengeschäfte und Spekulationen am Kreditmarkt waren nur ein Teil der Kehrseite, wenn sich mit Finanzoperationen mehr Profit erzielen ließ als mit der vereinbarten Dienstleistung. Technische und unternehmerische Innovationen mussten bei solcherlei Geschäften hintan stehen, hätten sie doch unnötig Energie und Zeit abgezogen. Dass auch indische Agenturen und Kapitalinvestoren gerne ihre Profite durch Kooperation mit den ‚Managing Agencies' erzielen wollten oder die ‚Managing Agencies' auf die Kooperation mit indischen Händlern, Bankiers und Industriellen angewiesen waren, wundert wenig. Schließlich war der Erfolg der ‚Managing Agencies' so großartig, dass ihre Wirtschaftskontrolle 1927 fast kartellartige Züge angenommen hatte, ohne dass freilich die Kolonialregierung einschritt.[60]

Bombays Baumwollindustrie stellt in vielerlei Hinsicht eine Ausnahme dar. Zum größten Teil waren Investoren und Fabrikeigentümer Inder; 1924 befanden sich von den 81 Textil-Unternehmen lediglich elf in europäischen Händen.[61] Nach 1918 wuchs die indische Industrieproduktion schneller als die Großbritanniens, die des Deutschen Reiches oder der USA und lag insgesamt über dem Weltdurchschnitt. So katastrophal die Auswirkungen der Weltwirtschaftskrise auf die indische Landwirtschaft waren, die allein 1929-30 einen Preisverfall von 50 Prozent hinzunehmen hatte, so erstaunlich ist die Unversehrtheit, mit der die indische Industrie die Krisenjahre überstand und dabei noch expandieren konnte. Dies geschah oft auf Kosten der Arbeiter, dic zu erhöhten Leistungen bei geringeren Löhnen verpflichtet wurden, damit die Maschinen besser ausgelastet waren. Aufgrund der erhöhten Nachfrage nach Textilien konnten sich zahlreiche Kleinbetriebe in den Städten des Inlandes mit ihren billigen Lebensmittelpreisen etablieren und dort mit geringen Löhnen einen entscheidenden Standtortvorteil gegenüber den großen Textilverarbeitungszentren ausspielen. Wegen der Preis- und Lohnentwicklung wurden nun auch handgesponnene Baumwolltextilien konkurrenzfähig.[62]

Diese regionale Streuung der Baumwollbetriebe hatte für Bombay dramatische Konsequenzen, da es jetzt einem innerindischen Produktions- und Handelsdruck ausgesetzt war, der sich trotz der allgemeinen Produktionserweiterung im abnehmenden Anteil an der Gesamterzeugung von Baumwolltextilien niederschlug. Bombays Anteil an Fabriken fiel zwischen 1913-14 und 1938-9 von 31,4 Prozent auf 17,5 Prozent und der Anteil der täglich Beschäftigten nahm im gleichen Zeitraum von 42,3 Prozent auf 25,7 Prozent ab. Um konkurrenzfähig zu bleiben, erzwangen die Bombayer und die Ahmedabader Industrie Lohnkürzungen von bis zu 15,5 Prozent.[63] Trotz dieser einschneidenden Maßnahmen und einer partiellen Schutzzollpolitik der Briten nach 1921 konnten bei stetig steigenden Arbeitslosenzahlen massive soziale Konflikte nicht verhindert werden, nachdem allein zwischen 1929 und 1934 insgesamt 22 der 77 noch existierenden Baumwollbetrie-

---

[60] D. Rothermund, *Indiens wirtschaftliche Entwicklung*, S. 80-81. M. D. Morris, Growth of large-scale industry, S. 613, 623. B. R. Tomlinson, *Economy of Modern India*, S. 116-118.

[61] D. Rothermund, *Indiens wirtschaftliche Entwicklung*, S. 71.

[62] D. Rothermund, *India in the Great Depression, 1929-1939* (Delhi 1992), S. 136-138, 154-167. M. D. Morris, Growth of large-scale industry, S. 602-616. B. R. Tomlinson, *Economy of Modern India*, S. 115-116.

[63] M. D. Morris, Growth of large-scale industry, S. 616-624.

be schließen mussten. In den Jahren 1919 bis 1940 fanden acht Generalstreiks in Bombay statt, die 48 Millionen ausgefallener Arbeitsstunden auflaufen ließen. Erst der Zweite Weltkrieg mit seinem erhöhten Bedarf an Industrieprodukten entspannte die gesamtwirtschaftliche Situation und ließ das Land vom Schuldner in Großbritannien von £385,1 Millionen im Jahr 1934 zu dessen Gläubiger von £1,3 Milliarden im Jahr der Unabhängigkeit 1947 werden.[64]

Als eine indische Erfolgsgeschichte privaten Unternehmertums liest sich die Firmengründung von Jamshed N. Tata. Nach sorgfältiger Standortprüfung entschloss sich der in diversen Industriezweigen operierende Tata zur Gründung eines Eisen- und Stahlwerks, Tata Iron and Steel Company (TISCO), im südlichen Bihar. Nahe ergiebiger Kohleflöze, reichhaltiger Eisenerzminen und gesicherter Wasserversorgung stampfte er Anfang des 20. Jahrhunderts Industrieanlagen samt Stadt aus dem Boden. Jamshedpur wuchs binnen eines halben Jahrhunderts auf 218.000 Einwohner an. Im Gegensatz zu den anderen indischen Initiativen unterstützte die britisch-indische Regierung das Unternehmen, indem sie sich verpflichtete, auf zehn Jahre jährlich 20.000 t Eisenbahnschienen abzunehmen. Trotz der staatlichen Abnahmegarantien gelang es Tata auch durch persönliche Anwesenheit in London 1906-7 nicht, auf dem dortigen Kreditmarkt das notwendige Startkapital aufzubringen. Nur mit Unterstützung indischer Kapitalgeber, die es im Zuge der *swadeshi*-Bewegung* als patriotische Pflicht ansahen, private Gelder in ein nationales Unternehmen zu investieren, brachte Jamshed Tata die benötigten Kredite auf. Im Jahr 1911 gab es etwa 11.000 Kleinanleger, aus den Privatschatullen der Fürsten stammten 13 Prozent des Kapitals, während vier Mitglieder der Tata-Familie allein 13 Prozent des Kapitals investierten.[65]

***Swadeshi*-Bewegung** bedeutet wörtlich ‚aus dem eigenen Land'. Als Bewegung richtete sie sich gegen die politisch motivierte, verwaltungstechnische Teilung Bengalens, die 1905 zur Schwächung nationaler Agitationen führen sollte. Die Bewegung begann mit einem Schwur der Dissidenten im Rathaus von Calcutta, so lange keine britischen Waren mehr zu kaufen, bis die Teilung rückgängig gemacht worden sei. Der Boykott britischer Importwaren, durch einen weiteren Schwur auf dem Kalighat in Calcutta von einer großen Menschenmenge wiederholt, zeigte sich allen voran bei Textilien, die auf Versammlungen und Demonstrationen symbolisch verbrannt wurden.
Die Agitatoren griffen bei ihren Strategien auf programmatische Vorläufer aus der zweiten Hälfte des 19. Jahrhunderts zurück (Panjab 1881 und Maharashtra 1897) und schließlich auf die Äußerung Surendranath Banerjeas, Präsident des Indian National Congress im Jahr 1902, der anregte, so lange die britisch-indische Regierung nicht bereit sei, die indische Industrie mittels einer Tarifgesetzgebung zu schützen, sollten Inder beschließen, nur einheimische Produkte zu kaufen, um so die indische Industrie zu fördern. Ihren Höhepunkt erreichte die Bewegung zwischen 1905 und 1908,

[64] B. R. Tomlinson, *Economy of Modern India*, S. 114-115, 153-154, 160-161.
[65] A. K. Bagchi, *Private Investment in India*, S. 291-321.

als sie auch über die Provinzgrenzen Bengalens in den United Provinces of Agra and Oudh und in Teilen Maharashtras und dem Panjab zahlreiche Anhänger fand.
Die Briten reagierten äußerst gereizt auf diese kaum zu kontrollierenden wirtschaftlichen und politischen Aktionen, die über konfessionelle, soziale und regionale Grenzen hinweg operierte, versuchten sie aber gerade wegen des explosiven Gemischs aus Politik, Symbolik und Emotionen mit um so harscheren Polizeimaßnahmen zu unterdrücken. Unter diesem Druck verlagerte sich die Bewegung auf individuelle Protest- und Terrorakte gegen den Kolonialstaat, die erst aufhörten, als im Zuge der imperialen Krönungsfeierlichkeiten George V. in Delhi 1912 die Aufhebung der Teilung Bengalens angekündigt wurde, verknüpft mit der Verlegung der Hauptstadt von Calcutta nach dem zu planenden New Delhi.
In den 1920er und 30er Jahren machte sich dann Mohandas Karamchand Gandhi die Ideale und Methoden der *swadeshi* Bewegung zunutze, indem er erfolgreich an die Selbstbeschränkung der Bevölkerung auf notwendige, nicht importierte Kleidungsstücke, und zugleich an eine selbstverantwortliche und selbstgenügsame sowie selbstverwaltende indischen Nation appellierte.
(Literatur: Sumit Sarkar, *The Swadeshi Movement in Bengal, 1903-1908*. Calcutta 1973 und zu Mahatma Gandhis *swadeshi*-Philosophie Kirsten Sames, *Swadeshi. Der Unabhängigkeitsgedanke in Gandhis Wirtschaftskonzept*. Stuttgart 1998).

Nachdem das 1870 von der britisch-indischen Regierung in Surrey (England) eingerichtete ‚Royal Indian Engineering College' Inder gezielt von der Zulassung ausgeschlossen hatte, gründete Tata 1921 das ‚Technical Institute' und 1937 das ‚Research and Control Laboratory', dessen Personal bald ausschließlich aus Indern bestand. So sorgte Tata selbst dafür, dass innerhalb seines Betriebs die ausländischen Experten und Fachkräfte durch einheimische ersetzt werden konnten. Freilich spielten hier nicht unbedingt patriotische Attitüden eine Rolle, sondern rein unternehmerisches Kalkül, denn die Gehälter und Löhne der indischen Fachkräfte waren teilweise um die Hälfte niedriger als die der europäischen und amerikanischen Kollegen. Die allgemeine Absatzkrise der 1920er Jahre, ausgelöst unter anderem durch den Wegfall der staatlichen Aufträge, machte solch findige Einsparungen ebenso notwendig wie die höhere Auslastung der Anlagen, technische Innovationen und die Ausweitung der Exporte von billigem Roheisen nach Japan, in die USA und nach Großbritannien. Zwischen 1923-4 und 1932-3 weitete Tata seinen Anteil am Gesamtverbrauch Indiens aufgrund der günstigen Produktionsbedingungen und der steigenden innerindischen Nachfrage von 17,6 Prozent auf 72,3 Prozent aus. Mit Hilfe von Schutzzöllen, die dem Unternehmen als späte Startsubvention gewährt wurden, und vermehrt staatlicher Aufträge überstand TISCO die Weltwirtschaftskrise und die Billigkonkurrenz aus Belgien und dem Deutschen Reich nahezu unbeschadet.[66]

66 B. R. Tomlinson, *Economy of Modern India*, S. 9, 130-131. A. K. Bagchi, *Private Investment in India*, S. 321-328. Allgemein zur Politik des Familienunternehmens siehe R. M. Lala, *The Creation of Wealth* (Bombay 1981).

Bei der Rekrutierung der Arbeitskräfte nahm TISCO im Vergleich zu anderen indischen Großunternehmen eine Sonderstellung ein. Keinem anderen indischen Industrieunternehmen gelang die Anwerbung Dank kolonialstaatlicher Vorleistungen so reibungslos. Diese bestanden in der rigiden Forstpolitik nach Einführung der imperialen Gesetzgebung von 1878 und der damit einhergehenden Entrechtung lokaler Bevölkerungsgruppen. Im waldreichen Jharia (Bihar) waren zahlreiche Menschen Opfer der neuen Forstgesetzgebung geworden, die nun leicht von Arbeitsrekrutierern angeworben und zur Ansiedlung in Jamshedpur bewegt werden konnten. Weniger die lukrativen Löhne als die schlechten Lebensbedingungen trieben die Menschen in die Arme TISCOs. Abgesehen davon kam die Eisenindustrie in Jamshedpur in den unverhofften Genuss von Fachkräften, denn mit der Zerstörung des Lebensraumes der ortsansässigen Bevölkerung brach auch die lokale Eisenproduktion zusammen. Zahlreiche Männer fanden sich als Lohnarbeiter an den Hochöfen und Walzwerken TISCOs wieder.[67]

In den indischen Staaten blieb die Industrialisierung im Vergleich zu Britisch-Indien weit zurück, eine ausbleibende Entwicklung, die besonders in den ersten drei Jahrzehnte des 20. Jahrhunderts zu beobachten ist. Einerseits lag dies in vielen Staaten an den historisch gewachsenen Agrarstrukturen, in denen ein hoher Prozentsatz an *jagirdar*s als ländliche Elite das Kapital abschöpfte, was als Investitionskapital fehlte. Dieser ‚Rentenkapitalismus' korreliert mit der geringen Industrialisierungsrate. Andererseits hat die mangelnde Bereitschaft der Briten zu Kreditvergabe an indische Unternehmen dazu geführt, dass vielfach nicht investiert werden konnte. Gleichzeitig trug die konservierende Politik der Briten gegenüber den Monarchen dazu bei, die wirtschaftliche Disparität zu zementieren. Inkonsistenz kennzeichnete diese Politik, wenn britische ‚Residents' sich in die inneren Angelegenheiten manch eines Staates einmischten, um Transitzölle aufheben zu lassen oder Baukonzessionen für geplante Eisenbahnlinien zu erwirken. Umgekehrt engagierten sich die Briten nicht für indische Investoren, wenn es um den Zugang zum britischen Kapitalmarkt ging oder obstruierten geradezu indische Initiativen, wenn Industrie- oder Eisenbahnprojekte anvisiert wurden. Hier erfuhren Inder dann gleich welcher ‚Staatszugehörigkeit' dieselbe Art der Diskriminierung.[68]

In Maisur gewährte der *darbar* einem britischen Syndikat großzügige Konditionen für Schürfrechte in den 1884 entdeckten Goldminen von Kolar, die dem Herrscherhaus Gelder einbrachten, ohne dass der maisurische Staat insgesamt einen Nutzen davon gehabt hätte. Zu teuer waren die Entwicklungskosten, die im-

---

67 Vinay Bahl, *The Making of the Indian Working Class. The case of the Tata Iron and Steel Co., 1880-1946* (New Delhi/Thousand Oaks/London 1995), S. 92-98.

68 John Hurd II, The economic consequences of indirect rule in India, in: *Indian Economic and Social History Review* 12 (1975), S. 169-181 und ders., The influence of British policy on industrial development in the princely states, 1890-1933, in: ebenda, S. 490-524. Edward S. Haynes, Comparative industrial development in 19th and 20th-century India: Alwar State and Gurgaon District, in: *South Asia*, new series 3,2 (1980), S. 25-42.

portierten Maschinen und das britische Ingenieurpersonal sowie die in der Madras Presidency rekrutierten Arbeiter. Kohle musste aus Bengalen und Holz aus Malabar herbei transportiert werden.[69] Während sämtliche Profite an die britischen Investoren gingen, erhielt Maisur 1893 schließlich eine Eisenbahnlinie und 1902 ein Wasserkraftwerk. Ähnlich verhielt es sich in Haiderabad. Kohlefunde bei Warangal und am Godaveri 1872 weckten das Interesse der britisch-indischen Regierung, die mit billiger indischer Kohle die teuer importierte und subventionierte englische ersetzen wollte. Als 1880 einige britische und Haiderabader Staatsbedienstete die Eisenbahn- und Minenrechte miteinander kombinieren wollten, erhielten sie trotz Warnungen aus London vom *nizam* außerordentlich günstige Bedingungen. Anschließend trieben die Investoren die Aktien der aufgeblähten ‚Nizam's Guaranteed State Railway' in die Höhe, profitierten erheblich von den Geschäften an der Londoner Börse und lösten fast den Staatsbankrott Haiderabads aus.[70]

Dreißig Jahre nachdem die erste Textilfabrik in Bombay gegründet worden war, eröffneten in Maisur die ‚Mysore Spinning and Manufacturing Mills', zwei Jahre später in Bangalore die ‚Woolen, Cotton and Silk Mills'. Von Anbeginn hinderten eine fehlende Unternehmerklasse, mangelndes Kapital und die britische Tarifpolitik die erfolgreiche Entwicklung der beiden Industriebetriebe. Dem versuchte M. Visvesvaraya, der eine Ingenieursausbildung in Puna erhalten hatte und bis 1909 im ‚Public Works Department' von Bombay angestellt war, durch großangelegte, staatlich geförderte Unternehmen zu begegnen, die auf einer eigenen Infrastruktur und ausländischem Kapital basieren sollten. Als Minister in Maisur gründete er 1913 die ‚Mysore Bank', 1916 die ‚Mysore Chamber of Commerce' und die ‚Mysore University'. Mit Hilfe J. N. Tatas, aber auch der britisch-indischen Regierung, rief er 1911 in Bangalore das ‚Indian Institute of Technology' ins Leben, für das der *maharaja* das Land zur Verfügung stellte. Auch initiierte Visvesvaraya das höchst kapitalintensive Kauvery-Staudamm-Projekt und die ‚Mysore Iron and Steel Works'.

Visvesvarayas Nachfolger, Mirza Ismail, setzte die Industrialisierungspolitik fort. Beinahe wäre es ihm Ende der 1930er Jahre gelungen, mit Hilfe des vermögenden Reeders Walchand Hirachand ein Automobilunternehmen in Maisur anzusiedeln und Chrysler-Autos in Lizenz zu bauen, wenn das nicht am Widerstand der Briten gescheitert wäre. Willkommen war indes die Gründung der ‚Hindustan Aircraft' während des Zweiten Weltkrieges, konnten die Briten doch so die indischen Ingenieure und Produzenten für ihre Kriegsziele einspannen. Im Unterschied dazu bevorzugte Alfred Chatterton, der 1912 als erster Direktor des ‚Department of Industries and Commerce' in Maisur eingestellt worden war, eher

---

[69] Zum Arbeitsmarkt siehe Janaki Nair, *Miners and Millhands: Work, culture and politics in princely Mysore* (Walnut Creek, CA 1998), Kap. 2 und 3.

[70] Barbara N. Ramusack, *The Indian Princes and Their States* (=The New Cambridge History of India III,6, Cambridge 2004), S. 198-199.

kapitalarme, kleinräumige Industrieprojekte wie die ‚Experimental Weaving Factory', die ‚Sandalwood Oil Factory' und eine Seifenfabrik. In dieser Tradition stand auch noch ein 1937 errichtetes Ammoniumsulfat-Werk, das die autarke Düngerherstellung in Indien einleitete. Wenn auch Maisur nicht die wirtschaftliche Unabhängigkeit innerhalb des British *Raj* erhielt, die Visvesvaraya sich erträumt hatte, legte er mit den diversen Instituts- und Industriegründungen dennoch die Keimzelle der gegenwärtig so erfolgreichen indischen Informationstechnologie an.[71]

Der Gaekwad von Baroda wollte nach dem Vorbild Europas mit staatlicher Hilfe seinem Staat zu einer industriellen Grundlage verhelfen. Dazu richtete er ein Handels- und Industrieministerium sowie die ‚Bank of Baroda' ein, dehnte die Kreditbasis aus und schaffte im Zuge der *swadeshi*-Bewegung die Zölle ab. Die 11 Textilfabriken des Landes waren 1918 in der ‚Baroda Millowner's Association' organisiert, aus der später die ‚Federation of Gujarat Mills and Industries' hervorging. Aus einem Importunternehmen für Traktoren-Ersatzteile entstand die ‚Hindustan Tractors and Bulldozers'. Gezielt lockte der Gaekwad Investoren an, so die Sarabhai-Familie aus Ahmedabad, denen er günstigen Landerwerb und attraktive steuerliche Konditionen garantierte und damit in den 1940er Jahren die Grundlage für die künftige chemische und pharmazeutische Industrie Indiens legte. In zahlreichen indischen Staaten wirkte der Zweite Weltkrieg stimulierend auf die Ausweitung der Produktion, nachdem Importe weitestgehend ausgefallen waren und substituiert werden mussten. Inwiefern und inwieweit in den Kernregionen Baroda und Bangalore/Maisur tatsächlich die industriellen Potenziale der Sektoren Pharmazeutik und Informationstechnologie für das unabhängigen Indien lagen, bedarf weiterer Untersuchungen.[72]

Es wundert wenig, dass nach der Unabhängigkeit Indiens die nachzuholende Industrialisierung ganz oben

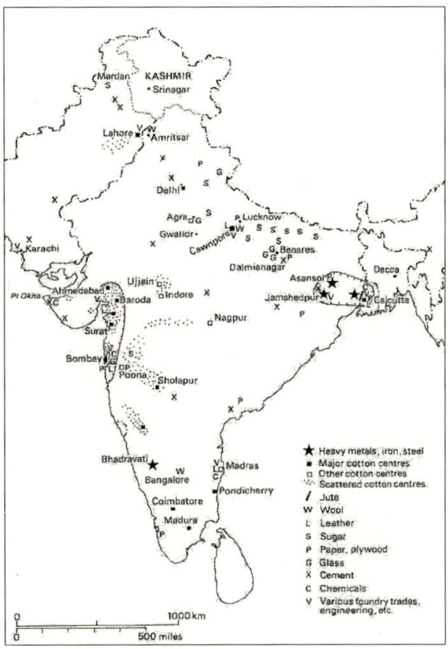

Abb. 59: Standorte der indischen und pakistanischen Industrie 1947.

[71] Ebenda, S. 199-201.

[72] Ebenda, S. 201. Siehe besonders Howard L. Erdman, *Political Attitudes of Indian Industry: A case study of the Baroda business elite* (London 1971).

auf der Prioritätenliste des Staates stand. Im Rahmen der seit 1951 laufenden wirtschaftlichen Fünfjahrespläne trieb Jawaharlal Nehru den Ausbau der Eisen- und Stahlindustrie zur Importsubstitution vehement voran. Hatte die Stahlerzeugung während des Zweiten Weltkrieges eine Million Tonnen erreicht, konnte sie bis 1960 auf 3 Millionen und 1964 auf 6 Millionen gesteigert werden. Ähnliche Steigerungen waren auch auf dem Investitionsgütersektor zu verzeichnen, in dem eine ganze Reihe von verarbeitenden Maschinen produziert wurde. Stagnierend entwickelte sich hingegen der Textilverarbeitungssektor, in dem trotz steigender Arbeitskräftezahlen die Produktion nur unwesentlich zunahm. Hier deutete sich ein strukturelles Missverhältnis zwischen der Konsumgüter- und der Investitionsgüterproduktion an, denn die massenweise hergestellten, qualitativ hochwertigen Textilien fanden wegen der ausbleibenden Kaufkraft keine Abnehmer, da diese ihr Geld in die Deckung von Grundbedürfnissen investieren mussten; eine Situation, die sich durch den Anstieg der Nahrungsmittelpreise nach der Dürre von 1966 weiter verschärfte.[73]

In der Folgezeit sollte die Textilindustrie das Sorgenkind der indischen Wirtschaftplanung bleiben. Stieg zwischen 1960 und 1980 die industrielle Produktion zum Teil beträchtlich, vor allem bei Rohstahl, Rohöl und Elektrizität, und wuchs auch die Konsumgüterproduktion, so belasteten die stagnierenden Resultate der Jute- und die rückläufigen der Baumwollverarbeitung alle staatliche Wirtschaftsbilanz. Konkurrenzfähig wurden nun Handwebereien und kleine Textilunternehmen auf dem Land, die sich auf die groben Stoffe konzentrierten und ihren Standortvorteil im Inland ausspielten. Partiell ist durch diese Entwicklung eine Umkehrung des Zentralisierungsprozesses eingeleitet worden, wie er mit dem Ausbau der Textilindustrie eingetreten war. Der Wirtschaftsplaner liebstes Kind, die Stahlindustrie, wuchs indes nicht so wie gewünscht. Bei weltweiten Überkapazitäten und deshalb sinkenden Stahlpreisen erwirtschaftete die Stahlindustrie bei weitem nicht das, was von ihr erwartet wurde. Zudem subventionierte der indische Staat die Stahlindustrie, wodurch er auch manch andere indische Industrie indirekt unterstützte, letztlich aber die Kosten wegen ausbleibender oder marginaler Gewinne alleine trug.[74]

Abb. 60: Stahlwerk Durgapur, Bengalen, um 1960.

[73] D. Rothermund, *Indiens wirtschaftliche Entwicklung*, S. 156-157.
[74] Ebenda, S. 171-172

Die massive Wirtschaftslenkung über die Fünfjahrespläne, die in den 1960ern auch ausgesetzt oder durch einjährige ersetzt wurden, brachte auf lange Sicht nicht die erhofften Ergebnisse. Ausgelöst durch eine akute Zahlungskrise, die 1991 die Aufnahme eines Kredits beim Internationalen Währungsfond notwendig machte, mit den einhergehenden Forderungen dieser Institution nach stabilisierenden Maßnahmen und Strukturreformen, veranlasste die Congress-Regierung unter dem damaligen Premierminister Narasimha Rao (amt. 1991-96) grundlegende Wirtschaftsreformen einzuleiten, die den zahllosen Lizenzen, Genehmigungen und dem so genannten ‚subsidy raj' ein Ende bereiten sollten. Tatsächlich wurden in den darauf folgenden Jahren zahlreiche bürokratisch-interventionistische Hemmnisse beseitigt, die jedoch nur einen ersten Schritt auf dem Weg zur Liberalisierung der indischen Wirtschaft darstellen.[75] Geplant sind weitere Dezentralisierungs- und Deregulierungsmaßnahmen. Dass einer allzu forschen Wirtschaftspolitik Grenzen gesetzt werden können, hat der Souverän bei den allgemeinen Wahlen des Jahres 2004 gezeigt, als die in einer Koalition regierende BJP für ihr allzu flottes ‚Shining India' abgestraft wurde und die oppositionelle ‚Congress-Party' mit dem Ruf nach anteiligem Wohlstand wieder an die Macht kam.

5.3 Das Problem des Arbeitsmarktes

Nicht erst die Industrialisierung setzte eine Land-Stadt Migration in Gang. Neben zahlreichen Gewerbe- und Handelsstädten in Nordindien ist auch für die großen britischen Kolonialmetropolen und Hafenstädte Calcutta, Bombay und Madras eine seit der Mitte des 18. Jahrhunderts wachsende Einwohnerzahl belegt. Trotz des anhaltenden Zustroms von Arbeitsmigranten wurde stets über den Mangel an Arbeitskräftemangel geklagt. Für den Ausbau Calcuttas und den großangelegten Neubau des nahe gelegenen Fort William in den 1760er Jahren fiel es den Briten schwer, mehr als die ohnehin beschäftigten 30.000 Schanzarbeiter ländlicher Herkunft anzuwerben, die neben den zahllosen Fachkräften aus Dhaka und den kleineren Städten Bengalens auf den Baustellen der Stadt arbeiteten. Selbst hohe Löhne wirkten nicht als ‚pull'-Faktor. Zu unattraktiv waren die Arbeitsverhältnisse, zu sicher die ländlichen Lebens- und Sozialverhältnisse. Die Anwerbung von Arbeitskräften fand über indische Agenten (*daffadar*) in einem Umkreis von bis zu 120 km statt. Bei akutem Arbeitskräftebedarf wurden Menschen durch britisches Militär auch zwangsweise zum Arbeitsdienst rekrutiert.[76] In Bombay stieg die Einwohnerzahl aufgrund der anhaltenden Zuwanderung von geschätzten 60 bis 70.000 Personen Mitte des 18. Jahrhunderts auf über 100.000 um 1800. Vor allem

[75] Dietmar Rothermund (Hg.), *Liberalising India. Progress and problems* (Delhi 1996).

[76] Peter J. Marshall, The Company and the coolies: Labour in early Calcutta, in: Pradip Sinha (Hg.), *The Urban Experience: Calcutta* (Calcutta 1987), S. 23-38.

das Schiffbaugewerbe, aber auch der expandierende Handel nach dem Niedergang Surats verlangte nach Fachkräften wie nach Arbeitsleuten.[77]

Die Industrialisierung in den großen urbanen Zentren verstärkte die bis dahin existierende innerindische Wanderung arbeitssuchender Menschen, deren Lebensgrundlage auf dem Land sich wegen der tiefgreifenden kolonialen Umstrukturierungen zunehmend verschlechtert hatte.[78] Ein großer Teil der Migranten kam zunächst unorganisiert, das heißt, ohne professionelle Anwerber, in die Großstädte. Vor allem in Bombay war das Angebot an Arbeit wohl so groß, dass die Zuwanderer leicht in den textilverarbeitenden Betrieben, aber auch als Hafenarbeiter in dem seit der Eröffnung des Suez-Kanals 1869 rapide expandierenden Hafenbetrieb Arbeit finden konnten. Ähnliches ist auch für Calcutta zu beobachten. Als ab den 1820er Jahren verstärkt maschinell gesponnene und verwobene feine Baumwollprodukte von England nach Bengalen importiert wurden, bildeten die erwerbslos gewordenen Weber dieser Provinz neben zahllosen verarmten Handwerkern das erste Reservoir von Migranten, die aus den angrenzenden Distrikten in die Jutefabriken Calcuttas strömten. Mitte des 19. Jahrhunderts kam noch der Großteil der Zuwanderer aus der umliegenden Region, Ende des Jahrhunderts war es nur noch die Hälfte.

Erst die Erschließung des Gangestals durch die Eisenbahn entspannte die Lage auf dem Arbeitskräftemarkt, nachdem es seit den 1880er Jahren zu einer verschärften Anwerbung von Arbeitern unter den Jutefabriken Calcuttas gekommen war. Die Mehrheit der Arbeiter stammte nun aus den entfernter liegenden Distrikten Bihars und den ‚United Provinces' sowie Zentralindiens, von wo sie teilweise durch eine ‚aktive Anwerbung', die in der Bezahlung von Lohnvorschüssen, Anreise und Provisionen bestand, in Bewegung gesetzt wurden. Lag die Zuwanderungsrate gegenüber der ansässigen Stadtbevölkerung in den 1880er Jahren bei etwa 12 Prozent, stieg sie im darauf folgenden Jahrzehnt auf knapp über 40 Prozent und noch im ersten Jahrzehnt des 20. Jahrhunderts lag sie bei 32 Prozent. Diese Verschiebung in der regionalen Herkunft der Arbeiterschaft hatte nicht selten gewaltsame Ausschreitungen unter den verschiedenen Zuwanderergruppen zur Folge, denn wie alle anderen temporären ‚Landflüchtlinge' waren auch die bengalischen Saisonarbeiter auf den Verdienst in der städtischen Industrie angewiesen, um ihre soziale Position auf dem Land halten zu können.[79]

In Bombay waren die Verhältnisse ähnlich gelagert wie in Calcutta. Zunächst strömten die Arbeiter aus den benachbarten Distrikten in die Stadt, um dann in den ersten Jahrzehnten des 20. Jahrhunderts verstärkt aus den ‚United Provinces' zu kommen. Aus Ratnagiri (Konkan) stammten 1911 noch fast 50 Prozent der Arbeiter und Arbeiterinnen, im Jahr 1931 waren es gerade noch 25 Prozent. Umge-

[77] A. Das Gupta, *Indian Merchants and the Decline of Surat.*

[78] Siehe dazu das Kapitel zu „Landwirtschaft und Waldbewirtschaftung".

[79] Samita Sen, *Women and Labour in Late colonial India. The Bengal jute industry* (Cambridge 1999), S. 22-28. Die Zahlenangaben beruhen auf den Auflistungen in Anm. 24 auf S. 26.

kehrt erhöhte sich im gleichen Zeitraum der Zustrom aus Nordindien von bescheidenen 3 Prozent auf fast 12 Prozent, wobei die meisten Migranten aus einer Entfernung von bis 150 bis 300 km kamen. Gleichzeitig nahm der Anteil der in Bombay geborenen Arbeiter und Arbeiterinnen von knapp 11 Prozent auf über 26 Prozent zu.[80] Ein eher untypisches, gleichwohl nachvollziehbares Migrationsverhalten legten die Bauern in Khandesh, einem Distrikt im Hinterland Bombays, an den Tag. Als saisonale Arbeiter wurden sie nicht durch die Ansiedlung der Textilindustrie in Bombay und Ahmednagar angezogen, sondern das agrarische Zentralindien mit seiner vertrauten ländlichen Umwelt und gewohnten Arbeitsweise war wesentlich verlockender.[81]

Im Gegensatz zu Calcutta klagten die Fabrikeigentümer in Bombay nur selten über einen Mangel an Arbeitskräften. Die vielfältigen Beschäftigungsmöglichkeiten zogen zahlreiche Landarbeiter an. Erst der Ausbruch der Pest 1896 verschärfte die Lage, als die Arbeiter zu Tausenden fluchtartig die Stadt verließen. Doch blieb dies eine Ausnahmeerscheinung. Je mehr Arbeitskräfte benötigt wurden, desto dringlicher wurde die professionelle Anwerbung. Abgesehen von den Arbeitskräften auf den Teeplantagen in Assam und den Zuckerrohrplantagen in Übersee kontrollierten und organisierten die Managing Agencies auch den Arbeitskräftemarkt und lenkten die Migrationsströme in die gewünschten Richtungen. Die temporären Migranten zeigten jedoch größtes Interesse an einer Beschäftigung in den Industriemetropolen, nicht nur wegen der Möglichkeit zur regelmäßigen ‚Zirkulation' nach Hause, sondern auch, weil das Lohnniveau in der Stadt höher war als auf den Plantagen Assams oder Mauritius'. Zudem bot die Massierung der Arbeiterschaft auch vorteilhafte, zumindest aber gesetzlich festgeschriebene Arbeitsregelungen. In Calcutta und in Bombay wurden die ersten arbeitsrechtlichen Bestimmungen für Männer, Frauen und Kinder erlassen.[82]

Obgleich die Arbeitskraft von Frauen wie üblich geringer entlohnt wurde und allein aus diesem wirtschaftlichen Grund Frauen als Industriearbeiterinnen systematisch hätten angeworben werden müssen, geschah dies in den indischen Städten so gut wie nicht. Anfänglich zeigten sich manche Fabrikbesitzer noch angetan von den Arbeiterinnen, weil sie umgänglicher und weniger ‚streikanfällig' waren. Doch das gute Image verschob sich zu ihren Ungunsten mit dem Bild der wenig belastbaren und ineffizienten Frau, die lediglich zu Handlangerdiensten in den nicht technisierten und nicht elektrifizierten Arbeitsbereichen einsetzbar war.[83] Inwiefern hier die Arbeitsgesetzgebung der Factory Acts von 1891 und 1911 mit ihren strikten Arbeitszeitregelungen für Frauen (und Kinder) meinungsbildend war, muss dahingestellt bleiben. Doch trotz der negativen Einstellung machten in

---

80 Morris D. Morris, *The Emergence of an Industrial Labor Force in India. A study of the Bombay cotton mills, 1854-1947* (Berkeley and Los Angeles 1965), S. 62-64.

81 Maurus Staubli, *Reich und arm mit Baumwolle*, S. 144-148.

82 M. D. Morris, *The Emergence of an Industrial Labor Force in India*, S. 44-62.

83 S. Sen, *Woman and Labour in Late Colonial India*, S. 29-31.

den Baumwollfabriken Bombays zwischen 1884 und 1931 die Frauen fast konstant ein Fünftel bis ein Viertel der Belegschaft aus, erst danach sank ihr Anteil bis 1947 auf elf Prozent ab, was mit der zunehmenden Bedeutung von Nachtschichtarbeit, die Frauen untersagt war, im Zuge der Arbeitsintensivierung als Reaktion auf die Weltwirtschaftskrise korreliert.[84]

Der Anteil der weiblichen Beschäftigten in den Textilverarbeitungszentren Gujarats, allen voran in Ahmedabad, lag stets über dem Bombays, im Gegensatz zu Calcutta, wo mit zunehmender Migration aus den entfernteren Regionen der Anteil der Frauen an der gesamten Arbeiterschaft kontinuierlich abnahm. Als Erklärung für diese besondere Entwicklung in Bombay wird bislang nur der Umstand angeboten, dass hier weniger Frauen aus den unteren *varna** angestellt waren. Freilich stellt sich dann die Frage, warum die Fabrikeigentümer nicht vermehrt diese Frauen beschäftigt haben. Eine Antwort mag darin liegen, dass nur wenige Frauen in die Städte wanderten und wenn, dann meist in Begleitung ihrer Ehemänner oder als Familie, selten als alleinstehende, oftmals verwitwete Frau. Das hielt das Reservoir an billigen Arbeiterinnen von vornherein begrenzt. Unverkennbar aber hatten weder der britische noch der indische Fabrikbesitzer ein Interesse daran, drastisch in die indische Sozialstruktur einzugreifen und gezielt nach geschlechts- und sozialspezifischen Kriterien Arbeitskräfte anzuwerben.[85]

Vielfach arbeiteten indische Bauern und Handwerker gleichzeitig als Landwirte und Textilarbeiter. Mit einsetzender Industrialisierung trat eine neue Variante auf, wenn sie als Saisonarbeiter in die Industriemetropolen abwanderten, zugleich aber in die wirtschaftlichen und sozialen Strukturen des Dorfes weiterhin fest eingebunden bleiben wollten.[86] Nicht selten kamen so die Industriebetriebe in den Genuss einer Facharbeiterschaft, die zumindest grundlegende Kenntnisse über Baumwoll- und Juteanbau sowie ihrer Verarbeitung mitbrachte.[87] Zweifelsohne war die Mobilität der Menschen auf dem Land zur Existenzsicherung schon vor der partiellen Industrialisierung relativ groß gewesen, doch erhöhte der ökonomische und der soziale Druck unter dem Kolonialregime den Zwang zur Mobilität. Allerdings musste es dabei nicht zwangsläufig zur dauerhaften Ansiedlungen in den Industriezentren kommen. Im Gegenteil, Stadt und Land blieben zwei miteinander vereinbare Optionen zur Wahrung des ökonomischen und sozialen Status.

---

84 M. D. Morris, *The Emergence of an Industrial Labor Force in India*, S. 65-71.

85 S. Sen, *Woman and Labour in Late Colonial India*, S. 31-39. Auf das Problem der alleinstehenden Frau als Arbeiterin und Prostituierte sowohl in der britischen wie auch in der indischen Moralvorstellung ist bereits im Kapitel zur „Migration und Diaspora" eingegangen worden.

86 Wie eng die familiäre, emotionale Bindung von SaisonarbeiterInnen zur ländlichen Herkunftsregion sein konnte, zeigen die ‚communal riots'* in Calcutta von 1926. Innerhalb weniger Tage stieg die Zahl der hier verkauften Bahnfahrkarten mit Zielorten im nördlichen Bengalen und in Bihar drastisch an, wo die Unruhen schließlich auch in den Dörfern um sich griffen, P. Ghosh, *Colonialism, Class and a History of the Calcutta Millhands*, S. 79-85.

87 Rajnarayan Chandavarkar, *Imperial Power and Popular Politics. Class, resistance and the state in India, c. 1850-1950* (Cambridge 1998).

Diese ‚duale Struktur' der indischen Arbeiterschaft hat in den letzten Jahren eine vehemente Forschungsdiskussion um ihr Vermögen zur Bewusstseinsbildung im städtischen Umfeld aufkommen lassen, insbesondere die Frage nach der Klassenbildung. Einerseits wird die Position vertreten, die indischen Arbeiter hätten aufgrund ihrer ländlichen Herkunft und ihrer nach wie vor starken Einbindung in die ländlichen Sozialstrukturen und konservativer Wertvorstellungen, ausgerichtet an Familie, Clan, Sippe, Kaste und Gemeinschaft, keine eigenständigen Strukturen in der Stadt entwickeln können. Die doppelte Identität von Bauer und Arbeiter, so wird argumentiert, hätte sich in den räumlich wie gesellschaftlich unterschiedlichen Welten von Stadt und Land niedergeschlagen. Infolge ihrer konservativen Grundeinstellungen seien die Bauern nicht flexibel und daher auch nicht anpassungsfähig gewesen. Hier wird erneut dem statischen und deshalb zeitlosen indischen Dorf samt seiner Einwohner das Wort geredet.[88] Darüber hinaus sei wegen dieser dominanten prä-kolonialen Strukturen eine Klassenbildung von vornherein unmöglich, weshalb es auch zu einem „clash of cultures" innerhalb der Industriestädte und letztlich zu sozialen Spannungen kommen musste, die eigentlich erst das Potenzial für die städtischen Unruhen des 20. Jahrhunderts bereitgestellt hätten.[89]

Andererseits wird die Auffassung vertreten, die zuwandernden Arbeiter und Arbeiterinnen hätten sehr wohl ein Klassenbewusstsein im urbanen Umfeld ausgebildet. Allerdings seien die indischen Arbeiterklassen alles andere als homogen gewesen und hätten keine einheitlichen Ziele verfolgt. Stattdessen hätten die spezifisch nachbarschaftlichen Strukturen in den neu entstehenden Arbeiterquartieren die sozialen Beziehungsgeflechte ebenso geprägt wie die Organisation von Arbeit und kollektiven Aktionen.[90] Inzwischen wird der aktive Anteil der Arbeiter an der Gestaltung der städtischen Gesellschaft und der Kontext ihrer Wahlmöglichkeiten und Handlungspotenziale (‚agency') hervorgehoben, aufgrund derer sie ihre Beziehungsnetze innerhalb und zwischen den Klassen stets neu ausrichten konnten.[91] Dabei spielten nicht nur die gemeinsame Wohnsituation in der Stadt, sondern auch regionale Herkunft, gemeinsame Religion und ähnliche Erfahrungshintergründe eine entscheidende Rolle. Gerade Frauen mussten allein wegen der latenten wie offenen Diskriminierung neue Überlebensstrategien entwickeln, die im dörflichen Kontext nicht notwendig gewesen wären.[92] Dieser zweite Trend scheint sich in der Forschung momentan als gültige Meinung durchzusetzen.

88 Urs Olbrecht, *Bengalens Fluch und Segen. Die indische Juteindustrie in spät- und nach-kolonialer Zeit* (Stuttgart 2000).

89 Dipesh Chakrabarty, *Rethinking Working-Class History: Bengal 1890-1940* (Princeton 1989). P. Ghosh, *Colonialism, Class and a History of the Calcutta Jute Millhands.*

90 R. Chandavarkar, *Imperial Power and Popular Politics.*

91 V. Bahl, *The Making of the Indian Working Class.*

92 S. Sen, *Women and Labour in late colonial India.*

5.4 Urbanisierung

Im wissenschaftlichen Sprachgebrauch hat der Terminus ‚Urbanisierung' eine doppelte Bedeutung. Zum einen benennt er eine quantitative Größe, die das rasante Wachstum der Städte im 19. und 20. Jahrhundert in Bezug auf Raum und Bevölkerung meint. Dieser Prozess wird oft auch als ‚Verstädterung' bezeichnet. Zum anderen versteht man unter ‚Urbanisierung' als qualitative Größe die Ausbildung einer spezifisch ‚urbanen' Gesellschaft sowie einer städtischen Lebensweise. ‚Urbanität' meint dagegen die Ausprägung verschiedener Lebensbereiche und Verhaltensformen, schließt aber auch das Konsum-, Dienstleistungs- und Arbeitsangebot in einer Stadt mit ein. Starke Differenzierung und eine hohe Komplexität sind somit Merkmale des städtischen Raums. Urbanisierung wirft die Frage von Stadtplanung zur geordneten Ansiedlung der Zuzügler auf. Die Funktionsgarantie im Sinne der Bereitstellung einer Infrastruktur kommt ebenfalls auf die Agenda. Erfassung, Organisation und Institutionalisierung sind die Kennzeichen einer Tendenz zur Zentralisierung der urbanen Administration.[93]

Meist wird die ‚Urbanisierung' als europäisches und nordamerikanisches Phänomen der Neuzeit behandelt. Insgesamt ist in Europa ein West-Ost Gefälle zu beobachten. Hier betrug um 1800 die Urbanisierungsrate allgemein 12 Prozent, in England lag sie bei 23 Prozent, in Deutschland bei 9 und in Russland bei 6 Prozent. Um 1910 betrugen die Zahlen für Europa 41, England 75, Deutschland 49 und Russland 14 Prozent[94] In Indien nahm im gleichen Zeitraum die Verstädterung von geschätzten 8 auf 10 Prozent zu. Erst 1951 erreichte sie 17 Prozent, als in Europa die 50 Prozentmarke knapp überschritten war.[95] Die Bevölkerungszunahme in den großen Städten Indiens war nicht allein auf eine Land-Stadt-Migration zurückzuführen, sondern wie in Europa und den USA auch auf den allgemeinen Anstieg der Bevölkerung. Aufgrund verschiedener Schätzungen wird für 1750 von einer gesamtindischen Bevölkerung von 150 bis 200 Millionen Menschen ausgegangen. Für das Jahr 1800 liegen die errechneten Angaben in der gleichen Größenordnung. Um 1850 lag die immer noch geschätzte Bevölkerung Indiens zwischen 220 und 240 Millionen. Für den ersten ‚Census of India', der von den Briten 1871 in ihren Provinzen durchgeführt wurde, ergab sich durch entsprechende Ergänzungen aus den indischen Staaten eine Bevölkerungszahl von 250 Millionen Menschen. Der Census des Jahres 1901 wies 285 Millionen Einwohner für ganz Indien aus.[96]

---

93 Clemens Zimmermann, *Die Zeit der Metropolen. Urbanisierung und Großstadtentwicklung* (Frankfurt am Main 1996), S. 11-13.

94 J. de Vries, *European Urbanization*, S. 69-77.

95 Angaben nach *Census of India* in: Michael Mann, *Terra Aktuell. Indien* (Gotha 2003), S. 6.

96 Leela Visaria and Pravin Visaria, Population (1757-1947), in: Dharma Kumar (Hg.), *The Cambridge Economic History of India,* (Cambridge 1982) vol. 2: c. 1757-1970, S. 463-532, Table 5.1, S. 466.

Diesen allgemeinen seit Beginn der 19. Jahrhunderts zu beobachtenden Trend eines stetigen Bevölkerungswachstums reflektieren auch die wachsenden Einwohnerzahlen der Städte des Subkontinents. In Großstädten wie Bombay betrug die Einwohnerzahl im Jahr 1814 etwa 180.000 Personen, 1846 lag sie bei etwas mehr als einer halben Million Einwohnern und 1864 bei 816.000 Personen. Nach Jahren größerer demografischer Schwankungen wuchs die Bevölkerung der Stadt nach 1901 kontinuierlich von 776.000 auf 1.176.000 Einwohner im Jahr 1921 und lag 1951 bei 2,3 Millionen.[97] Für Calcutta ergeben sich ähnliche Zuwächse. Im Jahr 1821 wohnten etwa 180.000 Menschen in der Stadt, um 1850 waren es 413.000, beim ersten verlässlichen Census 1881 war die Bevölkerung auf 433.000 angestiegen, und 1911 lag sie bei fast einer Million Einwohnern.[98] In beiden Städten, wie auch in Madras und Colombo, war die gezielte Förderung der Zuwanderung und der dauerhaften Ansiedlung dringend benötigter Arbeitskräfte neben dem natürlichen Bevölkerungswachstum, Fabrikrekrutierungen und eigenständiger Migration von entscheidendem Einfluss auf die stetig steigenden Einwohnerzahlen.[99]

Auch in mittleren Städten wie Kanpur, Dhaka, Ahmedabad und Delhi stieg die Bevölkerungszahl kontinuierlich an. In Kanpur machte sich die nach der Mitte des 19. Jahrhunderts einsetzende Industrialisierung in den Sektoren der Lederverarbeitung und der Textilproduktion auch demografisch bemerkbar, denn ab 1841 stieg die Einwohnerzahl von 108.800 auf 216.434 im Jahr 1921 an, unterbrochen lediglich von den Abwanderungen und Todesfällen im Zuge der Hungerepidemien am Ende des 19. und im ersten Jahrzehnt des 20. Jahrhunderts. Bis 1971 stieg die Einwohnerschaft auf 1,15 Millionen Menschen.[100] In Dhaka, das von der ehemaligen Residenz der *nawab*s von Bengalen zur Provinzstadt abgesunken war, wuchs die Bevölkerung im Zeitraum 1872 bis 1941 dennoch von 69.000 auf 213.000 Einwohner.[101] Ein ähnliches Wachstum der Einwohnerzahlen ist auch in Ahmedabad zu beobachten. Aufgrund des Eisenbahnanschlusses wurden Handwerk und Gewerbe drastisch dezimiert, gleichzeitig entwickelte sich die Stadt zu einer Drehscheibe von Importgütern. Die Bevölkerung wuchs von etwa 80.000 Personen im

---

97 Morris D. Morris, *The Emergence of an Industrial Labor Force in India*, Table II, Population of Bombay, 1814-1864, S. 13 und Table III, Population of Bombay City, 1864-1951, S. 20.

98 Thankappan P. Nair, The growth and development of old Calcutta, in: Sukanta Chaudhuri (Hg.), *Calcutta, The Living City*, Volume 1: The Past (New Delhi 1990), S. 10-23, Table 1, Area and Population of Calcutta, 1698-1911, S. 23.

99 Zu Bombay Jim Masselos, Jobs and jobbery: the sweeper in Bombay under the Raj, in: *Indian Economic and Social History Review* 19 (1983), S. 101-139; zu Madras' demografischer Entwicklung siehe R. Ahuja, *Die Erzeugung kolonialer Staatlichkeit und das Problem der Arbeit*, S. 39-41.

100 Maren Bellwinkel-Schempp, Kanpur 1830-1973, S. 152. Veena T. Oldenburg, *The Making of Colonial Lucknow, 1856-1877* (Princeton 1984), S. 18.

101 Nazia Hussain, The city of Dacca, 1921-1947: Society, water and electricity, in: Kenneth Ballhatchet and John Harrison (Hg.), *The City in South Asia, pre-modern and modern* (London 1980), S. 197-223, hier S. 198.

Jahr 1817 auf 274.000 im Jahr 1921.[102] Selbst in Delhi, das als ehemalige Mogulresidenz arg unter der britischen Besatzung zu leiden hatte, stieg die Bevölkerung im Verlauf des 19. Jahrhunderts von anfänglich 100.000 Einwohnern auf 142.000 Mitte des Jahrhunderts und überschritt die 200.000 Einwohner beim Census von 1901.[103]

Unterbrochen wurde um die Jahrhundertwende das Bevölkerungswachstum in den Städten vor allem im Westen Indiens, als neben der Umstrukturierung im Handels- und Wirtschaftssektor extreme Hungerjahre und dadurch aufgetretene Krankheitsepidemien mit hohen Sterblichkeitsraten einen demografischen Rückgang auslösten, der sich vor allem in den mittleren und kleineren Städten bemerkbar machte. In Satara fiel im Jahrzehnt zwischen 1901 und 1911 die Einwohnerzahl von 26.000 auf 19.150, im selben Zeitraum ging sie in Sholapur von 75.300 auf 61.350 und in Dharwar von 31.300 auf 30.000 zurück.[104] Einen anhaltenden Niedergang unter politischen und kulturellen Aspekten, der sich schließlich auch demografisch niederschlug, erlebte Lakhnau. Seine Einwohnerzahl wurde bei der Annexion Awadhs 1856 auf rund 400.000 Personen geschätzt. Nach dem Abbruch innerstädtischer Wohnbezirke lebten auf der Grundlage des Census von 1871 lediglich 285.000 Personen in der Stadt, 1911 hatte sie noch knapp 260.000 Einwohner und zehn Jahre später lag ihre Zahl bei 241.000.

Der stetige Rückgang der Einwohner Lakhnaus spiegelt den Niedergang der Gewerbe wider, der auf Kosten des Aufstiegs von Kanpur zur Industriestadt stattfand. Einen Indikator für diese Verlagerung ist das Verhalten der Getreide- und Gemüsebauern, die noch bis in die zweite Hälfte des 19. Jahrhunderts ihre Produkte in das zehn Kilometer nahe Lakhnau zu Markte trugen, ab den 1880er Jahren aber ihre Waren ins 60 km entfernte Kanpur brachten. Profitierte Lakhnau kaum vom 1864 erfolgten Anschluss an das nordindische Eisenbahnnetz, expandierten in Kanpur Handwerk, Gewerbe und Industrie gerade nach dem Anschluss. Die Stadt entwickelte sich innerhalb von Jahrzehnten, nicht zuletzt wegen der gezielten kolonialstaatlichen Förderung, zu einem der bedeutendsten indischen Industriezentren, das auch nach der Unabhängigkeit Indiens durch den ebenfalls staatlich subventionierten Bau von Eisen- und Stahlwerken weiter wuchs.[105]

Die Phase des beschleunigten Städtewachstums setzte in den großen Kolonialmetropolen und einigen wichtigen Provinzstädten, wie gesehen, bereits in der ers-

---

102 Kenneth L. Gillion, *Ahmedabad*, S. 53-54, 103-104. Zum Niedergang der Gewerbe siehe S. 69-72.

103 Narayani Gupta, *Delhi Between Two Empires, 1803-1931. Society, government and urban growth* (Delhi etc., 1981), S. 46-47.

104 Ellen McDonald-Gumperz, City-hinterland relations and the development of a regional elite in nineteenth century Bombay, in: *Journal of Asian Studies* 33 (1974), S. 581-601, hier S. 585. Michelle Burge McAlpin, *Subject to Famine. Food crises and economic change in western India, 1860-1920* (Princeton 1983), S. 47-83.

105 David A. Thomas, Lucknow and Kanpur 1880-1920: Stagnation and development under the Raj, in: *South Asia*, n. s. 5 (1982), S. 68-80.

ten Hälfte des 19. Jahrhunderts ein, also lange vor dem Aufbau der Industrie. Für eine Vielzahl der mittleren und kleineren Städte auf dem indischen Subkontinent muss für weite Teile des 19. Jahrhunderts von einem teilweise dramatischen ökonomischen und demografischen Niedergang ausgegangen werden. Hingegen waren in den wenigen wachsenden Städten bald die negativen Erscheinungen der Urbanisierung zu verzeichnen. Zur Verdichtung und Verknappung von Wohnraum (und dessen Verteuerung) trat die Überbevölkerung der Innenstädte. An den Stadträndern setzte ein oft unkontrolliertes Wachstum ein, das mehr der Bodenspekulation als der Stadt oder den Menschen diente. Aufgrund der mangelhaften hygienischen Verhältnisse erhöhte sich die Sterblichkeitsrate in den Stadtzentren dramatisch, was allmählich dazu führte, dass Stadtplanung als öffentliche Aufgabe verstanden wurde.[106] Auch wenn es mitunter den Anschein hat, dass die britischen Hafenstädte keinem planerischen, geschweige denn ästhetischen Konzept unterlagen, setzten gleichwohl mit dem beginnenden 19. Jahrhundert eine systematische Stadtplanung und die Wahrnehmung öffentlicher Aufgaben durch munizipale Institutionen ein, die allerdings fast ausschließlich auf die europäischen Viertel beschränkt blieben.[107]

Der Brand Bombays von 1803 bot Gelegenheit, die Anlage der Stadt beim Wiederaufbau neu zu konzipieren. Dazu wurde eigens ein ‚Town Committee' eingerichtet, das Pläne zur Ordnung und zur Entwicklung der Stadt vorlegen sollte. Grundlage bildete die Feststellung der innerstädtischen Eigentumsverhältnisse, nach denen die künftigen steuerlichen Abgaben berechnet wurden und mit deren Hilfe die anstehenden munizipalen Aufgaben bezahlt werden sollten. Obwohl seit dem ausgehenden 17. Jahrhundert im Verständnis der europäischen Bevölkerung in der Stadt eine stillschweigende Segregationslinie existierte, konnte die strikte Trennung von britischen und indischen Wohnbereichen nie aufrecht erhalten werden. Jedoch beschränkte sich der planvolle Wiederaufbau Bombays lediglich auf die wohlhabenden europäisch-indischen Wohnbereiche, die durch gute Häuserfassaden und saubere Straßenzüge auffielen, während in den rein indischen Quartieren die Freiräume zwischen den Häusern allmählich zugebaut und zu mäandrierenden Gässchen mit offenen Gossen wurden.[108] Versuche des ‚Town Committees' im Zuge der Stadterneuerung die unliebsame indische Händlerkonkurrenz aus der Stadt zu verweisen, scheiterten aufgrund konzertierter Widerstandsaktionen.[109]

---

106 C. Zimmermann, *Die Zeit der Metropolen*, S. 30-37.

107 Partha Mitter, The early British port cities of India: Their planning and architecture, circa 1640-1757, in: *Journal of the Society of Architectural Historians* 45 (1986), S. 95-114 betont die Aspekte der Stadtverteidigung bis in die Mitte des 18. Jahrhunderts.

108 Gillian Tindall, *City of Gold. The biography of Bombay* (London 1982), S. 127.

109 Miriam Dossal, Knowledge for power: The significance of the Bombay Revenue Survey, 1811-1827, in: Indu Banga (Hg.), *Ports and their Hinterlands in India (1700-1950)* (Delhi 1992), S. 227-244. Zum frühen Segragationsverständnis den Zeitgenossen John Burnell, *Bombay in the Days of Queen Anne*. With an introduction by Samuel T. Sheppard (London 1936, reprint Delhi 1997), S. 20-28.

Anfänglich erschwerte die Hungerepidemie von 1803-06 im Hinterland und entlang der Konkanküste den Aufbau Bombays, denn mehr als 20.000 Flüchtlinge strömten auf der Suche nach Nahrung in die Stadt. Seitens der Verwaltung wollte man die Inselstadt zur Landseite abriegeln, um den ‚Bettlern und Landstreichern' den Zugang zu verwehren. Schließlich entschlossen sich die städtischen Behörden, die ‚Hungerleidenden' in Infrastrukturprogrammen zum Straßen- und Deichbau einzusetzen. Wegen einer zu geringen Anzahl an Arbeitsprogrammen verließen hingegen bei der Dürrekatastrophe von 1824-25 Hunderte von Hungerflüchtlingen Bombay, Surat und Bharuch innerhalb weniger Tage wieder. Das lag durchaus im Interesse der Briten, empfanden sie doch die indischen Elendsflüchtlinge in Bombay zunehmend als moralische, hygienische und gesundheitliche Bedrohung von außen und suchten nach Mitteln und Möglichkeiten, die Eindringlinge abzuwehren. Dazu nahmen Behörden auf der Grundlage einer früh im 19. Jahrhundert einsetzenden Stereotypisierung die strikte Kategorisierung von Flüchtlingen, aber auch von ganz gewöhnlichen Zuwanderern vor, die letztlich die Inder im eigenen Land als unzivilisierte und bedrohliche Fremde erscheinen ließ.[110]

In Calcutta begann Governor General Richard Wellesley 1803 mit dem imperialen Ausbau und der architektonischen Umgestaltung der Stadt. Bis dahin war sie eher für die wahllos erscheinende Ansammlung teils prächtiger Gebäude bekannt, in der aber aufgrund mangelnden Wohnraums qualvolle Enge herrschte. Als visionärer Bauherr setzte Wellesley das ‚Improvement Committee' ein, das den ungeordneten Bauaktivitäten Einhalt gebieten und die Stadt systematisch planen sollte. Binnen weniger Jahre wandelten die Briten Calcutta in eine ‚City of Palaces' um, in der sie einen herrschaftlichen Lebensstil pflegten und in kolonialer Manier verschwenderischen Prunk an den Tag legten.[111] Gelang es den Briten wie in Bombay auch nicht, die Segragation von Europäern und Indern aufrecht zu erhalten, nahm doch die Gedrängtheit in den vonehmlich im Norden der Stadt gelegenen, mehrheitlich von Indern bewohnten Stadtviertel weiterhin zu. Hier hatten wohlhabende indische Kaufleute und Händler Bazare eingerichtet, deren Vielzahl geradezu zum Markenzeichen dieses Stadtbereiches wurde. Auch im mit privaten und öffentlichen Repräsentativgebäuden bebauten Süden der Stadt besaßen die reichen Inder zahlreiche Häuser, die sie an Europäer vermieteten. Auffällig in den europäisch wie auch den indisch dominierten Stadtvierteln war die oft berufsspezifische Zusammensetzung ihrer Bewohner.[112]

---

110 Miriam Dossal, Bombay and the famine of 1803-6: The food supply and public order of a colonial port city, in: Frank Broeze (Hg.), *Gateways Of Asia. Port Cities of Asia in the 13th-20th Centuries* (London 1997), S. 127-148. Jim Masselos, Migration and urban identity: Bombay's famine refugees in the nineteenth century, in: Sujata Patel and Alice Thorner (Hg.), *Bombay, Mosaic of Modern Culture* (Bombay 1996), S. 25-60.

111 J. P. Lotsy, *Calcutta. City of Palaces. A survey of the city in the days of the East India Company, 1690-1858* (London 1990).

112 Samita Gupta, Theory and practice of town planning in Calcutta, 1817-1912: an appraisal, in: *Indian Economic and Social History Review* 30,1 (1993), S. 29-33.

Städtische Entwicklungsmaßnahmen sollten durch zusätzliche öffentliche Einnahmen, die über das ‚Lottery Committee' aufzubringen waren, finanziert werden. Bis 1817 wurde aus den eingenommenen Geldern der Neubau des Rathauses bezahlt, was die begeisterte Kolonialregierung veranlasste, das zeitlich befristete Gremium zu institutionalisieren. Die Berichte des ‚Lottery Committee' nahmen in vielerlei Hinsicht die Maßnahmen zur Stadtsanierung der zweiten Hälfte des 19. Jahrhunderts vorweg. Lecke Tanks sollten ausgebessert oder zugeschüttet werden, Straßen zur besseren Ventilation verbreitert und zu große Bäume aus demselben Grund gefällt werden. Zusätzlich sollten große, parallel verlaufende Nord-Süd-Straßen angelegt werden. Die Drainage der Abwässer stand ebenfalls auf der Prioritätenliste. Zwar stellte ein Bericht aus dem Jahr 1840 befriedigt fest, die Gesundheit und Sauberkeit habe bislang ungekannte Ausmaße angenommen, doch gerade die Straßenanlagen in den nördlichen Stadtvierteln führten zu einer weiteren Verdichtung der Bevölkerung auf dem verbleibenden Areal dieses innerstädtischen Bereichs sowie dem Anstieg der Krankheits- und Sterblichkeitsziffern.[113]

Obgleich die Kolonialstädte nach englischem Recht mit ‚Mayor' (Bürgermeister), ‚Aldermen' (Ratsherren) und ‚Justice of Peace' (Friedensrichter) ausgestattet waren, blieben sie wegen fehlender finanzieller Eigenständigkeit auf den rein administrativen Wirkungsbereich und die Rechtsprechung der unteren Ebenen beschränkt. Letztlich bestimmten allein die britischen Governors und der Governor General die Stadtentwicklung in den so genannten ‚Presidency Towns'. Den indischen Städten unter britischem Herrschaftsbereich standen ein *zamindar* oder der ‚Revenue Collector' und der ‚District Magistrate' bzw. ein ‚Commissioner' vor. In einer Großstadt wie Ahmedabad war beispielsweise allein der ‚Revenue Collector' für die munizipalen Belange zuständig. Damit reduzierten die Briten die indische Stadt zu einer staatlichen Einnahmequelle, die einem Steuerbeamten untergeordnet war, während sie unter indischen Herrschern einem Stadtverwalter, dem *kotwal*, mit explizit städtischen Aufgabenbereichen unterstand. Innerhalb der Stadt fanden diese kolonialen Formen der Politik ihre Fortsetzung, wenn zur Finanzierung städtischer Aufgaben ehemals privat-gemeinschaftlich organisierte indische Wachmannschaften in öffentlich finanzierte britisch-indische Polizeieinheiten umgewandelt wurden. Derartige Staats- und Stadtkontrolle führte gelegentlich zu gewaltsamem Widerstand, so in Delhi, Calcutta und Varanasi.[114]

113 Ebenda, S. 34-46. Peter J. Marshall, The white town of Calcutta under the rule of the East India Company, in: *Modern Asian Studies* 34, 2 (2000), S. 307-331. Richard Home, *The making of British colonial cities* (London etc. 1977), S. 68. Rudrangshu Mukherjee, „Forever England": British life in old Calcutta, in: Sukanta Chaudhuri (Hg.), *Calcutta, The Living City*, Volume 1: The Past (New Delhi 1990), S. 45- 51. Monidip Chatterjee, Town planning in Calcutta: Past, present and future, in: ebenda, volume 2: The Present and Future (New Delhi 1990), S. 133-147.

114 P. J. Marshall, The white town of Calcutta, S. 319-321. K. L. Gillion, *Allahabad*, S. 108-121. Richard Heitler, The Varanasi house tax hartal of 1810-11, in: *Indian Economic and Social History Review* 9 (1972), S. 239-257.

Für die drei britischen Städte in Indien wurden gegen Ende des 18. Jahrhunderts zum ersten Mal die Stadtgrenzen und somit die juristischen wie administrativen Verantwortungsbereiche festgelegt. Dazu gehörte auch die Eingemeindung von Vorstädten oder deren Definition als ‚Suburbs'. Auf dieser Grundlage erfolgte im Verlaufe des 19. Jahrhunderts die Festlegung innerstädtischer Verwaltungsbezirke, die so genannten ‚Municipalities'. Es war der Versuch, über Kernstadt, Vorstadt, Umland und Hinterland die formellen und informellen Bereiche der Städte abzugrenzen und den städtischen Raum zu definieren und zu kontrollieren. Mit der Definition von Stadtgrenzen und innerstädtischen Bereichen konnten anvisierte urbane Projekte in Angriff genommen werden.[115] In Calcutta wurde nach 1799 der ‚Maratha Ditch' genannte Graben, der zur Verteidigung der Stadt in der Mitte des 18. Jahrhunderts ausgehoben worden war und der die östliche Stadtgrenze markierte, zugeschüttet und, geradezu visionär, als Ringstraße angelegt.[116]

In Bezug auf die sanitäre Situation wurden in vielen Städten Indiens zunächst die öffentlichen Wassertanks mit Erdreich aufgefüllt, weil man sie für einen Hort von Krankheitserregern, besonders der Malaria hielt. Mit der gleichen Begründung und dem Hiwneis auf die angebliche Ineffizienz der indischen Unterhaltungsmaßnahmen sind auch die wegen jahrzehntelanger Vernachlässigung durch die britischen Stadtherren mangelhaft funktionierenden Kanalisationssysteme in Delhi und Ahmedabad stillgelegt worden, ohne dass für die betroffenen Stadtteile Ersatz geschaffen wurde. Erst das beschleunigte Wachstum der indischen Städte und die katastrophalen Lebensverhältnisse in der Mitte des 19. Jahrhunderts sollten die britischen Kolonialpolitiker veranlassen, Maßnahmen zu ergreifen. Das geschah auch vor dem Hintergrund, dass sich das britische Kolonialregime nach dem Großen Aufstand als Nachfolger der Moguln in einer verfassungsrechtlich neuen Situation befand und deshalb eine dirigistische Politik verfolgen konnte.[117]

5.5 Stadtverwaltung und Stadtplanung

Stadthygiene als Lösung der städtischen Probleme wurde zum Leitbegriff der Urbanisierung im 19. Jahrhundert.[118] In Großbritannien erkannten bereits in den 1840er Jahren städtische Behörden und Wissenschaftler das Problem der sich rapide verschlechternden hygienischen Verhältnisse in wachsenden Städten. Über das ‚Public Health Movement' formten Politiker, Administratoren und Mediziner maßgeblich die öffentliche Meinung, nach der die wirtschaftlichen und sozialen Probleme, einschließlich der wachsenden Kriminalität und des Hangs zu gewalt-

[115] Jim Masselos, Changing definitions of Bombay: City state to capital city, in: Indu Banga (Hg.), *Ports and Their Hinterlands in India (1700-1950)* (Delhi 1992), S. 273-316.

[116] P. Thankappan Nair, The growth and development of old Calcutta, S. 10-23.

[117] N. Gupta, *Delhi Between Two Empires*, S. 18-19. K. L. Gillion, *Ahmedabad*, S. 131-133.

[118] John von Simson, *Kanalisation und Stadthygiene im 19. Jahrhundert* (Düsseldorf 1983).

samen Ausschreitungen bei den unteren Bevölkerungsschichten von den ungesunden Lebensverhältnissen herrührten.[119] Mit einer Reform der urbanen Hygiene sollten nicht nur die Gesundheitsverhältnisse verbessert, sondern auch die sozialen Probleme in den Griff bekommen werden. Eine konsequent gesundheitspolitische Gesetzgebung und deren strikte Implementierung mittels einer effizienten ‚Leistungsverwaltung' betrachteten Politiker und Wissenschaftler als patente Lösung der urbanen Probleme, vor allem der Slumbildung. Vorrang hatten soziale und gesundheitspolitische Belange jedoch nur in dem Maße, wie sich damit die gesellschaftliche Situation unter Kontrolle bringen ließ. Es ging also zuförderst um Stadthygiene als ein Mittel der Sozialdisziplinierung.[120]

In den Kolonialmetropolen Indiens waren die urbanen Probleme weitaus gravierender. Im Vergleich zu London lebten in Bombay auf gleicher Fläche etwa sieben Mal mehr Menschen, oder drastischer ausgedrückt: 37 Prozent der Einwohner Bombays wohnten auf etwa vier Prozent der bebauten Fläche. Die Wohnbedingungen verschlechterten sich binnen weniger Jahrzehnte im 19. Jahrhundert derart, dass viele Einwohner es vorzogen, statt in den ungesunden Behausungen lieber auf der Straße zu schlafen. Wegen der hohen Sterblichkeitsrate von 35 bis 60 Prozent allein in den Jahren zwischen 1904 und 1912 kam Bombay schließlich in den Ruf einer gefährlichen Stadt. Klima und Lebenssituation wurden als Ursache für die katastrophalen gesundheitlichen Bedingungen genannt, weshalb die britische Verwaltung 1852 den Vorsitzenden des ‚Executive Engineer's Establishment' beauftragte, eine Studie zur Lage der Stadt anzufertigen. Schnell kam der Ausschuss zu dem Schluss, mittels einer effizienten Wasserversorgung und vor allem der Wasserentsorgung könnte die Mortalitätsrate um 20 Prozent gesenkt werden. Ein Vergleich mit den zeitgenössischen europäischen Städten, wo ähnliche Maßnahmen erheblich zur Verringerung der Sterblichkeitsziffern in den dicht besiedelten Stadtteilen beigetragen hatten, untermauerte die Argumentation. Beeinflusst von der europäischen Hygienebewegung sollten nun auch die Probleme Bombays und anderer indischer Städte gelöst werden.[121]

---

119 Vgl. M. W. Flinn (Hg.), *Report on the Sanitary Condition of the Labouring Population of Great Britain by Edwin Chadwick* (Edinburgh 1965). Bezeichnend für die Kombination von öffentlicher Gesundheit und sozialer Kontrolle vor allem der neuen Arbeiter- und Armenklassen, kurz: des städtischen Proletariats, wird anhand der Person von Edwin Chadwick als Sekretär der Poor Law Commission und Autor der besagten Studie deutlich.

120 Heike Berndt, Hygienebewegung des 19. Jahrhunderts als vergessenes Thema von Stadt- und Architektursoziologie, in: *Die alte Stadt* 14 (1987), S. 140-163. Dirk Schubert, *Stadterneuerung in London und Hamburg. Eine Stadtbaugeschichte zwischen Modernisierung und Disziplinierung* (Braunschweig/Wiesbaden 1997), S. 7-8. J. A. Yelling, *Slums and Slum Clearance in Victorian London* (London/Boston/Sydney) 1986), S. 10-15. Wolfgang R. Krabbe, *Kommunalpolitik und Industrialisierung. Die Entfaltung der städtischen Leistungsverwaltung im 19. und frühen 20. Jahrhundert. Fallstudien zu Dortmund und Münster* (Stuttgart etc. 1985), Kap. 1, Die städtische Leistungsverwaltung im 19. Jahrhundert, S. 11-102.

121 Ira Klein, Urban Development and Death: Bombay City, 1870-1914, in: *Modern Asian Studies*, 20, 4 (1986), S. 732. M. Dossal, *Imperial Designs*, S. 125-148.

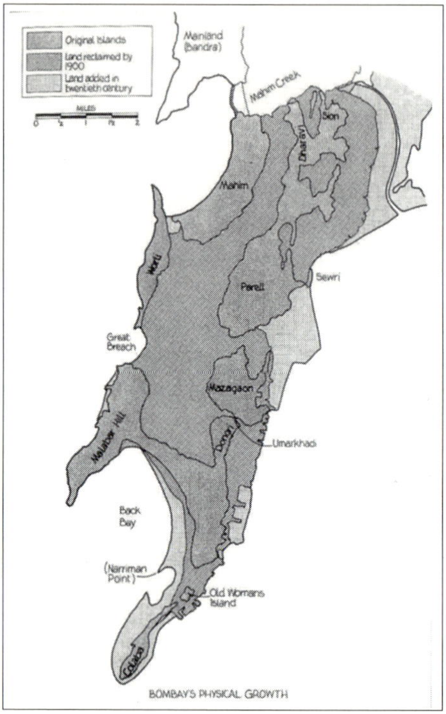

Abb. 61: Wachstum Bombays vom 18. bis zum 20. Jahrhundert.

Die seit 1845 laufenden Projekte zur Wasserversorgung Bombays wurden jetzt beschleunigt behandelt, den neuesten Entwicklungen angepasst und zusätzliche Gelder durch eine Haussteuer aufgebracht. Wegen technischer und finanzieller Schwierigkeiten mussten die Pläne mehrfach revidiert werden. Die Bereitstellung von Trinkwasser konnte die Stadt schließlich ab den 1890er Jahren sicherstellen. Doch die geografisch-ökologische Insellage hatte zur Folge, dass die Drainage bei dem nun übermäßigen Wasserzufluss versagte und die Stadt in ihren Abwässern versank. Ein Anstieg der Krankheits- und Sterbezahlen war die Folge. Als 1896 die Pest in der Stadt ausbrach, waren die Ursachen schnell erkannt. Nachdem bereits auf der international besetzten Gesundheitskonferenz in Konstantinopel 1867 festgehalten worden war, Bombay sei ein Krankheitsherd, gerieten die Briten nun zum zweiten Mal auf die internationale Anklagebank, als auf dem zehnten Weltgesundheitskongress in Venedig 1897 festgestellt wurde, die weltweit grassierende Pestepidemie hätte ihren Ausgang im britischen Bombay genommen. Damit war nicht nur ein Verantwortlicher benannt, sondern es wurde den Briten auch vorgehalten, ihrem kolonialen Auftrag zur Zivilisierung Indiens nicht angemessen nachzukommen.[122] Unversehens machte sich an den Problemen der Urbanisierung die Frage der kolonialen Herrschaftslegitimität fest.[123]

Auch in den anderen großen Städten Britisch-Indiens wurden nun städtische Aufgaben erkannt und wahrgenommen. In Calcutta, das mit dem anhaltenden Zuzug von Industriearbeitern und den einsetzenden baulichen Veränderungen und Verdichtungen bald seinen Ruf als ‚City of Palaces' verlor, holte sich die indische Be-

[122] M. Dossal, Imperial Designs, S. 143. I. Klein, Urban development and death, S. 740, 743-745. Mark Harrison, *Public Health in British-India: Anglo-Indian preventive medicine 1859-1914* (Cambridge 1994), S. 133-136.

[123] Siehe zu dem Komplex der kolonialen Herrschaftslegitimität den Sammelband von Harald Fischer-Tiné und Michael Mann (Hg.), *Colonialism as Civilizing Mission. Cultural ideology in British India* (London 2004).

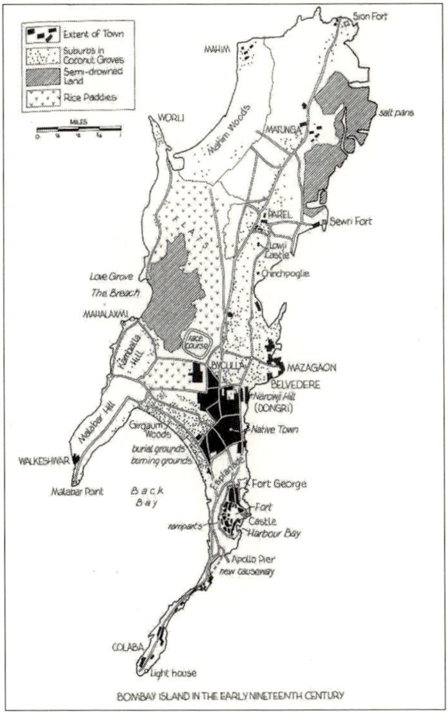

Abb. 62: Bombay Island zu Beginn des 19. Jahrhunderts.

völkerung der Stadt ihr Trinkwasser entweder aus dem Hugli oder aus den mehr als tausend innerstädtischen Brunnen. Die europäische Bevölkerung bevorzugte hingegen noch bis in die 1830er Jahre das Trinkwasser aus Zisternen und Tanks. Pläne zur Wasserversorgung mittels gefiltertem Flusswasser existierten seit 1828, wurden 1843 endlich beschlossen, danach aber zahllosen Modifikationen unterworfen. Erst 1860 wurde ein Projekt zur Wasserversorgung bewilligt und die Baumaßnahmen 1870 abgeschlossen. In Ergänzung schüttete die Stadtverwaltung in den ersten Jahrzehnten des 19. Jahrhunderts die offenen Abwässerkanäle im Stadtzentrum zu. Auf der Basis eines Berichts des ‚Lottery Commitees' von 1847 wurde ab 1855 ein Kanalisationssystem geplant, das ebenfalls 1870 fertiggestellt war und bis heute das Kernstück der innerstädtischen Abwasserentsorgung bildet.[124]

Mit erheblicher zeitlicher Verzögerung setzten in den indischen Städten die Planungen zur öffentlich organisierten Wasserversorgung und Abwasserbeseitigung ein. In Ahmedabad stellte eine erste systematische Untersuchung aus dem Jahr 1885 fest, aufgrund der Bevölkerungszunahme im innerstädtischen Bereich seien die hygienischen Bedingungen schlimmer als befürchtet. Am genießbarsten war das Wasser aus den hauseigenen Zisternen, die noch aus der Mogulzeit stammten. Nicht nur nach europäischen Standards, sondern auch nach Einschätzung der alteingesessenen Bevölkerung Ahmedabads genügten die Entsorgungssysteme bei weitem nicht mehr den aktuellen Ansprüchen. Das vorhandene Sickergrubensystem war zwar noch funktionstüchtig, aber durch die verstärkte Benutzung waren Boden

124 P. Thankappan Nair, Civic and public services in old Calcutta, in: Sukanta Chaudhuri (Hg.), *Calcutta, The Living City*, Volume 1: The Past (New Delhi 1990), S. 224-237. Anil Baran Biswas, Water supply in Calcutta, in: ebenda, volume 2: The Present and Future (New Delhi 1990), S. 160-166. K. J. Nath, and Arunaya Majumdar, Drainage, sewerage and waste disposal, in: ebenda, S. 167-172.

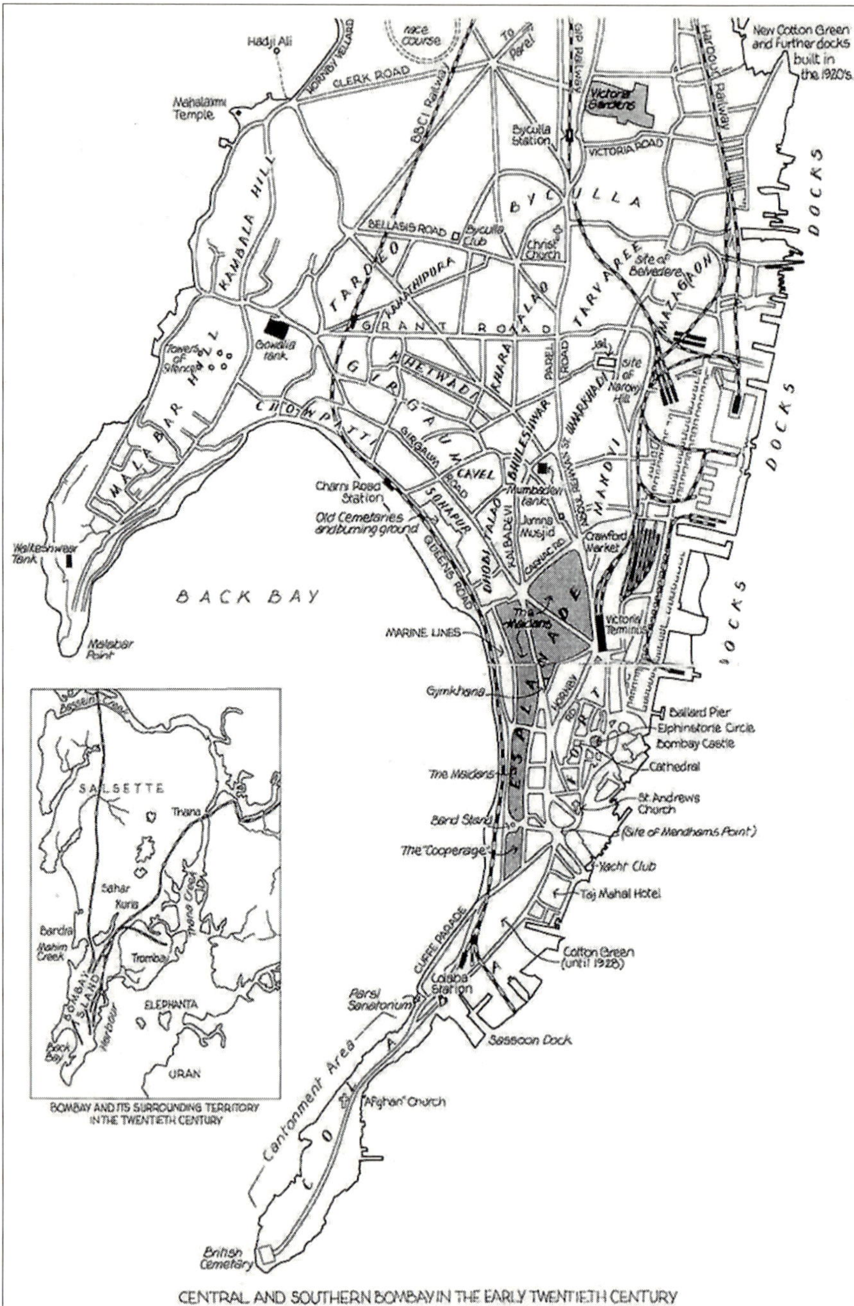

Abb. 63: Südhälfte von Bombay Island zu Beginn des 20. Jahrhunderts.

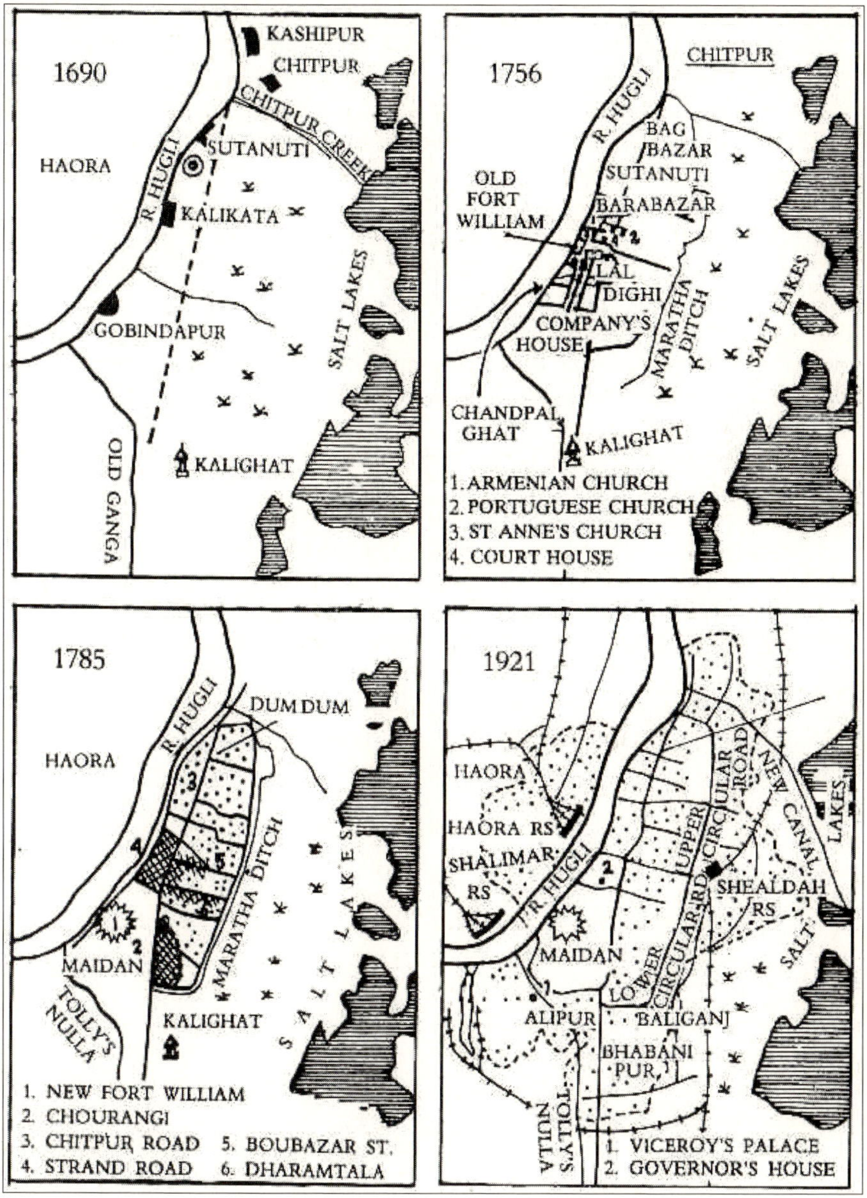

Abb. 64: Entwicklung Calcuttas 1690–1921.

und Grundwasser bakteriell kontaminiert. Gesetzliche Maßnahmen aus den 1870er Jahren brachten keine Besserung. Erst die seit 1884 kommunal organisierte Fäkalienbeseitigung führte zu spürbaren Verbesserungen der hygienischen und gesundheitlichen Verhältnisse. Allerdings sollte es noch Jahrzehnte dauern, bis ein umfassendes Abwassersystem konzipiert und sukzessive in den einzelnen Stadtvierteln angelegt wurde.[125]

Ähnlich verlief die Entwicklung in Lakhnau und Allahabad. In deren unmittelbarer Nähe wurden britische ‚Stations' und ‚Cantonments' gebaut. Im Jahr 1863 wies die ‚Royal Commission on the Health of the Anglo-Indian Army' darauf hin, es sei unmöglich, die Frage der Gesundheit bezüglich der Truppen von den sanitären Zuständen der einheimischen Bevölkerung zu trennen, was besonders für das Auftreten von Epidemien gelte.[126] Mit den militärisch-medizinischen Bedürfnissen und den darauf ausgerichteten Begründungen wurde endgültig die duale, auf Separation und Segregation beruhende Stadtplanung der britisch-indischen Stadt vorgegeben. In Lakhnau war nebst vorgeschriebenen baulichen Bestimmungen für den indischen und für den europäischen Stadtbereich auch die Infrastruktur von unterschiedlicher Qualität. So unterstanden die britischen Wohnviertel einem städtischen Komitee, während die indische Stadt als Steuerbezirk an einen britischen Kolonialbürokraten vergeben worden war, dem daran lag, das Steuervolumen zu erhöhen, nicht aber die Infrastruktur zu verbessern. Es wundert daher wenig, dass über Jahre hinweg in zwei Dritteln der Stadt keinerlei Unratbeseitigung existierte. Nach Protesten der Bevölkerung wurde 1868 dem Missstand ein Ende bereitet. Eine grundsätzliche Verbesserung trat jedoch nicht ein. Nachdem das städtische Kanalisationssystem durch die Ereignisse des Großen Aufstandes und der anschließenden gezielten Vernachlässigung endgültig funktionsuntüchtig geworden war, plante die Stadtverwaltung erst in den 1880er Jahren ein neues Wasserver- und Wasserentsorgungssystem. Hingegen erzielten sie bei der Einrichtung öffentlicher Toilettenanlagen einige Erfolge, die in den offiziellen Berichten euphorisch herausgestellt wurden.[127]

Paradigmatisch für die Umsetzung der dualen Stadt nach den neuesten zeitgenössischen wissenschaftlichen Erkenntnissen ist Allahabad. Bisher waren die britischen ‚Civil' und ‚Military Lines' außerhalb der indischen Städte angelegt worden, aber nun wurde mehr denn je unter sanitären Aspekten die Trennung von indischen und europäischen Stadtzonen betrieben. Äußerlich zeigte sich das in Allahabads britischen Wohnvierteln an den asphaltierten, breiten und baumbestandenen Straßen und der weiträumigen Bauweise. Innerlich besaß dieser Stadtbereich ein funktionierendes, permanent instand gehaltenes Wasserleitungssystem. Für die indischen Stadtteile sah die Stadtverwaltung die Einrichtung von stets zugänglichen und durch Personal gereinigten öffentlichen Toilettenanlagen vor, deren Bau

125 K. L. Gillion, *Ahmedabad*, S. 129-133, 138-143.

126 Veena T. Oldenburg, *The Making of Colonial Lucknow, 1856-1877* (Princeton 1984), S. 99.

127 Ebenda, S. 100-112.

in verschiedenen Ausführungen experimentell über Jahrzehnte betrieben wurde. Eine geregelte Wasserversorgung für die stetig wachsende Stadt wurde erst 1889 initiiert, fünf Jahre später konnte dann ausreichend frisches Trinkwasser angeboten werden. Trotz der einschlägigen negativen Erfahrungen aus Bombay mit überreicher Wasserzufuhr bei unzureichender Drainage trat auch in Allahabad innerhalb weniger Jahre dieses Problem auf, das aber erst 1904 angegangen wurde.[128]

In Dhaka ist die Segregation nicht nur durch die Wasserversorgung betrieben worden, die aufgrund der geologischen Voraussetzungen problemlos für die ganze Stadt hätte aufgebaut werden können. Die Stadtverwaltung machte die erhöhten Kosten geltend, die bei einer Verlegung der Wasserrohre durch die winkligen Gassen der indischen ‚Altstadt' entstanden wären, im Gegensatz zu den schnurgeraden Straßen in den britischen Wohnvierteln, weshalb nur die leicht zugänglichen Straßen eine städtische Wasserversorgung erhielten. Auch auf dem Gebiet der Elektrifizierung wurde die Segregation sichtbar. Kurios mutet es an, dass der *nawab* von Bengalen in den 1920er Jahren die Elektrifizierung der Stadt unter der Voraussetzung finanzierte, dass die Stadtverwaltung die Kosten für den weiteren Unterhalt übernahm. Geradezu grotesk mutet es an, wenn nahezu sämtliche von Indern bewohnten Stadtteile lediglich durch Öl- und Kerosinlampen beleuchtet wurden und die Straßen selbst dunkel blieben, während die Teile der Stadt, die meistens die Briten benutzten, bei Nacht in hellstem Licht erstrahlten, so die Pferderennbahn, an der allein einhundert elektrische Lampen aufgestellt wurden.[129]

Calcutta wurde nach 1899 allmählich elektrifiziert, nachdem die ‚Calcutta Electric Supply Corporation' eingerichtet worden war, die die Stadt bis 1957 mit Strom versorgte. Zunächst nur für die Straßenbeleuchtung eingesetzt, fand Strom nach 1902 auch für den Betrieb der Straßenbahnen Verwendung.[130] Wie auch in anderen Städten hatte die öffentliche Stromversorgung Vorrang vor der privaten Stromnutzung, was manch wohlhabenden und weitsichtig planenden indischen Industriellen veranlasste, auf eine autarke Elektrizitätsgewinnung zu setzen.

Nicht nur mangelnder oder einseitiger politischer Wille verhinderte in den Städten die Umsetzung baulicher Maßnahmen, sondern es waren vor allem finanzielle Hindernisse, die alle Planung zunichte machen konnte. Denn während in den englischen und kontinentaleuropäischen Städten allumfassende Programme zur Stadtsanierung aufgestellt wurden, die durch eine öffentliche Kreditaufnahme finanziert werden konnten, scheiterten in Britisch-Indien wegen der unzureichenden Finan-

---

128 J. B. Harrison, Allahabad. A sanitary history, in: Kenneth Ballhatchet and John Harrison (Hg.), *The City in South Asia, pre-modern and modern* (London 1980), S. 167-195. Zur Kolonialstadt siehe die zahlreichen Abbildungen von zeitgenössischen Karten und die vorzügliche Analyse von Jan Pieper, *Die anglo-indische Station*, S. 155-165.

129 N. Hussain, The city of Dacca, 1921-1947: Society, water and electricity, S. 212-218.

130 P. Thankappan Nair, Civic and public services in old Calcutta, S. 237-239. Gautam Gupta, Calcutta's power supply, in: Sukanta Chaudhuri (Hg.), *Calcutta, The Living City*, volume 2: The Present and Future (New Delhi 1990), S. 128-132. Die Geschichte der Elektrifizierung südasiatischer Städte ist bislang kaum erforscht worden.

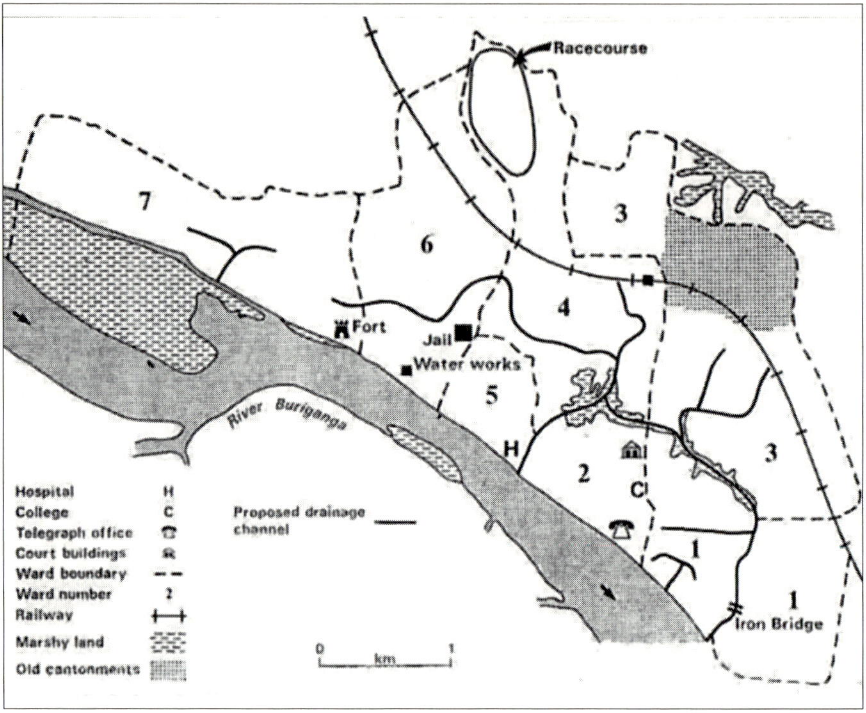

Abb. 65: Plan für die Wasserentsorgung in Dhaka, 1889.

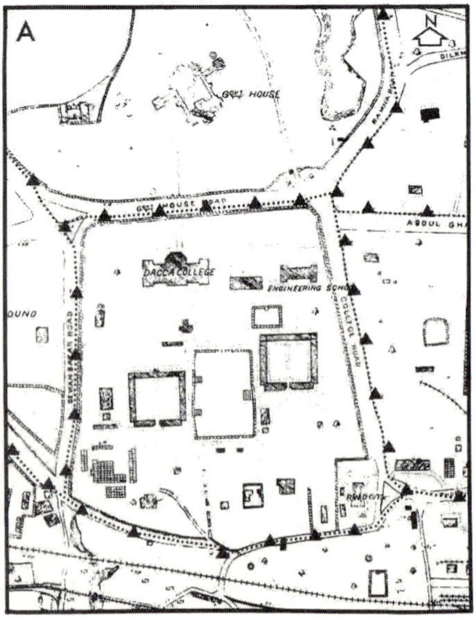

Abb. 66: Elektrizitätsversorgung in Dhaka, Anfang 20. Jahrhundert.

zierungsmöglichkeiten viele infrastrukturelle Projekte. Bis weit ins 20. Jahrhundert bildeten nämlich nahezu ausschließlich die Oktroi, die direkten Einnahmen aus den Wareneinfuhren, die in den 1840er Jahren in Britisch-Indien die verschiedenen Transitzölle abgelöst hatten, das finanzielle Rückgrat der Städte.[131] Ein Übriges tat der vorgeschriebene und unberechenbare ‚Dienstweg' an die Spitze der Provinzverwaltung, auf dem manches Projekt durch Auflagen blockiert oder gar verhindert wurde. Meist boten die als unseriös eingestuften Finanzierungspläne Anlass, kommunale Projekte scheitern zu lassen.[132] Daher wundert es wenig, dass bis auf Teile der kolonialen Küstenmetropolen und die Militäreinrichtungen indische Städte auch noch in der ersten Hälfte des 20. Jahrhunderts im allgemeinen dunkel und dreckig waren und über die Maßen stanken.

Ein wesentlicher Grund für dieses strukturelle Übel ist in der mangelhaften Reform der lokalen Selbstverwaltung zu sehen. Zunächst beließen die Briten die lokalen Institutionen und wechselten lediglich die Verwaltungsspitze durch einen eigenen Administrator aus. Teilweise griffen sie auch bewusst auf die bestehenden Institutionen zurück, wie in Ahmedabad, wo das ‚Town Wall Committee' auch nach Vollendung des Stadtmauerprojektes 1842 im Amt blieb und nun mit weiterreichenden Kompetenzen zur Gewährleistung der Wasserversorgung, der Wässerung von Straßen, Straßenbeleuchtung, Straßenreparatur und der Fäkalienbeseitigung sowie polizeilicher Funktionen ausgestattet wurde. Seine sämtlich aus den notablen Kreisen der Stadt ernannten Mitglieder verließen sich ihrerseits auf die Kompetenzen der innerstädtischen Gremien wie der *jati**- *panchayat*s oder *mohalla* (Stadtviertel) Repräsentationsorgane. Meist waren es die alten Dienstleistungs- und Handelseliten der Städte, die vom neuen politischen Regime profitierten, auch wenn sie in neue und unliebsame Aufgabenbereiche gedrängt wurden. Dieses Herrschaftsmuster war in Variation in zahlreichen Städten Britisch-Indiens anzutreffen und bestimmte bis zur Einrichtung der ‚Municipal Boards' (ab 1864) die urbane „Selbstverwaltung". Allgemein handhabten die Briten die bestehenden städtischen Gremien wie ihre Vorgänger, garnierten sie mit zusätzlichen Komitees, mit deren Hilfe sie die Städte in das Zeitalter von repräsentativer Regierung und den spezifischen Problemen der Urbanisierung bugsierten.[133]

---

[131] Jitendra G. Borpujari, The impact of the transit duty system in British India (BITDS), in: *Indian Economic and Social History Review* 10,3 (1973), S. 218-243. Noch 1908 bestanden die hauptsächlichen Quellen der Steuereinnahmen in den ‚United Provinces of Agra and Oudh' mit 72% aus den Oktroi, 5% stammten aus der Haussteuer, 3% aus Handelsabgaben und 7% aus Umlagen für konservatorische Maßnahmen. Im Panjab war die Situation noch extremer, hier beliefen siech die Oktroi auf 90%, die Haussteuer auf 8% und die Abgaben auf 2%. Umgekehrt verhielt es sich in den Bengalen, wo es keine Oktroi gab und das städtische Budget sich hauptsächlich aus 39% Haussteuer und verschiedenen Abgaben zusammensetzte, siehe Hugh Tinker, *The Foundation of Local Self-Government in India, Pakistan and Burma* (London 1954, Bombay etc. 1967), S. 74, Table 4, Principal Sources of Municipal Income: 1908.

[132] H. Tinker, *The Foundation of Local Self-Government*, S. 69.

[133] K. L. Gillion, *Ahmedabad*, S. 10-118 und Christopher A. Bayly, *The Local Roots of Indian Politics. Allahabad 1880-1920* (Oxford 1975), S. 52-120, bes. S. 92-94.

Rudimentäre Gesetze für eine munizipale Ordnung erließen die Briten 1842 zuerst für die ‚Bengal Presidency'. Danach konnte ein ‚Town Committee' zur Regelung von sanitären Fragen eingerichtet werden, wenn zwei Drittel der Haushalte dies ersuchten. Nur in Serampur fand das Gesetz seine Anwendung, allerdings nicht ohne heftige Proteste bei Teilen der Bevölkerung gegen eine solch institutionalisierte Kontrolle auszulösen. Deren Personifizierung, der britische ‚District Magistrate', wurde von einigen Einwohnern wegen Kompetenzüberschreitung vor Gericht gezogen. Inder wussten sich folglich der neuen kolonialen Institutionen nicht nur zu erwehren, sondern sich ihrer auch zu bedienen. Der für Britisch-Indien erlassene ‚Municipality Act' aus dem Jahr 1850, nach dem Städte nun dezidiert die Aufgaben von Fäkalienbeseitigung, Straßenbau und Beleuchtung zugewiesen bekamen, war 1868 in 352 Städten implementiert, darunter Ahmednagar (1854), Pune (1856), Kanpur (1861), Lakhnau (1862), Agra, Delhi und Allahabad (1863), Dhaka, Patna, Mirat und Etawah (1864), Midnapur und Bardwan (1866), Lahore und Rawalpindi (1867). Er umfasste aber auch zahlreiche Dörfer von mehreren Tausend Einwohnern, da Begriff, Funktion und Position der Stadt im politischen Gefüge Britisch-Indiens längst nicht eindeutig und endgültig definiert waren.[134]

Angesichts leerer öffentlicher Kassen sah sich der Kolonialstaat im Anschluss an den Großen Aufstand gezwungen, weitergehende Reformen in der Kommunalverwaltung einzuleiten. Die inhaltliche Ausgestaltung blieb zunächst den einzelnen Provinzen Britisch-Indiens überlassen. Im Jahr 1864 wurde der ‚Municipal Act' verabschiedet, der daraufhin sukzessive in den Provinzen Bengalen und Awadh (1864), im Panjab (1865), in den ‚North-Western Provinces' und den ‚Central Provinces' (1865) eingeführt wurde. Danach setzten sich nun die ‚Town Committees' aus ernannten Mitgliedern der städtischen *panchayat*s und respektabler Bürger zusammen. Das Gremium erhielt das Recht, Steuern zu erheben und Verwaltungsinstitutionen einzurichten, dessen Aufgabenbereiche jedoch auf Instandsetzungsmaßnahmen beschränkt blieb. Entsprechend verteilten sich die Ausgaben aus den öffentlichen Einnahmen, deren Kontrolle weiterhin bei den britischen Autoritäten lag. Bis ins 20. Jahrhundert waren die ‚Municipal Boards' wenig beliebt bei der städtischen Bevölkerung, da sie in ihnen nicht zu Unrecht koloniale Kontrollinstitutionen sahen. Spätestens die Erhebung neuer Steuersätze bot Gelegenheit, dem Unmut freien und teilweise gewalttätigen Lauf zu lassen.[135]

Mit dem Etikett der liberalen Reformen ist die ‚Resolution on Local Self-Government' vom 18. Mai 1882 versehen worden. Sie war von Vizekönig George Lord Ripon (1880–84) initiiert worden und führte repräsentative Wahlen für die ‚Municipal Boards' ein. Allerdings war unmissverständlich formuliert worden, dass die Reformen zunächst nur in den fortschrittlichen Städten und dort auch nur schritt-

[134] H. Tinker, *The Foundation of Local Self-Government*, S. 28-30.

[135] Ebenda, S. 31-35, 50. Vgl. auch C. A. Bayly, *The Local Roots of Indian Politics*, S.157-158 und K. L. Gillion, *Ahmendabad*, S. 118-119.

weise eingeführt werden sollten. Alle Reformen sollten eher einen experimentellen Charakter aufweisen und keine endgültige Regelung sein. Alle Kontrolle solle nach wie vor vom britisch-indischen Kolonialstaat ausgeübt werden und keinesfalls durch indische Volksvertreter stattfinden. Diese restriktive Repräsentation schlug sich in der Zahl der Wahlberechtigten nieder, die unter zwei Prozent der städtischen Bevölkerung lag. Infolge der Bestimmungen traten große Unterschiede bei der städtischen Selbstverwaltung auf. Für das Jahr 1885 sind im Panjab 197 ‚Municipal Boards' ausgewiesen, von deren Mitgliedern 42,6 Prozent gewählt, der Rest ernannt war. In den ‚North Western Provinces' existierten 109 ‚Municipal Boards', fast 80 Prozent seiner Mitglieder waren gewählt. In der ‚Bombay Presidency' gab es 162 ‚Municipal Boards', allerdings waren nur 10,8 Prozent der Mitglieder gewählt.[136]

Vor allem in den Stadträten mit hohem gewähltem Repräsentationsanteil entstand eine politische Arena, in der bald der Ruf nach mehr Mitbestimmung und stärkerer lokaler Selbstverwaltung aufkommen sollte. Noch in den ersten Jahrzehnten des 20. Jahrhunderts, als die Nationalisierung der indischen Politik zusehends an Schärfe gewann, trugen besonders die städtischen Gremien zur Ausbildung einer politischen Öffentlichkeit bei.[137] Gleichzeitig legten die indischen Repräsentanten die immer noch autokratische Struktur hinter der demokratischen Fassade offen, wenn die ‚Municipal Boards' sich weigerten Probleme anzugehen, von denen sie der Meinung waren, dass sie vom ‚District Magistrate' besser gelöst werden könnten. Dessen Bemühungen um Innovation waren, wie gesehen, gering, was dazu führen konnte, dass sich Institutionen und Personen gegenseitig paralysierten.[138]

Die städtische Öffentlichkeit zeigte kaum Interesse an den munizipalen Institutionen, die eher als politische Arena betrachtet wurden denn als kommunale Einrichtung zur Gestaltung städtischer Anliegen. Daran änderte auch die 1907 bis 1909 eingeleitete Dezentralisierungspolitik wenig. Trotz der Überlegung, den städtischen Gremien größtmögliche Selbstständigkeit einzuräumen, blieb die Kontrolle der exekutiven Organe in der Selbstverwaltung stets in britischen Händen. Andererseits lösten die Morley-Minto Reformen von 1909 ein wachsendes Interesse an der lokalen wie regionalen Politik aus, als sich bei den Wahlen des darauf folgenden Jahres vermehrt professionelle Männer um Ämter bewarben, von denen aus um die knappen finanziellen Ressourcen der Städte gefochten wurde. Immerhin saßen nun immer seltener Briten den ‚Municipal Boards' vor. Verwirrt durch eine nicht nachvollziehbare Mixtur von Zugeständnissen und Zwängen seitens des britischen Kolonialregimes wurden neue und alte Institutionen der indischen städtischen Gesellschaften bei dem Versuch, sie administrativ auszurichten, in widersprüchliche Handlungsmuster getrieben.[139] Dies

[136] H. Tinker, *The Foundation of Local Self-Government*, S. 45-50.
[137] C. A. Bayly, *The Local Roots of Indian Politics*, S. 100, 102.
[138] H. Tinker, *The Foundation of Local Self-Government*, S. 70.
[139] C. A. Bayly, *Local Roots of Indian Politics*, S. 93. Siehe auch ders., Local control in Indian towns – the case of Allahabad 1880-1920, in: *Modern Asian Studies*, 5, 4 (1971), S. 289-311.

gereichte der Bevölkerung nicht unbedingt zum Nachteil, konnten sich doch unter Umständen neue Handlungsoptionen eröffnen.

Der Widerspruch von zentralen und dezentralen Elementen der Kommunalverwaltung ist auch über die Kolonialzeit hinaus in den Städten Indiens festzustellen. Einerseits existiert mitunter eine Anzahl von Gremien und Institutionen mit sich überschneidenden Kompetenzbereichen, die sich nicht selten lahmlegen, sich in jedem Fall aber in der Arbeit behindern. Andererseits blieb die externe Kontrolle über die Städte gewährleistet. Wie beim politischen-administrativen Erbe des ‚Governors', des von der Zentralregierung in Delhi in den Provinzen und nun in den Bundesstaaten eingesetzten Exekutivbeamten, kann nach wie vor in die kommunalen Belange der Städte dirigistisch eingegriffen werden. Bis heute ist in Delhi der ‚Administrator' als unmittelbarer Nachfolger des ehemaligen ‚Commissioners' befugt, im Namen der Zentralregierung Entscheidungen der diversen und nicht immer kooperierenden städtischen Gremien zu suspendieren. Dies führt nicht nur zu Nachteilen im administrativen Bereich, sondern macht sich stets auch an den planerischen Vorhaben und Vorgaben fest. Hiervon sind und waren alle Städte mit ‚Munizipalverfassung' betroffen.

Gehörten die Jahrzehnte nach 1890 bis zum Ersten Weltkrieg zur formativen Phase ‚westlicher' Stadtplanung, vernachlässigten demgegenüber die Briten in Indien nahezu sämtliche Städte, die nicht von strategischem oder kommerziellem Interesse waren. Angesichts des sich abzeichnenden Bevölkerungsanstiegs in den meisten Ländern des asiatischen Kontinents waren Briten wie Inder durchaus bestrebt, nicht die gleichen Fehler bei der Urbanisierung zu wiederholen. Es bot sich die Chance, neue Wege zu beschreiten. Doch über die reine Administration durch den überwiegend mit Briten besetzten ‚Indian Civil Service' und über die Gewährleistung städtischer Grundbedürfnisse ging das Interesse der Briten nie hinaus. Abgesehen davon versuchten sie stets, den Problemen der Urbanisierung in Indien mit Konzepten zur Stadtentwicklung und Stadtplanung aus Europa beizukommen. So orientierte man sich bei der Gesetzgebung zur Stadtplanung in Britisch-Indien an den für fortschrittlich erachteten Gesetzen des Deutschen Reiches von 1893, 1911 und 1913 sowie den englischen Gesetzen von 1909 und 1910. Um dem Problem der ‚ausufernden' Städte Herr zu werden, richteten die Briten Ende des 19. Jahrhunderts die ‚Improvement Trusts' ein, deren Aufgabe es war, unbebautes Land an den Stadträndern aufzukaufen, es zu parzellieren und nach dem Verkauf seine ordnungsgemäße Erschließung zu überwachen.[140]

Die ‚Improvement Trusts' waren am britischen ‚National Housing Reform Council' ausgerichtet, dessen spezielle Aufmerksamkeit den Wohnbedingungen der Armen galt. Auf lange Sicht und über die Kolonialzeit hinaus entwickelten sich die ‚Improvement Trusts' jedoch zu Instrumenten der Marginalisierung, wenn die Armen von den Stadträndern vertrieben und ihre Stadtviertel zum Wohnareal der

140 H. E. Meller, Urbanization and the introduction of modern town planning ideas in India, S. 330-350.

Reichen umgewandelt wurden. Als erste indische Stadt richtete Bombay 1898 einen ‚Improvement Trust' ein und reagierte damit auf die von hier ausgegangene Pestepidemie. Binnen kurzem zeigte sich jedoch, dass die Arbeit des ‚Improvement Trusts' lediglich in der Eindämmung von Seuchenherden, anders formuliert, der allgemeinen Gesundheitsprophylaxe, nicht aber in der generellen Verbesserung der Lebensbedingungen für den Großteil der städtischen Bevölkerung im Sinne fundierter Ursachenbekämpfung galt.[141]

Gleiches ist auch für Calcutta, wo ein ‚Improvement Trust' 1912 eingerichtet wurde, zu konstatieren.[142] Ursprünglich hatte dessen Vorsitzender weiterreichende Pläne. Als gelernter Ingenieur ging er die urbanen Probleme von der praktischen Seite an und wollte die Missstände von Grund auf beseitigen, indem er den völligen Abriss aller aufgrund westlicher Hygienegesetzgebung als Slums definierten Wohnbereiche und die Anlage von breiten Durchgangsstraßen empfahl. Vor dem Hintergrund der radikalen Stadtsanierungen eines Baron Haussmann und der Zerstörung des historischen Stadtbildes von Paris in den 1860er Jahren fand dies nur bedingt Akzeptanz. Wegen des zu erwartenden Widerstands der betroffenen Bevölkerung wurden nur wenige Vorschläge umgesetzt. Wohlmeinende und durchaus auch angepasste Anregungen, gleichwohl kolonial-paternalistisch verordnete Stadtumbaumaßnahmen des Schotten Patrick Geddes fanden im Gegensatz zu den radikalen Lösungsvorschlägen kaum Resonanz und wurden nur in wenigen Städten indischer Staaten realisiert, so dass insgesamt die städtebaulichen Aktivitäten gering blieben.[143]

Im Wesentlichen beschränkt(e) sich die Arbeit der ‚Improvement Trusts' auf die Demarkation von potenziellem Bauland in urbanen Randlagen und den städtischen Zentren, dem Grundstücksverkauf und der angeordneten Umsiedlung von Bewohnern. Solange die ‚Improvement Trusts' existierten, aber auch wenn sie in den ‚Municipal Corporations' aufgegangen sind, ist in vielen Städten Indiens eine nahezu ungebrochene Kontinuität der kolonialen Politik zu beobachten, wenn innerstädtische Slums geräumt werden, um Platz für teuere Wohneinheiten, Parkanlagen oder Durchgangsstraßen zu schaffen oder die Bewohner von Dörfern in den städtischen Randlagen zwangsweise umgesiedelt werden, um den Raum für ländliche Parkanlagen der großstädtischen Elite bereitzustellen.[144] Zu den Kontinuitäten gehört jedoch auch, dass mit der Einrichtung der ‚Improvement Trusts' sogleich der Widerstand der Betroffenen gegenüber der radikalen

141 Prashad Kidambi, Housing the poor in a colonial city: The Bombay Improvement Trust, 1898–1918, in: *Studies in History*, n. s. 17,1 (2001), S. 57-79.

142 Monidip Chatterjee, Town planning in Calcutta: Past, present and future, in: Sukanta Chaudhuri, (Hg.), *Calcutta, The Living City*, volume 2: The Present and Future (New Delhi 1990), S. 133-147, bes. S. 138-142.

143 H. E. Meller, Urbanization and the introduction of modern town planning ideas in India.

144 Michael Mann, Town planning and urban resistance in the Old City of Delhi, 1937-1977, in: Evelin Hust and Michael Mann (Hg.), *Urbanization and Governance in India* (Delhi 2005), S. 251-278.

Politik und ihrer manchmal gewaltsamen Durchsetzung begann und bis heute anhält.[145]

Nahezu konfliktfrei scheint die Stadtentwicklung Colombos seit der zweiten Hälfte des 19. Jahrhunderts verlaufen zu sein, was zweifelsohne an der wesentlich konzilianteren und kooperativen Politik der Briten gelegen hat. Wie die übrigen kolonialen Küstenmetropolen veränderte auch Colombo die wirtschaftlichen Strukturen des Landes, und wegen der Insellage auch intensiver als die britischen Stadtgründungen auf dem indischen Festland. Colombos Einwohnerzahl stieg seit Beginn des 19. Jahrhunderts von 30.500 im Jahr 1824 auf 362.000 Personen 1932 an. Der Ausbau der Hafenanlagen in den 1880er Jahren und die 1882 seitens der Briten getroffene Entscheidung, Postschiffe den Hafen von Galle nicht mehr anlaufen zu lassen, brachte nicht nur eine Vervierfachung der Warenumschläge, sondern löste auch die Abwanderung der Hafenleute aus Galle und den verstärkten Zuzug südindischer Migranten von der Malabarküste nach Colombo aus, die als Bauarbeiter und als Hafenarbeiter Beschäftigung fanden. Binnen weniger Jahrzehnte entwickelte sich Colombo zum drittgrößten Hafen im Britischen Empire und zum siebtgrößten der Erde. Einerseits lag dies an den Exportgütern wie Tee und Kokospalmprodukten, andererseits verlor Ceylon (Sri Lanka) etwa zur gleichen Zeit seine Fähigkeit zur Selbstversorgung, weshalb die Stadt auch zum Importhafen von Nahrungsmitteln, hauptsächlich Reis aus Birma, wurde. Die weitaus wichtigste Funktion des Hafens war jedoch die der Kohlestation im Indischen Ozean.[146]

Während Colombo Fort sich langsam zum Handels-, Wirtschafts- und Geschäftszentrum entwickelte, zogen die dort bislang ansässigen indischen Arbeiter in die nördlichen Viertel bei den Hafenanlagen in unmittelbarer Nähe zu den Stapelhäusern, Verpackungshallen, Dockanlagen und Werkstätten zur Schiffsreparatur. Die immigrierenden Südinder, die im Kohle- und Reisgeschäft tätig waren, ließen sich im Pettah-Viertel nieder, das zusammen mit den Arbeitersiedlungen am Hafen das dicht bewohnteste Stadtviertel Colombos war. Stadt und Staat reagierten auf den wachsenden demografischen Druck, indem sie bezuschusste Bahnfahrkarten für die 3. Klasse ausgaben, um so das tägliche Pendeln in die Vorstädte und umliegenden Dörfer zu fördern, jedoch mit wenig Erfolg. Bessere Resultate erzielte das staatliche Wohnungsbauprogramm für Angestellte im öffentlichen Dienst, als die Anzahl der Wohneinheiten erhöht und die Bewohnerzahl pro Haus reduziert werden konnte. Auch kam die ‚Colombo Municipality' nach einer Untersuchung über die sanitären Verhältnisse in der Stadt zu dem Ergebnis, es sei besser, schlechte Häuser als gar keine zu haben, was sich in entsprechenden gesetzli-

---

145 Emma Tarlo, *Unsettling Memories. Narratives of the Emergency in Delhi* (London 2003).

146 K. Dharamsena, *The Port of Colombo, 1860-1939* (Colombo 1980), S. 102-127. Rhoades Murphey, Colombo and the re-making of Ceylon: A prototype of colonial Asian port cities, in: Frank Broeze (Hg.), *Gateways of Asia. Port cities of Asia in the 13th – 20th centuries* (London and New York 1997), S. 191-210.

chen Bestimmungen niederschlug und die allgemeine Wohnungsnot partiell lindern half.[147]

Dennoch stellten sich die bekannten fundamentalen Probleme der Urbanisierung von Kolonialstädten ein. Die Wasserversorgung wurde erst 1886 angegangen. Da das Reservoir von Anbeginn unzureichend geplant war, musste bereits 1905 nachgebessert werden. Im selben Jahr existierten noch 2.000 Ziehbrunnen im innerstädtischen Bereich, vor allem in den Hafenvierteln. Erst mit verbesserter kommunaler Finanzlage konnte der Ausbau zur Verdoppelung der Wasserversorgung in die Wege geleitet werden. Die Wasserentsorgung zog mit Verspätung nach, als 1897 zunächst ein Plan für die gesamte Stadt entworfen wurde. Kostengründe zwangen jedoch zu einer reduzierten Version, die vorerst nur den dicht besiedelsten Teil der Stadt, das Pettah, berücksichtigte. Immerhin ist bis in die 1920er Jahre ein rudimentäres gesamtstädtisches Drainagesystem entstanden. Die Sickergruben wurden nach 1897 zügig zugeschüttet und von 4.650 auf 1840 im Jahr 1905 dezimiert. Allerdings blieb die Versorgung mit öffentlichen Toilettenanlagen ein ständiges Problem. Diese vergleichsweise umsichtige Politik dürfte einer der Gründe sein, warum die Mortalitätsrate in Colombo um ein Drittel geringer als im berüchtigten Bombay war, und Colombo außer 1875 von keiner Epidemie heimgesucht wurde.[148]

Auch die rasterartige Stadtplanung im Zuge der Stadterweiterungen im Süden Colombos, die oberflächlich betrachtet eine Variante aus dem britisch-indischen ‚Cantonment' und New Delhis zu sein scheint, ist bei genauerem Hinsehen sehr zukunftsorientiert angelegt worden. Zum einen wurde die Segregation, ähnlich wie in Calcutta, nicht eingehalten, denn die lankanischen Eliten und oberen Mittelschichten ließen sich in den vornehmeren Vierteln wie Cinnamon Gardens nieder. Zum anderen bot die ‚Circular Road' zu Beginn des 20. Jahrhunderts, ähnlich wie in Calcutta zu Beginn des 19. Jahrhunderts, im Rücken der Stadt eine verkehrsentlastende Umgehungsstraße an, der auch heutzutage, trotz hoffnungsloser Überfüllung, eine zentrale Funktion zur Entlastung der Innenstadt zukommt. Eine solch umfassende, die künftige Stadtentwicklung berücksichtigende Straßenplanung sollte Delhi erst mit dem ‚Master Plan' von 1962 erhalten.

5.6 Probleme der Urbanisierung nach 1947

Die Teilung Britisch-Indiens am Ende der Kolonialherrschaft löste eine demografische Katastrophe aus, als nicht nur Millionen Menschen zwischen den neu ent-

[147] K. Dharamsena, *The Port of Colombo*, S. 133. Zur demografischen wie auch soziokulturellen Entwicklung Colombos siehe Michael Roberts, The two faces of the port city: Colombo in modern times, in: Frank Broeze, (Hg.): *Brides of the Sea- Port cities of Asia from the 16th – 20th centuries* (Honolulu 1989), S. 173-187.

[148] K. Dharamsena, *The Port of Colombo*, S. 135-154.

standenen Staaten hin und her wanderten, sondern gerade die grenznahen Städte wie Calcutta zu Ost-Pakistan und Delhi zu West-Pakistan ein ungeahntes Bevölkerungswachstum erfuhren. Lebten 1941 knapp 918.000 Einwohner in Delhi, waren es 1951 über 1.744.000, was einer Wachstumsrate von 90 Prozent entspricht.[149] Im selben Zeitraum wuchs die Bevölkerung Calcuttas von 3,62 Millionen auf 4,67 Millionen Menschen.[150] In Pakistan stieg die Bevölkerung Karachis von 360.000 im Jahr 1941, was gerade einmal der Hälfte der Einwohnerschaft Lahores entsprach, auf über 1,1 Millionen Einwohner im Jahr 1951 an. Die *muhajirs*, die Migranten, wie in Pakistan die Zuwanderer aus den nordindischen Städten genannt werden, ließen sich auch in anderen Städten Sindhs nieder, vor allem in Haiderabad und in Sukkur, wo sie 1951 65 respektive 55 Prozent der Einwohnerschaft ausmachten – in Karachi waren es 57 Prozent. Das städtische Pakistan war zu einem erheblichen Teil von indischen Immigranten geprägt.[151]

Insgesamt nahm die Anzahl der Städte allein in der Indischen Union zwischen 1941 und 2001 von 2.253 auf 4.378 zu, und die in ihnen lebende Bevölkerung stieg von 44 Millionen auf 285 Millionen Menschen, das entspricht einem Anstieg der Verstädterungsrate von 14 Prozent auf über 27 Prozent. Inzwischen verlangsamt sich die Geschwindigkeit der Verstädterung. Nach dem Census von 2001 leben etwa 742 Millionen auf dem Land, 285 Millionen hingegen wohnen in Städten, wobei die ländliche Zuwachsrate im Vergleich zum Census von 1991 fast 18 Prozent, die des städtischen Zuwachses 32 Prozent beträgt. Im Vergleich zu anderen Weltregionen ist die Urbanisierungsrate auf dem indischen Subkontinent bei weitem nicht so hoch wie in Südamerika (fast 80 Prozent) oder in Europa (nahezu 75 Prozent).[152]

Seit den 1950er Jahren traten neben die Neustädte, die für die einwandernden Flüchtlinge gebaut wurden (allein in Uttar Pradesh fünf und im Panjab vier), die Neubausiedlungen in den bestehenden Städten. Zusätzlich entstanden Industriestädte wie Rourkhela, Durgapur und Bokarao mit jeweils mehr als 100.000 Einwohnern oder Raffineriestädte wie Barauni, Haldia und Ankleshwar. Kennzeichnend für diese Neugründungen waren spezifische Industrienanlagen der Chemieindustrie, der Aluminiumherstellung oder des Kohleabbaus.[153] Fallstudi-

[149] Zum Flüchtlingsproblem siehe V. N. Datta, Panjabi Refugees and the Urban Development of Greater Delhi, in: Robert E. Frykenberg (Hg.), *Delhi through the Ages. Selected essays in urban history, culture and society* (Delhi etc. 1993), S. 287-306. Ravider Kaur, Planning urban chaos: State and refugees in post-partition Delhi, in: Evelin Hust and Michael Mann (Hg.), *Urbanization and Governance in India* (Delhi 2005), S. 229-249.

[150] M. Chatterjee, Town planning in Calcutta, S. 135.

[151] Christophe Jaffrelot (Hg.), *A History of Pakistan and its Origins* (Paris 2000, London 2002/2004), S. 17. Zu Karachi siehe H. Khuhro, The capital of Pakistan, in: H. Kuhro and A. Mooraj (Hg.), *Karachi: Megacity of our Times* (Karachi 1997), S. 95-111.

[152] M. Mann, *Terra Aktuell: Indien*, S. 6. (nach: Census of India).

[153] R. Ramachandran, *Urbanization and Urban Systems in India*, S. 69-71. Zum Kohlerevier und städtischer Entwicklung siehe die Untersuchung von Dietmar Rothermund, E. Kropp and G. Dienemann (Hg.), *Urban Growth and Rural Stagnation. Studies in the economy of an Indian coalfield and tst rural hinterland* (Delhi 1980).

en zu Delhi haben gezeigt, dass sich seit den 1980er Jahren das Migrationsschema der Menschen in die Großstädte allmählich ändert. Etwa 17,5 Prozent der Zuwanderer kam mit einem zuvor arrangierten Arbeitsverhältnis nach Delhi und mehr als die Hälfte der Migranten entschloss sich zur Umsiedlung, nachdem sie über städtische Kontaktpersonen ein Arbeitsverhältnis in Aussicht gestellt bekommen hatten. Vermutlich haben bis zu 70 Prozent der Zuwanderer relativ genaue wenn nicht konkrete Vorstellungen von der künftigen Arbeit in Delhi besessen.[154]

Da die Mehrzahl der Zuwanderer nicht über ausreichende Qualifikationen für den formellen Arbeitsmarkt verfügte, versuchten sie von vornherein ein Arbeitsverhältnis im informellen Bereich zu finden, da er ihnen nicht nur einen Einstieg, sondern auch die Chance zum beruflichen Aufstieg bot. Typische Beschäftigungen dieser Art sind Schuhputzer, Straßenhändler, Transport- und Reparaturdienste. Gleichzeitig schraubten die Zuzügler auch die Erwartungen herunter und waren nach kurzer erfolgloser Arbeitssuche im formellen Sektor bereit, eine dauerhafte Stellung im informellen anzunehmen. Inzwischen arbeiten fast 63 Prozent aller Beschäftigten im informellen Sektor, der höchst differenzierte Strukturen aufweist und dessen Arbeiter und Angestellte keineswegs in einer homogenen ‚Masse', die in Slums wohnt, verschwinden. Entgegen landläufiger, hauptsächlich in westlichen, aber auch indischen Medien verbreiteter Annahmen war und ist der informelle Arbeitsmarkt gut organisiert, selbstregulierend und minimiert mögliche Brüche und Härten für die Neuankömmlinge, was unter anderem auch dadurch belegt wird, dass allein in Delhi über 90 Prozent der Zuwanderer in Berufssparten unterkamen, die sie sich beim Entschluss zur Migration vorgestellt hatten.[155]

Mit seinen neuen Funktionen als Hauptstadt einer unabhängigen Nation, als Flüchtlingsstadt sowie einer künftigen Handels-, Gewerbe- und Industriestadt stand gerade Delhi vor schier nicht zu bewältigenden Problemen, die schnell gelöst werden mussten. Innerhalb weniger Jahre reagierten die Stadtgremien und stellten 1962 einen weitsichtigen und in den Dimensionen einmaligen Plan zur Steuerung der Stadtentwicklung vor, den ‚Delhi Master Plan'. Mit Hilfe internationaler Stadtplaner und Wissenschaftler und unterstützt von der US-amerikanischen ‚Ford-Foundation' wurde ein Plan entworfen, das auf einer dezentralen

---

154 B. Banerjee, *Rural to Urban Migration and the Urban Labour Market. A Case Study of Delhi* (Bombay 1986), S. 69-75, 91-97, 103-107, 125-126.

155 Siehe Madhu Singh, *Überlebenssicherung und Kompetenzerwerb im städtischen informellen Sektor in Indien. Untersuchung am Beispiel von Kleinproduzenten in Neu-Delhi* (Frankfurt am Main 1996), S. 114-117. Der informelle Sektor Delhis ist in 38,3% Beschäftigte in Produktion und Reparatur, gefolgt vom Handel mit 29,9% und dem Dienstleistungssektor mit 13,0% gegliedert. Die meisten Beschäftigten sind Männer zwischen 20 und 40 Jahren und die Kleinbetriebe weisen zwischen fünf und acht Mitarbeiter auf, um so die gesetzlichen Arbeitsschutzbestimmungen, die ab Betrieben mit mehr als zehn Mitarbeitern gelten, zu umgehen. Der Bildungsstand scheint allgemein gering und die Beschäftigten haben meist keine Berufsausbildung. Die zitierte Studie bezieht sich auf die späten 1980er Jahre, zuvor gab es nur zwei Untersuchungen zum informellen Sektor Delhis, dazu siehe ebenda S. 127.

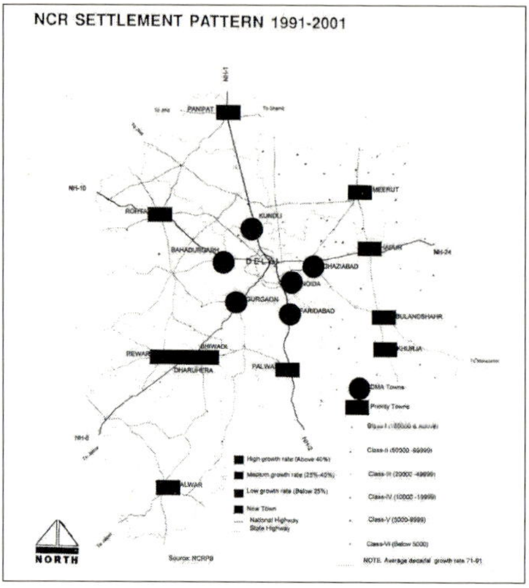

Abb. 67: Dezentrales Siedlungsmuster für die National Capital Region 1991–2001.

Stadtentwicklung und einem optimalen Verkehrswegenetz basierte.[156] Freilich war wiederum das Maß aller Planung die westliche Großstadt mit ihrer hohen individuellen und motorisierten Mobilität, die der südasiatischen Realität nicht entsprach.

Eine ähnliche Entwicklung ist in Calcutta zu beobachten. Als die Stadt wegen der Choleraepidemie in den 1950ern am internationalen Pranger stand, wurde auf Anraten der WHO und internationaler Organisationen, die bereits beim ‚Master Plan' von Delhi beteiligt waren, die ‚Calcutta Metropolitan Planning Organization' (CMPO) ins Leben gerufen. Abgesehen davon, dass unter gesundheitlichen und hygienischen Gesichtspunkten, wie nicht anders zu erwarten, Wasserversorgung samt Wasserqualität der Stadt als völlig unzureichend bezeichnet wurden, legte auch diese Planungskommission ein Schema vor, das auf Dezentralisierung, einem radialen Eisenbahnsystem und einem Straßennetz mit großen Durchgangsstraßen durch die Kernstadt beruhte.[157] Bis in die Gegenwart wird mit höchstem logistischen und finanziellen Aufwand die Überquerung des Hugli betrieben, während die U-Bahn die herkömmlichen innerstädtischen Verkehrsadern zwar unterirdisch entlastet, den Verkehr und die Menschenströme insgesamt aber intensiviert.[158] In diesem Bündel von Planungsmaßnahmen ist der Grund zu sehen, warum es gerade in Calcutta und in Delhi, aber auch den anderen Metropolen, zu einer weiteren Verdichtung und Zersiedlung des städtischen Großraums und zum Entstehen der so genannten urbanen Agglomerationen kommt. Städte und Dörfer zerfließen in Siedlungsbereiche, die sich zwischen die ökonomischen und verkehrstechnischen Fixpunkte wie Flughäfen, Großbahnhöfe, Containerbahnhöfe und Hafenanlagen sowie die Industrie-, Gewerbe- und Dienstleistungsgebiete einfügen.

Langfristige, aus der Kolonialzeit stammende Planungsmängel machten sich auch auf dem Gebiet der städtischen Wasserversorgung nachhaltig bemerkbar. In

156 V.K.R.V Rao and P. B. Desai, *Greater Delhi. A study in urbanisation – 1940-1957* (London 1965) und A. K. Jain, *The Making of a Metropolis. Planning and growth of Delhi* (Delhi 1990).

157 M. Chatterjee, Town planning in Calcutta, S. 142-147.

158 Sukanta Chaudhuri, Traffic and transport in Calcutta, in: Sukanta Chaudhuri (Hg.), *Calcutta, The Living City*, Volume 2: The Present and Future (New Delhi 1990), S. 148- 156 und Tathataga Roy, The Calcutta Metro, in: ebenda, S. 157-159.

Abb. 68: Plan der Calcutta Metropolitan Development Authority zur infrastrukturellen Entwicklung (1966).

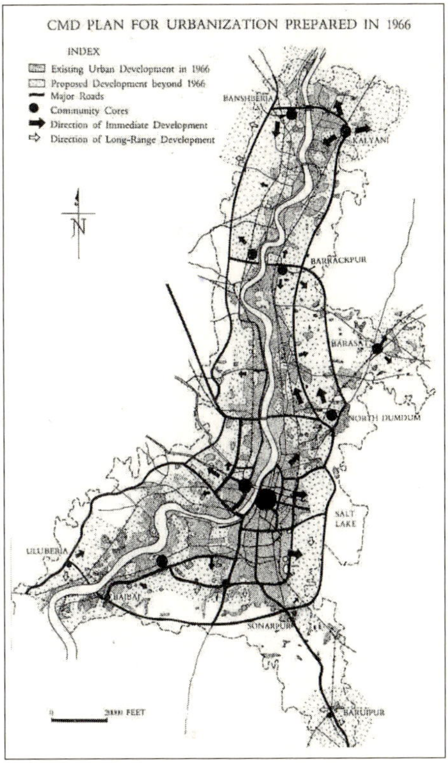

Calcutta ist erst in den 1970er Jahren das über hundert Jahre alte Wasserversorgungssystem generalüberholt worden. Auf Anraten der CMPO wurde nördlich der Stadt das weltweit größte Trinkwasserreservoir angelegt. Gleichwohl existiert noch immer eine unbekannte Zahl von Tiefwasserbrunnen im innerstädtischen Bereich, was in den letzten Jahrzehnten zu einem dramatischen Abfall des Grundwasserspiegels geführt hat.[159] Ein zunehmendes Problem stellt auch die Wasserentsorgung dar, nachdem seit dem 19. Jahrhundert die Salt Lakes östlich der Stadt als natürliches Drainagegebiet genutzt werden. Unterdessen hat die Ausdehnung der Stadt und die Versandung der Salzbracke-Seen die Oberfläche der Salt Lakes extrem reduziert – ein Prozess, der weiter anhält. Damit aber schwinden langfristig die Möglichkeiten, die Salt Lakes als Fischteiche und Gemüsezuchtanlagen zu nutzen. Hier hatte die Bevölkerung ihre ökonomischen Aktivitäten zur Versorgung der wachsenden Stadt ausgedehnt, so dass noch am Ende des 20. Jahrhunderts jährlich etwa 6000 t Fisch, meist Karpfen, gefangen und 90.000 t Gemüse geerntet werden konnten.[160]

Mittlerweile aber droht nicht nur den Salt Lakes ein ökonomisches und ökologisches Desaster. Das Müllproblem bedrängt die Stadt zusehends, denn es fehlt an einem effizient funktionierenden Müllbeseitigungssystem, angefangen von der Sammlung, dem Abtransport bis hin zur Entsorgung des Mülls. Schlüssige Konzepte zur Beseitigung von täglich anfallenden 2.600 t städtischen Mülls liegen bislang nicht vor. Mit einer Kapazität von gerade einmal 150 t täglich entsorgt die einzige Kompostierungsanlage den geringsten Teil des Mülls. Der verbleibende große

159 A. B. Biswas, Water supply in Calcutta, S. 160-166 und K. J. Nath and A. Majumdar, Drainage, sewerage and waste disposal, S.167-170.

160 Christine Furedy, From waste land to waste – not land: The role of the Salt Lakes, East Calcutta, in waste treatment and recycling, 1845-1930, in: Pradip Sinha (Hg.), *The Urban Experience: Calcutta*. Essays in honour of Professor Nisith R. Ray, (Calcutta 1987), S. 145- 153.

Rest wird in offenen Deponien gelagert.[161] Wegen dieser vielfältigen Belastungen der städtischen Umwelt, die aus der stetigen Bevölkerungszunahme und der Verdichtung des urbanen Lebensraums sowie die Zersiedlung des Umlandes resultieren, liegt nicht umsonst der Schwerpunkt der sozialwissenschaftlichen Untersuchungen auf den ehemaligen kolonialen Küstenmetropolen, die mit dem Überschreiten der Fünf-Millionen-Einwohner-Grenze nun als Megastädte bezeichnet werden. National wie international ruht das Augenmerk auf der weiteren Entwicklung dieser Städte, wobei sich, historisch gesehen, an der überwiegenden Aufmerksamkeit und der einseitigen Bevorzugung durch Soziologen und Stadtplaner nichts geändert hat.[162]

Generell gesehen stehen an der Spitze der aktuellen Stadtentwicklung einerseits die fortschreitende Metropolisierung und andererseits die anhaltende Stagnation mittlerer und kleinerer Städte. Von 1951 bis 1981 wuchs die Anzahl der Städte in Indien mit mehr als einer Million Einwohner von 76 auf 219 an, indes sank die Zahl derjenigen mit weniger als 20.000 Einwohnern von 2.345 auf 2.020. Hieraus ergeben sich zwei substanzielle Probleme. Zum einen zeigt der Niedergang der Kleinstädte eine strukturelle Fehlplanung und Fehlentwicklung im ländlichen Bereich an, wo die Vermarktung von Agrarprodukten nicht mehr über die lokalen urbanen Zentren stattfindet, sondern über Großhändler in den Großstädten. Zudem wird vermehrt in den Groß- und Megastädten investiert, zum strukturellen Nachteil der mittleren und kleineren Städte. Zum anderen wirft die immense Zuwanderung in die Großstädte und Megacities des Landes planerische Probleme auf, wenn unkontrolliert neue, meist ärmliche Siedlungen an den Stadträndern entstehen, denen es an fast allen infrastrukturellen Einrichtungen fehlt. Um die Prozesse der Stadtentwicklung zu steuern, sind zwar nach dem Vorbild des ‚Delhi Master Plan' mehr als 500 weiterer solcher Stadtplanungskonzepte entwickelt, jedoch nur in den ehemaligen kolonialen Küstenmetropolen in Ansätzen auch umgesetzt worden.[163]

Inzwischen gibt es auf dem ganzen Subkontinent urbane Agglomerationen und, darüber hinausgehend, Regionen, in denen eine großräumige Stadtverdichtung (‚clusters') stattfand, die weiter voranschreitet.[164] Nach wie vor ist das infrastrukturelle, planerische und auch wirtschaftliche Gefälle zwischen den prominenten Großstädten und dem „großen Rest" der indischen Städte unübersehbar, und es ist für alle Regierungen des indischen Subkontinents eine der größten Herausfor-

161 K. J. Nath, and A. Majumdar, Drainage, sewerage and waste disposal, S.171-172 und Sudipta Kaviraj, Filth and the „public sphere". Concepts and practices about space in the city of Calcutta, in: *Österreichische Zeitschrift für Sozialwissenschaften* 21 (1996), S. 36-65.

162 Zum aktuellen Themenkomplex der Megastadt/Megacity siehe den Sammelband von Peter Feldbauer et al., *Maga-Cities. Die Metropolen des Südens zwischen Globalisierung und Fragmentierung* (Frankfurt am Main 1997), dort besonders die theoretischen Beiträge sowie die Artikel zu Südasien.

163 R. Ramachandran, *Urbanization and Urban Systems in India*, S. 72-73.

164 Ebenda, S. 146-149.

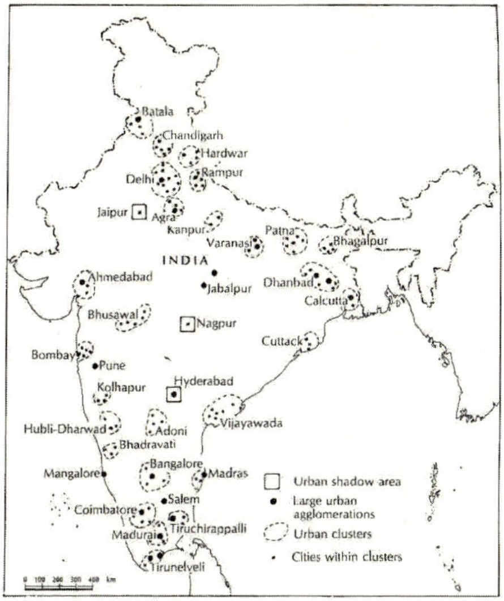

Abb. 69: Agglomerationen grosser Städte in Indien (urban clusters).

derungen des 21. Jahrhunderts, die allgemeinen Lebensbedingungen in allen südasiatischen Städten zu verbessern. Hierbei wird es von zentraler Bedeutung sein, inwiefern zentrale Steuerungsmechanismen und Institutionen der lokalen Selbstverwaltung und Selbstorganisation, also Fragen der ‚governance' in den Städten in ein kooperatives und allen dienliches Gesamtkonzept eingebracht werden können.[165]

Literatur

Ahuja, Ravi, Arbeit und Kolonialherrschaft in Indien, 1750-1947 (Studienbrief der FernUniversität in Hagen, 2001).

Ahuja, Ravi, *Die Erzeugung kolonialer Staatlichkeit und das Problem der Arbeit. Eine Studie zur Sozialgeschichte der Stadt Madras und ihres Hinterlandes zwischen 1750 und 1800* (Stuttgart 1999).

Aiolfi, Sergio, *Calicos und gedrucktes Zeug. Die Entwicklung der englischen Textilveredelung und der Tuchhandel der East India Company 1650-1750* (Wiesbaden 1987).

Bagchi, Amiya K., *Private Investment in India, 1900-1939* (Cambridge 1972).

Bahl, Vinay, *The Making of the Indian Working Class. The case of the Tata Iron and Steel Co., 1880-1946* (New Delhi/Thousand Oaks/London 1995).

Banerjee, B., *Rural to Urban Migration and the Urban Labour Market. A case study of Delhi* (Bombay 1986).

Bayly, Christopher A., *The Raj. India and the British 1600-1947* (London 1990).

Bayly, Christopher A., *Indian Society and the Making of the British Empire* (=The New Cambridge History of India, II,1, Cambridge 1988).

Bayly, Christopher A., *Rulers, Townsmen and Bazaars. North Indian society in the age of British expansion, 1770-1870* (Cambridge 1983).

Bayly, Christopher A., *The Local Roots of Indian Politics. Allahabad 1880-1920* (Oxford 1975).

Bayly, Christopher A., Local control in Indian towns – the case of Allahabad 1880-1920, in: *Modern Asian Studies*, 5, 4 (1971), S. 289-311.

[165] Siehe dazu die verschiedenen Artikel in Evelin Hust and Michael Mann (Hg.), *Urbanization and Problems of Governance in India* (Delhi 2005).

Bellwinkel – Schempp, Maren, Kanpur 1830–1973: Eine koloniale Industriestadt und ihre Arbeiterschaft, in: Hermann Kulke, Hans Christoph Rieger, Lothar Lutze (Hg.), *Städte in Südasien* (Wiesbaden 1982), S. 133-157.

Berndt, Heike, Hygienebewegung des 19. Jahrhunderts als vergessenes Thema von Stadt- und Architektursoziologie, in: *Die alte Stadt* 14 (1987), S. 140-163.

Biswas, Anil Baran, Water supply in Calcutta, in: Sukanta Chaudhuri, (Hg.), *Calcutta, The Living City*, Volume 2: The Present and Future (New Delhi 1990), S. 160-166.

Brennig, Joseph J., Textile producers and production in late seventeenth century Coromandel, in: Sanjay Subrahmanyam (Hg.), *Merchants, Markets and the State in Early Modern India* (Delhi 1994), S. 66-89.

Broeze, Frank, The external dynamics of port city morphology: Bombay 1815-1914, in: Indu Banga (Hg.), *Ports and their Hinterlands in India (1700-1950)* (Delhi 1992), S. 245-272.

Broeze, Frank, Introduction: Brides of the Sea, in: Frank Broeze (Hg.): *Brides of the Sea-Port cities of Asia from the 16th – 20th centuries* (Honolulu 1989), S. 1-28.

Burge McAlpin, Michelle, *Subject to Famine. Food crises and economic change in western India, 1860-1920* (Princeton 1983).

Burnell, John, *Bombay in the Days of Queen Anne*. With an introduction by Samuel T. Sheppard (London 1936, reprint Delhi 1997).

Chandavarkar, Rajnarayan, *Imperial Power and Popular Politics. Class, resistance and the state in India, c. 1850-1950* (Cambridge 1998).

Chakrabarty, Dipesh, *Rethinking Working-Class History: Bengal 1890-1940* (Princeton 1989).

Charlesworth, Neil, *British Rule and the Indian Economy, 1800-1914* (Basingstoke 1982).

Chatterjee, Monidip, Town planning in Calcutta: Past, present and future, in: Sukanta Chaudhuri (Hg.), *Calcutta, The Living City*, Volume 2: The Present and Future (New Delhi 1990), S. 133-147.

Chaudhuri, Kirti N., *Asia before Europe. Economy and civilisation in the Indian Ocean from the rise of Islam to 1750* (Cambridge 1990).

Chaudhuri, Sukanta, The railway comes to Calcutta, in: Sukanta Chaudhuri (Hg.), *Calcutta, The Living City*, Volume 1: The Past (New Delhi 1990), S. 238-240.

Chaudhuri, Sukanta, Traffic and transport in Calcutta, in: Sukanta Chaudhuri (Hg.), *Calcutta, The Living City*, Volume 2: The Present and Future (New Delhi 1990), S. 148- 156.

Coningham R. A. E., and F. R. Allchin, The rise of the cities in Sri Lanka, in: F. R. Allchin (Hg.), *The Archeology of Early Historic South Asia. The emergence of cities and states* (Cambridge 1995), S. 152-183.

Das Gupta, Ashin, *Indian Merchants and the Decline of Surat, c. 1700-1750* (Wiesbaden 1978).

Datta, V. N., Panjabi refugees and the urban development of Greater Delhi, in: Robert E. Frykenberg (Hg.), *Delhi through the Ages. Selected essays in urban history, culture and society* (Delhi etc. 1993), S. 237-306.

Delfante, Charles, *Architekturgeschichte der Stadt. Von Babylon bis Brasilia* (Darmstadt 1999).

Dharamsena, K., *The Port of Colombo, 1860-1939* (Colombo 1980).

Divekar, V. D., Regional Economy 1757-1857: Western India, in: Dharma Kumar (Hg.), *The Cambridge Economic History of India,* (Cambridge 1982), vol 2: c. 1757-1970, S. 332-352.

Dossal, Mariam, *Imperial Designs and Indian Realities. The planning of Bombay City, 1845-1875* (Delhi etc. 1991).

Dossal, Mariam, Knowledge for power: The significance of the Bombay Revenue Survey, 1811-1827, in: Indu Banga (Hg.), *Ports and their Hinterlands in India (1700-1950)* (Delhi 1992), S. 227-244.

Dossal, Mariam, Bombay and the famine of 1803-6: The food supply and public order of a colonial port city, in: Frank Broeze (Hg.), *Gateways Of Asia. Port cities of Asia in the 13th-20th centuries* (London 1997), S. 127-148.

Erdman, Howard L., *Political Attitudes of Indian Industry: A case study of the Baroda business elite* (London 1971).

Feldbauer, Peter, et al., *Maga-Cities. Die Metropolen des Südens zwischen Globalisierung und Fragmentierung* (Frankfurt am Main 1997).

Fischer-Tiné, Harald and Michael Mann (Hg.), *Colonialism as Civilizing Mission. Cultural ideology in British India* (London 2004).

Flinn, M. W., (Hg.), *Report on the Sanitary Condition of the Labouring Population of Great Britain by Edwin Chadwick* (Edinburgh 1965).

Frasch, Tilman, Religious and economic development of ancient Anuradhapura, in: Manfred Domroes and Helmut Roth (Hg.), *Sri Lanka Past and Present. Archaeology, geography economics. Selected papers on German research* (Weikersheim 1998), S. 61-81.

Friedrichs, Jürgen, (Hg.), *Stadtentwicklung in West- und Osteuropa* (Berlin 1985).

Furedy, Christine, From waste land to waste – not land: The role of the Salt Lakes, East Calcutta, in waste treatment and recycling, 1845-1930, in: Pradip Sinha (Hg.), *The Urban Experience: Calcutta*. Essays in honour of Professor Nisith R. Ray, (Calcutta 1987) S. 145-153.

Gillion, Kenneth L., *Ahmedabad. A study in urban history* (Berkeley and Los Angeles 1982).

Ghosh, Parimal, *Colonialism, Class and a History of the Calcutta Jute Millhands, 1880-1930* (London/Hyderabad 2000).

Gokhale, Balkrishna G., *Surat in the Seventeenth Century. A study in urban history of premodern India* (Bombay 1979).

Grewal, Reeta, Urban morphology under colonial rule, in: Indu Banga (Hg.), *The City in Indian History. Urban demography, society and politics* (Delhi 1994), S. 173-190.

Gupta, Gautam, Calcutta's Power Supply, in: Sukanta Chaudhuri (Hg.), *Calcutta, The Living City*, Volume 2: The Present and Future (New Delhi 1990), S. 128-132.

Gupta, I. P., Masulipatam and the north Coromandel region during the eighteenth century, in: Indu Banga (Hg.) *Ports and their Hinterlands in India 1700-1950* (Delhi 1992), S. 63-76.

Gupta, Narayani, *Delhi Between Two Empires, 1803-1931. Society, government and urban growth* (Delhi etc., 1981).

Gupta, Samita, Theory and practice of town planning in Calcutta, 1817-1912: An appraisal, in: *Indian Economic and Social History Review* 30,1 (1993), S. 29-55.

Harrison, J. B., Allahbad. A sanitary history, in: Kenneth Ballhatchet and John Harrison (Hg.), *The City in South Asia, pre-modern and modern* (London 1980), S. 167-195.

Harrison, Mark, *Public Health in British-India: Anglo-Indian preventive medicine 1859-1914* (Cambridge 1994).

Haynes, Edward S., Comparative industrial development in 19th and 20th-century India: Alwar State and Gurgaon District, in: *South Asia*, new series 3,2 (1980), S. 25-42.

Heitler, Richard, The Varanasi house tax hartal of 1810-11, in: *Indian Economic and Social History Review* 9 (1972), S. 239-257.

Home, Robert, *Of Planting and Planning. The making of British colonial cities* (London etc. 1977).

Hossain, Hameeda, *The Company Weavers of Bengal. The East India Company and the organization of textile production in Bengal, 1750-1813* (Delhi etc. 1988).

Hussain, Nazia, The city of Dacca, 1921-1947: Society, water and electricity, in: Kenneth Ballhatchet and John Harrison (Hg.), *The City in South Asia, pre-modern and modern*, (London 1980), S. 197-223.

Hurd II, John, The economic consequences of indirect rule in India, in: *Indian Economic and Social History Review* 12 (1975), S. 169-181.
Hurd II, John, The influence of British policy on industrial development in the princely states, 1890-1933, in: *Indian Economic and Social History Review 12* (1975), S. 490-524.
Jaffrelot, Christophe (Hg.), *A History of Pakistan and its Origins* (Paris 2000, London 2002/2004).
Jain, A. K. *The Making of a Metropolis. Planning and growth of Delhi* (Delhi 1990).
Jansen, Michael *Die Indus-Zivilisation. Wiederentdeckung einer frühen Hochkultur* (Köln 1986).
Joshi, Satya, *City Life during Gupta Period* (Delhi 1997).
Kaur, Ravider, Planning urban chaos: State and refugees in post-partition Delhi, in: Evelin Hust and Michael Mann (Hg.), *Urbanization and Governance in India* (Delhi 2005), S. 229-249.
Kaviraj, Sudipta, Filth and the „public sphere". Concepts and practices about space in the city of Calcutta, in: *Österreichische Zeitschrift für Sozialwissenschaften* 21 (1996), S. 36-65.
Kerr, Ian J. (Hg.), *Railways in Modern India* (Delhi 2001).
Kerr, Ian J., *Building the Railways of the Raj, 1850-1900* (Oxford 1995).
Khuhro, H., The capital of Pakistan, in: H. Kuhro and A. Mooraj (Hg.), *Karachi: Megacity of our Times* (Karachi 1997), S. 95-111.
Kidambi, Prashad, Housing the poor in a colonial city: The Bombay Improvement Trust, 1998–1918, in: *Studies in History*, n. s. 17,1 82001), S. 57-79.
King, Anthony D., Colonialism and the development of the modern Asian city: Some theoretical considerations, in: Kenneth Ballhatchet and John Harrison (Hg.), *The City in South Asia, pre-modern and modern* (London 1980), S. 1-19.
Klein, Ira, Urban development and death: Bombay City, 1870-1914, in: *Modern Asian Studies*, 20, 4 (1986), S. 725-754.
Kling, Blair B., The origin of the managing agency system in India, in: Rajat K. Ray (Hg.), *Entrepreneurship and Industry in India, 1800-1947* (Delhi etc. 1992), S. 83-98.
Kostof, Spiro, *Das Gesicht der Stadt. Geschichte städtischer Vielfalt* (Frankfurt/New York 1992).
Kostof, Spiro, *Die Anatomie der Stadt. Geschichte der städtischen Strukturen* (Frankfurt/New York 1992).
Krafft, Thomas, *Von Shahjahanabad zu Old Delhi: Zur Persistenz von islamischer Strukturelemente in der nordindischen Stadt* (Sankt Augustin 1999).
Krabbe, Wolfgang R., *Kommunalpolitik und Industrialisierung. Die Entfaltung der städtischen Leistungsverwaltung im 19. und frühen 20. Jahrhundert. Fallstudien zu Dortmund und Münster* (Stuttgart etc. 1985).
Lala, R. M., *The Creation of Wealth* (Bombay 1981).
Lotsy, J. P., *Calcutta. City of Palaces. A survey of the city in the days of the East India Company, 1690-1858* (London 1990).
McDonald-Gumperz, Ellen, City-hinterland relations and the development of a regional elite in nineteenth century Bombay, in: *Journal of Asian Studies* 33 (1974), S. 581-601.
Mann, Michael, Turbulent Delhi. Religious strife, social tension and political conflicts, 1803-1857, in: *South Asia*, new series 28,1 (2005), S. 5-34.
Mann, Michael, Town planning and urban resistance in the Old City of Delhi, 1937-1977, in: Evelin Hust and Michael Mann (Hg.), *Urbanization and Governance in India* (Delhi 2005), S. 251-278.
Mann, Michael, *Terra Aktuell: Indien* (Gotha und Stuttgart 2003).

Mann, Michael, Max Webers „Konzept“ der indischen Stadt, in: Hinnerk Bruhns/Wolfgang Nippel (Hg.), *Max Weber und die Stadt im Kulturvergleich* (Göttingen 2000, Kritische Studien zur Geschichtswissenschaft, Band 140), S. 166-182.

Marshall, Peter J., The white town of Calcutta under the rule of the East India Company, in: *Modern Asian Studies* 34, 2 (2000), S. 307-331.

Marshall, Peter J., The Company and the coolies: Labour in early Calcutta, in: Pradip Sinha (Hg.), *The Urban Experience: Calcutta*. Essays in honour of Professor Nisith R. Ray, (Calcutta 1987), S. 23-38.

Masselos, Jim, Migration and urban identity: Bombay‘s famine refugees in the nineteenth century, in: Sujata Patel and Alice Thorner (Hg.), *Bombay, Mosaic of Modern Culture* (Bombay 1996), S. 25-60.

Masselos, Jim, Changing definitions of Bombay: City state to capital city, in: Indu Banga (Hg.), *Ports and Their Hinterlands in India (1700-1950)* (Delhi 1992), S. 273-316.

Masselos, Jim, Jobs and jobbery: the sweeper in Bombay under the Raj, in: *Indian Economic and Social History Review* 19 (1983), S. 101-139.

Meller, Helen E., Urbanization and the introduction of modern town planning ideas in India, 1900-1925, in: Kirti N. Chaudhuri and Clive J. Dewey (Hg.), *Economy and Society, Essays in Indian Economic and Social History* (Delhi 1979), S. 330-350.

Mitter, Partha, The early British port cities of India: Their planning and architecture, circa 1640-1757, in: *Journal of the Society of Architectural Historians* 45 (1986), S. 95-114.

Moosvi, Shireen, *The Economy of the Mughal Empire, c. 1595. A statistical study* (Delhi etc. 1987).

Morris D. Morris, The growth of large-scale industry to 1947, in: Dharma Kumar (Hg.), *The Cambridge Economic History of India* (Cambridge 1982), vol 2: c. 1757-1970, S. 553-676.

Morris D. Morris, *The Emergence of an Industrial Labor Force in India. A study of the Bombay cotton mills, 1854-1947* (Berkeley and Los Angeles 1965).

Mukherjee, Rudrangshu, „Forever England“: British life in old Calcutta, in: Sukanta Chaudhuri (Hg.), *Calcutta, The Living City*, Volume 1: The Past (New Delhi 1990), S. 45- 51.

Murphey, Rhoades, Colombo and the re-making of Ceylon: A prototype of colonial Asian port cities, in: Frank Broeze (Hg.), *Gateways of Asia. Port cities of Asia in the 13th – 20th centuries* (London and New York 1997), S. 191-210.

Nair, Janaki, *Miners and Millhands: Work, culture and politics in princely Mysore* (Walnut Creek, CA 1998).

Nair, P. Thankappan, Civic and public services in old Calcutta, in: Sukanta Chaudhuri (Hg.), *Calcutta, The Living City*, Volume 1: The Past (New Delhi 1990), S. 224-237.

Nair, P. Thankappan, The growth and development of old Calcutta, in: Sukanta Chaudhuri (Hg.), *Calcutta, The Living City*, Volume 1: The Past (New Delhi 1990), S. 10-23.

Nath, K. J. and Arunava Majumdar, Drainage, sewerage and waste disposal, in: Sukanta Chaudhuri (Hg.), *Calcutta, The Living City*, Volume 2: The Present and Future (New Delhi 1990), S.167-172.

National Capital Region Planning Board (Hg.), *Delhi 1999. A fact sheet* (New Delhi, o.J.).

Nightingale, Florence, *How people may live and not die in India* (London 1863).

Olbrecht, Urs, *Bengalens Fluch und Segen. Die indische Juteindustrie in spät- und nachkolonialer Zeit* (Stuttgart 2000).

Oldenburg, Veena T., *The Making of Colonial Lucknow, 1856-1877* (Princeton 1984).

Pandey, Gyanendra, The colonial construction of „communalism“: British writings on Banaras in the nineteenth century, in: Ranajit Guha (Hg.), *Subaltern Studies VI, Writings on South Asian History and Society* (Delhi etc.1992), S. 132-168.

Parthasarathi, Prasannan, *The Transition to a Colonial Economy. Weavers, merchants and kings in South India, 1720-1800* (Cambridge 2001).

Perlin, Frank, *Unbroken Landscape. Commodity, category, sign and identity. Their production as myth and knowledge from 1500* (Aldershot/Brookfield 1994).

Pieper, Jan, *Die anglo-indische Station oder die Kolonialisierung des Götterberges. Hindustadtkultur und Kolonialstadtwesen im 19. Jahrhundert als Konfrontation östlicher und westlicher Geisteswelten* (Bonn 1977).

Post, Franz-Joseph, Europäische Kolonialstädte in vergleichender Perspektive, in: Horst Gründer und Peter Johanek (Hg.), *Kolonialstädte – Europäische Enklaven oder Schmelztiegel der Kulturen?* (Münster 2001), S. 1-26.

Ramachandran, R., *Urbanization and Urban Systems in India* (Delhi 1989).

Ramusack, Barbara N., *The Indian Princes and Their States* (=The New Cambridhe History of India III,6, Cambridge 2004).

Rao, V.K.R.V and P. B. Desai, *Greater Delhi. A study in urbanisation – 1940-1957* (London 1965).

Ratnagar, Shereen, *Understanding Harappa. Civilization in the greater Indus valley* (New Delhi 2001).

Ratnagar, Shereen., *The End of the Great Harappan Tradition* (Delhi 2002).

Reeves, Peter, Frank Broeze amd Kenneth McPherson, Studying the Asia port city, in: Frank Broeze (Hg.): *Brides of the Sea- Port cities of Asia from the 16th – 20th centuries* (Honolulu 1989), S. 29-53.

Roberts, Michael, The two faces of the port city: Colombo in modern times, in: Frank Broeze, (Hg.): *Brides of the Sea- Port cities of Asia from the 16th – 20th centuries* (Honolulu 1989), S. 173-187.

Rothermund, Dietmar (Hg.), *Liberalising India. Progress and problems*. (Delhi 1996).

Rothermund, Dietmar, *India in the Great Depression, 1929-1939* (Delhi 1992).

Rothermund, Dietmar, *Indiens wirtschaftliche Entwicklung. Von der Kolonialherrschaft bis zur Gegenwart* (Paderborn etc. 1985).

Rothermund, Dietmar, E. Kropp and G. Dienemann (Hg.), *Urban Growth and Rural Stagnation. Studies in the economy of an Indian coalfield and its rural hinterland* (Delhi 1980).

Roy, Tathataga, The Calcutta Metro, in: Sukanta Chaudhuri (Hg.), *Calcutta, The Living City*, Volume 2: The Present and Future (New Delhi 1990), S. 157-159.

Roy, Thirthankar, *Traditional Industry in the Economy of Colonial India* (Cambridge 1999).

Schlingloff, Dieter, *Die altindische Stadt. Eine vergleichende Untersuchung* (Wiesbaden 1970).

Schubert, Dirk, *Stadterneuerung in London und Hamburg. Eine Stadtbaugeschichte zwischen Modernisierung und Disziplinierung* (Braunschweig/Wiesbaden 1997).

Singh, Madhu *Überlebenssicherung und Kompetenzerwerb im städtischen informellen Sektor in Indien. Untersuchung am Beispiel von Kleinproduzenten in Neu-Delhi* (Frankfurt am Main 1996).

Singh, M. P., *Town, Market, Mint and Port in the Mughal Empire* (New Delhi 1985).

von Simson, John, *Kanalisation und Stadthygiene im 19. Jahrhundert* (Düsseldorf 1983).

Sen, Samita, *Women and Labour in Late Colonial India. The Bengal jute industry* (Cambridge 1999).

Som, Nisit, Bustees, Pavement dwellers and refugees of Calcutta, in: Pradip Sinha (Hg.), *The Urban Experience: Calcutta*. Essays in honour of Professor Nisith R. Ray, (Calcutta), S. 154-167.

Specker, Konrad, *Weber im Wettbewerb. Das Schicksal des südindischen Textilhandwerks im 19. Jahrhundert* (Wiesbaden 1984).

Staubli, Maurus, *Reich und arm mit Baumwolle. Exportorientierte Landwirtschaft und soziale Stratifikation in Khandesh, 1850-1914* (Stuttgart 1994).

Tann, Jennifer and John Aitken, The diffusion of the stationary steam engine from Britain to India, 1790-1830, in: *Indian Economic and Social History Review* 29,2 (1992), S. 199-214.

Tarlo, Emma, *Unsettling Memories. Narratives of the Emergency in Delhi* (London 2003).

Tchitcherov, Alexander I., *India. Changing economic structure in the sixteenth to eighteenth centuries. Outline history of crafts and trade* (Delhi 1998).

Tindall, Gillian, *City of Gold. The biography of Bombay* (London 1982).

Tinker, Hugh, *The Foundation of Local Self-Government in India, Pakistan and Burma* (London 1954, Bombay etc. 1967).

Thomas, David A., Lucknow and Kanpur 1880-1920: Stagnation and development under the Raj, in: *South Asia,* n. s. 5 (1982), S. 68-80.

Tomlinson, B. R., *The Economy of Modern India, 1860-1970* (=New Cambridge History of India III,3, Cambridge 1993).

Visaria, Leela and Pravin Visaria, Population (1757-1947), in: Dharma Kumar (Hg.), *The Cambridge Economic History of India* (Cambridge 1982), vol. 2: c. 1757-1970, S. 463-532.

de Vries, Jan, *European Urbanization, 1500-1800* (London 1984).

Walton, Henry G., *A Monograph on Tanning and Working in Leather in the United Provinces of Agra and Oudh* (Allahabad 1903).

Yalland, Zoë, *Traders and Nabobs. The British in Cawnpore, 1765-1857* (Wilton 1987).

Yelling, J. A., *Slums and Slum Clearance in Victorian London* (London/Boston/Sydney) 1986).

Zimmermann, Clemens, *Die Zeit der Metropolen. Urbanisierung und Großstadtentwicklung* (Frankfurt am Main 1996).

6. Wissenschaften und Technik

6.1 Zur Geschichte der Wissenschaften in Indien

Generell müssen die Wissenschaften und ihre Geschichte vor einem interkulturellen respektive translokalen Hintergrund betrachtet werden. ‚Moderne' Wissenschaften sind keine exklusiven Errungenschaften der humanistisch-aufgeklärten westlichen Gesellschaften. Wissenschaften finden auch nicht in von sozialen Kontexten befreiten Räumen statt, in denen Erinnerungen konstruiert und Entdeckungen gemacht werden. Ebensowenig dienen Wissenschaften der reinen Wissensanhäufung, noch bieten sie zeitlose Wahrheiten. Wissenschaftler arbeiten und forschen in konkreten politischen Räumen und Konstellationen. Auf diese wirken wissenschaftliche Erkenntnisse zurück und tragen so zur Erzeugung, zum Erhalt und zum Ausbau von Macht bei. Im engeren Sinn können Wissenschaften ein politisches Regime legitimieren helfen. Im weiteren Sinn besteht ihre Bedeutung in der Einbindung und der Anwendung von neuen wissenschaftlichen Erkenntnissen im alltäglichen Leben.[1]

Wollte man die Geschichte der Wissenschaft und der Technik periodisieren, böte sich eine dreigliedrige chronologische Ordnung an: Erstens die Wissenschaften, wie sie einerseits im mediterranen Raum von Westasien bis Westeuropa zwischen dem 9. und 17. Jahrhundert entstanden. Andererseits die geografisch fernen, doch mit dem Westen in Austausch stehenden Wissenschaften Chinas, Japans und Indiens. Zweitens die Phase der ‚modernen Wissenschaften', wie sie im westlichen Europa und nördlichen Amerika seit dem 17. Jahrhundert aufkamen. Diese Phase reicht bis zum Zweiten Weltkrieg. Drittens die noch andauernde Phase seit der Mitte des 20. Jahrhunderts. Wegen der weltweiten Vernetzung kann sie auch als ‚globalisierte' Wissenschaftsära charakterisiert werden. Wissenschaften werden inzwischen in fast industriellem Maßstab betrieben, unterstützt von bisher ungekannten finanziellen Mitteln. Mehr denn je erscheint die Hauptzielrichtung von Wissenschaft und Technik die unmittelbare Anwendbarkeit in der Alltagspraxis zu sein.[2]

Der nun mehrfach verwendete Begriff ‚modern' wird in der Forschung nahezu exklusiv für die westlichen, von Humanismus und Aufklärung bestimmten Wis-

---

[1] Michel Paty, Comparative history of modern science and the context of dependency, in: *Science, Technology and Society* 4,2 (1999), S. 171-177.

[2] Ebenda, S. 184-186. Wenig befriedigend ist der dort referierte Ansatz, zwischen ‚klassischen' westlichen Wissenschaften und ‚traditionellen' östlichen Wissenschaften zu unterscheiden, denn dem hängt allzu sehr der Ruch einer dichotomischen Differenzkonstruktion an, bei der ‚spirituelle Weisheiten' von ‚rationalen Wissenschaften' geschieden werden.

senschaften verwendet. Er beinhaltet, dass Modernisierung als ein Prozess zu verstehen ist, der auf fortgeschrittener Technologie und Wissenschaftsgeist, rationaler Lebenseinstellung und verweltlichtem Gesellschaftsbild, Gerechtigkeit als Maßstab der öffentlichen Angelegenheiten und der Idee des Nationalstaats basiert. Dies gipfelt gelegentlich in der Ansicht, ‚moderne' Wissenschaften und Technik hätten ihren unmittelbarsten Ausdruck in der Industrialisierung gefunden. Lange hat Einigkeit in der Forschung bestanden, die europäische Expansion der Neuzeit wäre auch mit fünf Jahrhunderten Wissensmonopol der Kolonialmächte einhergegangen. Erst in jüngster Zeit ist die Rolle der europäischen Kolonien bezüglich des rational-wissenschaftlichen Selbstverständnisses – ebenso wie bei der Formierung des Nationalstaates – kritisch hinterfragt worden. Nicht nur, dass die außereuropäische Welt das ‚Andere' repräsentierte, sondern dass die europäischen Kolonien und ihre Bewohner als Laboratorien dienten, in denen gesellschaftspolitische, arbeitsrechtliche und rassistische Überlegungen experimentell konzipiert werden konnten.[3] Ideologische Konstruktionen rationaler, technischer und gesellschaftlicher Überlegenheit und die systematisch betriebene Ausgrenzung von nicht europäisch-amerikanischen Wissenschaften waren das nachhaltig wirksame Ergebnis.[4]

In Indien betrieben die Briten die Monopolisierung des Wissens und der Wissenschaften mit Errichtung der Kolonialherrschaft auf zweierlei Ebenen. Zum Einen anerkannten die Briten die wissenschaftlichen Leistungen der Inder in der ‚klassischen' vedischen Zeit, behaupteten aber, sie stagnierten seitdem und es mangele ihnen zurzeit an Genauigkeit und an Wahrheit, weshalb sie den Fortschritt verhinderten. Ferner unterschieden die Briten zwischen ‚metropolitanen' und ‚peripheren' Wissenschaften. Dem eigenen Wissenschaftsbetrieb in den Kolonien wurde lediglich der Charakter einer quantitativ wichtigen Informationssammlung zugebilligt, während die qualitativ hochbewertete und eigentliche Wissenserzeugung im Zentrum des Imperiums stattfand. Deshalb konnte bis in die jüngste Vergangenheit die britische Historiografie die Wissenschaftsgeschichte Indiens als einen Diffusionsprozess westlicher, ‚moderner' Wissenschaften auf den indischen Subkontinent präsentieren und die Briten als Fackelträger dieser Wissenschaften ins Licht rücken. Mit fortschreitender Dauer der Kolonialherrschaft wurden die ‚modernen' Wissenschaften insofern immer stärker instrumentalisiert, als sie dazu dienten, die zivilisatorische Rückständigkeit Indiens bei gleichzeitiger Überlegenheit Europas zu dokumentieren, womit sie integrativer Bestandteil einer allumfassenden, selbstlegitimierenden Zivilisationsmission wurden.[5]

---

[3] Michael Mann, Empirische Eilande. Inseln als Laboratorien der europäischen Expansion, in: *Jahrbuch für Europäische Überseegeschichte* 5 (2005), S. 27-53.

[4] Siehe dazu die Studie von Michael Adas, *Machines as the Measures of Men. Science, technology and ideologies of western domination* (Ithaca 1989).

[5] David Arnold, *Science, Technology and Medicine in Colonial India* (=The New Cambridge History of India, III,5, Cambridge 2000), S. 13-16. Eine Replik auf das Diffusionsmodell legte Satpal Sangwan, Reordering the earth: The emergence of geology as a scientific discipline in colonial India, in: *Indian Economic and Social History Review* 31,3 (1994), S. 291-310 vor.

Diese vom ‚orientalistischen Diskurs' (im Sinn von Edward Saids „Orientalism"*) geprägte Wahrnehmung hat inzwischen einem differenzierten, revisionistischen Forschungsansatz Platz gemacht. Nun wird von langfristigen Kontinuitäten in den Wissenschaften ausgegangen, die auf dem indischen Subkontinent ebenso unterschiedlichen Traditionen und Schulen verhaftet waren, wie das vom europäischen Kontinent bekannt ist. Austausch, Aneignung und Umsetzung von wissenschaftlichen Erkenntnissen waren indischen Wissenschaftlern der oben genannten zweiten Phase ebenso zueigen, wie den zeitgenössischen ‚wissbegierigen' europäischen Wissenschaftlern.[6] Manche indischen Herrscher förderten die Wissenschaften, wie *raja* Jai Singh zwischen 1722 und 1739, der die berühmten astronomischen Observatorien von Jaipur, Delhi, Mathura, Ujjain und Varanasi (Banaras) konstruieren ließ, oder dem letzten Marathen-Herrscher Serfoji von Tanjavur, der alle erhältlichen medizinischen Texte und Abhandlungen indischer und europäischer Herkunft sammelte. Auch in Haiderabad, Lakhnau und Nadia (Bengalen) entstanden neue Wissenschaftszentren, und die Mogulresidenz Delhi blieb bis zum Sturz der Timuriden-Dynastie nach dem Großen Aufstand ein Ort religiöser, künstlerisch-literarischer und juristischer Gelehrsamkeit.[7] Mitglieder der indischen Intelligenz brachten, entgegen gängiger Klischees, ihre Erkenntnisse in die ‚modernen' Wissenschaften ein.[8]

Momentan dominieren in der Forschung zwei verschiedene Ansätze, die die Entwicklungen der Wissenschaften in Indien analysieren. Erstens der Versuch, mittels eines Diffusionsmodells, das auf einem europäischen Fortschrittskonzept basiert, ‚koloniale Wissenschaften' aus einem allmählich wachsenden europäischen Einfluss auf die indischen Wissenschaften zu erklären. Trotz manch wertvoller Erkenntnis wie dem Konzept der ‚kolonialen Wissenschaften' und ihrer Mutation zu ‚nationalen Wissenschaften', verlässt es aber die eurozentrische Perspektive nicht, weil es lediglich von europäischen Akteuren ausgeht, die Kolonisten aber als passive ‚Empfänger' außen vorlässt.[9] Ein neuerlicher Versuch zur Reaktivierung dieses Ansatzes ging noch weiter und machte die nachhaltig stabilen indischen Institutionen, Glaubensformen und Lebensweisen einerseits und die inkonsistente, nicht auf lange Sicht planende Politik der Briten andererseits für das

---

6 Ahsan Jan Qaisar, *The Indian Response to European Technology and Culture (A.D. 1498-1707)* (Delhi etc. 1982) und Irfan Habib, Akbar and technology, in: ders. (Hg.), *Akbar and His India* (Delhi etc. 1997), S. 129-148.

7 Jamal Malik, Islamic institutions and infrastructure in Shahjahanabad, in: Eckart Ehlers and Thomas Krafft (Hg.), *Shahjahanabad/Old Delhi. Tradition and Colonial Change* (Stuttgart 1993), S. 43-64. Muhammad Khalid Masud, The world of Shah Abd al 'Aziz (1746-1824), in: Jamal Malik (Hg.), *Perspectives of Mutual Encounters in South Asian History 1760-1860* (Leiden Boston Köln 2000), S .298-314.

8 Kapil Raj, Knowledge, power and modern science: The brahmins strike back, in: Deepak Kumar (Hg.), *Science and Empire: Essays in Indian context (1700-1947)* (Delhi 1991), S. 115-125.

9 George Basalla, The spread of western science, in: *Science* 156 (1967), S. 611-622. Siehe die kritische Diskussion des Modells bei D. Arnold, *Science, Technology and Medicine*, S. 9-15 und M. Paty, Comparative history of modern science, S. 180-181.

Abb. 70: Das 1734 auf Veranlassung Jai Singhs errichtete Observatorium in Jaipur.

ausbleibende Einsickern westlicher Wissenschaftsergebnisse verantwortlich. Anders gewendet: die britische Kolonialherrschaft dauerte zu kurz, um deren Nutzen angemessen beurteilen zu können.[10] Insgesamt verlässt das Diffusionsmodell den obsoleten kolonialpolitischen Bildungsdiskurs nicht.

Das zweite Modell geht von den Wissenschaften einem als allgemeinen weltweit zu beobachtenden Ausdruck der Moderne aus. Zwar ist dagegen eingewendet worden, der westlich geprägte Modernitätsbegriff sei für die indischen Gesellschaften kaum akzeptabel. Doch weist diese Deutung den indischen Akteuren ein erhebliches Maß an Handlungskompetenz zu. Der Ansatz macht deutlich, dass sie nicht nur passive Rezipienten von Wissenschaften und staunende Anwender von Technologien waren, sondern die Herausforderung durch die westliche Form der Wissenschaften annahmen und die ihrige kritisch hinterfragten, sie weiter entwickelten, selbstständig nutzten und so ein eigenes Verständnis von Modernität er-

[10] Ira Klein, Materialism, mutiny and modernization in British India, in: *Modern Asian Studies* 34,3 (2000), S. 545-580.

arbeiteten.[11] Besonders die indischen Nationalisten, die sich die kolonialen Spannungen und Brüche in der Diskussion um die Modernisierung ihres Landes zunutze machten, schufen dabei etwas spezifisch Eigenes.[12]

Auffällig ist indes, dass fast alle bisherigen Ansätze von einem Wissenschaftskonzept ausgehen, das auf die Naturwissenschaften als ‚exakte' Wissenschaften beschränkt ist. In keiner Wissenschaftsgeschichte Südasiens werden die so genannten ‚Geistes-, Sozial- und Kulturwissenschaften' (‚Social and Human Sciences') thematisiert, obgleich von ihnen möglicherweise die weiterreichenden und nachhaltigeren Wirkungen auf eine Gesellschaft und ihre Kultur ausgehen.[13]

Orientalismus ist ein in den Kulturwissenschaften inzwischen fest etablierter Terminus, der die Forschungsdebatte um die westliche Wahrnehmung des Orients zum Gegenstand hat. Der Begriff bezieht sich auf Edward Saids 1978 in London erschienenes Buch *Orientalism: Western Conceptions of the East*, das eigentlich an ein philologisch interessiertes Fachpublikum gerichtet war und bestehende Diskussionsansätze in den Islamwissenschaften aufgriff. Im Kern kritisierten diese den Anspruch der Wissenschaften des Westens, erstens den Völkern des ‚Orients' ihre Geschichte genommen und sie, zweitens, gleich selber geschrieben zu haben, reduziert auf vorgeblich essentielle Charakterzüge. Edward Said erweiterte diesen Vorwurf der Geschichtsaneignung zur Generalanklage einer kulturellen Dominanz, wenn nicht Unterdrückung.
Said unterscheidet zwei Kategorien von Orientalisten. Die einen arbeiten in jenen historischen, soziologischen, philologischen oder ethnologischen Disziplinen, die gemeinhin als „Oriental studies" bezeichnet wurden. Die zweite Gruppe von Orientalisten umfasst eine Vielzahl von oftmals nicht-akademischen Autoren – Schriftsteller, Philosophen, politische Theoretiker, Ökonomen, Kolonialbeamte, imperiale Administratoren – die von einem generellen und substanziellen Unterschied zwischen West und Ost stillschweigend ausgehen. Der ständige Austausch zwischen beiden Gruppen vor allem im 19. Jahrhundert generierte das eigentümliche Gemisch des ‚Orientalismus', das vor allem dazu angetan ist, das ‚Andere' in Abgrenzung zu Europa zu konstituieren, ja, Europa so überhaupt erst entstehen zu lassen. Deshalb ist Saids *Orientalism* allen voran ein Buch über das Selbstverständnis des Westens und seiner Wahrnehmung des Ostens.
Die Summe dieses Schrifttums über den ‚Orient' bildet den Diskurs, den der Westen monologartig über den Osten führt. Said entlehnt den Begriff des Diskurses von Michel Foucault und modifiziert ihn zugleich. Während Foucault alle Texterzeugnisse als konstitutiv für einen Diskurs erachtet und auch keine individuellen Gewichtungen nach Autoren oder Genre zulässt – folglich sein Machtbegriff Strategien ohne Strategen impliziert und damit äußerst indifferent wenn nicht diffus ist – geht Said von individuellen Autoren und der Wirkungsmacht ihrer Texte aus. Ganz im Sinne Foucaults wird

11 D. Arnold, *Science, Technology and Medicine*, S. 15-18.

12 Gyan Prakash, *Another Reason. Science and the imagination of modern India* (Princeton 1999).

13 Obwohl eine Autorität auf dem Gebiet der Wissenschaftsgeschichte, versagt M. Paty, Comparative history of modern science, S. 188-190, den Geisteswissenschaften den Status exakter Wissenschaften, weil jene in den Gegenstand ihrer Untersuchung involviert seien. Damit aber schließt er erneut den politischen Charakter von Wissenschaften aus, der eben nicht nur den Geistes-, sondern gerade auch den Naturwissenschaften anhängt.

das Objekt der wissenschaftlichen Beobachtung durch diejenigen selektiert, essentialisiert und repräsentiert, die Teil des Hegemonial-Diskurses sind. Die Naturwissenschaften als Leitwissenschaften des 19. Jahrhunderts erlaubten es, den ‚Orient' wie ein anatomisches Präparat zu sezieren und dabei die Unterschiede zu Europa herauszuarbeiten. Unentwegt etikettierend und klassifizierend äußert sich der ‚Westen' bar jeder nicht-okzidentalen Lebenserfahrung über den ‚Orient'.

Entscheidend ist, dass dieser Diskurs erst beginnen konnte, als Europa sich die politische und militärische Dominanz über die Länder des Ostens gesichert hatte und dort in jedem Fall seine Interessen durchzusetzen vermochte, auch wenn keine direkte koloniale Herrschaft vorlag. Es handelt sich beim ‚Orientalismus' also um ein asymmetrisches Machtverhältnis, das auf Hegemonialstrukturen basiert. Zu den zentralen Verfahrensweise des ‚Orientalismus' gehört die Aberkennung der kulturellen Vergangenheit eines beherrschten Volkes und die Neuschreibung seiner Geschichte, denn mangels Distanzvermögens zu sich selbst seien ‚Orientalen' zu einer eigenständigen kritischen Geschichtsschreibung nicht fähig. Das ‚orientalistische' Prozedere bestand bestenfalls im Zugestehen einer ehemaligen zivilisatorischen Größe, der freilich eine Degeneration samt einer seitdem anhaltenden gesellschaftlichen und kulturellen Stagnation gefolgt sei.

Aus dem Zivilisationsgefälle leite(t)en die aufklärerischen und evangelikalen Europäer ihre Bestimmung und Pflicht ab, den Osten an europäisch-westliche Zivilisationsstandards heranführen zu müssen. Langfristig begründete dieser Diskurs die Hegemonie des ‚Westens' über den ‚Orient', deren Strukturen deformierend auf die Selbstwahrnehmung der Menschen in den Ländern und Regionen des ‚Orients' gewirkt haben und Teil der bis in die Gegenwart reichenden innerregionalen Spannungen und anti-westlichen Haltungen sind.

Edward Said ist für diese umfassende Kritik am ‚Westen' von Kollegen und Kritikern zum Teil heftig gescholten worden. Aber auch Vertreter arabischer Länder verwahrten sich dagegen, von Said auf diese Art und Weise repräsentiert zu werden. Andererseits haben die terroristischen Anschläge auf das World Trade Center in New York vom 11. September 2001 der Diskussion um die Thesen Saids neuen Auftrieb gegeben, freilich ohne grundlegend neue Erkenntnisse, geschweige denn Einsichten hervorzubringen. Damit ist nicht gesagt, dass die Debatte nicht weiter geführt werden muss – im Gegenteil, sie ist nach wie vor dringend notwendig.

(Literatur: Jürgen Osterhammel, Edward W. Said und die „Orientalismus"-Debatte. Ein Rückblick, in: *Asien, Afrika, Lateinamerika* 25 (1997), S. 597-603. Catherina Hinz and Isolde Kurz, From orientalism to post-orientalism? Middle Eastern and South Asian perspectives, in: *Asien Afrika Lateinamerika* 25 (1997), S. 281-302. Bill Ashcroft and Pal Ahluwali, *Edward Said. The Paradox of Identity*. London and New York 1999).

6.2 Historiografie

Südasien gilt als eine Region, in der bei relativ spät auftretender Schriftlichkeit (um 270 v. Chr.) keine Geschichtsschreibung eingesetzt hat, wie wir sie in Europa durch den Griechen Herodot und den Römer Livius kennen. Auch im Vergleich zu

China und den islamischen Reichen nimmt sich die Geschichtsschreibung zu Südasien eher bescheiden aus. Dennoch haben wir diverse schriftliche historische Zeugnisse. Dazu gehören die so genannten vedischen Texte, die über Jahrtausende mündlich tradiert wurden, besonders der „Rigveda" (entstanden etwa 1200–1000 v. Chr.). Sie werden inzwischen nicht mehr nur als Sammlung theoretischer Erörterungen, sondern in Teilen auch als historische Erzählung verstanden. Dies gilt auch für die Epen des „Mahabharata" und des „Ramayana". Sie sind über weite Strecken auf heroische Sagen und Genealogien von Dynastien beschränkt, die im zweiten vorchristlichen Jahrhundert aus verschiedenen Erzählsträngen in einem Gesamtwerk kompiliert wurden.[14]

Um 300 n. Chr. treten die „Puranas" auf, die zwar kaum noch historische Textpassagen aufweisen, inhaltlich aber von historischer Tragweite sind, denn sie beschreiben die Rechte und Pflichten eines Herrschers (*rajadharma*) und tradieren auf diese Art die Normen vorbildhafter historischer Herrscher. Der Stoff der „Puranas" wie auch der Epen ist bis heute ein Bestandteil der kulturellen Traditionen Südasiens und bis in die Gegenwart hinein von politischer Relevanz. Allgemein gilt für die Texte der Epen und „Puranas", dass die Autoren den Primat der Literatur dem der Geschichte unterordneten. Als höfische Literatur enthalten daher viele Dramen und Balladen historische Kerne, ohne selbst Geschichtsschreibung sein zu wollen. Überhaupt war die historische Darstellung an einen regionalen Hof gebunden. Dort wurden dann auch Chroniken produziert, wie das „Rajatarangini" des *brahman* Kalhana in Kashmir aus der Mitte des 12. Jahrhunderts n. Chr. oder der „Mahavamsa" in Sri Lanka, der von der Geschichte der Insel und ihrer buddhistischen Heiligtümer seit dem 3. vorchristlichen Jahrhundert berichtet und damit das älteste historiografische Zeugnis Südasiens ist.

Generell ist zu beobachten, dass je stärker die Regionalität oder Lokalität der Ereignisse ist, desto deutlicher auch ein historischer Kern zu erkennen ist. Indische Herrscher sahen sich nicht veranlasst, die Geschichte ihrer benachbarten oder gar entfernten Gegner aufzuzeichnen oder ihre eigene Geschichte in Verbindung mit den Nachbarn zu bringen. Umgekehrt, besiegte und ehemalige Dynastien wurden systematisch ausgeblendet und stattdessen die Genese und Genealogie der neuen Herrscherdynastie, ihre Vergabe von Privilegien und Landrechten chronikartig mündlich oder schriftlich konstruiert. Von lokalen Dichtern für ein lokales Publikum verfasst, verfolgte diese Literatur, die noch zu Beginn des 19. Jahrhunderts in Südindien anzutreffen war und mit der Einzelereignisse aus dem 15. Jahrhundert rekonstruierbar sind, stärker als bisher legitimatorische Zwecke. Wegen ihrer ‚lokalen Geschlossenheit' wird sie auch als ‚Endohistorie' bezeichnet.[15]

---

[14] Allgemein zur Forschungslage siehe die Darstellung von Hermann Kulke, *Geschichte Indiens bis 1750* (München 2005), S. 105-114.

[15] Georg Berkemer, Literatur und Geschichte im vormodernen hinduistischen Südasien, in: Jörn Rüsen, Michael Gottlob und Achim Mittag (Hg.), *Die Vielfalt der Kulturen. Erinnerung, Geschichte, Identität 4* (Frankfurt 1998), S. 145-190.

Neben dieser spezifisch südasiatischen Form der Historiografie tauchten mit den muslimischen Herrscher seit dem 13. Jahrhundert verschiedene Formen der Geschichtsschreibung auf, die nun auch überregional ausgerichtet waren und insgesamt eher dem europäischen Verständnis von Geschichte und ihrer Schreibung nahe kommen. Die frühen historischen Werke über islamische Fürsten sind im Wesentlichen eine Geschichte der jeweiligen Herrschergeschlechter und ihrer Taten, in arabischer oder persischer Sprache abgefasst. Die erste genuin ‚Indische Geschichte' schrieb Hasan Nizami zu Beginn des 13. Jahrhunderts, als er die Geschichte des Sultanats von Delhi, das 1205 errichtet wurde, von der Geschichte des Islam und der zentralasiatischen Geschichte als Herkunftsregion der Dynastien abkoppelte. Abgesehen von Nizami ist zweifelsohne Zia du Din Barani (geb. 1285 n. Chr.) einer der bedeutendsten indischen Geschichtsschreiber. In seinem „Tarikh-i-Firoze-Shahi" schrieb er die Geschichte des Sultanats von Delhi zwischen 1259 und 1352 weniger unter rein narrativen als vielmehr unter analytischen und durchaus kritischen Gesichtspunkten nieder.[16]

Mit den islamischen Herrschern tauchte auch der autobiografische Herrschaftsbericht auf. Als erster hat sich Timur (Tamerlan) (1334–1405), der Ahnherr der indischen Moguln, mit seinem „Tuzuk-i-Timuri" ein Denkmal gesetzt. Sein entfernter Verwandter, Zahiruddin Babur, war der erste Mogulherrscher in Indien. Sein Lebensbericht, das „Baburnama", setzte Maßstäbe.[17] Im Stil von Annalen verfasst, gilt es als eines der gelungensten Zeugnisse seiner Zeit, sowohl unter autobiografischen als auch unter historiografischen Gesichtspunkten. Das sicherlich bedeutsamste Werk der Mogul-Historiografie legte Akbar (reg. 1556–1602) mit seinem „Akbarnama" vor. Wie Babur beschäftigte auch Akbar einen Schreiber, den berühmten Abu'l Fazl. Als Hofchronist und „Chefideologe" repräsentierte er mit seinem Werk die herrscherfreundliche Linie der zeitgenössischen Geschichtsschreibung. Für den regen Literatur- wie toleranten Wissenschaftsbetrieb zu Zeiten Akbars sprechen die unterschiedlichen Strömungen und Schulen der Geschichtsschreibung, die neben dem „Akbarnama" in einer moderaten und einer extrem kritischen Historiografie ihren Niederschlag fanden.[18] Auch die nachfolgenden Moguln ließen Herrschaftsberichte, verfassen, die neben den zahlreichen historischen Berichten und Biografien der sich im 18. Jahrhundert formierenden Staaten zum historiografischen Erbe Südasiens gehören.

Mit einsetzender Territorialherrschaft der Briten reklamierten diese schrittweise die Deutungshoheit über die indische Geschichte. Ab der Mitte des 18. Jahr-

---

16 Zur Einführung in die muslimische Geschichtsschreibung zu Südaisen siehe die Darstellung von Stephan Conermann, (Hg.), *Die muslimische Sicht (13. bis 18. Jahrhundert)*, (‚Geschichtsdenken der Kulturen – Eine kommentierte Dokumentation: Südasien – Von den Anfängen bis zur Gegenwart', Frankfurt am Main 2002).

17 Der Lebensbericht Baburs liegt in deutscher Übersetzung vor: Zahiruddin Muhammad Babur, *Die Erinnerungen des ersten Großmoguls von Indien. Das Babur-nama*. (Zürich 1980).

18 Shireen Moosvi, Making and re-ordering history – Akbar and the *Akmar-nāma*, in: Iqtidar Alam Khan (Hg.), *Akbar and his Age* (New Delhi 1999), S. 181-187.

hunderts wurde Indien nicht mehr als das Land unermesslichen und unerschöpflichen Reichtums beschrieben. Zunehmend rückten nun das politische Indien, die ‚orientalische Despotie', die angebliche Dekadenz des zerfallenden Mogul-Reiches und die zeitgenössischen anarchischen Zustände in den Mittelpunkt der historischen Darstellungen.[19] Diesem entzauberten Indien setzten die Briten ihr eigenes Geschichtskonstrukt entgegen, dem zwei Operationen zugrunde lagen.[20] Zum Einen etablierte der erste ‚Haushistoriker' der EIC und ehemaliger Handelspartner Robert Clives, Robert Orme (1728–1801), in seiner „History of the Military Transactions of the British Nation in Indostan" (1778) dessen Mythos als Eroberer Bengalens und damit der stets siegreichen Briten überhaupt. Zum Zweiten dekonstruierten die so genannten ‚Orientalisten', die besonders vom ersten Governor General Britisch-Indiens, Warren Hastings, gefördert wurden und deren exponiertester Vertreter der Richter und Philologe William Jones (1746–94) war, die indische Geschichte, indem sie auf die wissenschaftlichen Hochleistungen der indischen ‚Antike' ein ‚klassisches' oder ‚Goldenes Zeitalter' folgen ließen, dem sich eine anhaltende Phase des Niedergangs, beschleunigt durch die islamischen Eroberer ab dem 12. Jahrhundert, anschloss.[21]

Lediglich Akbar wurde wegen des Aufbaus eines Zentralreiches eine gewisse historische Leistung attestiert. In seiner Nachfolge sahen sich nun die Briten, die ihre geschichtliche Mission in der Zivilisierung Indiens sahen und Land und Leute neuen, glanzvollen Zeiten entgegenführen wollten. Daher betrieben die Briten von Anbeginn ihrer Kolonialherrschaft eine Reformpolitik, die an wissenschaftlich-akademischen Standards Europas ausgerichtet war. Dies lässt sich exemplarisch an den Justizreformen in Bengalen ab 1773 zeigen. William Jones diente der Erwerb altindischer Sprachen nicht allein dem philologischen Erkenntnisgewinn als vielmehr der Kontrolle seiner *brahman*ischen Informanten.[22] Die politischen Implikationen dieser sich mit der Kolonialherrschaft manifestierenden Wissenschaftsideologie bestanden darin, dass die ‚Orientalisten' nicht nur der akademischen Wissbegierde nachgingen, sondern darauf abzielten, die europäische Zivilisationsgeschichte unter Zuhilfenahme südasiatischer Daten neu zu verorten und Indien ins nachgeordnete Verhältnis zu Europa zu setzen. Aus der erfundenen Zi-

---

[19] Eine gute Einführung samt ausgewählter Quellen bietet Michael Gottlob (Hg.), *Historisches Denken im modernen Südasien (1876 bis heute)*, (‚Geschichtsdenken der Kulturen – Eine kommentierte Dokumentation: Südasien – Von den Anfängen bis zur Gegenwart', Frankfurt am Main 2002). Es fehlen in diesem Buch freilich die Jahrzehnte seit der Mitte des 18. Jahrhunderts, die den Bruch in der bisherigen britischen Geschichtsschreibung zu Südasien einleiteten.

[20] Zur sich wandelnden Wahrnehmung Asiens in Europa siehe Jürgen Osterhammel, *Die Entzauberung Asiens. Europa und die asiatischen Reiche im 18. Jahrhundert* (München 1998).

[21] Etwas veraltet, dennoch Standardliteratur zu den Orientalisten ist David Kopf, *British Orientalism and the Bengal Renaissance: The dynamics of Indian modernization, 1773-1825* (Berkeley 1969). Zu den Positionen der Anglizisten und einer ihrer wichtigsten Protagonisten siehe Ainslie T. Embree, *Charles Grant and British Rule in India* (London 1962).

[22] Michael Mann, *Bengalen im Umbruch. Die Herausbildung des britischen Kolonialstaates 1754-1793* (Stuttgart 2000), S. 201-213, 261.

vilisationsdifferenz von ‚Völkern' erwuchs letztlich die Legitimation zur Kolonialherrschaft in Form eines universellen Erziehungsauftrags, oder anders ausgedrückt: einer Zivilisationsmission.[23]

Seit Beginn des 19. Jahrhunderts beeinflusste in Großbritannien der Utilitarismus der ‚Philosophical Radicals' mit seiner Doktrin der Nutzenmaximierung nachhaltig die Angestellten der EIC. In und gegenüber Indien ließen sie ihrem liberalen Reformeifer bald freie Bahn. Im Unterschied zu den ‚Orientalisten', die die Reformen Indiens mit Hilfe indischer Institutionen bewerkstelligen wollten, trachteten die Utilitaristen danach, Indien mittels radikaler Reformen auf allen Gebieten zu modernisieren, angefangen von den Rechtsinstitutionen bis hin zu technischen Innovationen.[24] Ein Wegbereiter dieser radikalen Position war James Mill (1773–1836), leitender Angestellter der EIC in London und ein Mann, der nie indischen Boden betreten hatte. Er wertete in seiner 1817 veröffentlichten „History of British India" die indische Geschichte und Kultur pauschal ab und vertrat die Auffassung, Indien habe zu keiner Zeit eine glorreiche Historie besessen, im Gegenteil, das Land sei stets auf einem niederen Zivilisationsstand gewesen. Mill etablierte unter anderem die Stereotypen von ‚abergläubischen Hindus' und ‚fanatischen Muslims', die aufgrund der Eigenheiten ihrer jeweiligen Religionen und der daraus hervorgegangenen Bildungsinhalte jeglichen Fortschritt des Landes verhindert hätten. Konsequenterweise forderten nun forsche Vertreter der Utilitarier die Einführung des Englischen als Verwaltungs- und Unterrichtssprache an neu zu gründenden Bildungseinrichtungen.

Bei allem Streit zwischen ‚Orientalisten' und ‚Anglizisten' herrschte grundsätzlich Einigkeit über den unterschiedlichen Zivilisationsstand zwischen Indien und Europa sowie über notwendige Reformen zur Modernisierung Indiens. Die Differenzen bestanden lediglich in den Voraussetzungen und den Methoden, mit denen das Zivilisationsprojekt umgesetzt werden sollte. Grob könnte man die Positionen der ‚Orientalisten' und ‚Anglizisten' nach den sich seit dieser Zeit ausdifferenzierenden ‚Wissenschaftsdisziplinen' unterscheiden: Förderten jene eher die Geistes- und Kulturwissenschaften, wollten diese verstärkt die Naturwissenschaften zur Modernisierung einsetzen. Im Laufe des 19. Jahrhunderts trat dieser Unterschied immer deutlicher zu Tage, als unter der Modernisierung Indiens kaum noch die gesellschaftliche sondern fast ausschließlich die technisch-institutionelle Innovation verstanden wurde.[25] Die indische Geschichte aber wur-

---

[23] Michael Mann, „Torchbearers upon the path of progress": Britain's ideology of a „Moral and Material Progress" in India. An introductory essay, in: Harald Fischer-Tiné and Michael Mann (Hg.), *Colonialism as Civilizing Mission. Cultural ideology in British India* (London 2004), S. 4-10.

[24] Dazu die noch immer ‚klassische' Studie von Eric Stokes, *The English Utilitarians and India* (Oxford 1959).

[25] Eine gute Einführung zum ‚Orientalisten-Anglizisten Streit' bieten Lynn Zastoupil and Martin Moir (Hg.), *The Great Indian Education Debate. Documents relating to the Orientalist-Anglicist controversity, 1781-1843* (Richmond 1999), S. 1-72.

de mit der Einführung englisch-europäischer Bildungsinhalte zügig in die britische integriert. Fortan las sich die Geschichte Indiens immer als die Geschichte der Briten in Indien. Seine Geschichte war nun seit der Gründung von Handelsniederlassungen der EIC in Indien ein fester Bestandteil der britischen geworden, während die ‚restliche' indische Geschichte zur bloßen Vorgeschichte degradiert worden war.

Ein erstes, systematisierendes Zeugnis dieser neuen Historiografie ist John William Kayes „The Administration of the East India Company" (1853). Keineswegs nur eine Verwaltungsgeschichte, forderte Kaye, nachdem er die Sitten und Gebräuche der Inder geschildert hatte, entschieden eine Reform der indischen Gesellschaft mittels britischer Institutionen, um die Modernisierung Indiens einzuleiten. Ideologisch gesehen wurde in diesem Meisterwerk utilitarisch geprägter Geschichtsschreibung der Kolonialismus als eine Geschichte des Fortschritts präsentiert. Das schlug sich in allen nachfolgenden Geschichtswerken zu Indien nieder, was allein am darstellenden Umfang der Kolonialepoche zu erkennen ist. Noch die „Cambridge History of India", zwischen 1923 und 1937 in vier Bänden herausgegeben, widmete einen davon „British India", den Zeitraum vom Auftauchen der europäischen Handelsgesellschaften und natürlich besonders der EIC bis zur Proklamation der britischen Souveränität in Indien 1858 abdeckend. Im Wesentlichen handelt es sich um eine Verwaltungs- und Kriegsgeschichte. Ein weiterer Band war für das „British Empire in India" vorgesehen.[26] Tatsächlich aber, so die schärfste und nicht unbegründete Kritik an der britischen Historiografie, habe diese nach James Mill für die nächsten 60 Jahre aus einer allesamt von Briten verfassten eklektischen Ansammlung von Reminiszenzen, Anekdoten und substanzlosen Abhandlungen bestanden.[27]

Mit der so genannten ‚Bengalischen Renaissance' und ihrem ausgeprägt kulturell-sprachlichen Bewusstsein, deren bekanntester Vertreter zweifelsohne Ram Mohan Roy (1772-1833) war, entstand zu Beginn des 19. Jahrhunderts auch eine erste bengalische Geschichtsschreibung, die Abschied von den bisher stark mythisch geprägten Darstellungen nahm. Diese historiografischen Ansätze gewannen mit dem Erstarken der nationalen Bewegung in der zweiten Hälfte des 19. Jahrhunderts an Bedeutung. Nun setzte vornehmlich in Bengalen, aber auch in anderen Regionen Indiens, eine kolonialen Interpretationen gegenüber höchst kritische Geschichtsschreibung ein, die zwangsläufig auf eine fundamentale Auseinandersetzung mit der Kolonialmacht hinauslaufen musste. Profilierte sich diese Historiografie konzeptionell zunächst am kolonialen ‚Anderen', entwickelte sie bald eine beachtliche Eigenständigkeit. Zu der anfänglich geäußerten ‚Ausbeutungsthese' oder dem „Drain of Wealth" (Romesh C. Dutt) trat bald der Vorwurf der „Unbritish Rule" (Dadabhai Naoroji) hinzu, der die Briten an ihren eigenen Ansprüchen

---

26 M. Mann, „Torchbearers upon the path of progress", S. 13.

27 Ranajit Guha, *An Indian Historiography of India: A nineteenth-century agenda and its implications* (Calcutta 1988). Die nachfolgenden Absätze orientieren sich an diesem Buch.

von ‚good government' maß und vehemente Kritik an dessen mangelhafter Umsetzung übte.[28]

Drei Hauptströmungen der Geschichtsschreibung formierten sich schließlich ab dem ausgehenden 19. Jahrhundert. Erstens thematisierte die nationalistisch-indische Richtung verstärkt, zumal unter marxistischem Blickwinkel, das eben vorgestellte ausbeuterische Herrschaftsverhältnis. Zweitens strich eine gleichfalls nationalistische Geschichtsschreibung, die kulturell-zivilisatorischen Gesichtspunkte heraus. Nicht nur die Eigenwertigkeit der indischen Vergangenheit als Vergewisserung der nationalen Gegenwart wurde betont, sondern geradezu der zivilisatorische Primat der indischen Kultur gegenüber der europäischen postuliert, wenn technische Erfindungen und demokratische Ordnungen in den vedischen Schriften ausfindig gemacht und damit vor die europäische Antike gelegt werden konnten. Bildungsreformer wie Swami Dayanand Saraswati (1824–1883), Schriftsteller wie Bankimchandra Chatterjee (1838–1894) und Politiker wie Bal Gangadhar Tilak (1856–1920) griffen bewusst auf die Vergangenheit zurück, um die gesellschaftliche Erneuerung der indischen Gesellschaft voranzutreiben. Allesamt arbeiteten sie an wirkungsmächtigen Geschichtskonstruktionen, die Indien aus seiner momentanen Dekadenz und Abhängigkeit befreien sollten.[29]

Zum Dritten hob eine imperialistische Historiografie eher auf die Wohltaten des Kolonialismus ab, die sich an den Bildungsinstitutionen, der verbesserten Infrastruktur, dem Wirtschaftswachstum und anderen als ‚modern' erachteter Kriterien festmachen ließen. In ihrer extremsten Form versuchte diese Geschichtsschreibung, die britische Kolonialherrschaft zu rechtfertigen wenn nicht gar zu legitimieren. Die Schnittlinien dieser unterschiedlichen Historiografien verliefen freilich nicht immer an der nationalen Scheidegrenze, wenn indische Historiker der konventionellen britischen Geschichtsschreibung zuarbeiteten oder Indien zunehmend in eine Hindu- und Muslim-Geschichte zerfiel. Nach der Unabhängigkeit Britisch-Indiens verschärfte sich der Gegensatz zwischen der nationalistischen und der imperialistischen Strömung nochmals. Historiografisch kam dies in der zwölfbändigen „History and Culture of the Indian People", (Bombay etc. 1951 ff) zum Ausdruck, die ganz offensichtlich der „Cambridge History of India" entgegengestellt wurde. Eine diskursive Verschiebung oder gar einen Paradigmenwechsel bewirkte dieses Monumentalwerk jedoch nicht.

Inder aber verloren trotz der kritischen und mitunter scharf geführten Auseinandersetzung mit der britisch-indischen Historiografie zusehends den Bezug zur eigenen Geschichte und der indischen Tradition. Historisch sahen sie sich stets eingebettet in das Britische Empire und seiner Geschichtsinterpretation vom Verfall der indischen Zivilisation und Kultur. Innerhalb weniger Jahrzehnte übernahmen

---

[28] Romesh Chandra Dutt, *England and India* (London 1897), ders., *The Economic History of India in the Victorian Age* (London 1906). Dadabhai Naoroji, *Poverty and Unbritish Rule* (London 1901).

[29] M. Gottlob, *Historisches Denken im modernen Südasien*, S. 37-73.

sie diese Interpretation, so dass ein intellektueller und geschichtsbewusster Politiker wie Jawaharlal Nehru in seinem Buch „The Discovery of India" ganz selbstverständlich von dieser Geschichtskonstruktion ausging und Indien in einem Zustand der zivilisatorisch-kulturellen Rückständigkeit sah, dessen Kräfte revitalisiert werden müssten. Einziger Unterschied zur britischen Historiografie war der Umstand, dass nun auch die Briten in die Abfolge fremdländischer Invasoren eingereiht wurden, die Indiens momentan niederen Zivilisationsstand zu verantworten hatten.[30]

Noch Jahrzehnte nach der Unabhängigkeit Britisch-Indiens beklagten indische Historiker diesen Verlust an Selbstwahrnehmung in Folge der mentalen Deformation durch die Kolonialherrschaft.[31] Bis seitens eines südasiatischen Geschichtswissenschaftlers der Versuch unternommen wurde, die herkömmliche Historiografie zu Indien kritisch zu hinterfragen, ihren Ursprüngen nachzugehen und die sich daraus ergebenden Konsequenzen aufzuzeigen, dauerte es bis Ende der 1980er Jahre.[32] Seit Beginn des Jahrzehnts bot auch die so genannte ‚Subaltern School' allmählich einen Ausweg aus der festgefahrenen Geschichtsschreibung, die nun nicht mehr auf die generellen, sondern ausschließlich auf die spezifischen Erscheinungen der Kolonialherrschaft abhob. Einer Geschichtsschreibung, die von fragwürdigen, weil von den Briten einseitig angewendeten Leitbegriffen wie ‚Modernität' und ‚Fortschritt' geprägt war, wurde eine scharfe Absage erteilt und das Konzept einer ‚fragmentierten' Geschichte entgegengestellt. Statt permanent Makroebenen zu interpretieren wurden nun Mikrostudien angefertigt, die als Mosaik ein differenzierteres Bild der neuzeitlichen Geschichte Indiens liefern sollten. Anfänglich noch stark auf Widerstandsmomente gegen die britische Kolonialherrschaft ausgerichtet, verschob sich der Schwerpunkt in den 1990er Jahren hin zu einer eher kulturalistischen Analyse.[33]

Bis heute haftet der ‚Subaltern School' jedoch der Vorwurf der endlosen Mikrountersuchung an, die mitunter auch als anekdotische Erzählung daherkommen kann. Kritisch wurde gefragt, ob sich nicht eine ‚Gegen-Orthodoxie' in der neueren indischen Historiografie ausgebildet habe. Es reiche nicht aus, Kritik am Vorwurf der grobschlächtigen und verfälschenden Essentialisierung zu üben und gleichzeitig dem Herrschaftswissen und seinen Institutionen eine nahezu grenzenlose Wirkungsmächtigkeit zuzuschreiben, die den Subalternen in den überlieferten Materialien wieder verstummen lasse. Der, so die radikalste Kritik, könne überhaupt nicht (für sich) sprechen, da er im historischen Material nur als Objekt

---

[30] Jawaharlal Nehru, *The Discovery of India* (Calcutta 1946, 5th imp. New Delhi etc. 1986), S. 49-61.

[31] Thomas R. Metcalfe, *Ideologies of the Raj* (=The New Cambridge History of India III,4, Cambridge 1994). Ashis Nandy, *The Intimate Enemy. Loss and recovery of self under colonialism* (Delhi 1996).

[32] Ranajit Guha, *An Indian Historiography of India* (Calcutta 1988).

[33] Sämtliche Aufsätze sind in der Reihe der *Subaltern Studies* (Delhi etc. 1982ff) unter diversen Herausgebern erschienen.

erscheine und von den Historikern ebenfalls zum Objekt gemacht werde. Auch, so ein weiterer Kritikpunkt, bewegten sich die Autoren der ‚Subaltern School' stets im Rahmen der üblichen britischen Zäsursetzungen, indem sie von vorkolonialen, kolonialen und postkolonialen Zeiträumen ausgingen und damit nur die nationalistische Geschichtsschreibung variierten.[34]

Eine originär indische Historiografiegeschichte, die alle Perioden der indischen oder südasiatischen Geschichte und die spezifischen Formen der Überlieferung adäquat behandelt, ist nach wie vor ein Forschungsdesiderat. In der Indischen Union ist ein erstarkender Hindu-Nationalismus mit der bewussten Ausblendung der Mogulperiode dem Ziel, sich die eigene Geschichte wieder anzueignen, sie zu behaupten und selbst zu schreiben, ebenso abträglich wie der Nationalismus in Pakistan, das sich als Land der Muslime betrachtet und seine Geschichte seit der muslimischen Eroberung Sindhs 711 n. Chr. entsprechend als historische Selbstvergewisserung verfasst hat.

6.3 „Naturgeschichte": Botanik, Geografie und Geologie

Seit den ersten Tagen der europäischen Expansion in den Indischen Ozean waren Reisebeschreibungen und Kartenmaterialien die wichtigsten grafischen Erzeugnissen, die Kaufleute und Seefahrer mit nach Europa zurückbrachten. Reiseberichte gehörten bald zur beliebten Lektüre der Oberschichten, Kartenmaterialien zu den best gehütetsten Geheimnissen der Handelsgesellschaften und Regierungen. In den frühen Berichten über einzelne Länder und Regionen waren geografische, ethnografische, anthropologische und kulturelle Beschreibungen enthalten, die oftmals von einander abschrieben und bei abschließender Redigierung für das europäische Lesepublikum aufbereitet wurden. Dennoch geben sie wichtige Auskünfte über die europäische Wahrnehmung indischer Gesellschaften und Gepflogenheiten.[35] Mit der sukzessiven Ausweitung der britischen Territorialherrschaft und den damit verbundenen politischen Aufgaben waren genauere Landeskenntnisse unabdingbar. Politische Missionen ins Landesinnere wie auch nach Tibet waren immer auch wirtschaftliche Expeditionen, deren Teilnehmer angewiesen wurden, ausführliche Aufzeichnungen über Land und Leute anzufertigen oder abschließende Berichte vorzulegen. Zusätzlich konnten die teuren Expansionskriege nach einer

[34] Die konstruktive Kritik an der innovativen ‚Subaltern School' ist in zwei Sammelbänden erschienen: Vinak Chaturvedi (Hg.), *Mapping Subaltern Studies and the Postcolonial* (London and New York 2000) sowie David Ludden (Hg.), *Reading Subaltern Studies. Critical history, contested meaning, and the globalization of South Asia* (Delhi 2001, London 2002).

[35] Für die deutsche Indienperzeption siehe Gita Dharampal-Frick, *Indien im Spiegel deutscher Quellen der Frühen Neuzeit (1599-1750). Studien zu einer interkulturellen Konstellation*. Tübingen 1992.

Rechtfertigung verlangen, die, wie im Fall des letzten Krieges der Briten gegen Tipu Sultan von Maisur 1798-99, nachgeschoben werden musste.

So sah sich Governor General Richard Wellesley gegenüber dem Aufsichtsrat der EIC in London in der Pflicht, einen detaillierten Bericht über die wirtschaftlichen und fiskalischen Zugewinne und die Leistungsfähigkeit von Landwirtschaft und Gewerbe der annektierten Gebiete in Südindien anfertigen zu lassen. Dazu schickte er im Jahr 1800 den renommierten Botaniker Francis Buchanan (1762–1829) zur ‚Bestandsaufnahme' auf Expeditionstour. Buchanan war angewiesen, einen für Wellesley günstigen Bericht anzufertigen, weshalb weniger das botanische Interesse Buchanans als das ökonomische Wellesleys berücksichtigt wurde. Der landeskundliche Bericht gelang schließlich so gut, dass der Aufsichtsrat in London beschloss, ihn 1807 als „A Journey from Madras through the Countries of Mysore, Canara and Malabar" in Druck zu geben. Beeinflusst von Sir John Sinclairs „Statistical Account of Scotland" und der darin formulierten Doktrin von der generellen ‚Verbesserung' („improvement", das zentrale Leitmotiv seit dem ausgehenden 18. Jahrhundert) auf allen gesellschaftlichen Gebieten, betrachtete Buchanan die bereisten Gebiete Südindiens gerade nach den verheerenden Kriegen ebenfalls unter der Maßgabe der Verbesserungsmöglichkeiten.[36]

Zur selben Zeit fertigte Colin Mackenzie (1754–1821) zwischen 1799 und 1810 einen „Survey" von Maisur an, der den Bericht Buchanans ergänzte, wichtige neue geografische Erkenntnisse und vor allem Informationen über Ausmaß, Stärke und Ressourcen zu Südindien brachte. So wurde die EIC mit kommerziell verwertbaren Daten versorgt und der wissenschaftliche Kenntnisstand erhöht.[37] Unter dieser Prämisse war Francis Buchanan 1807 erneut aufgefordert, einen geografischen Bericht über verschiedene Distrikte in Bengalen und Bihar anzufertigen.[38] Immer mehr glichen die „Reports" und „Surveys" dem, was im zeitgenössischen Wissenschaftsbetrieb als „Natural History" bezeichnet wurde, umfassenden Geschichten der Natur, die Ausführungen über Geografie, Geologie, Mineralogie, Zoologie, Botanik, und Meteorologie versammelten. Dass diese Wissenschaften gelegentlich ganz gezielt vor den wirtschaftspolitischen Karren gespannt wurden, belegt der Auftrag der Londoner Handelskammer an den Botaniker Anton Hove im Jahr 1787, als indischer Arzt verkleidet wirtschaftliche Daten über die Arten, den Anbau sowie den Vertrieb von Baumwolle in Gujarat zu sammeln. Das geschah zwar ohne Einwilligung des EIC-Aufsichtsrats, dennoch leitete die ge-

[36] Marika Vicziany, Imperialism, botany and statistics in early nineteenth century India: The survey of Francis Buchanan (1762-1829), in: *Modern Asian Studies* 20 (1986), S. 625-660.

[37] Peter Robb, Completing „Our Stock of Geography", or an object „Still More Sublime": Colin Mackenzie's survey of Mysore, 1799-1810, in: *Journal of the Royal Asiatic Society* 8 (1998), S. 181-206.

[38] Vgl. die Anweisungskataloge für C. Mackenzie und F. Buchanan in Matthew H. Edney, *Mapping an Empire. The geographical construction of British India, 1765-1843* (Chicago 1997), S. 45-47.

zielte Wirtschaftsspionage wenige Jahre später die Annexion von Teilen Gujarats ein.[39]

Das generell große Interesse an der außereuropäischen Flora bestimmte auch die ersten umfassenden Werke zur indischen Botanik. Entscheidend beeinflussten der zeitgenössische Kenntnisstand und das botanische Wissen indischer Gelehrter die frühen europäischen Kompilationen und die daraus hervorgehenden Klassifikationssysteme. Aufbauend auf lokalem medizinischem und botanischem Wissen aus Malabar verfasste der portugiesische Mediziner Garcia de Orta (ca. 1499–1568) seine „Coloquios dos simples e drogas he cousas medicinais da India" (Goa 1563) und Hendrik Adriaan van Rheede tot Draakestein seinen „Hortus Malabaricus" (12 Bde., Amsterdam 1678–93). Diesem Werk des Gouverneurs im holländischen Cochin entnahm 1740 Carl von Linné, Begründer des neuzeitlichen botanischen Klassifikationssystems, 240 neue Spezies, und auch das botanische Werk „Musaeum Zeylanicum" (1717) des deutschen Mediziners Paul Hermann (1646–95) zu Sri Lanka beeinflusste maßgeblich die wissenschaftlichen Arbeiten Linnés.[40]

Von Privatleuten gesammelte Informationen und lokales Wissen stellten die Grundlage der europäischen Botanik in Indien dar. So ging William Jones neben seinen philologischen Studien auch botanischen Interessen nach. Dazu arbeitete er eng mit dem dänischen Schüler Linnés, Johann Gerhard Koenig (1728–85), zusammen, der 1778 zum ersten angestellten Botaniker in der EIC berufen wurde. Koenig hatte die binäre Nomenklatur Linnés nach Art und Gattung für die indische Flora eingeführt. Als Forum für die diversen wissenschaftlichen Aktivitäten gründete William Jones 1784 nach dem Vorbild akademischer Gesellschaften in Europa die ‚Asiatick Society of Bengal' und schuf mit den ‚Asiatic Researches' (erschienen 1789-1838) ein Publikationsorgan, das bewusst auf ein breites Lesepublikum abzielte.[41] 1790 veröffentlichte er seinen „Treatise on the Plants of India", in dem er generell die Fixierung der indischen Pflanzennamen in Latein und nur in Ausnahmefällen in Sanskrit, keinesfalls aber in den „lebenden" gegenwärtigen Sprachen forderte. Damit löste er eine Debatte aus, die bis Ende des 19. Jahrhunderts anhielt und in deren Verlauf sich die Taxonomie in ausschließlich lateinischer Sprache durchsetzte.[42]

Botanische Kenntnisse galten als essenziell für die allgemeine Verbesserung der Lebensumstände, da mit ihrer Hilfe die Nahrungsversorgung der Bevölkerung si-

---

[39] D. Arnold, *Science, Technology and Medicine*, S. 22. Pamela Nightingale, *Trade and Empire in Western India, 1784-1806* (Cambridge 1970).

[40] Richard H. Grove, *Green Imperialism. Colonial expansion, tropical island Edens and the origins of environmentalism, 1600-1860* (Cambridge 1995), S. 77-78, 80-90. Allgemein zur indischen Botanik Helmuth von Glasenapp, (Hrsg.) *Indische Geisteswelt*. 2 Bde., Band II, Weltliche Dichtung, Wissenschaft und Staatskunst der Hindus (Hanau 1986), S. 203-208.

[41] O. P. Kajeriwal, *The Asiatic Society of Bengal and the Discovery of India's Past, 1774-1838* (Delhi 1988).

[42] Zaheer Baber, *The Science of Empire. Scientific Knowledge, civilization, and colonial rule in India* (Delhi etc. 1998), S. 156.

chergestellt werden sollte. Bereits 1786 wurde von Colonel Roberd Kyd (amt. 1787–93) in Calcutta der erste von zahlreichen Botanischen Gärten in Indien und Sri Lanka angelegt. Das Hauptaugenmerk lag weniger auf der Sammlung botanischer Raritäten als auf nutzbringendem Gartenbau und kommerziellen Agrarerzeugnissen. Doch die wissenschaftliche Botanik trat allmählich in den Vordergrund. In diesem Sinn argumentierte schließlich der Direktor des Botanischen Gartens in Kew, Sir Joseph Banks (1743–1820),[43] als er zu Kyds Nachfolger den erfahrenen Botaniker William Roxburgh (amt. 1793–1820) bestellte. Nun entwickelte sich der Botanische Garten in Calcutta zu einer allgemeinen Pflanzensammlung, zu der auch Francis Buchanan und der dänische Mediziner Nathaniel Wallich (1786–1854), der seit 1809 in Diensten der EIC stand, beitrugen. Innerhalb weniger Jahrzehnte war der strukturelle Wandel von den ambitionierten Amateuren hin zu institutionell verankerten, professionellen Wissenschaftlern vollzogen, freilich nicht ohne persönliche Animositäten und wissenschaftliche Rivalitäten bis in höchste Instanzen ausgefochten zu haben.[44]

Nach seiner Gründung 1817 gewann der botanische Garten von Saharanpur am Fuß des Himalaya schnell besondere Bedeutung, denn in ihm wurden Pflanzen kultiviert, die in Calcutta nicht gediehen. Hier zogen Botaniker erfolgreich Baumarten, die dann an den Kanal- und Straßendämmen in Nordindien ausgepflanzt wurden. Versuche mit Baumwolle, Tabak und anderen Nutzpflanzen wurden ebenso unternommen wie die ersten und erfolgreichen Experimente mit der Akklimatisierung von Tee. John Forbes Royle, Technischer Leiter des Gartens von 1823–31, entwickelte in deutlicher Abgrenzung zu Linnés sexuellem Ordnungsprinzip ein neuartiges botanisches Klassifikationssystem, das er bewusst an den ökologischen Gegebenheiten ausrichtete und in Nordindien experimentell umsetzte. Der Wissenschaftsbetrieb in der Kolonie war demnach kein zuarbeitender Annex einer Londoner Schaltzentrale, sondern forschte durchaus selbstständig; das galt nicht nur im Bereich der Botanik, sondern auch auf anderen Wissenschaftsfeldern.[45]

Forbes, um den botanischen Erfolg besorgt, unterließ es nicht, bei den leitenden Gremien der EIC stets auf die Kultivierungs- und Züchtungserfolge hinzuweisen. Auch stellte er die Vielfalt indischer Gemüsearten heraus, die zur Nahrungsversorgung herangezogen werden könnten.[46] Die 1820 erfolgte Gründung

---

43 Ray Desmond, *Kew. The history of the Royal Botanic Gardens* (London 1995), S. 85-126.

44 Satpal Sangwan, The strength of a scientific culture: Interpreting disorder in colonial science, in: *Indian Economic and Social History Review* 34,2 (1997), S. 217-250.

45 Satpal Sangwan, From gentlemen amateurs to professionals: Reassessing the natural science tradition in colonial India, 1780-1840, in: Richard H. Grove, Vinita Damodaran, Satpal Sangwan (Hg.), *Nature and the Orient. The environmental history of South and Southeast Asia* (Delhi etc. 1998), S. 210-236.

46 R. H. Grove, *Green Imperialism*, S. 399-407. Shabnam Shukla, The Calcutta Botanic Garden. Its establishment and ramifications. Robert Kyd to George King: 1787-1897, in: *Bengal Past and Present* 113, 1-2 (1994), S. 26-43.

der ‚Agricultural Society of Calcutta', deren Aufgabe in der Kultivierung von Nahrungspflanzen aus anderen tropischen Weltregionen bestand, setzte als institutionelle Ausgliederung des Botanischen Gartens denn auch ein deutliches Zeichen für die ernährungssichernden Aufgaben dieser praktischen Wissenschaft. Bezeichnend für den generell schwindenden Stellenwert der Botanik zugunsten der Medizin und der neuen Forstwissenschaften ist die Tatsache, dass es trotz beachtlicher wissenschaftlicher und praktischer Erfolge noch bis 1890 dauern sollte, bis analog zu den zahlreichen wissenschaftlichen Institutionen in Indien nun als vorletztes der ‚Botanical Survey' ins Leben gerufen wurde. Nur die Zoologie musste noch bis 1916 warten, was auf den geringen nutzbringenden Stellenwert schließen lässt, der ihr beigemessen wurde.[47]

Die weltweite Vernetzung der Botanischen Gärten unter der Ägide Sir Joseph Banks förderte nicht nur allgemein die botanischen Wissenschaften. Ihre praktische Anwendung hat vor allem im Bereich der Forstwissenschaften eine im Vergleich zu Europa avantgardistische Stellung hinsichtlich der Ökologie eingenommen. Der Informations- und Wissensaustausch der Botanischen Gärten auf St. Vincent, St. Helena und Mauritius, in Kapstadt sowie in Britisch-Indien belegte die global zu beobachtenden Folgen von Entwaldungen. Abnehmende Niederschläge lösten die Austrocknung des Bodens und das Versiegen von Quellen aus. Wegen des in den Kolonien erworbenen hohen Wissenstands war gerade hier das Bewusstsein um die ökologischen Konsequenzen massiver Eingriffe in Naturhaushalte früher und besser entwickelt als in Europa. Um die Versorgung von Schiffsstationen und die Produktion von Nutzfrüchten langfristig zu sichern, wurden Ende des 18. Jahrhunderts auf St. Helena die ersten Gesetze zur Waldkonservierung erlassen, bald danach auf den Inseln in der Karibik und im Indischen Ozean. Die gesetzgeberische Initiative lag demnach in den Kolonien. Jahrzehnte später reagierten dann die Londoner Behörden und ein ‚Imperial Forest Department' wurde erst 1924 eingerichtet.[48]

Den ersten Versuch zur Regulierung des Holzeinschlags und des Holzhandels unternahm das ‚Government of Bombay' 1806, als es zur Sicherstellung des Schiffbaus in der Hafenstadt für die gerade annektierten Gebiete Malabar und Kanara Forstbewirtschaftungsgesetze nach den Maßgaben der zeitgenössischen europäischen Forstwirtschaft einführte. Sie war in Frankreich und besonders Deutschland am weitesten fortgeschritten, in England existierte sie hingegen nicht. Franz

---

[47] D. Arnold, *Science, Technology and Medicine*, S. 47-49, 52. Erste Versuche, die Zoologie 1804 als separate Disziplin in Britisch-Indien zu etablieren, mussten vier Jahre später erfolglos abgebrochen werden, siehe Deepak Kumar, The evolution of colonial science in India: natural history and the East India Company, in: John MacKenzie (Hg.), *Imperialism and Natural World* (Manchester 1990), S. 61.

[48] Richard H. Grove, Imperialism and the discourse of desiccation: the institutionalisation of global environmental concerns and the role of the Royal Geographical Society, 1860-1810, in: Morag Bell, Robin Butlin and Michael Heffernan (Hg.), *Geography and Imperialism, 1820-1940* (Manchester 1995), S. 36-41.

von Wrede, lange Jahre in Diensten der niederländischen Verenigden Oostindischen Compagnie, legte 1805 auf Anfrage dem Gouverneur von Bombay ein Memorandum vor, in dem neben verschiedenen Bestimmungen zur Waldnutzung durch die örtliche Bevölkerung zum ersten Mal außerhalb Europas die so genannte ‚Nachhaltigkeit' zur Bewirtschaftung der Wälder gefordert wurde. Dies stand im Gegensatz zur bisherigen britischen Konservierungspolitik, die lediglich darauf achtete, dass nach erfolgtem Einschlag dem Wald genügend Zeit zur natürlichen Regeneration belassen wurde. Nun machten Anzucht der kommerziell ergiebigen Baumarten (Wertholz), Waldpflege und Festlegung der jährlichen Einschlagquoten den Kern der wissenschaftlichen Waldbewirtschaftung aus.[49]

Doch die Behörden in Bombay waren derart mit der Frage des staatlichen Monopols auf die Wälder und ihrer Erzeugnisse beschäftigt, dass die wissenschaftlich-praktische Forstwirtschaft nachrangig behandelt wurde. Nach wenigen Jahren des ungeschickten Experimentierens schlugen, wenig verwunderlich, die Versuche zur Einführung einer konsequenten Forstwirtschaft 1823 fehl. Lediglich im Thana Distrikt in unmittelbarer Nähe zu Bombay konnte die EIC ihr Monopol zur konventionellen Waldwirtschaft durchsetzen.[50] Nachdem die Londoner Unternehmenszentrale wegen der großen finanziellen Belastungen in den 1830er Jahren ihre Investitionen in die Botanischen Gärten zurückfuhr, machte sich das ganz besonders bei der wissenschaftlichen Forstwirtschaft bemerkbar. Nur der Initiative von Einzelpersonen wie den Direktoren von Kew Gardens und Nathaniel Wallich, der unablässig staatliche Initiative anmahnte, ist es zu verdanken, dass die wissenschaftliche Beschäftigung mit indischen Wäldern nicht aus dem öffentlichen Bewusstsein geriet.[51]

Obgleich in den Wäldern Malabars die Folgen der massiven Entwaldungen in der ersten Hälfte des 19. Jahrhunderts deutlich sicht- und spürbar waren, konnte und wollte die britisch-indische Regierung nichts zu ihrer Erhaltung unternehmen. Dringender Handlungsbedarf bestand auch nicht, da die Holzversorgung sichergestellt schien. Während dieser ‚Latenzphase' der Forstwissenschaften in Indien wurden jedoch die Weichen für ihre künftige Entwicklung gestellt. Eine neue Generation von Medizinern hatte sich in den Forstabteilungen der Steueradministration etabliert, die aktiv wurde, als Ende der 1830er Jahren akuter Holzmangel in den Werften Bombays auftrat. Von hier aus ergriff der Chirurg und Botaniker Alexander Gibson (1800–1867) die Initiative, von Madras aus tat es Hugh Cleghorn. Beide waren Anhänger der so genannten „Austrocknungs-Theorie" (‚desiccation-theory'), die sie nun mit ihrer wissenschaftlichen Expertise untermauerten. Die Bedrohung der ökonomischen Ressourcen verschaffte ihnen poli-

---

49 Michael Mann, *Flottenbau und Forstbetrieb in Indien 1794 – 1823* (Stuttgart 1996), S. 107-140, 185-186.

50 Richard Tucker, Forest management and imperial politics: Thana District, Bombay 1823-1887, in: *Indian Economic and Social History Review* 16 (1979), S. 273-300.

51 R. H. Grove, *Green Imperialism*, S. 412-415.

tisches Gehör und schon 1845 beschloss die Regierung in Bombay, eine unabhängige Forstbehörde mit wissenschaftlichem Stab einzurichten, was ein Jahr später vom Aufsichtsrat in London bestätigt wurde.[52]

Mit Amtsantritt Governor General Lord Dalhousies 1848 (bis 1856) und dessen utilitarischen Motiven zur Modernisierung Indien änderte sich auch die bislang noch zögerliche Einstellung der britisch-indischen Administration zu den Forstwissenschaften. Überzeugt von der „Austrocknungs-Theorie" ordnete Dalhousie 1849 nach der Annexion des Panjab und seiner enormen Waldgebiete eine waldwissenschaftliche Untersuchung an. Zuvor hatten die Briten vom *amir* von Sindh bei der Annexion seines Staates 1842 die vorhandenen forstwissenschaftlichen Erkenntnisse in Bezug auf Wiederaufforstungsmaßnahmen übernommen, womit sie über originär indisches Waldbewirtschaftungswissen verfügten. In einem separaten ‚Forest Department' konnte so die Kontinuität der staatlichen Waldkontrolle gesichert werden. In Bombay erhielt Alexander Gibson den Posten des ‚Conservator of Forests', in Madras wurde Hugh Cleghorn 1855 zum Leiter des neu eingerichteten ‚Forest Department' berufen.[53]

Auf Vermittlung erhielt der Bonner Botaniker Dietrich Brandis 1856 die gleiche Stellung in Birma. Als erster ‚Imperial Inspector General of Forests' führte er ab 1864 die nachhaltige Forstwirtschaft in Südasien ein und brachte die bisherigen Gesetze zunächst 1865 und abschließend 1878 in eine einheitliche Form für Britisch-Indien. Seitdem werden in Südasien die Wälder nach den wissenschaftlichen Methoden der Bestandsinventur, Zuwachs- und Ertragsermittlung sowie der Einschlagsfestsetzung bewirtschaftet.[54] Weltweit fanden zum ersten Mal Erkenntnisse von umweltbeeinflussenden Faktoren wie Waldbestand, Bodenbeschaffenheit und Klimaveränderungen Berücksichtigung bei der Gesetzgebung. Daneben beherrschten bis ins 20. Jahrhundert die klimatischen Folgen von Entwaldungen die forstwissenschaftliche Diskussion, die zunächst von den Inspector Generals Dietrich Brandis und seinen Nachfolgern Wilhelm Schlich (1881–85), Berthold Ribbentrop (1885–89) sowie E. P. Stebbing (1900–17) geführt wurde. Der ‚Indian Forester' bot die publizistische Plattform, auf der seit 1875 Expertenwissen und Laienmeinung von Europäern aufeinander trafen und zur allmählichen Akzeptanz und Verbreitung forstwissenschaftlicher Erkenntnisse beitrugen.[55]

---

[52] Ebenda, S. 421-441.

[53] Ebenda, S. 453-462.

[54] Herber Hesmer, *Leben und Werk von Dietrich Brandis, 1824-1907. Begründer der tropischen Forstwissenschaft, Förderer der forstlichen Entwicklung in den USA, Botaniker und Ökologe* (Bonn 1975), S. 19-56, 72-86, 157-168. Siehe dazu auch Ravi Rajan, Imperial environmentalism or environmental imperialism? European forestry, colonial foresters and the agenda of the forest management in British India, 1800-1900, in: Richard H. Grove, Vinita Damodaran and Satpal Sangwan (Hg.), *Nature and the Orient. The environmental history of South and Southeast Asia* (Delhi etc.) 1998), S. 324-371. Zur Forstwirtschaft siehe oben das Kapitel „Landwirtschaft und Waldbewirtschaftung".

[55] Gregory A. Barton, *Empire Forestry and the Origins of Environmentalism* (Cambridge 2002), S. 38-44, 65-67. Satpal Sangwan, Making of a popular debate: The Indian Forester and the emer-

In Dehra Dun richtete Brandis 1881 die ‚Central Forest School' ein, in der die elementare Ausbildung für das niedere indische Forstpersonal erfolgte, während in Pusa im ‚Forest Research Institute' das Personal für den wissenschaftlichen Dienst ausgebildet wurde, der für Briten und generell auch für Inder offen stand, wenngleich sie nur schwer Zugang zu dieser Bildungseinrichtung erhielten. Allerdings besaß diese partielle „Indisierung" keinen philanthropischen Hintergrund, denn den Briten war lediglich daran gelegen, sich von der übermächtigen deutschen und französischen Forstwissenschaftlerkonkurrenz unabhängig zu machen. Zu Beginn des 20. Jahrhunderts erfolgte eine Statuserhöhung der Forstschule in Dehra Dun, die nun als College bezeichnet wurde und 1906 in den Rang eines ‚Imperial Forest Research Institute' erhoben wurde.[56]

Nicht nur die Wertholzvorkommen Südasiens waren für die Briten von Interesse, sondern, wie allein anhand der Berichte von Buchanan und Mackenzie zu erkennen, sämtliche natürlichen Ressourcen und ihre Standorte. Aus diesem Grund besaßen Geografie, Geologie und Kartografie wichtige Funktionen. Wie die Botanik und die Forstwissenschaft zunächst amateurhaft betrieben, entwickelten diese Disziplinen in Indien in kurzer Zeit eine Professionalität, deren Dynamik bald wesentlich zum imperialen Selbstverständnis des Britischen Empire beitrug. Der Geografie als Universalwissenschaft maß bereits William Jones eine herausragende Rolle zu, denn, so formulierte er 1785, die geografischen Wissenschaften würden bedeutende Forschungsobjekte eines imperialen Volkes verfolgen.[57] Neben der generellen und umfassenden Beschreibung der annektierten Gebiete gehörte zur Geografie auch die territoriale Erfassung in Form von Karten.[58] Robert Clive, zweimaliger Governor in Bengalen (1757-60 und 1765-67), betonte bei Beginn der territorialen Expansion, die er selbst 1757 eingeleitet hatte, explizit den militärischen Wert von Karten.

Früheste Karten zu Indien stammten aus japanischen Federn und sind im 14. Jahrhundert angefertigt worden. Seekarten des Indischen Ozeans, von indisch-arabischen Seeleuten gezeichnet, erregten die Aufmerksam der ersten Europäer, die am Ausgang des 15. Jahrhunderts nach Indien segelten. Fast sämtliche Karten zu Südasien, vor allem seiner Küsten, sind auf Initiative von arabischen und persischen sowie von europäischen Kaufleuten und Kapitänen angefertigt worden. Als die Europäer ab der Mitte des 18. Jahrhunderts in das Landesinnere des Subkontinents vordrangen, suchten sie auch nach originär indischem Kartenmaterial, mussten aber feststellen, dass fast sämtliches Kartenmaterial, dessen sie fündig wur-

ging agenda of state forestry in India, 1875-1914, in: *Indian Economic and Social History Review* 36,2 (1999), S. 187-237.

56 Deepak Kumar, *Science and the Raj, 1857-1905* (Delhi etc. 1995), S. 99-101, 123-125.

57 Zitiert in Z. Baber, *Science of Empire*, S. 155.

58 Zum zeitgenössisch europäischen Verständnis von den universellen Wissenschaften der Geografie siehe Charles W. J. Withers, Geography in its time: Geography and historical geography in Diderot's and d'Alambert's *Encyclopédie*, in: *Journal of Historical Geography* 19 (1993), S. 255-264.

den, von europäischen Kartografen erstellt worden war. Karten aus indischen Händen beschränkten sich auf religiös-rituelle Funktionen. Die ersten europäischen Darstellungen des indischen Subkontinents stammen aus dem 16. Jahrhundert. Detailliertere Karten einzelner Regionen wurden ab der Mitte des 18. Jahrhunderts gezeichnet. Hier ist besonders der in den 1770er Jahren in Diensten des *nawab* von Awadh stehende Franzose Jean-Baptiste-Joseph Gentile zu nennen, der die bis dahin genauesten Karten zu Nordindien geschaffen hatte.[59]

Es war indes Robert Clive, der das erste systematische Kartenwerk zu Bengalen in Auftrag gab. Dazu berief er James Rennell (1746–1830), eigentlich Hochseevermesser, auf die neu geschaffene Position des ‚Surveyor General of the East India Company's dominions in Bengal', ohne dass es zu einer Institutionalisierung der Kartografie kam. Wie zuvor Colin Mackenzie Südindien zeichnete nun Rennell das britische Bengalen auf der Grundlage eigener Messungen, hauptsächlich aber mittels lokaler Informanten, die entlang der zahllosen Flussläufe im Ganga-Brahmaputra-Delta wohnten. Über die neu geschaffenen und eingezeichneten Distriktgrenzen in Bengalen nebst der Markierung von Straßenverläufen und Städten entstand das einheitliche Bild eines administrativ kontrollierbaren Bengalen.[60] Nachdem Rennell sein Kartenwerk zu Bengalen 1780 publiziert hatte, erhielt er den Auftrag, eine Karte des gesamten indischen Subkontinents anzufertigen.

1783 veröffentlichte Rennell seine „Map of Hindostan", deren Grundlage neben zahlreichen lokalen Informationen auch aus vier Karten bestand, die von Indern gezeichnet worden waren und den Panjab, Gujarat, Bundelkhand und Malabar darstellten. Es ist bezeichnend für Rennells wissenschaftliche Kartenkonstruktion, dass er unbekannte oder ungenaue Verläufe von Grenzen definiert und zum ersten Mal fixiert und dazu fehlende Daten von geografischen Punkten fantasievoll interpoliert hat. Abgesehen davon ist die Intention des Kartenwerkes deutich erkennbar, denn die verschiedenen Grenzlinien waren farblich markiert– die britischen rot. Vermutlich hat die Farbe Rot zur Kennzeichnung des weltweiten britischen Kolonialbesitzes hier ihren Ursprung. In jedem Fall konnten auf diese Art und Weise die Staaten des Subkontinents grob in ein ‚Freund-Feind' Verhältnis (oder Neutralität) zu den Briten gesetzt werden. Die permanente Kriegsführung der EIC auf dem indischen Subkontinent verlangte jedoch bald nach genauerem Kartenmaterial. Anfang des 19. Jahrhunderts erfolgte schließlich die Institutionalisierung der Kartografie in Madras als Teil einer Militäreinrichtung.[61]

Von hier nahmen die Anstrengungen zur Vermessung des gesamten Subkontinents ihren Ausgang. Mit der inzwischen wissenschaftlich ausgereiften Methode

---

[59] Die Kartografie zu Indien vom 16. bis zum Beginn des 19. Jahrhunderts stellt Susan Gole, *India within the Ganges* (Delhi 1983) vor, siehe zu den ersten kartografischen Darstellungen S. 15-20.

[60] Zu Rennell siehe M. Mann, *Bengalen im Umbruch*, S. 270-275.

[61] Ebenda, S. 275-280 und M. H. Edney, *Mapping an Empire*, S. 91-102, 124-128, 165-195 und ders., British military education, mapmaking and military ‚map-mindedness' in the later Enlightenment, in: *Cartographical Journal* 31 (1994), S. 14-20.

der Dreiecksvermessung (Triangulation) wurde zwischen 1799 und 1817 auf Initiative von William Lambdon eine Strecke zwischen der Coromandelküste und der Malabarküste vermessen. Ein Jahr nach dem erfolgreichen Abschluss der Vermessungen rief Lambdon den ‚Great Trigonometrical Survey' ins Leben, dessen Aufgabe darin bestand, die begonnene Triangulation über den gesamten Subkontinent auszudehnen. Doch in den 1820er und 30er Jahren konnten trotz der Existenz landesweiter kartografischer Institutionen ihre Aktivitäten nicht synchronisiert werden. Große Probleme bereitete die Umsetzung der gesammelten geodätischen und astronomischen Messdaten sowie der Angaben lokaler Informanten in die kartografische Darstellung. Um den entstandenen immensen Kostenaufwand zu rechtfertigen, herrschte ein gewisser Publikationszwang, der letztlich in einer Generalkarte Indiens bestand.[62]

Governor General William C. Bentinck (amt. 1828–35), ein begeisterter Utilitarier und beseelt von der Idee, Indien gesellschaftlich zu reformieren und technisch zu modernisieren, machte sich leidenschaftlich an die Umsetzung dieser Politik, wozu unter vielem auch eine Generalkarte Indiens gehörte. Inzwischen hatte auch der Aufsichtsrat der EIC die kartografische Erfassung des gesamten Subkontinents angeordnet. Mit seinem „Memorandum Relative to a Military Survey of India" ebnete Bentinck den bürokratischen Weg für den ‚Great Trigonometrical Survey' und beauftragte George Everest mit dessen Planung und Durchführung. Diesem gelang es, das ambitiöse Vermessungswerk zu realisieren. Als Everest schließlich 1843 in Pension ging, war der ‚Great Arch' von der Südspitze des Subkontinents, Kap Kanyakumari (Cape Comorin), bis hinauf nach Dehra Dun am Fuß des Himalaya vollendet. Von dieser fast 2000 km langen Strecke gingen weitere Vermessungen aus, so dass Anfang der 1860er Jahre ein trigonometrisches Netz über den Subkontinent ausgeworfen war. Eine parallele topografische Erfassung ganz Indiens hatte der Aufsichtsrat indes aus Gründen der Praktikabilität und der Kosten abgelehnt. Offensichtlich ging es ihm primär darum, das ‚British Empire in India' auf der Grundlage einer reinen Oberflächenvermessung kartografisch zu (re-)präsentieren.[63]

Das Vermessungsunternehmen wurde ohne direkte Anweisungen und wissenschaftliche Unterstützungen der Londoner Autoritäten durchgeführt – ein weiterer Beleg für die Eigenständigkeit der ‚kolonialen Wissenschaften'. Die Notwendigkeit der Vermessung ergab sich aus den britischen Eroberungen, denn die sukzessive annektierten Gebiete mussten kartografisch erfasst werden, um der administrativen Durchdringung eine Grundlage zu geben. Mehr als für das zeitgenössische Europa galt für Britisch-Indien, dass die vorhandene politische und topografische Vielfalt des Landes in ein einheitliches und rationales System gebracht werden musste, um den „imperialen Besitzstand" kartografisch ausweisen zu kön-

[62] M. H. Edney, *Mapping an Empire*, S. 2, 21-23, 199-235.

[63] Ebenda, S. 250-268. Ian J. Barrow, *Making History, Drawing Territory. British mapping in India, c. 1756-1905* (New Delhi 2003), S. 135-143.

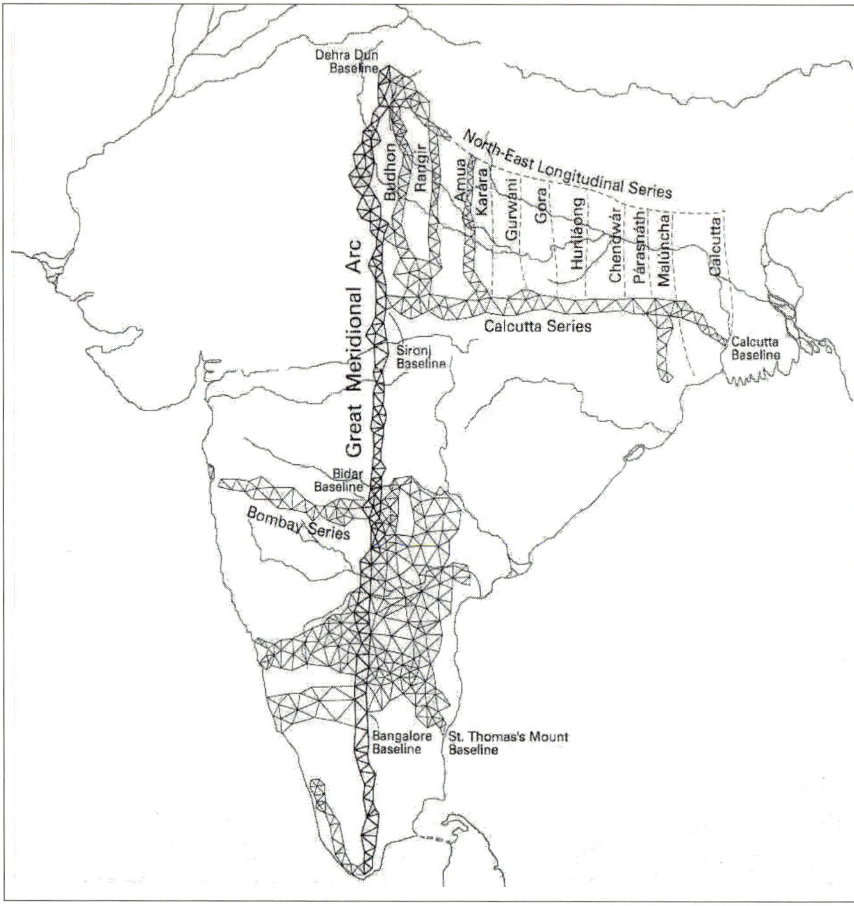

Abb. 71: Trigonometrical Survey: Great Arch und Erweiterungsmessungen 1799–1843.

nen. Lautete so zumindest der Anspruch in Britisch-Indien, war die Realität der kartografischen Konstruktion in vielen Bereichen eher dürftig – im Gegensatz zu Europa. Sicherlich war Britisch-Indien als Einheit darstellbar geworden, doch zu viele Ungenauigkeiten bei der Vermessung, daraus folgende Inkonsistenzen im Kartenwerk, der Aufwand an Personal und ungezählte Ausfälle wegen Krankheiten nebst der schieren Größe des Subkontinents ließen das anvisierte wissenschaftliche Großprojekt bald illusorisch werden. Letztlich erwies sich das trigonometrische Panoptikon als Täuschung.[64]

64 Ebenda, S. 30.

Bei aller Enttäuschung, die freilich nicht offen geäußert wurde, waren die wissenschaftlichen Resultate seitens der Geografen in Großbritannien durchaus verwertbar. Nur die territoriale Beherrschung Indiens und die so mögliche Vermessung des ‚Great Arch' als eines bis dahin nicht in dieser Länge vermessenen Abschnitts der Erdoberfläche gab den Briten im nationalen Wissenschaftswettlauf mit den anderen westlichen Staaten den Vorteil, jetzt den Umfang der Erdkugel aufgrund der Messdaten genauer berechnen konnten. Trotz aller Ungenauigkeiten im triangulären Messwerk war der politischen wie der wissenschaftlichen Absicht Genüge getan. Schon britische Zeitgenossen befanden, die Berge des Himalaya würden sich vor der britischen Flagge beugen.[65] Von nun an unterschieden die Briten noch bewusster zwischen sich und den Indern, indem sie die rationalen Methoden der exakten Wissenschaften der indischen Landschaft und ihren Menschen auflegten. Briten betrieben Wissenschaften, Inder nicht. Mehr noch, Inder waren lediglich Informanten, deren Wissen und Arbeit kaum registriert, geschweige denn gewürdigt wurden.[66]

Mit dem ‚Great Trigonometrical Survey' hatte die Kartografie ihre wissenschaftliche Leistungskraft bei der äußeren Definition des ‚British Empire in India' unter Beweis gestellt. Nachfolgende Vermessungsarbeiten komplettierten nur die existierenden Karten. Eine neue Rolle bekam die Kartografie in der zweiten Hälfte des 19. Jahrhunderts zugewiesen. Im Zuge einer einsetzenden ‚nostalgischen' Geschichtsschreibung, die die Herrschaft der Briten in Indien konsolidieren sollte, leistete die Kartografie nunmehr unschätzbare Dienste bei der Lokalisierung von historischen Monumenten und Mahnmalen. Sie markierten Etappen britischen Leidens und britischer Erfolge und halfen zugleich, die neuere Geschichte Indiens als einen integrativen Bestandteil der britischen Nation darzustellen. Die Kartografie stützte damit nicht nur die britische Position in der europäischen Wissenschaftskonkurrenz, sondern nährte auch den britischen Nationalismus, der um 1900 als übersteigerter ‚Empire-Jingoism' daherkam.[67]

Auch der Geologie, einer weiteren Verwandten der Geografie, kam eine unmittelbare kolonial-imperiale Funktion zu, denn sie stellte buchstäblich den Bezug zum Boden, seiner Geschichte und seiner Verwertbarkeit her. Im Gegensatz zu Botanik und Geografie wurde die Geologie von den akademischen Institutionen in London zunächst nicht beachtet. Sir Joseph Banks, der bekannte Direktor des Botanischen Gartens in Kew, zeigte eher generelles geografisches und botanisches Interesse als sich gezielt für eine systematische geologische Erforschung Indiens einzusetzen. Dieses Desinteresse an den geologischen Ressourcen Indiens erklärt sich aus dem Umstand, dass Indien primär als Land agrarischer Rohstoffe betrach-

65 Robert A. Stafford, Annexing the landscapes of the past: British imperial geology in the nineteenth century, in: John M. MacKenzie (Hg.), *Imperialism and the Natural World* (Manchester 1990), S. 71.

66 M. H. Edney, *Mapping an Empire*, S. 32 und D. Arnold, *Science, Technology and Medicine*, S. 43. Vgl. den revisionistischen Ansatz von P. Robb, Completing „Our Stock of Geography".

67 I. J. Barrow, *Making History, Drawing Territory*, S. 151-181.

tet wurde. Zum fehlenden Rückhalt aus England kamen die natürlichen Widernisse in Indien, wenn den wenigen Geologen undurchdringliche Dschungelflächen und öde Wüsten im Weg standen und Tiger, denen allzu forsche Wissenschaftler bisweilen zum Opfer fielen, die wissenschaftliche Arbeit teilweise unmöglich machten. Dessen ungeachtet boten die großflächigen alluvialen Ablagerungen in den Flusstälern und die enorme Tiefe der Lavaströme auf dem Dakhan ein einzigartiges wissenschaftliches Betätigungsfeld. Bis Straßen, Kanäle und Eisenbahnlinien skalpellartig die Landschaft durchschnitten und abgelegene Gebiete erschlossen, waren der geologischen Wissbegierde jedoch natürliche Grenzen gesetzt.[68]

Erste Ansätze geologischer Forschungstätigkeiten setzten zu Beginn des 19. Jahrhunderts ein. Governor General Earl of Minto (amt. 1807–13) ordnete 1808 persönlich geologische Untersuchungen im Kohleabbaugebiet von Raniganj an. Allerdings fehlte anfänglich die mineralogische Expertise zur Analyse der Kohlequalität.[69] Mit den ersten Überlegungen zur Einführung der Dampfschifffahrt auf Ganges und Indus änderte sich die zögerliche Einstellung zur Geologie im Allgemeinen und zur Kohleförderung im Besonderen. Zur Analyse der Kohlevorkommen wurden 1827 aus englischen und deutschen Kohlerevieren Fachleute angeworben und 1836 ein ‚Committee for Investigating the Coal and Mineral Resources of India' eingerichtet. Personelle wie finanzielle Wirren verhinderten jedoch erneut die Institutionalisierung der Geologie. Erst 1851 gelang es Thomas Oldham, dem ehemaligen Direktor des ‚Geological Survey of Ireland', sämtliche Aktivitäten im ‚Geological Survey of India' zu bündeln. Nun begann die systematische Erschließung von Kohlevorkommen als Teil der mineralogischen ‚Öffnung' des indischen Subkontinents, als dessen unmittelbarster Ausdruck das im selben Jahr eingerichtete ‚Museum of Practical Geography' und der 1856 erfolgte Transfer des ‚Museum of Economic Geology' von der ‚Asiatic Society' zum ‚Geological Survey of India' betrachtet werden kann.[70]

Trotz der anfänglichen Schwierigkeiten vollzog sich innerhalb der Geologie im Vergleich zu anderen Wissenschaftsbereichen die Umstellung von der amateurhaft zur professionell betriebenen Wissenschaft schneller. Zweifelsohne hing dies mit dem politischen Reform- und Modernisierungswillen zusammen, aber auch mit der wissenschaftlichen Bedeutung, die Geologie und Mineralogie in Europa erhielten. Um in Indien den intensiven geologischen Aktivitäten der 1820er Jahre Rechnung zu tragen, entschloss sich die ‚Asiatic Society of Bengal', neben den seit 1786 erscheinenden ‚Asiatic Researches' 1831 das fachspezifischere ‚Journal of the Asiatic Society of Bengal' herauszugeben. Weitere geografisch-geologische Zeitschriften markieren die Differenzierung der Wissenschaften: Der ‚Geographical

---

68 D. Arnold, *Science, Technology and Medicine*, S. 45.

69 Andrew Grout, Geology and India, 1775-1805: An episode in colonial science, in: *South Asia Research* 10 (1990), S. 1-18.

70 D. Kumar, The evolution of colonial science in India, S. 59-60. Einen knappen, personenbezogenen Überblick zu den geologischen Aktivitäten bietet Satpal Sangwan, *Science, Technology and Colonialism. An Indian experience, 1757-1857* (Delhi 1991), S. 35-41.

Survey of India' publizierte seine Ergebnisse seit 1856 in seinen ‚Memoirs', ab 1868 ‚The Records of the Geological Survey of India'. Die fortschreitende Spezialisierung fand schließlich auch in dem seit 1862 erscheinenden ‚Palaeontologia Indica' ihren Niederschlag. Versuche Oldhams, die Geologie als Studienfach an den neugegründeten indischen Universitäten zu etablieren, schlugen jedoch fehl. Stattdessen wurde eine ‚Engineering School in Shibpur' eingerichtet, in der subalterne indische Angestellte ausgebildet wurden.[71]

In Indien forschende britische Geologen fanden in der Wissenschaftswelt große Anerkennung, und Indien diente nicht selten als Karrieresprungbrett. Der Subkontinent war geologisch unbekanntes Terrain, was ihn sowohl für einzelne Wissenschaftler als auch für die Wissenschaftsdisziplinen begehrlich machte. Geologische Funde belegten nicht nur den wirtschaftlichen Nutzen der Kolonie, sondern zusammen mit paläontologischen Funden gaben sie Zeugnis über das Alter der Erde ab. Nachdem Philologen und Historiker Indien in einer fernen ‚Antike' höchste zivilisatorische Leistungen attestiert hatten, versetzten die Entdeckungen der natürlichen Vergangenheit des Landes die Wissenschaften in die Lage, neben der Deutungshoheit der Kulturgeschichte nun mit Hilfe der Naturgeschichte eine ‚sekundäre' Annexion zu betreiben. Die indische Kolonie erwies sich als ideales Forschungsfeld, auf dem Geografie, Kartografie und Geologie Hand in Hand gingen, das Innere und das Äußere des Landes neu arrangierten und in neue Formen brachten. Das so geschaffene Wissensarchiv garantierte und rechtfertigte (nachträglich) die ‚primären' territorialen Annexionen der Militärs und Politiker.[72]

6.4 Medizin

Im Wissenschaftsberieb Britisch-Indiens nahm die Medizin eine herausragende Stellung ein. Bis zum Beginn des 19. Jahrhunderts waren Mediziner aufgrund der damals noch vorhandenen Einheit der Wissenschaften auch als Botaniker, Forstwissenschaftler, Meteorologen und Zoologen aktiv. Über die Erforschung der indischen Umwelt, ihres Klimas und ihrer Krankheiten schufen sie ein Expertenwissen. Zunächst waren europäische Ärzte fast ausschließlich als Schiffsärzte nach Indien gekommen und wurden ab dem 17. Jahrhundert vereinzelt auch in den drei britischen Fort- und Stadtgründungen ansässig. Die allgemeine medizinische Versorgung der Europäer lag bis weit ins 18. Jahrhundert in den Händen indischer Ärzte. Erst mit der territorialen

[71] S. Sangwan, Reordering the earth, S. 299-305 und ders., *Science, Technology and Colonialism*, S. 35-41.

[72] R. A. Stafford, Annexing the landscapes of the past und ders., Geological surveys, mineral discoveries, and British expansion, 1835-1971, in: *Journal of the Imperial and Commonwealth History* 12 (1984), S. 5-32. Andrew Grout, Possessing the earth: Geological collections, information and education in India, 1800–1850, in: Nigel Crook (Hg.) *The Transmission of Knowledge in India. Essays on education, religion, history and politics* (Delhi etc. 1996), S. 245-279.

Expansion der Briten ließ sich ab 1763 auch eine europäische Ärzteschaft nieder, die jedoch nur für die Zivilangestellten und die Truppeneinheiten der EIC zuständig war. 1785 waren in ihren Diensten 234 Ärzte, 1824 waren es 630, und bis zum Ende der Kolonialherrschaft fluktuierte ihre Zahl zwischen 650 und 820.[73]

In den 1860er Jahren war ein hohes Maß an Konformität und ein ‚esprit de corps' in dieser Ärzteschaft entstanden, die sich im ‚Indian Medical Service' auch institutionell scharf von den indischen Medizinern und Ärzten abgrenzte. Gewissermaßen stellte der ‚Indian Medical Service' neben dem ‚Indian Civil Service' einen Archetyp kolonialer Einrichtungen dar, der zuförderst auf die sicherheitspolitischen Bedürfnisse des Kolonialstaates ausgerichtet war. Eine Erweiterung seines Aufgabenbereichs fand erst gegen Ende des 19. Jahrhunderts statt, als die Folgen der Urbanisierung ein wachsendes Auftreten von Epidemien, vor allem der Cholera und Pest, die medizinische Forschung und Praxis gleichermaßen herausforderten. Gesundheitsvorsorge und Hygiene waren nicht nur europäische Leitbegriffe, sondern erhielten in der Kolonie spezifische Funktion, was sich vor allem in der Aufrechterhaltung der Gesundheit von europäischen Stadtbewohnern, Soldaten und Siedlern zeigte und sich in der nun wissenschaftlich belegbaren Notwenigkeit zur Segregation von Indern und Europäern manifestierte. Ab den 1890er Jahren leiteten britische Ärzte alle zentralen Gesundheitskommissionen und nahmen über ihre regelmäßigen Berichte wesentlichen Einfluss auf die Stadtentwicklung Britisch-Indiens.[74]

Wie bei den britischen Angestellten des ‚Indian Civil Service' war bei den britischen Ärzten schon vor dem Ersten Weltkrieg ein gewisses Desinteresse am Dienst in Indien festzustellen, so dass sich die britisch-indische Regierung veranlasst sah, auch den ‚Indian Medical Service' für Inder zu öffnen. Nachdem die Anforderungen herabgesetzt worden waren, überstieg bis 1922 die Zahl der indischen Anwerber für den ‚Indian Medical Service' schließlich die der britischen Aspiranten.[75] Allerdings gaben die britischen Ärzte die Kontrolle über das Glanzstück der kolonialen Wissenschaften bis zum Ende ihrer Herrschaft nicht aus der Hand. Da Personalmangel stets geherrscht hatte, war bereits 1824 in Calcutta, zwei Jahre darauf in Bombay, eine ‚Native Medical Institution' mit dem Ziel gegründet worden, subalterne indische Ärzte in assistierender Position als Chirurgen und Pharmazeuten auszubilden. Auch höhere indische Bildungseinrichtungen wurden in die Ausbildung einbezogen. Das ‚Calcutta Sanscrit College' bot Veranstaltungen in Ayurveda und die ‚Calcutta Madrassa' Vorlesungen in ‚Unani Tibb' an.[76]

---

[73] Zur Genese, Entwicklung und zum allgemeinen Hintergrund des ‚Indian Medical Service' siehe die grundlegende Studie von Mark Harrison, *Public Health in British India: Anglo-Indian preventive medicine, 1859-1914* (Cambridge 1994), S. 6-35.

[74] D. Arnold, *Science, Technology and Medicine*, S. 59-60. Siehe dazu oben das Kapitel „Industrialisierung und Urbanisierung".

[75] M. Harrison, *Public Health in British India*, S. 10, 22-23.

[76] D. Arnold, *Science, Technology and Medicine*, S. 60-62. Ayurveda wird vornehmlich in Hindu-Kreisen praktiziert, während Unani oder Yunani (letztere Schreibweise verweist auf den griechischen Ursprung =Ionien) in Muslim-Kreisen bevorzugt war.

Diese beiden indischen Medizinschulen, durch *vaids* respektive *hakims* vertreten und in gegenseitigem Austausch stehend, bauten auf rein pflanzlichen Behandlungsmethoden auf und umfassten vorbeugende wie heilende Maßnahmen. In ihrem Kenntnisstand waren Ayurveda uund Unani dem europäischen allopathischen Wissen vergleichbar, wie etwa auf den Gebieten der Chirurgie und der Toxikologie. Auch in Sri Lanka wurden Ayurveda und Unani-Medizin praktiziert und in eigenen Lehrbüchern niedergeschrieben.[77] Das hielt William Jones nicht davon ab zu bedauern, dass keine der ihm bekannten indischen Sprachen über originär wissenschaftlich-medizinische Abhandlungen verfüge. Auch beklagte er, dass nahezu alle Kenntnisse über Ayurveda in den letzten Jahrhunderten verloren gegangen seien. Zudem wurde das Fehlen wissenschaftlicher Experimente bemängelt. (Allerdings sah er die Möglichkeit, indischem Medizinwissen unter europäischer Anleitung wieder zur Geltung zu verhelfen).[78] Diese Einschätzung traf freilich nur bedingt zu. Experimentell behandelten *vaids* und *hakims* beispielsweise mit der Chinawurzel die von europäischen Seefahrern seit 1498 eingeschleppte Syphilis. Auch wenn die begrenzte Wirksamkeit der Arznei bald nachgewiesen war, trat die Chinawurzel von Indien über den Iran bis nach Europa einen Siegeszug an, der erst im 18. Jahrhundert von Quecksilber und schließlich von Arsen gestoppt werden konnte.[79]

Auf dem Gebiet der Gesundheitsvorsorge in Form der prophylaktischen Impfung leistete die indische Medizin geradezu Vorbildliches. Waren Pocken im 17. Jahrhundert in vielen Regionen Indiens endemisch und traten sie häufig auch epidemisch auf, hatten Experimente in Bengalen bis ins darauf folgende Jahrhundert dazu geführt, dass der epidemische Krankheitsausbruch relativ erfolgreich bekämpft werden konnte. Mit Hilfe von konserviertem Eiter aus Pockenpusteln der Vorjahresinfizierten wurden Menschen durch Ritzen der Haut am Oberarm geimpft (‚Variolation'). Auch in anderen Regionen des indischen Subkontinents scheint die Pockenimpfung auf diese Art und Weise praktiziert worden zu sein. Hinlänglich beschrieb J. Z. Holwell 1767 in einem kurzen Essay die Theorie und Praxis der Pockenimpfung in Bengalen, den er an das ‚College of Physicians' in London adressierte. Darin bediente er den europäischen Medizindiskurs, indem er auf zeitgenössische Impfvorstellungen rekurrierte. Dem indischen Kontext, der in der Verehrung der Göttin Sitala als personifizierte Krankheit bestand, schenkte er weniger Beachtung.[80]

---

77 A. de Zoysa and C. D. Palitharatna, Models of European scientific expansion: A comparative description of ‚classical' medical science at the time of introduction of European medical science to Sri Lanka, and subsequent development to present, in: Patrick Petitjean et al. (Hg.), *Science and Empires. Historical studies about scientific development and European expansion* (Dordrecht/Boston/London 1992), S. 112-113.

78 S. Sangwan, *Science, Technology and Colonisation*, S. 3-4.

79 Irfan Habib, Inside and outside the systems. Change and innovation in medical and surgical practice in Mughal India, in: Deepak Kumar (Hg.), *Disease and Medicine. A historical overview* (Delhi 2001), S. 71-75.

80 Harish Naraindas, Of therapeutics and prophylactics. The exegesis of an eighteenth-century tract on smallpox, in: ebenda, S. 94-119. David Arnold, *Colonizing the Body: State medicine and epidemic disease in nineteenth century India* (Delhi etc. 1993), S. 125-133.

An der Rezeptionsgeschichte dieses Essays wird der Paradigmenwechsel der europäischen Medizin in Indien deutlich. Nachdem 1798 der britische Arzt Edward Jenner ein Verfahren zur Pockenschutzimpfung publiziert hatte, das in der Impfung mit Kuhlymphe (‚Vakzination') bestand, wurde die indische Impfmethode, die teilweise auch in Europa Anwendung fand, systematisch diskreditiert. Impfung und Therapie aus Holwells Text wurden nun ‚entritualisiert' und auf die reine Impftechnik reduziert, während die beteiligten Mediziner wegen des ‚Sitala-Elements' als Scharlatane abgetan wurden. Indien aber wurde im Zuge einer Kampagne gegen indisches Medizinwissen bis zum Ende des 19. Jahrhunderts als regelrechte Brutstätte menschheitsbedrohender Epidemien diffamiert.[81]

Hatten bisher indische und europäische Mediziner von ihrem Wissen noch gegenseitig profitiert, setzte nun eine bewusst betriebene Ausgrenzung ein, die eher politisch als wissenschaftlich begründet war. Indische Impfverfahren wurden wegen ihrer Einbindung in religiöse Rituale mit Attributen wie „abergläubisch" und „vorurteilsbehaftet" belegt, während das englische Impfverfahren wegen seiner rationalen Wissenschaftlichkeit gelobt wurde. Seine Verbreitung in der indischen Kolonie musste nun prinzipiell als Wohltat für die Menschheit erscheinen. Gerade an den Pocken wollten die Briten die Überlegenheit ihres medizinischen Wissens demonstrieren, um damit auch den Anspruch auf ihre Zivilisationsmission aufrechtzuerhalten. In Bengalen war dies wegen der hohen Akzeptanz der ‚Variolation' bei der Bevölkerung nicht möglich. Deshalb wurde die neue Impfmethode zunächst 1802 in der ‚Madras Presidency' eingeführt, wo die Variolation nahezu unbekannt war. Allerdings mit begrenztem Erfolg, denn die Krankheit brach weiterhin regelmäßig, wenn auch seltener, aus.[82]

Bisweilen stießen britische Ärzte gar auf Widerstand der lokalen Bevölkerung, so bei den Massenimpfungen gegen Pocken Anfang des 19. Jahrhunderts in Südindien, als die Bevölkerung sich dem Zugriff der staatlichen Gesundheitsorgane schlicht entzog. Sowohl die Variolation als auch die Vakzination wurden wegen kultureller Bedenken abgelehnt. Vor allem Hindus hatten immense Probleme, der Übertragung von Körperflüssigkeiten von Menschen zuzustimmen, um deren rituelle Reinheit sie nicht wussten. Ein Impfstoff, der aus der Kuh gewonnen wurde, war ebenfalls inakzeptabel. Nachdem in den letzten Jahrzehnten des 19. Jahrhunderts massive öffentliche Kampagnen lanciert und in ausgewählten Regionen gar Zwangsimpfungen verordnet worden waren, stieg die Zahl der Schutzimpfungen. Allerdings nahmen auch die Infektionszahlen weiterhin zu. Sie fielen in den 1920er Jahren, doch erst in den 1970er Jahren galt die Krankheit als besiegt.

Lange bevor die ‚Anglizisten' die indische Bühne betraten, war der ideologische Umschwung von der begrenzten Kooperation britischer und indischer Mediziner

81 H. Naraindas, Of therapeutics and prophylactics, S. 97-101.

82 Niels Brimnes, The sympathizing heart and the healing hand: Smallpox prevention and medical benevolence in early colonial south India, in: Harald Fischer-Tiné and Michael Mann (Hg.), *Colonialism as Civilizing Mission. Cultural ideology in British India* (London 2004), S. 191-204.

zu einer systematischen Ablehnung indischer Medizintraditionen durch die koloniale Politik vollzogen und ein Wissenschaftsdiskurs eingeleitet worden, zu dem nun „fortschrittsgläubige" Wissenschaftler beitrugen. Die ‚Anglizisten' setzten sich in den 1820er Jahren wissenschaftspolitisch durch, als sie sämtlichen Nutzen indischer Medizinkenntnisse als abergläubische Quacksalberei abtaten und für eine rein westliche, ergo „wissenschaftliche Medizin" plädierten. Unter ihrem wachsenden Einfluss wurde unter Governor General Bentinck eine Untersuchungskommission eingerichtet, die letztlich die Schließung aller oben genannten indischen wie britischen Bildungseinrichtungen erreichte und stattdessen 1835 die Neugründung des ‚Medical College' erwirkte.[83]

Trotz hoher Abschlusszahlen – in den 1920er Jahren waren 1.000 Inder im höheren und über 4.000 im niederen medizinischen Dienst angestellt – blieb die europäische Medizin in Indien eine insulare Erscheinung. Bis auf die großen Städte Britisch-Indiens und in den militärischen Einrichtungen sowie an einigen Fürstenresidenzen fand westliches Medizinwissen kaum Verbreitung.[84]

Bei der medizinischen Gesundheitsvorsorge in Britisch-Indien sind zwei Umbrüche zu erkennen, der eine nach dem Großen Aufstand und der andere nach der Pest in Bombay 1896-97. Die extrem hohen Sterblichkeitszahlen der Soldaten im Krim-Krieg (1853–56) außerhalb der Kampfhandlungen hatten die britische Öffentlichkeit bereits mobilisiert. Das Parlament sah sich veranlasst, eine Untersuchungskommission einzurichten. Der Indische Aufstand und die ebenfalls hohe Sterblichkeitsrate der Briten durch Infektionskrankheiten bei Zivilisten im belagerten Lakhnau und anderen Städten sowie bei den nicht kämpfenden Soldaten alarmierte erneut die britische Öffentlichkeit. Obwohl britische Ärzte seit Jahren auf die teilweise katastrophalen hygienischen Zustände in den Kasernen hingewiesen hatten, waren es erst der Krim-Krieg, der Große Aufstand und die Agitation Florence Nightingales, die der im Vergleich zu den in England stationierten Soldaten dreimal höheren Sterblichkeitsrate die nötige Aufmerksamkeit entgegenbrachten. Noch 1859 richtete das englische Parlament eine weitere Untersuchungskommission ein, die 1863 ihren Bericht vorlegte. Unmittelbare Folge des Reports war der Erlass des ‚Contageous Diseases Act' im Jahr 1864, der auf die Gesundheit der Soldaten zielte, denn nach dem Großen Aufstand beabsichtigte die britische Regierung in London, die europäischen Truppenkontingente in Indien zu erhöhen.[85]

Mittlerweile war die Bekämpfung von Geschlechtskrankheiten unter den europäischen Soldaten zum kolonialen, wenn nicht nationalen Sicherheitsproblem herangewachsen. Lagen bis zum Großen Aufstand meist zwischen 10 und 20 Pro-

---

[83] Mark Harrison, Medicine and Orientalism: Perspectives on Europe's encounter with Indian medical systems, in: Biswamoy Pati and Mark Harrison (Hg.), *Health, Medicine and Empire. Perspectives on colonial India* (New Delhi 2001), S. 37-87.

[84] D. Arnold, *Science, Technology and Medicine*, S. 75. M. Harrison, *Public Health in British India*, S. 82-87.

[85] M. Harrison, *Public Health in British India*, S. 60-72, 76-78.

zent aller Soldaten wegen Syphilis in Krankenhäusern, stieg die Zahl der Infizierten danach auf mehr als ein Drittel an – allein im Jahr 1862 befanden sich von 44.900 Soldaten fast 16.200 oder 37 Prozent in medizinischer Behandlung. Um eine größere „Stabilität" beim Sexualleben der Soldaten zu erreichen, sollten von nun an nicht nur die Prostituierten streng kontrolliert, sondern auch die Zahl der unter 25jährigen, sexuell aktivsten Soldaten abgesenkt werden. Nach geringen Erfolgen stieg deren Zahl schon Ende des 19. Jahrhunderts wieder von 33 auf 55 Prozent an. Von Behandlungserfolgen konnte bei Geschlechtskrankheiten keine Rede sein, denn jährlich wurden Hunderte Soldaten als Invalide nach Großbritannien zurückgeschickt. Vordergründig schienen das promiske ‚männliche' Verhalten und seine Konsequenzen in Gestalt der ‚Entmännlichung' durch Gewebezerfall der Geschlechtsorgane in einem paradoxen Gegensatz zu stehen, tatsächlich aber war die Schlagkraft des Heeres latent gefährdet.[86]

Im Jahr 1864 wurde in jeder Provinz Britisch-Indiens eine ‚Sanitary Commission' eingerichtet, die jährliche Berichte über die sanitären und hygienischen Zustände in den Städten verfasste. Die Einrichtung von ‚Municipal Corporations' in den großen Städten Britisch-Indiens ergänzte seit 1865 die medizinische Vorsorgepolitik des Staates auf städtischer Ebene. Hauptaugenmerk der Gesundheitsvorsorge lag jedoch auf dem Kasernenbau, dessen medizinische Gesundheitsvorgaben zur Regulierung von Abwasserkanälen und Landnutzung bald auf die angrenzenden indischen Basare ausgedehnt wurden, bis schließlich 1877 die ‚Sanitary Commissioners' das Visitationsrecht in Dörfern im Umkreis von 5 Meilen erhielten. Trotz des umfangreichen Maßnahmenkatalogs lag die Sterblichkeitsrate britischer Soldaten noch bis zum Ende des 19. Jahrhunderts weit über der indischer Soldaten. Insgesamt blieb die medizinische Gesundheitspolitik hinter den Erwartungen, vor allem aber ihren Möglichkeiten zurück. Als rein untersuchende Behörde verwalteten britische Ärzte und Beamte Epidemien statt sie aktiv zu bekämpfen. Das zeigte sich bei der Choleraschutzimpfung, als trotz erfolgreicher Testreihen unter soldatischen Probanden die militärische Führung eine Massenimpfung nicht gestattete.[87]

Der Ausbruch der Pest in Bombay 1896 brachte die britisch-indische Regierung, aber auch die Londoner Regierung in Bedrängnis, als sie auf der zehnten Weltgesundheitskonferenz in Venedig 1897 beschuldigt wurden, in Indien die medizinische Versorgung und die allgemeine Hygiene nicht unter Kontrolle zu haben.[88]

---

[86] Sabya Sachi R. Mishra, An empire ‚de-masculinized'! The British colonial state and the problem of syphilis in nineteenth-century India, in: Deepak Kumar (Hg.), *Disease and Medicine. A historical overview* (Delhi 2001), S. 166-179.

[87] D. Arnold, *Science, Technology and Medicine*, S. 85-86.

[88] Mridula Ramanna, Perceptions of sanitation and medicine in Bombay, 1900-1914, in: Harald Fischer-Tiné and Michael Mann (Hg.), *Colonialism as Civilizing Mission. Cultural ideology in British India* (London 2004), S. 205-225. Unter anderem wurden als Reaktion auf die mangelhaften sanitären und hygienischen Zustände in zahlreichen Großstädten Britisch-Indiens die so genannten ‚Town Improvement Trusts' eingerichtet, siehe dazu oben das Kapitel zu „Industrialisierung und Urbanisierung".

Gerade auf dem Gebiet der Bekämpfung von Cholera und Pest, beide von den Briten als geradezu archetypische indische Krankheiten stigmatisiert, kamen die europäischen Mediziner bei der Ursachenforschung bis weit in die zweite Hälfte des 19. Jahrhunderts nicht über die bloße Beschreibung von Symptomen hinaus.[89] Auch bei der Erforschung von Malaria waren die Wissenschaftler offenbar keinen Schritt vorangekommen, wenn der ‚Bengal Sanitary Commissioner' allein für das Jahr 1889 eine Million Malariatote zu beklagen hatte. Den Sachverhalt umdrehend und von der eigenen kulturellen Überlegenheit ausgehend, lieferte die Medizin den Briten den vermeintlich biologischen Nachweis ihrer rassischen Überlegenheit, die sie selbst als starkes und herrschendes Volk, die Inder aber als schwaches und daher untergehendes Volk darstellte. Selbst als in britischen *und* in indischen Städten die Cholera ausbrach, wurde lapidar festgestellt, Krankheit in Indien sei nicht Krankheit in England.[90]

Cholera hatte sich 1817 zum ersten Mal wohl im Zuge der britischen Kriegsführung epidemisch von Bengalen über den ganzen indischen Subkontinent ausgebreitet. Europäische Ärzte und Mediziner in Indien versuchten sich danach in Erklärungen, die von den Kollegen in Europa als absurd bezeichnet wurden. Über dogmatische Meinungsverschiedenheiten ging allmählich der Anschluss an den europäischen Wissensstand verloren. Letztlich war es die zufällige Entdeckung Robert Kochs, die den Durchbruch in der Choleraforschung brachte. Als Mitglied der ‚German Cholera Comission', die 1884 nach Indien gerufen wurde, konnte er als Krankheitserreger ein Bakterium in einem Wassertank isolieren und Wasser auch als Übertragungsweg identifizieren. Obwohl der Beweis dafür noch zehn Jahre ausblieb, verhalf eine politische Entscheidung der medizinischen Hypothese zum Durchbruch. Koch schloss den Wasserweg über die Ozeane im Gegensatz zum Landweg über die Kontinente als Verbreitungsroute der Cholera aus, weshalb die international geltenden Quarantänemaßnahmen in den Häfen gelockert wurden.[91]

Je bedrängter die medizinische Forschung und Gesundheitsvorsorge in Britisch-Indien war und ihre Unzulänglichkeiten zutage traten, desto heftiger reagierten britische Ärzte auf ihre indischen Kollegen. Hierzu hat sicherlich auch die abnehmende Bereitschaft britischer Ärzte zur Niederlassung in Bombay beigetragen, denn ihre Zahl war im letzten Viertel des 19. Jahrhunderts von elf auf zwei registrierte Ärzte gefallen, während die der Inder von 37 auf 61 angestiegen war. Um sich ihre privilegierten Positionen auch auf pharmazeutischem Gebiet zu sichern, wurden bereits 1884 sämtliche Inder per Regierungserlass vom Apothekerberuf ausgeschlossen. Seitens britischer Ärzte und Administratoren nahmen auch Repressalien gegen *hakim*s und *vaid*s zu, die im ‚Registration of Medical Practitio-

[89] Mark Harrison, *Climates and Constitutions. Health, race, environment and British imperialism in India, 1600-1850* (New Delhi 1999), S. 177-203.

[90] D. Arnold, *Science, Technology and Medicine*, S. 79-80.

[91] M. Harrison, *Public Health in British India*, S. 99-116.

ners Act' von 1912 ihre gesetzliche Fixierung fanden. Auch hier spielte Bombay eine Vorreiterrolle, nachdem die britischen Behörden festgestellt hatten, dass lediglich 10 Prozent der Bevölkerung Ärzte mit europäischer Ausbildung aufsuchten, indisches Medizinwissen und seine praktische Anwendung folglich noch ungebrochenes Vertrauen genossen.[92]

Neben diesem latenten gegenseitigen Misstrauen ließen wissenschaftliche Hypothesen die Kluft zwischen Europäern und Indern schließlich immer tiefer werden. Gingen noch Ende des 18. Jahrhunderts Europäer generell davon aus, dass grundsätzlich eine Akklimatisation aller Menschen an fremde Klimazonen und unbekannte Umweltbedingungen möglich sei, wurden nach der Jahrhundertwende zunehmend unüberbrückbare Unterschiede „entdeckt". Die bisher konstatierte und konstruierte Differenz zu den Völkern außerhalb Europas, die auf kulturellen Vorurteilen und Stereotypen basierte, fand nun in einer biologisch-medizinisch begründeten Überlegenheit der ‚weißen' Rasse gegenüber allen anderen Rassen ihre Fortsetzung. Rasse und Geschlecht wurden zu neuen Wissenskategorien, die sich von der Linnéschen Naturgeschichte und ihrer „Oberflächenbeschreibung" durch die neue genetische „Tiefe" zur Erklärung einer evolutionären Menschheitsgeschichte abhob. Nicht mehr das Klima allein machte eine Akklimatisation der Europäer im tropischen Indien unmöglich, sondern hinzu trat die genetische Prädisposition, die sie als Herrscher qualifizierte, als dauerhafte Siedler aber ausschloss. Aus diesem Grund wurden britische Kolonisationsprojekte Ende der 1820er Jahre fallen gelassen.[93]

Als Laboratorium für ‚Rassenkunde' wurde Indien vor allem zu Beginn des 20. Jahrhunderts instrumentalisiert, als die national-imperialistische Rivalität der europäischen Staaten auf dem medizinisch-anthropologischen Feld intensiviert wurde. Herbert H. Risley (1851–1911), Organisator der beiden Volkszählungen (‚Census of India') von 1901 und 1911, der eine bislang ungekannt strikte Kategorisierung und Klassifizierungen für Kasten, Clans und Stämme auf der Grundlage biologischer Kriterien eingeführt hatte, äußerte die Furcht, Großbritannien könne auf dem Gebiet der Anthropologie und Rassenlehre gegenüber anderen europäischen Staaten, vor allem gegenüber dem Deutschen Reich zurückfallen, weil nicht genügend Unterstützung aus Politiker- und Wissenschaftlerkreisen käme. Großbritannien aber müsse gerade sein indisches Potenzial an unterschiedlichen Rassen und Kasten nutzen, um sich als dynamische Macht unter den europäischen Konkurrenten zu behaupten. Ethnologische Untersuchungen dienten mitnichten nur der Lösung von kolonialstaatlichen Verwaltungsproblemen, denn im ‚immerwährenden Kampf aller Rassen' hatten auch die Wissenschaften ihren Beitrag zum Beweis der überlegenen eigenen Rasse zu leisten. Das galt besonders für die Me-

92 Mridula Ramanna, *Western Medicine and Public Health in colonial Bombay* (New Delhi 2002), S. 18, 23, 48-82. Anil Kumar, *Medicine and the Raj: British medical policy 1835 – 1911* (New Delhi 1998).

93 M. Harrison, *Climates and Constitutions*, passim.

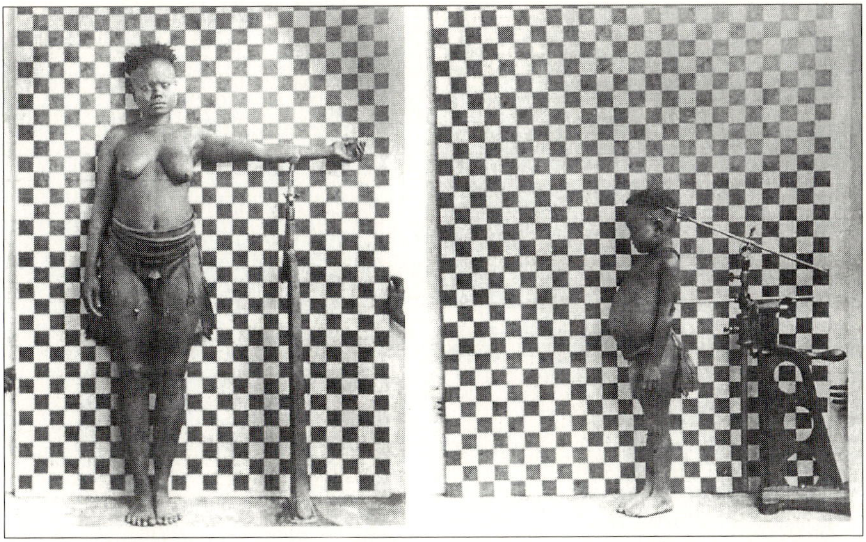

Abb. 72: Bewohnerin der Andamanen und ein Kind, 1857 fotografiert von Oscar Mallitte für anthropometrische Forschungen vor einer Wand mit 2-Inch-Raster.

dizin, die sich nun neben der Hygiene verstärkt der Erforschung ‚rassischer' Unterschiede widmete.[94]

6.5 Bewässerungskonstruktionen

Im Industal wurden zurzeit der Harappa-Zivilisation die ersten Formen der typischen Bewässerungssysteme angelegt, die prägend für die Hydro-Agrikultur des nördlichen Subkontinents bleiben sollten. Einfach zu konstruierende Überflutungskanäle, die die reichlichen Niederschlagsmengen des Monsun auf entfernt liegende Felder ableiteten, bildeten über Jahrtausende das Rückgrat der Landwirtschaft. Kanalanlagen sind von indischen Herrschern immer wieder angelegt worden. Zuletzt reparierten und konstruierten im 18. Jahrhundert einzelne Sikh-*rajas*, der *nawab* von Bahawalpur und der *amir* von Sind im Zuge ihrer Herrschaftskonsolidierung alte Bewässerungsanlagen und neue Kanalsysteme im Indusbecken. In Nordindien hatten die Ruhelas kleinere Kanalanlagen, die unter den Moguln im 17. Jahrhundert gebaut worden waren, im ausgehenden 18. Jahrhun-

[94] Susan Bayly, *Caste, Society and Politics in India from the Eighteenth Century to the Modern Age*. (=The New Cambridge History of India IV,3, Cambridge 1999), S. 119-143.

Abb. 73: Kanal bei Alleppey, Kerala.

derts wieder in Betrieb genommen. In Südindien ist der aus dem 11. Jahrhundert stammenden ‚Grand Anicut' in Tanjavur als eines der größten Bewässerungsbauwerke bekannt, kleinere Kanalsysteme gab es an der Malabarküste.[95]

Noch in der ersten Hälfte des 19. Jahrhunderts setzten die Briten die verfallenen Kanäle in Rohilkhand sowie den ‚Grand Anicut' nebst kleinerer Staudämme in den Flussdeltas wieder instand. Ab 1847 nahm der Kolonialstaat vereinzelte Projekte für Staudämme und Kanäle im Godaveri Delta in Angriff. Größeres Engagement zeigten die Briten in Nordindien, im ‚Ganga-Jamuna Doab'. Wenige Jahre nach der Annexion der ‚Ceded and Conquered Provinces' von 1803 begannen sie mit der Reparatur der verfallenen Kanäle, so dem ‚Western Jumna Canal' und dem ‚Eastern Jumna Canal' samt ihren Abzweigungen. Eine erste Neubauphase setzte 1836 ein, als Sir Proby Cautley mit dem ‚Ganges Canal' ein hydraulisches Großprojekt plante, das in der Lage sein sollte, gegebenenfalls das gesamte Doab zu bewässern. In der Tat war der ‚Ganges Canal' eine technische Meisterleistung seiner Zeit. Fast 500 km lang, führte er von Hardwar am Himalaya, wo bereits die Einleitung des Gangeswassers in den Kanal eine technische Herausforderung dar-

95 Elizabeth Whitcombe, Irrigation, in: Dharma Kumar (Hg.), *The Cambridge Economic History of India, vol. 2, c. 1757 – 1970* (Cambridge 1982), S. 678-679.

stellte, über zahlreiche Aquädukte bis nach Kanpur. Das Solani Aquädukt allein hatte eine Länge von 250 Metern und stand auf 15 Bögen, die fast 20 Meter breit waren und 7 Meter unter dem Bodenniveau lagen. Schließlich konnte über das Kanalsystem, das nahezu 7.000 km maß, mehr als eine Million *acres* bewässert werden.[96]

Dieses Glanzstück britischer Ingenieurskunst in Indien wurde 1854 vom technikbegeisterten Governor General Lord Dalhousie eröffnet. Vierzig Jahre später noch konnte der ‚Ganges Canal' den direkten Vergleich mit den zeitgenössischen Bewässerungskonstruktionen in Ägypten, Italien und den USA aufnehmen, denn er war mit Abstand das weltweit größte hydraulische System. Für sämtliche Kanalprojekte wurden die Planungsarbeiten mit britischem Ingenieurpersonal durchgeführt, das sich – wie die meisten zeitgenössischen Wissenschaftler, Techniker und Mediziner – aus der Armee rekrutierte. Selbst als 1854 das ‚Public Works Department' als zentrale Koordinations- und Planungsstelle eingerichtet wurde, stammten die Ingenieure noch über Jahrzehnte aus militärischen Einheiten. Der ‚Ganges Canal' wie auch die nachfolgenden Kanalprojekte sind folglich nicht von Ingenieuren in England oder Kontinentaleuropa entworfen worden, sondern wurden in Indien konzipiert. Auch das Wissen indischer Baumeister floss in die britischen Konstruktionen ein, wie der wohl bekannteste Kanalkonstrukteur in Britisch-Indien, Sir Arthur Cotton, bei aller Überzeugung von der Überlegenheit europäischer Konstruktionskunst eingestand.[97]

Eine zweite Phase der Kanalplanung setzte unmittelbar nach der Niederschlagung des Großen Aufstandes 1858 ein. Statt staatlicher Planung, Finanzierung und Konstruktion sollten nun private Investoren für die Großprojekte gefunden werden. Auf die Kapitalinvestitionen gab der Kolonialstaat eine garantierte Rendite von 5 Prozent. Daraufhin wurde 1861 die East India ‚Irrigation Canal Company', zwei Jahre darauf die ‚Madras Irrigation Company' gegründet. Arthur Cotton entwarf ein geradezu gigantisches Bewässerungssystem, das letztlich den gesamten indischen Subkontinent über Kanäle erschlossen hätte. Kernstücke wären die Verbindung von Cuttack nach Calcutta und die Schiffbarkeit des Tungabhadra samt Kanaldurchbruch an die Westküste geworden. Neben den Bewässerungsmöglichkeiten hatte Cotton auch den Ausbau der Transportwege eingeplant. Dieses Argument, das seit den 1830er Jahren stets auf der politischen Agenda zur Hungerbekämpfung stand, war wichtig im Konkurrenzkampf um das Kapital des englischen Finanzmarktes. Allerdings fand Arthur Cotton nicht genügend politische Unterstützung, so dass sein ambitioniertes Kanalprojekt scheitern musste.[98]

Nach den schrecklichen Hungersnöten der 1870er Jahre konnten die Kanalkonstrukteure erneut Aufmerksamkeit auf sich ziehen. Nun wurden wieder unter

---

96 Ian Stone, *Canal Irrigation in British India. Perspectives on technological change in a peasant economy* (Cambridge 1984), S. 13-19. D. Arnold, *Science, Technology and Medicine*, S. 117-118.

97 D. Arnold, *Science, Technology and Medicine*, S. 115, 118-119.

98 I. Stone, *Canal Irrigation in British India*, S. 19-31.

staatlicher Ägide neue Kanäle gebaut. Staudammprojekte an Tungabhadra, Godaveri, Krishna und Kaveri wurden nach 1863 sukzessive begonnen. Allein im Krishna-Godaveri Delta konnten daraufhin die landwirtschaftlichen Anbauflächen zwischen 1883 und 1897 von 24.592 auf 163.481 *acres* ausgeweitet werden. Im ‚Ganga-Jamuna Doab' wurde nach 1863 der ‚Agra Canal' als neues Großprojekt in Angriff genommen. Gleichzeitig mussten anfängliche Konstruktionsmängel am ‚Western' und ‚Eastern Jumna Canal' ausgebessert werden. Die weitläufigsten Kanalsysteme entstanden im Panjab, der im ausgehenden 19. Jahrhunderts zum Prestigeobjekt der Kanalkonstrukteure wurde. Die technischen Meisterleistungen ließen sich auch in Zahlen ausdrücken. Insgesamt wurden bis 1920 fast 3.000 km Hauptkanäle und mehr als 20.000 km Seitenkanäle fertiggestellt. Konnten 1878-9 lediglich 4,6 Millionen *acres* über Kanäle bewässert werden, waren es 1900-1 fast 11 Millionen *acres*. Unter fiskalischen Gesichtspunkten waren die meisten Kanalprojekte zunächst nicht oder kaum einträglich, da die Investitionen oft über den Kalkulationen lagen und die Einnahmen hinter den Erwartungen zurückblieben. Nur auf lange Sicht, bis ins Rechnungsjahr 1945–46, können die Bewässerungsanlagen als ertragreich bezeichnet werden.[99]

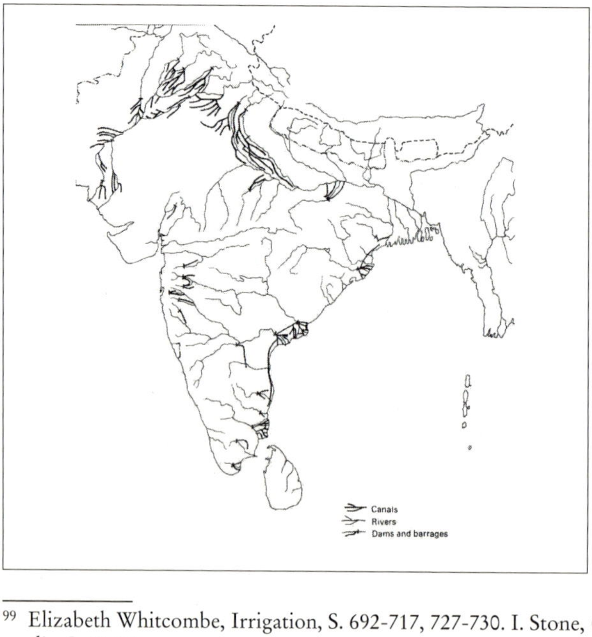

Abb. 74: Kanalsysteme in Britisch-Indien um 1900.

[99] Elizabeth Whitcombe, Irrigation, S. 692-717, 727-730. I. Stone, *Canal Irrigation in British India*, S. 31-34.

Die technische Herausforderung war an eine arbeitsorganisatorische Leistung gekoppelt, von der Politiker, Administratoren und Ingenieure der Meinung waren, nur die britische Kolonialmacht könne sie zuwege bringen. Sie sei, wie die Technik selbst, Beweis der überlegenen Zivilisation. Entlang der Baustrecke mussten für einzelne Abschnitte Tausende Arbeitskräfte herbeigeschafft und effizient zum Einsatz gebracht werden. Am ‚Ganges Canal' hatte ein Ingenieur täglich leicht bis zu 5.000 Männer, Frauen und Kinder neben Hunderten von Ochsenkarren in Arbeitskolonnen zu organisieren. Zur Anwerbung von Arbeitskräften trat die Beschaffung von Baumaterialien. Die logistischen und organisatorischen Strukturen entlehnte das ‚Public Works Department' der Erfahrung bei Arbeitseinsätzen während grassierender Hungersnöte, wenn Tausende Menschen in so genannten ‚Famine Relief Works' eingesetzt wurden. Viele Kanal- und Eisenbahndämme entstanden gerade im Verlauf solcher Notzeiten; anschließend beklagten die britischen Konstrukteure einen allgemeinen Arbeitskräftemangel.[100]

Doch die intensive künstliche Bewässerung war nicht nur vorteilhaft. Ein grundsätzliches Manko bei der Konzipierung lag in der Konzentration der Kanalprojekte auf bereits agrarwirtschaftlich intensiv genutzte Regionen. Statt einer Expansion und Entflechtung der landwirtschaftlichen Nutzflächen setzte deren Intensivierung ein. Die Konsequenzen waren bald zu sehen. Vor allem im ‚Ganga-Jamuna Doab', aber auch in den Kanalzonen des Panjab, versalzten wegen mangelnder Drainage innerhalb weniger Jahre die Böden. Bis 1891 waren fast 10 Prozent der Agrarfläche der ‚North-Western Provinces'/‚United Provinces' durch die fortschreitende Salinisation für die Landwirtschaft unbrauchbar geworden. Zudem führten die Kanäle oft durch tiefliegendes Land, das sich durch den hohen Grundwasserspiegel optimal zur Bewässerung mittels der zahlreichen und kostengünstigen Brunnenanlagen eignete. So entstand eine unnötige Konkurrenz, allzumal sie gegen den Kanal ausging. In vielen solch tiefliegenden Distrikten des Doab betrug der Anteil der Kanalbewässerung an der gesamten bewässerten Fläche nicht mehr als 20 Prozent. Und bei bereits großem Bewässerungsgrad war das neue und teuere Kanalwasser unattraktiv.[101]

Unter gesundheitlichen Aspekten erwiesen sich die Kanalprojekte als Katastrophe. Mit der sukzessiven Inbetriebnahme der Bewässerungsanlagen stiegen im Panjab die Malariainfektionen sprunghaft an und in den Jahren 1876, 1878, 1892 und 1908 suchten Malariaepidemien ganze Landstriche heim. Gleiches war auch im ‚Ganga-Jamuna Doab' zu beobachten, wo bereits 1847 die ersten gesundheitlichen Konsequenzen mit dem Anstieg der Sterblichkeitsziffern und der Krankheitsstatistiken mit ‚Fieber', wohinter sich meist Malaria verbarg, verzeichnet wurden. Besonders schwerwiegend war die Entscheidung für den systematischen Ausbau der temporären Überflutungskanäle im Sind zu ganzjährig wasserführenden Kanälen.

---

100 I. Stone, *Canal Irrigation in British India*, S. 57-60.

101 Elizabeth Whitcombe, *Agrarian Conditions in Northern India, vol. 1, The United Provinces under British rule, 1860-1900* (New Delhi 1971), 76-83.

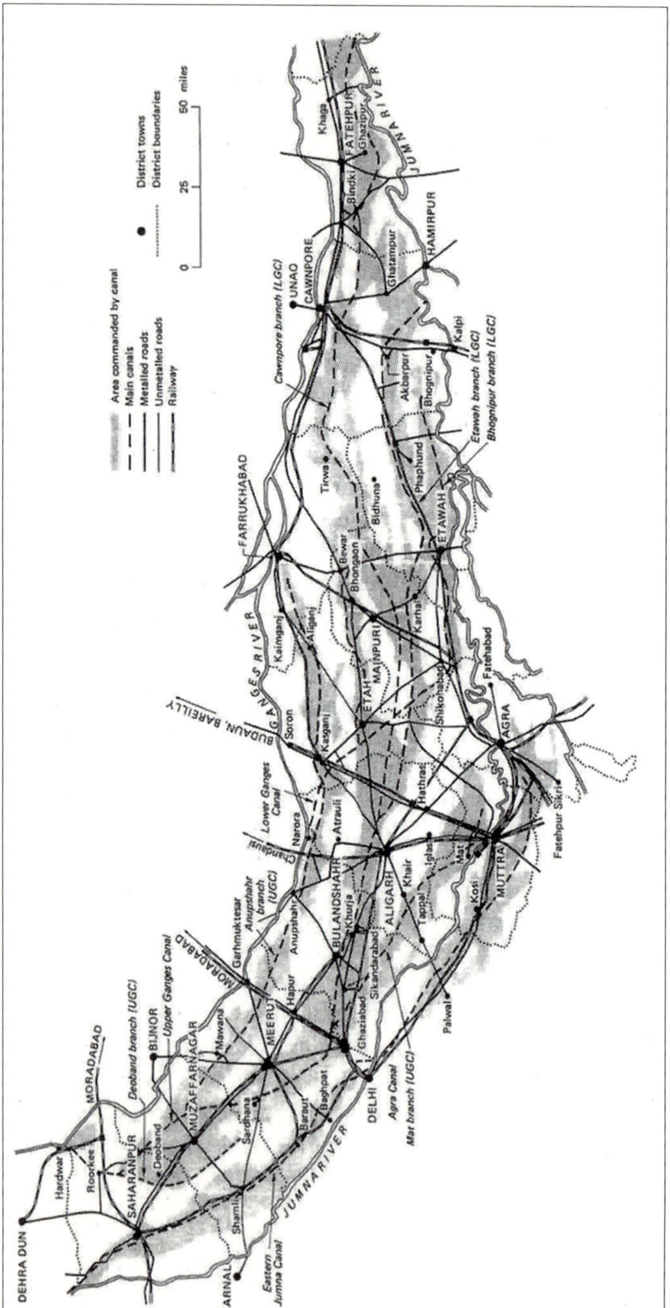

Abb. 75: Straßen-, Kanal- und Eisenbahnnetz in den Distrikten des Ganga Yamuna Doab um 1908.

Auch hier war innerhalb weniger Jahre ein dramatischer Anstieg der Malariainfektionen samt steigender Mortalitätsrate zu verzeichnen. In offiziellen Berichten wurden diese Fakten vielfach heruntergespielt und stattdessen neben der großartigen technischen Innovation, die nur richtig angewendet werden müsse, die allgemeine Verbesserung der Nahrungsmittelversorgung hervorgehoben. Diese unterschiedlichen Interpretationen spiegeln sich bis heute in der Forschungsdiskussion wieder.[102]

Trotz der ambivalenten und bisweilen nicht angemessenen Technik wurde noch in den 1940er Jahren am Godaveri ein weiteres gigantisches Staudammprojekt geplant. Mit der so möglichen Expansion der Reisanbaufläche sollte Südindien langfristig von den birmanischen Reisimporten unabhängig werden. Zur gleichen Zeit versprachen britische wie indische Politiker, mit neuen gigantischen Staudammprojekten in Orissa die Industrialisierung, Modernisierung und die Versorgung der Menschen zu garantieren. Am Mahanadi wurde 1944 ein neues Großprojekt geplant. Erste Überlegungen zum Narmada-Staudammprojekt in Gujarat und Maharashtra wurden ebenfalls gegen Ende der Kolonialzeit in Angriff genommen. Geleitet von der Idee der vielfach nutzbaren Flusstäler zur Bewässerung, zur Schifffahrt und zur Elektrizitätsgewinnung benutzten die Briten die Projekte als Beweis für ihre ungebrochene Fähigkeit zur vorausschauenden und zentralen Planung. Der INC wiederum hatte schon 1937 in einem Arbeitskreis die Frage der multifunktionalen Staudammprojekte im Rahmen eines nationalen Wirtschaftsprogramms aufgegriffen, um indische Kapitalinvestoren für die Modernisierung des Landes zu mobilisieren. In dieser historischen Situation wurden die Weichen für Staudammprojekte gestellt, die nachhaltig das post-koloniale Indien prägen sollten.[103]

Über diese spätkolonialen Bewässerungssysteme, zu denen Projekte wie der ‚Indira-Gandhi-Canal' in Rajastan hinzukamen, demonstrierte die Indische Union dann ihre eigene technologische Kompetenz. Jedoch formierte sich gegen die politisch prestigeträchtigen Großprojekte massiver Widerstand in der Bevölkerung, was sich über Jahrzehnte immer wieder am Narmada-Staudamm-Projekt gezeigt hat, das geradezu zum Fanal politischen Willens und breiten öffentlichen Widerstands geworden ist.[104] In den 1960er Jahren hatte die indische Regierung die bri-

---

102 E. Whitcombe, The environmental costs of irrigation in British India: Waterlogging, salinity, malaria, in: David Arnold and Ramachandra Guha (Hg.) *Nature, Culture, Imperialism. Essays on the environmental history of South Asia* (Delhi etc. 1996), S. 237-259. Ira Klein, Development and death: Reinterpreting malaria, economics and ecology in British India, in: *Indian Economic and Social History Review* 38,2 (2001), S. 147-179 einerseits und andererseits I. Stone, *Canal Irrigation in British India*, S. 68-104.

103 Briten wie Inder orientierten sich übrigens am ‚Tennessee-Valley-Projekt' in den USA von 1933 als Ausdruck des neuen nationalen Selbstbewusstseins im ‚New Deal' nach der ‚Great Depression', siehe Rohan D'Souza, Damming the Mahanadi river: The emergence of multi-purpose river valley developments in India (1943-46), in: *Indian Economic and Social History Review* 40,1 (2003), S. 81-105.

104 Claude Alvares and Ramesh Billorey, *Damming the Narmada: India's greatest planned environmental desaster* (Dehra Dun 1988). Satyajit Singh, *Taming the Waters. The political economy of large dams in India* (Delhi etc. 1997).

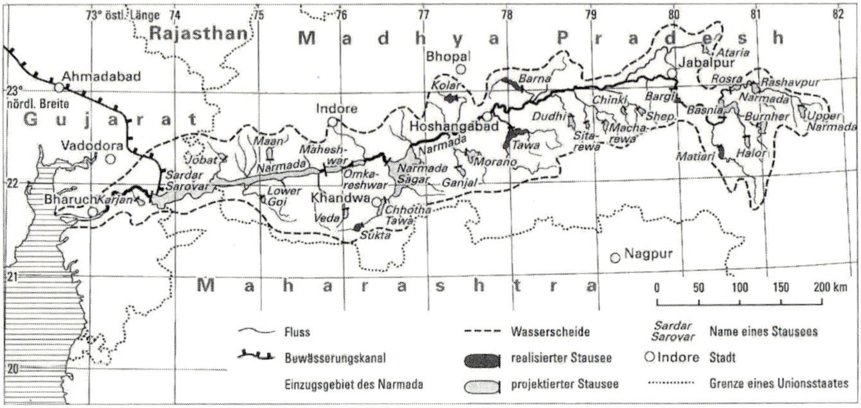

Abb. 76: Das Narmada-Staudammprojekt.

tischen Ideen zum Narmada Projekt aufgegriffen, konkrete Planungen nahmen aber erst Form an, als Premierminister Rajiv Gandhi 1987 den beteiligten Bundesstaaten Gujarat, Maharashtra und Madhya Pradesh die Genehmigung erteilte, das Staudammprojekt umzusetzen. Mehr als 3.200 Dämme sollten aufgeschüttet werden, deren Bauzeit über einhundert Jahre in Anspruch genommen hätte. Hinzu kommen etwa 75.000 km Kanalanlagen, die vor allem den Bundesstaat Gujarat mit Wasser versorgen sollen. Wegen der schieren Größe des Projekts konzentrierte man sich bald auf die beiden Hauptdämme, den ‚Sardar Sarovar' und den ‚Narmada Sagar', die beide immer noch mehr Wasser stauen sollen als alle bestehenden indischen Wasserreservoirs zusammen. Laut Planungen werden die Turbinen der Dammanlagen langfristig jährlich 275 Megawatt Energie liefern und Wasser für knapp 1,8 Milliarden Hektar Land bereithalten.[105] Nach wie vor sollen technische Daten die Hochleistung belegen, allerdings treten zu diesen Zahlen mittlerweile auch diejenigen der umzusiedelnden 300.000 Menschen, der bedrohten Tierarten sowie der untergehenden Wälder und Landschaften.[106]

6.6 Schiffbau und Dampfschifffahrt

Der Schiffbau hat in Südasien eine ebenso lange Tradition wie die Handelsschifffahrt. Im Indischen Ozean sind Menschen und Waren nicht nur über die Küstenschifffahrt in die Anrainergebiete von Afrika bis Indonesien gebracht worden, son-

[105] C. Alvares and R. Billorey, *Damming the Narmada*, S. 11-25.

[106] Helmut Reifeld, „Tempel des modernen Indien"? Die Kontroverse um den Narmada-Staudamm im Winter 2000/2001, in: Werner Draguhn (Hg.), *Indien 2001. Politik, Wirtschaft, Gesellschaft*, S. 379 -382.

dern Schiffe haben das Arabische Meer ebenso direkt überquert wie die Bucht von Bengalen. Entlang der Küsten des Subkontinents und besonders an der Malabarküste mit ihren leicht zugänglichen Teakholzwäldern im Hinterland entstand über Jahrhunderte ein hochspezialisiertes Schiffbaugewerbe. Arabische Seefahrer ließen hier ihre Schiffe ausbessern und neue bauen. Khambhat, Surat, vor allem aber Mangalore, Baipur, Khozikhode, Allepey und Quilon waren Zentren des Schiffbaus. Ab dem 16. Jahrhundert ließen auch die Portugiesen ihre Schiffe in Indien reparieren und neue, darunter die Galeone und Karavelle, konstruieren. Als in der zweiten Hälfte des 18. Jahrhunderts im Indischen Ozean vermehrt die neuen europäischen Großschiffe von über 500 Tonnen auftauchten, konnten nur Khozikhode und das seit 1664 im Besitz der EIC befindliche Bombay mit ihren Tiefwasserhäfen diesen Schiffstyp bauen. Die anderen Schiffsbauplätze waren fortan gezwungen, die kleineren, aber nach wie vor begehrten indischen und arabischen Schiffstypen anzufertigen. Indische Schiffskonstrukteure entwickelten dort auch neue Schiffe, so in Tuticorin die Thonis, die zum Leichtern der Dampfschiffe im 19. Jahrhundert eingesetzt wurden.[107]

Während der Kriege Großbritanniens gegen das napoleonische Frankreich bereitete ein Großauftrag der Londoner Admiralität, in indischen Hafenstädten englische Schlachtschiffe (‚men-of-war') bauen zu lassen, dem Schiffbaugewerbe einen immensen Aufschwung. Indische Schiffbaumeister produzierten preisgünstigere Schiffe, die handwerklich besser gefertigt waren als vergleichbare englische. Dank britischer Aufträge nahm die Familie der Wadia in Bombay bald eine monopolartige Stellung ein. Doch mit dem Ende der militärischen Auseinandersetzungen in Europa ließ der Beschaffungsbedarf der britischen Marine schnell nach. Obendrein gelang es der englischen Schifffahrtslobby, durch gesetzliche Regelungen die unliebsame indische Konkurrenz auszuschalten. Das letzte, in Indien für die ‚Royal Navy' gebaute Schiff lief 1831 vom Stapel. Nicht technische oder qualitative Gründe sprachen gegen einen indischen Schiffbau, im Gegenteil. Aufgrund privater Wirtschaftsinteressen wurde auf politischer Ebene protektionistisch gegen die Kolonie vorgegangen, die den gesetzgeberischen Maßnahmen Großbritanniens schutzlos ausgeliefert war. So entstand im Verlauf des 19. Jahrhunderts allmählich ein gespaltener Markt, wobei das obere Segment von der britischen Schifffahrtindustrie beherrscht wurde und das untere Segment das indische Schiffbaugewerbe ausmachte.[108]

---

[107] A. Jan Qaisar, Shipbuilding in the Mogul Empire during the seventeenth century, in: *Indian Economic and Social History Review* 5 (1968), S. 149-170. Frank Broeze, Underdevelopment and dependency: Maritime India during the Raj, in: *Modern Asian Studies* 18 (1984), S. 429-430.

[108] Michael Mann, *Flottenbau und Forstbetrieb in Indien 1794-1823* (Stuttgart 1996), S. 28-53, 93-106. Ravi Ahuja, Lateinsegel und Dampfturbinen. Der Schiffsverkehr des Indischen Ozeans im Zeitalter des Imperialismus, in: Dietmar Rothermund und Susanne Weigelin-Schwiedrzik (Hg.), *Der Indische Ozean. Das afro-asiatische Mittelmeer als Kultur- und Wirtschaftsraum* (Wien 2004), S. 208-210.

Dampfgetriebene Schiffe koppelten den indischen Schiffbau endgültig von der Entwicklung in den Industrienationen ab. Zunächst wurde auf den Werften Bombays noch die hölzerne Hülle der Dampfschiffe gezimmert, in die dann die aus Großbritannien importierten vorgefertigten Maschinenteile eingebaut wurden. Den konstruktionstechnischen Herausforderungen waren die indischen Schiffbaumeister durchweg gewachsen. Dies wäre vermutlich auch beim Bau von Schiffen mit Eisenrümpfen der Fall gewesen. Aber erneut wurde der potentielle Konkurrent mittels protektionistischer Maßnahmen ausgeschaltet. Durch staatliche Aufträge im Post- und Frachtverkehr wurden die beiden Reedereien ‚Peninsular and Oriental' (P&O) und die ‚British India Steam Navigation Company' finanziell derart gestützt, dass konkurrierende Unternehmen von vornherein keine Chance hatten und das Reederkartell ungeschmälert seine Profite einfahren konnte. Das Dampfschiff hat sich demnach nicht allein wegen seiner fortschrittlichen Technologie durchgesetzt, sondern politische Machenschaften sicherten den Erfolg maßgeblich ab.[109]

Dennoch setzte sich die neue Technologie keineswegs zügig durch. Noch bis in die zweite Hälfte des 19. Jahrhunderts wurde Dampf nur zur Unterstützung der Windkraft respektive bei ausbleibenden Winden eingesetzt, denn die Dampfmaschinen waren ineffizient, weil sie zu viel Kohle verbrauchten. Die musste zudem per Segelschiff aus Cardiff an die Bunkerstationen gebracht werden, so dass die neue Technik weiterhin von der alten abhängig blieb. Erst nachdem Ende des 19. Jahrhunderts weitere technische Innovationen die Leistungskraft der Dampfmaschinen erheblich verbessert hatten, Schrauben statt Schaufelräder für den Antrieb sorgten und ein System von Kohlestationen errichtet worden war, konnten die Frachtraten der Großsegler von den Dampfern unterboten werden. Die Eröffnung des Suezkanals 1869 gab der Dampfschifffahrt einen weiteren Vorteil gegenüber dem Segelschiff: abgesehen davon, dass die neue Antriebstechnik den Schiffsverkehr von Europa nach Indien vom Monsun unabhängig machte, konnten aus navigatorischen Gründen nur dampfgetriebene Schiffe den Kanal passieren. Bis zum Beginn des Ersten Weltkrieges sank schließlich die Reisedauer von ehemals fünf bis acht Monaten auf vierzehn Tage.[110]

Eher zufällig als planvoll kam es zu Überlegungen, die Dampfschifffahrt auf Indiens Binnengewässern einzusetzen, als 1823 eine für China bestimmte Dampfmaschine, die zum Antrieb eines Flussschiffes konstruiert worden war, wegen Krankheit des britischen Händlers in Calcutta angeliefert worden war und hier in ein Boot eingebaut wurde. Während des ersten anglo-birmanischen Krieges (1824–26) erwiesen sich die in Calcutta liegenden Dampfschiffe unter militärischen

109 R. Ahuja, Lateinsegel und Dampfturbinen, S. 213-216. Sapal Sangwan, The sinking ships: Colonial policy and the decline of Indian shipping, 1735-1835, in: Roy MacLeod and Deepak Kumar (Hg.), *Technology and the Raj: Western technology and technical transfers to India, 1700-1947* (New Delhi 1995), S. 137-152.

110 R. Ahuja, Lateinsegel und Dampfturbinen, S. 211-212.

Gesichtspunkten als höchst vorteilhaft für die Überquerung der Bucht von Bengalen und bei Attacken auf dem Irrawaddy. Die anfänglichen Vorbehalte gegenüber einem Technologietransfer wurden angesichts der unbestreitbaren sicherheitspolitischen Vorteile schnell fallengelassen. Bei seinem Amtsantritt griff Governor General Bentinck 1828 geradezu begeistert die Dampftechnik auf, weil er in ihr generell den Motor zur Modernisierung Indiens sah. Bentinck erklärte die Dampfschifffahrt zur Chefsache und initiierte unverzüglich Untersuchungen für die Aufnahmen eines Dampferverkehrs auf dem Ganges, dem Brahmaputra und dem Indus.[111]

Auf den anderen Flüssen des Subkontinents kam die Dampfschifffahrt wegen ungünstiger natürlicher Bedingungen wie Stromschnellen, Niedrigwasser und Sandbänken von vornherein nicht infrage. Ohnehin waren wegen des vielfach niedrigen Wasserstandes Spezialkonstruktionen notwendig. Im Gegensatz zu den gleichzeitig in den USA eingesetzten schweren Hochdruckkompressoren auf tiefkieligen Rümpfen konnten auf den Flüssen Indiens nur leichtgewichtige Niedrigdruckkompressoren auf flachkieligen und breitrumpfigen Schiffen eingesetzt werden. Antriebskraft, Schiffsgröße und Tiefgang mussten in ein optimales Verhältnis gebracht werden. Schließlich verkehrten Ende der 1830er Jahre neun Dampfschiffe auf Ganges und Brahmaputra. Für die Strecke Calcutta – Allahabad und retour benötigte man nun statt drei Monaten nur knapp einem Monat. Sicherer und ohne nächtliche Unterbrechungen und Truppenbegleitung an Land konnten jetzt auch die Truhen mit den Steuergeldern aus Nordindien stromabwärts verschifft werden. In umgekehrter Richtung wurden Truppenverbände nach Nordindien verlegt, was die Sterblichkeitszahlen im Vergleich zu den strapaziösen Landmärschen erheblich reduzierte. Ab Mitte der 1840er Jahre organisierten schließlich die ‚Ganges Steam Navigation Company‘ und die ‚General Inland Steam Navigation‘ einen regelmäßigen Dampferverkehr.[112]

Neben Truppen und Truhen waren Büromaterial sowie Arzneimittel und militärische Ausrüstungsgegenstände die wichtigsten staatlichen Frachtgüter auf den Flussdampfern. Private Händler verschifften meist das gepresste und kompakt zu stapelnde Indigo und Opium. Indes lohnte sich die Verschiffung der voluminösen Baumwolle bei den im Vergleich zum herkömmlichen Transport auf Lastenseglern bis zu einem Drittel teureren Frachtkosten nicht. Gegenüber der Dampfschifffahrt blieben die indischen Lastkähne konkurrenzlos, zumal sie die entgangenen Frachten zunächst noch über den expandierenden Handel ausgleichen konnten. Auch die Passagierbeförderung blieb weit hinter den Erwartungen zurück, denn nur wenige Schiffe waren ausgebucht. Logistisch war die Dampfschifffahrt mit erheblichem Aufwand verbunden. Kohlestationen mussten eingerichtet und Flusslotsen organisiert werden. Die laufenden Kosten blieben

111 Henry T. Bernstein, *Steamboats on the Ganges. An exploration in the history of India's modernization through science and technology* (London/Hyderabad 1987), S. 37-44.

112 Ebenda, S. 34-35, 46-55, 80.

stets auf so hohem Niveau, dass sie über das Frachtaufkommen nicht gedeckt werden konnten.[113]

Der ausschlaggebende Grund, weshalb das gesteckte Ziel eines wirtschaftlichen und schnellen Transports nicht erreicht wurde, lag jedoch in der Einführung der Eisenbahn. Sie zog schließlich alle staatliche Aufmerksamkeit und vor allem das private Investitionskapital auf sich. Gegen diese übermächtige Allianz von Konkurrenten hatten langfristig weder die herkömmliche, preisgünstige Flussschifffahrt noch die neuartige, konstenintensive Dampfschifffahrt eine Chance. Lediglich auf dem Brahmaputra konnte die Dampfschifffahrt ihre Position verteidigen und wesentlich zum Aufbau der Teeplantagen in Assam beitragen, als Kulis aus dem Flachland stromauf- und Teekisten aus den Bergen stromabwärts transportiert wurden. Abgesehen davon kaufte die EIC 1838 acht dampfgetriebene Kanonenboote, wovon drei auf dem Indus, die verbleibenden fünf bezeichnenderweise auf Euphrat und Tigris eingesetzt wurden. Ursache waren die geopolitischen Ambitionen der Briten zur Kontrolle des Landwegs nach Indien, die sie alsbald mit Hilfe der neuen Technologie gezielt verfolgten sollten.[114]

6.7 Eisenbahnbau

Stets lamentierten die Briten über schlechte Transportmöglichkeiten und –wege in Indien, unternahmen allerdings nur wenig, um den Missstand zu beseitigen. Sofern sie den Straßenbau in Angriff nahmen, handelte es sich meist um Straßen mit militärisch-strategischen Funktionen. Das galt auch für die ‚Grand Trunk Road', die alte Heer- und Handelsstraße der Moguln, die einst von Kabul bis Dhaka reichte. Zwischen 1833 und 1855 bauten die Briten die ‚Grand Trunk Road' aus, wodurch sie für schnellere Pferdegespanne im Personen- und Güterverkehr befahrbar wurde. Jedoch blieb bis ins 20. Jahrhundert der Bau von Straßen ein vernachlässigtes Objekt öffentlicher Bautätigkeit, die sich fast ausschließlich auf Ausbesserungsarbeiten und Ausbaumaßnahmen beschränkte. Eine technologische Innovation fand ebenfalls nicht statt, denn der Straßenbau blieb arbeitsintensiv, da die Sträflingskolonnen lediglich durch die Arbeitskolonnen der ‚Famine Relief Works' ersetzt wurden.[115] Zu dieser einseitigen Entwicklung trug nicht zuletzt der Eisenbahnbau bei, dem ab den 1850er Jahren absolute Priorität zukam.

Anfängliche Zweifel am Technologietransfer wurden wie im Fall der dampfgetriebenen Schiffe rasch beseitigt.[116] Dazu trug nicht unerheblich Rowland Macdo-

[113] Ebenda, S. 87-90, 94-98.

[114] D. Arnold, *Science, Technology and Medicine*, S. 104-105. S. Satpal, *Science, Technology and Colonialism*, S. 85.

[115] D. Arnold, *Science, Technology and Medicine*, S. 106-107.

[116] Daniel Thorner, *Investment in Empire. British railway and steam shipping enterprise in India, 1825-1849* (Philadelphia 1950), S. 1-21.

nald Stephenson bei, der 1845 in Bengalen die ‚East India Railway Company' gründete. Doch zogen sich in Großbritannien trotz eines günstigen Parlamentsberichts die Verhandlungen über die Finanzausstattung noch bis 1849 hin, als die EIC schließlich gezwungen wurde, wie im Fall der Kanalprojekte eine staatliche Garantie von 5 Prozent auf Kapitalinvestitionen zu übernehmen. Die Verwaltung lag beim ‚Government of India', während die eigentlichen Bauarbeiten von Privatunternehmen ausgeführt werden sollten. Allerdings baute und betrieb der Kolonialstaat nach 1869 Eisenbahnlinien auch in eigener Regie. Einen deutlichen Schub erhielt der staatliche Ausbau nach 1880, als die so genannte ‚Famine Commission', die nach den verheerenden Hungerkatastrophen des vorausgegangenen Jahrzehnts eingesetzt worden war, empfahl, künftig den Verlauf der Schienenstränge auf die rasche Verteilung von Lebensmitteln auszurichten. Unter dieser Maßgabe wurden 30.000 Kilometer Schienen verlegt. Nach 1925 fand erneut ein Wechsel in der Eisenbahnpolitik statt, als die Regierung auslaufende Verträge mit Eisenbahngesellschaften übernahm und es gleichzeitig zu Fusionen staatlicher und privater Unternehmen kam.[117]

Schon Karl Marx analysierte treffsicher die ‚Lokomotiv-Funktion', die dem Bau der Eisenbahn zukommt. Sie ziehe Zulieferindustrien nach sich und führe zur Ansiedlung weiterer Gewerbe an der Streckenführung. Und speziell für Indien sah er in der Einführung der Eisenbahn den Motor zur Modernisierung der Gesellschaft.[118] Im gleichen fortschrittsgläubigen Wissenschafts- und Technikdiskurs argumentierte Governor General Lord Dalhousie für die Erneuerung Indiens. War dazu Bentinck der Kanalbau lieb, war es Dalhousie die Eisenbahn. Er gehörte zu den entschiedenen Protagonisten eines zügigen Eisenbahnbaus in Britisch-Indien, der binnen kurzem ein Schienennetz projizierte, das sich über den gesamten Subkontinent erstrecken sollte. Noch unter seiner Amtszeit erreichte es einen Umfang von mehreren hundert Kilometern, 1860 waren es dann bereits 1.350 km, 1870 fast 7.700 km und 1890 nahezu 25.500 km. Bis 1947 wurde das Schienennetz schließlich auf über 65.000 km ausgebaut. Von einem systematischen Ausbau konnte allerdings kaum die Rede sein, da politische, militärische und ökonomische Interessen im Widerstreit lagen. Allein die endlos geführten Diskussionen um die angemessene Spurbreite führten zu unnötigen Bauverzögerungen und später zu lästigen Umladeaktionen.[119]

[117] John M. Hurd, Railways, in: Dharma Kumar (Hg.), *The Cambridge Economic History of India*, (Cambridge 1982), vol. 2: c. 1757-1970, S. 738-739. Die Geschichte der Kapitalinvestition beschreibt immer noch vorzüglich Daniel Thorner, *Investment in Empire*, S. 44-168.

[118] Karl Marx, The future results of British rule in India, in: Ian J. Kerr (Hg.), *Railways in Modern India* (New Delhi 2001), S. 62-67. Dieser Sammelband enthält viele wichtige Aufsätze zur Geschichte des Eisenbahnbaus in Indien.

[119] D. Arnold, *Science, Technology and Medicine*, S. 111. J. M. Hurd, Railways, S. 739.

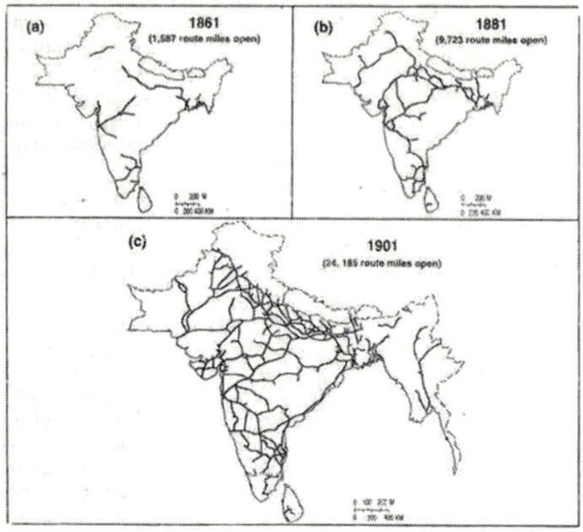

Abb. 77: Entwicklung des Eisenbahnnetzes in Südasien 1861–1901.

Technologisch gesehen können vier Arten der Konstruktionsarbeiten unterschieden werden. Erstens die Streckenmarkierung, zweitens die Dammaufschüttung, drittens Tunnelbohrungen und viertens Brückenkonstruktionen. Alle diese Arbeiten standen unter der Aufsicht von Briten. Ingenieure hatten nicht nur die Planungen vor Ort, sondern anschließend auch in den Zeichenbüros auszuführen. Daneben mussten sich die wissenschaftlich arbeitenden Techniker auch als Praktiker erweisen, wenn sie die gesamte Logistik der Materialbeschaffung und die Organisation der Arbeitskräfte übernahmen. Inder erhielten nur nachgeordnete Aufgabenbereiche wie die Rekrutierung von Arbeitskräften entlang der Baustrecke zugewiesen. Die ausführenden Arbeiten wurden ausschließlich von indischen Arbeitskräften erledigt, Männern, Frauen und Kindern. Als unqualifizierte Arbeiter kamen sie vor allem bei den Erdarbeiten an Dämmen und Durchstichen zum Einsatz. Doch benötigten die britischen Konstrukteure auch eine stattliche Anzahl von qualifizierten Handwerkern wie Zimmerleuten, Schmieden, Schweißern, Schienenlegern, Steinmetzen, Maurern, Fliesenlegern und Tauchern. Maschinen fanden kaum Verwendung, weshalb der Eisenbahn- wie der Kanal- und der Straßenbau, im Gegensatz zu Europa und den USA, bis weit ins 20. Jahrhundert höchst arbeitsintensiv blieb.[120]

Unter technologischen Gesichtspunkten stellte der Subkontinent für die Ingenieure eine Herausforderung dar, denn bei den geologischen Verhältnissen kamen sie oft an die Grenzen ihres Wissens. Weniger beim Tunnelbau, zu dem oft britische Sprengmeister ins Land geholt wurden, als vielmehr beim Brückenbau zeigte sich dies. Die übers Jahr erheblich schwankenden Wasserstände von Flüssen und vor allem der weichere Untergrund machten Spezialkonstruktionen nötig, die zunächst nur von Indern beherrscht wurden und erst nach der Entwicklung adäquater Techniken maschinell vorgenommen werden konnten. Lange Brückensegmente aus Eisen auf wenigen und tiefen Mauerpfeilern sind kennzeichnend für die Brückenkonstruktionen. Eigens entworfene Deichaufschüttungen zur gezielten Verschmälerung der Flussläufe sind ebenfalls im Rahmen des Brückenbaus entwi-

120 Ian Derbyshire, The building of India's railways: The application of western technology in the colonial periphery 1850-1920, in: Roy MacLeod and Deepak Kumar (Hg.), *Technology and the Raj* (New Delhi 1995), S. 185-186. Zu fragen wäre, ob Menschenarbeit im Vergleich zur Maschinenarbeit tatsächlich preisgünstiger war.

Abb. 78: Eisenbahnwendestelle am Bhore Ghat auf der Strecke von Bombay nach Puna. Beim Bau musste die Bergkette der Western Ghats überwunden werden. Diese Konstruktion stellte die einzige Möglichkeit dar, die steilen Gipfel mit einer für Eisenbahnen zu bewältigenden Steigung zu passieren. Bis zu 40.000 Arbeiter starben beim Bau der Linie, auf der 25 Tunnel und 22 Brücken zwischen 1856 und 1863 angelegt wurden.

ckelt worden. So erwies sich die indische Kolonie auch im Bereich der Technik als ein Laboratorium, in dem verschiedene Methoden des Pfeilerbaus experimentell erprobt und anschließend in verschiedenen Regionen Asiens wie auch Afrikas erfolgreich angewendet werden konnten.[121]

Wie in anderen Weltgegenden, in denen die Eisenbahn im 19. Jahrhundert ihren Einzug hielt, schuf sie nicht nur Arbeitsplätze, sondern vernichtete zunächst einmal zahllose. Im Jahr 1865 waren bei den britisch-indischen Eisenbahngesellschaften 34.000 Angestellte und Arbeiter beschäftigt, 1895 waren es 273.000, vor der Weltwirtschaftskrise etwa 790.000 und im letzten Jahr der Kolonialherrschaft 1946–47 knapp über eine Million. Andererseits entfielen gerade beim Überlandtransport viele Arbeitsmöglichkeiten. Die von den Banjaras geführten Packochsen-Karawanen, die bis zu 20.000 Tiere umfassen konnten, waren nun ohne Verwendung, da der Transport per Eisenbahn billiger, schneller und zuverlässiger war. Für den Wassertransport ist ähnliches zu beobachten. Im Industriesektor dürfte

121 Ian. J. Kerr, *Building the Railways of the Raj,1850-1900* (New Delhi 1995), S. 127-147. I. Derbyshire, The building of India's railways, S. 201. Der Zugewinn an Expertise schlug sich in der schieren Zahl an Ingenieuren nieder, die 1870 weniger als 250 und über 1000 im Jahr 1920 betrug, siehe ebenda, S. 181.

Abb. 79: Die Spirale „Agony Point" der Darjeeling-Bergbahn um 1890. Auf der 1878 eröffneten Strecke waren so extreme Steigungen zu bewältigen, dass dies nur durch Zickzackführungen und Spiralschleifen gelang.

sich der Ausbau des Eisenbahnnetzes ebenfalls durch Verschiebungen und Verwerfungen auf dem Arbeitsmarkt bemerkbar gemacht haben, genaue Zahlen liegen aber nicht vor. Doch allein in Mirzapur am Ganges, das sich im 18. Jahrhundert zu einem führenden Baumwollumschlagplatz entwickelt hatte, sank nach dem Anschluss der Stadt an das Eisenbahnnetz die Einwohnerzahl zwischen 1881 und 1911 um die Hälfte.[122]

Das britisch-indische Eisenbahnnetz war im Prinzip eine Fortsetzung des britischen in Lancashire und London. Nicht nur, dass die Strecken systematisch die fruchtbaren Agrarregionen mit Spezialisierung auf exportorientierte ‚cash crops' erschlossen und dort einen weiteren Kommerzialisierungsschub auslösten, sondern die Frachtregulierungen förderten ebenso systematisch Export und Import. Frachtgebühren für vergleichbare Inlandsstrecken waren stets teurer, weshalb beispielsweise über Bombay importierte Streichhölzer in Nordindien billiger zu kau-

122 J. M. Hurd, Railways, S. 748, 757.

fen waren als die in Kanpur hergestellten. Tarife für Langstrecken waren günstiger als für Kurzstrecken, und Blocktarife förderten die deformativen Import-Exportstrukturen zusätzlich. Aus diesem Bündel von Gründen blieb selbst in Hungerzeiten der Export von Weizen lukrativer als seine Verteilung an die Hungerleidenden in nur wenige hundert Kilometer entfernte Regionen. Die Absicht wie auch der erklärte Wille der britisch-indischen Regierung, über zusätzliche Strecken zur besseren Lebensmitteldistribution in Notzeiten beizutragen, wurde durch die Frachtpolitik der privaten wie staatlichen Eisenbahngesellschaften konterkariert.[123]

Trotz massiver staatlicher Interventionen amortisierten sich die Eisenbahnunternehmen erst lange nach der Jahrhundertwende, als die Passagierzahlen von 19 Millionen im Jahr 1871 auf 183 Millionen im Jahr 1901 und schließlich 1930 auf 630 Millionen anstiegen. Die gleiche Entwicklung ist auch beim Gütertransport zu beobachten, der 1871 noch 3,6 Millionen Tonnen betrug, bis 1901 auf 42,6 Millionen angewachsen war und 116 Millionen im Jahr 1930 erreichte.[124] Zu diesem schleppenden Entwicklungsbild gesellte sich der ausbleibende ‚Lokomotiveffekt' – mit weitaus gravierenderen Konsequenzen. Das strukturelle Defizit bestand zunächst einmal in der unterlassenen Entwicklung einer weiterreichenden Infrastruktur, da schlechte Straßen, auf denen herkömmliche Ochsenkarren fuhren, nach wie vor die einzige Art des regionalen Zubringers zu den Bahnhöfen blieben. Die neue Technologie blieb also auch in diesem Fall teilweise von der alten abhängig. Darüber hinaus verhinderten die unterschiedlichen Spurbreiten, die aus der privatwirtschaftlichen Konkurrenz und den staatlichen Bedürfnissen entstanden waren, vielfach den zügigen Transport mit der Eisenbahn.[125]

Das grundsätzliche Defizit rührt indes von der Tatsache her, dass fast sämtliches Baumaterial, angefangen von Schienen, Weichen, Eisenträgern bis hin zu Signalanlagen und anderen technischen Ausrüstungsgegenständen, aus Großbritannien importiert wurde. Hinzu kommt, dass auch fast sämtliches rollendes Material aus dem Ausland bezogen wurde. So importierte Indien bis zur Unabhängigkeit insgesamt 14.420 Lokomotiven aus Großbritannien, denen gerade einmal 707 aus landeseigener Produktion gegenüberstanden. Weniger als 3.000 Lokomotiven wurden aus anderen Industrienationen wie dem Deutschen Reich bezogen. Hier schob die britische Regierung in London schnell den protektionistischen Riegel vor, als sie die Eisenbahngesellschaften in Indien per Gesetz zwang, ausschließlich britische Zugmaschinen zu kaufen, nachdem die deutschen Lokomotiven wegen ihres Preisvorteils und ihrer Leistungsstärke zur übermächtigen Konkurrenz zu werden drohten.[126] Die ‚Chittranjan Locomotive Works', die 1950 gegründet wurden,

[123] Ebenda, S. 745-747, 756.

[124] Ebenda, S. 754.

[125] I. Derbyshire, The building of India's railways, S. 187-190. D. Arnold, *Science, Technology and Medicine*, S. 110.

[126] Fritz Lehmann, Great Britain and the supply of railway locomotives to India, in: *Indian Economic and Social History Review* 2,4 (1965), S. 297-306.

produzierten schließlich die ersten indischen Zugmaschinen in Serie, gefolgt von der 1955 eingerichteten ‚Integral Coach Factory', die Personenwaggons in Perambur bei Madras konstruierte. Dieselloks wurden in Varanasi ab 1964 hergestellt. Jedoch bezogen die indischen Eisenbahngesellschaften bis in die 1980er Jahre hinein ihre Räder und Achsen aus dem Ausland. Erst seit 1984 liefert die ‚Wheel and Axle Plant' bei Bangalore bedarfsdeckend.[127]

Der Zwang zum „buy British" schlug sich auch in anderen Bereichen nieder. Im Besitz der privaten Eisenbahngesellschaften in Indien befanden sich auch die Kohleminen, die wegen ihres einfachen Tagebaus höchst preiswert hätten betrieben werden können. Durch gezielt hoch gehaltene Preise war die indische Kohle so unattraktiv, dass sich der Import englischer Kohle lohnte. Ein ähnliches Bild ergibt sich auch bei der Ausbildung. Indische Lokomotivführer wurden kaum ausgebildet, da man sie nicht für geeignet hielt, die Technik zu bedienen. Die ‚Great Indian Penninsular Railway Company' stellte 1942 ihren ersten indischen Lokomotivfahrer ein. Obwohl indischen Mechanikern gelegentlich eine gewisse Geschicklichkeit attestiert wurde, hielt man sie grundsätzlich von den technischen Berufen fern. In den 1920er Jahren konnten jährlich gerade einmal 45 Inder an hochqualifizierenden Ausbildungsprogrammen teilnehmen. In großer Zahl fanden Inder stattdessen Anstellung in einfachen mechanischen Berufen, wie in den Eisenbahnwerkstätten von Lahore, wo 1914 mehr als 10.000 Inder im Reparaturbereich beschäftigt waren. Auf diese Art verhinderte der ausbleibende Technologietransfer auch den ‚Lokomotiveffekt', dem die Förderung der britischen Industrie, Technik und Wissenschaft gegenüber stand. Hierin sind auch die Gründe zu sehen, warum in Indien eine in vielen Bereichen nicht angepasste Technologie eingeführt wurde.[128]

Statt der Technologie verbreiteten sich indes epidemische Krankheiten wie Cholera, Typhus und Malaria mit dem Ausbau des Streckennetzes. In den Arbeiterlagern brachen regelmäßig ansteckende Krankheiten aus, die dann über jene Arbeiter, die täglich aus den benachbarten Dörfern auf die Baustellen kamen, in das Umland getragen wurden. Teilweise wurde bis zu einem Drittel der Arbeiterschaft durch solche Epidemien hinweggerafft. Einst cholerafreie Gebiete waren mit dem Eisenbahnanschluss anfällig geworden. Dammaufschüttungen und mangelnde Drainageeinrichtungen führten wie beim Kanalbau zu Wasserstau, Versumpfungen und Wasserlochbildungen, in denen dann die Larven der Malaria übertragenden Mücken gediehen. Zeitgenössische Schätzungen gehen davon aus, dass wegen der mehrheitlich physisch geschwächten Arbeitskräfte pro verlegter Schwelle ein Mensch an Malaria oder anderen Krankheiten starb, was 1.700 Tote pro Meile sind,

---

[127] G. S. Khosla, A history of Indian railways, in: Ian J. Kerr (Hg.), *Railways in Modern India* (New Delhi 2001), S. 241-242.

[128] Fritz Lehmann, Railway workshops, technology transfer and skilled labour recruitment in colonial India, in: *Journal of Historical Research* 20 (1977), S. 49-61. D. Arnold, *Science, Technology and Medicine*, S. 111.

oder, auf das Gesamtnetz hochgerechnet, den Verlust von fast 7 Millionen Männern, Frauen und Kindern innerhalb von hundert Jahren bedeuten würde.[129]

Allen Widrigkeiten zum Trotz betonte die britische Kolonialregierung unablässig den zivilisatorischen Charakter des Eisenbahnbaus, der geradezu zum Fanal ihrer erfolgreichen Modernisierungsanstrengungen stilisiert wurde. Stets hoben Konstrukteure, Literaten wie Rudyard Kipling, Administratoren und Politiker die ungeheueren organisatorischen Leistungen, die mit dem Bau und dem Betrieb der Bahn verbunden waren, hervor. Zum Argument der effizienten Konstruktionsmethoden trat das der hochentwickelten, rationalen Organisationsweise von Materialproduktion und Arbeitseinsätzen. Allerdings war sowohl der Einsatz von großen, disziplinierten Arbeitskolonnen als auch die Herstellung von speziellen und überall verwertbaren Baumaterialien auf dem indischen Subkontinent keine britische Innovation, denn der Bau von vorkolonialen Bewässerungs-, Festungs- und Palastanlagen verlangte die gleiche Logistik. Lediglich die Menge der Arbeiter dürfte zugenommen haben, was aber eher ein quantitatives und weniger ein qualitatives Kriterium ist.

Mit dem Verweis auf ihre vermeintliche zivilisatorische Überlegenheit verbaten sich die Briten von Indern jegliche Kritik an der Eisenbahn. Als Pilger nach Puri sich zu Beginn des 19. Jahrhunderts über häufige Verspätungen, unzureichende

Abb. 80: Victoria-Station in Bombay, 1888 eröffnet: Herausragendes Dokument britisch-indischer Kolonialarchitektur.

[129] I. J. Kerr, *Building the Railways of the Raj*, S. 159-166.

Essensversorgung und mangelnde Hygiene beschwerten, nachdem es zu Choleraausbrüchen in den Zügen gekommen war, wiesen die britischen Eisenbahnmanager in ihren offiziellen Stellungnahmen darauf hin, die Bahn sei ein prinzipiell komfortables Transportmittel und die Vertrautheit der Inder mit ihr sei zu kurz, als dass sie Abweichungen vom Normalzustand verstehen könnten. Knapp beschieden die Briten, Inder seien unwissend und uneinsichtig gegenüber der Technologie. Daraus wurde wiederum die Notwendigkeit zu einer paternalistischen Führung abgeleitet. Leicht nachzuvollziehen, warum die Briten bis zum Ende der Kolonialherrschaft dieses höchst nützliche Instrument der Zivilisationsmission nicht aus ihrer kontrollierenden Hand geben wollten.[130]

6.8 Telegrafie, Telefon und Fernsehen

Weltweit waren Informationen und ihre Weiterleitung bis ins 19. Jahrhundert hinein so schnell wie die schnellsten von Menschen geschaffenen Transportmittel. Ausnahmen bildeten akustische und visuelle Kommunikationssysteme, die aber nicht dazu geeignet waren, umfangreiche und komplizierte Sachverhalte zu transportieren und zudem wetterabhängig waren. Die Moguln richteten zur regelmäßigen Informationsübermittlung in Indien ein regelmäßig operierendes Postsystem (*dhak chaukis*) ein. Daneben gab es ein Netz von lokalen Informanten und Nachrichtenschreibern, die, wie der städtische Polizeivorsteher (*kotwal*), die Richter (*kazi*s) und Zensoren (*muhtasib*s) sowie die dörflichen Schreiber (*qanungo*s) und Polizeivorsteher (*barkandazi*s) Informationen sammelten, selektierten und weiterleiteten. Informationen beschafften auch Spione in Klöstern, an *darbar*s, auf den städtischen Basaren und in den *sarai*s an den Überlandstraßen. Ein komplementäres, äußerst effizientes Netz von Läufern (*harkara*s) gewährleistete die wöchentliche Berichterstattung am Mogul-Hof.[131]

Im 18. Jahrhundert differenzierten die sich formierenden Staaten diese Strukturen aus. So führten die Marathen und Afghanen einen berittenen Depeschendienst ein. Gab es im Mogul-Reich etwa 4.000 *harkara*s, liefen allein in Awadh um 1770 geschätzte 20.000 im Dienst des *nawab*. Zusätzlich rannten Tausende von ihnen für *zamindar*s, *taluqdar*s, *mahajan*s und *baniya*s. Die Briten übernahmen bei ihren Annexionen die vorhandenen Informations- und Kommunikationssysteme,

[130] Ravi Ahuja, ‚The Bridge-Builders': Some notes on railways, pilgrimage and the British ‚civilizing mission' in colonial India, in: Harald Fischer-Tiné and Michael Mann (Hg.), *Colonialism as Civilizing Mission. Cultural ideology in British India* (London 2004), S. 95-116, bes. S. 112-115.

[131] Christopher A. Bayly, *Empire and Information. Intelligence gathering and social communication in India, 1780-1870* (Cambridge 1996), S. 10-20. Der soziale Hintergrund der *harkaras* wird auf S. 60-66 erläutert. Speziell zum Mogul-Reich siehe Irfan Habib, Postal communications in Mughal India, in: *Proceedings of the Indian Historical Congress, 46th Session* (Delhi 1986), S. 236-252.

ergänzten sie aber durch eigene Läufer und Reiter und richteten neue Routen ein. Sie hofften, so unabhängig von den indischen Informationsträgern zu werden, was freilich nur begrenzt gelang. Erst die Einführung der Telegrafie und das staatliche Monopol auf ihre Betreibung verschuf der Kolonialmacht für wenige Jahrzehnte einen Informationsvorsprung, der nicht unwesentlich zur Ausweitung der Herrschaft auf dem Subkontinent beitrug.[132]

Erste Vorschläge zur Errichtung eines Telegrafensystems in Britisch-Indien stellte Adolphe Bazin 1838 der ‚Asiatic Society' vor – offensichtlich befand es sich noch im wissenschaftlichen Experimentierstadium. Visionär dachte Bazin an eine zukünftige Verbindung Calcutta – London. Der amtierende Vizepräsident der ‚Asiatic Society', Dr. William O'Shaughnessy, wies den Vorschlag wegen mangelnder Effizienz und Unwirtschaftlichkeit zurück. Traf diese Kritik auch teilweise zu, darf dabei nicht übersehen werden, dass O'Shaughnessy einen Konkurrenten aus dem Feld schlug. O'Shaughnessy war 1833 als Assistenzchirurg nach Bengalen gekommen und zwei Jahre später zum Professor für Chemie am neu gegründeten ‚Medical College' in Calcutta berufen worden. Seitdem experimentierte er selbst mit elektromagnetischen Apparaten, und seine Versuche mit einem Telegrafen waren so weit gediehen, dass er 1839 sein eigenes System vorstellen konnte. Seit den 1820er Jahren forschten weltweit einige Wissenschaftler und Techniker an der drahtgestützten Datenübermittlung, darunter auch Samuel F. B. Morse, der 1837 einen funktionierenden Telegrafen installieren konnte. Späterhin behauptete Morse jedoch, ganz allein die Telegrafie erfunden zu haben, eine historische Mär, die sich bis heute hartnäckig hält.[133]

Sowohl die britische Regierung in Indien als auch in Großbritannien reagierten auf die telegrafische Erfindung zögerlich – und in den USA interessierten sich lediglich einige wenige Bankiers und Börsianer für das Kommunikationsmedium. Parallel zu den Verhandlungen um die Eisenbahnkonzepte unterbreitete ein gewisser Mr. Whishaw, Angestellter der englischen Isolierfirma ‚Gutta Percha Company', 1849 ein Angebot an den Aufsichtsrat der EIC, in ganz Indien ein Telegrafienetz zu errichten. Es sollte unterirdisch verlegt werden, was natürlich im Sinn seines Unternehmens lag. O'Shaughnessy und sein Vorgesetzter William Forbes wurden beauftragt, ein Gutachten anzufertigen. Beide lehnten den Vorschlag ab, da er den klimatischen Verhältnissen nicht angepasst sei. Allerdings schieden sich beider Geister in der Frage der Kabelverlegung. O'Shaughnessy optierte für eine unterirdische, Forbes für eine oberirdische Verlegung. Da Forbes bereits bei der Lizenzvergabe für die Dampfschifffahrt für die britisch-indische Regierung gegutachtet hatte und er obendrein O'Shaughnessys Vorgesetzter war, fiel die Entscheidung gegen dessen Vorschlag aus.[134]

---

132 C. A. Bayly, *Empire and Information*, S. 30-36, 69-96.

133 Deep K. L. Choudhury, ‚Beyond the reach of monkeys and men'? O'Shaughnessy and the telegraph in India, c. 1836-56, in: *Indian Economic and Social History Review* 37,3 (2000), S. 335-341. Mel Gorman, An early electric motor in India, in: *Society for the History of Technology* 9,2 (1968), S. 184-214.

134 D. K. L. Choudhury, ‚Beyond the reach of monkeys and men'?, S. 343-346.

Eine experimentelle Leitung wurde 1851 zwischen Calcutta und Diamond Harbour verlegt. Der unmittelbare militärische Nutzen der Anlage im zweiten anglobirmanischen Krieg überzeugte wiederum den ‚technophilen' Governor General Lord Dalhousie, der sich nun vehement für den Aufbau eines Telegrafennetzes in Indien aussprach. Ein Jahr darauf wurde mit der überirdischen Verlegung der Kabel begonnen, die oftmals parallel zum Verlauf der Bahnstrecken, bisweilen sogar vorweg, liefen. Ohne die Telegrafie hätten die Gleis- und die Signalanlagen nicht von Anfang an so effizient betrieben werden können. Großzügig hatte der Londoner Aufsichtsrat ein Telegrafennetz von zunächst 3.150 Meilen genehmigt. 1855 existierte ein rudimentäres Leitungsnetz; es bestand aus drei Hauptachsen, die ausschließlich auf die militärischen Bedürfnisse des Kolonialstaates ausgerichtet waren. Das Hauptaugenmerk lag auf der Verbindung Calcutta – Varanasi – Allahabad – Agra – Delhi – Amballa – Lahore – Peshawar, um die neue Grenze zu Afghanistan zu sichern. Die zweite Linie verlief über Bombay – Indore – Gwaliar nach Agra, die dritte von Madras über Bangalore, Bellary und Satara an die Leitung Bombay – Agra. Laut Zeitgenossen hätte es weitaus sinnvollere Alternativen gegeben, doch Dalhousie wollte seine Annexionen absichern und neue vorbereiten.[135]

Die Erfahrungen, die O'Shaughnessy mit seinen ersten Telegrafenleitungen gemacht hatte, konnte er teilweise beim Bau des gesamtindischen Systems einbringen. So nutzte er weitestgehend Bambusstäbe als Träger der Eisenleitungen, die witterungsbeständiger als Holzmasten waren und aufgrund ihrer Biegsamkeit den Windböen im Monsun nachgaben. Zur Installation der Anlagen zog er örtliche Spezialisten heran. Bei Calcutta verlegte O'Shaughnessy durch den Hugli auf einem Streckenabschnitt von fast 700 Metern das erste Unterwasserkabel der Welt. Wie bei der Eisenbahn wurde auch hier sämtliches technisches Material aus Großbritannien importiert. Neben den technischen Apparaten waren das vor allem die Eisendrähte, die ab 1886 sukzessive durch Kupferdraht ersetzt wurden. Arbeitstechnisch stellte die Verlegung keine große organisatorische oder logistische Leistung dar, da nur kleine Arbeitstrupps benötigt wurden, weshalb wohl die Telegrafie, im Gegensatz zu den geräuschvollen Dampfmaschinen in Schiffen und Zügen und den spektakulären Ergebnissen der Medizin in der Forschung kaum beachtet worden ist.[136]

Ihren militärischen Nutzen stellte die Telegrafie sofort nach Inbetriebnahme unter Beweis. Dringend benötigte Truppen, die in Britisch-Indien stationiert waren, konnten während des Krim-Krieges schneller an die dortige Front verlegt werden. In Indien trug die Telegrafie mit zur Niederwerfung des Großen Aufstandes bei. Obgleich die Aufständischen die Telegrafenleitungen als erstes zerstörten, gelang es den

135 Mel Gorman, Sir William O'Shaughnessy, Lord Dalhousie, and the establishment of the telegraph system in India, in: *Technology and Culture*, 12,4 (1971), S. 581-601. Saroj Ghose, Commercial needs and military necessities: The telegraph in India, in: Roy MacLeod and Deepak Kumar (Hg.), *Technology and the Raj* (New Delhi 1995), S. 155-161, 172. D. Arnold, *Science, Technology and Medicine*, S. 113.

136 D. K. L. Choudhury, ‚Beyond the reach of monkeys and men'?, S. 346-348. Krishnanlal Shridharani, *Story of the Indian Telegraphs. A century of progress* (New Delhi 1953), S. 25, 74.

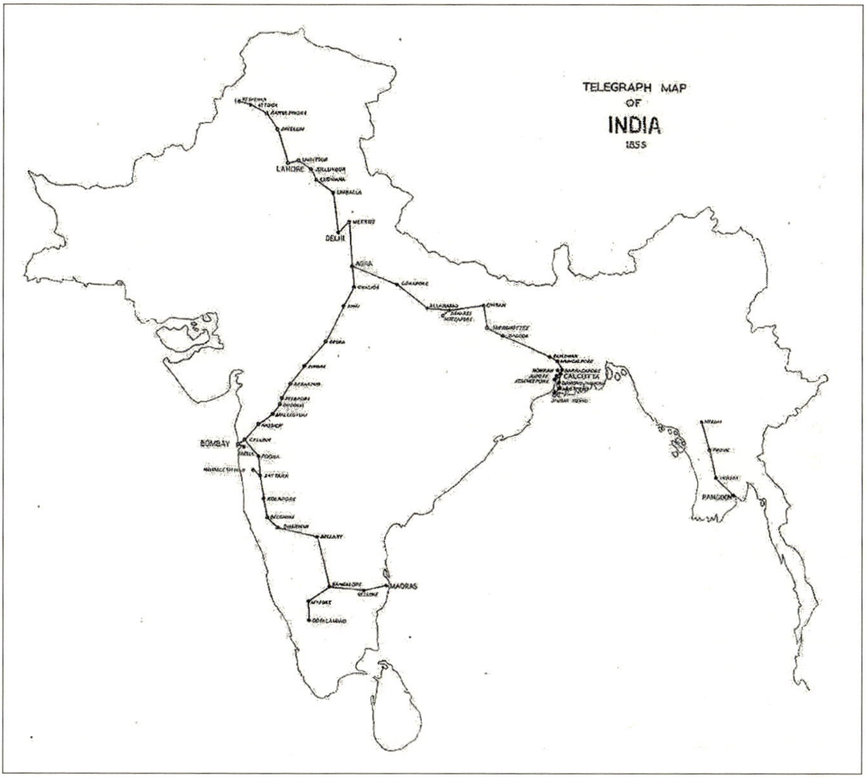

Abb. 81: Telegraphenleitungen in Indien 1855.

Briten, sie allmählich wieder aufzubauen und so die Bewegung ihrer Truppeneinheiten zu steuern. Besonders die mobile Feldtelegrafie machte sich strategisch bemerkbar. Es ist allerdings übertrieben, dem Telegrafen eine entscheidende Funktion bei der Niederschlagung des Aufstandes zuzuweisen, allzumal er lediglich die Informationen entlang der wenigen neuen Kommunikationslinien schneller weiterleitete, nach wie vor aber die Technologie von dem langsamen Informationszufluss aus den entlegenen Gebieten abhängig blieb. Erst der systematische Ausbau des Netzes, der durch staatliche Garantien in London abgesichert war, und sein 1865 erfolgter Anschluss an die europäischen Telegrafenleitungen per weltweit erstem funktionierenden Unterwasserkabel von Bombay nach Suez brachte den ersehnten Nutzen der Informationsvernetzung. Am Ende der Kolonialherrschaft waren 770.000 Meilen Telegrafenleitungen *auf* und 5.300 *um* den indischen Subkontinent verlegt.[137]

[137] K. Shridharani, *Story of the Indian Telegraphs*, S. 22-23, 38. S. Ghose, Commercial needs and military necessities, S. 161-168, 171-172. C. A. Bayly, *Empire and Information*, S. 318-320. D. Ar-

Zu den zivilen Nutzern gehörten nach Freigabe der Leitungen für die Öffentlichkeit 1855 Unternehmen, Privatpersonen, Händler, Kaufleute, Bankiers, Opiumspekulanten, Journalisten und Aktienbesitzer. Innerhalb weniger Monate nach der Niederwerfung der Rebellion stammten mehr als ein Drittel aller Telegramme von Indern, nach einem Jahr waren es bereits zwei Drittel, und dies, obwohl die indischen Telegrammempfänger gezielt benachteiligt wurden, wenn private Telegramme ohne Gebühren innerhalb eines eng begrenzten Radius um die Telegrafenstation zugestellt wurden, jenseits dieser Grenzen aber die Gebührenraten proportional zur Distanz anstiegen. Da die Telegrafenstationen meist in oder nahe der englischen ‚Cantonments' und ‚Stations' lagen, musste die Regelung Inder besonders treffen. Obendrein achtete die britisch-indische Regierung peinlich darauf, dass sie, ohnehin die exklusiven Betreiberrechte besitzend, die ausschließliche Kontrolle über die Telegrafie und die technischen Einrichtungen behielt, indem sie ein eigens dafür geschaffenes Gesetz erließ, wonach Indern der Zutritt zu den Telegrafenanlagen verboten war. Bis zum Ende der Kolonialherrschaft bestand das Telegrafenpersonal nur aus Briten und Anglo-Indern.[138]

War die Telegrafie ein Überlandmedium, das Städte miteinander verband, blieb das Telefon zunächst ein urbanes Kommunikationsinstrument. Das galt besonders für Britisch-Indien. Fünf Jahre nach der Unabhängigkeit, 1952, gab es in der Indischen Union weniger als 200.000 Telefonanschlüsse, davon allein in den Metropolen Bombay 46.200, Calcutta 36.000 und in Delhi 15.000, das entsprach der Hälfte aller Anschlüsse. Im Vergleich dazu gab es in Ceylon/Sri Lanka fast 17.000, und in Schweden über 1,7 Millionen Anschlüsse. Eine erste Telefonleitung wurde 1875, ein Jahr vor dem Bell'schen Apparat, in Bombay, bezeichnenderweise zwischen dem ‚Fort' und der P&O-Reederei installiert. Auf Druck der Handelskammer in Bombay verzichtete die dortige Regierung auf ein staatliches Monopol und vergab 1881 zeitlich begrenzte Lizenzen zum Bau und Betrieb von Telefonanlagen an die britische ‚Oriental Telephone Company'. Im darauf folgenden Jahr gab es in Calcutta 101, in Bombay 87, in Madras 28 und in Karachi 11 Telefonanschlüsse. Zur Jahrhundertwende existierten in den genannten Städten insgesamt 2.000 Telefonanschlüsse, und 1921 waren es etwas über 30.000 staatliche und lizensierte Anschlüsse. Dem kommerziellen Dienstleistungsdualismus bereitete die Regierung erst 1943 ein Ende, als sie auslaufende Lizenzen nicht mehr erneuerte.[139]

Im Laufe der Jahrzehnte wurde das Telefonnetz weiter ausgebaut und technologisch auf den neuesten Stand gebracht. Hochfrequenzkabel wurden verlegt und die neueste Technik installiert. Allerdings zogen die Lizenzgesellschaften bisweilen nicht mit. So sperrte sich die seit 1883 das Telefonnetz in Calcutta betreiben-

nold, *Science, Technology and Medicine*, S. 114. Daniel R. Headrick, *The Invisible Weapon. Telecommunications and international politics, 1851-1945* (New York/Oxford 1991), S. 17-24, 51-53.

138 D. K. L. Choudhury, ‚Beyond the reach of monkeys and men'?, S. 357-358.

139 K. Shridharani, *Story of the Indian Telegraphs*, S. 85-86, 88-96, 112-114.

de ‚Bengal Telephone Company' in den 1930er Jahren, das manuell betriebene auf ein automatisches System umzurüsten, weil sie, unzutreffender Weise, davon ausging, dass eine Verlängerung des Vertrages ungewiss sei. Als die Lizenz 1943 tatsächlich nicht verlängert wurde, konnte die Regierung wegen des Krieges und der Teilung Indiens bei der Unabhängigkeit die Modernisierung über ein weiteres Jahrzehnt nicht vorantreiben.[140] Die drahtlose Datenübermittlung hielt schließlich Anfang des 20. Jahrhunderts Einzug auf dem indischen Subkontinent. Eine erste Funkverbindung wurde 1904 zwischen Bombay und Diamond Harbour hergestellt. Weitere Funkstationen folgten bereits ein Jahr später an strategisch wichtigen Orten wie Peshawar in der ‚North Western Frontier Province' und Port Blair auf den Andamanen. An der Küste wurden nach 1909 punktuell Stationen eingerichtet, die den Funkverkehr mit den Schiffen im Indischen Ozean aufnahmen.[141]

Zur Zeit der Kolonialherrschaft waren die Briten stets darauf bedacht, je hochentwickelter eine Technologie war, sie desto exklusiver kontrollieren zu wollen. Nur in begrenztem Umfang ließen sie indisches Personal in diesem Bereich des Dienstleistungssektors zu. Der nahezu komplette Import des technischen Materials, sei es für Dampfmaschinen, Eisenbahnen oder Telekommunikationsmittel förderte zu Teilen die *britischen* Wissenschaften und Technikentwicklungen, ganz sicher aber die massenweise industrielle Produktion dieser Güter zur Ausstattung eines ganzen Subkontinents. Umgekehrt hat der ausbleibende Technologietransfer eine zeitgemäße Entwicklung in Indien massiv behindert und obendrein keine angemessene Anzahl von Arbeistplätze entstehen lassen.

Indische Filmindustrie: Neben Madras/Chennai und Haiderabad ist vor allem Bombay (jetzt Mumbay) die größte und zugleich älteste Filmproduktionsstätte in Indien. Hier entstanden 1896 die ersten Filme. Unter dem Namen „Bollywood" international renommiert, ist sie inzwischen die produktionsreichste und zuschauerintensivste Filmindustrie der Erde. Mittlerweile werden von landesweit etwa 900 Filmen allein in Mumbay jährlich etwa 200 Hindi-Filme gedreht. Auch wenn manche Drehbücher sich an westlichen Vorlagen orientieren, greifen sie meistenteils auf indische Traditionen zurück. Hierzu gehört das indische Theater mit seinen Elementen der Komik und des Heldentums, ebenso wie die Erzeugung von Stimmungen durch Musik, Tanz und Gesang. So entstand eine eigenständige Filmkultur, gekennzeichnet durch Unterhaltung, viel Action und nach westlichem Geschmack schnulziger Romantik. Mittlerweile hat der indische Film weit über die Länder des indischen Subkontinents hinaus Liebhaber gefunden, so in Südostasien, Südamerika und Afrika. Auch in Europa und Nordamerika erfreut sich der Hindi-Film einer wachsenden Beliebtheit. Gerade in Ländern, in denen eine große indische Diaspora existiert, findet der indische Film weite Verbreitung, verbindet er doch mit der fernen Heimat so wie er auch traditionelle Wertvorstellungen transportiert.

---

140 Ebenda, S. 98-108. P. Thankappan Nair, Civic and public services in old Calcutta, in: Sukanta Chaudhuri (Hg.), *Calcutta. The Living City*, vol. 1: The Past, S. 236-237.

141 K. Shridharani, *Story of the Indian Telegraphs*, S. 117-121.

Zwei Beispiele für das indische Kino: Szene aus einer Verfilmung des Epos Mahabharata für das Fernsehen...

Schätzungsweise 15 Millionen Menschen gehen täglich in etwa 15.000 indische Kinos. Fast die Hälfte davon sind Wanderkinos, die die neuesten Produktionen in den Dörfern zeigen. Der Kinobesuch dient indes nicht allein der Unterhaltung, sondern ist auch ein soziales Ereignis, gerade auf dem Land und in den Kleinstädten, wo oftmals ganze Familien ins Kino gehen. Neben den rein unterhaltenden romantischen Liebesfilmen werden inzwischen auch politisch brisante Themen wie Frauenemanzipation, Massenarmut und der schwelen-

... und ein Schaukastenbild für den Kinofilm Devdas (2002), eine melodramatische Liebesgeschichte, die Kassenrekorde brach und als erster Bollywood-Film auf dem Festival in Cannes gezeigt wurde.

de Hindu-Muslim Konflikt gezeigt. Unterhaltungsfilme und Serien der verschiedensten Arten werden mittlerweile auch für das Fernsehen produziert, das das Kino nicht verdrängt, sondern neue, mittelständisch urbane Zuschauer gewonnen hat. So hat durch das Medium Film einerseits eine Pluralisierung eingesetzt, andererseits ist eine verstärkte Regionalisierung zu beobachten, die sich in der wachsenden Zahl von Filmen in den Regionalsprachen und regionalen Themen niederschlägt; ein Prozess, der unvermindert anhält. (Literatur: Christiane Brosius (Hg.), *Image Journeys. Audi-visual media and cultural change in India.* New Delhi 1999; Yves Thoraval, *The Cinemas of India.* Delhi etc. 2000).

Das Fernsehen wurde erst 1959 in Indien eingerichtet. Es wurde lange nicht als kommunikative Bereicherung, sondern vor allem als ein Medium betrachtet, über dessen Zugang die Ungleichheiten zwischen Stadt und Land und einzelnen Bevölkerungsgruppen verschärft würden. Bis heute ist etwa die Hälfte der indischen Bevölkerung von der Möglichkeit fernzusehen ausgeschlossen. Abgesehen davon bereitet die Vielfalt der indischen Gesellschaft Probleme bei einer adäquaten Programmgestaltung, die möglichst viele Zuschauer gleichzeitig ansprechen soll. Bis 1991 beanspruchte der staatliche Fernsehsender Doordarshan (sprich: dur-darschan = fern-sehen) seine Führungsrolle im Bereich der Medien als politisch-gesellschaftliches Erziehungsorgan. Erst das Satellitenfernsehen, das sich freilich nur die Mittel- und Oberschichten leisten können, brach nach 1996 das staatliche Informationsmonopol, was die Ungleichheiten nicht beseitigt und in manchen Bereichen das Informationsdefizit eher verstärkt hat. Zugleich hat die Kanalvielfalt dazu geführt, dass auch auf dieser medialen Ebene über die Definition einer ‚indischen Kultur' oder gar ‚nationalen Kultur' gerungen wird.[142]

6.9 Bildung und Ausbildung

Vor dem Hintergrund der seit dem ausgehenden 18. Jahrhundert geführten britischen Debatten über die Reform indischer Bildungseinrichtungen oder deren genereller Abschaffung zugunsten britischer Institutionen soll hier die koloniale Bildungspolitik vorgestellt werden. Wollte man sie periodisieren, böten sich folgende Zäsuren an: 1780 als Beginn, 1854 als Umsetzung und 1920 als allmählich einsetzender Rückzug der staatlichen Bildungspolitik. Als unerfahrene Kolonialmacht engagierten sich die Briten in Bengalen auf dem bildungspolitischen Feld zunächst nur zögerlich. Vorerst beließen sie die lokalen, elementaren Bildungsinstitutionen wie die *pathshala*s der Hindus und die *maktab*s der Muslime ebenso wie die weiterführenden Einrichtungen, die *tol*s respektive der *madrassah*s. Mit staatlichen (EIC) Mitteln wurde 1781 die ‚Calcutta Madrassa' ins Leben gerufen, der 1792 das ‚Sanskrit College' in Varanasi folgte. In beiden Fällen erwies sich die EIC als groß-

142 Clemens Jürgenmeyer et al. (Hg.), *Indien: Wege zum besseren Verstehen* (Gotha 2003), S. 138.

zügiger Sponsor indischer Bildungseinrichtungen und stiftete Bücher und Stipendien. Innovativ war die Standardisierung der Lehrpläne und neu die Bürokratisierung der Verwaltung. Aus zweierlei Gründen wurde jedoch vorerst an den Inhalten der Bildung nicht gerüttelt. Zum einen waren die Kolonialherren in den ersten Jahrzehnten ihrer Herrschaft auf die pragmatische Kooperation indischer Spezialisten und Sachkenner wie Handelsagenten, Übersetzer, Rechtsinterpreten und Steuerverwalter angewiesen, zum anderen herrschte noch ein gewisser Respekt gegenüber den indischen Kulturen vor.[143]

Dies änderte sich mit Charles Grant (1746–1823), der zu Beginn der 1790er Jahre einen Kurswechsel in der britisch-indischen Bildungspolitik forderte. Er war von 1767 bis 1790 in Diensten der EIC in Bengalen und ließ sich anschließend als Politiker und Publizist in London nieder. Als Evangelikaler war Grant der Auffassung, nur ein streng erzieherischer Ansatz könne die niederen Bevölkerungsschichten im eigenen Land wie auch die Kolonialvölker zivilisatorisch heben. Weil er die indischen Bildungsinhalte, getragen von „religiösem Aberglauben" und den „Übeln des Hinduismus", für grundsätzlich verderbt und aus sich heraus für reformunfähig hielt, sollten sie mit Hilfe der englischen Sprache und Bildung radikal reformiert werden. War der Initiative Grants zunächst kein Erfolg beschieden, so erzielten die evangelikalen Reformer schließlich 1813 den Durchbruch, als bei der Erneuerung der königlichen Charter die Missionierung in den britisch-indischen Territorien erlaubt und die EIC verpflichtet wurde, jährlich 100.000 Rupien für Bildungsprojekte zu verwenden. Eine genauere Spezifizierung der Projektinhalte wurde jedoch nicht vorgenommen, was in den nachfolgenden beiden Jahrzehnten zu Auseinandersetzungen führte, die an Schärfe zunahmen und die späterhin als die eingangs des Kapitels geschilderte ‚Orientalisten-Anglizisten Debatte' bekannt wurden.[144]

Hinduismus ist seit seiner Definition als „Religion der Hindus" ein höchst unbefriedigender und umstrittener Begriff. Weder bezeichnet er den „essenziellen Kern" des brahmanischen Religionsverständnisses, und noch weniger wird er den unterschiedlichen Volksreligionen mit ihren synkretistischen Glaubensformen gerecht. Bisweilen wird gar bestritten, dass es sich wegen der Verschiedenartigkeit der Glaubens- und Ritusformen überhaupt um ein kohärentes Religionssystem nach westlichem Verständnis handelt. Das grundlegende Problem besteht freilich darin, Hinduismus als *eine* Religion definieren zu wollen, anstatt ihn als eine sozio-kulturelle Einheit oder

---

143 Harald Fischer-Tiné, Vom Wissen zur Macht. Koloniale und ‚nationale' Bildungsmodelle in Britisch Indien, ca. 1781-1920, in: Karin Preisendanz und Dietmar Rothermund (Hg.), *Südasien in der „Neuzeit". Geschichte und Gesellschaft, 1500-2000* (Wien 2003), S. 93-94.

144 A. T. Embree, *Charles Grant and British Rule in India*, S. 141-157. Cornelia Witz, *Religionspolitik in Britisch-Indien 1793-1813. Christliches Sendungsbewußtsein und Achtung hinduistischer Tradition im Widerstreit* (Wiesbaden 1985), S. 37-53.

distinkte Zivilisation zu verstehen, die aus einer Vielzahl von Religionen besteht. Als Religion hat der Hinduismus im Bewusstsein der indischen Bevölkerung nie existiert – Ursache für eine grundlegende Fehleinschätzung der Europäer.

Das westliche Missverständnis beruhte auf einer Wahrnehmung, die Christen wie Muslims gleichermaßen hatten. Vor allem die Portugiesen gingen nach ihrer Ankunft in Indien davon aus, dass alle Nicht-Muslime, Nicht-Juden und Nicht-Christen Heiden seien – im portugiesischen Sprachgebrauch „gentio" (von lat.: gentiles). Über das Portugiesische als *lingua franca* des Indischen Ozeans im 17. Jahrhunderts verbreitete sich diese Bezeichnung, die im 18. Jahrhundert allmählich durch den Begriff „Hindu" (griechisch – lateinisch – arabisch von dem Flussnamen Indos/Indus – Sindhu abgeleitet) ersetzt. Implizit wurde davon ausgegangen, dass sämtliche "Hindus" als Heiden einer einzigen Religion angehören müssten, die allerhöchstens nach Sekten unterschieden werden konnten. Im 19. Jahrhundert wurde dieser „Religion" von den Europäern ein Name gegeben: Hinduismus. Die Suche indischer Reformer nach substanziellen Gemeinsamkeiten ihrer Kulturen und Religionen förderte im 20. Jahrhundert gewisse Formen historischer Kontinuitäten zutage, die schließlich bis zur Harappa-Zivilisation rückprojiziert und konstruiert wurden.

Die Vielfältigkeit der unter dem Begriff des Hinduismus zusammengefassten religiösen Glaubenssysteme dokumentiert dieser Verkaufsstand mit religiösen Bildern aus den 1950er Jahren.

Mitnichten ist der „Hinduismus" ein monolithischer Block, wie der Begriff suggeriert. Zu groß sind die Unterschiede. ‚Animismus' und Polytheismus, Pantheismus, Dualismus und Monotheismus sowie reiner Monismus existieren parallel zueinander. Rigoroses Asketentum und orgiastische Praktiken als Ausdruck gelebter Religiosität markieren weitere Differenzen. Bei weitem nicht alle Hindus sind Vegetarier, viele glauben an *Karma*-Lehre und Wiedergeburt, viele auch nicht. Und die verschiedenen Glaubensgemeinschaften benutzen völlig verschiedene heilige Texte und Schriften. Folglich verwischte und verwischt nach wie vor der Terminus „Hinduismus" existierende Unterschiede, was freilich „im Sinn der Erfinder" lag, die dem „Orient" als dem europäischen „Anderen" eben auch eine ganz andere Religion zuschrieben, die sie

essentialisierten und auf vermeintliche (oder tatsächliche) Gemeinsamkeiten reduzierten (vgl. hier „Orientalismus").
Wollte man analog zu den Religionen des Judentums, des Christentums und des Islam (sofern man sie als geschlossenes Religionssystem begreifen will) den Begriff ‚Religion' auf den Hinduismus übertragen, so käme man nicht umhin, verschiedene Religionen auszumachen. Hinduismus umschließt eine ganze Reihe von verwandten, aber deutlich zu unterscheidenden Religionen. Vergleichbar ist dies mit den zuvor genannten drei „Buchreligionen" – womit auch gleich deren wichtiges Verwandtschaftsmerkmal angegeben ist. Neben einem gemeinsamen Ursprung gibt es vor allem ein gemeinsames ethisches Konzept und ein daraus abgeleitetes gemeinschaftsbildendes Bewusstsein. „Abrahamismus" wäre wohl ein terminologisches Äquivalent zu „Hinduismus".
Im Unterschied zu jenem besitzt dieser ein ausgeprägtes Toleranzvermögen zwischen den einzelnen Religionen und Sekten. Die große Freiheit innerhalb eines so verstandenen „Hinduismus" besteht darin, aus der Vielheit an Glaubensformen, -praktiken, -riten, und -texten den für sich angemessenen, individuellen Glaubensweg herausfinden zu können. Damit soll freilich nicht behauptet werden, dass nicht auch einem derart liberal verstandenen „Hinduismus" (wie auch anderen Religionen) das Potenzial eines repressiven, hierarchischen und kollektiv-kontrollierenden Systems innewohnt.
(Literatur: Heinrich von Stietencron, Hinduism: On the proper use of a deceptive term, in: Günther D. Sontheimer and Hermann Kulke (Hg.), *Hinduism Reconsidered*, Delhi 1989, 2nd edn 1999, S. 11-27. Vasudha Dalmia and Heinrich von Stietencron (Hg.), *Representing Hinduism. The construction of religious traditions and national identity* (Delhi 1995). Axel Michaels, *Der Hinduismus. Geschichte und Gegenwart* (München 1998).

In den 1830er Jahren fanden die Auseinandersetzungen ihren Höhepunkt bei der Erörterung grundlegender Rechtsreformen und der Frage der künftigen Gerichts- und Verwaltungssprache. Der Vorsitzende der Rechtskommission, der Literat und Historiker Thomas Babbington Macaulay (1800–59), fertigte in diesem Kontext 1835 ein Dossier über die indische Geschichte, Kultur, Literaturen und Sprachen an und kam darin zu dem polemischen Schluss, die gesamte Literatur in Sanskrit und Persisch käme nicht einem Bücherregal europäischer Literatur gleich, weshalb es gerechtfertigt, ja sogar die Pflicht der Briten sei, die indischen Rechts-, Verwaltungs- und vor allem die Bildungsinstitutionen wegen der sprachlich-kulturellen Defizite abzuschaffen. Nur über die Einführung englischer Rechtsinstitutionen und der englischen Sprache sowie der Bildungsinhalte der europäisch-englischen Kultur würde der Erfolg der Rechtsreformen wie überhaupt aller Modernisierungsanstrengungen garantiert. Institutionell wie kulturell wurde nach Charles

Grant zum zweiten Mal vehement die völlige Neuorientierung der bisherigen britisch-kolonialen Bildungspolitik gefordert.[145]

Einmal die Parameter der neuen Bildungspolitik formuliert, sprach sich Macaulay für die Ausbildung einer kleinen südasiatischen Elite aus, die nach „Hautfarbe und Blut“ indisch, nach „Geschmack und Gesinnung“ jedoch britisch sein sollte. Idealerweise würde sich eine allmähliche Diffusion der überlegenen britischen Bildungsinhalte nach unten einstellen und so die allgemeine Hebung der indischen Gesellschaft stattfinden. Abgesehen von der Einführung des Persischen als Hof- und Verwaltungssprache unter den Moguln dürfte es sich bei dieser Neuausrichtung der indischen Bildungspolitik um den zweifelsohne einschneidendsten Paradigmenwechsel der neueren südasiatischen Geistesgeschichte handeln. Es wäre allerdings verfehlt, hierin ausschließlich den willkürlich handelnden Kolonialstaat zu sehen, der ohne Rücksicht seine Politik der indischen Bevölkerung aufoktroyierte. Teile der indischen Bildungselite hatten die Vorzüge der englischen Sprache in staatlichen Beschäftigungsbereichen für sich erkannt und plädierten deshalb nicht nur für die Einführung britischer Bildungsinstitutionen, sondern protestierten auch gegen die Förderung indischer Bildungseinrichtungen, die geradezu die Modernisierung verhindern würden.[146]

Schienen die ‚Anglizisten‘ mit der Entscheidung von Governor General Bentinck die Oberhand gewonnen zu haben, gaben die ‚Orientalisten‘ jedoch nicht auf und erzwangen mit Unterschriftenaktionen in den 1840er Jahren einen Kompromiss. An dem waren auch Inder beteiligt, die, wohl mit Unterstützung der ‚Orientalisten‘, über zahlreiche Petitionen für den Erhalt von Sanskrit-Schulen und *madrassahs* kämpften. Aufgrund der gesamten Agitation gelang es, neben den indischen Schulformen auch eine kleine Zahl staatlicher Stipendien für diese Ausbildungsstätten zu sichern. Abgesehen davon sollte der Unterricht in den lokalen Schulen durch die regionalen Sprachen erfolgen. Die Debatte um die angemessene Sprache bei der Vermittlung von wissenschaftlichen und allgemeinen Lehrinhalten hielt auf Seiten der Briten bis Ende des 19. Jahrhunderts an. Noch 1882 waren sich ihre Experten nicht schlüssig, ob ausschließlich Englisch oder nicht auch indische Sprachen zur Verbreitung wissenschaftlicher und technischer Erkenntnisse geeignet seien.[147]

Erst zwanzig Jahre nach dem Ende der Bildungsdebatte führte die EIC 1854 per Gesetz ein dreigliedriges Bildungssystem ein, das ein Abbild des britischen war und aus der *primary* und *secondary school* und der Hochschulbildung bestand. Im Jahr 1857 wurden in Calcutta, Bombay und Madras Universitäten gegründet, de-

---

145 Bis heute ziehen sich in der Forschung die Auseinandersetzungen über den Stellenwert und das Niveau der indischen Bildungseinrichtungen, die bisweilen ein wenig idyllisiert werden, vgl. Dharampal, Introduction, in: Dharampal., *The Beautiful Tree. Indigenous Indian education in the eighteenth century* (New Delhi 1983), S. 1-79.

146 Lynn Zastoupil, Englische Erziehung und indische Modernität, in: *Geschichte und Gesellschaft* 28 (2002), S. 23-26.

147 D. Kumar, *Science and the Raj*, S. 143-145.

nen 1882 in Lahore und 1887 in Allahabad zwei weitere folgten. Sie bestanden aus Colleges, deren Anzahl 1857 bei 27 lag, 1881 bereits 72 war und 1921 die 150 erreicht hatte. Die Universitäten waren indes keine Forschungseinrichtungen, sondern bloße Examinierungsanstalten. Naturwissenschaftliche Kurse wurden in den drei britischen Küstenmetropolen erst 1868 angeboten, und es sollte noch bis zum Universitätsgesetz von 1904 dauern, bis eine Postgraduiertenbildung und -forschung zugestanden wurde. Kein Wunder also, dass die Briten die Universitätsgründungen in Maisur, Haiderabad und Baroda mit ihrer eigenen Prüfungshoheit argwöhnisch betrachteten.

Grenzte sich manch indischer Monarch bewusst von ausschließlich westlichen Bildungsinhalten ab, betrieben andere über eine gezielte Adaption eben dieser Bildungsinhalte die Integration in das British *Raj*. Unter ‚moderner Bildung' verstanden die meisten Monarchen eine Mischung aus der Vermittlung indischer Bildungskanons und westlicher Wissenschaften. Bisweilen erwiesen sich die indischen Herrscher ‚moderner' als die Briten, wenn sich jene aufgrund ihres überlieferten Herrschaftsverständnisses (*rajadharma*) nunmehr für die staatliche Förderung der ‚traditionellen' wie der ‚modernen' Wissenschaften einsetzten und damit auch den Wandel zum ‚good governor' vollzogen, um so insgesamt ihr Prestige zu erhöhen; ein Ansinnen, das den Briten in Indien fern war. Aus diesem Grund schenkte der Kolonialstaat der Primärausbildung so gut wie gar keine Aufmerksamkeit, was dazu führte, dass die Zahl der Grundschulgründungen bisweilen rückläufig war und Ende des 19. Jahrhunderts die Alphabetisierungsrate bei nicht einmal einem Prozent der indischen Bevölkerung lag.[148]

Zur selben Zeit stellte sich ein unvorhergesehenes Dilemma in der Bildungspolitik ein: trotz schwieriger Aufnahme- und Abschlussprüfungen an den Colleges kam es zu einer Akademikerschwemme. Hochschulabgänger fanden immer weniger Beschäftigung in adäquaten Berufsfeldern und engagierten sich immer häufiger in der politischen Arbeit, so beim 1885 gegründeten INC. Die Briten beobachteten dies mit Besorgnis. Nach der Jahrhundertwende nahm die öffentliche Debatte um die Unzulänglichkeiten des britisch-indischen Bildungssystems an Vehemenz zu. Schließlich zogen sich die Briten mit den Verfassungsreformen von 1920 aus der Bildungspolitik zurück und überließen sie den mit der Teilautonomie auf Provinzebene neu eingerichteten Ministerien, die mit Indern besetzt waren. Mit wachsender bildungspolitischer Unzufriedenheit und in Abgrenzung zum britischen Bildungsmodell entwarfen national gesinnte Inder eigene Bildungsprogramme und gründeten unabhängige ‚nationale' Bildungsinstitutionen. Die wohl berühmteste unter ihnen war der Gurukul Kangri, der 1902 bei Hardwar in Nordindien gegründet wurde. Oberflächlich betrachtet glich der Lehrbetrieb der *pathshala*, er war aber im Prinzip eine hybride Variante der englischen *public*

148 L. Zastoupil and M. Moir (Hg.), *The Great Indian Education Debate*, S. 36-50, 54-66. Suresh Ch. Ghosh, *The History of Education in Modern India, 1757-1986* (New Delhi 1995), S. 6-99. R. N. Sharma/R. K. Sharma, *History of Education in India* (New Delhi 1996), S. 74-143.

schools. Das Curriculum schloss neben Kursen in Sanskrit und vedischer Literatur auch Fächer wie Chemie und Physik ein. Geistige Stärke, Charakterfestigung und körperliche Ertüchtigung sollte zur Virilität der neuen Nation beitragen.[149]

Prinzipiell akzeptierte ein solches ‚nationales Erziehungsmodell' die von den Briten konstruierte zivilisatorische Unterlegenheit Indiens, mit dem Unterschied, dass nicht sie, sondern nur die Inder selbst sich aus dieser Lage befreien und letztlich auch nur so unabhängig werden können. Unreflektiert wurde die zeitgenössische europäisch-nationalistische Ideologie mit ihren Essenzen wie der Förderung einer Nationalsprache, der Ausbildung eines Nationalcharakters und der Konstruktion einer Nationalgeschichte übernommen. Fanden solche nationalen Bildungsanstrengungen allseitige Anerkennung, galten die akademischen Abschlüsse in indischen Sprachen unter der indischen Bildungselite, ganz zu schweigen von der britischen Kolonialelite, jedoch als zweitklassig. Nicht selten freilich schickten und schicken bis heute gerade national engagierte Angehörige der mittleren und oberen Schichten ihre Zöglinge auf englischsprechende Bildungsinstitutionen, die nach wie vor das Tor zur Karriere öffnen. Ohne Englischkenntnisse blieb der Zugang zu wissenschaftlichen und technischen Ausbildungseinrichtungen blockiert.

Von einer breiten wissenschaftlichen Diskussion, an der Inder gleichberechtigt partizipierten, ganz zu schweigen von einer Popularisierung des Fachwissens, kann nur begrenzt gesprochen werden. Bis zum Ende der Kolonialzeit sollte sich daran auch kaum etwas ändern. Inder wurden in wissenschaftlichen und technischen Bereichen generell als subalternes Dienstpersonal und nur im seltensten Fall als partiell verantwortliche Mitarbeiter ausgebildet. Deshalb glich die Ausbildung auch eher der Umsetzung von Anweisungen statt der Förderung von Verantwortung. Allein die Angestelltenzahlen des ‚Public Works Department' von 1879 verdeutlichen den generellen Missstand: kein Inder war auf den 72 führenden Funktionsstellen zu finden, 9 von 516 leitenden Ingeneuren waren Inder, dagegen stellten von den 768 Aufsehern 492 Inder.[150] Auf der anderen Seite richteten die Briten im englischen Cooper's Hill 1871 eine Technische Hochschule ein, in der exklusiv britisches Personal für den Dienst im Militär und dem ‚Public Works Department' sowie dem ‚Forest Department' ausgebildet wurde. Allerdings beschwerten sich bereits die britischen Zeitgenossen darüber, dass die Ausbildung am Bedarf vorbeiginge, weil sie zu akademisch und kaum berufsbezogen sei.[151]

Ab den 1920er Jahren änderte sich die Situation insofern, als neue Universitäten, so in Allahabad und in Lakhnau gegründet wurden und an allen Universitä-

---

149 Harald Fischer-Tiné, *Der Gurukul Kangri oder die Erziehung der Arya-Nation. Kolonialismus, Hindureform und ‚nationale Bildung' in Britisch-Indien (1897-1922)* (Würzburg 2003).

150 D. Kumar, *Science and the Raj*, S. 186.

151 Dhruv Raina, Lamenting the past, anticipating the future: A chronology of popular science writing in India (1850-1914), in: Narendar K. Sehgal, Satpal Sangwan and Subodh Mahanti (Hg.), *Unchartered Terrains. Essays on science popularisation in pre-independence India* (Delhi 2000), S. 54-66.

ten nun auch naturwissenschaftliche Zweige existierten. Das eröffnete indischen Wissenschaftlern nicht nur den Zugang zu akademischen Bildungsstätten, sondern verschaffte ihnen, wenn auch höchst limitiert, Zutritt zu renommierten wissenschaftlichen Institutionen als ‚Fellow' der ‚Royal Society'. Erste Forderungen nach einer Nationalisierung der akademischen Institutionen kamen schon im letzten Viertel des 19. Jahrhunderts auf und wurden mit der 1876 gegründeten ‚Indian Association of Cultivation of Science' realisiert, deren Aufgabe zur Verbreitung wissenschaftlicher Ergebnisse national ausgerichtet war. 1906 spaltete sich die ‚Indian Society for the Promotion of Technical Education' vom etablierten ‚National Council of Education' ab, was auch die wachsenden Entfaltungsmöglichkeiten der Naturwissenschaften nach dem Universitätsgesetz von 1904 reflektiert. Abgesehen davon nahmen die Publikationsorgane für Wissenschaften in indischen Sprachen zu, nachdem im ‚Journal of the Asiatic Society' zurzeit ihres Erscheinens zwischen 1836 und 1895 gerade einmal 18 Artikel von Indern geschrieben waren, während 1.021 aus der Feder europäischer Wissenschaftler stammten.[152]

Eine erste Emanzipation der indischen Wissenschaften gelang 1930 mit der Verleihung des Nobelpreises für Physik an Chandrasekhara Venkata Raman. Gleichzeitig erfuhren auch die indischen Wissenschaftstraditionen eine Renaissance, so in den Bereichen Chemie und Medizin, die komplementär zum westlichen Medizinwissens gesehen wurden. Das neue Selbstbewusstsein fand 1924 seinen unmittelbaren Ausdruck, als in Madras die ‚School of Indian Medicine' aufgebaut wurde, die unmittelbar nach der Unabhängigkeit noch 1947 den Status eines ‚College of Indian Medicine' erhielt.[153] Das ‚National Institute of Science' wurde explizit zur Förderung und Verbreitung wissenschaftlicher Erkenntnisse und zur Repräsentation indischer Wissenschaftler auf nationaler wie internationaler Ebene gegründet. Abgesehen davon wurden nun auch immer mehr akademische Lehrbücher in indischen Sprachen verfasst, daneben dienten öffentliche Vorträge der Verbreitung des aktuellen akademischen Wissenstandes. Auf diese vielfältigen akademischen Initiativen hin nahm seitens der Inder der Druck auf die Briten stetig zu, eine Beteiligung an allen wissenschaftlichen Bereichen zuzulassen.[154]

Doch in den 1940er Jahren waren die Klagen indischer Wissenschaftler über mangelnde Finanzausstattungen ihrer Institute und Labore und über fehlende internationale Kontakte noch laut vernehmbar. Kaum verwunderlich, dass aufgrund der allgemeinen Benachteiligung für Inder das wissenschaftliche Niveau insgesamt

---

152 V. V. Krishna, The colonial ‚model' and the emergence of national science in India: 1876-1920, in: Patrick Petitjean, Catherine Jami and Anne Marie Moulin (Hg.), *Science and Empires. Historical studies about scientific development and European expansion* (Dordrecht, Boston, London 1992), S. 57-72.

153 D. Arnold, *Science, Technology and Medicine*, S. 169-185.

154 Satpal Sangwan, Science and its public in British India: Problematic of diffusion and social appropriation, in: Narender K. Sehgal, Satpal Sangwan and Subodh Mahanti (Hg.), *Unchartered Terrains. Essays on science populatrisation in pre-independence India* (New Delhi 2000), S. 13-53.

niedrig blieb. Mit Zorn argumentierten indische Wissenschaftler für eine konsequente Nationalisierung der Wissenschaften, denn es fehle Indien nicht an Ressourcen, und das Land sei auch keinesfalls überbevölkert, wie behauptet, sondern Menschen und natürliche Ressourcen würden nicht angemessen genutzt. Dieser Forderung kam Jawaharlal Nehru als Premierminister der Indischen Union insofern nach, als er die Wissenschaften, vor allem die Naturwissenschaften, gezielt förderte. Zwischen 1947 und 1986 stieg die Zahl der Universitäten von 20 auf 160, neben zahllosen anderen wissenschaftlichen Instituten an denen die zielgerichtete Forschung wichtiger als die breite akademische Ausbildung wurde. Ihren sinnfälligsten Ausdruck fand diese Politik schließlich in der eigenständigen Produktion einer Atombombe. Gleiches ist auch für Pakistan zu konstatieren, wenn auch dort eher aus Konkurrenz zu Indien motiviert.[155]

Es scheint, als ob Inder nicht unbedingt die wehrlosen Opfer eines von außen hereingetragenen dominanten Kolonialdiskurses wurden, in dem sie keinerlei Gestaltungsmöglichkeiten besaßen und darüber ihre eigenen Wissenschaftstraditionen aufgegeben hätten. Ebenso wenig waren indische Wissenschaftler schnell vom europäischen Wissenschaftsbetrieb eingenommen und beugten sich auch nicht den ständigen und offensichtlichen Diskriminierungen im kolonialen Wissenschaftsbetrieb.[156] Inzwischen herrscht Konsens darüber, dass die ‚modernen' Wissenschaften zwar mit den Europäern nach Indien kamen, es wird aber zugleich betont, dass es indische Wissenschaftler grundsätzlich und spätestens mit dem Ruf nach der Nationalisierung des Wissenschaftsbetriebes verstanden haben, eigene, hybride und spezifisch südasiatische Formen hervorzubringen. Dazu hätte auch gehört, dass indische Wissenschaften durchaus weiter betrieben und entwickelt wurden. Generell hätten indische Wissenschaftler durch aktive Aneignung ein durchaus eigenes Wissenschaftsverständnis, nicht zuletzt in den Bereichen Mathematik, Physik und Chemie, geschaffen und originäre Beiträge zur globalen Wissenschaftskultur geliefert.[157]

Literatur

Adas, Michael, *Machines as the Measures of Men. Science, technology and ideologies of western domination* (Ithaca 1989).

Ahuja, Ravi, ‚The Bridge-Builders': Some notes on railways, pilgrimage and the British ‚civilizing mission' in colonial India, in: Harald Fischer-Tiné and Michael Mann (Hg.), *Colonialism as Civilizing Mission. Cultural ideology in British India* (London 2004), S. 95-116.

155 Ebenda, S. 190-198, 208-210. Dhruv Raina and S. Irfan Habib, *Domesticating Modern Science. A social history of science and culture in colonial India* (New Delhi 2004), S. 214-220.

156 D. Kumar, *Science and the Raj*, S. 180-227.

157 Zu den Vertretern dieser Meinung siehe die Darstellung in L. Zastoupil, Englische Erziehung und indische Modernität, S. 5-14 sowie Dh. Raina and S. Irfan Habib, *Domesticating Modern Science*, S. 60-80. Dhruv Raina, *Images and Contexts. The historiography of science and modernity in India* (Delhi etc. 2003).

Ahuja, Ravi, Lateinsegel und Dampfturbinen. Der Schiffsverkehr des Indischen Ozeans im Zeitalter des Imperialismus, in: Dietmar Rothermund und Susanne Weigelin-Schwiedrzik (Hg.), *Der Indische Ozean. Das afro-asiatische Mittelmeer als Kultur- und Wirtschaftsraum* (Wien 2004), S. 207-225.

Alvares, Claund, and Ramesh Billorey, *Damming the Narmada: India's greatest planned environmental desaster* (Dehra Dun 1988).

Arnold, David, *Science, Technology and Medicine in Colonial India* (=The New Cambridge History of India, III,5, Cambridge 2000).

Arnold, David, *Colonizing the Body: State medicine and epidemic disease in nineteenth century India* (Delhi etc. 1993).

Baber, Zaheer, *The Science of Empire. Scientific knowledge, civilization, and colonial rule in India* (Delhi etc. 1998).

Barrow, Ian J., *Making History, Drawing Territory. British mapping in India, c. 1756-1905* (New Delhi 2003).

Barton, Gregory A., *Empire Forestry and the Origins of Environmentalism* (Cambridge 2002).

Basalla, George, The spread of western science, in: *Science* 156 (1967), S. 611-622.

Bayly, Christopher A., *Empire and Information. Intelligence gathering and social communication in India, 1780-1870* (Cambridge 1996).

Bayly, Susan, *Caste, Society and Politics in India from the Eighteenth Century to the Modern Age*. (= The New Cambridge History of India IV,3, Cambridge 1999).

Bernstein, Henry T., *Steamboats on the Ganges. An exploration in the history of India's modernization through science and technology* (London/Hyderabad 1987).

Berkemer, Georg, Literatur und Geschichte im vormodernen hinduistischen Südasien, in: Jörn Rüsen, Michael Gottlob und Achim Mittag (Hg.), *Die Vielfalt der Kulturen. Erinnerung, Geschichte, Identität 4* (Frankfurt 1998), S. 145-190.

Brimnes, Niels, The sympathizing heart and the healing hand: Smallpox prevention and medical benevolence in early colonial south India, in: Harald Fischer-Tiné and Michael Mann (Hg.), *Colonialism as Civilizing Mission. Cultural ideology in British India* (London 2004), S. 191-204.

Broeze, Frank, Underdevelopment and dependency: Maritime India during the Raj, in: *Modern Asian Studies* 18 (1984), S. 429-457.

Chaturvedi, Vinak (Hg.), *Mapping Subaltern Studies and the Postcolonial* (London and New York 2000).

Choudhury, Deep K. L., ‚Beyond the reach of monkeys and men'? O'Shaughnessy and the telegraph in India, c. 1836-56, in: *Indian Economic and Social History Review* 37,3 (2000), S. 335-341.

Conermann, Stephan, (Hg.), *Die muslimische Sicht (13. bis 18. Jahrhundert)*, (‚Geschichtsdenken der Kulturen – Eine kommentierte Dokumentation: Südasien – Von den Anfängen bis zur Gegenwart', Frankfurt am Main 2002).

Desmond, Ray, *Kew. The history of the Royal Botanic Gardens* (London 1995).

Desmond, Ray, *Victorian India in Focus. A selection of early photographs from the collection in the India Office Library and Records* (London 1982).

Derbyshire, Ian, The building of India's railways: The application of western technology in the colonial periphery 1850-1920, in: Roy MacLeod and Deepak Kumar (Hg.), *Technology and the Raj* (New Delhi 1995), S. 177-215.

Dharampal, Introduction, in: Dharampal, *The Beautiful Tree. Indigenous Indian education in the eighteenth century* (New Delhi 1983), S. 1-79.

Dharampal-Frick, Gita, *Indien im Spiegel deutscher Quellen der Frühen Neuzeit (1599-1750). Studien zu einer interkulturellen Konstellation* (Tübingen 1992).

D'Souza, Rohan, Damming the Mahanadi river: The emergence of multi-purpose river valley developments in India (1943-46), in: *Indian Economic and Social History Review* 40,1 (2003), S. 81-105.

Dutt, Romesh Chandra, *The Economic History of India in the Victorian Age* (London 1906).

Dutt, Romesh Chandra, *England and India* (London 1897).

Edney, Matthew H., *Mapping an Empire. The geographical construction of British India, 1765-1843* (Chicago 1997).

Edney, Matthew H., British military education, mapmaking and military ‚map-mindedness' in the later Enlightenment, in: *Cartographical Journal* 31 (1994), S. 14-20.

Embree, Ainslie T., *Charles Grant and British Rule in India* (London 1962).

Fischer-Tiné, Harald, *Der Gurukul Kangri oder die Erziehung der Arya-Nation. Kolonialismus, Hindureform und ‚nationale Bildung' in Britisch-Indien (1897-1922)* (Würzburg 2003).

Fischer-Tiné, Harald, Vom Wissen zur Macht. Koloniale und ‚nationale' Bildungsmodelle in Britisch Indien, ca. 1871–1920, in: Karin Preisendanz und Dietmar Rothermund (Hg.), *Südasien in der „Neuzeit". Geschichte und Gesellschaft, 1500-2000* (Wien 2003), S. 90-112.

Ghose, Saroj, Commercial needs and military necessities: The telegraph in India, in: Roy MacLeod and Deepak Kumar (Hg.), *Technology and the Raj* (New Delhi 1995), S. 153-176.

Ghosh, Suresh Ch., *The History of Education in Modern India, 1757-1986* (New Delhi 1995).

Glasenapp, Helmuth von, (Hrsg.) *Indische Geisteswelt*. 2 Bde., Band II, Weltliche Dichtung, Wissenschaft und Staatskunst der Hindus (Hanau 1986).

Gole, Susan, *India within the Ganges* (Delhi 1983).

Gorman, Mel, Sir William O'Shaughnessy, Lord Dalhousie, and the establishment of the telegraph system in India, in: *Technology and Culture*, 12,4 (1971), S. 581-601.

Gorman, Mel, An early electric motor in India, in: *Society for the History of Technology* 9,2 (1968), S. 184-214.

Gottlob, Michael (Hg.), *Historisches Denken im modernen Südasien (1876 bis heute)*, (‚Geschichtsdenken der Kulturen – Eine kommentierte Dokumentation: Südasien – Von den Anfängen bis zur Gegenwart', Frankfurt am Main 2002).

Grout, Andrew, Possessing the earth: Geological collections, information and education in India, 1800–1850, in: Nigel Crook (Hg.) *The Transmission of Knowledge in India. Essays on education, religion, history and politics* (Delhi etc. 1996), S. 245-279. Grout, Andrew, Geology and India, 1775-1805: An episode in colonial science, in: *South Asia Research* 10 (1990), S. 1-18.

Grove, Richard H., *Green Imperialism. Colonial expansion, tropical island Edens and the origins of environmentalism, 1600-1860* (Cambridge 1995).

Grove, Richard H., Imperialism and the discourse of desiccation: The institutionalisation of global environmental concerns and the role of the Royal Geographical Society, 1860-1810, in: Morag Bell, Robin Butlin and Michael Heffernan (Hg.), *Geography and Imperialism, 1820-1940* (Manchester 1995), S. 36-52.

Guha, Ranajit, *An Indian Historiography of India: A nineteenth-century agenda and its implications* (Calcutta 1988).

Habib, Irfan, Inside and outside the systems. Change and innovation in medical and surgical practice in Mughal India, in: Deepak Kumar (Hg.), *Disease and Medicine. A historical overview* (Delhi 2001), S. 71-84.

Habib, Irfan, Akbar and technology, in: Irfan Habib (Hg.), *Akbar and His India* (Delhi etc. 1997), S. 129-148.

Habib, Irfan, Postal communications in Mughal India, in: *Proceedings of the Indian Historical Congress, 46th Session* (Delhi 1986), S. 236-252.

Harrison, Mark, Medicine and Orientalism: Perspectives on Europe's encounter with Indian medical systems, in: Biswamoy Pati and Mark Harrison (Hg.), *Health, Medicine and Empire. Perspectives on colonial India* (New Delhi 2001), S. 37-87.

Harrison, Mark, *Climates and Constitutions. Health, race, environment and British imperialism in India, 1600-1850* (New Delhi 1999).

Harrison, Mark, *Public Health in British India: Anglo-Indian preventive medicine, 1859-1914* (Cambridge 1994).

Headrick, Daniel R., *The Invisible Weapon. Telecommunications and international politics, 1851-1945* (New York/Oxford 1991).

Hesmer, Herbert, *Leben und Werk von Dietrich Brandis, 1824-1907. Begründer der tropischen Forstwissenschaft, Förderer der forstlichen Entwicklung in den USA, Botaniker und Ökologe* (Bonn 1975).

Hurd, John M., Railways, in: Dharma Kumar (Hg.), *The Cambridge Economic History of India*, (Cambridge 1982), vol. 2: c. 1757-1970, S. 737-761.

Jürgenmeyer, Clemens, et al. (Hg.), *Indien: Wege zum besseren Verstehen* (Gotha 2003).

Kajeriwal, O. P., *The Asiatic Society of Bengal and the Discovery of India's Past, 1774-1838* (Delhi 1988).

Khosla, G. S., A history of Indian railways, in: Ian J. Kerr (Hg.), *Railways in Modern India* (New Delhi 2001), S. 216-256.

Kerr, Ian J., *Building the Railways of the Raj, 1850-1900* (New Delhi 1995).

Klein, Ira, Development and death: Reinterpreting malaria, economics and ecology in British India, in: *Indian Economic and Social History Review* 38,2 (2001), S. 147-179.

Klein, Ira, Materialism, mutiny and modernization in British India, in: *Modern Asian Studies* 34,3 (2000), S. 545-580.

Kopf, David, *British Orientalism and the Bengal Renaissance: The dynamics of Indian modernization, 1773-1825* (Berkeley 1969).

Krishna, V. V., The colonial ‚model' and the emergence of national science in India: 1876-1920, in: Patrick Petitjean, Catherine Jami and Anne Marie Moulin (Hg.), *Science and Empires. Historical studies about scientific development and European expansion* (Dordrecht, Boston, London 1992), S. 57-72.

Kulke, Hermann, *Geschichte Indiens bis 1750* (München 2005).

Kumar, Anil, *Medicine and the Raj: British medical policy 1835 – 1911* (New Delhi 1998).

Kumar, Deepak, *Science and the Raj, 1857-1905* (Delhi etc. 1995).

Kumar, Deepak, The evolution of colonial science in India: Natural history and the East India Company, in: John MacKenzie (Hg.), *Imperialism and Natural World* (Manchester 1990), S. 51-66.

Lehmann, Fritz, Railway workshops, technology transfer and skilled labour recruitment in colonial India, in: *Journal of Historical Research* 20 (1977), S. 49-61.

Lehmann, Fritz, Great Britain and the supply of railway locomotives to India, in: *Indian Economic and Social History Review* 2,4 (1965), S. 297-306.

Ludden, David (Hg.), *Reading Subaltern Studies. Critical history, contested meaning, and the globalization of South Asia* (Delhi 2001, London 2002).

Malik, Jamal, Islamic institutions and infrastructure in Shahjahanabad, in: Eckart Ehlers and Thomas Krafft (Hg.), *Shahjahanabad/Old Delhi. Tradition and Colonial Change* (Stuttgart 1993), S. 43-64.

Mann, Michael, Empirische Eilande. Inseln als Laboratorien der europäischen Expansion, in: *Jahrbuch für Europäische Überseegeschichte* 5 (2005), S. 27-53

Mann, Michael, „Torchbearers upon the path of progress": Britain's ideology of a „Moral and Material Progress" in India. An introductory essay, in: Harald Fischer-Tiné and Michael Mann (Hg.), *Colonialism as Civilizing Mission. Cultural ideology in British India* (London 2004), S. 1-26.

Mann, Michael, *Bengalen im Umbruch. Die Herausbildung des britischen Kolonialstaates 1754-1793* (Stuttgart 2000).

Mann, Michael, *Flottenbau und Forstbetrieb in Indien 1794 – 1823* (Stuttgart 1996).

Marx, Karl, The future results of British rule in India, in: Ian J. Kerr (Hg.), *Railways in Modern India* (New Delhi 2001), S. 62-67.

Masud, Muhammad Khalid, The world of Shah Abd al 'Aziz (1746-1824), in: Jamal Malik (Hg.), *Perspectives of Mutual Encounters in South Asian History 1760-1860* (Leiden Boston Köln 2000), S. 298-314.

Metcalfe, Thomas R., *Ideologies of the Raj* (=The New Cambridge History of India III,4, Cambridge 1994).

Moosvi, Shireen, Making and reordering history – Akbar and the *Akmar-nāma*, in: Iqtidar Alam Khan (Hg.), *Akbar and his Age* (New Delhi 1999), S. 181-187.

Nandy, Ashis, *The Intimate Enemy. Loss and recovery of self under colonialism* (Delhi 1996).

Naoroji, Dadabhai, *Poverty and Unbritish Rule* (London 1901).

Naraindas, Harish, Of therapeutics and prophylactics. The exegesis of an eighteenth-century tract on smallpox, in: Deepak Kumar (Hg.), *Disease and Medicine. A historical overview* (Delhi 2001), S. 94-119.

Nehru, Jawaharlal, *The Discovery of India* (Calcutta 1946; 5th impression, New Delhi etc. 1986).

Nightingale, Pamela, *Trade and Empire in Western India, 1784-1806* (Cambridge 1970).

Osterhammel, Jürgen, *Die Entzauberung Asiens. Europa und die asiatischen Reiche im 18. Jahrhundert* (München 1998).

Paty, Michel, Comparative history of modern science and the context of dependency, in: *Science, Technology and Society* 4,2 (1999), S. 171-204.

Prakash, Gyan, *Another Reason, Science and the imagination of Modern India* (Princeton 1999).

Qaisar, Ahsan Jan, *The Indian Response to European Technology and Culture (1498-1707)* (Delhi etc. 1982).

Qaisar, A. Jan, Shipbuilding in the Mogul Empire during the seventeenth century, in: *Indian Economic and Social History Review* 5 (1968), S. 149-170.

Raina, Dhruv, *Images and Contexts. The historiography of science and modernity in India* (Delhi etc. 2003).

Raina, Dhruv, Lamenting the past, anticipating the future: A chronology of popular science writing in India (1850-1914), in: Narender K. Sehgal, Satpal Sangwan and Subodh Mahanti (Hg.), *Unchartered Terrains. Essays on science popularisation in pre-independence IndiA* (Delhi 2000), S. 54-66.

Raina, Dhruv and S. Irfan Habib, *Domesticating Modern Science. A social history of science and culture in colonial India* (New Delhi 2004).

Raj, Kapil, Knowledge, power and modern science: The brahmins strike back, in: Deepak Kumar (Hg.), *Science and Empire: Essays in Indian context (1700-1947)* (Delhi 1991), S. 115-125.

Rajan, Ravi, Imperial environmentalism or environmental imperialism? European forestry, colonial foresters and the agenda of the forest management in British India, 1800-199, in: Richard H. Grove, Vinita Damodaran and Satpal Sangwan (Hg.), *Nature and the Orient. The environmental history of South and Southeast Asia* (Delhi etc.) 1998), S. 324-371.

Ramanna, Mridula, Perceptions of sanitation and medicine in Bombay, 1900-1914, in: Harald Fischer-Tiné and Michael Mann (Hg.), *Colonialism as Civilizing Mission. Cultural ideology in British India* (London 2004), S. 205-225.

Ramanna, Mridula, *Western Medicine and Public Health in colonial Bombay* (New Delhi 2002).
Reifeld, Helmut, „Tempel des modernen Indien“? Die Kontroverse um den Narmada-Staudamm im Winter 2000/2001, in: Werner Draguhn (Hg.), *Indien 2001. Politik, Wirtschaft, Gesellschaft*, S. 379 –394.
Robb, Peter, Completing „Our Stock of Geography“, or an object „Still More Sublime“: Colin Mackenzie‘s survey of Mysore, 1799-1810, in: *Journal of the Royal Asiatic Society* 8 (1998), S. 181-206.
Sangwan, Satpal, Science and its public in British India: Problematic of diffusion and social appropriation, in: Narender K. Sehgal, Satpal Sangwan and Subodh Mahanti (Hg.), *Unchartered Terrains. Essays on science populatrisation in pre-independence India* (New Delhi 2000), S. 13-53.
Sangwan, Satpal, Making of a popular debate: The Indian Forester and the emerging agenda of state forestry in India, 1875-1914, in: *Indian Economic and Social History Review* 36,2 (1999), S. 187-237.
Sangwan, Satpal, From gentlemen amateurs to professionals: Reassessing the natural science tradition in colonial India, 1780-1840, in: Richard H. Grove, Vinita Damodaran, Satpal Sangwan (Hg.), *Nature and the Orient. The environmental history of South and Southeast Asia* (Delhi etc. 1998), S. 210-236.
Sangwan, Satpal, The strength of a scientific culture: Interpreting disorder in colonial science, in: *Indian Economic and Social History Review* 34,2 (1997), S. 217-250.
Sangwan, Sapal, The sinking ships: Colonial policy and the decline of Indian shipping, 1735-1835, in: Roy MacLeod and Deepak Kumar (Hg.), *Technology and the Raj: Western technology and technical transfers to India, 1700-1947* (New Delhi 1995), S. 137-152.
Sangwan, Satpal, Reordering the earth: The emergence of geology as a scientific discipline in colonial India, in: *Indian Economic and Social History Review* 31,3 (1994), S. 291-310.
Sangwan, Satpal, *Science, Technology and Colonialism. An Indian experience, 1757-1857* (Delhi 1991).
Sharma, R. N. and R. K. Sharma, *History of Education in India* (New Delhi 1996).
Shridharani, Krishnanlal, *Story of the Indian Telegraphs. A century of progress* (New Delhi 1953).
Shukla, Shabnam, The Calcutta Botanic Garden. Its establishment and ramifications. Robert Kyd to George King: 1787-1897, in: *Bengal Past and Present* 113, 1-2 (1994), S. 26-43.
Singh, Satyajit, *Taming the Waters. The political economy of large dams in India* (Delhi etc. 1997).
Stafford, Robert A., Annexing the landscapes of the past: British imperial geology in the nineteenth century, in: John M. MacKenzie (Hg.), *Imperialism and the Natural World* (Manchester 1990), S. 67-89.
Stafford, Robert A., Geological surveys, mineral discoveries, and British expansion, 1835-1971, in: *Journal of the Imperial and Commonwealth History* 12 (1984), S. 5-32.
Stokes, Eric, *The English Utilitarians and India* (Oxford 1959).
Stone, Ian, *Canal Irrigation in British India. Perspectives on technological change in a peasant economy* (Cambridge 1984).
Thorner, Daniel, *Investment in Empire. British railway and steam shipping enterprise in India, 1825-1849* (Philadelphia 1950).
Tucker, Richard, Forest management and imperial politics: Thana District, Bombay 1823-1887, in: *Indian Economic and Social History Review* 16 (1979), S. 273-300.
Vicziany, Marika, Imperialism, botany and statistics in early nineteenth century India: The survey of Francis Buchanan (1762-1829), in: *Modern Asian Studies* 20 (1986), S. 625-660.

Withers, Charles W. J., Geography in its time: Geography and historical geography in Diderot's and d'Alambert's *Encyclopédie*, in: *Journal of Historical Geography* 19 (1993), S. 255-264.

Whitcombe, Elizabeth, The environmental costs of irrigation in British India: Waterlogging, salinity, malaria, in: David Arnold and Ramachandra Guha (Hg.) *Nature, Culture, Imperialism. Essays on the environmental history of South Asia* (Delhi etc. 1996), S. 237-259.

Whitcombe, Elizabeth, Irrigation, in: Dharma Kumar (Hg.), *The Cambridge Economic History of India* (Cambridge 1982), vol. 2, c. 1757 – 1970, S. 677-737.

Whitcombe, Elizabeth, *Agrarian Conditions in Northern India, vol. 1. The United Provinces under British rule, 1860-1900* (New Delhi 1972).

Witz, Cornelia, *Religionspolitik in Britisch-Indien 1793-1813. Christliches Sendungsbewußtsein und Achtung hinduistischer Tradition im Widerstreit* (Wiesbaden 1985).

Zastoupil, Lynn, Englische Erziehung und indische Modernität, in: *Geschichte und Gesellschaft* 28 (2002), S. 5-32.

Zastoupil, Lynn and Martin Moir (Hg.), *The Great Indian Education Debate. Documents relating to the Orientalist-Anglicist controversity, 1781-1843* (Richmond 1999).

Glossar

abwab: zusätzliche Steuern, Sondersteuern
acre: englische Maßeinheit, entspricht etwa 4.500 Quadratmetern
aranya: Wald, völlige Wildnis
arkati: Anwerber für Arbeitskräfte (Kulis) in nachgeordneter Stellung (im östl. Indien)
baniya: Händler, Geldleiher
barkandazi: Gewehrschütze, Wachmann, Eskorte
bhayat: zusammengeschlossene lokale Magnaten unter einem fürstlichen Oberherrn in den unabhängigen Territorien Gujarats
brahman: Angehöriger des obersten *varna*, Priester, Lehrer, Rechtsgelehrter
chamar: Abdecker, Gerber, Lederarbeiter
charkha: Spinnrad
chatrapati: Herrschertitel, wörtl : Schirmherr
chaudhuri: Dorfvorsteher
chauth: ein Viertel der Ernte
chauki, dhak chauki: regelmäßig operierendes Postsystem
daffadar: Rekrutierer von Arbeitskräften (im östl. Indien)
dakshina: opulente königliche Gaben in Geld und/oder Gütern
darbar: Hofzeremoniell, Hofritual; synonym auch Herrscherhof
desh: Land
deshmukh: Halter von Land- und Steuerrechten auf Distriktebene
dhak: Post- und Nachrichtensystem
dharma: Aufrechterhaltung der kosmischen Ordnung und Normen; auch: Religion
diwani: Recht zum Steuereinzug und zur zivilen Gerichtsbarkeit
diwan: Amtsinhaber der *diwani*
farman: Privileg, höchste Form der Privilegierung durch den Mogul
faujdar: unter den Moguln: militärischer Kommandeur, Bezirksgouverneur. Unter den Briten Polizeihauptmann mit niederer Gerichtsbarkeit
fitna: bezeichnet den anhaltenden Prozess des Eingehens, Auflösens und Erneuerns von Allianzen, Bündnissen und Loyalitätsverhältnissen; auch Rebellion.
ganj: Marktort, meist an Flussfurten gelegen, speziell für den Getreideumschlag
gomashtah: Handelsagent, Vermittler in einem Dorf
harkara: Läufer, Nachrichtenübermittler, Spion
hartal: Stillegung des öffentlichen Lebens, Schließung sämtlicher Geschäfte
hasil: festgelegter Steuerbetrag
hat: an unterschiedlichen Wochetagen stattfindender Markt
ijara: Steuerverwaltungsbereich
inam: erblicher oder privilegierter Besitz steuerfreien Landes
jagir: [Überschreibung von] Land zum Unterhalt von festgelegten Truppeneinheiten
jagirdar: Halter eines *jagir*
jama: eingetriebener, tatsächlich realisierter Steuerbetrag
janapada: Land und Leute, Zentren neu gebildeter administrativer Einheiten

janmi:	brahmanischer Grundbesitz
jati:	endogame soziale Einheit, Untergruppe eines *varna*
jhum:	Brandrodungsfeldbau in den Western Ghats der Malabarküste
kalapani:	der Ozean, wörtl.: Schwarzes Wasser, in den hinduistischen Religionen oft verunreinigend
kanam:	Pachtverhältnis
kangani:	südindischer Arbeitskräfteanwerber und Aufseher
kazi:	Richter
khadi:	handgewobene, meist grobe Textilien
khalsa:	Schatzamt, zentrale Steuerkasse
khalisa:	Kronland
kharif:	Ernte nach dem Südwestmonsun
khatri:	Händler, Kaufleute
kunbi:	Bauern-*jati* in Maharashtra
khutba:	Freitagsgebet
kisan sabha:	Bauernvertretung, Bauernversammlung
kotwal:	städtischer Magistrat, unter den Briten Chef der Polizei
kshatriya:	Angehöriger des zweithöchsten *varna*: Krieger
kshetra:	Feld
lakhiraj:	steuerfrei, abgabenfrei
lascar:	ursprl. Pesrisch *lashkar*: Armee; über das Portugiesische und Englische als *lascar* oder *laskar* wieder in die südasiatischen Sprachen eingegangen als: Artillerist und Seemann
madrasah:	weiterführende muslimische Bildungseinrichtung
maestrie:	südindischer Anwerber von Arbeitskräften
maha:	Bezeichnung für die Reisernte in Sri Lanka
mahajan:	Bankier, Geldleiher, Händler; wörtl.: großer Mann
mahajanapada:	weiterer Konzentrationsprozess der *janapadas* zu *mahajanapadas* (große *janapadas*)
mahal:	Bezirk, wörtl.: Palast
maharaja:	Herrschertitel, wörtl.: großer König
maktab:	elementare muslimische Bildungseinrichtung
malik:	Grundbesitzer
malikana:	Vergütung für die administrativen Aufgaben eines *zamindar* in seiner Funktion als Landbesitzer
mamlatdar:	Steuereintreiber
mandi:	Markt
masnad:	„Thron", erhöhte Sitzfläche unter einem Baldachin, mit Kissen und Rollen ausgestattet
mela:	Messe, Jahrmarkt
mirasdar:	Bauer mit erblichen Besitzrechten
mohalla:	Stadtviertel, Stadtbezirk
mu'afi:	steuerfreies Land
muhajir:	Auswanderer, Migrant
muhtasib:	Zensor
muqaddam:	Dorfvorsteher
nāgarika:	distinguiert städtischer Einwohner im Gupta-Reich
naib:	Stellvertreter
nankar:	Vergütung im Rahmen des Steuereinzugs

nasaq:	Festlegung der Landsteuer durch Abschätzung der bestellten Ackerfläche
nawab:	Herrschaftstitel im Mogul-Reich, auf eine Provinz bezogen; er war mit dem Amt des Gouverneurs (*subadar*) verbunden
nawab-wazir:	Titel des Herrschers von Awadh
nayak (*naik*):	wörtl.: Anführer, ursprl.: Offizier, dann Amtsführer und Stellvertreter
nizam:	vollständig nizam-ul-mulk, offizieller Titel des Herrschers von Haiderabad
padshah:	Titel des Mogul, auch *shah-i-shah*, wörtl.: König der Könige
palayyakarar:	Kleinpotentaten in Südindien, oft ein ‚little king'
panchayat:	Dorfrat, Dorfgericht, aus den Mitgliedern der *varna* besetzt
patel:	Dorfvorsteher auf dem Dakhan
pathshala:	elementare Bildungseinrichtung von Hindus
pattidari:	gemeinschaftliche Steuerveranlagung auf dörflicher Ebene
peshkash:	Tribut, Darreichung von Geschenken im Rahmen einer Amtseinführung
peshwa:	Titel des Ersten Ministers im Maratha *swarajya*
purana swaraj:	Forderung nach der völligen Unabhängigkeit durch den INC 1929
qanungo:	Dorfschreiber, bewahrte die Steuerrollen auf
qasba:	kleine Marktstadt
rabi:	Ernte nach dem Nordostmonsun
raj:	Herrschaft
raja:	Herrscher, „König"
rajadharma:	Eigenschaften des Herrschers, moralische Amtsführung eines Herrschers
rayat:	Bauer
sahukar:	Geldleiher
sair:	alle regulären Steuern und Abgaben außer der Landsteuer
samantacakra:	bezeichnet den Prozess der polyzentrischen Staatsbildung auf mittlerer und unterer Herrschaftsebene
samba:	Bezeichnung für die Reisernte in Tamilnadu
sanad	offizielles Schreiben, Anweisung
sarai:	Übernachtungs- und Verpflegungsstation für reisende Händler, an Überlandstraßen in Abständen von Tagesmärschen gelegen
sardeshmukhi:	Königsanteil am Steueraufkommen in Maharashtra
sarkar:	große Gebietseinheit, Provinz, Distrikt, als pars pro toto auch für den Staat stehend
shudra:	Angehöriger des vierten, untersten *varna*: Bauer, Handwerker, Diener
sikka rupia:	weitverbreitetste Münzeinheit in Indien seit den Moguln
sir:	Landbesitz
sirdar, *sardar*:	Anführer, Chef, Aufseher über eine Gruppe von angeworbenen Arbeitern
suba:	Provinz des Mogul-Reiches
subadar:	Gouverneur einer Provinz
swadeshi:	wörtl.: für das eigene Land, dem eigenen Land zugehörig
swarajya:	wörtl.: eigene Herrschaft; die den Marathen vom Mogul zugestanden wurde

taluqdar:	Halter von Steuerrechten (Einzug von Steuern)
taluqa:	Amtsbereich eines *taluqdar*
taqavi:	Kredit, zumeist in Saatgut, als Vorschuss auf die Ernte der kommenden Saison.
tol:	weiterführende Bildungseinrichtung der Hindus
vaishya:	Angehöriger des dritten *varna*: Händler
vani:	ländliche Geldleiher in Maharashtra
varna:	sozial-rituelle Gruppe, gemeinhin, aber fälschlicherweise mit Kaste übersetzt
wakil:	Anwalt, rechtskundiger Berater, Vertreter eines Herrschers
watan:	erblich zugesicherte Rechte
zabt:	exakte Steuerbemessung auf der Grundlage einer systematischen Landvermessung
zamindar:	Halter von Steuerrechten und Grundbesitztitel. Unter den Briten entweder zum Grundeigentümer erklärt oder zum bloßen Steuereintreiber degradiert
zamorin:	von Sanskrit: *samundrin* = König des Meeres; Titel des Herrschers von Khozikhode

Abbildungsnachweis

Census of India: Abb. 2; Habib, Atlas of the Mughal Empire: Abb. 5; Bayly: Rulers: Abb. 6; Wink: Land and Sovereignty in India: Abb. 8; Schwartzberg: Historical Atlas of South Asia: Abb. 9; Davies: Atlas of the Indian Paninsula: Abb 10 a - d, 24; Verfasser: Abb. 11, 19, 76; Peabody: Hindu Kingship: Abb. 69; Barnett: North India: Abb. 18; Vaikuntham: State: Abb. 25; Tomlinson: Economy of Modern India: Abb. 31, 59; Chiaduri: Trade and Civilization: Abb. 34; Markovits: Global Word of Indian Merchants: Abb. 35, 36; Carter: Voices: Abb. 37 - 47, 49 - 51; Tinker. New System of Slavery: Abb. 48; Greewal: Urban Morphology: Abb. 52; Tindall: City of Gold: Abb. 61 - 63; Nair: The Growth and Development of Old Calcutta: Abb. 64; Ahmed: Dacca: Abb. 65; Ballhatchet u. a.: The City in South Asia: Abb. 66; National Capital Region Plannung Board: Abb. 67; Chaudhuri: Calcutta: Abb. 68; Ramachandran: Urbanization: Abb. 69; Edney: Mapping: Abb. 71; CEHI: Abb. 74; Stone: Canal Irrigation: Abb. 75; Kerr: Building the Railways: Abb. 77; Shridahani: Story of Indian Telegraphy: Abb. 81; India Office Library and Records: Abb. 22 sowie S. 36; UPI: Abb. 27; Magnum: Abb. 28, 79 sowie S. 97; India Office Library: S. 105, 406; Information Service of India: Abb. 33 sowie S. 82; Camera Press: Abb. 60; Robert Harding Picture Library: Abb. 73; Popperfoto: S. 88, 114; Verlagsarchiv: Abb. 1, 3, 4, 7, 12 - 14, 16, 17, 19, 21, 23, 29, 30, 32, 53 - 58, 70, 72, 78, 80 sowie S. 83, 103, 106, 115, 117, 404, 407.

Register